本书是四川省社科规划重大项目（SC19ZD20）成果

新中国70年
四川理论经济学发展研究

SICHUAN THEORETICAL ECONOMICS DEVELOPMENT RESEARCH FOR 70 YEARS OF CHINA

盖凯程 刘方健 韩文龙 徐志向 编著

中国社会科学出版社

图书在版编目（CIP）数据

新中国70年四川理论经济学发展研究／盖凯程等编著．—北京：中国社会科学出版社，2020.12
ISBN 978 - 7 - 5203 - 7215 - 2

Ⅰ.①新… Ⅱ.①盖… Ⅲ.①理论经济学—研究—四川 Ⅳ.①F0

中国版本图书馆 CIP 数据核字（2020）第 175318 号

出 版 人	赵剑英
责任编辑	王 衡
责任校对	朱妍洁
责任印制	王 超
出　　版	中国社会科学出版社
社　　址	北京鼓楼西大街甲 158 号
邮　　编	100720
网　　址	http://www.csspw.cn
发 行 部	010 - 84083685
门 市 部	010 - 84029450
经　　销	新华书店及其他书店
印刷装订	北京明恒达印务有限公司
版　　次	2020 年 12 月第 1 版
印　　次	2020 年 12 月第 1 次印刷
开　　本	710×1000　1/16
印　　张	40
插　　页	2
字　　数	639 千字
定　　价	198.00 元

凡购买中国社会科学出版社图书，如有质量问题请与本社营销中心联系调换
电话：010 - 84083683
版权所有　侵权必究

目 录

引　言 ………………………………………………………………… (1)

第一章　历史脉络 …………………………………………………… (10)
 一　新中国四川理论经济学的历史起点 ………………………… (10)
 二　新中国成立后四川理论经济学的初步发展
  （1949—1978 年）………………………………………………… (11)
  （一）新中国成立初期指导思想的确立与学科布局的调整
    （1949—1956 年）………………………………………… (11)
  （二）四川理论经济学在曲折中发展
    （1956—1978 年）………………………………………… (12)
 三　四川理论经济学的复苏（1978—1985 年）………………… (13)
 四　在促进改革与开放进程中发展（1985—1992 年）………… (15)
  （一）国企改革研究对四川和全国产生重要影响 ……………… (16)
  （二）城市综合经济体制改革研究全面展开 …………………… (16)
  （三）区域经济研究强劲发展 …………………………………… (17)
 五　在促进改革与开放进程中走向繁荣
  （1992—2000 年）………………………………………………… (19)
  （一）中国特色社会主义理论研究形成新高潮 ………… (19)
  （二）开展建立社会主义市场经济体制的理论研讨 …… (20)
  （三）理论研究助推国企改革攻坚 ……………………… (21)
 六　新的历史发展时期（2000—2005 年）…………………… (23)
 七　以科学发展观引领学术研究（2005—2012 年）………… (25)

八　中国特色社会主义进入新时代的学术研究
　　　　（2012—2019 年） ································· （28）

第二章　学科建设 ··· （33）
　　一　学科内涵与人才培养层次 ····························· （33）
　　二　四川省理论经济学学科建设情况 ······················ （35）
　　　　（一）本科生学士学位建设 ························· （35）
　　　　（二）研究生学位建设 ····························· （38）
　　　　（三）博士学位建设 ······························· （43）
　　　　（四）博士后流动站 ······························· （46）
　　三　学术研究机构 ·· （46）
　　四　重点学科与专业建设 ·································· （48）
　　　　（一）西南财经大学 ······························· （48）
　　　　（二）四川大学 ··································· （48）
　　　　（三）其他 ······································· （49）

第三章　学术研究 ··· （50）
　　一　科研立项 ·· （50）
　　　　（一）历年来四川省获批的理论经济学国家社科
　　　　　　　基金项目 ····································· （50）
　　　　（二）获批教育部人文社会科学研究项目 ············ （74）
　　　　（三）经济学四川省哲学社会科学规划项目 ········· （101）
　　二　学术成果及奖项 ···································· （160）
　　　　（一）四川部分有影响力的学术研究成果 ·········· （160）
　　　　（二）1978 年以后荣获国家级社会科学成果及奖项 ····· （202）
　　　　（三）中国高校人文社会科学研究优秀成果奖 ······ （207）
　　　　（四）四川省社会科学优秀成果 ·················· （207）
　　　　（五）其他优秀成果 ···························· （319）

第四章　学术活动 ·· （325）
　　一　经济学国内会议 ···································· （325）

（一）1977—1992 年的理论经济学国内会议 …………（325）
　　　（二）1992—2002 年的理论经济学国内会议 …………（331）
　　　（三）2002—2012 年四川省举行的理论经济学
　　　　　　国内会议 ………………………………………（333）
　　　（四）2012—2019 年的理论经济学国内会议 …………（349）
　二　四川理论经济学界主办的国际（含境外）
　　　学术会议 ……………………………………………（395）
　　　（一）1992—2002 年四川理论经济学国际
　　　　　　（含境外）会议 ………………………………（395）
　　　（二）2002—2012 年的理论经济学国际
　　　　　　（含境外）会议 ………………………………（396）
　　　（三）2012—2019 年的理论经济学国际
　　　　　　（含境外）会议 ………………………………（399）
　三　理论经济学讲座及学术报告 ……………………………（403）
　　　（一）1978—1992 年的理论经济学讲座及学术报告 …（403）
　　　（二）1992—2002 年的理论经济学讲座及学术报告 …（405）
　　　（三）2002—2012 年的理论经济学讲座及学术报告 …（409）
　　　（四）2012—2019 年的理论经济学讲座及学术报告 …（411）

第五章　学科人才 ………………………………………………（432）
　一　新中国成立前培养的理论经济学者 ……………………（433）
　二　新中国培养的理论经济学工作者
　　　（1949—1966 年） …………………………………………（455）
　三　改革开放以来培养的理论经济学工作者
　　　（1978—2000 年） …………………………………………（476）
　四　2000 年以来培养的理论经济学工作者
　　　（2000 年至今） ……………………………………………（556）
　五　历届学科带头人 …………………………………………（585）

第六章　"走出去"与"请进来" …………………………………（586）
　一　"走出去" …………………………………………………（586）

  二　"请进来" ……………………………………………………（594）
  三　中外学术交流 ………………………………………………（600）
   （一）国际（含境外）学术交流协议 …………………………（600）
   （二）国际（含境外）交流、学术讲座、学术报告 ……（601）
   （三）聘请外籍教授 ……………………………………………（610）
  四　国际交流出版物 ……………………………………………（611）
   （一）在四川翻译出版的外文经济学图书 …………………（611）
   （二）《财经译丛》 ………………………………………………（612）
   （三）川籍学者在境外出版发表的理论经济学论著 ……（612）

参考文献 ……………………………………………………………（623）

后　记 ……………………………………………………………（632）

引　言

经济学作为一组内在逻辑体系严谨、结构严密且内恰的科学知识系统须直面真实世界的检验，真实世界的变化推动着经济学理论的发展。金融危机后世界经济周期性调整与中国阶段性因素叠加促动中国经济进入增速回落的新常态时期。认识新常态，适应新常态，引领新常态是今后中国经济发展的大逻辑。把握这一逻辑及其蕴含的内在规律，从中国经济改革与发展之实"事"中求解其所"是"，推动中国经济学的创新发展与范式建构，构筑中国经济学理论体系和学术话语体系，是时代赋予理论经济学学科的重大命题。

作为"科学实践的公认范例"①，范式是常规科学所赖以运作的理论基础和实践规范，是科学共同体的价值约定、共有范例以及普遍接受的一组理论假说、概念、准则和方法的总和。在外延上，范式由观念范式（理论体系里稳定的信仰、认知、思维和假说等的规定）、规则范式（理论假设、概念、公理、定律、规则、程序等约定集合）、操作范式（模型、语汇、符号、注解等工具性表达式）构成。范式既是科学研究的必要条件，也是科学发展成熟的标志和先导。当科学家们拥有了共同的理论框架、研究趋向和分析工具，才能去接受吸收并同化由观察和实验所提供的材料进而充实和发展该理论框架。一旦形成范式，"它们的成就空前地吸引一批坚定的拥护者，使他们脱离科学活动的其他竞争模式"，与此同时这些成就又"足以无限制地为一批重新组成的一批实践者留下有待解决的种种问题"②。

---

① ［美］托马斯·库恩：《科学革命的结构》，金吾伦等译，北京大学出版社2012年版，第8页。
② 同上。

范式之于经济学的内在恰接性及其新颖的总体性概念构架使之成为校准经济学规范性的标尺，赋予了经济学以科学性的特质。作为理论约定集合和思维表达方式，经济学范式关乎经济学家共同体对经济研究领域的基本判断以及由此衍生的概念体系和分析方法并以此作为交流思想的共同工具。观念范式、规则范式和操作范式蕴含的核心思想、研究架构和操作符号搭建起经济学学科知识增长和思想演绎的平台。不同的经济学范式以其迥异于范式竞争对手的构造路径、理论要素、概念体系、分析框架、检验标准和解题工具等的内容特质和联结形式划定自身的理论边界，并在各自的逻辑演绎空间里不断演进。

经济学思想演进和学科知识发展背后隐含着经济学范式转换的深层命题，循依着"范式形成—常规科学—反常—危机—新范式"的基本路径。常规科学时期经济学家遵循一致的范式"解谜"以稳定地拓展经济科学知识的精度和广度。新的科学发现则源于现实经济世界"以某种方法违反支配常规科学的范式所做的预测"，实践之于范式的非一致性例外事件不断积累，既有的范式之于现实世界解释性和预测性下降导致范式危机。面对危机，经济学家共同体在现有范式逻辑空间下通过调整工具设定、渗入新的解释变量以期对其进行扩展性解释，但当努力无效而导致"政策失败"时，原有范式趋弱和认同度下降的必然结果就是范式转换。这种转换一直到经过调整后的范式理论使得反常和例外变成与解释性预测和预测性解释相符时为止。显然，范式转向的触动因素是"问题意识"，而在"问题意识"的逻辑蕴涵里，既包含现实经济问题挖掘，也包括经济学理论的自我反省。

经济学通往真理的路上要打通两道关卡：内在逻辑的自洽性以及建立在真实可信假设前提下的逻辑与实践的相验（符）性。在世界和中国经济进入新常态的时代嬗变背景下，经济运行的传统逻辑发生改变，经济新常态衍生出经济学范式"失真"与"校准"的新命题，现实世界之于理论的摩擦成为经济学范式转向和理论创新的契机。不同经济学范式在各自构筑的逻辑空间和理论空间中进行自适性调整，但无论何种经济学范式，其在学科知识和话语体系竞争中胜出的根本路径在于按照世界的本来面目理解、分析和描述世界。只有能反映时代要求、解释经济现实、预测社会未来的经济学范式才能最终成为时代显学。

改革开放以来，在中国经济改革和发展实践的推动下，中国经济学取得长足发展。改革路径演进的复杂性表达了对多维（向）度理论的渴求，从而为各种经济理论符码提供了充分的思想孕积空间。在理论符码的嬗变中，中国经济学研究逐步挣脱"苏联范式"的桎梏，在吸收消融现代经济学科学营养成分的基础上努力推进经济学研究的规范化和本土化，大大拓展了经济学的研究范围，呈现或规范，或实证，或逻辑思辨，或理性判断的多元方法论格局，构建起初具雏形的新体系结构，写就了一部"政治经济学的初稿"，初步具备了独特的中国经济学品质。

然而，实践总是走在理论前面，正如马克思所说，"对人类生活形式……的科学分析，总是采取同实际发展相反的道路。这种思索是从事后开始的，……是从发展过程的完成的结果开始的"[①]。与中国经济的快速发展相比，中国经济学理论难掩其体系建构的相对滞后和思想蕴涵的相对贫瘠。

在价值取向上，重实用性政策研究，轻基础理论探索，进而导致经济学的实践功能有余，而范畴体系抽象度不足。经济改革与发展不断提出新的实践性课题，为经济改革与发展出谋划策成为经济理论界的首要任务和历史担当，却也造成了理论界注意力的倾斜[②]。这就是，偏重于实证分析、对策研究，而高层次理论研究方面工夫下得不够。"中国经济学家对中国经济崛起过程的解释远没有经济崛起本身那样成就卓然。"[③] 近年来经济发展及改革在一些领域的踯躅与经济学思想的滞后以及缺乏真正属于中国的经济理论不无关系。从已有的基础理论研究看，虽取得了诸多公认的成果，但不同成果学术表达方式迥异，呈现出板块式、碎裂化的非系统性特征，未能形成一个解释中国经济问题的系统的概念框架、完整的理论结构和严谨的逻辑体系，有待于向深层领域和协同创新方向大力拓展。

---

① 马克思：《资本论》第1卷，人民出版社1975年版，第92页。
② 赵凌云：《富国裕民的梦寻：经济学的进化与当代图景》，天津教育出版社2002年版，第383页。
③ 白永秀：《新中国经济学60年学术话语体系的演变及其重建》，http://www.docin.com/p-218817745.html。

在解题工具上，重形式逻辑而轻辩证逻辑，偏好于运用短链条式逻辑方法分析经济问题，而弱于运用长链条式逻辑思维方式观察现实中国。逻辑并非是"关于思维的外在形式的学说，而是……关于世界的全部具体内容以及对它的认识的发展规律的学说，即对世界的认识的历史的总计、总和、结论"①。由于历史、现实与未来的宽广视野和世界观的缺失，偏好于对中国经济改革实践和社会整体性演化历程进行碎片化、切片式地观察，使得一些研究结论带有明显的片面性和形而上的理论色彩。

在学术话语权上，存在明显的"学术话语逆差"②。在借鉴现代西方主流经济学时存在亦步亦趋的教条化倾向。在这一认知偏见里，"中国经济改革的理论研究只不过是考察主流经济学框架里的一些特殊的制度约束和扭曲罢了"③。应当看到，西方主流经济学这一根植于西方国家实践土壤的理论之树有其特定适用的时序空间和制度环境依托。脱离这一依托，忽略其演化发展的历史背景，抽空中国经济实践的制度特质，遮蔽中国改革演进路径的复杂性，不以理论为事实的结果，反以事实去迁就理论，削足适履必然导致"普罗克拉斯提斯之床"的思想悲剧④。正如恩格斯所说："人们在生产和交换时所处的条件，各个国家各不相同……因此，政治经济学不可能对一切国家和一切历史时代都是一样的……谁要想把火地岛的政治经济学和现代英国的政治经济学置于同一规律之下，那么，除了最陈腐的老生常谈以外，他显然不能揭示出任何东西。"⑤

新常态不仅仅指向经济运行层面，更是经济学理论建构层面的。作

---

① 列宁：《列宁全集》（第55卷），人民出版社1990年版，第77页。
② 引申国际贸易术语，意即在建构中国经济学范式过程中，不恰当地过分"进口"西方经济学的概念、术语、工具、体系等，同时中国经济快速崛起的理念、话语体系不能以有效的方式和途径向外传播和"出口"。
③ 邹恒甫：《现代经济学前沿丛书》，序言，http：//zouhengfu.blog.sohu.com/73130159.html。
④ 普罗克拉斯提斯是希腊神话里的一个人，他有一特殊癖好：劫持旅客后使身材高大者睡短床，斩去身体伸出的部分；使身材矮小者睡长床，然后强拉其于床齐。意喻套用西方所谓时髦和高深的理论，而不关注中国现实，只能让事情变得更糟。
⑤ 《马克思恩格斯选集》（第3卷），人民出版社1972年版，第186页。

为中国经济学观察、解释和分析对象的中国经济进入了新常态①，与中国经济转型升级命题并行的是中国经济学体系建构和研究范式的转型升级。经济新常态意味着中国经济向着内涵更丰富、分工更复杂、形态更高级、结构更优化、运行更成熟的阶段演化，意味着系统完备、科学规范、运行有效的制度体系逐渐定型，意味着社会主义市场经济实践脉络越来越清晰，这为创作一部完整系统的中国经济学理论精品提供了丰富的实践素材和现实条件。

为此，必须对中国经济社会运行的约束条件、实际状态和演绎方向进行科学分析和理论抽象：首先将其置于中国经济改革历程和社会发展一般趋势性坐标中，实证研究其演进的过程、脉络、机制；其次在实证基础上抽象出规范的、科学的、开放融通的新概念、新范畴、新表述；最后全面实现马克思主义基本原理与中国实际、中国经济改革与发展的历史逻辑与理论逻辑、中国经济理论与中国具体国情特性等诸多方面的有机结合②，提升理论阐释的深刻性、校准现实的精确性、理论结构的完整性，从逻辑起点、概念框架、研究范围、逻辑体系、研究方法等层面构建起中国特色、中国风格、中国气派的中国经济学理论体系和学术话语体系。

1. 奠定逻辑始点。中国经济改革和实践的演进路径显然是独特的，这一"世界历史500年未有之转型"内嵌于其自身特有的制度框架和特定的历史传承中。"历史从哪里开始，思想进程也应当从哪里开始。"③中国经济改革发端于农村生产方式变革，循依着"生产关系适应生产力"的政治经济学"观念范式"。其后40余年改革实践虽其横切面错综复杂，但其纵切面的核心逻辑以及未来改革的演绎方向皆可在这一"观念范式"及其拓展出来的规则范式和操作范式里得到科学解释和合

---

① 应当指出，世界新常态和中国新常态尽管概念相同，但其内涵是不同的。国际上，新常态是一个被动式词语，用以被动地刻画了金融危机后全球经济增长的长周期转换，其内涵倾向是悲观的或无可奈何的；中国新常态是一个主动式词语，是中国迈向更高级发展阶段的宣示，它指出了中国经济转型的方向。参见李扬《"新常态"：经济发展的逻辑与前景》，《经济研究》2015年第5期。

② 赵凌云：《富国裕民的梦寻：经济学的进化与当代图景》，天津教育出版社2002年版，第388页。

③ 《马克思恩格斯选集》（第2卷），人民出版社1995年版，第43页。

理预测。基于此，中国经济学范式与中国经济实践的内在逻辑张力首先必须在马克思主义视域下找寻最有效的契合点，这是新常态下马克思主义经济学中国化命题的前置条件，也是中国经济学范式建构的理论逻辑始点。

2. 构造概念框架。概念与范畴是科学的基本构成要素。作为对经济系统矛盾展开的集中的本质抽象，核心概念对于经济学范式形成意义重大，如"剩余价值"之于马克思范式、"边际效用"之于新古典范式、"交易费用"之于新制度范式等。围绕核心概念展开的具体概念与之共同构成为概念体系。"经济范畴只不过是生产的社会关系的理论表现，即其抽象"[1]，中国经济学概念范畴的创新过程是一个随时代条件变化而对传统概念体系不断扬弃和由具体而抽象的过程，其基本构造路径有：(1) 赋予传统政治经济学概念（如资本、劳动、剩余价值）以新含义，拓展其内涵和外延的规定性；(2) 借鉴现代经济学能反映现代市场经济一般规律的概念范畴（如产权、竞争、完全信息、效用、消费者剩余、公共产品、交易成本、生产函数等）并将其中国化、本土化；(3) 根据中国经济新常态运行新特征，概括提炼出全新的概念范畴。概念范畴的产生，是一个"极其艰难地把各种形式从材料上剥离下来并竭力把它们作为特有的考察对象固定下来"[2]的过程，新常态经济学应在已有尝试性概念改造与展开的过程中去探究发现和规定新的概念的可行性，从社会主义经济运行和新常态中剥离出具有一般本质规定性的核心概念并依此构建起一个概念框架。在概念框架的形成过程中，需要注意基于统一的逻辑框架去把握其内涵和调整其外延，以保证概念框架的严谨性和自洽性。

3. 拓宽研究范围。新常态经济学以研究和揭示社会主义初级阶段经济制度结构和运行方式的基本规律为根本任务，但同时其研究对象不能仅限于生产关系本身。必须适应中国发展阶段性新特征，拓展其研究范围，特别是所有制结构的改革、经济体系结构的优化以及经济组织形式的创新，回答新常态下的新问题，如资源配置方式转换、经济增长动

---

[1] 《马克思恩格斯选集》（第1卷），人民出版社1972年版，第108页。
[2] 《马克思恩格斯全集》（第46卷下），人民出版社1980年版，第383页。

力转换、新常态制度基础、创新驱动和大众消费、经济福祉包容共享等,揭示出新常态经济发展的新规律,形成新的经济命题和论断。更进一步地,经济新常态折射出经济运行系统的新矛盾和新情况,经济发展中技术基础变化引致的经济活动组织形式变化、体制结构变化引致的微观组织运行机制调整和政府经济职能的优化、经济活动引致的经济效率效应、社会公正效应、环境与生态效应、社会福利效应、人的道德素质效应[①]等皆应纳入新常态经济学的研究范围。

4. 搭建体系结构。作为马克思主义理论体系最深刻、最全面、最详细的证明和运用,政治经济学与中国改革实践的创造性耦合,实现了对传统"苏联范式"和西方主流范式的突破和超越,形成了中国经济学理论体系结构的基本雏形。以"生产力→经济制度关系→经济体制关系→经济运行关系"为基本分析范式,突出"经济制度—经济体制—经济运行""三位一体"的整体理论架构,形成了"经济制度本质、经济体制改革、经济发展、对外开放"等主导型理论[②],并衍生出"经济本质论、基本经济制度论、分配理论、体制改革论、市场经济论、现代企业制度论、经济发展论、对外开放论、自主创新论"[③] 等理论板块。

中国经济改革的核心命题是实现社会主义基本制度与发展市场经济的结合,这是中国经济学范式理论体系所应遵从的逻辑主线。以此为核心主线,可将已有理论板块有效地契合起来,从而形成一个内在逻辑自洽的且与中国改革发展历程外洽的整体理论体系结构:(1)社会主义与市场经济的契合:微观基础。这一社会主义"微观经济学"应从市场主体结构角度厘清经济体制改革中微观单位(企业、居民、农户)主体财产权构建的脉络,构筑社会主义与市场经济结构性调适、功能性匹配、机理性融合的微观基础;(2)社会主义与市场经济的契合:宏观框架。这一社会主义"宏观经济学"包含着对社会主义经济运行的总量(结构)分析和宏观观察,蕴藏着政府与市场的关系边界、宏观经济结

[①] 刘诗白:《走向21世纪的新时期政治经济学研究之我见》,《学术月刊》1999年第3期。

[②] 顾海良:《中国特色社会主义经济学的时代篇章》,《经济理论与经济管理》2011年第7期。

[③] 张宇:《马克思主义经济学中国化的集中表现》,《学术月刊》2008年第3期。

构平衡和价值平衡以及经济增长与发展的基本命题；（3）社会主义与市场经济的结合：制度架构。制度分析（所有制、分配制度、社会体制）是在宏观和微观经济学之间搭建统一逻辑基础的关键性构件，可以有效弥合个体理性与社会理性、效率与公平、资源配置与可持续发展的二元裂隙，也是构筑宏观经济政策微观传递机制、统一不同利益主体（政府、企业、居民）的利益目标函数、实现资源配置在国家战略意识和市场竞争之间有效契合的最重要解释变量。

5. 革新研究方法。方法论是经济理论体系稳定范式形成的先导和标志，"经济学革命"的实质是经济学方法的革新[①]。应当看到，中国当代政治经济学者在自觉地吸纳现代西方主流和非主流经济学方法论的有益成分，而政治经济学方法论价值也逐渐被一些西方范式拥趸所认可，这就使得中国经济学范式构建具备了从分割走向融合的方法论基础，其方法论含义是以辩证历史唯物主义统摄科学主义、历史主义、达尔文主义和复杂性科学，政治经济学的研究方法与现代西方经济学的表达工具和检验手段结合起来，对其进行创造性融合：（1）坚持辩证法，善于运用洞察事物本质的思辨性思维和辩证逻辑来解释和把握中国经济改革实践的历时性特征和共时性结构；（2）运用科学抽象法，在"具体—抽象—具体"的思维行程中，"主体，即社会，也必须始终作为前提浮现在表象面前"[②]，提炼经济学话语体系的中国元素与社会蕴涵；运用逻辑与历史的方法，静态分析与动态分析相结合，局部均衡与一般均衡结合，重视经济系统的非线性和不确定性特质，导向于将经济系统和环境、认识主体和对象关系内生化，求解新常态经济复杂运行表象背后的内在结构和深层源码；（3）在处理好规范分析与实证分析、定性研究与定量研究关系基础上，尊重和借鉴西方经济学的先进形式逻辑思维和数理逻辑分析工具，在"假设真实性"的基础上，形成公理化的程式、规范化的术语表达以及精细化的学术结构，增强科学性和实践功

[①] 从思想史的角度看，"马克思主义经济学革命"的实质是以辩证法取代形而上学；"边际革命"的实质是以边际分析方法取代传统抽象演绎方法；"凯恩斯革命"的实质则是以总量分析取代个量分析，等等。

[②] 《马克思恩格斯选集》（第3卷），人民出版社1972年版，第433页。

能。同时审慎处理好经济学思想性与工具性的关系①。

总之,传统经济学理论与中国经济改革实践的内在逻辑张力衍生出了构建中国经济学范式的命题。中国经济学应在马克思主义观念范式统摄下,既推动马克思主义经济学的中国化,也促成西方经济学中科学合理成分的中国化,在开放竞争的复杂演化过程中,构建中国经济学的规则范式和操作范式,使中国经济学的现代化始终沿着科学的轨道前行。中国经济学理论体系和学术话语体系的构建,必须基于对现实经济世界判断的问题导向,顺应历史时代思潮变化趋势与学科发展方向来探寻经济学现代转向的路径,并同经济学知识系统之外的其他思想形态相契合,特别是与当代主流化的哲学观、方法论相适应。立地且顶天,方可增加经济学话语体系中的中国元素,变"学术话语逆差"为"学术话语顺差"。

在中国经济学范式建构的过程中,四川理论经济学学科无疑是其中的一支重要力量。从学科传承和历史渊源来看,著名经济学家、中国第一位《资本论》中译本的翻译者陈豹隐教授,著名红色教授彭迪先,中国经济史学科主要奠基者与创始人汤象龙教授等,为马克思主义经济学在中国的早期研究和传播开展了重要的开创性工作。著名经济学家刘诗白教授等理论经济学学科带头人,著述丰硕,在《资本论》、社会主义政治经济学、经济体制改革等方面进行了富有成就的研究和探索,为四川理论经济学学科的建设和发展做出了奠基性的贡献。新中国成立以来,一代又一代的四川经济学人,坚持为天地立心,为党和人民著述立学,为经邦济世建言献策,为推动马克思主义经济学的中国化而孜孜以求。

---

① 在经济学与数学关系上,学界争论焦点放在了经济学过度滥用数学上。但正如韦德·汉兹所说,数学在经济学中运用多或少不是问题的关键,其实质关乎"数学哲学"的问题:一方面,数学本身作为一个工具本身发展到什么程度需要探究;另一方面,数学之于经济学的特性和实质作用是什么才是问题的关键。

第一章 历史脉络[*]

新中国成立70年来,四川经济学界在中国共产党的领导下,紧密联系中国社会主义经济建设的伟大实践、服务社会,又在实践中发展自身,经历了一个从成长到壮大的过程。本章根据时代背景、社会需求,梳理四川理论经济学在各个历史阶段的学术研究重点、学术研究成果、学术交流、学术领军人物、学术阵地、学科建设和人才培养情况等的发展脉络。

一 新中国四川理论经济学的历史起点

19世纪中叶以后,西方社会科学理论和方法传入中国,直接推动了中国现代社会科学的兴起。19世纪末20世纪初,随着科举制的废除,新式学堂的建立,随着欧风美雨的侵袭,西方社会科学的一些学说和门类也传进了四川。清末推行"新政",直接促进了四川近代高等教育的兴起。光绪二十七年(1901年),清政府明令改书院为学堂。新式学堂开设经济、法律、军事、教育、地理、外语等新式课程。民国以来,各大学陆续开设经济学、政治学、社会学、历史学、考古学、民族学、人口学、人类学等新课程,并成立一些相应专业的系科。清末的新式学堂和民国初年开办的大学,为四川社会科学培养了一批最初的教学和研究力量。

五四前后,马克思主义学说也开始介绍和传入四川。以《新青年》

---

[*] 刘方健、徐志向:《新中国成立70年来四川理论经济学发展脉络》,《西华大学学报》(哲学社会科学版) 2019年第5期。

为代表的各种进步报刊纷纷在成都、重庆等地发行。李劼人等创办的少年中国学会成都分会机关刊物《星期日》，陆续发表了《俄国革命后的觉悟》《波尔雪勿克党的教育计划》《社会主义劳动问题》等文章。四川早期的马克思主义者王右木、吴玉章、杨闇公、袁诗荛等在成都通过各种方式宣传马克思主义。王右木等人在成都知识分子中组织了四川第一个以宣传和研究马克思主义为宗旨的"马克思主义读书会"。王右木、袁诗荛等创办的《人声报》周刊是四川第一份专门宣传马克思主义的刊物，在成都的马克思主义传播运动中起到了积极作用。

抗战爆发后，华北、东南的高校纷纷内迁西部。当时迁入四川的高校共52所，超过西部各省区高校的总和，其中设有经济学专业的全国一流高校有燕京大学、中央大学、复旦大学、武汉大学、金陵大学、光华大学等。此外，尚有内含有经济史学研究的中央研究院历史语言研究所和社会科学研究所等著名研究机构迁至宜宾李庄。内迁中的著名经济学家或在北平、上海、南京等地的川籍著名学者回川执教或从事研究的有马寅初、陈豹隐、卫聚贤、陶孟和、梁漱溟、杨西孟、彭迪先、胡寄窗等。一时之间四川经济学界人才济济，大师云集，极大地增强了四川经济学的教学和研究力量。

抗战时期四川的经济学研究机构和广大学者以抗日救亡的奋发精神，在非常困难的条件下坚持教学和研究，形成了一批重要研究成果。在经济学方面，除了基础理论研究外，还对抗战时期经济问题展开研究。重要成果有杨西孟等的《现阶段的物价及经济问题》、胡寄窗的《战时物价管理政策》、彭迪先的《实用经济学大纲》等。抗战胜利后内迁高校陆续返回原地，部分未返迁的学校和师生留在四川继续从事教育和研究，成为新中国成立后四川经济学界的骨干力量。

二 新中国成立后四川理论经济学的初步发展（1949—1978年）

（一）新中国成立初期指导思想的确立与学科布局的调整（1949—1956年）

1949年中华人民共和国成立，确立了以马克思主义、毛泽东思想为哲学社会科学的指导思想,明确了社会科学必须理论联系实际、为人民服务的方向。在对知识分子的"思想改造"运动中,马克思主义政治经济学与马克思主义哲学、科学社会主义成为各高校和各级党校的必修课,并相应地设有政治理论教研室,得到了极大地普及。对马列主义、毛泽东思想的研究也成为哲学社会科学的一个重要学科。

1952—1953年的"院系调整",按照苏联式的高等教育模式对综合性大学的系科加以调整,组建了一批新的专业学院。如以成华大学为主体,整合了当时西南地区17所院校的师资、专业组建了国家在全国四个布点之一的四川财经学。院系调整后,成都地区社会科学的构成主要为文史哲和经济等学科,重庆地区社会科学则以法学为主,另有西南师范学院的文史以及教育专业。1959年设立了中国科学院四川分院哲学社会科学研究所和民族研究所。1960年成都大学(现西南财经大学)设立了经济研究所。从研究力量的配备来看,四川财经学院是四川经济学的人才培养和科学研究的主要基地。

(二) 四川理论经济学在曲折中发展(1956—1978年)

1956年,党和政府组织制定了国家12年(1956—1967年)科学发展远景规划。其间,在广大经济学者的共同努力下,取得了一批重要的学术研究成果[1]。在这一历史阶段,经济学研究的重点和主要内容是社会主义改造和建设中的实践问题与理论问题。代表性的研究成果有:中共四川省委理论小组出版的《中国社会主义经济问题》;陈豹隐的《我对社会主义制度下商品生产与价值规律的看法》;彭迪先、何高箸的《货币信用论大纲》;王永锡、袁文平的《关于社会主义经济效果的实质》;刘诗白著述甚丰,出版有专著《原子能利用上的两条路线》《帝国主义殖民体系及其危机》,有研究帝国主义理论的论文《论帝国主义与战争》《资本主义农业也是国民经济的基础吗?》;有构建社会主义经济理论体系的论文《怎样理解劳动者的"积极性"与"创造性"》《论主观能动性与客观规律的关系》《再论劳动者的积极性》《略论按劳分

---

[1] 林成西:《成都社会科学发展概述》,《西南交通大学学报》(社会科学版)2006年第3期。

配》《论马克思列宁主义政治经济学的对象》《关于社会主义基本经济规律的一点意见》《关于简单再生产和扩大再生产的几个问题的探讨》《关于社会主义经济效果两个理论问题的初步探讨》《论农业是国民经济的基础》《试论社会必要劳动——兼答寒苇同志》《论社会主义农业扩大再生产的形式》《以农业为基础的道路是社会主义工业发展的康庄大道》《试论社会主义制度下的个体私有制经济残余》等。

三 四川理论经济学的复苏（1978—1985 年）

1978 年中共十一届三中全会恢复和重新确立了解放思想、实事求是的马克思主义思想路线，确定了以经济建设为中心，坚持四项基本原则，坚持改革开放的基本路线。中国社会主义进入了新的历史发展时期。党和政府高度重视发展经济学，四川省人民政府于 1984 年设立哲学社会科学优秀成果奖。经济学工作者以高度的时代责任感投身经济学事业，四川经济学亦由此翻开了新篇章。

在此期间，学科建设得到了空前发展。全省各高校逐渐恢复工作，科研、教学逐步走上正轨。四川财经学院自 1978 年复校后，当年即招收政治经济学专业本科生 83 名，此后又相继获取政治经济学、中国经济史硕士学位、博士学位授权点并于 1981 年开始招收硕士生、1984 年招收博士生。1979 年 6 月，四川省召开首次哲学社会科学规划会议，成立了四川省哲学社会科学学会联合会筹备组，1981 年正式成立四川省哲学社会科学联合会，担负起组织协调全省哲学社会科学工作者和各学科的工作，以及组织课题申报和考核的工作。1978 年 6 月由中共四川省委研究室与四川省哲学社会科学研究所组建了四川省哲学社会科学研究院，设有经济研究所。20 世纪 80 年代前期，四川经济学界恢复和新成立的学会和协会有四川省经济学会、四川省中国经济史学会、四川省中华外国经济学说史学会、四川省马克思主义经济学说史学会、四川省《资本论》研究会、四川省经济体制改革研究会等。随着经济社会文化的全面发展，各级党校、政府机构研究室等单位的科研人员也立足于部门经济学学术研究，服务于经济社会发展。

理论经济学对于四川经济体制改革的贡献，集中体现在两个方面。

第一，中共十一届三中全会召开之后，四川经济学界积极参与"真理标准"大讨论，促进了思想理论上的正本清源。四川经济学工作者解放思想，深入农村和城市企业调查研究，在报纸和刊物发表大量文章，从理论与实践、历史与现实、中国与世界的角度充分论证经济体制改革的必要性、紧迫性与合法性。第二，20世纪70年代后期，"包产"之举在四川农村风起云涌，走在全国前列，四川成为中国农村经济体制改革的源头之一：1978年，四川开始在部分国有企业试行扩大企业自主经营权的改革，四川又成为中国城市经济体制改革和国有企业改革的源头之一，1980年，四川广汉县向阳公社在全国率先摘下"人民公社"牌子，由此开启了改革中国农村政权政社合一体制的序幕。四川出现的这一系列开改革先河的创举，与四川经济学界所营造的有利于改革的理论氛围直接相关。随着经济体制改革的推进，成都还出现全国第一家"当铺"，这些新的经济现象涉及非常敏感的姓"资"姓"社"的理论问题。当对这些经济问题无法回避之时，就需要经济学从理论上给予回答。四川经济学工作者对改革面临的理论问题进行了大胆探索。如刘诗白的《社会主义所有制研究》、鲁济典的《论社会主义制度下劳动力的商品性》等，从中国社会主义现阶段的特征出发，提出了新的理论见解，对于排除经济体制改革的障碍具有积极作用。经济学研究为改革提供理论支撑的重要作用，已经开始鲜明地显现出来。

作为中国经济体制改革的前沿阵地，为促进学术交流和研讨，四川举办了一系列大型学术研讨会。1979年4月，四川省社科院和中国社科院工业经济研究所在成都召开全国经济管理体制改革理论与实践问题讨论会。1979年、1981年两次在成都举办价值规律全国学术研讨会。1981年，我国现阶段生产资料所有制结构问题讨论会在成都召开。1985年，全国经济效益讨论会在成都召开。1986年，四川省社会主义商品经济与思想政治工作理论讨论会在成都召开。到1985年，四川经济学已有一批高质量的学术成果问世。学术专著有：刘诗白的《社会主义所有制研究》、林凌的《四川经济体制改革》、唐洪潜的《农村劳动力转移研究》、曾康霖的《金融理论问题探索》、周振华的《中国人口状况与现代化建设》、吴忠观的《人口经济学概论》等。论文有：袁文平的《试论社会主义计划经济同社会主义市场经济的结合问题》、赵国良、郭元晞的《论国家与国营企业关系的二重性》，周春的《马克思的级差地租理论与社会主义制度下农产品价格的形成》等，这些高质量的研究成果在20世纪80年代的短短几年之内密集推出，表明四川经济学已经迅速复苏并焕发出一派勃勃生机。

1984年，四川省组织第一次哲学社会科学优秀成果评奖。在申报的1978年至1983年年底5年参评的4000项成果中，审定优秀成果奖758项，其中，荣誉奖7项、一等奖15项、二等奖111项、三等奖337项、四等奖295项。作为18个学科之一的经济学就获得了一等奖2项、二等奖42项、三等奖58项、四等奖26项，不仅获奖等级高，而且获奖的数量也超过了1/6以上。这是四川省第一次对哲学社会科学成果的集中检阅。集中显示了中共十一届三中全会以来四川社会科学取得的成就，也是四川省经济学逐步走上正轨的重要标志。

20世纪80年后期，学术氛围日益宽松，广大经济学工作者心情舒畅地投入科学研究。恢复高考后的部分大学本科、硕士、博士研究生源源不断地补充到经济学研究队伍之中，也加强了四川经济学的研究力量，老中青梯次结构逐渐形成。这个时期省级各类经济学学会数量迅速增加，这些学会分别组建于省内科研院（所）、高校、党校、党政部门。省社科联组织广大经济学工作者围绕不同时期党和国家的大政方针、社会生活中的热点问题，以及中国和四川经济社会发展中的重大问题等，将理论经济学研究成果向广大群众进行普及宣传。各市、地、州社科联也从各学科、本地区的特点和实际出发，广泛开展多种形式的理论经济学普及工作。可以说，80年代后期，四川经济学队伍兴旺，成果丰硕，科研与科普齐头并进，开始走向全面繁荣。

四 在促进改革与开放进程中发展（1985—1992年）

1984年中共十二届三中全会作出了关于经济体制改革的决定，城市经济体制改革全面推进，对外开放进一步发展。城市经济体制改革面临的问题和难度远远超过农村经济体制改革。改革开放中大量的实践和理论问题需要社会科学给予回答。经济研究成为四川社会科学的主战场，广大经济工作者思想活跃、敢于探索，为推动四川经济改革发挥了重要作用。

（一）国企改革研究对四川和全国产生重要影响

四川国有企业改革一直是整个城市经济体制改革的中心环节和每次改革的突破口。计划经济时代尤其是"三线"建设时期，国家在四川布点的大中型国有企业数量众多，四川国企改革任务非常艰巨。四川经济学界加强与企业的联系，密切关注国企改革实践，作了大量深入的调查研究，进行了艰苦的理论探索。四川省社科院、省体改研究所、省计经委经济研究所、西南财经大学经济研究所等研究机构多次与企业或省内市县联合召开针对国企改革的专题研讨会，共同探讨改革路径。四川经济学者提出了许多具有建设性创造性的理论观点。四川省社科院林凌研究员、重庆市社科院院长蒋一苇教授是中国国有企业改革理论和实现形式最早研究和开创者之一。林凌提出的国有企业自负盈亏论、从承包制到股份制、股份制是企业的财产组织形式、股份制是国企改革的目标模式、国有经济要退出竞争性领域、垄断部门改革、政府在改革中的双重角色等论点，在国企改革中产生了广泛影响。林凌的论文《股份制在国企改革中的地位和作用》被省政府批发给全省县级以上干部学习讨论，对四川股份制改革发挥了重要的推动作用。蒋一苇在1979年提出经济体制改革不仅仅是政府的简政放权和让利，而应当把增强企业活力，使企业成为自主经营、自负盈亏的商品生产者和经营者作为经济体制改革的中心环节。这一观点对国企改革的方向和重点提供了政策思路。林凌与蒋一苇一起，向国务院总理提出的在首钢进行大型国有企业改革试点的建议，得到采纳和推广，他们所建议的改革模式成为20世纪80年代国企改革的主流。四川的国企改革研究不仅对于本省而且对于全国也产生了重要影响。

（二）城市综合经济体制改革研究全面展开

这一时期四川经济学界围绕国有企业改革这一中心环节，将研究的视野扩大到与国企改革相联系的城市综合经济体制改革。研究的重点是宏观经济管理体制改革，包括流通体制、投资体制、财税体制、金融体制、价格体制，以及劳动就业、分配制度等多方面的改革。四川经济体制改革研究的广度和深度空前拓展，并且由关注各个单项改革到越来越重视各项改革的关联性和整体性的研究。城市综合经济体制改革的复杂程度和难度表明，改革已蹚过"摸着石头过河"的浅水区，正在逐渐进入面临问题更多更复杂的深水区。社会科学研究为四川改革"探路"的作用开始凸显出来。

面对经济体制改革在理论和实践中不断出现的新动向、新问题，四川经济学界开展了一系列重要的学术活动，探讨切磋，集思广益，不断总结改革经验，探索改革路径。1986年，四川省经济体制改革研究会成立，名誉会长顾金池、会长林凌。体改研究会组织学者不断总结改革实践，探讨社会主义经济体制改革的规律性问题和理论，提出适合四川省实际的体制改革模式、建议和方法。林凌、赵国良、郭元晞等的《中心城市综合改革论》，陈永忠的《中国社会主义股份制研究》等专著；林凌的《我国经济体制改革的目标模式和新体制的框架结构》，唐公昭、张大明、张煜等的《经济体制改革的回顾与近期深化改革的思考》，孔繁涛、何玉柏、李科等的《国家调控市场　市场向导企业——宏观管理与微观搞活有机结合模式探讨》，朱芬吉、顾培东、陈家泽等的《政府经济行为系列研究报告》，刘富善的《完善市场体系与发展生产资料市场》，胡安纮的《城市财政改革探索》，罗洵、杜永澎、胡正渝等的《改进我国投资计划分级管理的设想》等论文，是这个时期代表性的研究成果。四川学者们的理论探索对于推动四川经济体制改革的深入发展具有不可忽视的意义。

（三）区域经济研究强劲发展

四川地处西南内陆，在中国对外开放梯度推进战略中不具备区位优势。区域经济研究对于四川加快发展和缩小与东南沿海地区的差距，具有特殊的重要意义，受到中共四川省委、省人民政府和四川社会科学界的高度重视。

四川的区域经济研究，并非只是目光向内的封闭式研究，而是从一开始就将四川经济发展放在中国经济发展全局的背景之下加以研究。这种具有全局眼光的区域经济研究，在20世纪80年代就显示出强劲的发展势头。

1985年，四川省社科院发起西南地区社科院联合开展开发大西南战略研究。由云、贵、川、渝、桂四省五方社科院（所）联合成立开发大西南战略研究协作中心，联络处设在四川省社科院。四川省社科院先后牵头完成"西南内外部关系研究""西南三线建设调整改造战略""西南智力开发战略研究""中国西南经济区发展战略研究"等国家课题。1988年依据国家课题《长江上游地区资源开发与生态保护总体战略构想研究》的课题研究报告，开发大西南研究协作中心联合九三学社中央，向党中央、全国人大、国务院提出"关于建立长江上游生态保护和资源开发区的建议"，受到党和政府领导的重视。全国人大七届二次会议期间，全国人大常委会委员长万里批示：建议很好，拟可采纳。中共中央总书记江泽民于1989年做出批示，国务院主要负责同志提出了具体意见，并批转国家计委研究办理。该项区域经济研究的成果转化为党和国家决策的重要参考。刘茂才、王小刚主编的《流域开发战略研究——长江上游地区资源开发与生态保护的总体战略构想》，集中了该项研究成果的主要内容。

林凌于1985年在《天府新论》发表的《我国战略布局中的东西部结合问题》，同样体现了四川区域经济研究中的全局性思维特征。林凌针对当时实施的由东向西梯度推进发展战略，提出应实行东西部结合战略的观点。并指出随着东西部结合战略的实施，经济重点必然要向西部转移。西部应主动加强与东部的经济联系，积极开展对西部地区开发战略的研究，做好西部开发的前期准备工作，为中央做出战略决策提供依据。后来的历史发展印证了该项研究的前瞻性。

四川区域经济研究中的全局眼光，有利于对省内区域经济发展的准确定位。四川经济学界关于内陆地区对外开放的思路、路径、方法；四川具有比较优势的基础产业、支柱产业、先导产业的发展战略以及四川产业结构调整的主攻方向和突破口的选择；解决四川经济发展中存在的能源、交通、金融等突出问题的方法和路径；四川省内的区域性经济开发问题，包括丘陵山地等欠发达地区经济开发，少数民族地区经济开发等方面的研究成果，大都体现了从本地实际出发，在宏观经济发展中找准位置、扬长避短的思维特征，并在区域经济发展中发挥了重要作用。

唐公昭、漆先望、邹大鹏等的《四川省经济科技社会发展战略规划及产业政策研究报告》，辛文、蒙尊谭、高宇天等的《四川能源资源及发展战略》，林凌、李树桂的《四川——中国内陆大省的对外开放》等专著；杨继瑞的《试论西南经济区形成和发展的理论基础》等论文是这个时期四川区域经济研究的代表性成果。

五 在促进改革与开放进程中走向繁荣（1992—2000 年）

1992 年年初邓小平南方谈话，对一直困扰理论经济学界和改革实践的部分争论做出正确判断，进一步解放了人们的思想，为中国改革开放注入了新的活力，成为经济学界攻坚、冲破僵化思维的强大动力。1992 年党的十四大提出建立社会主义市场经济体制改革目标。于是，探索改革路径，突破旧的体制机制束缚，推进各项改革事业深入发展，成为经济学界面临的最为紧迫的任务。理论攻坚成为这个时期四川经济学研究最显著的一个时代特征，四川省积极整合经济学研究资源，加强理论攻坚的科研力量配备，改善科研条件与科研管理，用社会科学规划课题等科研管理的杠杆作用，引导经济学工作者开展广泛深入的研究，为改革发展的大局服务，形成了一大批高质量的研究成果。在此过程中提升了研究队伍的整体素质，促进了四川经济学的全面繁荣。

（一）中国特色社会主义理论研究形成新高潮

1992 年党的十四大报告为邓小平建设有中国特色社会主义的理论下了完整的科学的定义。1994 年"四川省邓小平同志建设有中国特色社会主义理论研究中心"成立（党的十五大后更名"四川省邓小平理论研究中心"），这是全国各省最早成立的邓小平理论研究中心。

1997 年 9 月党的十五大以后，理论界对邓小平理论形成和发展过程进行了深入的探讨和研究，从多个角度和层面研究邓小平中特理论的深刻内涵，并研究党的第三代领导集体对邓小平理论的丰富和发展。这个时期值得注意的重要成果，专著有：毕剑横、刘平斋、姜忠等的《毛泽东思想史》，刘德骥、周治滨的《建设有中国特色社会主义通论》，四川省委党史研究室的《邓小平对毛泽东思想的新发展》，刘平斋、姜忠的《邓小平与当代中国道路》，肖百冶、张星炜的《毛泽东、邓小平社会主义建设理论比较研究》，卫忠海、罗庆华的《邓小平政策观研究》，李杰等的《三代领导核心的强国路》，杨先农等的《邓小平理论发展史》，李济琛的《建设有中国特色社会主义理论研究》等。论文有：康电的《市场经济与社会主义基本制度结合若干矛盾的探讨》、杨先农的《党的十一届三中全会前后邓小平大思路的几个特点》、管文虎的《邓小平社会主义发展动力新学说探析》等。这些研究成果的问世，标志着这个时期四川经济学界研究"中国特色社会主义理论"高潮的出现。

（二）开展建立社会主义市场经济体制的理论研讨

四川省经济学界紧紧围绕社会主义市场经济问题，开展了一系列理论研讨活动。1992年4月，《经济学家》杂志社等单位联合召开"深化改革经济理论座谈会"，会议达成共识，认为推进市场取向改革是近期深化改革的关键，市场取向是建立新经济体制的基础设施。四川省社科联、四川大学、西南财经大学等单位于1993年4月在温江召开"四川省社会主义市场经济理论讨论会"，把市场经济新体制的建立同解决当前经济建设和经济生活中的突出矛盾、突出问题结合起来进行研究，提出了建立社会主义经济体制亟待解决的若干问题的思路、途径和办法。

这个时期经济理论工作者对计划经济体制转变为社会市场经济体制的相关问题进行深入的理论探索，形成了一批代表性的研究成果。专著有：姜凌、傅泽平、龙德灿等的《现代市场经济的基本运作与社会主义市场经济体制的构建》，杨海清、雷启荣、宋明等的《市场经济体制下的农村改革》，周继尧的《市场经济条件下的政府领导行为》，郑卫国、刘莎、梁光晨等的《社会主义市场经济与现代企业管理》，赵昌文、程民选、郭晓鸣等的《现代市场经济导论》等。论文和调研报告有：杨钢的《关于体制转变中若干根本性问题的思考》，宋玉鹏、李少宇、罗仲平等的《四川民营经济发展若干问题研究》等。这些理论探索对于理清改革思路，明确改革路径具有积极作用。

（三）理论研究助推国企改革攻坚

1993年11月，中共十四届三中全会确定建立现代企业制度是我国国有企业改革的方向。为贯彻中共十四届三中全会精神，四川省委、省政府在全省选择部分企业进行建立现代企业制度试点工作。四川省经委、体改委、社科院、西南财经大学的经济理论和实际工作者深入成都、自贡、乐山、内江、绵阳等城市的一些大中型国有企业进行调查，制订改革试点方案，为四川省委、省政府起草《关于建立现代企业制度实施意见（12条）》提供参考。四川省社科院提出的《关于在少数有条件的试点企业中进行探索国有资产经营公司作为投资主体试点的建议》，被四川省政府采纳并决定试行。

随着改革的不断深化，国有企业体制方面的深层次矛盾逐渐显露，有关国企改革的理论研究和改革实践都逐渐指向国有企业产权制度这个核心问题。这是建立现代企业制度无法绕开的一个理论问题。能否在这个问题上有所突破，直接影响到国企改革的推进。1993年，西南财经大学刘诗白教授出版了国内第一部系统研究产权基本理论的著述《产权新论》。刘诗白早在20世纪80年代中期就重点研究社会主义的产权理论，走在中国产权理论探索的前列。《产权新论》是他经过数年探索初步形成的理论体系。该书运用马克思主义基本原理，从中国现阶段社会主义特征出发，提出了市场经济条件下两个"两权分离"的必然性、国企改革重点是法人财产权的建立等独创性观点，对中国全方位推进企业制度的改革具有重大的现实指导意义，在国内产生了重大影响。

在理论研究助推国企改革攻坚过程中，四川经济理论界始终密切关注改革中出现的新动向、新问题，及时加以研究。1995年，林凌、刘世庆的专著《产权制度改革与资产评估》进一步明确了产权界定的必要性，分析了企业资产评估的理论、目的，中国企业资产评估构建的方法、机构与市场建设等，以及产权制度改革下国有资产的管理。1999年，赵一锦、刘军、张宁俊等的专著《国有资产流失研究》，针对国有企业产权制度改革中出现的国有资产流失问题，明确地提出了国有资产流失的内涵界定及国有资产流失的依据，为鉴别和处置国有资产流失提供了可靠的理论和现实依据。并首次在中国学术界系统地提出了国有资产流失价值的定量计算原则、方法和方式，使国有资产流失价值的计算成为可以操作的行为①。

随着国有企业改革不断深化，企业原有的社会功能被剥离出来，需要启动劳动就业、住房、医疗、社会保险体制改革予以配合，改革呈现出整体推进的态势。四川经济学界针对建立适应社会主义市场经济体制的劳动就业和社会保障体系的问题，进行了广泛深入的社会调查和理论研究，提出改革路径和各项具体的对策建议。这些研究对于保障现代企业制度改革的顺利推进，发挥了积极的作用。

这个时期，为了适应经济学发展的需要，相继新建或改建、扩建了一批学术研究机构。西南财经大学于1993年成立应用统计研究所。四川计划经济委员会计划经济研究所于1999年改建为四川经济发展研究院。下设经济研究所、社会发展研究所、区域发展研究所、投融资研究所、市场情报研究所、企业发展研究所等部门。截至2000年以前，省内成都、重庆、绵阳、宜宾、广安、泸州、自贡、乐山、攀枝花、广元、德阳、遂宁、雅安、内江、南充、达州、巴中等城市相继建立市级社会科学界联合会。省市两级社科联作为各级党委、政府领导下的具有一定行政管理职能的学术性人民团体，充分发挥了党和政府联系社会科学工作者的桥梁和纽带作用。在省社科联的指导下，新建立的市级社科联积极整合行政区划内社会科学资源，组织多形式、多层次、多方面的学术探讨、调查研究、决策咨询，并编制各地社会科学研究的规划，设立和批准社会科学规划课题，组织社会科学的申报和课题管理，并组织各地社会科学普及工作，对于推动全省各地经济学的发展起到了重要作用。省社科联组织的四川省社科评奖工作逐步进入规范发展的阶段。这期间开展了第五、第六、第七、第八次评奖工作。进一步细化了四川省社科评奖工作实施细则，政府奖项数确定为200个。1992年第五次评奖中首次确立了评委实行回避制度，1996年第七次评奖中新增设了四川省社科界优秀成果奖项。评奖标准不断改进和完善，逐步形成了相对稳定的评奖机制。在学科建设、人才培养方面，1997年西南财经大学获准建设"国家经济学人才培养基地"。

---

① 赵一锦等：《国有资产流失研究》，西南财经大学出版社1999年版。

六 新的历史发展时期（2000—2005 年）

随着中国改革开放事业的发展，2001 年 8 月，中共中央总书记江泽民强调指出哲学社会科学与自然科学一样重要。2004 年 1 月《中共中央关于进一步繁荣发展哲学社会科学的意见》，提出了繁荣发展哲学社会科学的指导方针和目标，中共四川省委也相继制订了具体落实的文件，成立了协调小组，增加了投入。四川经济学由此也进入了一个大发展的新阶段。

首先是一批社会科学研究机构通过机制体制创新得到发展和增强。2000 年 2 月，西南财经大学金融研究所与中国人民银行金融研究所以合作建设、合作研究的方式，组建了西南财经大学中国金融研究中心。这个具有新型机制的实体性科研机构于同年 9 月被正式列为教育部人文社会科学百所重点研究基地；2000 年 6 月，西南财经大学成立中国西部经济研究中心。以西部区域经济和人口、资源、环境协调可持续发展作为研究重点。该中心同时还具有培养区域经济学，人口学，人口、资源与环境经济学的硕士和博士研究生的功能。

进入 21 世纪以来，除《经济学家》《财经科学》《社会科学研究》《天府新论》《农村经济》《经济体制改革》以及各高校学报等传统学术阵地外，网站成为四川社会科学的新兴阵地和新的管理手段，是这个时代的一个显著特色。2004 年 12 月 31 日，"四川社会科学在线"网站正式开通。该网站由四川省社会科学院与四川省社会科学界联合会主办，设有社科动态、热点关注、马克思主义中国化、四川经济社会发展研究、社科规划等 20 多个栏目。与传统学术刊物相比，网站具有信息量巨大、更新和传递迅速及时，以及互动交流等显著优势，不仅使四川社会科学阵地显著扩大，而且在社会科学事业宣传、管理方面的功能更加强大。继四川社会科学在线开通之后，成都市社会科学界联合会、成都市社会科学创办的成都社会科学在线网站，以及泸州社科网站、绵阳社科网站也相继开通。在此前后，四川各高校也创办了校园网，并开辟了社会科学网页。四川社会科学与时代潮流同步进入了网络时代。

进入 21 世纪以来，四川经济学界对邓小平理论研究更具理论性和系统性，并且注意研究党的第三代领导集体对邓小平理论的丰富和发展。2003 年以后，又将邓小平理论与科学发展观的研究有机联系起来。在这一领域取得的突出成就，主要体现在四川省社科院课题组集体撰写的三部学术成果：《邓小平理论史》《党的第三代领导集体对邓小平理论的实践与创新研究丛书》《马克思主义中国化研究》。此外，还有李学明的专著《邓小平非公有制经济理论研究》、冉昌光的《科学发展观与共同富裕》等。

进入 21 世纪以来四川经济理论研究的新进展突出表现在理论创新成果显著。首先，成都大学副校长张其佐于 2002 年在《文汇报》发表《第六次产业革命是否即将来临》，分析了自工业革命以来世界经济有规律性变动的五个长周期，提出在 21 世纪上半叶，最有可能成为主导产业的将是延长人类生命周期的产业，以生物产业为主导的第六次产业革命即将到来。这个观点引发了全国经济学界、生物学界及社会各界的广泛讨论，引起了四川省委、省政府的重视，并将生物技术产业作为全省科技产业的"一号工程"。其次是形成了西部大开发走可持续道路的研究思路。世纪之交，党中央作出了开展西部大开发的战略决策。自 20 世纪 80 年代中期林凌提出西部地区应做好开发的前期准备为中央作出战略决策提供依据以来，西部地区终于迎来了重大的发展战略机遇期。作为四川社会科学优势学科之一的区域经济研究，立即将西部大开发作为研究的主攻方向。四川社会科学界召开了一系列理论研讨会，深入研究国外在区域开发中的经验教训，研究 90 年代后期亚洲金融危机爆发后的国内外经济形势，以及中国在连续多年经济高速发展过程中所积累的环境、能源、经济结构等方面的问题，逐渐形成四川在西部大开发中必须走可持续发展道路的理论共识和基本思路。代表性研究成果有：杜受祜的专著《环境经济学》提出建立西部地区环境补偿机制等实现西部经济大开发与环境大保护相结合的决策建议；杨明洪、杜伟的专著《退耕还林（草）利益补偿机制研究——以长江上游地区为例》提出加快建立退耕还林草补充机制的建议。四川在全国率先启动退耕还林草工作和天然林木保护工程，建设长江上游生态屏障，在西部大开发中走上经济发展与环境保护相统一的路子，体现了理论研究的积极作用。经济学界还加强了在西部大开发中实现经济增长方式转变的研究，探索经济社会可持续发展的具体路径。袁文平、赵磊、李萍等的《经济增长方式转变机制论》；杨继瑞、杨明洪的《农业增长方式转型研究》等是这个时期理论探索的代表性成果。

提出了建立成渝经济区的发展思路。重庆直辖后，川渝经济关系重新调整和共谋发展的主题，成为四川区域经济研究的重要内容，也是西部大开发的重要内容。林凌主持完成了国家发改委"十一五"规划招标课题"成渝经济区发展思路研究"，提出了成渝经济区发展思路的七点策略和行动计划。此项研究成果对国家决策层和成渝两地产生了重要影响。

率先提出统筹城乡发展的研究思路，探索破解"三农"难题的具体路径，是这个时期四川社会科学界面临的一项重大课题。20世纪90年代中期以来农村发展慢、农业持续徘徊、农民增收困难的现象，逐渐成为制约整个经济社会继续发展的"瓶颈"。四川作为农业大省，"三农"问题对于全省大局至关重要。四川理论经济学界经过数年探索，逐渐形成必须跳出农村看农村问题，通过城乡一体化破解"三农"难题的思路。成都市于2003年在全国率先实施了统筹城乡发展的改革举措，为后来统筹城乡改革上升到国家战略层面做出了有益的前期探索。

七　以科学发展观引领学术研究（2005—2012年）

2002年11月召开党的十六大，提出了全面建设小康社会，加快推进社会主义现代化，为开创中国特色社会主义事业新局面而奋斗的宏伟目标，中共十六届三中全会提出了坚持以人为本，树立全面、协调、可持续的发展观，促进经济社会和人的全面发展的科学发展观，2007年10月，党的十七大对科学发展观的时代背景、科学内涵和精神实质进行了深刻阐述，对深入落实科学发展观提出了明确要求。四川经济学界以此为指导进行学术研究、学科体系建设，学术观点创新，并紧密围绕四川经济建设中急需解决的重大问题，组织开展形式多样的学术活动、学术交流活动，极大地活跃了学术氛围，使全省理论经济学富于生机、充满活力。

首先是围绕一系列重大历史事件或重大历史纪念日，开展学术活动。如围绕邓小平同志100周年诞辰、陈云同志100周年诞辰、改革开放30周年等，举行研讨会、座谈会、专题报告、专家讲演等。

其次是在基础理论研究、学科建设方面，推出了优秀成果。刘诗白2005年出版著作《现代财富论》，对现代社会财富的性质、结构、源泉和加快财富创造的经济机制和规律等问题进行了全面论述，对劳动价值理论进行了新的探索。强调科学知识在当代社会财富创造中的决定性地位和作用，强调市场机制是推动科学知识产品向物质生产转化的最有力机制。学术界普遍认为本书对劳动价值理论有创造性的发展。

再次是为四川经济发展的应用对策研讨蓬勃发展。分别举行了"推进四川新型工业化""统筹四川区域经济发展""全民创业""四川藏区经济社会协调发展""彝族地区社会经济可持续发展""发展四川旅游""构建和谐四川系列研讨""三农问题""文化产业发展""加快我省城镇化建设""建立健全城乡一体的社会保障体系"等专题研讨，加强了对完善社会主义市场经济体制实践中的新情况、新问题的研究，为实现四川跨越式发展积极建言献策，出版了一批成果，得到党政领导的重视。

最后是积极为抗震救灾和灾后重建做贡献。2008年"5·12"汶川地震灾害发生后，四川经济学界积极组织课题研究和学术研讨，为灾后重建提供对策建议，努力为抗震救灾、重建家园贡献力量。上报《汶川大地震后四川旅游业恢复重建若干难点问题的对策建议》和《在灾后重建"龙门山生态文明建设试验区"的建议》两个专题报告得到了中央领导高度重视。

2010年9月，西南财经大学成立马克思主义经济学研究院，为学校专门成立的"学科特区"。研究院由学校直接领导，为开放式、非实体性学术研究机构。研究院聘请了刘诗白、卫兴华、吴宣恭、何炼成、张卓元、赵人伟、黄范章、袁恩桢等国内著名经济学家出任高级学术顾问，并成立了由南开大学原副校长逄锦聚担任主任委员、由顾海良、洪银兴、刘伟、林岗、黄泰岩、张宇、刘灿、丁任重、杨继瑞、宋冬林、简新华、白永秀、史晋川、石磊、李萍、林木西、范从来、赵晓雷、黄少安等国内20位著名经济学家组成的院学术委员会。

四川经济学界还参与了向省委省政府提供《重要成果专报》的工

作。2006年12月13日,刘诗白教授在中央调查组专家座谈会上就有关于经济高增长中实行投资、消费共同拉动和搞好市场、政府双重驱动的发言,2010年11月8日,他关于在增长质量提高基础上求发展的意见,皆被收入四川省哲学社会科学研究项目重要成果专报。

此外,四川经济学界还积极组织国家社科基金课题的申报和省社科规划课题的专项立项工作。参与重大委托课题首席专家负责制和重大课题招标制。参与评选社科优秀成果奖。参与开展城乡社科普及联动活动,如天府"人文讲坛",而西南财大专门建有"光华论坛"。联合有关单位在为陈豹隐、汤象龙、彭迪先、林凌、刘诗白等经济学家祝寿之时举行其学术思想研讨会,让这些知名经济学家严谨的学风、精深的学术思想,在经济学界乃至社会各界发扬光大。积极推荐优秀人才。1999—2005年,四川经济学界共评选出刘诗白、王叔云、林凌、杜肯堂、丁任重、杨继瑞、吴忠观、何泽云、张泽荣、赵国良、曾康霖、林义、杜受祜、陈永忠、刘灿、刘家强、王国清、李天德、侯水平、涂文涛、王裕国、卓志、胡小平、赵磊等20多名"四川省学术带头人"。其中,赵国良荣获"四川省杰出创新人才奖"。

在这一历史时期,第十五届(2010—2011年)四川理论经济学界产出的高质量研究成果如下所示。

四川省社科院郭晓鸣等的《农村土地流转中的若干重大问题与政策研究》。通过对农村土地流转数据的收集整理,以及问卷调查、案例访谈、实地踏勘等方法,对全国和四川农村土地流转的若干重大问题及政策进行了专题研究,对推进农村土地有效有序流转和农业现代化进程起到了显著作用,在国内产生了重要影响。

四川省体改委组织的《中国特色新型工业化道路研究》通过对工业化理论的解读,提出了立足国情,中国特色工业化的战略创新;立足可持续发展,新型工业化道路的根本要求;立足信息化,新型工业化的内核;立足技术创新,新型工业化的原动力等。

西南财经大学李萍等的《统筹城乡发展中的政府与市场关系研究》围绕统筹城乡发展中若干理论与实践问题,特别是政府与市场作用及其关系问题,先后通过投标、接受委托等形式由本人主持、课题组主要成员参与,承担并完成了成都市、区四个相关研究课题。

四川大学徐玖平等的《循环经济系统论》针对循环经济实践所要解决的复杂系统问题，综合运用系统动力学模型和循环经济的可计算一般均衡模型，总结提炼循环经济模型的技术体系，从整体上构建循环经济一般问题的求解框架；结合循环经济实践涉及的实际问题特性，寻找实现循环经济的技术支撑基础，选择典型循环经济的技术模式，为各层面的循环经济实践提供了可操作的、极具参考价值的循环经济工程化示范。

西南财经大学刘锡良等的《中央银行的金融危机管理：基于货币契约论的分析视角》提出：金融的发展在促进全球经济增长的同时，也给世界各国特别是发展中国家带来了巨大的风险。世界金融发展史表明，无论是发达国家还是发展中国家，在经济开放的过程中很少能够避免金融危机的爆发，经济发展通常伴随着风险的形成与积聚，金融风险积累到一定程度后，将严重影响到一国的金融安全。

八 中国特色社会主义进入新时代的学术研究（2012—2019年）

2012年党的十八大提出了为全面建成小康社会而奋斗。2017年党的十九大提出了决胜全面建成小康之社会。标志着中国特色社会主义进入新时代。在这7年，四川经济学界紧密围绕这一时代使命，把加快马克思主义经济学理论创新、转变经济发展方式、改善民生问题、建设资源节约型、环境友好型社会、进一步深化改革开放、建立扩大消费需求长效机制、全面建成小康社会的评价指标体系、新一轮西部大开发与大开放关系问题、加快四川新型城镇化进程，推进城乡统筹发展等问题的研究等作为主攻方向。2012年陈昌智的"经济发展大辞典"、2013年彭克强的"我国农村金融改革与农村金融制度创新研究"、2015年朱方明的"深度贫困的结构性分布与高质量退出研究"分别获得当年国家社会科学基金重点项目资助。

在这一历史时期，第十六届（2012—2013年）四川理论经济学界产出的高质量研究成果如下所示。

四川大学李天德等的《世界经济波动理论》（第1卷）对国内外已

有的经济周期理论进行了系统梳理,讨论了"新经济"背景下涌现的经济周期理论与世界经济周期理论;然后,采用了实证分析的方法对世界经济周期性与非周期性波动的生成机制、传导机制与国际协调机理进行了分析,并从分析"弱相关性"时期经济波动和金融传导的相关程度入手,得出了世界经济的发展趋势必将是世界经济发展与金融传导的一体化,最后,分析了世界经济波动与国际贸易之间的关系[1]。

西南财经大学林义等的《统筹城乡社会保障制度建设研究》立足于中国城乡社会保障改革发展实践,系统借鉴国际经验,创新性研究城乡统筹社会保障体系的理论前沿、制度框架、机制设计及关键政策问题,探索中国创新社会保障长效机制的制度模式,可持续发展的社会保障资金需求和资金保障机制及管理体制。该著作力求从经济、社会、文化等多因素的制约和互动中,创新性地研究覆盖城乡居民社会保障制度设计思路,探索可持续发展的制度框架及政策思路,为中国统筹城乡社会保障发展提供决策支持[2]。

四川大学蒋永穆等的《中国特色农业现代化道路研究》分析了中国特色农业现代化面临的机遇和挑战,总结了各种典型国家和地区在不同发展阶段推进农业现代化的一般规律和特殊经验,对中国特色农业现代化道路的基本特征和科学内涵予以了界定,总体上把握了中国特色农业现代化道路的一般规律及其特殊路径,提出了中国特色农业现代化的总体政策体系和框架。这些研究成果对实现中国农业现代化具有重要的借鉴意义。

四川大学邓玲等的《我国生态文明发展战略及其区域实现研究》明确了中国生态文明发展战略中的基本理念、奋斗目标、发展方针、建设内容和实现路径,提出建设美丽中国和走向社会主义生态文明新时代的宏愿。

在这一历史时期,第十七届(2014—2015 年)四川理论经济学界产出的高质量研究成果如下所示。

西南财经大学曾康霖等主编的《百年中国金融思想学说史》。金融

---

[1] 李天德:《世界经济波动理论》第 1 卷,科学出版社 2012 年版。
[2] 林义编:《统筹城乡社会保障制度建设研究》,社会科学文献出版社 2013 年版。

学科源远流长。中国的金融学科建设有着自己的曲折萦回之路。东方、西方的古圣先贤都有蕴含着金融真知的至理名言。中国先秦、汉初诸子有关货币金融的见解透彻、精辟，至今依然熠熠生辉。但是，社会的长期停滞，后人只会反复引述古训而踏步不前。西方却在走出中世纪之后，伴随着现代经济的萌生，逐步形成了服务于现代经济的经济学。19世纪马克思的《资本论》面世，其中金融理论占有极其重要的地位：有对环绕货币诸古老命题的透辟论证，也有对金融危机、资本市场等的探索和瞻望。许多论点的历史的穿透力无不令人折服[①]。

西南财经大学刘灿等主编的《完善社会主义市场经济体制与公民财产权利研究》。党的十八大明确提出：全面建成小康社会，全面深化改革开放。著作认为：要实现这"两个全面"的目标，关键是推动"两个加快"，即加快完善社会主义市场经济体制，加快转变经济发展方式。必须不失时机深化重要领域改革，坚决破除一切妨碍科学发展的思想观念和体制机制弊端，处理好政府和市场的关系，实施更加积极主动的开放战略，增强发展的动力与活力[②]。

在2019年庆祝中华人民共和国成立七十周年之际，四川省人民政府第十八届（2016—2017年）哲学社会科学奖评审出的优秀成果有由民建中央主委陈昌智主编的《经济发展大辞典》（工具书）。一等奖有西南财经大学毛中根等的《我国文化消费提升路径与机制研究》（研究报告），刘灿等的《中国特色社会主义收入分配制度研究》（专著），刘锡良等的《防范系统性和区域性金融风险研究——基于金融适度分权的视角》（研究报告），四川师范大学杜伟等的《农村宅基地"三权分置"改革研究与建议》（研究报告）。

在这一历史时期，四川理论经济界的重大历史事件还有2017年刘诗白荣获吴玉章人文社会科学终身成就奖。刘诗白教授长期致力于马克思主义政治经济学的理论探索：在社会主义产权理论、转型期经济运行机制、国有企业市场化改革、金融体制改革及现代财富理论等方面进行

---

① 曾康霖、刘锡良、缪明杨主编：《百年中国金融思想学说史》，中国金融出版社2011年版。

② 刘灿：《完善社会主义市场经济体制与公民财产权利研究》，经济科学出版社2014年版。

了大量卓有成效的研究，其研究成果和学术思想对中国社会主义市场经济体制的构建和完善起到了很大的推动作用，也对中国社会主义经济学理论发展做出了突出贡献。他是较早提出社会主义所有制多元性的学者之一和中国社会主义市场经济理论的先驱研究者。他发表的大量有关社会主义产权制度的论文和专著，其系列独到的见解被称为中国三大产权理论流派之一。1985年他在全国人大提出建立货币委员会和1990年提出"缓解市场疲软十策"等提案，引起决策部门的高度重视并采纳；1988年他提出银行企业化改革的设想已成为中国金融体制改革的现实。由刘诗白任主编之一的《评当代西方学者对马克思〈资本论〉的研究》获1990年孙冶方经济学奖和1992年吴玉章奖。专著《社会主义商品生产若干问题研究》《社会主义所有制研究》《产权新论》《现代财富论》曾分别获四川省1984年、1986年、1994年、2005年哲学社会科学优秀成果一等奖。论文《改变中国命运的伟大战略决策——论中国构建社会主义市场经济的改革》获中央纪念党的十一届三中全会三十周年论文奖。2008年被推选为四川省改革开放三十年十大风云人物。2009年被推选列入《影响新中国60年经济建设的100位经济学家》。2017年荣获"四川省社会科学杰出贡献专家"荣誉称号。刘诗白也是一位优秀的教育家和党的忠诚的教育工作者。1984年他被国务院学位委员会批准为政治经济学博士研究生导师，1989年被评为全国教育系统劳动模范[1]。在从事高等教育工作的生涯里，他一直坚守在教学岗位，讲授政治经济学、外国经济史、当代资产阶级经济学说等课程，培养了一大批在各行各业表现优异的社会英才。他坚决贯彻党的教育方针，着力经济学基础学科建设，在培养学术梯队，开展国际学术交流、促进科学研究等方面取得了显著成绩。作为一名教育家和教育工作者对学校发展、对国家经济学学科建设和人才培养做出了重要贡献。2017年，中共四川省委宣传部计划编辑出版《刘诗白文集》13卷17册，列为四川省纪念改革开放四十周年的重点出版图书，并于2018年12月22日在北京民族文化宫举行了隆重的出版发行仪式。

---

[1] 《刘诗白获中国人文社科领域最高荣誉 100万奖金全部捐赠西南财大》，人民网，http://sc.people.com.cn/GB/n2/2017/1013/c379469-30829047.html。

在研究机构设置方面，2017 年 3 月，中共中央宣传部下发文件，批准西南财经大学经济学院承建"全国中国特色社会主义政治经济学研究中心"，全国仅有 7 家高校和研究单位获此资格，西南财经大学为中西部地区唯一一家。2018 年 3 月 13 日，为布局实验经济学、行为经济学、行为金融学这一世界前沿学科和交叉学科，西南财经大学成立中国行为经济与行为金融研究中心，该中心是校级中心和平台，组织人事关系挂靠经济学院。

在学科建设方面，2013 年 1 月 29 日，教育部学位与研究生教育发展中心正式发布《2012 年学科评估结果》，西南财经大学理论经济学位于全国第 13 位。在 2017 年全国第四轮学科评估中，西南财经大学理论经济学获得 B + 级，四川大学理论经济学获得 B 级。

第二章　学科建设[*]

新中国成立初期，四川对理论经济学专业人才培养的层次仅限于本科，个别院校开设属于教师进修提高性质的研究生课程进修班。1980年国家恢复学位制，开始培养具有研究能力的学士、硕士、博士，推动着经济学学科建设的发展与研究力量的壮大。

一　学科内涵与人才培养层次

在中国，经济学是一门以马克思主义经济学为指导，研究经济的社会形态的发展规律的学科。以论述经济学的基本概念、基本原理及经济运行和发展的一般规律，探索人类社会经济发展的历史及其相应的经济思想的发展历史，通过对经验现实的抽象分析和整体综合实现对经济规律及其基本性质的探索，以对经济体制和经济运行进行具体的、实际的分析和解释提供理论基础和理论体系。该学科包括政治经济学，经济思想史，经济史，西方经济学，世界经济及人口、资源与环境经济学等研究方向。

---

[*] 国务院学位委员会第六届学科评议组：《学位授予和人才培养一级学科简介》，高等教育出版社2013年版；历年学科调整与专业目录调整：《中国学位授予单位名册》：国务院学位委员会办公室编2001年版；《四川省统计年鉴（1987—2018）》；学位与研究生教育者中心、四川省教育厅相关文件；《四川大学史稿第二卷》四川大学出版社2006年版；《成电50年》电子科技大学出版社2006年版；《西南财经大学志（1952—2002）》西南财经大学出版社2002年版；四川大学经济学院：http://sesu.scu.edu.cn/；西南财经大学经济学院：http://econ.swufe.edu.cn/；电子科技大学马克思主义学院：http://www.my.uestc.edu.cn/；西南交通大学经管学院：https://glxy.swjtu.edu.cn/；四川农业大学经济学院：https://jjxy.sicau.edu.cn/等相关网络资源。

经济学的人才培养分为学士、硕士、博士三个层次：无论各个层次的人才培养，其总体要求皆是培养德、智、体、美全面发展经济学方面的基础人才。培养具有坚定正确的政治方向，拥护党的基本路线和方针政策，热爱祖国，遵纪守法，具有正确的世界观、人生观和价值观。具有科学严谨的学习态度和基本的学术修养。但在具体目标方面，有层次上的差异性。

1. 学士学位

本科生的具体培养目标包括：理解和掌握马克思主义经济学理论和中国特色社会主义经济理论体系中的基本观点、基本方法和基本理论。全面掌握西方经济学的基础理论知识，了解本学科的基本研究方法，能够阅读本学科的研究成果和资料。至少掌握一门外语，能够阅读本专业外文资料，具有良好的心理素质和道德修养，具有较强的创新和实践能力。

2. 硕士学位

在硕士学位培养层面，培养具有较为扎实的经济学理论基础和基本功底，知识面宽、结构合理，具有一定独立研究和实践能力的中等层次的专门人才。具体培养目标包括：系统掌握马克思主义经济学理论，具有扎实的专业理论知识；较为完整地理解并把握经济思想发展的历史脉络，理解经济学发展历史上形成的重要理论观点，较为全面地掌握西方经济学理论和其他经济学知识，了解经济学发展的前沿及其趋势；对于国内外经济理论和经济实践中的重大问题有较清楚的了解；了解本学科国内外学术动态，有从事学术研究的基本能力，能够独立进行科学研究。能够运用现代经济分析方法和技术研究理论和现实问题；至少较为熟练地掌握一门外语，能够熟练地阅读本学科的外文资料。具有良好的科学文化素质和道德心理素质以及良好的身体素质，具有创新精神和实践能力。

3. 博士学位

在博士培养层面，培养基础扎实、素质全面、理论和实践能力强，具有较强的创新意识和创新能力的理论经济学相关学科的高级专门人才。博士学位获得者应具有独立的科研能力，能胜任和理论经济学相关学科的教学、科研和实际工作。具体培养目标包括：具有坚实的马克思主义经济学理论基础，深刻理解并系统掌握中国特色社会主义经济理论体系；能正确运用马克思主义的立场、观点和方法分析、评价和学习西方经济学理论；全面完整地理解经济学思想发展的历史与现状，通晓西方经济学的历史、前沿和发展趋势，熟悉当代西方经济学主要流派的理论和政策主张，系统、深入地掌握西方经济学理论；熟悉国内外经济理论的新发展和新问题，清楚地了解国内外经济发展和经济运行的进展和趋势，特别是对国内外经济理论和经济实践中的重大问题有深入的理解；能够熟练运用经济理论和现代经济分析方法，独立地、创造性地研究经济问题；具有较好的高等数学基础和计算机操作能力；至少熟练掌握一门外语，能够阅读与本学科相关的外文资料，具有独立进行国际学术交流的能力。具有良好的科研素质和独立研究能力，能够理论联系实践，解决与社会经济相关的理论与实践问题，能够熟练地撰写本学科的科研论文和报告。

二 四川省理论经济学学科建设情况

（一）本科生学士学位建设

自新中国成立以来，四川省的经济学本科教育在70年发生了从少到多的巨大变化，逐步建立起了以西南财经大学和四川大学为主，电子科技大学、西南交通大学、四川农业大学、四川师范大学、西华大学、成都理工大学、西华师范大学等组织为辅的全方位、宽领域的四川经济学发展之道路。

1. 学士学位建设

新中国成立初期，据1950年3月统计，四川大学共设置6院25系，其中设有经济系。1952年12月，四川大学确定在经济系下设政治经济学本科专业。当年，西南农学院农经系，招收农业经济与组织专业本科学生。

1953年经过两次院系组建的四川财经学院，设有国民经济计划与统计系、工业经济学系、农业经济学系、财政系、银行系等。学院成立有政治经济学教研室，承担全校各专业政治经济学公共课程的教学任务并积极培养干部和师资力量。1956年，四川财经学院成立经济史教研室，承担全校各专业中国革命史和中外经济史等公共课程的教学任务。1959年，四川财经学院成立政治经济学系，设立政治经济学专业，在全国财经院校中率先招收政治经济学专业的本科生。当年招收五年制本科生 39 人和两年制政治教育专修科学生 200 余人。

1960 年，四川财经学院财政系政治经济学专业与直属教务处的经济史教研室、直属学院党委的马列主义教研室合并，成立政治经济学专业和政治教育专修科，当年招生政治经济学专业五年制本科生 121 人。

1972 年春，四川大学组成教育革命领导小组负责招收工农兵学员和教学工作，首批招收 11 个专业，445 名工农兵学员。1972—1976 年共招收 5 届工农兵学员，共计 29 个专业，3386 名学员，其中包含经济系政治经济学专业。1977 年恢复高考，西南农学院农业经济系招收农业经济本科专业学生。1978 年四川财经学院复校，当年招收政治经济学专业四年制本科生 83 人。成都电讯工程学院马列主义教研室招收四川及电子部系统第一个马列主义师资班，分为马克思主义哲学、马克思主义政治经济学、中国共产党党史 3 个本科专业招生。

1983 年，四川农学院成立农业经济系。1984 年，西南交通学院设管理工程系。1985 年，由四川财经学院更名的西南财经大学政治经济学系更名为经济系。

1992 年，南充师范学院创建"经济系"。西南农业大学经农业部批准建立农业经济管理学院，并成立生态农业研究所以及农业经济研究室。1993 年，为适应市场经济发展对经济管理人才的需要，西南交通大学成立经济管理学院。1995 年，西南师范大学设立经济政法学院，招收经济学本科生。1996 年，四川师范大学经济学本科专业创办。1998 年，教育部批准在西南财经大学设立"国家经济学基础人才培养基地"为全国布点共设立的 13 个基地之一。国家经济学人才培养基地的主要任务是培养一批以马克思主义为指导，经济学基础理论功底宽厚，专业知识丰富，掌握并能熟练运用现代经济学研究方法，熟悉中国经济运行与改革实践，具有国际视野、创新意识、社会责任感和应用实践能力，适应 21 世纪经济社会发展需要的经济学拔尖创新人才。[①] 1998 年，西南科技大学（原西南工学院）招生经济学专业本科生。

---

① 刘灿：《中国经济学教育教学改革与拔尖创新人才培养》，《中国大学教学》2012 年第 1 期。

图2-1 2008年国家经济学基础人才培养基地工作会

1999年年底，西华大学组建经济系与人文社会科学部（两块牌子，一个班子），2000年3月始招收经济学专业本科学生。2001年，由南充师范学院更名的西华师范大学设立经济学本科专业。2002年，成都理工大学建立商学院，内设经济学本科专业。2015年3月，四川农业大学经济学院成立，设立经济学系，涵盖经济学本科专业和经济学双学位项目。

2. 学士学位招生情况

表2-1　　　　　四川省高等学校财经类学生数量　　　　单位：人

年份	毕业生数 总数	毕业生数 本科	招生数 总数	招生数 本科	在校学生数 总数	在校学生数 本科
1986	1810	—	2823	—	6810	—
1987	1863	—	2706	—	7367	—
1988	2137	—	3450	—	8858	—
1990	3361	1156	3882	1661	11214	5944
1989	2388	849	3515	1484	10286	5181
1991	2956	1154	3383	1613	10694	6101
1992	3688	1427	5293	1685	12683	6526
1993	3614	1473	11051	2465	21292	7592

续表

年份	毕业生数 总数	毕业生数 本科	招生数 总数	招生数 本科	在校学生数 总数	在校学生数 本科
1994	6079	1640	10724	3003	27404	8984
1995	10820	1657	11057	3911	28042	11353
1996	6275	1011	6577	2273	17830	7734
1997	5921	1479	6856	2836	18878	9420
1998	5678	1784	6553	2942	19529	10932
1999	4708	2411	9649	5226	24581	14292
2000	5745	2781	15136	7358	34688	19345
2001	2523	1285	4671	2596	13398	8430
2002	2320	1280	6573	3705	18166	11780
2003	3134	2020	6798	3851	19727	13880
2004	3995	2901	8867	4745	24374	16270
2005	5817	2976	10326	5155	33168	18779
2006	7646	3961	9329	5380	34120	19958
2007	9577	4477	10572	5725	33661	20481
2008	9611	4772	11955	6831	36532	22826
2009	8861	5309	10799	6699	39663	26008
2010	10708	6000	10412	6885	39506	27255
2011	—	6373	—	6499	—	26241
2012	—	6666	—	6581	—	26410
2013	—	6667	—	7172	—	27460
2014	—	6683	—	6895	—	28226
2015	—	6773	—	8084	—	30303
2016	—	6997	—	8517	—	32346
2017	—	7435	—	8927	—	34039
2018	—	7457	—	9113	—	35822

(二) 研究生学位建设

研究生教育是在本科生教育的基础之上对理论经济学更深层次的研究，是对本科学习的基础理论经济学知识的延伸与探索。四川省70年的经济学学科发展历程，从第一个硕士点的建设到博士点建设再到博士后流动站的建设，体现出了四川省对于理论经济学建设与研究的决心。其中，研究生的学科建设包括硕士点建设、博士点建设、博士后流动站建设三个方面。

1. 硕士学位建设

1955年8月，四川大学举办了21人的马克思列宁主义基础研究生班和11人的政治经济学研究生班。1960年，四川大学在经济史教研室成立了欧洲共同体经济研究小组，由张世文教授、郑次腾教授和韩世隆副教授3人组成，并且开始招收欧洲共同体经济方向的研究生。[①] 1963年，四川财经学院也在政治经济学专业的基础上，举办本校教师研究生课程进修班。

从1979年开始，四川大学世界经济的教学和科研工作得到恢复，并先后招收了"世界经济周期和危机问题""世界市场行情与战略"方向的硕士研究生。[②] 1981年，四川财经学院在全国高等财经院校第一批获得政治经济学专业硕士学位授权点，刘诗白教授当年招收硕士研究生5人。1982年，西南农学院农经系获得硕士授予权叶谦吉教授并开始招收农业经济学硕士研究生。1984年，四川财经学院政治经济学专业硕士学位授权点增设半殖民地半封建和西欧发达资本主义国家经济两个研究方向。1984年，四川大学获准政治经济学硕士学位授权点。1985年，西南财经大学政治经济学专业硕士学位授权点增设外国经济思想史研究方向。为了提高青年教师的学术水平，各研究方向开始招收两年制在职研究生。当年，四川大学获准世界经济学硕士学位授权点。1986年，西南财经大学增设中国经济史专业的硕士学位授予点，包括古代经济史和中国近代经济史两个研究方向。四川大学增设世界经济学专业的硕士学位授予点，正式招收"南亚经济研究"方向和国际经济合作方向硕士研究生。

1990年，西南财经大学增设经济思想史专业的硕士学位授予点。并于当年成立系所合一的经济改革与发展研究所。1995年，西南财经

[①] 赵昌文：《回顾历史 开拓前进——四川大学世界经济学科的发展》，《南亚研究季刊》1997年第4期。

[②] 同上。

大学增设西方经济学专业的硕士学位授予点。1997年，四川大学成为欧盟在中国建立的6家"欧盟研究中心"之一。当年西南师范大学经政法学院获准政治经济学硕士授予权开始招收政治经济学硕士研究生。1998年，西南财经大学新增人口资源与环境经济学硕士学位授权点。同时期，中共四川省委党校获得政治经济学硕士学位授权。

2000年，西南财大增设世界经济学专业的硕士学位授予点。2003年，四川大学设立西方经济学硕士点。2006年，四川大学设立经济史、经济思想史、人口资源与环境经济学硕士点。同时期，西南民族大学、四川师范大学新增政治经济学硕士学位授权点，西南交通大学获得世界经济学硕士学位授权点，西华师范大学新增政治经济学和人口、资源与环境经济学硕士点。

图2-2 四川大学经济学院

2010年，四川师范大学西方经济学、人口资源与环境经济学获硕士学位授予权。与西南交通大学一道新增理论经济学硕士学位授权一级学科。西南交通大学设有政治经济学、世界经济、人口资源与环境经济学、城市经济学、西方经济学和政府经济学6个研究方向。2017年，中共四川省委党校获得理论经济学一级学科硕士点，不再保留政治经济学二级学科。2019年，四川省委党校环境经济学和世界经济学硕士将进行招生。

截至2019年12月，西南财经大学设有政治经济学、西方经济学、经济史、世界经济学、人口资源与环境经济学5个理论经济学硕士点；四川大学设有政治经济学、经济思想史、经济史、西方经济学、世界经济学、人口资源与环境经济学6个理论经济学硕士学位授权点；四川师范大学设有政治经济学、西方经济学和人口、资源与环境经济学3个理论经济学硕士学位授权点。

2. 硕士研究生招生情况

2000年，四川省招收经济学硕士研究生621人，其中西南财经大学招收政治经济学，西方经济学，经济史，人口、资源与环境硕士研究生16人，占比2.57%。2001年，四川省招收经济学硕士研究生306人，其中西南财经大学招收政治经济学，西方经济学，人口、资源与环境硕士研究生18人，占比5.88%。2002年，四川省招收经济学硕士研究生621人，其中西南财经大学招收政治经济学，西方经济学，世界经济学，经济史，人口、资源与环境硕士研究生24人，占比5.74%。2003年，四川省招收经济学硕士研究生662人，其中西南财经大学招收政治经济学，西方经济学，世界经济学，经济史，人口、资源与环境硕士研究生49人，占比7.4%。2004年，四川省招收经济学硕士研究生807人，其中西南财经大学招收政治经济学，西方经济学，世界经济学，经济史，人口、资源与环境硕士研究生52人，占比6.44%。2005年，四川省招收经济学硕士研究生827人，其中西南财经大学招收政治经济学，西方经济学，世界经济学，经济史，人口、资源与环境硕士研究生55人，占比6.65%。

2006年，四川省招收经济学硕士研究生969人，其中西南财经大学招收政治经济学，西方经济学，世界经济学，经济史，人口、资源与环境硕士研究生69人，占比7.12%。2007年，四川省招收经济学硕士研究生1076人，其中西南财经大学招收政治经济学，西方经济学，世界经济学，经济史，人口、资源与环境硕士研究生92人，占比

8.55%。2008年，四川省招收经济学硕士研究生1217人，其中西南财经大学招收政治经济学，西方经济学，世界经济学，经济史，人口、资源与环境硕士研究生96人，占比7.89%。2009年，四川省招收经济学硕士研究生1229人，其中西南财经大学招收政治经济学，西方经济学，世界经济学，经济史，人口、资源与环境硕士研究生83人，占比6.75%。

2010年，四川省招收经济学硕士研究生1124人，其中西南财经大学招收政治经济学，西方经济学，世界经济学，经济史，人口、资源与环境硕士研究生64人，占比5.69%。2011年，四川省招收经济学硕士研究生1451人，其中西南财经大学招收政治经济学，西方经济学，世界经济学，经济史，人口、资源与环境硕士研究生84人，占比5.79%。2012年，四川省招收经济学硕士研究生1139人，其中西南财经大学招收政治经济学，西方经济学，世界经济学，经济史，人口、资源与环境硕士研究生94人，占比8.25%。2013年，四川省招收经济学硕士研究生1607人，其中西南财经大学招收政治经济学，西方经济学，世界经济学，经济史，人口、资源与环境硕士研究生86人，占比5.35%。2014年，四川省招收经济学硕士研究生1499人，其中西南财经大学招收政治经济学，西方经济学，世界经济学，经济史，人口、资源与环境硕士研究生72人，占比4.8%。2015年，四川省招收经济学硕士研究生1613人，其中西南财经大学招收政治经济学，西方经济学，世界经济学，经济史，人口、资源与环境硕士研究生67人，占比4.15%。

2016年，四川省招收经济学硕士研究生1601人，其中西南财经大学招收政治经济学，西方经济学，世界经济学，经济史，人口、资源与环境硕士研究生71人，占比4.43%。2017年，四川省招收经济学硕士研究生1795人，其中西南财经大学招收政治经济学，西方经济学，世界经济学，经济史，人口、资源与环境硕士研究生65人，占比3.62%。2018年，四川省招收经济学硕士研究生1932人，其中西南财经大学招收政治经济学，西方经济学，世界经济学，经济史，人口、资源与环境硕士研究生71人，占比3.67%。

表2-2　　　　四川省高等学校经济学硕士研究生招生情况　　　　单位：人

年份	毕业生数 总数	毕业生数 硕士	招生数 总数	招生数 硕士	在校学生数 总数	在校学生数 硕士
1994	149	138	278	257	681	635
1995	165	150	248	210	784	705
1996	224	212	304	265	769	670
1997	245	221	324	285	847	733
1998	218	185	553	491	1181	1038
1999	293	255	720	623	1688	1487
2000	325	287	734	621	1899	1622
2001	216	163	445	306	1039	709
2002	207	159	600	418	1396	951
2003	318	230	895	662	1971	1380
2004	315	269	1065	807	2712	1912
2005	526	408	1059	827	3230	2310
2006	727	629	1213	969	3680	2629
2007	921	772	1299	1076	3997	2860
2008	1056	817	1433	1217	4619	3513
2009	1135	920	1424	1229	4783	3658
2010	1213	1006	1337	1124	4854	3769
2011	1355	1143	1649	1451	5214	4110
2012	1314	1170	1345	1139	4765	3616
2013	1746	1588	1811	1607	5343	4445
2014	1733	1567	1697	1499	5161	4225
2015	1784	1623	1792	1613	5184	4234
2016	1615	1482	1789	17701	5132	4153
2017	1602	1482	1984	1795	5392	4382
2018	1725	1620	2122	1932	5715	4628

（三）博士学位建设

1. 博士学位建设

1984年，四川财经学院被批准成为全国第二批、全国财经类院校第一批政治经济学博士学位授予点。1985年，刘诗白教授开始招收博士生两人。1986年，西南农业大学农经系叶谦吉教授首批获得博士学位授予权并开始招收博士研究生。1990年，四川大学获准政治经济学博士学位授权点。2003年，西南财经大学增设西方经济学、经济史、经济思想史、世界经济学、人口资源与环境经济学博士学位授予点，理论经济学被国务院学位委员会批准为一级学科博士学位授权点。同年，四川大学获准世界经济学博士学位授权点。2006年，四川大学获准经济思想史、经济史、西方经济学、人口资源与环境经济学博士学位授权点，并获得理论经济学一级学科博士学位授予权。

截至2019年12月，西南财经大学设有政治经济学、西方经济学、经济史、世界经济学、人口资源与环境5个理论经济学博士专业；四川大学设有政治经济学、经济思想史、经济史、西方经济学、世界经济学、人口资源与环境经济学6个博士学位授权点。

2. 博士研究生招生情况

2000年，四川省招收经济学博士研究生113人，其中西南财经大学招收政治经济学博士研究生9人，占比7.96%。2001年，四川省招收经济学博士研究生139人，其中西南财经大学招收政治经济学博士研究生11人，占比7.91%。2002年，四川省招收经济学博士研究生182人，其中西南财经大学招收政治经济学博士研究生22人，占比12.09%。2003年，四川省招收经济学博士研究生233人，其中西南财经大学招收政治经济学博士研究生22人，占比9.44%。2004年，四川省招收经济学博士研究生258人，其中西南财经大学招收政治经济学、世界经济学博士研究生23人，占比8.91%。2005年，四川省招收经济学博士研究生232人，其中西南财经大学招收政治经济学、世界经济学博士研究生23人，占比9.91%。

2006年，四川省招收经济学博士研究生244人，其中西南财经大学招收政治经济学、世界经济学、西方经济学，人口、资源与环境博士研究生32人，占比13.11%。2007年，四川省招收经济学博士研究生223人，其中西南财经大学招收政治经济学、世界经济学、西方经济学，人口、资源与环境博士研究生24人，占比10.76%。2008年，四川省招收经济学博士研究生216人，其中西南财经大学招收政治经济学、世界经济学、西方经济学博士研究生24人，占比11.11%。2009年，四川省招收经济学博士研究生195人，其中西南财经大学招收政治经济学、世界经济学、西方经济学博士研究生23人，占比11.79%。2010年，四川省招收经济学博士研究生213人，其中西南财经大学招收政治经济学、世界经济学、西方经济学博士研究生21人，占比9.86%。

2011年，四川省招收经济学博士研究生198人，其中西南财经大学招收政治经济学、世界经济学、西方经济学，人口、资源与环境博士研究生16人，占比8.08%。2012年，四川省招收经济学博士研究生206人，其中西南财经大学招收政治经济学、世界经济学、西方经济学博士研究生15人，占比7.28%。2013年，四川省招收经济学博士研究生204人，其中西南财经大学招收政治经济学、世界经济学、西方经济学博士研究生13人，占比6.37%。2014年，四川省招收经济学博士研究生198人，其中西南财经大学招收政治经济学、世界经济学、西方经济学博士研究生20人，占比10.1%。2015年，四川省招收经济学博士研究生179人，其中西南财经大学招收政治经济学、世界经济学、西方经济学博士研究生16人，占比8.94%。

2016年，四川省招收经济学博士研究生188人，其中西南财经大学招收政治经济学、世界经济学、西方经济学博士研究生18人，占比9.57%。2017年，四川省招收经济学博士研究生189人，其中西南财经大学招收政治经济学、世界经济学、西方经济学，人口、资源与环境博士研究生21人，占比11.11%。2018年，四川省招收经济学博士研究生190人，其中西南财经大学招收政治经济学、世界经济学、西方经济学，人口、资源与环境博士研究生19人，占比10%。

表2-3　　**四川省高等学校经济学博士研究生招生情况**　　单位：人

年份	毕业生数		招生数		在校学生数	
	总数	博士	总数	博士	总数	博士
1994	149	11	278	21	681	46
1995	165	15	248	38	784	79
1996	224	12	304	39	769	99
1997	245	24	324	39	847	114
1998	218	33	553	62	1181	143

续表

年份	毕业生数 总数	毕业生数 博士	招生数 总数	招生数 博士	在校学生数 总数	在校学生数 博士
1999	293	38	720	97	1688	201
2000	325	38	734	113	1899	277
2001	216	53	445	139	1039	330
2002	207	48	600	182	1396	445
2003	318	88	895	233	1971	591
2004	315	46	1065	258	2712	800
2005	526	118	1059	232	3230	920
2006	727	98	1213	244	3680	1051
2007	921	149	1299	223	3997	1137
2008	1056	239	1433	216	4619	1106
2009	1135	215	1424	195	4783	1080
2010	1213	207	1337	213	4854	1085
2011	1355	212	1649	198	5214	1104
2012	1314	144	1345	206	4765	1149
2013	1746	158	1811	204	5343	898
2014	1733	166	1697	198	5161	936
2015	1784	161	1792	179	5184	950
2016	1615	133	1789	188	5132	979
2017	1602	120	1984	189	5392	1010
2018	1725	105	2122	190	5715	1087

（四）博士后流动站

1995年，西南财经大学政治经济学学科所在的经济系建立了中国西部地区第一个博士后流动站。2003年，四川大学获准建立理论经济学博士后流动站。

三　学术研究机构

1959年，设立了中国科学院四川分院哲学社会科学研究所和民族研究所。1960年，成都大学（现西南财经大学）设立了经济研究所。

1964 年，四川大学成立南亚研究所，系教育部人文社会科学重点研究基地。现设国际关系硕士授予点一个。主要研究领域为南亚经济、南亚政治、南亚社会、南亚历史、南亚对外关系等[①]。1978 年 6 月由省委研究室与四川省哲学社会科学研究所组建了四川省哲学社会科学研究院，设有经济研究所。1986 年，四川大学成立经济研究所。主要研究方向为社会主义价格理论与实践、社会主义财政、金融研究、社会主义对外经济关系及旅游研究。[②]

1999 年，四川大学成立世界经济研究所。主要研究领域为世界经济理论、国际金融理论、国际经济合作理论、跨国公司经营管理、WTO、国际金融组织、欧盟经济、欧盟中央银行、欧盟货币政策、美国经济、美国新经济问题、日本经济、南亚经济、中亚经济、发展中国家经济问题等。

2010 年 9 月，西南财经大学成立马克思主义经济学研究院，为学校专门成立的"学科特区"。研究院由学校直接领导，为开放式、非实体性学术研究机构。研究院聘请了刘诗白、卫兴华、吴宣恭、何炼成、张卓元、赵人伟、黄范章、袁恩桢等著名经济学家出任高级学术顾问，并成立了由南开大学原副校长逢锦聚担任主任委员、由顾海良、洪银兴、刘伟、林岗、黄泰岩、张宇、刘灿、丁任重、杨继瑞、宋冬林、简新华、白永秀、史晋川、石磊、李萍、林木西、范从来、赵晓雷、黄少安等国内 20 位著名经济学家组成的院学术委员会。

2017 年 3 月，中共中央宣传部下发文件，批准西南财经大学经济学院承建"全国中国特色社会主义政治经济学研究中心"，全国仅有 7 家高校和研究单位获此资格，西南财经大学为中西部地区唯一一家。

2018 年 3 月 13 日，为布局实验经济学、行为经济学、行为金融学这一世界前沿学科和交叉学科，西南财经大学成立中国行为经济与行为金融研究中心，该中心是校级中心和平台，组织人事关系挂靠经济学院。

---

① 《四川大学经济学院 EDP 中心》，https://baike.baidu.com/item/%E5%9B%9B%E5%B7%9D%E5%A4%A7%E5%AD%A6%E7%BB%8F%E6%B5%8E%E5%AD%A6%E9%99%A2EDP%E4%B8%AD%E5%BF%83/4083403?fr=aladdin。

② 同上。

四 重点学科与专业建设

（一）西南财经大学

1997年，西南财经大学理论经济学被列为学校"211工程"重点学科进行建设。2003年，西南财经大学"国家经济学基础人才培养基地"被教育部评为优秀基地。2002年，西南财经大学政治经济学专业被批准成为国家重点学科，成为当时全国财经院校和西部高校中唯一的一个政治经济学国家级重点学科。2007年，西南财经大学经济学专业被评为国家高等学校"第一类特色专业建设点"和"四川省高校本科特色专业"。并于当年开始选拔一部分基地学生以本硕博连读模式打造理论经济学拔尖创新人才培养平台。2008年，西南财经大学以基地建设为基础，被教育部批准建设"国家级经济学创新型人才培养试验区"，经济学专业被评为国家级特色专业。2009年，西南财经大学国家经济学基础人才培养基地建设获国家教学成果二等奖，2010年获省级教学成果一等奖。2013年获省级教学成果一等奖，2014年获国家教学成果一等奖。2020年获批首批国家经济学一流本科专业建设点。

（二）四川大学

2004年，四川大学政治经济学专业被评为四川省重点学科，2006年，四川大学经济学被评为四川省特色专业。经济学专业历史悠久，积淀深厚，现已成为西部地区实力和地位最强的经济学专业之一，在全国也有较强的比较优势、较大的知名度和影响力。本专业培养的学生基础理论扎实、专业知识面宽、适应能力强、发展后劲足。所培养的学生长期受到用人单位的广泛好评。全国人大常委会副委员长陈昌智是本专业的当地知名校友。2007年成为国家重点学科，是全国仅有的四个政治经济学国家重点学科之一。当年，四川大学理论经济学一级学科被评为四川省重点学科。2010年，四川大学经济学院政治经济学国家重点学科为依托，成立了四川大学"985工程"三期"经济发展与管理研究"基地，朱方明教授担任基地召集人，并主持"中国经济科学发展"的子课题研究，李天德教授、邓翔教授分别主持"马克思主义经济学理论创新发展""宏观经济运行与区域经济发展"等子课题。

(三) 其他

此外，2008年西南科技大学经济学专业被评为四川省特色专业。2009年，四川师范大学经济学本科专业被评为四川省特设专业，2010年成为教育部第六批国家特色专业。2013年1月29日，教育部学位与研究生教育发展中心正式发布《2012年学科评估结果》，西南财经大学理论经济学位于全国第13位。教育部第四轮学科评估中，西南财经大学理论经济学获得B+级，四川大学理论经济学获得B级。

第三章　学术研究[*]

新中国成立 70 年来四川省在经济学方面所进行的学术研究以及取得的学术成果，着重体现在两个方面：一是科研立项情况；二是科研获奖情况。前者能够较好地反映出立项者的学术底蕴、学术追求以及社会的认同度，而后者则更多地体现出了同行专家对于学术研究成果是否具有价值以及价值大小的客观评判价值。因此，本章将着重从这两个方面对新中国成立以来四川经济学研究状况进行梳理。

一　科研立项

（一）历年来四川省获批的理论经济学国家社科基金项目

国家社会科学基金是国家用于资助哲学社会科学研究和培养哲学社会科学人才，重点支持关系经济社会发展全局的重大理论和现实问题研究，支持有利于推进哲学社会科学创新体系建设的重大基础理论问题研究，支持新兴学科、交叉学科和跨学科综合研究，支持具有重大价值的历史文化遗产抢救工作，支持对哲学社会科学长远发展具有重要作用的基础建设等[①]。这是所有基金中最高层次的资助基金。

---

[*] 全国哲学社会科学工作办公室，http://fz.people.com.cn/skygb/sk/index.php/Index/index；西华大学图书馆吕先竞馆长提供；四川省地方志编纂委员会编：《四川省志 哲学社会科学志》，四川科学技术出版社 1998 年版；四川省志（1986—2005）哲学社会科学志；四川省社会科学联合会，http://www.scskl.cn/；四川社会科学在线，http://www.sss.net.cn/；孙冶方经济科学基金会，http://sunyefang.cssn.cn/zwzd/pjhd/ljhjmd/；吴玉章基金，http://wuyuzhangprize.ruc.edu.cn/。

[①] 胡琼华：《十年来国家社会科学基金出版项目立项统计分析》，《中国出版》2016 年第 12 期。

国家社会科学基金于1986年经国务院批准设立，与同一时期设立的国家自然科学基金一样，是我国在科学研究领域支持基础研究的主渠道，面向全国，重点资助具有良好研究条件、研究实力的高等院校和科研机构中的研究人员[1]。其中设有涵盖理论经济、应用经济等23个学科规划评审小组。有年度项目（重点项目、一般项目、青年项目、西部项目）、重大项目、专项项目、后期资助项目、中华外译项目、国家哲学社会科学成果文库等。

1991—2018年，四川经济学获批国家社科基金项目取得了重点项目10个，一般项目75个，西部项目35个、青年项目39个、后期资助项目5个，共计164项的显著成绩。本章分别从项目类别、研究类型及预期成果类型、项目负责人及机构等角度对四川省经济学领域获批的国家社科基金项目做了统计分析。

1. 年度项目

国家社科基金年度重点项目及一般项目，主要资助对推进理论创新和学术创新具有支撑作用的一般性基础研究，以及对推动经济社会发展实践具有指导意义的专题性应用研究[2]。1991—2018年，理论经济学领域，四川省共获批国家社科基金年度重点项目10个。

表3-1　　　　1991—2018年理论经济学领域四川省获批
国家社科基金年度重点项目

序号	项目批准号	项目类别	项目名称	立项时间	负责人	工作单位	成果名称
1	92AJL034	重点项目	区域经济开发研究	1992年10月25日	杨超	四川省社会科学院	区域经济开发研究
2	92AJL007	重点项目	九十年代经济体制改革	1992年10月25日	林凌	四川省社会科学院	—

---

[1] 许敏、李庆华、窦薇：《科研论文基金项目标注问题研究——以〈云南农业大学学报（社会科学）〉为例》，《云南农业大学学报》（社会科学）2019年第5期。

[2] 《国家社会科学基金管理办法》（2013年5月修订），http://www.npopss-cn.gov.cn/n/2013/0520/c219644-21542088.html。

续表

序号	项目批准号	项目类别	项目名称	立项时间	负责人	工作单位	成果名称
3	96AJL040	重点项目	西方国家财政赤字研究	1996年7月1日	李达昌	四川省财政厅四川世界经济所	西方国家财政赤字研究
4	96AJL022	重点项目	农科教结合促进农村经济和社会发展研究	1996年7月1日	杜肯堂	四川大学	—
5	96AJL009	重点项目	社会主义产权理论研究	1996年7月1日	刘诗白	西南财经大学	主体产权论
6	05AJL002	重点项目	建立健全社会信用体系的基础理论研究——兼论社会资本在现代信用社会建设中的作用	2005年5月18日	程民选	西南财经大学国际商学院	信用的经济学分析
7	10AJL002	重点项目	完善社会主义市场经济体制与公民财产权利研究	2010年6月17日	刘灿	西南财经大学	完善社会主义市场经济体制与公民财产权利研究
8	12AJL004	重点项目	《经济发展大辞典》编撰	2012年5月14日	陈昌智	四川大学经济发展研究院	经济发展大辞典
9	13AJL010	重点项目	我国农村金融改革与农村金融制度创新研究	2013年6月10日	彭克强	西南财经大学	—
10	18AJL013	重点项目	深度贫困的结构性分布与高质量退出研究	2018年6月21日	朱方明	四川大学	—

2. 一般项目

1986—2018 年，经济学领域，四川省共获批国家社科基金年度一般项目 75 个。

表 3-2　　1986—2018 年理论经济学领域四川省获批
国家社科基金年度一般项目

序号	项目批准号	项目类别	项目名称	立项时间	负责人	工作单位	成果名称
1	91BJL005	一般项目	社会主义国有资产经营方式和管理体制	1991年12月31日	刘诗白	西南财经大学	社会主义国有资产经营方式和管理体制
2	92BJL036	一般项目	个人收入的税收调控系统	1992年10月25日	许廷星	西南财经大学	个人收入分配与税收调节研究
3	92BJL021	一般项目	旧中国国家资本主义经济与管理研究	1992年10月25日	凌耀伦	四川大学经济系	旧中国国家资本主义经济与管理研究
4	92BJL015	一般项目	不发达地区的发展机制	1992年10月25日	李少宇	四川省社会科学院经济所	论不发达地区的发展机制
5	93BJL028	一般项目	我国七大经济区域产业结构比较研究	1993年5月27日	邓玲	四川大学国民经济管理系	中国七大经济区产业结构研究
6	93BJL014	一般项目	市场、企业、政府的协调运作与资源的优化配置	1993年5月27日	张理智	四川省社会科学院经济研究所	市场、企业、政府的协调运作与资源的优化配置
7	94BJL032	一般项目	1968—1978年中国市场结构的发展	1994年7月1日	刘方健	西南财经大学图书馆	1968—1978年中国社会经济中市场因素的发展与变迁研究

续表

序号	项目批准号	项目类别	项目名称	立项时间	负责人	工作单位	成果名称
8	94BJL019	一般项目	西部地区大开放促大发展战略新思路研究	1994年7月1日	郑晓幸	中共四川省委党校	走向新世纪的西部大开放与大开发
9	94BJL018	一般项目	发挥三线建设潜力，加快西南经济发展问题研究	1994年7月1日	王小刚	四川省社会科学院科研组织处	发挥三线建设潜力，加快西南经济发展研究
10	94BJL014	一般项目	论我国经济高速增长时期的国际收支平衡	1994年7月1日	何泽荣	西南财经大学国际经济系	中国国际收支研究
11	98BJL040	一般项目	清代至民国时期中国工商企业股份制发展研究	1998年5月1日	刘方健	西南财经大学图书馆	清代至民国时期中国工商企业股份制发展研究
12	98BJL034	一般项目	调整和优化经济结构问题研究：中国乡镇企业二次创业的理性思维	1998年5月1日	钟富城	成都市社会科学研究所	调整和优化经济结构问题研究：中国乡镇企业二次创业的理性思维
13	98BJL021	一般项目	调整财政收支结构、建立稳固、平衡的国家财政问题研究	1998年5月1日	刘邦驰	西南财经大学财政税务学院	中国强大财政建设导论
14	98BJL014	一般项目	按劳分配和按生产要素分配相结合的问题研究	1998年5月1日	李萍	西南财经大学经济学院	按劳分配和按生产要素分配相结合的问题研究
15	98BJL008	一般项目	中国西部贫困地区扶贫攻坚难点问题与战略选择研究	1998年5月1日	赵曦	西南财经大学经济研究所	中国西部贫困地区扶贫攻坚难点问题与战略选择研究

续表

序号	项目批准号	项目类别	项目名称	立项时间	负责人	工作单位	成果名称
16	99BJL028	一般项目	知识经济与西部地区产业结构转型	1999年7月1日	李树桂	四川省社会科学院	西部经济跨越式发展——知识经济与产业结构转型
17	99BJL012	一般项目	投资区位优化理论的构建与应用研究	1999年7月1日	武一	西南财经大学博士后流动站	投资区位论
18	00BJL013	一般项目	我国转型期有效需求不足的出现及其治理研究	2000年7月1日	刘诗白	西南财经大学	中国转型期有效需求不足及其治理研究
19	01BJL037	一般项目	西部经济发展与资源承载力研究	2001年7月1日	丁任重	西南财经大学	西部经济发展与资源承载能力研究
20	02BJL040	一般项目	中国近代信用制度研究	2002年7月1日	袁远福	西南财经大学金融学院	中国近代信用制度建设研究
21	02BJL029	一般项目	我国自然垄断行业改革研究：放松管制的制度均衡分析	2002年7月1日	刘灿	西南财经大学	我国自然垄断行业改革研究：管制与放松管制的理论与实践
22	02BJL010	一般项目	马克思劳动价值论与税收理论研究	2002年7月1日	王国清	西南财经大学财税学院	—
23	02BJL002	一般项目	中国加入WTO之后解决就业问题新思路：工作分享制的实证研究	2002年7月1日	陈维政	四川大学工商管理学院	实施工作共享 破解就业难题

续表

序号	项目批准号	项目类别	项目名称	立项时间	负责人	工作单位	成果名称
24	03BJL054	一般项目	长江上游经济带与生态屏障的共建及协调机制研究	2003年8月11日	邓玲	四川大学经济学院	长江上游经济带与生态屏障的共建及协调机制研究
25	03BJL037	一般项目	中国西部欠发达地区城镇化道路及小城镇发展研究	2003年8月11日	刘晓鹰	西南民族学院经济发展研究所	中国西部欠发达地区城镇化道路及小城镇发展研究
26	03BJL015	一般项目	基于我国社会养老保障体系的企业年金理论及运行模式研究	2003年8月11日	卓志	西南财经大学保险学院	基于我国社会养老保障体系的企业年金理论与运行模式研究
27	04BJL049	一般项目	清代移民与边区民族经济发展：以清代移民大省四川为例	2004年5月9日	张伟	四川大学人口经济研究所	—
28	04BJL030	一般项目	我国大型国有经济主体股份制与增强控制力研究	2004年5月9日	纪尽善	西南财经大学	大型国有经济主体股份制与增强控制力研究
29	04BJL015	一般项目	中国信用体系建设研究	2004年5月9日	刘锡良	西南财经大学中国金融研究中心	中国信用体系建设研究
30	04BJL006	一般项目	统筹城乡发展中的政府与市场关系研究	2004年5月9日	李萍	西南财经大学经济学院	统筹城乡发展中的政府与市场关系研究

续表

序号	项目批准号	项目类别	项目名称	立项时间	负责人	工作单位	成果名称
31	05BJL069	一般项目	西部传统优势企业技术创新能力和区域经济增长研究	2005年5月18日	朱方明	四川大学经济学院	西部传统优势技术创新能力与区域经济增长
32	06BJL035	一般项目	我国城乡一体化进程中的土地集约与合理利用机制研究	2006年7月1日	杨继瑞	西南财经大学经济学院	我国城乡一体化进程中的土地集约与合理利用机制研究
33	06BJL004	一般项目	我国自然资源产权制度构建研究	2006年7月1日	刘灿	西南财经大学	我国自然资源产权制度构建研究
34	07BJL002	一般项目	社会主义和谐社会的利益协调机制研究	2007年6月4日	蒋永穆	四川大学经济学院/四川大学社科处	社会主义和谐社会的利益协调机制研究
35	08BJL045	一般项目	促进国际收支基本平衡对策研究	2008年6月4日	姜凌	西南财经大学经济学院	促进国际收支基本平衡对策研究
36	08BJL026	一般项目	劳动力资源合理开发配置与扩大就业的理论和政策研究	2008年6月4日	陈桢	西南民族大学经济学院	—
37	08BJL001	一般项目	"中国式荷兰病"的理论与政策研究	2008年6月4日	龚秀国	四川大学经济学院	中国式荷兰病的理论与政策研究
38	09BJL029	一般项目	国家粮食安全战略的新思路——基于专业布局的粮食安全供给体系研究	2009年6月4日	刘成玉	西南财经大学宏观经济研究中心	—

续表

序号	项目批准号	项目类别	项目名称	立项时间	负责人	工作单位	成果名称
39	09BJL015	一般项目	异质预期下的中国最优货币政策研究	2009年6月4日	程均丽	西南财经大学中国金融研究中心	异质预期下的中国最优货币政策研究
40	11BJL054	一般项目	城市物流网络运行机理与演化机制研究	2011年7月1日	张锦	西南交通大学交通运输与物流学院	—
41	11BJL061	一般项目	西部地区低碳经济发展模式与机制研究	2011年7月1日	徐承红	西南财经大学经济学院	西部地区低碳经济发展模式与机制研究
42	11BJL058	一般项目	西部限制开发区配套政策研究	2011年7月1日	陈映	四川省社会科学院产业经济研究所	—
43	11BJL054	一般项目	城市物流网络运行机理与演化机制研究	2011年7月1日	张锦	西南交通大学交通运输与物流学院	—
44	11BJL029	一般项目	城乡统筹融资机制研究	2011年7月1日	张迎春	西南财经大学	—
45	12BJL088	一般项目	资源环境约束下西部产业结构调整优化研究	2012年5月14日	黄勤	四川大学	—
46	12BJL052	一般项目	制度红利与经济转型：印度的经验、教训与启示	2012年5月14日	邓常春	四川大学经济学院	制度红利与经济转型：印度的经验、教训与启示

续表

序号	项目批准号	项目类别	项目名称	立项时间	负责人	工作单位	成果名称
47	12BJL036	一般项目	推动文化产业成为国民经济支柱性产业研究	2012年5月14日	何频	四川省社会科学院	—
48	13BJL080	一般项目	我国老龄产业的弱质特征、发展方略与扶持政策研究	2013年6月10日	郭正模	四川省社会科学院	我国老龄产业的弱质特征、发展方略与扶持政策研究
49	13BJL060	一般项目	新型工农城乡关系统筹构建研究	2013年6月10日	龚勤林	四川大学	—
50	13BJL028	一般项目	金融开放背景下的新型洗钱风险与反洗钱实施续推机制研究	2013年6月10日	熊海帆	西南民族大学	—
51	13BJL010	一般项目	我国自主创新的多维资本驱动及其作用机制研究	2013年6月10日	邱爽	西华师范大学	—
52	14BJL096	一般项目	西部传统制造业转型升级中的技术创新路径与政策支持研究	2014年6月15日	安果	西南民族大学	—
53	14BJL072	一般项目	基于农村集体经营性建设用地入市的土地利益协调机制研究	2014年6月15日	盖凯程	西南财经大学	—

续表

序号	项目批准号	项目类别	项目名称	立项时间	负责人	工作单位	成果名称
54	14BJL022	一般项目	信息与法律双重局限下的市场交易治理研究	2014年6月15日	袁正	西南财经大学	—
55	14BJL095	一般项目	我国西部地区家庭农场发展研究	2014年6月15日	王大明	西华师范大学	—
56	14BJL100	一般项目	以战略性新兴产业引领西部地区制造业转型升级研究	2014年6月15日	陈钊	四川省委党校	—
57	15BJL101	一般项目	本地市场、溢出效应与中国区域协调发展战略升级研究	2015年6月16日	何雄浪	西南民族大学	—
58	15BJL070	一般项目	区域经济一体化与南北经济关系研究	2015年6月16日	姜凌	西南财经大学	—
59	16BJL115	一般项目	集中连片特困藏区经济社会风险分析与对策研究	2016年6月30日	潘小军	西南民族大学	—
60	16BJL068	一般项目	新常态下民间借贷危机的形成机理及治理路径研究	2016年6月30日	肖韶峰	西南民族大学	—
61	16BJL008	一般项目	马克思主义金融不稳定性理论研究	2016年6月30日	杨慧玲	西南财经大学	—

续表

序号	项目批准号	项目类别	项目名称	立项时间	负责人	工作单位	成果名称
62	17BJL003	一般项目	有偏技术进步、全要素生产率与供给侧结构性改革路径研究	2017年6月30日	蔡晓陈	西南财经大学	—
63	17BJL022	一般项目	南北战争后美国南部地区三农问题研究	2017年6月30日	张准	四川师范大学	—
64	17BJL030	一般项目	结构变迁、政策扭曲与中国经济增长路径研究	2017年6月30日	杜海韬	西南民族大学	—
65	17BJL035	一般项目	基于不完全契约的金融市场化改革对经济增长的影响效应及机制研究	2017年6月30日	吕朝凤	西南财经大学	—
66	17BJL087	一般项目	基于地权演化视角的美丽乡村共建共享共治机制研究	2017年6月30日	姚树荣	四川大学	—
67	17BJL093	一般项目	注册制改革背景下上市公司退市制度的发展和优化研究	2017年6月30日	张妍妍	四川大学	—
68	17BJL102	一般项目	精准扶贫视角下中国西部地区农村贫困家庭代际流动研究	2017年6月30日	蒲艳	四川师范大学	—

续表

序号	项目批准号	项目类别	项目名称	立项时间	负责人	工作单位	成果名称
69	18BJL075	一般项目	金融结构视角下系统性风险形成的微观机制与防范研究	2018年6月21日	吴良	四川大学	—
70	18BJL046	一般项目	基于异质性偏好的集体腐败内在机制及治理对策实验与行为研究	2018年6月21日	雷震	西南财经大学	—
71	18BJL037	一般项目	基于互联网平台经济的"三有"经济体制构建研究	2018年6月21日	王彬彬	四川大学	—
72	18BJL036	一般项目	西部地区农民金融能力对其获得感的影响机理研究	2018年6月21日	贾立	四川大学	—
73	18BJL027	一般项目	中国宏观经济不确定性测量、效应及其传导机制研究	2018年6月21日	王文甫	西南财经大学	—
74	18BJL022	一般项目	新时代我国社会主要矛盾的内涵及实践的政治经济学研究	2018年6月21日	方茜	四川省社会科学院	—

3. 青年项目

青年项目主要用于资助培养哲学社会科学青年人才。1986—2018年，经济学领域四川省共获国家社科基金青年项目39个。

表3-3　　　　1986—2018年理论经济学领域四川省获批
国家社科基金青年项目

序号	项目批准号	项目类别	项目名称	立项时间	负责人	工作单位	成果名称
1	91CJL005	青年项目	计划经济与市场调节相结合的农产品价格机制研究	1991年12月31日	蒋和胜	四川大学经济研究所	农产品价格机制论
2	94CJL003	青年项目	城镇潜能与农村剩余劳动力有序转移的动态研究	1994年7月1日	王益谦	四川大学	城镇潜能与农村剩余劳动力有序转移的动态研究
3	96CJL005	青年项目	农业发展中市场调节与政府行为的协调机制研究	1996年7月1日	赵昌文	四川大学	政府与市场：农业发展中市场调节与政府行为的协调机制研究
4	97CJL010	青年项目	区际差异与我国区域经济协调发展研究	1997年4月15日	李航星	四川大学	区域差异论
5	01CJL009	青年项目	成都平原经济区发展对策研究——兼论西部大开发的核心区域发展战略	2001年7月1日	陈钊	四川省委党校	成都平原经济区发展对策研究
6	03CJL004	青年项目	电子商务中的诚信机制及其风险防范研究	2003年8月11日	刘晓红	西南民族大学	电子商务中的诚信机制及风险防范
7	04CJL004	青年项目	我国农村土地产权制度变迁与创新研究	2004年5月9日	杜伟	四川师范大学经济学院	我国农村土地产权制度变迁与创新研究

续表

序号	项目批准号	项目类别	项目名称	立项时间	负责人	工作单位	成果名称
8	06CJL022	青年项目	西部地区构建产业链统筹城乡发展研究	2006年7月1日	龚勤林	四川大学经济学院	统筹城乡背景下西部地区城乡产业链构建研究
9	08CJL007	青年项目	从生产大国到消费大国：促进中国消费需求增长的理论与对策研究	2008年6月4日	毛中根	西南财经大学工商管理学院	从生产大国到消费大国：促进中国消费需求增长的理论与对策研究
10	09CJL034	青年项目	产业空间分异与我国区域经济协调发展研究——基于新经济地理学的研究视角	2009年6月4日	何雄浪	西南民族大学经济学院	产业空间分异与我国区域经济协调发展研究——基于新经济地理学的研究视角
11	09CJL019	青年项目	体制转型背景下的中国民间公共组织发展——公共物品的第三种供给主体研究	2009年6月4日	杨海涛	西南财经大学经济学院	—
12	09CJL016	青年项目	中国政府支出的宏观效应及其传导机制研究：动态随机一般均衡视角	2009年6月4日	王文甫	西南财经大学	中国政府支出的效应及其传导机制研究：动态随机一般均衡视角
13	10CJL047	青年项目	西部地区新能源产业自我发展能力研究	2010年6月17日	付实	四川省社会科学院西部大开发研究中心	西部地区新能源产业自我发展能力研究
14	10CJL038	青年项目	我国证券市场引入境外机构投资者的风险防范研究	2010年6月17日	马如静	西南财经大学金融学院	我国证券市场引入境外机构投资者的风险与防范研究

续表

序号	项目批准号	项目类别	项目名称	立项时间	负责人	工作单位	成果名称
15	10CJL028	青年项目	农村产权制度变革与乡村治理研究	2010年6月17日	黄韬	西南财经大学经济学院	农村产权制度变革与乡村治理研究
16	10CJL002	青年项目	经济转型期公共权利规范运行问题研究	2010年6月17日	邢祖礼	西南财经大学经济学院	威权体制、租金机制与经济增长——经济转型期公共权利规范的理论基础研究
17	11CJL013	青年项目	收入与制度视域下提高居民实际与潜在消费能力的长效机制研究	2011年7月1日	邹红	西南财经大学经济学院	收入与制度视域下提高居民实际与潜在消费能力的长效机制研究
18	12CJL063	青年项目	全球价值链下我国专业化农业区域的集群机制与政策研究	2012年5月14日	税伟	四川农业大学生态农业与区域发展系	全球价值链下我国专业化农业区域的集群机制与政策研究
19	12CJL056	青年项目	城市群经济发展与区域物流通道构建及运行机制研究	2012年5月14日	毛敏	西南交通大学交通运输与物流学院	—
20	12CJL043	青年项目	国际金融危机对亚洲新兴经济体经济发展模式的冲击研究	2012年5月14日	杜晓蓉	四川大学	—
21	12CJL040	青年项目	城市化进程中失地农户生计决策模型与政策研究	2012年5月14日	鞠晴江	电子科技大学经济与管理学院	—

续表

序号	项目批准号	项目类别	项目名称	立项时间	负责人	工作单位	成果名称
22	12CJL033	青年项目	推动文化产业成为西部民族地区支柱性产业研究	2012年5月14日	尹宏祯	中共四川省委党校	—
23	12CJL025	青年项目	我国劳动收入比重偏低的原因和对策研究	2012年5月14日	刘媛媛	西南财经大学	—
24	13CJL067	青年项目	我国贸易的地区差距研究：基于内外贸易数据的实证及政策分析	2013年6月10日	逯建	西南财经大学	我国贸易的地区差距研究
25	13CJL056	青年项目	构建现代产业发展新体系研究	2013年6月10日	姚星	西南财经大学	—
26	13CJL018	青年项目	自主技术创新视角下的中国最优金融结构研究	2013年6月10日	张璟	西南财经大学	自主技术创新视角下的中国最优金融结构研究
27	13CJL010	青年项目	金融趋同的异质性、动因及其对经济增长方式的影响	2013年6月10日	唐元琦	西南石油大学	—
28	14CJL038	青年项目	马克思宏观经济学模型研究	2014年6月15日	骆桢	四川大学	—
29	14CJL040	青年项目	网络零售中小企业的空间增长与空间动力机制研究	2014年6月15日	赵星	成都理工大学	—

续表

序号	项目批准号	项目类别	项目名称	立项时间	负责人	工作单位	成果名称
30	15CJL057	青年项目	精准扶贫的瞄准机制与施策效率研究	2015年6月16日	贺立龙	四川大学	—
31	16CJL042	青年项目	"一带一路"经济带建设与异质区域金融一体化研究	2016年6月30日	龚驰	四川大学	—
32	16CJL035	青年项目	中国区域间农业隐含碳排放补偿机制与减排路径研究	2016年6月30日	戴小文	四川农业大学	—
33	16CJL009	青年项目	运用土地出让金为保障房建设融资的可行性和最优策略研究	2016年6月30日	刘璐	西南财经大学	—
34	16CJL004	青年项目	农民市民化过程中农地财产权的实现机制创新研究	2016年6月30日	韩文龙	西南财经大学	—
35	16CJL002	青年项目	马克思主义视域下中国实体经济与虚拟经济的利润率比较研究	2016年6月30日	李亚伟	四川大学	—
36	17CJL002	青年项目	马克思经济学视角下振兴中国实体经济的资本积累结构研究	2017年6月30日	李怡乐	西南财经大学	—

续表

序号	项目批准号	项目类别	项目名称	立项时间	负责人	工作单位	成果名称
37	17CJL033	青年项目	西南民族地区贫困户"脱贫摘帽"后可持续生计实现机制创新研究	2017年6月30日	马文武	四川大学	—
38	18CJL046	青年项目	城市流动人口隐性贫困的生成逻辑与治理机制创新研究	2018年6月21日	李梦凡	西南财经大学	—
39	18CJL018	青年项目	西南山区乡村地域系统演化机理及乡村振兴路径研究	2018年6月21日	苏艺	四川省社会科学院	—

4. 西部项目

西部项目主要用于资助涉及推进西部地区经济持续健康发展、社会和谐稳定，促进民族团结、维护国家统一，弘扬民族优秀文化、保护民间文化遗产等方面的重要课题研究[①]。1986—2018年，经济学领域，四川省共获批国家社科基金西部项目35个。

表3-4　　　　1986—2018年经济学领域四川省获批
国家社科基金西部项目

序号	项目批准号	项目类别	项目名称	立项时间	负责人	工作单位	成果名称
1	04XJL018	西部项目	西部地区若干国家级贫困县的状况及发展路径研究	2004年11月22日	冯永宽	四川省社会科学院西部贫困研究中心	西部贫困地区发展路径研究

---

① 国家社会科学基金管理办法（2013年5月修订），http://www.npopss-cn.gov.cn/n/2013/0520/c219644-21542088.html。

续表

序号	项目批准号	项目类别	项目名称	立项时间	负责人	工作单位	成果名称
2	04XJL017	西部项目	西部欠发达地区县域经济增长点研究	2004年11月22日	罗仲平	四川省社会科学界联合会	西部县域经济增长点培育研究
3	05XJL015	西部项目	继续推进西部大开发战略对策研究——西部大开发与区域经济公开增长	2005年7月1日	陈伯君	成都市社会科学院	西部大开发与区域经济公平增长——继续推进西部大开发战略对策研究
4	05XJL007	西部项目	我国城市化过程中农民的社会保障与农村土地制度改革研究	2005年7月1日	李燕琼	西南科技大学	城市化过程中土地征用与管理问题的理性反思
5	05XJL006	西部项目	中国西部经济增长质量与农村人力资源开发研究	2005年7月1日	王冲	四川师范大学经济学院	中国西部经济增长质量与农村人力资源开发研究
6	05XJL003	西部项目	经济运行干预比较：提高驾驭社会主义市场经济能力研究	2005年7月1日	文大会	中共四川省委党校（四川行政学院）	经济运行干预比较——提高驾驭社会主义市场经济能力研究
7	05XJL001	西部项目	市场竞争中的弱势群体研究	2005年7月1日	刘润葵	中共四川省委党校	市场竞争中的弱势群体研究
8	06XJL016	西部项目	西部中小企业技术创新体系建设与区域经济发展研究	2006年6月20日	辜秋琴	成都理工大学商学院	西部中小企业技术创新体系建设与区域经济发展研究

续表

序号	项目批准号	项目类别	项目名称	立项时间	负责人	工作单位	成果名称
9	06XJL015	西部项目	西部经济一体化研究：以川渝经济区走新型工业化道路为例	2006年6月20日	王德忠	四川师范大学经济与管理学院	区域经济一体化的理论与实践——以川渝新型工业化道路为例
10	06XJL012	西部项目	西部农村扶贫开发模式研究	2006年6月20日	赵曦	西南财经大学经济研究所	中国西部农村反贫困战略模式研究
11	06XJL008	西部项目	中国近代股票市场研究	2006年6月20日	田永秀	西南交通大学人文社会科学学院	中国近代股票市场研究
12	06XJL007	西部项目	提高自主创新能力的理论与对策研究——基于成都平原产业集群的实证	2006年6月20日	邵云飞	电子科技大学管理学院	提高自主创新能力的理论与对策研究——基于成都平原产业集群的实证
13	09XJL024	西部项目	新形势下能源安全问题研究——开放条件下外部能源利用与我国区际能源供需平衡问题研究	2009年6月19日	周江	四川省社会科学院	新形势下能源安全问题研究——开放条件下外部能源利用与我国区际能源供需平衡问题研究
14	09XJL018	西部项目	全球金融危机下促进西部地区优势产业发展政策研究	2009年6月19日	罗仲平	四川省社会科学界联合会	全球金融危机下促进西部地区优势产业发展政策研究
15	09XJL014	西部项目	促进西部地区科学发展的战略研究	2009年6月19日	刘渝阳	四川省社会科学院	促进西部地区科学发展的战略研究

续表

序号	项目批准号	项目类别	项目名称	立项时间	负责人	工作单位	成果名称
16	09XJL001	西部项目	经营性国有资产保值增值机制研究——基于EVA的理念与方法	2009年6月19日	李小平	四川师范大学政治教育学院	—
17	10XJL019	西部项目	资本易地运作成本对西部地区经济发展的影响与政策研究	2010年7月1日	李耀	电子科技大学经济与管理学院	—
18	10XJL013	西部项目	新型工业化道路省级区域实现模式与机制研究	2010年7月1日	涂文明	成都信息工程学院	—
19	10XJL012	西部项目	我国垄断企业高管薪酬机制研究——薪酬管制的视角	2010年7月1日	罗宏	西南财经大学会计学院	我国垄断企业高管薪酬机制研究——薪酬管制的视角
20	10XJL004	西部项目	中国资源型城市经济发展史研究	2010年7月1日	刘吕红	四川大学政治学院	—
21	11XJL012	西部项目	近代中国投资者保护机制研究	2011年7月1日	赵劲松	西南财经大学经济学院	—
22	12XJL014	西部项目	资源富集区经济可持续运行机理与体制研究	2012年5月25日	方发龙	成都学院经济管理学院	—
23	12XJL012	西部项目	西部地区应灾能力建设的保险支持研究	2012年5月25日	蒲成毅	西南民族大学经济学院	—

续表

序号	项目批准号	项目类别	项目名称	立项时间	负责人	工作单位	成果名称
24	12XJL007	西部项目	农民土地财产权实现机制创新与政策选择研究	2012年5月25日	邵昱	中共成都市委党校	—
25	12XJL003	西部项目	通货膨胀预期管理研究	2012年5月25日	江世银	中共四川省委党校	通货膨胀预期管理研究
26	13XJL013	西部项目	我国数字经济空间增长及西部发展带动机制的实证研究	2013年6月10日	董晓松	中共四川省委党校	中国数字经济及其空间关联
27	13XJL006	西部项目	有序推进农业转移人口市民化的体制机制研究	2013年6月10日	朱冬梅	西南交通大学	—
28	14XJL007	西部项目	世界经济波动下我国对外直接投资的风险管理研究	2014年6月15日	刘军荣	乐山师范学院	—
29	14XJL005	西部项目	体制转型背景下的中国劳资关系变化与工会组织发展路径研究	2014年6月15日	杨海涛	西南财经大学	—
30	14XJL012	西部项目	西部地区传统制造业转型升级研究	2014年6月15日	黄宗捷	四川科联	西部地区传统制造业转型升级研究
31	15XJL021	西部项目	丝绸之路经济带高等教育区域合作发展战略研究	2015年6月16日	李化树	西华师范大学	—

续表

序号	项目批准号	项目类别	项目名称	立项时间	负责人	工作单位	成果名称
32	16XJL009	西部项目	欠发达地区工业绿色转型发展路径选择与地方政府行为研究	2016年6月30日	杨燕	中共四川省委党校	—
33	16XJL002	西部项目	新型城镇化背景下空间集约型污水处理厂用地性质问题研究	2016年6月30日	沙莎	成都中医药大学	—
34	18XJL007	西部项目	创新军民融合机制培育西部先进制造业的路径选择研究	2018年6月21日	尹宏祯	四川省委党校	—
35	18XJL006	西部项目	城乡经济不平衡的内在逻辑与对策研究	2018年6月21日	黄涛	成都理工大学	—

5. 国家社科基金后期资助项目

国家社科基金后期资助项目是国家社科基金项目主要类别之一，旨在鼓励广大人文社会科学工作者潜心治学，扎实研究，多出优秀成果，进一步发挥国家社科基金在繁荣发展哲学社会科学中的示范引导作用。国家社科基金后期资助项目主要资助已基本完成且尚未出版的人文社会科学基础研究的优秀学术成果。以资助学术专著为主，也资助少量学术价值较高的资料汇编和学术含量较高的工具书等。1986—2018年，经济学领域，四川省共获批国家社科基金后期资助项目5个。

表 3-5　　　1986—2018 年经济学领域四川省获批
国家社科基金后期资助项目

序号	项目批准号	项目类别	项目名称	立项时间	负责人	工作单位	成果名称
1	10FJL002	后期资助项目	区际生态补偿论	2010年9月1日	黄寰	成都理工大学	区际生态补偿论
2	11FJL002	后期资助项目	预期理论在宏观经济中的应用	2011年7月1日	江世银	四川省委党校	预期理论在宏观经济中的应用
3	11FJL016	后期资助项目	成渝经济区发展研究	2011年12月1日	王如渊	西华师范大学	—
4	12FJL005	后期资助项目	人民币区研究	2012年9月1日	霍伟东	西南财经大学	—
5	12FJL007	后期资助项目	建国以来中国产业结构思想演进研究	2012年12月28日	莫秀蓉	西华师范大学	—

（二）获批教育部人文社会科学研究项目①

教育部人文社会科学研究项目是教育部面向全国普通高等学校设立的各类人文社会科学研究项目的总称，包括重大课题攻关项目、基地重大项目、一般项目、教育部社科研究后期资助项目等。2003—2019 年，四川理论经济学获批重大攻关课题 3 个，基地重大课题 13 个，一般项目 292 个，后期资助项目 4 个。共计 312 个。

1. 重大课题攻关项目

重大课题攻关项目是指以课题组为依托，以解决国家经济建设与社会发展过程中具有前瞻性、战略性、全局性的重大理论和实际问题，以及人文社会科学基础学科领域重大问题为研究内容的项目，选题由教育部向全国高等学校、科研院所及实际应用部门征集，面向全国高等学校招标。2003—2019 年，经济学领域，四川省获批教育部人文社会科学研究重大课题攻关项目 3 个。

---

① 中国高校人文社会科学信息网。

表3-6　　2003—2019年理论经济学领域四川省获批教育部
　　　　　　人文社会科学研究重大课题攻关项目

立项年份	项目类别	项目名称	负责人	工作单位
2004	重大课题攻关项目	西部经济发展与生态环境重建研究	杜肯堂	四川大学
2015	重大课题攻关项目	基于金融稳定的货币政策与宏观审慎监管协调配合研究	王擎	西南财经大学
2015	重大课题攻关项目	人民币汇率制度弹性的测度、影响因素及其经济绩效研究	刘晓辉	西南财经大学

2. 基地重大项目

基地重大项目是指为普通高等学校人文社会科学重点研究基地设立的、围绕基地学术发展方向进行研究的重大项目，选题由重点研究基地根据基地中长期规划确定，并经基地学术委员会审议通过后，报教育部统一组织招投标。2003—2019年，经济学领域，四川省获批教育部人文社会科学研究基地重大项目13个。

表3-7　　2003—2019年经济学领域四川省获批教育部
　　　　　　人文社会科学研究基地重大项目

立项年份	项目类别	项目名称	负责人	工作单位
2004	基地重大项目	川滇毗邻藏区社会经济变迁与发展研究	冉光荣	四川大学
2004	基地重大项目	中国金融改革中的货币问题研究	冯用富	西南财经大学
2004	基地重大项目	中国经济转轨时期的金融结构问题研究	刘锡良	西南财经大学
2005	基地重大项目	印度高科技发展战略研究	朱在明	四川大学南亚研究所
2005	基地重大项目	我国"二元金融"的存在与金融业的改革和发展	曾康霖	西南财经大学

续表

立项年份	项目类别	项目名称	负责人	工作单位
2005	基地重大项目	转型经济与信用风险交易：我国开发信用衍生品市场若干问题研究	陈野华	西南财经大学
2011	基地重大项目	中国农村金融改革跟踪研究与绩效评价	刘锡良	西南财经大学
2011	基地重大项目	资本约束下的城市商业银行行为研究	王擎	西南财经大学
2012	基地重大项目	网络舆论、市场效应与金融稳定机制创新	聂富强	西南财经大学
2012	基地重大项目	中国证券市场驱动力研究：经济周期、货币周期、监管周期与股市周期相互关系的多维视角研究	赵静梅	西南财经大学
2014	基地重大项目	我国城市商业银行公司治理优化研究——基于民间资本进入和银行公司治理特殊性的双重视角	洪正	西南财经大学
2014	基地重大项目	中国金融深化模式的二次转型	邓乐平	西南财经大学
2017	基地重大项目	我国金融安全影响机制研究	刘锡良	西南财经大学

3. 一般项目

教育部人文社会科学研究一般项目包括：①规划项目，含规划基金项目、博士点基金项目、青年基金项目，经费由教育部资助；②专项任务项目，经费由申请者从校外有关部门和企事业单位自筹。选题由申请人根据教育部社科研究中长期规划和个人前期积累自行设计。鼓励申请人从实际应用部门征得选题并获得经费资助。2003—2019年，经济学领域，四川省获批教育部人文社会科学研究一般项目292个。

表 3-8 2003—2019 年经济学领域四川省获批教育部人文社会科学研究一般项目

立项年份	项目类别	项目名称	负责人	工作单位
2006	规划基金项目	经济全球化条件下的国际货币体系改革——基于区域国际货币合作视角的研究	姜凌	西南财经大学
2006	规划基金项目	产业系统生态转型机制研究	方一平	电子科技大学
2006	规划基金项目	城镇化进程中西部农民的流向研究	李富田	西南科技大学
2006	规划基金项目	我国企业知识员工工作生活质量结构与测评体系研究	卿涛	西南财经大学
2007	规划基金项目	控制权私人利益下的企业过度投资动态形成机制研究	夏晖	电子科技大学
2007	规划基金项目	西部农村职业技术教育与县域经济发展互动研究	陈树生	西华师范大学
2008	规划基金项目	我国农村宅基地制度改革研究	韩立达	四川大学
2008	规划基金项目	规范群体与比较群体对消费者购买行为的影响及影响分类	张剑渝	西南财经大学
2008	规划基金项目	汇率变动下跨国供应链数量折扣契约与退货契约研究	赵正佳	西南交通大学
2008	规划基金项目	基于居民回收行为的再生资源循环经济体系规划数据基础与政策效应微观基础研究	吴刚	西南交通大学
2008	规划基金项目	奈特不确定性与股市动量效应机制：基于中国股市的实证研究	徐元栋	西南交通大学
2009	规划基金项目	产品伤害危机对消费者品牌认知与品牌选择的影响机理研究	余伟萍	四川大学

续表

立项年份	项目类别	项目名称	负责人	工作单位
2009	规划基金项目	我国上市公司高层管理团队异质性与战略变革、战略并购重组之间关系的实证研究	黄旭	西南财经大学
2009	规划基金项目	企业社会责任的履行与公司治理结构关系的理论与实证研究	何杰	西南财经大学
2009	规划基金项目	印度经济崛起与中国的政策选择	张立	四川大学
2009	规划基金项目	5·12汶川大地震灾后新农村建设的模式研究	蒋远胜	四川农业大学
2009	规划基金项目	流动性、流动性风险的测度有效性研究——基于资产定价的视角	朱宏泉	西南交通大学
2009	规划基金项目	四川地震灾区学校基础设施震后重建融资问题研究	邓大鸣	西南交通大学
2009	规划基金项目	油气资源型城市循环经济系统构建与发展研究	南剑飞	西南石油大学
2010	规划基金项目	城乡公共服务均等化目标下地方公共财政体制改革研究	陈永正	四川大学
2010	规划基金项目	基于企业融资结构视角的银行信贷风险防范研究	张合金	西南财经大学
2010	规划基金项目	中国区域经济协调发展的机制与政策研究——基于新经济地理学的研究视角	郑长德	西南民族大学
2011	规划基金项目	宏观经济信息管理驾驶舱综合集成模式研究	何跃	四川大学
2011	规划基金项目	潮涌效应视角的农产品产业链价格回复机制研究	魏来	四川农业大学
2011	规划基金项目	人民币国际化资本项目开放下新兴洗钱行为与对策研究	高增安	西南交通大学

续表

立项年份	项目类别	项目名称	负责人	工作单位
2011	规划基金项目	城市再生资源回收行为空间属性研究	吴刚	西南交通大学
2011	规划基金项目	社会责任、商业道德与公司治理研究	叶勇	西南交通大学
2011	规划基金项目	促进西部经济一体化的产业集群政策研究：以成渝经济一体化为例	俞培果	西南科技大学
2011	规划基金项目	产业转移背景下西部地区战略性新兴产业成长研究	安果	西南民族大学
2012	规划基金项目	强制性社会变迁背景下民族地区农户生计可持续发展问题研究	李丹	四川大学
2012	规划基金项目	网络团购供应链定价策略及协调机制研究	李胜	西南财经大学
2012	规划基金项目	基于顾客选择行为的供应链交货期承诺与产能协调机制研究	姚珣	西南民族大学
2012	规划基金项目	主权信用评级下调冲击全球经济的原因、内在机理的挖掘及对策	田益祥	电子科技大学
2012	规划基金项目	地方投融资平台的规范发展与风险防范研究：基于国有投资动态经济效应的分析视角	吴凡	西南财经大学
2012	规划基金项目	中国经济与世界分工体系的冲突——中国社会主义市场经济模式创新研究	杨慧玲	西南财经大学
2012	规划基金项目	财政政策的消费效应研究——基于中国经验数据的实证分析	尹音频	西南财经大学

续表

立项年份	项目类别	项目名称	负责人	工作单位
2012	规划基金项目	基于RAROC的商业银行贷款组合优化及市场化管理研究	史本山	西南交通大学
2012	规划基金项目	新形势下加快形成西部沿边开放格局的机制与对策研究——基于兴边睦邻视角	涂裕春	西南民族大学
2012	规划基金项目	农村土地承包经营权抵押融资的区域经验与模式比较——基于不同区域发展水平的实证	曾庆芬	西南民族大学
2013	规划基金项目	关系视角下情绪劳动的产生机制及影响作用研究	程红玲	四川大学
2013	规划基金项目	城乡统筹背景下农村宅基地退出意愿及机制研究——基于成都市的调查与分析	李建强	四川农业大学
2013	规划基金项目	城镇化和农业现代化互动背景下城乡建设用地增减挂钩政策效应研究	韩立达	四川大学
2013	规划基金项目	西部民族地区水电开发区生态补偿机制与模式研究——以四川甘孜藏族自治州为例	陈鹰	四川民族学院
2013	规划基金项目	基于尾部非线性相依的我国银行业系统性风险研究	田海山	西南财经大学
2013	规划基金项目	税制结构的收入分配效应研究	周克清	西南财经大学
2013	规划基金项目	在"倍增计划"下构建扩大居民消费需求长效机制的财政金融对策研究——以云贵川为例	阮小莉	西南财经大学
2013	规划基金项目	农村金融机构小额信贷项目"目标偏移"研究：基于社会资本视角	杨海燕	西南民族大学

续表

立项年份	项目类别	项目名称	负责人	工作单位
2013	规划基金项目	新兴产业成长的微观机制：网络、企业进入行为及其效应	滕颖	电子科技大学
2013	规划基金项目	技术进步方向与经济发展方式转型：基于中国省级区域的实证研究	童长凤	兰州大学
2013	规划基金项目	西北资源富集区碳排放增长预测及碳减排财税支持研究	铁卫	西安财经学院
2013	规划基金项目	中国地区间贸易壁垒对企业自主创新影响的内在机理研究	刘瑞明	西北大学
2013	规划基金项目	我国劳动力迁移空间动态及其对区域经济发展的影响研究——基于城镇化与产业集聚的视角	李建平	西南石油大学
2015	规划基金项目	分形市场假说下的金融资产收益与波动关系研究	王鹏	西南财经大学
2015	规划基金项目	地方政府视角下经济结构失衡的理论与经验研究	王文甫	西南财经大学
2015	规划基金项目	退休年龄选择影响因素及延迟退休的社会经济效应评估	邹红	西南财经大学
2015	规划基金项目	金融全球化与我国多层次资本市场背景下的多资产相依度及投资组合风险预测与优化研究	赖晓东	西南交通大学
2015	规划基金项目	行为序列视角下废弃物逆向物流体系呈现能力研究	吴刚	西南交通大学
2015	规划基金项目	经济新常态下企业成长复合机理和综合模式研究——以白酒产业为例	尹波	西南民族大学
2015	规划基金项目	区域视角下西南成熟型资源城市转型发展研究	罗怀良	四川师范大学

续表

立项年份	项目类别	项目名称	负责人	工作单位
2015	规划基金项目	风险共享型社会网络建构与演化的经济机理研究	张彤	西南财经大学
2016	规划基金项目	基于多元copula模拟的操作风险度量不确定性研究	莫建明	西南财经大学
2016	规划基金项目	供给侧改革视域下我国农村集体建设用地入市风险及其防范研究	李杰	西南交通大学
2016	规划基金项目	基于高频数据的已实现波动率与极差波动率拓展建模、预测及其经济评价	余江	西南交通大学
2016	规划基金项目	互联网时代消费者参与的协同价值创造研究：基于嵌入性的视角	肖文	电子科技大学
2016	规划基金项目	考虑策略消费者行为的以旧换新闭环供应链动态定价研究	代颖	西南交通大学
2016	规划基金项目	媒体报道偏误对资产定价的影响研究：基于投资者异质信念的视角	叶勇	西南交通大学
2016	规划基金项目	集体腐败行为理论与实验研究：基于组织结构和偏好合成的视角	雷震	西南财经大学
2016	规划基金项目	中国保险业系统性风险生成机理、评估及宏观审慎监管研究	徐华	西南财经大学
2016	规划基金项目	基于情景模糊集的小额贷款公司中小企业小额贷款信用风险评价研究	武生均	四川师范大学
2016	规划基金项目	官员腐败、企业寻租与政府补贴	步丹璐	西南财经大学

续表

立项年份	项目类别	项目名称	负责人	工作单位
2017	规划基金项目	货币政策风险承担渠道中的商业银行管理者非理性行为研究	余丽霞	四川师范大学
2017	规划基金项目	"链"协同演化视角下后发大国新兴产业低端化陷阱成因与对策研究	李进兵	西南科技大学
2017	规划基金项目	社会观察、认知偏差与消费不足：机制、实证与政策含义	刘阳	西南财经大学
2017	规划基金项目	近代中国财政思想转型研究	付志宇	西南交通大学
2017	规划基金项目	新能源、传统能源与相关金融市场价格波动及其交互行为的复杂非线性特征研究	胡杨	西南交通大学
2017	规划基金项目	公司跨界购并动机、整合机理和模型研究	殷瑾	电子科技大学
2017	规划基金项目	分享经济时代社会距离对协同消费的影响及促进机制研究	黄璐	四川大学
2017	规划基金项目	基于粗糙集理论的严格双边匹配决策方法研究及其应用	高慧	四川师范大学
2017	规划基金项目	"一带一路"背景下的海外派遣员工的心理授权与绩效研究	胡艳	四川师范大学
2018	规划基金项目	流动性枯竭对股价崩盘风险的影响研究：基于中国证券市场的分析	李亚静	电子科技大学
2018	规划基金项目	基于事实和价值视角对我国已脱贫县健康扶贫政策的评价研究	潘杰	四川大学
2018	规划基金项目	资源配置视角下我国企业技术并购推进创新的机制与效应研究	徐子尧	四川大学

续表

立项年份	项目类别	项目名称	负责人	工作单位
2018	规划基金项目	产学研协同创新与区域创新绩效研究：基于创新网络结构的视角	吴中超	成都学院
2018	规划基金项目	基于公共池塘资源理论的农业小型基础设施集体管护研究	王芳	四川农业大学
2018	规划基金项目	基于自我决定理论的消费者协同消费心理倾向、动机和市场细分研究	卢东	四川师范大学
2018	规划基金项目	精准扶贫与企业慈善行为研究	吉利	西南财经大学
2018	规划基金项目	乡村振兴的评价体系与实现机制研究	任耘	成都信息工程大学
2018	规划基金项目	经济不确定性下货币政策对银行风险的影响研究	吴季	西南财经大学
2018	规划基金项目	要素市场扭曲、技术进步偏向与中国全要素生产率变化	袁鹏	西南财经大学
2018	规划基金项目	中国对外直接投资的资源配置效应和影响机制研究	陈丽丽	西南财经大学
2018	规划基金项目	基于充分均衡发展视角的彝汉交错深度贫困区生态稳定脱贫机制研究	潘洪义	四川师范大学
2018	规划基金项目	网上赠品促销中消费情绪对满意和品牌忠诚的影响机制研究	耿黎辉	西南交通大学
2019	规划基金项目	基于FMLS过程的股票抵押贷款定价研究	向开理	西南财经大学
2019	规划基金项目	税制改革视角下的企业税收遵从：实证评估与政策研究	李建军	西南财经大学
2019	规划基金项目	多元参与视角下基于三支决策的平台型企业社会责任评价及治理优化研究	梁德翠	电子科技大学

续表

立项年份	项目类别	项目名称	负责人	工作单位
2019	规划基金项目	西部城市社区分异下公共服务均等化研究：空间有效配置与精细化治理视角	罗若愚	电子科技大学
2019	规划基金项目	考虑匹配意愿的毕达哥拉斯模糊多指标双边匹配决策方法研究	聂会红	四川师范大学
2019	规划基金项目	基于社交媒体的证券市场谣言信息识别与治理研究	张华	四川师范大学
2019	规划基金项目	乡村振兴背景下藏彝走廊地区"一村一幼"建设绩效评估研究	贾晋	西南财经大学
2019	规划基金项目	物联网下铁路托盘共用机制与在线货运增效策略研究	邱小平	西南交通大学
2019	规划基金项目	复杂动态技术环境下新兴产业双元型协同创新治理模式的设计与优化研究	赵良杰	西南民族大学
2019	规划基金项目	复杂网络视角下我国服务业在全球产业体系中的作用空间研究	姚星	西南财经大学
2019	规划基金项目	金融扶贫中政府行为的表现、效应与优化研究	张迎春	西南财经大学
2019	规划基金项目	我国上市公司兼并重组与会计信息质量研究：政府干预与监管的效应	周嘉南	西南交通大学
2005	青年基金项目	"三农"背景下的农村集体土地产权股份化问题研究	杜伟	四川师范大学
2005	青年基金项目	高等院校人文社会科学发展对我国经济增长的作用机制及其实证研究	王永杰	西南交通大学
2005	青年基金项目	基于价值转移观点的品牌延伸机理模型和延伸绩效评估模型研究	柴俊武	电子科技大学

续表

立项年份	项目类别	项目名称	负责人	工作单位
2006	青年基金项目	转型经济中多元化战略演进机理与模式研究	殷瑾	电子科技大学
2006	青年基金项目	股权分置改革后上市公司的隐性终极控制权结构、公司价值和公司治理研究	叶勇	西南财经大学
2007	青年基金项目	基于价值创造过程的经理控制权激励研究	肖文	电子科技大学
2007	青年基金项目	发售机制、股权结构与首次公开上市公司的公司治理	叶作亮	西南财经大学
2007	青年基金项目	基于鲁棒（Robust）策略的动态供应链网络设计模型及算法研究	田俊峰	西南财经大学
2007	青年基金项目	中国社会养老保险个人账户基金管理模式及其风险控制机制研究	胡秋明	西南财经大学
2008	青年基金项目	城市底层服务业农民工劳动过程研究——以成渝新特区为例	何明洁	四川大学
2008	青年基金项目	中国与南亚区域合作联盟关系研究	龙兴春	西华师范大学
2008	青年基金项目	指令驱动市场非对称信息风险的统计研究	马丹	西南财经大学
2008	青年基金项目	管理者损失厌恶与报酬激励	周嘉南	西南交通大学
2008	青年基金项目	货币政策动态优化与调整	雷国胜	西南交通大学
2008	青年基金项目	四川民族地区新农村建设中失地农民生存现状、发展需求及对社会稳定影响调研	张峻	西南民族大学
2009	青年基金项目	Web环境下精准口碑营销的关键问题研究	邱江涛	西南财经大学
2009	青年基金项目	经济欠发达地区免征农业税后农户土地利用决策变化研究——以四川省为例	朱红波	四川大学

续表

立项年份	项目类别	项目名称	负责人	工作单位
2009	青年基金项目	中国区域间金融资金流动性及其经济增长绩效——基于财政分权视角的研究	张璟	西南财经大学
2009	青年基金项目	建立我国巨灾补偿基金研究	潘席龙	西南财经大学
2009	青年基金项目	基于NSS期限结构的宏观金融模型及货币政策含义研究	朱波	西南财经大学
2009	青年基金项目	基于我国证券市场的指数跟踪方法研究	李俭富	西南财经大学
2009	青年基金项目	中国上市银行内部控制实质性漏洞信息披露机制研究：基于公司治理及银行监管视角	瞿旭	西南财经大学
2009	青年基金项目	基于择校背景下的义务教育资源均衡配置研究	宋光辉	西南财经大学
2010	青年基金项目	美国金融危机对东亚新兴经济体传染性研究	杜晓蓉	四川大学
2010	青年基金项目	公共创业风险投资引导基金运作模式及绩效评价研究	曹麒麟	四川大学
2010	青年基金项目	金融危机冲击下的FDI空间布局研究	何奕	西南财经大学
2010	青年基金项目	发展公共消费：扩大消费需求实现消费公平的理论与对策研究	张恩碧	西南财经大学
2010	青年基金项目	生产函数视角下地区差距扩大的动因及政策选择	贾男	西南财经大学
2010	青年基金项目	法治环境、公司治理与股市参与问题研究	余劲松	西南政法大学
2011	青年基金项目	汶川地震灾后农村公共产品供给效率研究	杨峰	四川大学
2011	青年基金项目	动态视角下社会网络特征与创业行为匹配研究	任迎伟	西南财经大学

续表

立项年份	项目类别	项目名称	负责人	工作单位
2011	青年基金项目	在华跨国公司知识学习决定因素及其对东道国的知识贡献研究	王珏	西南财经大学
2011	青年基金项目	逆周期监管背景下，保险业高管薪酬激励契约设计研究——理论模型与实证检验	徐华	西南财经大学
2011	青年基金项目	西南地区农业气象灾害防灾减灾能力构建范式研究	鲍文	成都信息工程学院
2011	青年基金项目	金融模型拟合优度的检验	杜在超	西南财经大学
2011	青年基金项目	我国农业污染防控的制度约束与制度创新研究——基于低碳经济视角	袁平	西南财经大学
2012	青年基金项目	产品伤害危机溢出效应的预警机制与应对策略研究	方正	四川大学
2012	青年基金项目	农村社区治理机制创新研究：以成都平原农村社区为例	王洪树	四川大学
2012	青年基金项目	农地承包经营权流转模式创新研究：基于现代农业发展的视角	李启宇	四川理工学院
2012	青年基金项目	基于投资者关系管理的公司治理效率分析——作用机理与价值效应	胡艳	四川师范大学
2012	青年基金项目	政府资助对企业研发支出的激励机制及其优化研究	王雪	西南财经大学
2012	青年基金项目	耕地保护的空间外部性测度及生态补偿研究——以成渝统筹城乡综合配套改革试验区为例	马爱慧	四川大学
2012	青年基金项目	集中连片特困地区农村慢性贫困问题研究——以大小凉山彝区为例	蓝红星	四川农业大学

续表

立项年份	项目类别	项目名称	负责人	工作单位
2012	青年基金项目	金融安全与政府审计监控研究	蔡利	西南财经大学
2012	青年基金项目	国内贸易壁垒对中国外贸区域差异的影响研究	逯建	西南财经大学
2012	青年基金项目	代理成本、外部联系与家族企业转型	吴应军	西南财经大学
2012	青年基金项目	新型农村金融机构内生式发展困境与竞争力培育研究	谢小蓉	西南财经大学
2012	青年基金项目	养老保险与教育投入：基于两种制度与经济增长效应的实证研究	于凌云	西南交通大学
2012	青年基金项目	农村土地流转对我国粮食安全的影响研究	陈训波	西南民族大学
2012	青年基金项目	中国式分权下的地方政府质量提升路径研究	陈刚	西南政法大学
2012	青年基金项目	西部地区县级财政健康问题研究	张伦伦	西南财经大学
2013	青年基金项目	城市化进程中农民土地退出补偿与资产运营管理研究	刘灵辉	电子科技大学
2013	青年基金项目	基于网络信息挖掘的产品伤害危机管理研究	张蕾	电子科技大学
2013	青年基金项目	中国上市公司建立金融关联的动因及金融关联前后财务行为研究	邓建平	电子科技大学
2013	青年基金项目	时间碎片化环境下应用商店产品推荐有效性研究	朱兵	四川大学
2013	青年基金项目	结合行为分析的服务系统资源调度问题研究——以汽车4S店维修服务系统调度问题为例	杨琴	四川师范大学

续表

立项年份	项目类别	项目名称	负责人	工作单位
2013	青年基金项目	低质量领导——成员交换关系对员工工作场所偏离行为的影响：基于相对剥夺感视角	张燕	四川师范大学
2013	青年基金项目	超竞争环境下的劳资风险识别及应对机制研究	郭志刚	西南财经大学
2013	青年基金项目	政府部门内部控制与腐败预防监控机制研究	瞿旭	西南财经大学
2013	青年基金项目	国有企业高管"去行政化"研究：度量、作用机理及效果	郑昊娉	西南财经大学
2013	青年基金项目	我国技术转移中的政府职能研究	雷鸣	西南交通大学
2013	青年基金项目	制度背景、机构特征与公司控制权私有收益——基于双重代理问题的研究	吴先聪	西南政法大学
2013	青年基金项目	技术选择驱动的企业技术能力提升路径研究——基于技术属性的视角	王元地	四川大学
2013	青年基金项目	中国劳动力市场转折背景下的劳动力再配置与经济增长研究	岳龙华	四川农业大学
2013	青年基金项目	新形势下西藏安居工程建设的优化研究	魏刚	四川师范大学
2013	青年基金项目	中国资本市场的会计监管研究：基于公平性与外部性的视角	金智	西南财经大学
2013	青年基金项目	交易者行为与信息揭示视角下卖空限制的市场稳定功能再研究	范国斌	西南财经大学

续表

立项年份	项目类别	项目名称	负责人	工作单位
2013	青年基金项目	中国家庭财富的代际转移与代间转移研究	贾男	西南财经大学
2013	青年基金项目	要素替代弹性和有偏技术进步对碳税政策效应的影响研究	陈晓玲	西南财经大学
2013	青年基金项目	企业养老保险缴费对雇员工资、就业的影响研究	马双	西南财经大学
2013	青年基金项目	中国西部民营企业政治关联："扶持之手"还是"掠夺之手"？	刘金石	西南财经大学
2013	青年基金项目	企业社会责任信息披露印象管理研究	吉利	西南财经大学
2013	青年基金项目	比价平台异质性厂商价格竞争策略研究	张岚	西南财经大学
2013	青年基金项目	农户对林业专业合作组织满意度：定量评价、影响因素及作用机理	张连刚	西南林业大学
2013	青年基金项目	藏羌彝文化产业走廊发展研究	李俊	西南民族大学
2013	青年基金项目	基于绿色包容性发展视角的川甘青结合部藏族聚居区民生问题研究	钟海燕	西南民族大学
2013	青年基金项目	社会资本、组织结构与农民用水合作组织发展研究	万生新	咸阳师范学院
2013	青年基金项目	基于动因视角的知识型员工反生产行为的结构维度研究	刘文彬	电子科技大学
2013	青年基金项目	产业转移背景下西部地区低碳增长研究	姚黎明	四川大学
2013	青年基金项目	群体共识决策的影响因素、达成策略及应用研究	吴志彬	四川大学

续表

立项年份	项目类别	项目名称	负责人	工作单位
2013	青年基金项目	基于三重盈余架构的中国企业社会责任评价体系研究	符刚	四川农业大学
2013	青年基金项目	中国西部地区旅游产业竞争力时空演变及提升对策研究——可持续发展视角下的实证研究	李嘉	四川师范大学
2013	青年基金项目	地方国有上市公司非效率投资及投资来源选择研究：基于地方官员激励的视角	曹春方	西南财经大学
2013	青年基金项目	时限性回购契约在出版业的应用	朱兢	西南财经大学
2013	青年基金项目	双方逆向选择下供应链协调与效率研究	王新辉	西南民族大学
2013	青年基金项目	人口老龄化对资产价格的影响研究：基于中国市场的实证	邹瑾	四川大学
2013	青年基金项目	我国影子银行的发展及其对资产价格和宏观经济的影响	赵颖岚	四川大学
2015	青年基金项目	汇率波动影响中国对外贸易的系统研究	杨政	电子科技大学
2015	青年基金项目	中间商参与下的租赁和销售双渠道供应链竞争与协调研究	晏伟	电子科技大学
2015	青年基金项目	复杂系统视角下城市经济—社会—环境综合承载力测度及优化路径研究	刘云强	四川农业大学
2015	青年基金项目	基于 PPP 模式与 PRB/PRN 模式的我国地方政府债务治理研究	刘娅	四川师范大学
2015	青年基金项目	渐进式退休政策对城镇职工基本养老保险缴费压力的缓解效应研究	荣幸	西南财经大学

续表

立项年份	项目类别	项目名称	负责人	工作单位
2015	青年基金项目	职场精神性对员工职业发展的影响机制研究	敖玉兰	西南财经大学
2015	青年基金项目	品牌劫持：旅游目的地品牌形象演化机制及影响研究	吕兴洋	西南财经大学
2015	青年基金项目	投资者关系管理战略驱动下的机构股东积极治理研究：制度、机理与效应	何丹	西南财经大学
2015	青年基金项目	创业机会识别中机会原型的形成及作用研究	马昆姝	西南民族大学
2015	青年基金项目	竞争供应链环境下的碳减排策略与协调机制	赵海霞	西南石油大学
2015	青年基金项目	利益集团对人民币汇率制度弹性的影响研究	刘晓辉	西南财经大学
2015	青年基金项目	幸福经济学视角下政府财政支出行为研究	王鹏	西南民族大学
2015	青年基金项目	川西北藏族村庄布点优化及政策研究：基于地质灾害风险视角	甘露	四川农业大学
2015	青年基金项目	碳排放交易机制下项目导向型供应链集成调度研究	王伟鑫	四川外国语大学
2016	青年基金项目	生态安全约束条件下旅游小城镇开发边界划定研究	刘俊	四川大学
2016	青年基金项目	全球价值链视角下中国制造业出口竞争力识别与提升	赵素萍	四川外国语大学
2016	青年基金项目	金融资产收益与波动的混频数据建模及应用研究	尚玉皇	西南财经大学
2016	青年基金项目	产业升级中的最优金融结构研究	张一林	西南财经大学
2016	青年基金项目	国家价值链重构下西部地区产业承接与价值链提升	郭丽娟	西南交通大学

续表

立项年份	项目类别	项目名称	负责人	工作单位
2016	青年基金项目	全球价值链分工对中国对外直接投资区位选择的作用机理与效果研究	李东坤	西南交通大学
2016	青年基金项目	"大政府"能确保宏观经济平稳吗？——理论和实证分析	祝梓翔	西南交通大学
2016	青年基金项目	不对称信息下考虑破产成本的供应链赊销机制研究	郭红梅	四川大学
2016	青年基金项目	精准扶贫项目系统健康管理研究	孟致毅	四川农业大学
2016	青年基金项目	竞争性决策行为可塑性的知情交互机制：基于具身认知与情绪效应的实验研究	陈璟	四川师范大学
2016	青年基金项目	交叉销售供应链的延保服务决策与合作机制研究	李晓静	四川师范大学
2016	青年基金项目	工商资本投资农业的风险防范机制研究	张尊帅	成都学院
2016	青年基金项目	区域间隐性税收竞争：测度、机制与效应	陈隆近	西南财经大学
2016	青年基金项目	劳动力市场正选匹配对家庭收入差距及储蓄行为的影响研究	徐舒	西南财经大学
2017	青年基金项目	分形市场下股票价格惯性风险监测与防范研究	吴栩	成都理工大学
2017	青年基金项目	流动性不充分环境下基于价格冲击成本的投资组合选择研究	宋娜	电子科技大学
2017	青年基金项目	中国企业对外直接投资行为的"羊群效应"研究	刘海月	四川大学
2017	青年基金项目	住宅基本价值、泡沫生成机理与中国城市房地产调控政策效果评估	王锦阳	西南财经大学

续表

立项年份	项目类别	项目名称	负责人	工作单位
2017	青年基金项目	基于知识密集型服务业嵌入的产业集群演化机制、路径与影响测度研究	赵放	西南交通大学
2017	青年基金项目	波动率指数及其期货定价：基于动态跳跃强度GARCH模型与波动率指数隐含信息的研究	乔高秀	西南交通大学
2017	青年基金项目	基于共同跳跃、机制转化和动态模型组合预测法的国际原油市场已实现极差波动率预测研究	马锋	西南交通大学
2017	青年基金项目	基于区域商的位置广告语言风格对消费者购买行为的影响研究	李珊	四川大学
2017	青年基金项目	基于可持续生计视角的家庭长期灾后恢复研究：以汶川地震为例	韩自强	四川大学
2017	青年基金项目	公众行动困境下环境共治的引导机制研究	卢毅	四川大学
2017	青年基金项目	成渝城市群经济协同发展与空间辐射效应研究	唐宏	四川农业大学
2017	青年基金项目	基于级别高于关系的多属性群决策方法及其在信贷决策中的应用	申峰	西南财经大学
2017	青年基金项目	基于成本性态视角的企业创新持续性及其驱动机制研究	何熙琼	西南财经大学
2017	青年基金项目	消费者促销框架效应研究：心理认知和生理反应视角	郝辽钢	西南交通大学
2017	青年基金项目	多源风险下基于期权契约的供应链优化策略研究	罗加蓉	西南科技大学
2017	青年基金项目	非常规货币政策对新兴市场经济体的溢出效应及政策协调研究——以中国和印度为例	许欣欣	成都学院

续表

立项年份	项目类别	项目名称	负责人	工作单位
2017	青年基金项目	基于金融摩擦视角的"房地产—银行"系统关联性研究	李雪	西南财经大学
2018	青年基金项目	土地确权对农村劳动力非农转移的影响研究	李江一	四川大学
2018	青年基金项目	腐败治理对国有企业代理成本的影响研究	应千伟	四川大学
2018	青年基金项目	集聚经济与中国企业出口产品升级研究：基于技术关联的视角	周沂	四川大学
2018	青年基金项目	"银保担"合作的农地经营权抵押贷款模式优化及配套制度创新研究——基于风险分担视角	彭艳玲	四川农业大学
2018	青年基金项目	制度对家庭投资行为的影响研究：以家庭面临的子女婚恋压力为例	路晓蒙	西南财经大学
2018	青年基金项目	金融科技背景下金融包容性发展与精准扶贫：金融素养的驱动作用研究	吴雨	西南财经大学
2018	青年基金项目	银行竞争结构与僵尸企业研究：来自中国工业企业数据的证据	申宇	西南财经大学
2018	青年基金项目	二孩生育与家庭资产组合选择——基于"全面两孩"政策的研究	贾男	西南财经大学
2018	青年基金项目	营商环境变迁对企业家精神与创新的影响研究	杨进	西南财经大学
2018	青年基金项目	收入分布、财富分布动态演化机制与房地产税调节效应研究	刘元生	西南财经大学
2018	青年基金项目	中国农村低保瞄准效率和机制研究	何欣	西南财经大学

续表

立项年份	项目类别	项目名称	负责人	工作单位
2018	青年基金项目	人民币跨境金融交易的机理及路径研究	邓富华	西南财经大学
2018	青年基金项目	财政分权格局下的地域间教育代际流动性研究	黄健	西南财经大学
2018	青年基金项目	城镇化视角下土地经营权流转对农户资产配置的影响研究	黄宇虹	西南财经大学
2018	青年基金项目	中国股市个股崩盘敏感性差异研究——基于投资者结构的视角	潘宁宁	西南财经大学
2018	青年基金项目	信任环境与企业资本结构动态调整研究：作用机理、路径选择与经济后果	夏常源	西南财经大学
2018	青年基金项目	信任商品市场中的过度收费问题研究	高春燕	西南财经大学
2018	青年基金项目	基于分级护理制度的我国长期照护保险筹资机制研究	郑文渊	西南财经大学
2018	青年基金项目	三类股东对企业财务决策的影响机制及其经济后果研究	赖黎	西南财经大学
2018	青年基金项目	基于动态演化视角的地震灾后景区游客恢复机理和赢回策略研究	范春梅	西南交通大学
2018	青年基金项目	中国高铁"走出去"的专利风险形成与演化机制研究	刘鑫	西南交通大学
2018	青年基金项目	中国企业的海外区位布局及对绩效的影响研究	黄缘缘	西南交通大学
2018	青年基金项目	考虑通货膨胀和期权合同的供应链决策优化与协调机制研究	万娜娜	西南科技大学
2018	青年基金项目	动态最优研发结构视角下基础研究对企业创新的影响机制研究	张龙鹏	电子科技大学

续表

立项年份	项目类别	项目名称	负责人	工作单位
2018	青年基金项目	全面二孩政策对生育率与女性劳动参工率影响的理论和实验研究	胡又欣	西南财经大学
2018	青年基金项目	高管特征对企业后续国际化策略选择和等待时间的影响研究	杨娜	西南财经大学
2018	青年基金项目	配偶及上级主管与员工工作家庭增益的配对日常互动影响：基础大数据纵贯性研究	徐姗	西南财经大学
2018	青年基金项目	研发人才与企业创新：基于专利发明人流动的实证研究	张健	西南财经大学
2018	青年基金项目	基于多源流分析框架的共享经济监管政策研究——以"网约车"和共享单车为例	李廷	西南石油大学
2019	青年基金项目	数字普惠金融的创新价值与风险管控研究	滕磊	成都信息工程大学
2019	青年基金项目	能源贫困对健康的影响——基于多维度视角的中国家庭实证研究	李佳珈	四川农业大学
2019	青年基金项目	家庭生命周期、可持续生计与精准脱贫研究	汪为	四川农业大学
2019	青年基金项目	全球价值链视角下"中国贸易就业冲击"的测算、分解与国际比较研究	李娟	西南财经大学
2019	青年基金项目	"互联网+"下投资者关注的公司治理效应、影响机制及经济后果研究	周静	西南财经大学
2019	青年基金项目	新能源汽车激励政策的评估与协同设计：基于消费和投资行为特征的研究	郑雪梅	西南财经大学

续表

立项年份	项目类别	项目名称	负责人	工作单位
2019	青年基金项目	金融普惠与脱贫质量——基于贫困脆弱性和多维贫困视角的研究	张栋浩	西南财经大学
2019	青年基金项目	民营资本与银行稳健性研究	许坤	西南财经大学
2019	青年基金项目	利率市场化、货币政策冲击与民间借贷的动态演化：路径机制与实证研究	王博	西南财经大学
2019	青年基金项目	行为经济学视角下的信任品市场的声誉机制研究	田森	西南财经大学
2019	青年基金项目	中美贸易隐含环境失衡的理论机制和实证分析——来自制造业贸易隐含碳排放的经验	陈娟	西南财经大学
2019	青年基金项目	智慧城市治理中的多元主体协同机制研究	刘龙	电子科技大学
2019	青年基金项目	国有风险资本异质性对企业创新活动的影响研究	贾西猛	四川大学
2019	青年基金项目	大数据驱动的装配式建筑供应链管理策略与协调机制研究——以川西北藏区为例	江文	四川农业大学
2019	青年基金项目	基于复杂网络的关联信用风险传染机理与治理策略研究	钱茜	四川师范大学
2019	青年基金项目	国有风险资本异质性对企业创新活动的影响研究	贾西猛	四川大学
2019	青年基金项目	被打开的潘多拉魔盒：非道德亲组织行为对偏离行为的影响及作用机制研究	土桃林	四川大学
2019	青年基金项目	基于复杂网络的关联信用风险传染机理与治理策略研究	钱茜	四川师范大学

续表

立项年份	项目类别	项目名称	负责人	工作单位
2019	青年基金项目	农村集体经济：组织形式、形成逻辑及运行效应研究	赵苏丹	四川大学
2019	青年基金项目	不确定环境下我国宏观经济政策协调搭配研究	夏仕龙	四川大学
2019	青年基金项目	社会网络与全球价值链双重视角下"一带一路"服务贸易竞争互补关系及其演化机制研究	王博	西南财经大学
2019	青年基金项目	宗族历史、文化规范与中国家庭的资产选择：理论与实证研究	何石军	西南财经大学
2019	青年基金项目	农民经纪人市场、信息媒介与乡村经济振兴研究	夏晓兰	四川农业大学
2006	专项一般项目	循环经济背景下的地方政府行为研究	黄韬	西南财经大学
2013	专项二类项目	科学发展观推进马克思主义中国化时代化大众化的历程、机制、经验和贡献研究	王让新	电子科技大学
2013	专项二类项目	马克思主义经典作家城乡关系思想及其时代价值研究	赵洋	西南科技大学

4. 教育部社科研究后期资助项目

教育部社科研究后期资助项目指面向基础理论研究设立的，已完成大部分研究工作并有阶段性研究成果，预期能产生重要学术价值和社会影响的项目。2003—2019年，经济学领域，四川省获批教育部人文社会科学研究后期资助项目4个。

表 3-9　　2003—2019 年经济学领域四川省获批教育部
人文社会科学研究后期资助项目

立项年份	项目类别	项目名称	负责人	工作单位
2008	后期资助重大项目	循环经济系统综合集成理论与技术及实现	徐玖平	四川大学
2013	后期资助一般项目	博弈论视域中的意向性行动逻辑	谷飙	西南财经大学
2014	后期资助一般项目	区域产业链培育与优化研究	龚勤林	四川大学
2017	后期资助一般项目	中国小微企业创业发展年鉴2015	甘犁	西南财经大学

（三）经济学四川省哲学社会科学规划项目

四川省哲学社会科学规划项目（以下简称"四川社科规划项目"）以中国（尤其是四川省）改革开放和社会主义现代化建设中全局性、战略性和前瞻性的重大理论问题和实际问题为主攻方向，充分发挥理论指导实际、回答时代课题的作用，大力推动学术观点、学科体系和研究方法的创新，着力推出代表四川省水平的哲学社会科学研究成果，促进哲学社会科学繁荣发展。四川省社科规划项目主要设置年度（重点、一般、青年）项目、重大委托（或招标）项目、后期资助项目、专项项目、市州项目等。本章从项目类型、学科、机构等角度对四川省社会科学规划项目统计分析[①]。

1. 年度项目

四川社科规划年度项目主要资助一般性基础研究和应用对策研究，分为青年项目、一般项目、重点项目、自筹项目。2002—2018 年，四川省社科规划年度项目，经济学领域的立项共有 683 个，其中青年项目 191 个，一般项目 313 个，重点项目 116 个，自筹项目 63 个。

---

① 本部分数据的获取得到了西华大学图书馆馆长吕先竞老师的大力帮助。

表3-10　　2002—2018年经济学领域四川省社科规划年度青年项目

编号	立项年度	项目类别	课题名称	负责人	单位
SC06C001	2006	青年项目	四川会展旅游的可持续发展研究	曾武佳	四川大学
SC06C004	2006	青年项目	工业强省与四川民营经济发展研究	达捷	四川省社会科学院
SC06C005	2006	青年项目	东西部电视优势互补发展战略研究	陈玉霞	四川省社会科学院
SC06C007	2006	青年项目	四川废旧家电及电子产品回收处理产业发展对策研究	马祖军	西南交通大学
SC06C008	2006	青年项目	四川省城市再生资源反向物流规划研究	吴刚	西南交通大学
SC06C009	2006	青年项目	中国农业保险发展机制建设的框架设计——基于四川省农业保险试点的经验研究	黄英君	西南财经大学
SC06C010	2006	青年项目	四川省循环经济的法制化及其立法资源	何真	西南民族大学
SC07C002	2007	青年项目	四川农民专业合作经济组织人力资源激励机制研究	廖祖君	四川省社会科学院
SC07C003	2007	青年项目	四川省民族地区统筹城乡发展研究	卢庆芳	四川省社会科学院
SC07C004	2007	青年项目	四川统筹城乡经济社会发展研究	周江	四川省社会科学院
SC07C006	2007	青年项目	四川省优势产业集群培育与产业竞争力提升研究	谯薇	四川大学
SC07C007	2007	青年项目	电子商务环境下四川省服务型企业的情报理论与对策研究	刘晓红	西南民族大学
SC07C008	2007	青年项目	四川省城镇住房保障与政府职责问题研究	郭玉坤	西南民族大学

续表

编号	立项年度	项目类别	课题名称	负责人	单位
SC07C009	2007	青年项目	上市公司隐性终极控制权及其对公司价值、股权分置改革成效影响的实证研究	黄雷	西南民族大学
SC07C010	2007	青年项目	四川省统筹城乡最低生活保障制度改革的目标定位、成本测算及长效筹资机制研究	胡秋明	西南财经大学
SC07C011	2007	青年项目	四川省凉山彝区反贫困研究	郭佩霞	西南财经大学
SC07C012	2007	青年项目	我省城市化进程中的社会矛盾问题研究——基于失地农民问题的视角	文杰	西南财经大学
SC08C04	2008	青年项目	震后灾区旅游用地流转模式创新研究	李志勇	四川大学
SC08C05	2008	青年项目	灾后重建资金与物资的有效分配及监督机制研究	唐英凯	四川大学
SC08C06	2008	青年项目	协同推进四川灾区重建和主体功能区建设研究	杜黎明	四川大学
SC08C07	2008	青年项目	协作与整合：公共理性视域中的地方公共治理能力研究——以城乡一体化进程中的成都市乡镇政府为研究主体	史云贵	四川大学
SC08C09	2008	青年项目	促进生态文明建设的消费模式研究	杨艳	四川大学
SC08C10	2008	青年项目	四川省农村金融体系效率提升研究	贾立	四川大学
SC08C11	2008	青年项目	四川因灾失地农民生活方式转变的困境和出路——基于社会网络突变视角的调查研究	朱雨可	西南财经大学
SC08C13	2008	青年项目	建立四川省巨灾补偿基金研究	潘席龙	西南财经大学

续表

编号	立项年度	项目类别	课题名称	负责人	单位
SC08C14	2008	青年项目	频繁灾害下的财政制度与政策选择——兼论汶川地震后重建策略	周克清	西南财经大学
SC08C15	2008	青年项目	加强四川省在自由贸易区建设中作用研究	霍伟东	西南财经大学
SC08C16	2008	青年项目	循环经济背景下企业社会责任与企业绩效相关性研究——以四川省企业的实证调查为基础	周密	四川师范大学
SC08C17	2008	青年项目	和谐经济及其宏观调控	肖明辉	四川师范大学
SC08C20	2008	青年项目	中国—东盟自由贸易区的构建与四川吸引FDI的战略	刘卉	西南民族大学
SC08C23	2008	青年项目	四川后农业税时期的主要矛盾与政策选择	付娆	四川省社会科学院
SC08C24	2008	青年项目	汶川地震灾后农业生态环境重建研究——基于绵竹市、平武县、汶川县的实证调查	李晓燕	四川省社会科学院
SC08C25	2008	青年项目	灾后重建的社会监督机制完善研究	郑钹	四川省社会科学院
SC08C26	2008	青年项目	基于风险感知的地震灾后过渡期受灾主体的公共信息需求研究	马捷	电子科技大学
SC08C27	2008	青年项目	我省生态文明建设的发展战略及路径选择——基于油气化工业的资源循环利用及绿色产业链延伸分析	鞠晴江	电子科技大学
SC08C31	2008	青年项目	四川新农村建设中的低碳农业发展模式及对策研究	陈希勇	绵阳师范学院
SC09C008	2009	青年项目	全球金融危机的根源、影响与对策：马克思经济哲学	欧阳彬	电子科技大学
SC09C010	2009	青年项目	西部地区"扩权强县"改革的实证研究——以四川为例	刘福敏	四川省社会科学院

续表

编号	立项年度	项目类别	课题名称	负责人	单位
SC09C011	2009	青年项目	城乡统筹发展中重点小城镇的作用及发展建设研究——以农民集中居住区建设为视角	王娟	四川省社会科学院
SC09C012	2009	青年项目	灾后四川三次产业协同发展研究——基于灰色关联分析的产业结构优化模式研究	达捷	四川省社会科学院
SC09C020	2009	青年项目	汶川地震灾后四川三次产业协同发展研究	王彬彬	四川大学
SC09C021	2009	青年项目	四川省政府投资带动民间投资的思路与途径研究	王金友	四川大学
SC09C022	2009	青年项目	低碳经济与节能减排、生态环境保护研究	邓常春	四川大学
SC09C026	2009	青年项目	成渝经济区人口、经济重心演变路径及产业布局研究	任平	四川师范大学
SC09C031	2009	青年项目	公平与效率的量化与关系——基于企业薪酬分配的视角	步丹璐	西南财经大学
SC09C032	2009	青年项目	中国货币危机预警系统研究	刘晓辉	西南财经大学
SC09C034	2009	青年项目	成渝经济区上市企业环境信息披露实证研究	张秀敏	西南财经大学
SC09C035	2009	青年项目	公共危机下的地方财政运行机制研究——以财政机会主义为视角	周克清	西南财经大学
SC09C037	2009	青年项目	成都大都市城市协调发展与新型城乡形态的构建	杨建	西南交通大学
SC10C006	2010	青年项目	四川城乡金融统筹的制度创新研究	杨海燕	西南民族大学
SC10C013	2010	青年项目	人民币汇率波动与四川省经济增长：机制与实证	郑平	西南财经大学
SC10C014	2010	青年项目	经济转型期四川投资与消费的不平衡及其对经济增长的影响研究	李雪莲	西南财经大学

续表

编号	立项年度	项目类别	课题名称	负责人	单位
SC10C015	2010	青年项目	四川统筹城乡发展中居民收入分配与消费需求的实证研究	邹红	西南财经大学
SC10C016	2010	青年项目	四川省农村土地流转配套制度的完善与创新研究	赵峰	西南财经大学
SC10C025	2010	青年项目	企业和谐治理问题研究——以四川省企业公司治理为例	何燕	四川师范大学
SC10C026	2010	青年项目	四川省欠发达地区集体林权制度改革与反贫困研究	王雨林	四川农业大学
SC10C028	2010	青年项目	基于流程的政府绩效评价体系研究	郭金云	四川大学
SC10C034	2010	青年项目	惠农政策背景下经济欠发达地区农户土地利用投入变化研究——以四川省为例	朱红波	四川大学
SC10C035	2010	青年项目	后金融危机时代四川省农民工返乡创业问题研究	纪志耿	四川大学
SC10C038	2010	青年项目	工程移民中的企业社会责任与参与式社区重建——以NGO介入的XH县NB乡的移民社区重建为例	刘易平	四川省社会科学院
SC10C040	2010	青年项目	城市灾后重建政策理论与实践研究——以北川新县城重建为例	马文哲	山东省援建北川工程指挥部
SC11C006	2011	青年项目	新医改形势下四川省居民医疗消费行为研究及其政策启示	李家伟	成都中医药大学
SC11C030	2011	青年项目	薪酬差距、社会公平性和高管信息透明度——基于中美上市公司比较的经验证据	步丹璐	西南财经大学
SC11C031	2011	青年项目	外商直接投资对四川省本土企业知识传递及创新的影响——基于网络联盟视角	肖慧琳	西南财经大学

第三章 学术研究 107

续表

编号	立项年度	项目类别	课题名称	负责人	单位
SC11C032	2011	青年项目	转型期企业管理创新理论与实证研究——以四川省为例	任迎伟	西南财经大学
SC11C033	2011	青年项目	后危机时代,保险业高管薪酬激励契约设计研究	徐华	西南财经大学
SC11C034	2011	青年项目	承接产业转移过程中的管理问题研究——以四川省为例	王磊	四川省社会科学院
SC11C035	2011	青年项目	四川基本公共服务均等化现状、问题与对策研究	方茜	四川省社会科学院
SC11C036	2011	青年项目	汶川地震灾后重建财税与金融政策评估研究	唐曼萍	四川农业大学
SC11C037	2011	青年项目	政策风险与信用风险对四川省产业效率的影响及其对策研究	唐元琦	西南石油大学
SC11C038	2011	青年项目	新型农村金融机构内生式发展困境与竞争力培育研究	谢小蓉	西南财经大学
SC11C039	2011	青年项目	中国最适度金融体制结构与经济增长——理论机制与实证研究	张璟	西南财经大学
SC11C040	2011	青年项目	四川产业结构转型升级研究——基于工业与生产性服务业融合发展视角	姚星	西南财经大学
SC11C043	2011	青年项目	四川人口年龄结构变动与消费变化的关系研究	丁娟	四川省统计局
SC11C044	2011	青年项目	"天府新区"建设中加快发展创意产业的政策需求及供给分析——基于国内8个重点区域的实证研究	王学人	四川省社会科学院
SC11C045	2011	青年项目	四川省战略性新兴产业发展的资源整合机制及政策支撑体系研究	卢阳春	四川省社会科学院
SC11C046	2011	青年项目	区域资本流动视角下四川资源富集区产业转型问题研究	胡春生	攀枝花学院

续表

编号	立项年度	项目类别	课题名称	负责人	单位
SC11C047	2011	青年项目	可持续生计分析框架下四川失地农户生计行为及对策的响应机制研究	鞠晴江	电子科技大学
SC11C048	2011	青年项目	区域经济视角下的四川省对俄罗斯经贸关系研究	沈影	四川大学
SC11C050	2011	青年项目	西部金融中心建设及四川对策研究	薛昶	四川大学
SC11C052	2011	青年项目	城乡社会保险公共服务均等化的制度创新研究——财政机制与信息化管理的视角	李冰	电子科技大学
SC11C053	2011	青年项目	我省新兴产业与资源匹配分析	陈健	西华师范大学
SC12C010	2012	青年项目	中国地方政府融资平台风险度量、指数构建与预警机制的实验研究	瞿旭	西南财经大学
SC12C011	2012	青年项目	四川省企业跨省销售障碍调查研究	逯建	西南财经大学
SC12C012	2012	青年项目	政府审计与银行业监管协作框架研究——基于维护金融安全的视角	蔡利	西南财经大学
SC12C013	2012	青年项目	基于网络社区的微支付系统的研究	康立	西南财经大学
SC12C021	2012	青年项目	四川省循环农业产业集成模式研究	李丽	四川农业大学
SC12C022	2012	青年项目	以利益协调推进四川省农业发展方式转变研究	杨少垒	四川大学
SC12C023	2012	青年项目	医疗保险与医疗费用负担——成都市城乡居民基本医疗保险制度的实践经验及政策建议	赵绍阳	四川大学

续表

编号	立项年度	项目类别	课题名称	负责人	单位
SC12C024	2012	青年项目	统筹城乡背景下失业保险制度的叠代分析——以成都市新生代农民工为例	李旸	四川大学
SC12C025	2012	青年项目	文化软实力的经济学研究——中美英对比分析	席珍彦	四川大学
SC12C026	2012	青年项目	四川省构建小微企业协同创新体系思路与对策研究	徐洁	四川大学
SC13C002	2013	青年项目	人口老龄化背景下的消费养老保险模式研究——以四川省为例	赵艺	西南石油大学
SC13C003	2013	青年项目	竞争环境下的耐用品厂商易耗部件动态决策研究	苏昊	西南石油大学
SC13C004	2013	青年项目	生态文明视野下四川能源发展方式转变研究	何克东	西南石油大学
SC13C005	2013	青年项目	四川省体育产业与地区经济增长的动态关系及政策研究	谭宏	西南科技大学
SC13C006	2013	青年项目	四川技术创新能力的评价与对比研究——基于四川省各地市、各行业的数据分析	李长青	西南财经大学
SC13C007	2013	青年项目	推迟退休年龄对养老金基金的影响——以四川省为例的定量分析	杨维	西南财经大学
SC13C008	2013	青年项目	关于违约损失率影响因素的研究与实证分析——基于不良资产清收管理的视角	汪翀	西南财经大学
SC13C009	2013	青年项目	大型体育赛事门票定价体系的实证研究：基于经济计量学视角	黄道名	西南财经大学
SC13C017	2013	青年项目	四川省农村宅基地集约利用机制的研究	黄敏	四川师范大学

续表

编号	立项年度	项目类别	课题名称	负责人	单位
SC13C018	2013	青年项目	四川藏区牧民定居后续产业发展研究	魏刚	四川师范大学
SC13C022	2013	青年项目	新型城镇化进程中城市生态安全战略研究——基于成都市的实证分析	卢庆芳	四川省社会科学院
SC13C023	2013	青年项目	包容性发展视角下四川连片特困地区扶贫开发研究	兰传海	四川省社会科学院
SC13C025	2013	青年项目	技术链和产业链融合的农业技术创新体系研究	刘宗敏	四川省农业科学院
SC13C036	2013	青年项目	城镇化背景下城乡养老保险制度整合及可持续性问题研究	辜毅	电子科技大学
SC13C042	2013	青年项目	循环经济视角下报废汽车逆向物流体系构建与运作机制研究	廖伟	成都信息工程学院
SC13C046	2013	青年项目	我国金融自由化对西部实体经济的影响研究——以四川省上市公司并购为例	钟晨	四川师范大学
SC13C047	2013	青年项目	四川民族地区文化产业发展的财政金融支持研究	肖韶峰	西南民族大学
SC14C001	2014	青年项目	城镇化背景下城乡建设用地增减挂钩政策评估及对策研究：来自成都市的实证分析	韩冬	成都理工大学
SC14C005	2014	青年项目	四川省城乡居民体育休闲行为差异及影响因素研究——基于计划行为理论视角	张林玲	成都体育学院
SC14C010	2014	青年项目	互联网金融的合法性标准及其监管研究：基于四川省的实证分析	张帆	电子科技大学
SC14C016	2014	青年项目	"丝绸之路经济带"战略视域下四川省与欧盟合作发展旅游文化创意产业对策研究	薛一飞	四川大学

续表

编号	立项年度	项目类别	课题名称	负责人	单位
SC14C017	2014	青年项目	我国企业非典型雇佣安排的选择、影响及决定因素研究	钱晓烨	四川大学
SC14C018	2014	青年项目	四川省科技成果资本化研究	王涛	四川大学
SC14C019	2014	青年项目	类别不平衡环境下客户流失预测半监督集成模型研究	肖进	四川大学
SC14C020	2014	青年项目	我国开展住房反向抵押贷款的政策研究	张仁枫	四川大学
SC14C027	2014	青年项目	四川城市群发展质量综合测度及耦合演化研究	刘云强	四川农业大学
SC14C031	2014	青年项目	完善四川省住房保障体系的难点及对策——基于成都市的实践视角	沈超群	四川省委党校
SC14C037	2014	青年项目	四川省地方政府融资平台债务风险管控研究	刘娅	四川师范大学
SC14C040	2014	青年项目	基于金字塔放权的国企改革研究：资源配置的视角	曹春方	西南财经大学
SC14C041	2014	青年项目	利率市场化背景下的新型农村金融机构贷款定价研究	黄海波	西南财经大学
SC14C043	2014	青年项目	自贡盐业契约研究：现代农村社会转型的启示与借鉴	徐文	西南科技大学
SC14C045	2014	青年项目	纵向约束视角下的中国油气管输行业改革研究	杨云鹏	西南民族大学
SC14C046	2014	青年项目	四川省农村金融发展中的信贷偏离困境与普惠金融体系建设——基于多维减贫视角的分析	单德朋	西南民族大学
SC14C047	2014	青年项目	制度质量对我国西部地区经济增长贡献度研究	笪凤媛	西南民族大学
SC14C048	2014	青年项目	基于企业异质性视角下我国增值税转型对企业投资行为的影响研究	陈丽霖	西南民族大学

续表

编号	立项年度	项目类别	课题名称	负责人	单位
SC14C051	2014	青年项目	国际油价波动的金融成因与极端风险控制的研究	陈曦	西南石油大学
SC14C052	2014	青年项目	环境规制约束下企业绿色管理适应性研究	梁琳	西南石油大学
SC14C054	2014	青年项目	中韩自由贸易区的构建对四川省贸易与投资的影响及对策研究	刘海月	四川大学
SC15C027	2015	青年项目	双重结构转型下四川粮食适度规模经营模式创新研究	虞洪	四川省社会科学院
SC15C028	2015	青年项目	基于市场环境与主体行为的农村土地经营权流转价格形成机制研究	高杰	四川省社会科学院
SC15C031	2015	青年项目	农产品O2O电子商务创新发展模式、路径及策略研究	程霞	四川师范大学
SC15C032	2015	青年项目	四川省构建农村宅基地自愿有偿退出机制的研究	黄敏	四川师范大学
SC15C037	2015	青年项目	新经济社会学视角的小微企业全球价值链嵌入模式创新研究	左世翔	西华大学
SC15C042	2015	青年项目	四川省企业对外直接投资的逆向技术溢出效应研究	李娟	西南财经大学
SC15C043	2015	青年项目	成都市新型城镇化与绿色化协同推进的路径研究	鲁长安	西南财经大学
SC15C044	2015	青年项目	基于基因经济学与神经化学视角下的神经经济学前沿研究	胡俞	西南财经大学

续表

编号	立项年度	项目类别	课题名称	负责人	单位
SC16C002	2016	青年项目	基于科技创新的四川供给侧结构性改革研究	魏奇锋	成都理工大学
SC16C009	2016	青年项目	健康扶贫背景下四川省大病保障发展路径研究	黄国武	四川大学
SC16C010	2016	青年项目	四川秦巴山区绿色发展的软路径研究	卢毅	四川大学
SC16C011	2016	青年项目	基于供需均衡适配的四川省大众创业支持系统研究	周贵川	四川大学
SC16C013	2016	青年项目	四川社会主义"新三农"协同发展研究	罗静	四川大学
SC16C021	2016	青年项目	基于回收率的报废汽车回收体系优化与政策机制设计	甘俊伟	四川旅游学院
SC16C022	2016	青年项目	产业融合趋势下农产品电商与顾客的关系嵌入模式研究	陈佳莹	四川农业大学
SC16C023	2016	青年项目	企业社交媒体营销对用户行为的影响因素研究	徐乙尹	四川省居民消费研究会
SC16C025	2016	青年项目	农民工住房保障需求特征与有效供给研究	池瑞瑞	四川省社会科学院
SC16C027	2016	青年项目	四川基本公共服务城乡差异测度、困境及解决路径研究	张霞	四川省社会科学院
SC16C029	2016	青年项目	四川科技型小微企业知识产权能力建设的法律制度完善研究	唐仪萱	四川师范大学
SC16C030	2016	青年项目	基于交叉交易的互联网平台企业运营策略研究	李晓静	四川师范大学
SC16C036	2016	青年项目	重塑农村集体经济组织治理机制研究	吴雄	四川师范大学
SC16C045	2016	青年项目	基于市场潜力的市场化改革对经济增长的影响效应及机制研究	吕朝凤	西南财经大学

续表

编号	立项年度	项目类别	课题名称	负责人	单位
SC16C046	2016	青年项目	政策性负担新视角下政府与社会资本合作（PPP）责任界定研究	张一林	西南财经大学
SC16C047	2016	青年项目	金融包容与四川家庭创业行为研究	路晓蒙	西南财经大学
SC16C053	2016	青年项目	国际金融危机新特征下我国中小上市企业预警机制研究	钟晨	四川师范大学
SC17C064	2017	青年项目	互联网共享单车的风险管理与软法自治研究	徐文	西南科技大学
SC17C061	2017	青年项目	四川省绿色增长的程度测度、地方策略与政策模拟研究	明翠琴	西南交通大学
SC17C060	2017	青年项目	金融市场跳跃波动预测与波动率指数信息含量研究	乔高秀	西南交通大学
—	2017	青年项目	四川省外出务工返乡家庭创业影响因素及对策研究	秦芳	西南财经大学
—	2017	青年项目	SNA视角下我国数字经济总量核算研究	彭刚	西南财经大学
—	2017	青年项目	精准扶贫视域下四川民族地区农村治理实践困境、资源结构及整合机制研究	王敏	西华师范大学
—	2017	青年项目	四川全面二孩政策的实施效果及对经济社会发展的影响研究	张冲	西华大学
SC17C051	2017	青年项目	社会参与视角下老年互助养老服务储蓄制度研究	陈珊	西华大学
—	2017	青年项目	利益协调视角下四川省农地承包经营权有偿退出机制研究	王萍	四川师范大学
—	2017	青年项目	消费者促销行为的跨文化研究：以"一带一路"沿线国家为例	曾慧	四川师范大学

续表

编号	立项年度	项目类别	课题名称	负责人	单位
—	2017	青年项目	四川民族地区精准扶贫机制与成效的实证研究	刘正芳	四川大学
—	2017	青年项目	基于战略柔性的四川省低碳型企业可持续发展动力系统研究	罗宽宽	四川大学
—	2017	青年项目	四川省民族地区基本公共服务精准性研究	苏楠	四川大学
SC17C017	2017	青年项目	土地确权背景下的征地冲突及其治理研究	刘锐	四川大学
—	2017	青年项目	成渝城市群旅游网络空间结构与权力演变	冯晓兵	乐山师范学院
—	2017	青年项目	新型城镇化进程中成渝城市群房价传导及政策调控机制研究	刘燕	电子科技大学
—	2017	青年项目	联盟组合构型对高技术产业创新能力的影响研究	刘宇	电子科技大学
—	2017	青年项目	"一带一路"战略背景下印度战略行为研究	冯韧	成都市委党校
—	2017	青年项目	市场化视角下西南地区农地承包经营权有偿退出研究	韩冬	成都理工大学
—	2017	青年项目	产业结构转型升级背景下四川省高等教育结构调整优化研究——基于省域1996—2016年面板数据的分析	齐明明	成都理工大学
—	2017	青年项目	深化农村改革背景下增加我省农民财产性收入改革试点实践研究	刘可	西南石油大学
—	2018	青年项目	产业融合视域下四川省生产性服务业集聚与制造业升级的传导路径与机制创新研究	龚静	成都大学
—	2018	青年项目	我国货币政策和宏观审慎政策双支柱调控框架研究	夏仕龙	四川大学

续表

编号	立项年度	项目类别	课题名称	负责人	单位
—	2018	青年项目	提升易地扶贫搬迁户可持续生计能力的就业方式研究：以四川藏区为例	王林梅	四川大学
—	2018	青年项目	四川省基层产业扶贫典型模式的比较研究	周琳	四川旅游学院
—	2018	青年项目	绿色发展视域下民族地区精准扶贫成效的可持续性研究	徐杰	四川省社会科学院
—	2018	青年项目	四川省国有企业反腐败长效机制研究	郭玥	四川省委党校
—	2018	青年项目	"三生融合"视角下贫困山区农村居民点空间布局优化研究	洪步庭	四川师范大学
—	2018	青年项目	土地承包期延长30年对西部农地可持续利用的影响研究	黄敏	四川师范大学
—	2018	青年项目	概率销售对消费者购买决策影响机制的研究——基于解释水平理论	谭慧敏	西南财经大学
—	2018	青年项目	四川省开拓"一带一路"沿线国家产品市场的驱动因素及发展策略研究	吴钢	西南财经大学
—	2018	青年项目	中美贸易隐含环境不平衡的理论机制及其经济效应研究	陈娟	西南财经大学
SC18C046	2018	青年项目	"一带一路"背景下"蓉欧快铁"建设的对外直接投资促进效应研究	李东坤	西南交通大学
—	2018	青年项目	供应链社会资本对企业创新绩效的影响机制研究	毛洁	西南石油大学

注：2017—2018年青年项目、一般项目和重点项目均未找全相关信息。

表3–11　　　　2002—2018年经济学领域四川省
　　　　　　　　　社科规划年度一般项目

编号	立项年度	项目类别	课题名称	负责人	单位
SC02B007	2002	一般项目	四川东部丘陵山区特色经济研究	向自强	达州市社科联
SC02B008	2002	一般项目	四川省产业组织结构与企业竞争力研究	祁晓玲	四川师范大学
SC02B009	2002	一般项目	四川推进城镇化进程中的城郊经济研究	曹萍	四川大学
SC02B010	2002	一般项目	县乡财政困难的成因及对策研究	黄吉秀	四川省财政厅
SC02B011	2002	一般项目	WTO与四川民族地区产业竞争力再造	郑长德	西南民族大学
SC02B012	2002	一般项目	四川农业制度创新与技术创新研究	李燕琼	西南科技大学
SC02B013	2002	一般项目	"入世"后四川国有企业出路的分类研究	蓝定香	四川省社会科学院
SC02B014	2002	一般项目	四川劳力输出产业化研究	郭晓鸣	四川省社会科学院
SC02B015	2002	一般项目	推进四川农业产业化与发展特色农业问题研究	刘成玉	西南财经大学
SC02B016	2002	一般项目	迎接中国与东盟自由贸易区：四川省的对策研究	杨洪常	四川大学
SC02B017	2002	一般项目	我省对外经贸发展与市场开拓研究	潘德平	西南财经大学
SC02B018	2002	一般项目	培育西部零售企业的核心竞争力——来自四川零售企业的研究报告	张剑渝	西南财经大学
SC02B019	2002	一般项目	西部大开发中区域经济与生态环境发展的内在机制、影响因素和对策措施研究	王小刚	四川省经济发展研究院
SC02B020	2002	一般项目	西部大开发中政府投资监督的对策研究	孙超英	四川省委党校

续表

编号	立项年度	项目类别	课题名称	负责人	单位
SC02B022	2002	一般项目	西部农村税费改革的路径研究	谢代银	西南财经大学
SC02B023	2002	一般项目	四川构建西部强省与跨越式发展研究	李树桂	四川省社会科学院
SC02B024	2002	一般项目	西部大开发中的金融支持	甘时勤	四川省委宣传部
SC02B028	2002	一般项目	劳动力人口就业与城市化发展研究	刘宝驹	市社科联
SC03B006	2003	一般项目	现代政府信用问题研究	刘永红	四川师范大学
SC03B007	2003	一般项目	按生产要素分配应用模型研究	郑寿春	西南石油大学
SC03B008	2003	一般项目	人才产权理论与四川跨越式发展战略研究	尹庆双	西南财经大学
SC03B009	2003	一般项目	资本运行研究	郭元晞	西南财经大学
SC03B010	2003	一般项目	完善四川社会保障体系和强化社会风险管理的策略研究	林义	西南财经大学
SC03B011	2003	一般项目	四川上市公司运营状况及其对四川省经济发展的贡献研究	陈朝龙	西南交通大学
SC03B012	2003	一般项目	四川农户干旱应对能力与农业旱灾风险管理研究	魏顺泽	西南科技大学
SC03B013	2003	一般项目	日资（独资、合资）企业对四川投资环境的适应度	林敏	四川大学
SC03B014	2003	一般项目	四川退耕还林区县域经济发展研究	郑循刚	四川农业大学
SC03B015	2003	一般项目	四川农村土地使用权流转研究	甘庭宇	四川省社会科学院
SC03B016	2003	一般项目	四川省扩大城乡消费问题研究	王晓红	四川省社会科学院
SC05B001	2005	一般项目	成都市郊农田景观开发与构建城乡和谐社会研究	诸丹	成都大学

第三章　学术研究　119

续表

编号	立项年度	项目类别	课题名称	负责人	单位
SC05B007	2005	一般项目	西部地区产业集聚研究	曹邦英	成都信息工程学院
SC05B008	2005	一般项目	四川省旅游资源开发与环境适配的经济增长方式研究	苗维亚	电子科技大学
SC05B017	2005	一般项目	产业集群理论与西部高新区竞争力研究	张克俊	四川省社会科学院
SC05B018	2005	一般项目	四川省少数民族贫困区农民增收的特殊性研究	沈茂英	四川省社会科学院
SC05B025	2005	一般项目	城镇化进程中"农民工"合法权益保障问题研究	陈武元	四川省社会科学院
SC05B035	2005	一般项目	四川丘陵地区缩小城乡差距实证研究	曹萍	四川大学
SC05B036	2005	一般项目	四川重点增长潜力区选择与发展策略研究	黄勤	四川大学
SC05B037	2005	一般项目	劳动契约与企业治理——社会主义和谐社会微观基础研究	张衔	四川大学
SC05B038	2005	一般项目	四川与南亚区域经贸合作及对策研究	杨文武	四川大学
SC05B039	2005	一般项目	四川建设长江上游生态屏障的途径研究	邓玲	四川大学
SC05B042	2005	一般项目	四川贫困地区农民增收的众赢对策研究	周敬伟	四川大学
SC05B047	2005	一般项目	中国近现代盐业契约的法律研究	吴斌	四川轻化工大学
SC05B048	2005	一般项目	农民工的医疗和意外事故的社会保险研究——以四川省为例	蒋远胜	四川农业大学
SC05B049	2005	一般项目	四川丘陵地区农业循环经济发展模式研究	杨锦秀	四川农业大学
SC05B055	2005	一般项目	关于消费物价指数（CPI）编制的理论与应用问题研究	任栋	西南财经大学

续表

编号	立项年度	项目类别	课题名称	负责人	单位
SC05B056	2005	一般项目	人民币汇率机制的改革与四川对外开放	姜凌	西南财经大学
SC05B057	2005	一般项目	四川产品质量安全问题的理论分析及假冒伪劣产品的治理研究	谢庆红	西南财经大学
SC05B058	2005	一般项目	西部资金渠道优化的理论研究和实证分析	殷孟波	西南财经大学
SC05B059	2005	一般项目	新股发售机制与定价效率的研究——兼评不同发售机制在我国市场的适应性	杨丹	西南财经大学
SC05B060	2005	一般项目	完善国有资产管理体制问题研究	郭复初	西南财经大学
SC05B061	2005	一般项目	四川新型工业化道路与重点产业集群建设研究	赵曦	西南财经大学
SC05B065	2005	一般项目	四川城市群发展与战略规划研究	戴宾	西南财经大学
SC05B066	2005	一般项目	农业科技园区的组织特征与治理机制研究	王朝全	西南科技大学
SC06B003	2006	一般项目	新形势下四川省招商引资的效率和策略研究	蒋瑛	四川大学
SC06B008	2006	一般项目	基于GIS的四川省贫困地区优势农产品区域规划研究——以凉山州为例	黄春毅	四川大学
SC06B012	2006	一般项目	"和谐治理":新农村社会治理问题研究——以农村新型集体经济为视角	屈锡华	四川大学
SC06B029	2006	一般项目	四川促进区域协调发展的理论与对策研究	盛毅	四川省社会科学院
SC06B036	2006	一般项目	四川民族地区农村劳动力转移研究	许改玲	四川省社会科学院

续表

编号	立项年度	项目类别	课题名称	负责人	单位
SC06B037	2006	一般项目	四川军工企业改革过程中的和谐劳动关系研究	卿涛	西南财经大学
SC06B038	2006	一般项目	社会资本视角下的四川新农村建设——理论、证据与政策选择	聂富强	西南财经大学
SC06B039	2006	一般项目	基于可持续发展的四川农村能源发展战略	方行明	西南财经大学
SC06B041	2006	一般项目	四川建设中国西部金融中心问题研究	殷孟波	西南财经大学
SC06B042	2006	一般项目	四川省农民工大病医疗保险研究	胡务	西南财经大学
SC06B050	2006	一般项目	职业技术教育与四川县域经济发展互动研究	陈树生	西华师范大学
SC06B051	2006	一般项目	社会化小农与农村公共服务网络的构建——以四川为例的研究	吴晓燕	西华师范大学
SC06B058	2006	一般项目	四川城乡一体化建设的法制调研与立法认证	倪怀敏	成都大学
SC06B059	2006	一般项目	四川省农业自主创新能力评价与发展对策研究	李建强	四川农业大学
SC06B060	2006	一般项目	四川基层农技推广服务体系创新的理论与实践研究	李冬梅	四川农业大学
SC06B061	2006	一般项目	四川农业竞争力研究	漆雁斌	四川农业大学
SC06B063	2006	一般项目	贸易摩擦、贸易保护与四川对外贸易发展	王静	四川师范大学
SC06B066	2006	一般项目	双重约束条件下的四川农村公共产品供给机制研究	刘鸿渊	西南石油大学
SC06B067	2006	一般项目	我国石油天然气法律制度研究	卫德佳	西南石油大学
SC06B068	2006	一般项目	农村媒体生态选矿结构与农民致富的关系研究	江昀	成都理工大学

续表

编号	立项年度	项目类别	课题名称	负责人	单位
SC06B069	2006	一般项目	四川省民众旅游经济市场运作的研究	肖建春	成都理工大学
SC06B071	2006	一般项目	四川县域经济增长方式转变研究	蒋志华	成都信息工程学院
SC06B081	2006	一般项目	城镇化过程中四川农村养老模式研究	萧少秋	四川省委政策研究室
SC06B085	2006	一般项目	四川新农村建设的区域推进模式研究	杜漪	绵阳师范学院
SC07B008	2007	一般项目	四川农业和农村发展中的劳动者素质提升及对策研究	姜太碧	西南民族大学
SC07B009	2007	一般项目	WTO后过渡期贸易这样的摩擦背景下四川省优势出口产业外贸发展战略研究	高增安	西南交通大学
SC07B011	2007	一般项目	统筹城乡背景下的集体土地所有权制度变革——成都城乡统筹综合配套改革试验跟踪调查	杨春禧	西南财经大学
SC07B012	2007	一般项目	四川省工业生态经济问题研究	崔永红	西南财经大学
SC07B013	2007	一般项目	城乡统筹综合配套改革中的成渝地区农村劳动力转移比较研究	张宁俊	西南财经大学
SC07B014	2007	一般项目	四川上市公司的收益与地域关系	山立威	西南财经大学
SC07B016	2007	一般项目	四川省生猪产业循环经济发展研究	陈昌洪	西南科技大学
SC07B017	2007	一般项目	关于构建社会主义和谐社会核心价值观的探索	李培湘	西华师范大学
SC07B025	2007	一般项目	推进我省建立区域证券市场的对策研究	周友苏	四川省社会科学院
SC07B031	2007	一般项目	加强我省优势产业的自主创新研究	李后卿	四川省社会科学院

续表

编号	立项年度	项目类别	课题名称	负责人	单位
SC07B032	2007	一般项目	"自上而下"的四川工业循环经济及节能降耗市场化激励约束机制研究	廖果	四川省社会科学院
SC07B033	2007	一般项目	国家重大能源建设与当地经济社会发展研究	劳承玉	四川省社会科学院
SC07B036	2007	一般项目	四川省统筹城乡发展中的农民工问题研究——重点以成都为例	蒲晓红	四川大学
SC07B044	2007	一般项目	统筹城乡中的农村专业合作组织模式创新研究	罗骏	四川大学
SC07B045	2007	一般项目	基于产业集群的四川省物流产业发展政策体系研究	李小北	四川大学
SC07B046	2007	一般项目	成渝经济区区域创新体系建设研究	孙超英	四川省委党校
SC07B047	2007	一般项目	企业集团核心竞争力研究——理论与实证分析	史仕新	攀枝花学院
SC07B048	2007	一般项目	川西少数民族地区经济开发与生态安全的冲突及对策研究	赵晓鸿	内江师范学院
SC07B059	2007	一般项目	四川农业物流业发展模式研究	漆雁斌	四川农业大学
SC07B060	2007	一般项目	川中丘陵区现有循环型农业产业链发展问题与对策研究	王芳	四川农业大学
SC07B065	2007	一般项目	统筹城乡发展视野中的社区公共服务体系建设——以成都市为例	王健	成都市社科联
SC07B067	2007	一般项目	四川工业企业自主创新评测体系的设计与实践	何玉梅	成都理工大学
SC08B10	2008	一般项目	城乡统筹视角下的四川省农村土地产权制度研究	刘润秋	四川大学

续表

编号	立项年度	项目类别	课题名称	负责人	单位
SC08B11	2008	一般项目	四川发展现代服务业研究——四川服务外包竞争力及产业布局	张蕊	四川大学
SC08B12	2008	一般项目	郊区失地农民有效补偿与社会保障机制构建研究	曹萍	四川大学
SC08B13	2008	一般项目	完善四川区域创新体系研究——基于跨国公司在四川研发的视角	孙瑶	四川大学
SC08B15	2008	一般项目	三十年社会变迁与四川攀枝花发展研究	刘吕红	四川大学
SC08B16	2008	一般项目	四川灾后重建中的金融法律问题研究	王远均	西南财经大学
SC08B17	2008	一般项目	农村集体土地利用与流转法律制度创新研究	吴越	西南财经大学
SC08B22	2008	一般项目	R&D披露现状分析及其信息含量研究	杨丹	西南财经大学
SC08B23	2008	一般项目	汶川特大地震对支付系统的影响和相关应急预案研究	田海山	西南财经大学
SC08B24	2008	一般项目	企业自然灾害财务问题研究	郭复初	西南财经大学
SC08B35	2008	一般项目	承接转移产业对反哺四川农业的作用机制研究	叶子荣	西南交通大学
SC08B38	2008	一般项目	四川省高新技术产业集群推行循环经济机制研究	张小兰	西南民族大学
SC08B53	2008	一般项目	科学发展观视野下的四川村庄"多元"治理模式研究	龚晓	乐山师范学院
SC08B57	2008	一般项目	国家定价的油气资源垄断经营效率及社会效益评价研究	余晓钟	西南石油大学
SC08B58	2008	一般项目	现代农业建设背景下四川劳动力空心化问题及对策研究	李燕琼	西南科技大学

第三章　学术研究　　125

续表

编号	立项年度	项目类别	课题名称	负责人	单位
SC08B59	2008	一般项目	灾后四川产业结构调整与空间布局研究	黄寰	成都理工大学
SC08B60	2008	一般项目	统筹城乡发展：国外经验借鉴及启示——以成都试验区建设为例	张晓雯	成都市社科院
SC09B017	2009	一般项目	四川省新能源与可再生能源开发和利用法律保护研究	陈开琦	四川省社会科学院
SC09B018	2009	一般项目	统筹城乡发展与培育我省新的竞争力和增长点研究	林彬	四川省社会科学院
SC09B019	2009	一般项目	"十二五"四川优势产业跨越式发展研究	杨柳	四川省社会科学院
SC09B020	2009	一般项目	四川省可持续能源科技发展战略研究	曹瑛	四川省社会科学院
SC09B021	2009	一般项目	成渝经济区国防科技工业军民融合研究	邵平桢	四川省社会科学院
SC09B023	2009	一般项目	城乡基本公共服务均等化的标准与绩效评估研究	夏志强	四川大学
SC09B030	2009	一般项目	城乡统筹发展的土地征收制度改革研究——以成都市的试点为例	詹蕾	四川大学
SC09B031	2009	一般项目	5·12汶川大地震重灾区公安民警心理危机干预与心理重建	陈真	四川警察学院
SC09B032	2009	一般项目	四川三次产业协同发展研究——基于政策引导视角	杨启智	四川农业大学
SC09B033	2009	一般项目	四川生态农业建设中农户经济权益保障问题研究	漆雁斌	四川农业大学
SC09B034	2009	一般项目	传播媒体数字化转型研究——媒体融合时代的传统媒体	石磊	四川师范大学
SC09B035	2009	一般项目	统筹城乡发展中农民经济权益保障问题研究	杜伟	四川师范大学

续表

编号	立项年度	项目类别	课题名称	负责人	单位
SC09B036	2009	一般项目	成渝经济区中心节点城市产业结构优化研究——以遂宁为例	胡碧玉	四川职业技术学院
SC09B043	2009	一般项目	金融危机下企业风险缓冲机制及其优化研究	马永强	西南财经大学
SC09B044	2009	一般项目	金融危机背景下四川就业问题研究——基于消费的就业效应及传导机制分析	申晓梅	西南财经大学
SC09B045	2009	一般项目	扩大城乡居民消费需求的重点、难点和对策研究——经济转型中居民消费和储蓄的实证研究	尹志超	西南财经大学
SC09B046	2009	一般项目	四川省产业结构与农民工相关性研究	朱冬梅	西南交通大学
SC09B047	2009	一般项目	金融危机对四川产业升级的影响和对策研究	肖作平	西南交通大学
SC09B049	2009	一般项目	发展生物质能源的难点与对策研究——以四川攀枝花为例	沈西林	西南石油大学
SC09B050	2009	一般项目	金沙江水电梯级开发背景下宜宾生态产业集群研究	肖金虎	宜宾市社科联
SC10B001	2010	一般项目	大型石油企业合作竞争战略研究	余晓钟	西南石油大学
SC10B005	2010	一般项目	农民的农地抵押意愿及农村金融创新路径——基于成都"试验区"的实证	曾庆芬	西南民族大学
SC10B006	2010	一般项目	城镇化进程中的四川农村社会保障体系的建立——基于集体土地流转与农村养老保险制度分析研究	刘成高	西南民族大学
SC10B007	2010	一般项目	企业积极管理的实现机制与策略研究	罗霞	西南民族大学

续表

编号	立项年度	项目类别	课题名称	负责人	单位
SC10B009	2010	一般项目	四川现代农业产业体系与产业链主体建设研究	李燕琼	西南科技大学
SC10B010	2010	一般项目	控制与自治：四川乡村权力结构的变迁（1935—1952）	冉绵惠	西南交通大学
SC10B011	2010	一般项目	从"消灭资本"到"利用资本"——土地革命时期中共的资本政策变迁研究	田永秀	西南交通大学
SC10B012	2010	一般项目	地震灾区旅游促销中的"执照效应"：理论与实证研究	郝辽钢	西南交通大学
SC10B014	2010	一般项目	商业银行体系建设与中小企业融资研究	殷孟波	西南财经大学
SC10B015	2010	一般项目	我国民族地区县域经济发展研究	鄢杰	西南财经大学
SC10B016	2010	一般项目	四川民营企业家社会资本状况及其对企业绩效的影响研究	李永强	西南财经大学
SC10B017	2010	一般项目	四川省农村小型水利供给机制研究	廖常勇	西南财经大学
SC10B018	2010	一般项目	零关税形势下四川参与中国—东盟自由贸易区的战略思考	陈丽丽	西南财经大学
SC10B019	2010	一般项目	基于不完全契约的四川省新型农村金融组织信贷行为特征研究	周凯	西南财经大学
SC10B020	2010	一般项目	人口与气候变化框架下四川省低碳经济研究——以个人为对象的碳排放交易体系导入可行性分析	周葵	西南财经大学
SC10B021	2010	一般项目	四川省农地承包经营权流转的管理机制创新研究	刘志文	西南财经大学
SC10B022	2010	一般项目	四川企业跨国经营中人力资源管理模式研究	金家飞	西南财经大学

续表

编号	立项年度	项目类别	课题名称	负责人	单位
SC10B026	2010	一般项目	农村剩余劳动力转化为现代市民的动力机制研究——职业技术教育的视角	陈树生	西华师范大学
SC10B031	2010	一般项目	四川省统筹城乡区域协调发展政策研究——基于农村公共品供给角度	汪希成	四川师范大学
SC10B033	2010	一般项目	四川生态省建设路径研究——基于生态文明的视域	殷焕举	四川农业大学
SC10B034	2010	一般项目	四川农村村集体与分区域推进发展的研究——以实施"非均衡—协调发展"为视角	邓跃宁	四川农业大学
SC10B035	2010	一般项目	四川农业标准化战略与增强农业竞争力研究	李冬梅	四川农业大学
SC10B043	2010	一般项目	四川发展循环经济的金融支持体系研究	唐英凯	四川大学
SC10B044	2010	一般项目	社会责任履行对国有企业形象的影响研究	余伟萍	四川大学
SC10B045	2010	一般项目	西部经济发展高地建设视角下的四川县域经济综合竞争力分析——基于《县域经济发展激励办法》的跟踪研究	孙超英	四川省委党校
SC10B046	2010	一般项目	四川贫困山区乡镇事业单位改革的实证研究	吴翔	四川省社会科学院
SC10B047	2010	一般项目	近代四川酿酒业发展研究（1904—1949）	肖俊生	四川省社会科学院
SC10B050	2010	一般项目	川滇黔资源"金三角"区域合作机制研究	陈虎	攀枝花学院
SC10B069	2010	一般项目	统筹城乡综合配套改革试验区城乡矛盾的特点及化解机制研究	万远英	西华大学

续表

编号	立项年度	项目类别	课题名称	负责人	单位
SC10B078	2010	一般项目	西部地区乡村文化产业发展研究	肖晓	成都理工大学
SC11B012	2011	一般项目	四川民族地区农民工人力资本提升问题研究	蔡伟民	西南民族大学
SC11B047	2011	一般项目	四川省贫困地区民生脆弱性与金融支持服务体系的构建	伍艳	西南民族大学
SC11B048	2011	一般项目	三网融合产业发展现状、趋势及对策分析	宋加山	西南科技大学
SC11B049	2011	一般项目	基于多灾种复合需求的应急物资储备决策研究	代颖	西南交通大学
SC11B051	2011	一般项目	城乡居民消费信贷影响因素的差异化研究——基于四川省调研数据的实证分析	阮小莉	西南财经大学
SC11B053	2011	一般项目	新形势下地方投融资平台的规范与发展——基于国有投资动态经济效应的分析	吴凡	西南财经大学
SC11B054	2011	一般项目	四川文化产业市场规制研究	陈敬贵	四川文化产业学院
SC11B055	2011	一般项目	农村小型金融机构发展与风险控制研究——基于四川省的实证分析	唐新	四川省社会科学院
SC11B056	2011	一般项目	基于能力提升的四川资源型中小企业技术创新管理模式研究	徐彬	四川省社会科学院
SC11B057	2011	一般项目	四川省风险投资发展中政府引导体系研究	达捷	四川省社会科学院
SC11B058	2011	一般项目	四川构建对外开放新格局研究	蒋瑛	四川大学
SC11B059	2011	一般项目	四川省以纯秸秆为原料的沼气集中供气站产业化发展问题研究	赵跃新	农业部沼气科学研究所

续表

编号	立项年度	项目类别	课题名称	负责人	单位
SC11B060	2011	一般项目	四川能源开发与利用的冲突分析与对策研究	田江	电子科技大学
SC11B061	2011	一般项目	西部少数民族贫困地区自我发展能力研究	辛秋琴	成都理工大学
SC11B062	2011	一般项目	西部经济发展方式转变中战略性新兴产业的培育研究	邓龙安	成都大学
SC11B066	2011	一般项目	日本老龄化对策对四川构建城乡养老模式的借鉴	林敏	四川大学
SC11B067	2011	一般项目	陈云粮食安全思想及其现实意义	谢莲碧	四川省社会科学界联合会
SC11B068	2011	一般项目	中国石油企业发展低碳经济研究	伍竞艳	西南石油大学
SC11B069	2011	一般项目	四川省中小企业技术创新管理模式研究	朱波强	攀枝花学院
SC11B081	2011	一般项目	四川省企业国际化、公司治理与经理人薪酬激励机制研究	王新	西南财经大学
SC12B002	2012	一般项目	四川省城市低收入群体对物价上涨承受能力的研究	陈林	宜宾市委党校
SC12B003	2012	一般项目	增能与赋权：社会工作视角下城市社区参与研究——以成都市社区建设实践为例	谭祖雪	西南石油大学
SC12B015	2012	一般项目	新农村建设中农村宅基地集约开发模式研究——以成都市郊区农村宅基地集约开发为例	黄莉	西南交通大学
SC12B017	2012	一般项目	粮食安全视域下中国财政金融支农投入保障制度研究	彭克强	西南财经大学
SC12B018	2012	一般项目	薪酬差距、市场化进程与员工离职率	步丹璐	西南财经大学

续表

编号	立项年度	项目类别	课题名称	负责人	单位
SC12B019	2012	一般项目	"辩白式"信息披露、市场反应与公司治理机制——来自中国证券市场澄清公告的准自然实验的行为研究	何杰	西南财经大学
SC12B031	2012	一般项目	四川省耕地保护激励约束机制的构建与完善	杜伟	四川师范大学
SC12B040	2012	一般项目	四川省农村人口和社会结构变动下的乡村治理机制研究	甘庭宇	四川省社会科学院
SC12B041	2012	一般项目	城乡二元结构下农村生态环境治理对策	冉瑞平	四川农业大学
SC12B044	2012	一般项目	四川藏区非宗教文化消费增长趋势调查及对策研究	杨艳	四川大学
SC12B045	2012	一般项目	天府新区建设的融资模式创新研究	刘用明	四川大学
SC12B046	2012	一般项目	我国个人所得税法的修改与完善研究——以收入多元化背景下所得税立法模式的转变为基点	徐蓉	四川大学
SC12B051	2012	一般项目	统筹城乡发展中四川农村"空巢"老人养老保障问题研究	罗亚玲	四川大学
SC12B059	2012	一般项目	"两化互动"视域下劳动密集型企业员工社区感研究	胡晓萍	成都师范学院
SC12B060	2012	一般项目	"两化"互动、农村劳动力产城转移对区域经济发展的影响研究	王丽英	成都理工大学
SC13B027	2013	一般项目	"两个跨越"背景下四川工业与服务业互动发展研究	彭亮	四川师范大学
SC13B028	2013	一般项目	基于权变理论的民营企业管理层业绩评价和激励机制研究	何云	四川师范大学

续表

编号	立项年度	项目类别	课题名称	负责人	单位
SC13B031	2013	一般项目	新形势下四川省钒钛新材料产业动态竞争优势评价及发展战略研究	卢阳春	四川省社会科学院
SC13B032	2013	一般项目	芦山地震灾区生态发展重建型的绿色政策选择	柴剑峰	四川省社会科学院
SC13B036	2013	一般项目	成都房契与近代成都城市文化转型研究	张彦	四川省社会科学院
SC13B042	2013	一般项目	四川地方政府融资、债务风险与防控机制研究	马德功	四川大学
SC13B043	2013	一般项目	四川省农业生态补偿机制研究	刘润秋	四川大学
SC13B060	2013	一般项目	人口加速老龄化背景下养老人群医疗保健体系研究——基于四川的经验证据	安劢	成都中医药大学
SC13B062	2013	一般项目	新型城镇化背景下四川居家养老服务市场化运作研究	卢建平	成都医学院
SC13B064	2013	一般项目	大型企业集团综合集成治理的机理、范式及实践研究：基于川渝地区的经验数据	马胜	成都大学
SC13B065	2013	一般项目	农户风险缓冲策略与家庭收入增长的兼容性研究	王阳	成都信息工程学院
SC13B083	2013	一般项目	我国生态文明建设中在川跨国企业的可持续发展研究	罗钰	西华大学
SC13B084	2013	一般项目	坚持走共同富裕道路研究	汪潜	西华师范大学
SC13B085	2013	一般项目	次大股东对公司投资行为的影响研究	张旭辉	攀枝花学院
SC13B089	2013	一般项目	科技创新促进四川白酒产业发展的对策研究——基于宏观科技创新管理视角	冯学愚	成都师范学院
SC13B090	2013	一般项目	中英比较视野下城市生态文明传播体系的构建研究	唐英	成都理工大学

续表

编号	立项年度	项目类别	课题名称	负责人	单位
SC13B091	2013	一般项目	农村宅基地退出政策评估研究——以成都市为例	高晓春	西南交通大学
SC13B094	2013	一般项目	四川生态农业与生态旅游业产业链建设研究	李燕琼	西南科技大学
SC13B096	2013	一般项目	社会资本视角下新生代农民工就业问题研究——基于成都市的调研	吕刚	西南财经大学
SC13B098	2013	一般项目	基于VAR模型的中国城乡居民消费与经济增长的关系研究	肖百龙	电子科技大学
SC14B008	2014	一般项目	环境规制促进西部地区经济可持续增长的传导机制与政策研究	周灵	成都市社科院
SC14B013	2014	一般项目	四川省重大地震灾害应急物流体系构建研究	张治国	成都信息工程学院
SC14B015	2014	一般项目	四川省现代物流服务体系建设研究	贺盛瑜	成都信息工程学院
SC14B017	2014	一般项目	四川省文化创意产业发展指数研究	刘婕	成都大学
SC14B054	2014	一般项目	四川省新型城镇化发展过程中农村产权制度改革研究	徐彬	四川省社会科学院
SC14B055	2014	一般项目	四川省养老产业发展的现状与问题调查研究	刘金华	四川省社会科学院
SC14B062	2014	一般项目	四川省农村金融贫困的治理策略研究	蒲艳	四川师范大学
SC14B064	2014	一般项目	成都市农民工养老保险改革研究	徐莉	四川师范大学
SC14B074	2014	一般项目	四川省贫困地区产业扶贫研究——基于社会资源整合视角	王贝	西华大学

续表

编号	立项年度	项目类别	课题名称	负责人	单位
SC14B075	2014	一般项目	城乡统筹扶贫模式和机制研究	尹德志	西华大学
SC14B076	2014	一般项目	中国股市特殊约束条件下的参与者行为与股经背离研究	朱怀庆	西华大学
SC14B077	2014	一般项目	农民工家庭城市融入促进机制研究——以四川为例	张华	西华大学
SC14B084	2014	一般项目	从制度演进的视角看改革开放前后两个三十年经济发展的内在联系	贾国雄	西南财经大学
SC14B085	2014	一般项目	影子银行与银行系统性金融风险传递的理论与实证研究——基于四川省的经验数据	王擎	西南财经大学
SC14B086	2014	一般项目	农地流转与农地金融可持续发展研究——基于成都实践	阮小莉	西南财经大学
SC14B087	2014	一般项目	四川省代际收入流动性实证研究	郭建军	西南财经大学
SC14B088	2014	一般项目	地方性债务的金融支持、政府干预与区域性金融系统风险	樊胜	西南财经大学
SC14B089	2014	一般项目	四川省系统性金融风险的识别、测度与管理研究	王鹏	西南财经大学
SC14B091	2014	一般项目	四川民生满意度的贝叶斯学习联合分析模型研究	夏怡凡	西南财经大学
SC14B121	2014	一般项目	蓝海战略视域下秦巴山区农业信息化优化的对策研究——以四川达州为例	陈熙隆	四川文理学院
SC14B122	2014	一般项目	科技支撑绵阳农业发展的战略研究	胡健	西南科技大学
SC14B124	2014	一般项目	新型城镇化建设中的四川微小企业战略管理执行力研究	庞鹏	成都信息工程学院

续表

编号	立项年度	项目类别	课题名称	负责人	单位
SC14B135	2014	一般项目	文化消费与文化产业协同发展的机制构建与路径选择研究	张亮亮	西南财经大学
SC14B136	2014	一般项目	四川省产学研协同创新体系与对策研究	刘敦虎	成都信息工程学院
SC15B026	2015	一般项目	新型城镇化背景下公共文化服务均等化的供给模式研究——以四川省为例	张震	电子科技大学
SC15B054	2015	一般项目	现代文化企业的证券化发展研究	杜坤伦	四川省社会科学院
SC15B056	2015	一般项目	人口大规模流出对四川农村的影响及对策研究	李俊霞	四川省社会科学院
SC15B060	2015	一般项目	新形势下成渝经济区一体化发展的体制改革研究	孙超英	四川省委党校
SC15B064	2015	一般项目	四川省新生代农民工创业资源与创业模式的联动机制研究	王官诚	四川师范大学
SC15B076	2015	一般项目	就业结构转变与新型城镇化协调发展研究	王莉	西华大学
SC15B088	2015	一般项目	互联网金融发展与监管问题研究	王宇	西南财经大学
SC15B109	2015	一般项目	长江上游工业城市绿色转型研究	鞠丽	泸州市委
SC16B001	2016	一般项目	四川主动融入"一带一路"战略定位及其实现路径研究	汪令江	成都大学
SC16B005	2016	一般项目	秦巴山区旅游精准扶贫适宜性评价及对策研究	李晓琴	成都理工大学
SC16B008	2016	一般项目	产业融合溢出效应研究	张荣光	成都理工大学
SC16B009	2016	一般项目	四川农业供给侧结构性改革研究	黄伟	成都师范学院

续表

编号	立项年度	项目类别	课题名称	负责人	单位
SC16B012	2016	一般项目	完善城镇体系，促进大中小城市和小城镇协调发展——以成都市大都市区城镇体系规划建设为例	李发戈	成都市委党校
SC16B020	2016	一般项目	四川丘陵区土地流转的农户意愿调查与政策需求研究	范乔希	成都信息工程大学
SC16B021	2016	一般项目	供给侧改革视域下的四川地方高水平大学建设研究	沈堰奇	成都信息工程大学
SC16B048	2016	一般项目	四川省融入"一带一路"建设的开发性金融支持研究	刘用明	四川大学
SC16B049	2016	一般项目	四川省市场主体信用评价体系研究	蔡强	四川广播电视大学
SC16B054	2016	一般项目	环境干预政策下四川省畜牧业经济转型的对策研究	王芳	四川农业大学
SC16B060	2016	一般项目	四川省农民工市民化进程中农村土地流转机制优化研究	袁威	四川省委党校
SC16B061	2016	一般项目	精准扶贫背景下四川民族地区破解"贫困锁定"效应的对策研究	李颖丽	四川省委党校
SC16B067	2016	一般项目	全球资源整合视角下的中国OFDI与全要素生产率的提升研究	付竹	四川师范大学
SC16B068	2016	一般项目	四川省宅基地流转试点改革创新研究	黄善明	四川师范大学
SC16B069	2016	一般项目	基于三阶段DEA模型和MALMQUIST指数分解的四川省中小企业融资效率动态研究	李菲雅	四川师范大学
SC16B070	2016	一般项目	四川省社会信用体系建设的路径探索与对策研究	余丽霞	四川师范大学
SC16B091	2016	一般项目	马克思《资本论》中商品与"颠倒"的内在关联性解读及当代价值研究	赵吕生	西华师范大学

续表

编号	立项年度	项目类别	课题名称	负责人	单位
SC16B106	2016	一般项目	互联网+政府+NGO：四川民族地区扶贫开发新模式研究	曹满云	西南民族大学
SC16B110	2016	一般项目	四川省民族地区服务贸易竞争力研究	黄毅	西南民族大学
SC16B111	2016	一般项目	"一带一路"背景下油气企业中亚合作战略研究	余晓钟	西南石油大学
SC16B127	2016	一般项目	互联网金融背景下的环保投融资创新研究	杨劼	成都理工大学
SC16B129	2016	一般项目	"十三五"深化经济体制改革背景下医药产销市场竞争秩序执法研究——以市场竞争欠充分领域为重点	李毅	西南财经大学
—	2017	一般项目	混合所有制企业中小投资者权益保护研究	何丹	西南财经大学
—	2017	一般项目	"一带一路"背景下的资源配置效率和企业国际化战略研究	余海宗	西南财经大学
—	2017	一般项目	基于Kano模型的农村公共产品需求识别研究	孙继琼	四川省委党校
—	2017	一般项目	农村金融机构风险处置机制研究——以四川为例	方芸	四川省社会科学院
—	2017	一般项目	西部地区应对绿色产品扩散阻滞的绿色创新价值链构建研究	李晓燕	四川省社会科学院
—	2017	一般项目	基于创新要素支撑与就业替代视角的农业科技财政支持政策评价研究	万国超	成都信息工程大学
—	2017	一般项目	基于要素资源整合的助推精准扶贫土地整治模式研究	黄蕾	成都理工大学
—	2017	一般项目	马克思共享发展思想及其当代价值研究	颜军	成都理工大学

续表

编号	立项年度	项目类别	课题名称	负责人	单位
一	2017	一般项目	环境生态视角下四川省民族地区产业共生模式研究	王丽英	成都理工大学
一	2017	一般项目	绿色金融支持西部产业低碳化发展的机制与政策研究	高辉	成都理工大学
一	2017	一般项目	社会资本视域下民族地区贫困再生产及治理机制研究——以阿坝羌族自治区黑水县为例	赵如	成都理工大学
一	2017	一般项目	川渝城市群建设下的城市资源承载力与城市规模互动关系研究	何悦	成都大学
一	2017	一般项目	四川乡村教师专业发展的文化人类学考察	刘华锦	成都大学
一	2017	一般项目	"受质疑研究"：实验数据结果视域下的规范与反规范	杨林	成都大学
一	2017	一般项目	绿色发展目标下四川省能源替代分析与路径研究	陈军华	西南石油大学
一	2017	一般项目	核心能力视角下四川省高新技术企业创新生态系统研究	梁琳	西南石油大学
一	2017	一般项目	四川省产业结构转型的推动力及产业发展路径研究	周克	西南民族大学
一	2017	一般项目	"一带一路"战略下四川传统制造企业转型升级研究	尹波	西南民族大学
一	2017	一般项目	南方丝绸之路及其出海通道研究	赵晓东	泸州市文化研究中心
一	2018	一般项目	科技创新、现代金融与实体经济增长三位协同关系研究——基于四川省智能制造业的实证	周筱蕊	成都大学
一	2018	一般项目	农村宅基地三权分置权利体系重塑与对策研究——以四川省为例	邵兴全	成都市委党校

续表

编号	立项年度	项目类别	课题名称	负责人	单位
—	2018	一般项目	"一带一路"战略下绿色产业竞争力综合评价与提升路径研究	汪嘉杨	成都信息工程大学
—	2018	一般项目	企业家精神测度及对区域创新创业活动的影响途径与机理研究	石维富	攀枝花学院
—	2018	一般项目	"一干多支"发展战略下攀西经济区康养产业融合发展模式与路径研究	张旭辉	攀枝花学院
—	2018	一般项目	安全困境、地区命运共同体与认同："一带一路"背景下中印加强务实合作的挑战与对策	张立	四川大学
—	2018	一般项目	四川省深度贫困地区健康扶贫长效机制研究	黄国武	四川大学
—	2018	一般项目	四川省优质生态产品供给能力的主导因素与调控政策研究	刘勇	四川大学
—	2018	一般项目	全球失衡背景下外部财富异质性对国际消费风险分担的影响研究	陈小凡	四川大学
—	2018	一般项目	需求、福利与制度选择——四川省农村集体产权制度改革实证研究	衡霞	四川大学
—	2018	一般项目	健康扶贫政策对贫困人口疾病经济负担的影响及政策优化研究：基于倾向得分匹配的双重差分法分析	潘杰	四川大学
—	2018	一般项目	信息化视野下农业产业组织创新研究	何应期	四川农业大学
—	2018	一般项目	乡村振兴地方立法研究	李红军	四川省社会科学院

续表

编号	立项年度	项目类别	课题名称	负责人	单位
—	2018	一般项目	四川省农村宅基地"三权分置"改革研究	黄燕	四川师范大学
—	2018	一般项目	土地利用变化视角下的四川省主体功能区生态补偿机制研究	潘洪义	四川师范大学
—	2018	一般项目	碳交易驱动四川乡村振兴低碳化发展的路径研究	田永	西南科技大学城市学院
—	2018	一般项目	四川省深度贫困地区稳定脱贫的识别与执行困境研究	伍艳	西南民族大学
—	2018	一般项目	量化投资策略风险比较研究	赵伟	西南民族大学
—	2018	一般项目	比较分析法下四川民族地区发展不平衡不充分对全面建成小康社会的影响研究	刘秀兰	西南民族大学

注：2017—2018年青年项目、一般项目和重点项目均未找全相关信息。

表3-12　　　2002—2018年经济学领域四川省社科规划年度重点项目

编号	立项年度	项目类别	课题名称	负责人	单位
SC14LL03	2014	重点理论	四川省在国家推进"丝绸之路经济带"与"长江经济带"战略中的地位和作用研究	邢海晶	四川大学
SC14LL04	2014	重点理论	四川省资源配置中市场决定性作用发挥：制约因素和实现路径研究	蒋永穆	四川大学
SC16LL002	2016	重点理论	秦巴山区精准扶贫精准脱贫实践路径和对策建议	邓淑华	电子科技大学
SC16LL003	2016	重点理论	四川省全要素生产率与要素配置效率研究	杨艳	四川大学
SC16LL006	2016	重点理论	精准定位　扬长避短　打造"一带一路"和长江经济带开放高地	杨晓军	四川省德阳市委党校

续表

编号	立项年度	项目类别	课题名称	负责人	单位
SC16LL007	2016	重点理论	四川绿色生态优势转化成发展优势对策研究	费世民	四川省林业厅（四川省林业科学研究院）
SC16LL010	2016	重点理论	四川省新生代农民工创业行为对脱贫作用机制研究	张若瑾	西南财经大学
SC16LL012	2016	重点理论	推动成德绵协同创新，加快一体化改革步伐	陈丽娜	西南科技大学
SC16LL013	2016	重点理论	打造优美环境，推进绿色发展——建设生态新都路径探析	刘任远	成都市新都区委
SC16LL014	2016	重点理论	四川重装拓展"一带一路"市场调研报告	陈晓慈	中国第二重型机械集团公司
SC02A001	2002	重点项目	大城市近郊加快城市化对策研究——高碑村经济非农化及其发展思路	过杰	四川省社会科学界联合会
SC02A005	2002	重点项目	我省农村富余劳动力流出地土地承包制度的现状、问题和对策研究	刘德骥	四川省委党校
SC02A006	2002	重点项目	加快黑龙滩综合开发对策研究	严文清	眉山市政协
SC02A011	2002	重点项目	WTO与四川经济跨越式发展	李天德	四川大学
SC02A012	2002	重点项目	加入WTO后西部企业核心能力的培育与提升	武振业	西南交通大学
SC02A013	2002	重点项目	嘉陵江流域生态经济建设与产业结构调整对策研究	王代敬	四川师范大学
SC02A014	2002	重点项目	四川与中亚经济合作对策研究	贺安华	四川省政协中亚办
SC02A015	2002	重点项目	西部大开发中加快四川高新技术产业开发区建设与发展的对策研究	陈永忠	四川省社会科学院

续表

编号	立项年度	项目类别	课题名称	负责人	单位
SC02A016	2002	重点项目	四川省传统优势企业竞争力分析与评价	张军	四川大学
SC02A028	2002	重点项目	四川经济跨越式发展研究	赵曦	西南财经大学
SC02A029	2002	重点项目	推进四川农业产业化与发展特色农业问题研究	杜受祜	四川省社会科学院
SC02A030	2002	重点项目	四川推进城镇化进程研究	杨洪波	四川省建设厅
SC02A031	2002	重点项目	四川民族地区生态资源的保护与开发研究	李传林	四川省民委
SC02A032	2002	重点项目	西部大开发与如皋市长江上游经济带发展战略与政策支持研究	刘世庆	四川省社会科学院
SC02A033	2002	重点项目	西部大开发与建设长江上游经济带研究	邓玲	四川大学
SC03A007	2003	重点项目	西部大开发中与区域经济协调发展研究——兼论区域经济发展的宏观调控	江世银	四川省委党校
SC03A008	2003	重点项目	四川"走出去"战略研究	尹音频	西南财经大学
SC03A009	2003	重点项目	产业集群理论与成都高新技术产业园"二次创业"及其效应分析	邵昱	成都市社科院
SC03A010	2003	重点项目	四川民族地区生态移民与小城镇建设	侯水平	四川省社会科学院
SC03A011	2003	重点项目	关于建立四川农村社会保障体系的探索	蔡明秋	成都行政学院
SC03A012	2003	重点项目	四川省全面建设小康社会研究	胡安荣	四川省统计局
SC03A013	2003	重点项目	四川国有大型企业道友多元化与退出机制研究	蓝定香	四川省社会科学院
SC05A001	2005	重点项目	四川发展循环经济研究	康超光	成都市委党校
SC05A003	2005	重点项目	四川省农民工生存状况、权益保障与四川构建社会的关系研究	邓淑华	电子科技大学

续表

编号	立项年度	项目类别	课题名称	负责人	单位
SC05A004	2005	重点项目	人民监督员制度地方立法研究	张宗源	四川省人大常委会
SC05A006	2005	重点项目	碳交换机制在四川省森林生态效益补偿中应用途径研究	李晟之	四川省社会科学院
SC05A007	2005	重点项目	四川旅游资源的布局与开发研究	刘茂才	四川省社会科学院
SC05A010	2005	重点项目	15世纪末—19世纪上半叶新大陆农作物在世界、中国及四川的传播和意义	张箭	四川大学
SC05A011	2005	重点项目	构建社会主义和谐社会的利益协调机制研究	蒋永穆	四川大学
SC05A016	2005	重点项目	龙头企业与农民合作经济组织的合作机制及绩效研究	傅新红	四川农业大学
SC05A020	2005	重点项目	四川丘陵县区工业发展研究	鄢杰	西南财经大学
SC05A021	2005	重点项目	四川省推进新型农村合作医疗制度试点面临的问题与对策研究	陈健生	西南财经大学
SC05A022	2005	重点项目	四川高载能产业发展问题与出路	方行明	西南财经大学
SC06A001	2006	重点项目	关于循环经济的西部中小企业集群生态化模式	揭筱纹	四川大学
SC06A002	2006	重点项目	中国对外区域经济合作与"开放四川"问题研究	杨翠柏	四川大学
SC06A006	2006	重点项目	近代成都平原农村社会经济结构的转型与变迁	李德英	四川大学
SC06A007	2006	重点项目	中国社区银行发展研究	周凯	西南财经大学
SC06A008	2006	重点项目	社会资本视角下的四川城市贫困问题理论与实证研究	王朝明	西南财经大学
SC06A009	2006	重点项目	西部地区资源开发的补偿机制研究	丁任重	西南财经大学

续表

编号	立项年度	项目类别	课题名称	负责人	单位
SC06A010	2006	重点项目	取消农业税后的四川农村工作运行机制研究	郭晓鸣	四川省社会科学院
SC06A011	2006	重点项目	四川国防科技工业改革发展研究	刘世庆	四川省社会科学院
SC06A018	2006	重点项目	川西北高原藏族特区社会主义新农村建设研究	张文秀	四川农业大学
SC06A019	2006	重点项目	基于扶贫开发视角的四川民族地区新农村建设模式研究	庄天慧	四川农业大学
SC06A021	2006	重点项目	生产者责任延伸制度下企业逆向物流研究	李军	西南交通大学
SC06A023	2006	重点项目	四川民族地区资源的保护和开发研究——基于"和谐"原则的保护和开发系统耦合机制及对策研究	李余生	成都理工大学
SC06A025	2006	重点项目	四川石油企业与资源所在地构建和谐关系研究	李学林	西南石油大学
SC06A027	2006	重点项目	农村税费改革后的乡镇管理体制变革研究——以成都为例	刘从政	成都市社科院
SC06A028	2006	重点项目	欠发达地区城镇社区建设的体制重构及政策选择	邵昱	成都市委党校
SC07A013	2007	重点项目	四川参与"泛珠三角"合作中的产业合作与承接产业转移问题研究	郭正模	四川省社会科学院
SC07A014	2007	重点项目	我省提高自主创新能力发展优势产业研究	顾新	四川大学
SC07A017	2007	重点项目	四川省农业产业质量可追溯制度建设及其政策选择——基于企业的调查分析	吴秀敏	四川农业大学
SC08A06	2008	重点项目	四川省农村宅基地制度评价及改革研究	韩立达	四川大学

续表

编号	立项年度	项目类别	课题名称	负责人	单位
SC08A07	2008	重点项目	汶川特大地震灾后社区重建和管理研究	徐玖平	四川大学
SC08A08	2008	重点项目	我省生态文明建设的发展战略及路径选择	刘成玉	西南财经大学
SC09A008	2009	重点项目	金融危机对四川产业升级的影响和对策研究	张红伟	四川大学
SC09A009	2009	重点项目	当前和"十二五"时期我省经济发展影响因素研究	熊祖辕	四川省统计局
SC09A012	2009	重点项目	成渝经济区重点产业研究	曹邦英	成都信息工程学院
SC09A013	2009	重点项目	统筹城乡与均等化公共服务创新路径研究	陈家泽	成都市社科院
SC10A008	2010	重点项目	我国职业教育的适度规模研究	宋光辉	西南财经大学
SC10A014	2010	重点项目	我省城乡统筹下的农村公共产品供给机制及实施难点研究	彭尚平	四川大学
SC10A015	2010	重点项目	开发性金融在四川的实践和创新研究	盛毅、魏维、陈跃军	四川省社会科学院
SC11A006	2011	重点项目	城乡全域金融建设的理论与实践探索	张红伟	四川大学
SC11A010	2011	重点项目	四川农村土地综合整治和管理问题研究——以成都为例（管理学）	韩立达	四川大学
SC11A011	2011	重点项目	税制结构的非均衡性：改革方向与路径选择	周克清	西南财经大学
SC11A012	2011	重点项目	四川民族贫困地区农户灾害风险管理应对策略研究	庄天慧	四川农业大学
SC11A013	2011	重点项目	特大自然灾害下救灾及灾后重建中人文精神的价值与作用研究——以"汶川大地震"为例的个案分析	蒋晓丽	四川大学

续表

编号	立项年度	项目类别	课题名称	负责人	单位
SC12A003	2012	重点项目	农业科技资源组合模式创新研究——基于现代农业产业技术体系建设视角	张克俊	四川省社会科学院
SC12A004	2012	重点项目	四川家庭发展政策研究	熊祖辕	四川省统计局
SC12A009	2012	重点项目	中国企业高储蓄率之谜——基于产权性质的视角	尹志超	西南财经大学
SC12A010	2012	重点项目	我国现行社会保障政策对企业及个人收入分配的影响效应研究——基于四川省的调研和数据分析	丁少群	西南财经大学
SC13A002	2013	重点项目	大型工程建设与环境污染事件的社会风险防范及应对机制研究	余伟萍	四川大学
SC13A003	2013	重点项目	汶川、芦山地震灾后应急救援对比研究	徐寅峰	四川大学
SC13A004	2013	重点项目	四川实现多点多极战略目标的实证研究	熊建中	四川省统计局
SC13A007	2013	重点项目	农产品供应链中公平协调机制研究	冯春	西南交通大学
SC13A008	2013	重点项目	四川省城市交通碳减排的政策仿真——以成都、绵阳等城市为例	赵正佳	西南交通大学
SC13A009	2013	重点项目	我国环境税收优化的实证依据与政策研究	李建军	西南财经大学
SC13A010	2013	重点项目	资产证券化在解决地方政府融资与债务问题中的应用	陈永生	西南财经大学
SC13A011	2013	重点项目	支付创新对金融系统流动性影响	帅青红	西南财经大学
SC13A012	2013	重点项目	成都建设区域财富管理中心的目标模式与路径选择	翟立宏	西南财经大学
SC13A019	2013	重点项目	四川省新型农业经营体系的重点和政策研究	蒋永穆	四川大学

续表

编号	立项年度	项目类别	课题名称	负责人	单位
SC14A027	2014	重点项目	风险关联视角下保险业系统性风险与金融稳定研究	徐华	西南财经大学
SC14A028	2014	重点项目	金融可及性对中国家庭消费影响的实证研究	尹志超	西南财经大学
SC14A029	2014	重点项目	地方政府支出行为与经济结构失衡研究	王文甫	西南财经大学
SC14A030	2014	重点项目	公平偏好视角下供应链成员多期动态质量投入及对策研究	丁川	西南财经大学
SC14A031	2014	重点项目	基于游客感知与行为意向视角的四川康乐类民营主题公园经营模式与管理策略优化的实证研究	艾进	西南财经大学
SC14A002	2014	重点项目	四川在全国区域经济发展中的定位分析	熊建中	四川省统计局
SC14A003	2014	重点项目	四川构建宜居、宜业、宜商的现代城镇体系研究	蓝定香	四川省社会科学院
SC14A004	2014	重点项目	四川发展内陆开放型经济的研究	逯建	西南财经大学
SC15A007	2015	重点项目	面向工业4.0版的四川省智能制造与管理发展研究	任佩瑜	四川大学
SC15A006	2015	重点项目	四川省经济与管理学科发展趋势研究	蔡春	西南财经大学
SC15A020	2015	重点项目	新常态下传统产业转型升级研究——以白酒产业为例	杨柳	四川省社会科学院
SC15A021	2015	重点项目	西部中心城市空间形态演化的代体模型研究	方茜	四川省社会科学院
SC16A018	2016	重点项目	供给侧改革下农村互联网金融精准扶贫模式创新研究	谢小蓉	西南财经大学
SC16A019	2016	重点项目	共享发展理念下四川藏区农牧民获得感的现状及提升对策研究	方纲	西南交通大学

续表

编号	立项年度	项目类别	课题名称	负责人	单位
SC16A021	2016	重点项目	结构变迁视角下中国经济增长的转移动态与长期均衡路径研究	杜海韬	西南民族大学
—	2017	重点项目	基于文化消费结构分析的四川省文化产业供给侧结构性改革路径探索	宋晓	四川文化产业职业学院
—	2017	重点项目	四川省旅游业供给侧结构性改革及推进路径策略	芮田生	内江师范学院
—	2017	重点项目	统筹城乡精准扶贫路径选择与制度创新研究	庄天慧	西南科技大学
—	2017	重点项目	"互联网+回收"模式下再制造闭环供应链管理机制研究	代颖	西南交通大学
—	2017	重点项目	中国保险业公司治理风险监管及系统性风险防范研究	徐华	西南财经大学
—	2018	重点项目	影响小微企业发展的核心因素分析以及"小微企业发展指数"构建	王晋忠	西南财经大学
—	2018	重点项目	四川省农村信贷风险研究及防范：基于农贷通数据与生存分析方法	李志勇	西南财经大学
—	2018	重点项目	四川农业转移人口市民化问题研究	杨英强	成都师范学院
—	2018	重点项目	民族地区协调发展的协同保障研究	吴芳	四川师范大学
—	2018	重点项目	四川城市养老服务资源的供给与配置效率研究	隋国辉	西南财经大学
—	2018	重点项目	基于空间正义的国企单位制老旧社区治理模式创新研究	杨建	西南交通大学

表 3-13　　2002—2018 年经济学领域四川省社科规划年度自筹项目

编号	立项年度	项目类别	课题名称	负责人	单位
SC02Z005	2002	自筹项目	开放经济条件下四川支柱产业核心竞争力的培育及资本市场支持研究	骆玲	西南交通大学
SC02Z006	2002	自筹项目	西部地区金融效率研究	张红伟	四川大学
SC02Z007	2002	自筹项目	加快西部发展开发论——加快西部发展推进西部在开发重点战略问题研究	纪尽善	西南财经大学
SC02Z008	2002	自筹项目	四川城市化现状及推进四川城市化进程的研究报告	蔡竞	四川省政府
SC02Z009	2002	自筹项目	新的历史条件下劳动和劳动价值理论研究	刘润葵	四川省委党校
SC02Z010	2002	自筹项目	退耕还林与四川民族地区产业结构战略性调整研究	张凤祥	成都市委党校
SC02Z011	2002	自筹项目	社会主义市场经济的劳动关系研究	郭正模	四川省社会科学院
SC02Z012	2002	自筹项目	四川城镇化进程和发展对策研究	夏代川	四川省统计局
SC02Z013	2002	自筹项目	西部开发中的区域经济强市建设研究	陈立权	达州市委
SC02Z014	2002	自筹项目	四川省特色产业的培育与中小企业发展研究	揭筱纹	四川大学
SC02Z015	2002	自筹项目	入世后四川省民营企业海外融资的战略选择	王晓津	西南交通大学
SC02Z016	2002	自筹项目	四川省非公有制经济健康发展问题研究	徐芳	西南财经大学
SC02Z017	2002	自筹项目	四川省地区特色产业的评价与选择方法研究	戴宾	西南交通大学
SC02Z018	2002	自筹项目	四川农村农户及乡镇企业融资问题研究	周晓明	西南财经大学

续表

编号	立项年度	项目类别	课题名称	负责人	单位
SC02Z019	2002	自筹项目	薄弱经济地区的发展策略研究——布拖县区域经济发展战略研究	周介铭	四川师范大学
SC02Z020	2002	自筹项目	企业项目投资筹划理论与方法研究	张明泉	西南石油大学
SC02Z021	2002	自筹项目	四川土地流转中新型农业企业在农业产业结构调整中的地位和作用	魏继新	川北医学院
SC02Z022	2002	自筹项目	入世后农业银行的经营策略	罗永宁	四川省农村金融学会
SC02Z025	2002	自筹项目	推进国有企业技术创新研究	高林远	四川师范大学
SC02Z026	2002	自筹项目	四川旅游资源的开发和旅游产业的战略研究	冯新灵	绵阳师范学院
SC02Z027	2002	自筹项目	加快我省小城镇建设的思路及模式选择	明海峰	西南财经大学
SC02Z029	2002	自筹项目	对四川省民族地区经济发展的金融支持问题研究	王洪章	人民银行成都分行
SC02Z038	2002	自筹项目	宋代四川特殊化政策与四川的经济开发	张金岭	四川师范大学
SC03Z011	2003	自筹项目	垄断的经济分析与法律调控	李平	四川大学
SC03Z012	2003	自筹项目	经济欠发达地区经营城市制度创新研究	胡碧玉	四川师范大学
SC03Z014	2003	自筹项目	四川国有企业治理结构创新研究	陈玉荣	攀枝花学院
SC03Z015	2003	自筹项目	土地供给问题研究	曾永昌	乐山市国土资源局
SC03Z017	2003	自筹项目	四川科技产业"二次创业"发展的实证研究	陈光	西南交通大学
SC03Z018	2003	自筹项目	农业科技成果产业化经营方式、特点研究	罗华伟	四川农业大学

续表

编号	立项年度	项目类别	课题名称	负责人	单位
SC03Z019	2003	自筹项目	城乡经济良性互动发展研究	王仲明	四川省干部函授学院
SC03Z020	2003	自筹项目	关于我国石油进口及其风险规避的研究	向小壮	西南石油大学
SC03Z021	2003	自筹项目	四川农村土地使用权流转与适度规模经营研究	胡小平	西南财经大学
SC03Z022	2003	自筹项目	四川民营经济发展的融资问题研究	李明昌	人民银行成都分行
SC03Z028	2003	自筹项目	区域经济与区域报业发展研究	吴建	四川大学
SC03Z029	2003	自筹项目	近代中国证券市场史	刘斌	四川广播电视大学
SC03Z040	2003	自筹项目	可持续发展原则下四川"社会—经济—环境"三位一体的关系模型研究	白兰君	成都理工大学
SC03Z045	2003	自筹项目	四川生态文化产业化研究	李传林	四川省委办公厅
SC03Z046	2003	自筹项目	四川民营经济发展的融资问题研究	史本山	西南交通大学
SC03Z047	2003	自筹项目	四川农村就业问题研究	刘家强	四川省劳动和社会保障厅
SC03Z048	2003	自筹项目	成都全面建设小康社会的条件与途径研究	路小昆	成都市委党校
SC03Z052	2003	自筹项目	川东地区农村全面建设小康社会研究	孟兆怀	四川文理学院
SC03Z053	2003	自筹项目	全面建设小康社会理论研究	欧兵	西南财经大学
SC03Z054	2003	自筹项目	今后五年四川城乡居民住房需求取向与对策研究	杨成钢	西南财经大学
SC03Z055	2003	自筹项目	WTO框架下与西部大开发中的四川主导产业新选择	何永芳	西南财经大学

续表

编号	立项年度	项目类别	课题名称	负责人	单位
SC03Z056	2003	自筹项目	构建四川综合治理"三农"问题的新政策框架研究	程谦	西南财经大学
SC03Z057	2003	自筹项目	四川加快人才资源向人才资本转变战略研究	侯荔江	西南财经大学
SC03Z062	2003	自筹项目	四川市场竞争中的弱势群体融资难问题研究	刘润葵	四川省级机关党校
SC05Z007	2005	自筹项目	科技创新与四川产业结构优化升级	黄寰	成都理工大学
—	2007	自筹项目	社会主义市场经济条件下的"经济人"伦理价值观研究	刘后平	成都理工大学
SC08Z09	2008	自筹项目	提升我国自主创新能力的产权经济分析——一个两维度产权理论模型及检验	邱爽	西华师范大学
SC08Z10	2008	自筹项目	中国农户收入多元化对农业投资的影响问题研究	王建洪	四川职业技术学院
SC09Z009	2009	自筹项目	灾后农村移民安置与可持续发展问题研究——基于城乡统筹发展的视角	陈建西	成都大学
SC09Z023	2009	自筹项目	扩大城乡居民消费需求的重点、难点和对策研究	钟大能	西南民族大学
SC09Z033	2009	自筹项目	我国上市公司薪酬委员会治理有效性的研究	毛洪涛	西南财经大学
SC09Z034	2009	自筹项目	关于当前国际金融危机根源与实质的研究	廖伟	西南财经大学
SC10W201	2010	自筹项目	四川省低碳经济发展模式与机制研究	史仕新	攀枝花学院
SC10W205	2010	自筹项目	四川省居民收入差距的主要问题研究	陈建东	西南财经大学
SC10W212	2010	自筹项目	四川返乡农民工职业技能培训与就业创业一体化工作机制研究	李奋生	成都理工大学

续表

编号	立项年度	项目类别	课题名称	负责人	单位
SC10W213	2010	自筹项目	后危机时期四川省经济结构转型的金融支持	邱静	四川师范大学
SC10W214	2010	自筹项目	西南民族地区文化产业科学发展的技术路径研究	郭芙蕊	电子科技大学
SC10W216	2010	自筹项目	后金融危机时代与马克思主义时代化研究	刘光明	四川职业技术学院
SC10W235	2010	自筹项目	优化四川省承接东部沿海地区产业转移投资环境研究	羊绍武	四川大学
SC10W236	2010	自筹项目	自贸区生效背景下四川省与东盟国家经济合作研究	肖平	成都体育学院

2. 重大项目与基地重大项目

四川社科规划重大项目主要资助关系我省改革开放和社会主义现代化建设的重大问题以及关系学科基础建设的重大问题研究。四川社科规划基地重大项目仅限于省社科联和省教育厅联合设立并通过评估达标的省社科重点研究基地（含扩展）进行申报，每个基地限报1项。项目选题根据各重点研究基地的主要研究领域、建设目标和预期要取得的科研成果确定。2002—2018年，四川省社科规划经济学领域，基地重大项目立项有35个，委托项目有57个。

表3-14　　　　2002—2018年经济学领域四川省社科规划重大项目

编号	立项年度	项目类别	课题名称	负责人	单位
—	2010	重大委托	四川旅游商品市场困境与出路研究	梁守勋	四川省社会科学院
SC12Z001	2012	重大委托	四川省定点扶贫工作研究——以南充市蓬安县为例	王均	四川省社会科学界联合会
SC07ZB001	2007	重大项目	以科学发展观为指导，加快四川"四个跨越"系列研究	李一鸣	西南财经大学

续表

编号	立项年度	项目类别	课题名称	负责人	单位
SC07ZB002	2007	重大项目	共建成渝经济区培育中国经济新的增长极系列研究	林凌	四川省社会科学院
SC07ZB003	2007	重大项目	构建长江上游生态屏障系列研究	邓玲	四川大学
SC07ZB004	2007	重大项目	成都建设全国统筹城乡综合配套改革试验区研究	侯水平	四川省社会科学院
SC07ZB005	2007	重大项目	成都城乡统筹的支撑体系研究	刘从政	市社科院
SC07ZB006	2007	重大项目	成都建设全国统筹城乡综合配套改革试验区系列研究——土地制度创新研究	罗中枢	四川大学
SC07ZB007	2007	重大项目	成都建设全国统筹城乡综合配套改革试验区研究——金融发展的视角	刘锡良	西南财经大学
SC13ZD01	2013	重大项目	四川新型城镇化道路研究	揭筱纹	四川大学
SC13ZD02	2013	重大项目	四川现代农业发展与新型农业经营体系创新研究	王国敏	四川大学
SC13ZD05	2013	重大项目	四川省创新驱动战略的产业实现与政策研究	朱方明	四川大学
SC13ZD06	2013	重大项目	芦山地震灾后经济—社会—生态统筹恢复重建研究	徐玖平	四川大学
SC13ZD07	2013	重大项目	统筹城乡战略背景下的户籍制度改革和人口管理研究	侍俊	四川省公安厅
SC13ZD08	2013	重大项目	四川区域均衡发展与多点多极支撑战略研究	周江	四川省社会科学院
SC13ZD09	2013	重大项目	四川农村土地产权制度改革研究	刘灿	西南财经大学
SC13ZD10	2013	重大项目	四川食品安全监管体系的创新与激励研究	龚强	西南财经大学
SC13ZD11	2013	重大项目	四川省社会管理创新中政府与社会组织关系研究	马骁	西南财经大学

续表

编号	立项年度	项目类别	课题名称	负责人	单位
SC13ZD12	2013	重大项目	四川地方政府融资、债务风险与防控机制研究	邓乐平	西南财经大学
SC14ZD01	2014	重大项目	建设若尔盖国家级生态特区战略研究	杜受祜	四川省社会科学院
SC14ZD02	2014	重大项目	金融与实体经济的协调发展研究	张红伟	四川大学
SC14ZD03	2014	重大项目	四川省医养融合创新发展模式的建立与政策需求	刘毅	四川大学
SC14ZD04	2014	重大项目	四川"两化"互动、城乡统筹机制体制创新研究	丁任重	四川师范大学
SC14ZD09	2014	重大项目	四川农业产业转型升级的战略研究	陈文宽	四川农业大学
SC15ZD02	2015	重大项目	四川"大众创业、万众创新"的实现路径研究	陈光	西南交通大学
SC15ZD03	2015	重大项目	农村信用社股份制改造的法律问题研究	唐清利	西南财经大学
SC15ZD04	2015	重大项目	川菜产业化和国际化发展研究	卢一	四川旅游学院
SC15ZD05	2015	重大项目	四川精准扶贫战略研究	郭晓鸣	四川省社会科学院
SC15ZD06	2015	重大项目	四川贫困县新农村建设研究	王卓	四川大学
—	2017	重大项目	四川省精准扶贫绩效评估与长效机制建设研究	欧阳俊	西南财经大学
—	2017	重大项目	5·12汶川地震极重灾区县域经济可持续发展研究	杜漪	绵阳师范学院
SC17ZD06	2017	重大项目	四川省农业供给侧结构性改革的实现路径研究	陈文宽	四川农业大学
—	2017	重大项目	四川省深度融入"一带一路"战略研究——从经济的角度	李优树	四川大学

续表

编号	立项年度	项目类别	课题名称	负责人	单位
—	2017	重大项目	共享经济中企业与参与人博弈分析及政府政策研究	李军	西南交通大学
—	2017	重大项目	深度贫困地区脱贫攻坚进程和对策研究	曾维忠	四川农业大学

表3-15　2002—2018年理论经济学领域四川省社科规划委托项目

编号	立项年度	项目类别	课题名称	负责人	单位
SC03W001	2003	委托项目	四川加快人才资源向人才资本转变战略研究	吕重九	四川大学
SC03W004	2003	委托项目	县域经济研究——梓潼县走新型工业化城镇化道路，回忆县域经济发展的基本方略	杜肯堂	四川大学
SC03W005	2003	委托项目	四川农村扶贫开发研究	唐永进	四川省社会科学界联合会
SC03W007	2003	委托项目	高新技术产业化与全面建设小康社会研究	刘端直	四川大学
SC03W008	2003	委托项目	论"三个转变"的兴川方略	高林远	四川师范大学
SC03W011	2003	委托项目	SARS对四川经济发展的影响及对策研究	课题组	四川大学
SC04W006	2004	委托项目	高新技术产业发展的金融支持研究	王勇	四川大学
SC04W007	2004	委托项目	民营企业经营风险及其对策	蔡春	西南财经大学
SC04W008	2004	委托项目	四川省贫困地区经济可持续发展研究	严江	四川省以工代赈办
SC04W018	2004	委托项目	人力资源开发与教育发展	石柱成	四川大学
SC04W019	2004	委托项目	我国新股收益率的实证研究	陈永生	西南财经大学
SC05W007	2005	委托项目	宏观调控对四川省房地产行业的影响分析	马永开	电子科技大学
SC05W010	2005	委托项目	四川失地农民利益协调保障机制研究	曾贤贵	西南科技大学

第三章　学术研究　157

续表

编号	立项年度	项目类别	课题名称	负责人	单位
SC05W013	2005	委托项目	四川省可持续城市化过程中土地利用问题研究	陈云川	四川旅游学院
SC05W015	2005	委托项目	构建和谐社会与四川民族地区农村社会保障体系	张书军	西南民族大学
SC05W018	2005	委托项目	基于循环经济的四川水能资源开发	谢合明	西华大学
SC06W010	2006	委托项目	建设成都平原"经济富集区域"问题研究	万顺福	四川师范大学
SC06W012	2006	委托项目	四川新农村建设的区域推进模式研究	陈文宽	四川农业大学
SC06W003	2006	委托项目	家族式民营企业制度创新论	吴天凤	四川省政协
SC06W004	2006	委托项目	四川省白酒产业发展对策研究	李维民	四川省商务厅
SC06W005	2006	委托项目	四川丘陵地区建设社会主义新农村研究	黄忠	内江市委宣传部
SC06W007	2006	委托项目	四川省退耕还林的长效保障机制研究——以雅安市为例	杨水源	雅安市人大
—	2007	委托项目	四川民营企业和谐劳动关系实证研究	石磊	西南财经大学
—	2007	委托项目	四川省跨越发展过程中外贸与环境安全研究——基于东盟投资项	霍伟东	西南财经大学
—	2007	委托项目	四川省农村专业合作组织发展研究	詹华庆	攀枝花学院
—	2007	委托项目	四川省发展循环经济的问题与对策研究	黄韬	西南财经大学
—	2007	委托项目	基于可持续发展的四川省排污交易运行机制研究	胡民	四川师范大学
—	2007	委托项目	企业劳资产权关系的和谐研究	黄善明	四川师范大学

续表

编号	立项年度	项目类别	课题名称	负责人	单位
—	2007	委托项目	企业发展循环经济的评价指标体系研究	张勇	西南科技大学
—	2007	委托项目	建设四川节约型社会的制度保障体系研究	胡树林	西南科技大学
—	2007	委托项目	成渝经济区产业关联强度模型与应用研究	刘朝明	西南交通大学
—	2007	委托项目	我国房地产市场分类宏观调控研究	熊方军	电子科技大学
—	2007	委托项目	我省农民外出打工后对农村生产、生活、文化及社会管理带来的影响及对策建议	王书斌	四川省农科院
—	2007	委托项目	四川城市贫困防控体系研究	李平	川北医学院
—	2007	委托项目	新农村建设与农村公共事业发展研究	潘尔春	川北医学院
SC08W01	2008	委托项目	对川外国直接投资的模式和决定因素研究	杜江	四川大学
SC08W09	2008	委托项目	航空权开放与四川区域经济发展研究	杨治远	中国民用航空飞行学院
SC08W15	2008	委托项目	传统文化产业区开发模式研究	谢永健	四川省易学会
SC08W20	2008	委托项目	四川灾后重建的金融支持问题研究——以我省新型农村对金融发展为例	李由	四川省社会科学院
SC08W25	2008	委托项目	四川文化产业发展研究	何其知	四川省社会科学界联合会
SC09W009	2009	委托项目	四川地区发展仰面经济的经济学分析	许俐	西南交通大学
SC09W011	2009	委托项目	统筹城乡发展中加快城镇化的步骤和新情况研究	方发龙	成都大学
SC09W016	2009	委托项目	完善和改革四川农村金融服务体系研究	兰虹	西华大学

续表

编号	立项年度	项目类别	课题名称	负责人	单位
SC09W017	2009	委托项目	基于分类调控的我国房地产市场宏观政策研究	熊方军	电子科技大学
SC09W019	2009	委托项目	金融危机下四川电子信息产业集群升级研究	刘裕	电子科技大学
2009013	2009	委托项目	资源型工业城市推进城镇化解决民生问题研究	李尚志	攀枝花学院
2009015	2009	委托项目	国际金融危机对四川中小企业的影响及对应措施研究	王均	四川省社会科学界联合会
SC10W0010	2010	委托项目	两岸合作促进泛珠产业结构优化的战略选择初探	肖慈方	四川大学
SC11W007	2011	一般委托	四川省服务贸易竞争力研究	黄毅	西南民族大学
SC11W008	2011	一般委托	四川省战略性新兴产业发展对策研究	王敏晰	成都理工大学
SC11W020	2011	一般委托	成渝经济区区域融合与协同发展研究	张小南	西华大学
SC11W021	2011	一般委托	成都农业农村投融资机制创新研究	兰虹	西华大学
SC11W022	2011	一般委托	后金融危机时代金融监管体制完善——以优化金融监管协调机制为重点	卓武扬	西华大学
SC11W038	2011	一般委托	成渝经济区主要城市工业结构及其竞争力绩效	王如渊	西华师范大学
SC12W015	2012	一般委托	符号经济视野下的宜宾文化产业研究	彭贵川	宜宾学院
SC12W016	2012	一般委托	四川欠发达地区新型工业化与新型城镇化互动的路径研究	许彦	四川省委党校
SC12W022	2012	一般委托	循环经济视角下报废汽车资源化产业链协同机制研究——以四川省为例	贺政纲	西南交通大学

二 学术成果及奖项

学术成果的价值，体现在同行专家以及社会对它的评判。自 1978 年国家决定开始表彰哲学社会科学优秀成果之后，又主要体现在该项成果获奖和获奖的等级方面。

(一) 四川部分有影响力的学术研究成果

1. 1978 年前四川理论经济学界较有影响的学术研究成果[①]

彭迪先《世界经济史纲》(1949)；梅远谋《国家统销政策与国家银行现金工作》(1954)；陈豹隐《我对社会主义制度下商品生产与价值规律的看法》(1959)；中国四川省委理论小组《中国社会主义经济问题》(1960)；王永锡、袁文平《关于社会主义经济效果的实质》(1962)；刘诗白《试论社会主义制度下的个体私有制经济残余》(1964)；刘心铨《贸易网统计中关于销售额变动因素问题的商榷》(1954)；四川省中苏友好协会《苏联集体农庄的生产和分配》(1954)；张学远《农村家计调查》(1955)；彭迪先、何高箸《货币信用论大纲》(1955)；胡庆钧《论凉山彝族的奴隶制度》(1956)；胡庆钧《再论凉山彝族的奴隶制度》(1957)；杨晓航《对云南怒江区傈僳族社会性质的探讨》(1957)；许廷星《关于财政学的对象问题》(1957)；《论人民公社的积累和分配》(1959)；王叔云主编《中国社会主义农业经济学》(1960)；四川省委办公厅《人民公社调查》(1960)；李永禄《试论农业对工业的基础作用》(1961)；刘诗白《农业为基础的道路是我国社会主义的康庄大道》(1963) 等。

部分成果简介如下：《国家统购统销政策与国家银行现金工作》(梅远谋,《教学改革》1954 年第 16 期) 认为，统购统销是由国家"包做买卖"，它消除了资本家的中介，计划代替了盲目的价值规律，有利于稳定和鼓励生产，国家领导了市场，因此价格政策要为统购统销

[①] 四川省地方志编纂委员会编：《四川省志·哲学社会科学志》，四川科学技术出版社 1998 年版。

服务。统购统销必然使现金投放集中，而回收缓慢，影响银行收支平衡。为加速货币回笼，第一应积极组织商品供应农村销售；第二应在收购时及时组织储蓄；第三应积极回收到期农贷。此外，在统购时要改变银行给收购部门透支、垫付；统销时，应加强对代销商的现金结算。统购统销需要提高现金管理的计划水平。国家银行应通过信贷计划编制现金计划，掌握货币发行及流通，为稳定市场和发展经济服务。

《货币信用论大纲》（彭迪先、何高箸，三联书店1955年版）主要内容：一是阐明马克思的货币信用原理，论证社会主义经济中商品生产存在的必然性和必要性。本书对社会主义条件下货币信用的本质与职能设有专篇论述，并从理论和实际上探讨了当时苏联和新中国的货币信用问题。这在当时同类出版物中是没有的。二是剖析现代资本主义货币信用体系及其危机。

《对云南怒江区傈僳族社会性质的初步探讨》（杨晓航，《财经科学》1957年第3期），作者对云南怒江区傈僳族错综复杂的社会经济性质提出了自己的看法。文章除总结之外，尚有许多中间研究成果，如傈僳族为什么在历史上不断迁徙；它的生产力水平受什么原因影响长期处于落后状态；怒江区傈僳族社会土地占有形式有哪些具体形式；以及为什么说小农经济在傈僳族社会经济中已占主导地位等。由于文章拥有大量翔实的资料，从自然、经济、社会文化等不同方面说明问题，因此具有重要价值。

《四川地方工业发展情况及今后发展方向的意见》（吴岐山，《财经科学》1957年第2期）用统计报表的形式对四川地方工业的结构进行了分析，对四川工业基础差、技术低、产量低、分布不平衡的现象进行了描述，也指出四川资源丰富、销售市场大的发展潜力及优势，从而对四川地方工业的发展方向进行研究。

《中国社会主义农业经济学》（王叔云主编，四川人民出版社1960年版）以"研究社会主义农业的经济规律和党依规律制订关于农业经济方针及其实现途径"为对象；以"巩固和发展人民公社，高速度发展农业生产，为实现农业现代化服务"为目的；概述了中国农业经济组织体制的变革与发展；之后，又对农业的投入要素，生产配置及农牧经济分类作了考察；最后，则是从交换、分配和消费等在生产环节进行研究。

2. 1978—1985 年四川理论经济学较有影响的学术研究成果①

农村经济体制改革领域：李云松《谈家庭副业和自留地》；达凤全《论社员家庭副业的客观基础》；唐洪潜《包产到户是社会主义性质的价格基础》；鲁家果《论我国农产品的价格基础》；邹绪昌《大力发展社队企业》；刘政、陈武元《农村管理体制改革的初步尝试：四川广汉县向阳公社改革"政社合一"体制的调查》；叶谦吉《试论农村人民公社管理体制改革》；宋桂植、章玉钧、虞玉海《四川省广汉、邛崃、新都三县农村经济改革试点调查》；梁与延、刘政《县级经济体制改革探索》；郑景骥《试论农工商综合经营的客观必然性》；林凌《努力开创社队企业的新局面》；唐洪潜、郭正模《剩余劳动力和非耕地相结合是发展四川农村商品生产的战略重点》；黄荣武《新技术革命与我国农村产业结构调整》；杜受祜《农村集镇建设的问题与研究》《多学科交叉小城镇发展规律》等。

城镇经济体制改革领域：林凌、顾宗枨主编《四川扩大企业自主权试点经验》；顾宗枨、何克《自负盈亏是企业扩大自主权的发展趋势》；冯举、周振华《四川省五个国营工业企业自负盈亏试点的调查》；赵国良、郭元晞《论社会主义国家与企业关系的二重性》；郑青、王世雄《巩固和发展城镇集体所有制经济的调查》；郭建哲《联系二轻工业实际，对发展城镇集体所有制工业的几点看法》；姜泽亭、黎雪、汪涤世《四川商业体制改革的回顾和展望》；吴园宏、周殿昆等《试论以城市为中心组织和管理商品流通》；省商品经济学会、省社科院财贸物资所合编《重庆工业品贸易中心论文集》；韩世隆《关于建立出口商品生产体系的几个问题》。

企业分税制改革领域：许廷星《我国税制发展方向》；段兼仁、赵志尤《企业以税代利，各级分享税收，是完善分级财政体制的方向》；省人民银行《四川省银行体制改革的实践与认识》；曾康霖《银行体制改革理论》等。

计划管理体制改革领域：顾宗枨《论计划经济与市场经济相结

---

① 四川省地方志编纂委员会编：《四川省志·哲学社会科学志》，四川科学技术出版社1998年版。

合》；周春《谈谈计划调节和市场调节的有机结合》；张泽荣《把计划管理的重点由产品管理转为生产能力管理》；四川省计经委经济研究所理论方法室《邛崃县计划体制改革情况的调查》；林凌《论城市改革》的系列文章；四川省价格学会《我国经济战略转变时期价格问题探索》。

经济发展研究领域：四川省政府经济研究中心、省计经委合编《新天府建设方略》；刘清泉、高宇天《四川省经济地理》；顾宗枨《科技进步与工业发展战略》；赵文欣、王能典、杨忠好《四川省盆周山区建设的调查》；辛文《对三线建设的一些认识》；张方笠《怎样发展四川经济优势》《关于四川国土开发战略的几个设想》。

部门、行业、地区经济发展领域：黄培根、柴敬宗《四川省粮食和经济作物发展问题探讨》；甘书龙、缪元龙《合理利用山地资源，开创农业新局面》；王力行《商业储运发展战略探讨》；重庆市发展战略研究领导小组《重庆经济科技社会发展战略提纲》；成都市社科所经济研究室《论成都的经济地位及其发展战略》；攀西国土规划课题组《攀西地区近期规划方案》；虞玉海、荀成华、吴翔燕《四川小城镇建设初探》等。

部分成果简介如下：《生态农业——我国农业的一次绿色革命》（叶谦吉，1982年）。作者叶谦吉是世界著名生态农业科学家，中国生态农业理论与实践的奠基人。本文的思想基础根植于20世纪40年代中期，理论框架形成于70年代末的历次讲授生态农业专题课讲稿，发展成熟于80年代初的长期教学、科研和试点工作，着重坚持理论联系实际的过程之中。该文中创造性的在国内首次提出"生态农业"这一符合中国国情的农业发展战略和新型农业生产模式，系统阐明了农业生态系统是不可分割的有机整体的概念，动态生态平衡观生态农业发展阶段论与经济、生态、社会三者效益协同增长等思想和理论。

《中心城市综合改革论》（林凌、赵国良、郭元晞、杨钢、周殿昆，经济科学出版社1982年版）。本书分析了中心城市的综合体制改革中遇到的矛盾，市政府的经济管理等宏观体制方面的问题，并就中心城市的权力、中心城市的计划单列、中心城市的财政体制改革、中心城市政府的调控能力等提出基本的改革思路。

《社会主义所有制研究》（刘诗白，1985年）。这是中国较早的研究社会主义所有制运动规律的学术专著。该书针对中国经济体制改革中提出的有关理论问题，实际问题和学术界关于社会主义所有制问题的争论，系统研究了社会主义所有制的内涵与现阶段特征，提出了社会主义所有制的多样性、多层次特征，阐述了现阶段不完全的社会主义公有制概念和全民所有企业的相对稳立性。该书为所有制关系的改革提供了有重要参考价值的思想理论。

《大力发展社队企业加速实现农业现代化》（邹绪昌，《财经论丛》1979年第1期）强调农业是国民经济的基础，实现现代化必须尽快实现农业现代化。然而由于资金、物资、器材缺乏，所以通过大力发展社队企业可以有效解决这一问题。

《试论社会主义计划经济同社会主义市场经济的结合问题》（袁文平，《财经论丛》1979年第2期）由三节内容组成。第一节论述社会主义计划经济同市场经济相结合的客观必要性，认为社会主义全体劳动者在根本利益上的一致，决定了计划经济客观存在，而社会主义公有制的不成熟性、各不同经济单位与个人利益的差别，决定了社会主义市场经济必然存在，故二者必须结合。第二节论述社会主义市场经济的特点及作用，特点有五：公有制为基础，满足人民需要为目的，有计划的指导，交换对象只涉及产品，竞争目的是为提高劳动生产率。两者结合的意义在于能使供求见面，双方满意，促进经济核算，调动各方积极性等。第三节认为社会主义计划经济和市场经济的相互关系是，两者应服从统一计划的指导，都按社会主义规律体系办事，在完善法制、合同等条件下结合运转。

《试论社会主义经济中的竞争》（李道南，《社会科学研究》1979年第5期）集中论述以下3个观点：一是社会主义经济是存在商品生产的经济，由于要独立核算，由于存在不同的利益单元等原因，竞争必然存在。竞争是商品经济运动的规律，应该认识它、运用它。二是竞争对社会主义生产力的发展具有积极作用，它有助于加强经济核算，有助于企业改变经营思想，搞好技术革新，有助于改善企业同消费者的关系。三是社会主义竞争建立在公有制基础上，是为了提高生产率、并受计划指导的竞争，不应把它与资本主义竞争混为一谈。

《社会主义生产目的在企业中实现的形式和特点》(姜凌,《光明日报》1980年7月26日第4版)认为社会主义公有制企业经常出现一些偏离社会主义生产目的的现象,原因在于企业既有反映全民利益的一面,也有反映地区及企业利益的一面,它决定了社会主义公有制内部也只能实行有计划的商品经济。为此,社会主义生产目的在企业中的实现,必须既为社会提供使用价值——实物,也为社会提供价值和利税;既要满足国家计划,也要满足社会对商品的需求;在企业内部则要体现国家、集体和个人利益三者的正确结合。

《论中国式现代化道路的若干特点》(周振华,《经济研究》1980年第8期)指出:实现现代化就是发展生产力,改变国家经济技术落后状态;现代化走什么道路,由生产技术基础、制度、人口、地理环境及人们对规律运用程度所决定;中国有优势有弱点,我们应发挥优势、取长补短地进行现代化建设。中国应把人口多耕地少作为规划现代化蓝图的出发点;要分步控制人口增长速度;农业要走集约化、机械化半机械化和手工劳动相结合、农林牧副渔并举、农工商综合发展的道路,工业要走大中小企业并举、国家所有制集体所有制并举、各层技术并举的道路,实现中国现代化既应发挥资源优势又应讲求经济效果;要按农、轻、重次序调整结构,安排生产;要利用当前时机积极利用外资和技术。尤其要深入认识现代化规律,充分依靠马列主义毛泽东思想和人民才智。

《对三线建设的一些认识》(辛文,《计划经济研究》1982年第8期)认为三线建设不能否定。因为历史地分析,建设三线是根据当时紧张的国际形势决策的,是改善国民经济布局的重大步骤;在效果上也达到原定设想,对四川省及全国经济发展做出了贡献。对三线建设的正确态度是认真总结其经验。就教训看,三线建设决策过于匆忙,规模过大,内容过多,搞得太全,要求过急,缺乏综合平新、全面安排,以致挤了农业、轻工业、能源和人民生活,这些教训应该吸取。为此,应调低重轻比例、调整好产品结构、搞好企业整顿、改善工业组织结构、搞好管理体制改革和充实、弥补、完善三线企业的缺陷,充分发挥三线企业的作用。

《国营企业财务体制改革的若干问题》(许延星,《财经科学》1981

年第1期）回顾了国营企业财务体制的演变，指出多年来国营企业实行集中核算、统负盈亏体制。财权过于集中，企业缺乏积极主动性，行政办法管理效率低下，不利于经济发展。认为，财务体制改革既不能走高度集中的路，也不能高度分散，而应"在中央统一领导下，给企业以相对独立的自主权"。企业应有一定权力参与利润分配，要使职代会真正具有管理和监督生产经营的权力。最后文章认为，随着改革深化，企业独立核算、自负盈亏体制必然到来，那时初次分配及再分配关系将发生根本变化。若企业资金来源实行全额信贷，企业创造的净收入应有个合理分配比例。为此应抛弃罗马尼亚和南斯拉夫国家集中积累过多和过少的问题，大体参照中国第一个五年计划期间的积累消费比例，按行业，部类加以调整，确定一个国家、企业和个人的分配比例，一定几年不变，以促使生产发展。

《商业企业的经济效果》（程荣国，《财贸经济》1981年第6期）有三层内容。第一层是提高商业企业经济效果对于增加国家积累、促进生产发展、满足社会需要、改善企业管理具有重要意义。第二层是评价商业企业经济效果具有五项主要指标，包括商品销售额、劳动效率、资金使用效率、流通费用额和费用率、利润和利润率；分别介绍了它们的计算方法。第三层是提高效果的四项主要措施，包括组织好货源，扩大销路；改进劳动组织及管理；加速资金周转；贯彻物质利益原则，使物质利益与经济效果好挂钩等。

《正确认识工业经济责任制的实施》（赵国良，《经济问题探索》1982年第3期）认为把工业经济责任制仅理解为"利润包干"是不完全的，也是背离推行这项制度的本来目的的。不论任何企业，首要责任是全面完成国家计划；在分配制度上要使报酬与责任挂钩。如果内部责任不清，就不可能真正实现按劳分配。工业经济责任制是以提高经济效果为目标、权责利相结合的一种生产经营制度。"责"是工业经济责任制的实质和核心；"权"与"责"相适合，是完成责任的保证；"利"与"责"挂钩，是企业完成其责任的经济动力。三者有机结合，才能完善工业经济责任制。

《中国近代经济史》（凌耀伦等，重庆出版社1982年版）上限起自1840年，下限截止于1949年。在体系结构、史料分析、观点概括上均有特色。

《对利改税的几点认识》（杨希闵，《财经科学》1983年第2期），认为"利"和"税"是两个不同的经济范畴，但在公有制条件下有其共性。推行"以税代利"对保证国家财政收入有极大帮助。

《四川省经济预测实例集》（四川省计划经济委员会经济信息预测中心编，1984年），共选入40项预测实例，大都是某种产品的需求或销售预测，此外还有省工农业总产值预测，社会商品购买力投向预测等。选入的经济预测实例都是四川省一些部门、地区、企业已预测的课题，有的已得到实践检验，具有较强的实践性。

《四川经济体制改革》（林凌主编，四川省社科院出版社1984年版）共包括15篇文章，其中有两篇为全面回顾四川经济体制改革试验过程的文章，有13篇属于各方面的调查报告。调查报告共涉及8个方面的改革，其中有5篇考察工业体制改革，有两篇考察商业体制改革，此外，分别对物资管理体制、财政管理体制、价格、银行管理体制、建筑管理体制、县级工业管理体制改革进行考察的一篇。调查报告从记载和研究四川经济体制改革试点这一历史事实为出发点，系统地介绍了1978—1981年四川经济改革试点的起始和发展、改革试点的内容和做法，真实地反映了试点取得的经验和存在的问题，同时从理论和实践相结合的角度对未来改革进行了探讨，提出了若干政策性建议。

《全民所有制企业自负盈亏研究》（顾宗枨，四川省社科院出版社1984年版）对全民所有制企业自负盈亏的性质和特点、企业内外的经济关系的改革实践进行了多方面研究。

《农村劳动力转移研究》（唐洪潜编，四川省社科院出版社1985年版）指出，农村劳动力向其他非农产业转移，对于调整农村产业结构，发展农村商品生产具有重要意义。

《经济体制改革和企业管理若干问题的探讨》（蒋一苇，上海人民出版社1985年版）包括：以企业为本位改革经济管理体制，保护竞争、促进联合、发挥中心城市的作用，实行两级分配、改革分配制度，建立与完善工业经济责任制、改革企业领导制度、全面整顿企业、提高企业素质，建立具有中国特色的社会主义企业管理体系。如作者所说，31篇文章中，几乎有一半都形成争论，其中"企业本位论""两级按劳分配"问题，企业管理的中国道路问题和企业领导制度问题争论最大，集中中国经济体制改革在此期的重点论题，是一部有代表性的论著。

《金融理论问题探索》（曾康霖，中国财政金融出版社 1985 年版）在理论体系上突破了传统货币银行子体系货币、信用、银行三大块的框架，从现实经济体制改革的实际出发，为探索社会主义货币信用学的新的理论体系提供了新的思想框架。

《农业科技工作的经济评价方法》（林世铮编著，四川科学技术出版社 1985 年版）是在四川省农业科学院科技处主持下完成的"农业科技经济效益计算方法"研究成果的基础上总结编写的。本书提出一种简明适用适合国情的农业科研经济评价方法，明确了有效使用面积、有效使用年限、单项成果的单位面积效益值、科研费、推广费及新增生产费等基础数据的概念，以及新增总产量、新增纯收，科技投资收益率、科研投资收益率等主要经济评价指标，提出了进行经济评价计算的五个步骤。

《当前税收制度与税收理论建设》（左治生，《四川财政研究》1985 年第 9 期）指出，所得税的多税种、多次征、多环节的复税制体系。由于税种增多，税收调节经济范围增大，带来新的矛盾，为此必须考察确定中国应取的税制模式。世界上税收制度有三种模式，即所得税为主模式、疏转税为主模式及"避税楼"模式。目前中国实行的流转税与所得税并重兼有其他税种的体制是基本符合国情的，但应注意各税种的协调配合。关于税收理论建设，应着重加强税收基础理论研究；进一步研究税收经济杠杆作用。这样才能使理论和实践互相配合，互相促进。

《关于指导性计划的几个问题》（雷起荃，《财经科学》1985 年第 4 期）认为，指导性计划突破了传统计划经济的观念，突破了社会主义公有制必然是独占地位的观念，强调增强企业活力，按价值规律管理，这使它具有特殊重要性。指导性计划的实质是国家运用经济杠杆法规和政策，通过分配财力、物力，尊重经济单位的权益，对国民经济方向目标、速度等进行精线条协调的计划形式。既不同于指令计划，也不同于市场机制。实行指导性计划的环境和条件除价格、税收等经济杠杆外，还应有市场、货币投放回笼，财政补贴、外汇投资等配合。编制指导性计划重点是中长期计划，应充分重视信息、预测和综合平衡。在程序上大体也要经过上下，下上等反复平衡和批准下达。

3. 1986—2005年较具有影响力的学术研究成果[①]

（1）马克思主义政治经济学领域

专著主要有：何高箸等《马克思货币金融学说原论》；罗节礼《经济理论比较研究——马克思主义政经学与当代西方经济学》。论文主要有：吉铁肩、林集友《社会主义所有制新探——释"在生产资料共同占有基础上重建个人所有制"》；李善明《"物化劳动"究竟怎样创造价值》。马克思主义经济学的其他有影响力的专著有：林万祥、何高箸、曾康霖、曹廷贵等《马克思主义货币金融学说原理》；黄方止、王道禹、蒋南平《现代市场经济与马克思劳动价值论》。主要论文有：鲁济典《论社会主义制度下劳动力的商品性》等。

部分学术成果简介如下：《马克思货币金融学说原论》（何高箸、曾康霖、曹廷贵、喻天康，西南财经大学出版社1989年版）。本书是作者在通读了马克思的《资本论》等其他经典著作的基础上，整理编撰的书稿，使马克思的货币金融学说较为全面和完整地展现出来，有利于推动马克思主义的货币金融理论在我国的深入普及。该书的一个显著特点是按照马克思原著的思路和层次，从历史和逻辑的角度较为准确地完整地阐述马克思的货币银行理论，并以此来编排和构建内容结构，使读者能够比较清晰准确地把握住马克思货币金融学说的脉搏和体系。

《邓小平非公有制经济理论研究》（李学明，四川人民出版社2001年版）对邓小平理论的重要组成部分——邓小平非公有制经济理论作了深入细致的分析。全书资料丰富、立论严谨，从理论渊源、理论延伸、实践事实、代表人士工作等四个方面分九个章节进行了研究，主要围绕作者概括出的三论：不怕"富"论，不怕"资"论，不会"变"论，结合我国实践经验，展开理论分析，全面阐述和探讨了邓小平有关社会主义初级阶段发展非公有制经济的思想体系。本书的最大特点是，搜集了丰富的文献资料，汇集了小平同志的大量谈话，生动活泼地和清楚地展示了一代巨人小平同志的思想脉络。

[①] 资料来源：《四川省志·哲学社会科学志（1986—2005）》。

《邓小平"两个大局"理论与西部大开发》(杨钢、蓝定香、王丽娟,四川人民出版社2002年版),20世纪80年代初,邓小平对全国区域发展提出了让一部分地区、一部分人先富起来,先富带后富的理论。随后,又把这一理论具体化为"两个大局"的发展思路,即先在沿海地区实行对外开放战略,让沿海地区先发展起来、先富裕起来。该书详尽阐述邓小平"两个大局"理论,并以这一理论为指导,紧密结合西部的实际,用一半的篇幅探讨西部大开发的战略举措,力图在改革西部体制和机制、培育市场和投资环境、发展教育、科技以提高人民的素质等方面有所创新,并提出了西部大开发应该采取非均衡发展战略,"确定重点开发区域,实施非均衡开发"的思路。

《社会主义所有制新探——释"在生产资料共同占有基础上重建个人所有制"》(吉铁肩、林集友,《中国社会科学》1986年第3期),经济学界对马克思所说的"在生产资料的共同占有的基础上,重建个人所有制",历来有各种不同的解释。该文不同于各家解释而提出的解释是:所有制概念包括生产资料、劳动力、劳动和产品这样三个方面的所有关系;社会主义所有制包括生产资料所有制,劳动力个人所有制、劳动者对自己的劳动及其产品的局部所有制;因而马克思所说的"个人所有制就是社会主义劳动者对自己的劳动及其产品的局部个人所有"。作者还用这个观点解释了社会主义条件下按劳分配、商品生产等存在的直接原因。

《论〈剩余价值理论〉的研究起点》(李善明、杨致恒,《经济科学》1987年第3期),马克思《资本论》第4卷,又名《剩余价值理论》,是《资本论》的历史部分或"历史批判部分""历史文献部分"。该文就《剩余价值理论》的研究起点进行了考察和分析,提出以下观点:《剩余价值理论》的起点应当与《资本论》(即前3卷,理论部分)的起点相区别;《剩余价值理论》不是一部狭义的剩余价值理论史,而是一部政治经济学史;《剩余价值理论》的起点不应当是詹姆斯·斯图亚特,而应当是也必须是威廉·配第;詹姆斯·斯图亚特不是重商主义者,而是古典经济学家;卡尔·考茨基编辑出版《剩余价值学说史》的功过、得失,应当进行科学的评价。

《市场经济与社会主义基本制度结合若干矛盾的探讨》(康电,《理论与改革》1994年第7期）中关于所有制，作者认为，在社会主义初级阶段，改变所有制结构，公有制和私有制矛盾的解决不是消灭私有制，而是坚持公有制的主体地位。关于分配关系，解决这些矛盾，不是要消灭其他分配方式，也不是以牺牲效率为代价，而是要建立以按劳分配为主体、多种分配方式并存的分配制度，体现效率优先、兼顾公平的原则。

《邓小平社会主义发展动力新学说探析》（管文虎，《毛泽东思想研究》1999年第2期）论述了邓小平社会主义发展动力新学说的三个主要命题，对外开放是改革的重要内容。

《论邓小平理论主政西南时期的经济思想》（卢耸岗，《四川党史》1999年第6期）归纳了新中国成立初期邓小平主政西南工作时期经济思想的主要观点：必须从实际出发，根据实际情况解决问题；高度重视解决农村发展中存在的问题，认真搞好农业生产；认真抓好工商业特别是在企业管理上下功夫；高度重视少数民族地区的经济发展；关心社会福利、工资等分配问题。

《"物化劳动"究竟怎样创造价值》（李善明，《财经科学》2002年第6期）从两个方面论证了"物化劳动"与商品价值的关系。主要内容包括：采用"以子之矛，攻子之盾"的办法，说明无论劳动对象，还是劳动资料均不创造价值；具体阐明机器不能创造价值；对所谓"把物化劳动还原为抽象劳动"一类"新提法"进行质疑；说明在商品货币关系存在的条件下，马克思劳动价值论的基本要素将长期起作用。

《科学发展观与共同富裕》（冉昌光，《毛泽东思想研究》2004年第5期）从三个方面论述了科学发展与共同富裕的内在联系。第一，以人为本，共同富裕是科学发展观的价值追求；第二，共同富裕才能从根本上解决各种社会矛盾，确保社会稳定，推动经济社会全面、协调、可持续发展；第三，坚持科学发展观，消除人文贫困，提高全体人民的生存、竞争发展能力，才能真正实现持久的共同富裕。

（2）经济学领域

宏观经济研究：张其佐在《光明日报》上刊发的《第六次产业革命是否已曙光初现》引发了国内经济理论界对第六次产业革命命题的热烈讨论。有代表性的宏观经济研究成果，主要有：J任重、李萍、程民选《转型与发展：中国市场经济进程分析》；姜凌《当代国际货币体系与南北货币金融关系》；陈力《中国社会主义社会四阶段论》；于建玮《中国经济发展中的中长期波长点理论研究》。

微观经济研究：主要专著有：刘茂才、郭元晞、杨钢《攀钢，中国钢铁工业的骄傲——攀枝花钢铁公司发展史论》等。主要论文有：罗节礼《评西方微观经济学的市场结构理论——兼论我国的市场结构类型和计划市场经济有机结合的形式》；王斌、童开国、沈定大等《成都荷花池市场的调查与思考》；孙中弼《二滩水电项目利用世界银行贷款的分析与探讨》；倪润峰、徐乐增《长虹机器厂的市场开发战略》等。

产业经济研究：工业产业经济一直是四川产业经济学研究的重点领域，进入20世纪90年代后期，对农业产业、房地产业、旅游产业的相关问题研究也得到了迅速的发展。另外，对新兴的文化产业的研究也取得了不少成果。四川产业经济研究的主要成果，主要专著有：袁本朴、李传林、常江等《四川高耗能工业发展研究》；陈永忠《高新技术商业化产业化国际化研究》；辛文、蒙尊谭、高宇天等《四川能源资源及发展战略》；主要论文有：张克俊《产业集群理论与西部高新区竞争力研究》《成都与北京上海深圳高新区的比较研究》；张军等《成都市跨越式发展与传统优势企业竞争力提升研究》；唐公昭、漆先望、邹大鹏等《四川省经济科技社会发展战略规划及产业政策研究报告》；况光贤等《四川省第三产业发展战略研究》；周治滨《成都文化生产力与文化产业发展研究》；朱鸿伟《从文化资源到文化产业还有多远的路》；司沛文、杜受祜、王民林《川酒发展战略研究》；张克俊、杨萍、陆利华等《高新技术成果产业化问题的实证研究（调研报告）》；何景明《成都市农家旅游可持续发展对策研究》；吴志文《森林旅游业的发展与新经济增长点的培育》等。

商业流通研究：主要专著有：马陵阳、康世泰、王力行《四川省商业发展战略研究》；王瑞成《中国传统工商业城市类型研究》；郭虹、张胜康、文献良等《城市型的坐贾行商》等。主要论文有：尤力《消费选择时代的营销活动思考》；苗维亚《略论市场流通网络建设》；何用先等《关于加速发展成都市大流通、大市场的研究报告》等。

人力资源与就业研究：主要论文有：王绍维、杜吉玉、邓翔等《欠发达地区再就业工程研究》；朱锡祥《加速发展四川对外劳务输出的对策研究》；刘家强、尹庆双《中国就业战略的多重制约与阶段性特征》等。

"三农"问题研究：主要论文有：王德毅《在宏观调控下探索搞活农村金融的路子》；刘从政等《以"三论"理念破解"三农"难题》；文大会《面向市场调整结构，持续增加农民收入》；胡小平、刘岸东《关于中国西部地区农村工业化问题的思考》，傅泽平《四川新型农村专业合作经济组织机制创新研究》；周殿昆《中国乡村家庭信用复兴及企业发育问题》；朱明熙《我国财税支农政策调整思路》；吴希海《发展农村商品经济的一种好形式——谈谈成都市郊出现的"四专一条龙"》；王世录《推行农村"公司+农户+业主"的新型经营体制》；王萍《论我国农村剩余劳动力的合理转移与有序流动》；四川省农村社会经济调查队《增加四川农民收入研究》；邓立新《关于农民增收问题的思考——对成都市蒲江、双流、郫县农民增收问题的调查》；何景熙《不充分就业及其社会影响——成都平原及周边地区农村劳动力利用研究》等。

过渡经济学研究：过渡经济学是20世纪80年代末以来伴随计划经济的消解、市场经济逐步形成这一过程而发展起来的经济学门类。四川经济学界着重对这一时期经济体制转轨过程中特有的经济现象展开研究，主要专著有：刘锡良、聂富强、孙磊等《中国经济转轨时期金融安全问题研究》等。主要论文有：杨万铭、李海明《探析中国经济转型之谜》；陈伯君《转型期中国改革与社会公正》；王朝明《转型期中国贫困问题的再认识》；钟怀宇《经济转型期人民币汇率形成机制改革的目标取向分析》等。

金融与财政税收研究：主要专著有：许廷星、张合金、朱明熙等《财政信贷与宏观经济调节》；殷孟波《中国金融风险研究》；庞皓《中国货币与金融统计体系研究》；史代敏《中国股票市场波动与效率研究》。主要论文有：黄政明《建立适合国情的税负指标体系》；江安煜《信贷资产质量透析与风险管理机制探微》；杨学义、陈柏源、雷洪《加强预算外资金宏观调控的研究报告》；屈锡华、杨继瑞、李晓涛《税收征纳博弈及其行为解析》；张慎修、曾冼《中国合作金融问题研究》；王勇《我国高新技术产业发展的税收支持》等。

对外开放与对外经济合作研究：主要专著有：唐志宏、王小峰、张丽华等《国际经济惯例概论》；刘从政、林成西、许蓉生《成都对外开放 20 年》等。主要论文有：张其佐《恢复关贸总协定缔约国地位对我国经济的影响》；路小昆《内陆中心城市对外开放的思考》；周殿昆《关于向中央申请成渝两市向外看——外资开放零售业和银行经营业务的建议》；左一平《成都市外商直接投资的实证分析》；黄寅逵《坚持大开放 促进大发展 成都市对外开放工作的调查与思考》；郑玉明《开放型经济研究——入世后中国经济的发展趋势》等。

环境经济学研究：杜受祜、甘庭宇、李昊之等的《环境经济学》是对中国环境经济学的开创性研究。主要论文有：罗永康、昂川、姜波等《生态农业与现代农业发展——宜宾地区生态农业建设的实践》；刘华富《生态环保产业应成为成都市新兴的主导产业》等。

经济体制改革领域：覃天云、周友苏、侯水平《经营权论》；李学明《邓小平非公有制经济理论研究》；姜凌、傅泽平、龙德灿《现代市场经济的基本运作与社会主义市场经济体制的构建》；吉铁肩、林集友《社会主义所有制新探——释"在生产资料共同占有基础上重建个人所有制"》；杨晓维《不确定性·代理问题和国家资产产权结构选择》；杨钢《关于体制转变中若干根本性问题的思考》；游联璞《试论我国现阶段私人雇工经济的性质》；辛文、袁文平《内陆地区改革开放研究》是第一次有内陆地区改革开放进行全面系统研究的学术专著。这项开创性的研究对于四川及内陆地区改革开放宏观研究的发展具有积极的推动作用；丁任重《经济体制改革新思路》；陈力《中国社会主义社会四阶段论》；陶武先、李健勇、毛志雄《社会主义市场经济研究》；杨钢、蓝定香、梁灏等《世纪之交中国经济体制改革的深层思考》；周继尧、王海林、邓和等《关于推进四川工业民营化问题研究》；宋玉鹏、李少宇、罗仲平等《四川民营经济发展若干问题研究》；蒋一苇《企业本位论》；林凌《股份制在国企改革中的地位和作用》；李树桂、陈永忠、蒋华东《军民经合与军工企业体制改革》；林凌、刘世庆《产权制度改革与资产评估》；刘世庆《企业产权交易》；郭复初、向显湖、李力等《国有资本经营专论——国有资产管理、监督、营运体系研究》；赵一锦、刘军、张宁俊《国有资产流失研究》；唐坚《中国企业资产重组思考与引导》；李仕明、唐小我、阳晓明《企业权力配置与经理激励》；陈永正《所有权构造论——传统国有制之解构与全民所有制之重构》；高宏德、盛毅、沈天佑《中国小企业研究理论、实践、政策》；丁任重、易敏利、刘灿《国有经营性资产的经营方式和管理体制》；王代敬《股份制改造》；戴歌新《中国国有企业制度创新研究》；何政、宋志斌、何春芳《成都市国有企业改革发展研究》；杨钢、蓝定香《集体企业产权制度改革与股份合作制》；何志勇、慕刘伟、刘家新《股份制创新》；刘茂才、杜受祜、杨钢等《四川县属国有企业产权制度改革研究》；黄工乐《"企业自负疏亏"的提法应改为"所有者负盈亏"》；肖述祖《经济责任制是增强企业活力的有效途径》；郭健《关于成都工程机械总厂实行利润包干的调查》；刘式琮、程佩传《唯物辩证法在长江第一城的成功实践——宜宾市国有工业企业改革与发展的启示》；汪贤裕、钟胜、王虹《国有企业的企业市场管理与激励机制》；毛道维、任佩瑜、蔡雷《1999—2002年中国上市公司MBO实证研究——兼论EMBO对国企改革的意义》；汪涤世、龙虎等《理顺国家与企业的财务关系，增强企业自我发展能力》；方大浩、李盛全、谢德禄等《企业兼并问题探讨》；朱芬吉、赵国良《在国有企业内部先搞活一块——通过新质扩张最终搞活国有企业》；蒋少龙、陈永忠、刘顺治《面向市场转换经营机制——对长虹、嘉陵等5户股份公司的考察报告》；高勇、马佳《资本运营——国有企业改革的形势、机遇与任务》；任登菊、贺建锋《建立健全激励机制，深化国有企业改革——四川建立健全国企经营管理者激励机制的探索与启示》；省财务成本研究课题组《企业资产产权界定：问题与对策》；郭复初、屈信濂、张福才等《产权重组与加快国有企业改革的思路》；彭前元《转变经济增长方式与企业"转制"的思考》；佘国华、邓和、陈大智《四川省国有及国有控股企业退出竞争性行业问题研究》；唐公昭、赵昂、赵行等《加快建立和发展四川产权交易市场的研究》；祁晓玲《中国粮食安全经济市场化进程与目标分析》；陈晓新、王安全《关于重庆市商业企业"四放开"改革规范的思考》；周殿昆《关于在成渝两地试办期货市场的初步探讨》《"成储模式"与储运社会化探索》；李煌、周殿昆、赵克旭等《深化四川物资流通体制改革研究报告和三个分报告》；杨超群、王德仁、覃由伟《关于四川省生产资料市场的培育和发展》；刘朝明、张衔《中国金融体制改革研究》；汪涤世、龙虎《税利分流的理论与实践》；李树桂《中国股份经济与证券市场考察》；黄胜《农村股份合作银行论》；林凌、陈永忠、王化淳等《在成都建立中国西部证券交易所的构想》；李达昌、张蜀钊、王一宏等《四川省财税体制改革跟踪研究》；陈显昭《深化税制改革与优化资源配置》；王德毅、杨同杰、邹成祚《关于深化利率改革的研究报告》；吴钦承《如何发展我国金融市场》；何明刚《我国税收调控功能弱化的原因及治理对策》；许大卫、李水忠、廖忠贤等《关于新形势下税收管理体制改革的探讨》；刘锡良、陈斌《现代公司制度与我国股票市场》；邝德生《试论成都金融中心的建设与发展——兼谈成都市金融体制改革总体构想》；人行成都分行课题组《西部大开发中心城市发展的金融对策研究》；杨烈纯《西南地区工商银行存款发展战略的探讨》；谢继渊、王立早、程德明等《现代企业制度改革：商业银行面临的机遇、挑战与对策》；李先国、陈红《农业银行一级法人股份制改革研究》；周春、蒋和胜、毛道维《社会主义价格管理学》；蒋和胜、蒋永穆、钟思远《农产品价格机制论》；陈伯君《关于建立全国物价市场的报告》；胡安、荣卢磊、黄彦平《价格改革新构想》；郑景骥、刘成玉、黄金辉等《总结与探索：中国农村改革问题研究》；王洪波《农村改革与发展规律性问题探讨》；中央党校培训部赴四川调查组《新都农村深化改革的调查与思考》；杜贤文《稳定完善土地承包关系，扎实做好土地延包工作》；王国敏、李济琛、郑蹄等《中国农业风险保障体系建设研究》；赵文欣《关于农业土地使用权流转问题》；刘家忠《成都乡镇企业的"第二次飞越"》；杜伟《我国农村土地产权制度创新与失地农民基本权益保障研究》；陈光祥、杨跃《论农村税收改革》；王德毅《在宏观调控下搞活农村金融的路子》；夏建国《成都市农村土地使用权流转现状、问题与对策探讨》；文大会、樊建川《深化农村改革的突破点：承包制走向劳动农民个体公有制》；袁永强《关于推进城乡一体化有关问题的探讨》等。

部分学术成果简介如下：《社会主义个人消费品分配研究》（郭元晞，四川省社科院出版社1986年版）从理论与实践的结合上，突破了传统的观念，根据中国经济体制改革中发生的新变化，根据出现的新情况、新经验，对有计划的商品经济中的个人消费品分配的理论、模式、各种分配办法进行了全面的分析和论证，总结了过去的经验教训，指出了今后的发展趋势，对国家有关部门正确制定个人收入分配政策、理论界的深入研究和实际工作部门、企业推动分配体制改革都有较大的参考价值。

《完善市场体系与发展生产资料市场》（刘富善，《财贸经济》1987年第1期）指出，完善市场体系是商品经济发展的客观要求。要建立充满生机和活力的市场经济运行机制，必然涉及国家职能的彻底转变和对市场、企业的彻底改造，完善市场体系，应从发展生产资料市场入手，带动资金市场、劳务市场、科技市场、商品市场的建立与完善。为此，就必须实行生产资料商品化生产和经营，逐步放开生产资料价格，形成和开放生产资料市场。并提出了建立生产资料市场的目标模式。

《四川农产品价格水平研究》（吕安和、王启栋、王晋川、麻立、徐世文，《财经科学》1987年第2期）分析的结论是：社会主义成本范畴是$C+V$，劳动者的全部收入等于补偿V的收入与参与剩余价值分配的收入之和。正确地理解V与劳动者全部收入的关系，才能充分发挥工资的经济杠杆作用，提高劳动者的积极性，改善企业经营管理，协调国家、企业和劳动者的三者利益关系，对我们当前的改革有非常重要的作用。

《新民主主义社会主义初级阶段的经济理论》（周琳、袁友文，《毛泽东思想研究》1989年第2期）指出，新民主主义的经济思想与社会主义初级阶段的经济理论，均为中国共产党人在创建中国无产阶级事业过程中概括而成的马克思主义理论。前者产生和形成于民主革命历史阶段，它出色地指导了新民主主义的实践，并成为社会主义初级阶段经济理论的前驱。

《城市经济学》（过杰编，四川人民出版社1989年版）探索了城市经济学学科性质和研究对象，认为城市经济学不是以城市个别经济问题为对象的科学，而是把城市作为一个整体进行研究的学问，认为城市经济学的任务在于为各个城市科学提供经济理论指导，阐述城市经济学与政治经济学的差异以及与诸多城市应用科学的关系，指出"聚集性"

是城市的本质特征以及它同商效性开放性等非本质特征的因果关系。

《开发城市地产业的理论思考》（杨继瑞，《中国社会科学》1990年第2期）指出，中国现行的城市土地无偿使用制度存在严重弊端，不但抑制了城市地产业的发展，阻塞了国家一项重要的财源，而且造成了普遍的土地投机和浪费行为。作者认为，在社会主义初级阶段，城市土地使用的有偿性是土地公有制的两类性、城市土地的差异性、城市土地所有权与经营权分离的客观性、城市土地需求的竞争性以及有计划商品经济的一系列社会经济条件决定的，是不以人们的主观意志为转移的。社会主义城市土地不但应有绝对地租，而且应有级差地租及垄断地租。文章对城市地产采取有偿使用的制度和实行商品化经营，以及如何开放社会主义地产市场进行了深入的理论探讨，并提出了若干政策性建议。

《社会主义价格管理学》（周春主编，中国物价出版社1990年版）在对社会主义价格理论与实践进行深入研究的基础上，提出建立社会主义价格管理学的价格管理模式、管理手段、价格总水平的宏观调控和各类商品的分类管理。该书填补了中国价格学科关于价格管理学方面的空白，并在我国市场经济改革初期就探讨了价格管理理论和实践的发展，具有较大学术价值和现实意义。

《关于加速发展成都市大流通、大市场的研究报告》（何用先、全中太、封世国、税海军、复深，《研究与对策》1991年9月增刊）明确提出以流通为先导，加速发展成都市大商业、大流通、大市场的新思路和用5—10年时间把成都建成中国西部地区最大的商贸中心的战略目标。在分析了发展成都商业"三大"重要性、必要性、发展潜力、优势条件及其在流通中的地位、作用的基础上，提出重点发展消费品流通的总体设想、框架设计及其政策措施。

《对当前土地制度建设的几点认识》（梁进学、王志良，《农村经济》1991年第4期）针对实行农业联产承包制中双层经营体制尚未真正建立和运行起来的情况，指出土地制度建设中需要解决好的几个问题：即完善承包合同，使土地管理规范化、制度化和法规化；制定保护耕地和提高地力的具体办法，完善土地制度建设必须做好配套工作：完善专业承包：建立服务体系：抓好基层组织建设：做好农村稳定工作，减轻农民负担。

《成都荷花池市场的调查与思考》（王斌、童开国、沈定大、李曾、朱为任，《城市工商行政管理通讯》1991年第4期），作者调查分析了成都荷花池市场的成因、作用及其启示，论述了市场建立、发育的三个条件、五种作用，指出它已成为周围地区经济结构中不可缺少的组成部分，其长盛不衰的原因在于它较好地体现了计划经济与市场经济的有机结合以及它本身的良好信誉。认为荷花池市场将发展为一级批发市场并逐步走向现代化。

《简论资金生产力》（王堤生，《生产力研究》1991年第Z1期）认为资金是社会生产力的货币化因素。在商品经济条件下，社会生产力的各项因素都有生产力产生以后，社会生产力诸因素的货币化程度大为提高，特别量增加，资金在社会生产力中的地位就突出起来了，资金生产力与物形式。

《内陆中心城市对外开放的思考》（路小昆，《实事求是》1995年第2期）探讨了三个问题：内陆中心城市走向国际化要从实际出发，科学地确定发展目标；内陆中心城市优化产业结构，要处理好国内国际两个市场的关系，充分发挥国内市场的优势；内陆中心城市改善投资环境，要加快改革步伐，尽快从政策优惠转到为开放提供完善的法律保障上来。

《农村新型生产经营模式的分析与思考——"郫县种子公司+农户"生产经营模式研究》（毛正刚、苟正礼、何荣波，《中国农村经济》1996年第2期）指出，"郫县种子公司+农户"是在成都市深化农村经济体制改革过程中产生的一种新的生产经营模式。这一模式由负责种子经营的县种子公司和进行种子生产的农户构成，其基本运作方式是：公司根据市场需要，与一定数量的农户签订合同，建立专业化的生产基地，并提供配套服务；农户按合同在公司指导下生产，并全额交售产品由公司统一销往市场；公司和农户对生产经营利润进行合理分割。这生产经营模式从萌芽、形成到完善，经历了一个较长的历史过程。1979—1983年为该模式的萌芽阶段。在这一时期，公司和农户联合生产经营方式开始形成，建立了较为稳定的买卖关系，并有一定的生产经营规模。1984—1993年为该模式的形成阶段。作者概括出这种模式从萌芽形成到完善的过程。

《保险市场体系建设的思考》（魏羽弘，《保险研究》1996年第3期）就市场机制被引入保险业后的保险市场体系应如何构建提出了基本思路：中国对外开放的需求和保险当事人维护自身重要组成部分，健全保险市场机制应包括健全供求机制，调节供求关系，遵循价值规律，完善价格机制，增加市场主体，建立竞争机制；市场要素包括中介和同业自律组织，同时要建立宏观调控与市场监管体系为之保障；主体活跃、机制健全、要素齐备的中国保险市场体系，将能够向社会提供更全面的保障和推动保险业务快速增长，发挥引导消费、集聚资金、增加税费来源与就业机会的功能。

《高新技术商业化产业化国际化研究》（陈永忠，人民出版社1996年版）在全面考察发达国家和中国高新技术发展的状况的基础上，深入分析了高新技术在社会、经济发展中的地位和作用，以及科技体制、经济体制、教育体制对科技进步，特别对高新技术发展的影响和作用，对高新技术商品化、产业化、国际化作出了理论概括。并从理论和实践的结合上，阐明了中国高新技术产业发展战略和高新技术产业开发区面临的主要问题，提出了实现高新技术商品化、产业化、国际化"三化"的对策建议。该书对于高新技术产业发展具有重要的学术价值与实践指导意义。

《加速发展四川对外劳务输出的对策研究》（朱锡祥，《软科学》1997年第2期）认为由于内外因素的制约，四川省对外劳务合作发展的状况就外派劳务数量和规模而言，明显落后于其他省份。指出进入20世纪90年代以来国际劳务市场也出现的一些值得注意的特点，认为世界劳务市场潜力很大，前景广阔，但竞争也日趋激烈，四川省应抓住机遇加速发展对外劳务输出。文章分析了四川省的有利条件和制约因素，就发展对外劳务输出提出具体的对策建议。

《欠发达地区再就业工程研究》（王绍维、杜吉玉、邓翔、王军、吴显明，《天府新论》1997年第6期）分析了欠发达地区职工失业与下岗的体制性原因、结构性原因、企业体制改革的原因，以及职工自身的原因和自然原因。认为实施再就业工程必须始终坚持市场经济的取向，注重就业安排与市场经济规律相适应；必须处理好公平与效率的关系，企业体制应该是效率第一、兼顾公平；必须权衡每项就业措施的社会成本和收益。

《森林旅游业的发展与新经济增长点的培育》（吴志文，《林业经济》1998年第6期）主要内容：针对一个崭新的森林旅游消费热点和一个新型的产业——森林旅游业，从森林旅游资源的功能特点和价值评价出发，分析森林旅游需求是一种可持续发展的需求；在考察森林旅游业成为世界旅游业的新潮和发展方向的同时，考察林业内在的三大产业转换趋势，以跨世界的眼光初步提出森林旅游业成为林业21世纪的主导产业的未来趋向，把森林旅游经济培育为新的经济增长点。这样做，有利于社区林业的形成、发展和开拓；有利于林区职工的分流、数十万森林工人的转产和再就业；有利于提高人民的生活质量水平；有利于实现我国可持续发展战略。

《略论市场流通网络建设》（苗维亚，《经济体制改革》1998年第6期）认为，中国目前存在着3个相对独立的市场网络，即嵌入网、改进网和自发网。它们各有其销售服务对象和特性，也各有其不完善的地方。为此，应对3个网络从人口、人均收入、支出模式以及经济增长对国内需求增长的要求，资源配置等因素进行分析，选择重点扶持的主要网络，完善其功能。

《中国合作金融问题研究》（张慎修、曾宪久、张含鹏，《四川金融》1998年第11期），合作金融体系在各国金融体系中是一个极富特色的有机组成部分。在中国，合作金融在经历了一段曲折的过程后，亦显示出它的蓬勃生机和极强个性。但中国的合作金融制度还很不完善，而社会主义市场经济体制的确立迫切需要建立起与之相适应的金融组织体系。文章就中国合作金融体系改革发展的具体步骤提出了对策建议。

《关于我国现阶段农村劳动力流动制度建设的思考》［祁晓玲，《四川师范大学学报》（社会科学版）1998年第3期］，在中国这个典型的二元经济结构模式中，工农、城乡的巨大利益差距必然导致农村剩余劳动力向城市流动。流动中"流出地"的现行土地制度和"流入地"的户籍管理制度是阻碍农村劳动力进一步流动、转移的主要制度障碍。本文从制度建设的角度，提出了土地制度建设的重点是建立有效的流转机制，户籍管理制度改革主要是将全国统一管理为不同城市、镇的有差别的分层次管理，以此来保证农村劳动力自由、有序、适度流动的制度需要。

《私有经济在中国——私有经济嬗变、困惑与趋势》（朱方明、姚树荣、邹曦、胡世发，中国城市出版社1998年版）是剖析私有制经济在新中国的沿革、现状、未来走势及利弊、政策取向的一本著作。它将马克思主义的所有制理论与西方产权理论概括地进行了比较研究与分析，评价了马克思主义所有制理论的科学性及其历史的局限性。作者认为，对私有经济既不能只看到其弊端而人为地加以废止，但也不能走另一个极端。私有经济在中国当前及今后能否发挥作用、在多大程度上发挥作用，关键取决于政府的科学引导和管理。

《消费需求制约经济增长的机理及影响》（王裕国，《经济学家》1999年第5期）指出，改革以来，需求特别是消费需求逐步成为导向经济增长的主动因，通货紧缩形成的根子在微观生产单位的低效益，直接原因是消费需求疲软。消费需求制约或导向经济增长的进程与通货紧缩形成过程相互交织，产生了正面与负面的叠加效应：既有利于深化市场取向改革，又增大了摆脱通货紧缩的困难。必须重视居民消费需求增长及变动的研究，确立城乡居民消费持续增长的政策。

《论社会主义公共财政》（李德伟，《财政研究》1999年第6期）指出，市场经济与公共财政市场经济就是市场在资源配置中起基础性作用的经济体制形式。在市场经济体制中，资源配置的方式有两种：一是内在配置，即市场配置（它的作用特征是自发的）；二是外在配置，即政府配置。所以，要体现"市场的基础性作用"。

《论我国农村剩余劳动力的合理转移和有序流动》（王萍，《青年研究》1999年第9期）指出，农村剩余劳动力的大量存在，是制约国民经济发展的一个十分重要问题。该文根据中国现阶段正面临着沉重的城市就业机会的压力和中国经济创造就业能力下降的实际，指出农村剩余劳动力转移的途径：一是向农业开发的深度和广度要就业；二是培育农村集镇、发展乡镇企业来消化劳动力；三是实现农村剩余劳动力跨地区和跨国流动；四是加强青少年教育来降低劳动力的供给；五是投入基础设施建设。

《中国就业战略的多重制约与阶段性特征》（刘家强、尹庆双，《经济学动态》1999年第9期）指出，转变增长方式、产业结构调整对就业总量、就业结构的影响与产业性就业战略从某种意义上说，我国就业人口的规模庞大与失业人口的大量增加，是长期以来经济增长方式主要采取粗放型与外延式和在经济运行上实行计划经济体制的必然后果。

《竞争与合作同在挑战和机遇并存——外资银行在华发展状况及中国加入WTO后对中资银行的影响》（罗军、吴炜，《国际金融》1999年第12期）指出外资银行在华业务的特点是：地理分布以东部为主，业务品种以外汇尤其是外汇贷款业务见长，对三资企业的国际结算业务占重要地位，试营人民币业务发展迅速，竞争与合作已有相应机制。在对金融监管、政策限制、服务对象、地域限制及本、外币业务等方面的中、外资银行的对比分析后指出：外资银行充分利用实际享受着"超国民待遇"，并在业务、地域、开设机构、试营人民币扩大等几方面争取更多的"国民待遇"。结合中美关于中国加入世界贸易组织谈判中金融开放的内容，分析了加入世界贸易组织后中、外资银行竞争的焦点和合作的基础。提出应从政策监管、同业协作、同业公会和银行协会、商业银行改革、银企融合等方面着手，建立和完善既有相对垄断的中资银行集团，自相竞争的中小银行并存的现代金融体系。

《四川高耗能工业发展研究》（袁本朴、李传林、常红等，四川人民出版社1999年版）从四川省少数民族地区水能资源、矿产资源极为丰富，最为集中的实际出发，以可持续发展战略为指导，改变传统的资源开发观念，提出了发展生态保护型高耗能工业的一些理论和实践问题。在综合分析发展高耗能工业的有利条件和不利因素的基础上，提出了四川发展高耗能工业的基本思路和对策措施，并从宏观和微观两个层面回答了发展高耗能工业的调整的机遇等问题，具有重要的理论和实践意义。

《农业增长方式转型研究》（杨继瑞、杨明洪，四川大学出版社2000年版）认为，中国正由农业大国逐步转变为农业强国，实现这一转变的关键就是转变农业增长方式。指出农业增长方式属生产力范畴，可概括为主观农业增长方式和客观农业增长方式、微观农业增长方式和宏观农业增长方式，实现农业增长方式转型的实质，就是实现农业增长由以依靠要素投入为主转向以依靠全要素生产为主。指出这是个系统工程，而其中的要害是科技进步与人力、智力资本的积累及投入。

《引导企业成为西部大开发的投资主体》（王小刚、鲁荣东、曾广觉，《社会科学研究》2001年第6期）提出，影响企业成为西部大开发投资主体的原因是很复杂的，但是西部大开发不可能长期依靠财政和国债资金支持，政府对西部基础设施靠企业投资跟进及产业发展来体现。能否有效地引导企业投资，是决定西部大开发成功的关键，也是政府职能转变的重要内容。

《对中小企业金融支持问题的几点思考》（王洪章，《中国金融》2001年第12期）对中国中小企业难以获得金融支持的问题进行了具体考察，并指出中小企业信用等级偏低是一种普遍情况，这一情况在西南四省地区尤为突出。并且中小企业缺乏有力的贷款担保机构，目前中国尚未建立全国性的中小企业信用担保体系。作者认为，要解决中小企业难以获得金融支持的问题，需要在新的银行信贷体制下强化金融服务，建立和完善银行的创新机制，通过疏通利率渠道，疏通信贷渠道、疏通股市渠道，解决货币政策向中小企业传导的问题。

《第六次产业革命是否即将来临》（张其佐，《文汇报》2002年12月29日）指出，从工业化到现在世界经济呈现出具有规律性的周期变动已有5个，而且每个长周期总是与一次大的产业革命紧密相连，未来将要爆发的第六次产业革命中，最有可能成为该周期主导产业的，将是与延长人类的生命周期密切相关的生物、生命和基因产业。随后，《光明日报》2003年刊发了题为《六次产业革命是否已曙光初现》的对张其佐的专题访谈，引发了广泛的社会反响。不少学者认为张其佐博士提出的这一具有战略性、超前性的重大问题，理论上具有开拓性和原创性，对世界经济的发展，特别是对中国跨越式发展有重要意义。

《经济增长方式转变机制论》（袁文平、赵磊、李萍等，西南财经大学出版社2002年版）以"转变机制"即推进转变的内在必然性及内在机理作为研究角度，专题式地研究了产权机制等与经济增长方式转变的关系，研究了技术创新机制对推动经济增长方式转变的特殊作用。强调了进行企业制度创新，全面完善市场体系等措施对经济增长方式转变的重要性。该书研究角度新颖，具有很高的学术价值和重要的现实意义。

《宏观人力资源开发与配置研究》（邵昱，巴蜀书社2002年版）从宏观角度对人力资源进行了系统的研究，提出了一个涵盖面较广的人力资源研究框架，并以马克思主义人口经济理论为指导，对西方经济学人力资源理论进行了实事求是的评价，揭示了人力资源的本质特征。并从人口学、人口经济学的角度出发，系统研究了人力资源的开发与配置。该文在深化"两种生产理论"的认识的基础上，深刻论述"三种生产理论"，对人力资源与可持续发展的关系、人力资源对经济增长的影响、市场经济条件下劳动力市场对人力资源配置优化的作用，以及人口流动、迁移变化、农村剩余劳动力转移、劳动力跨区域流动等问题进行了深入研究。

《中国货币与金融统计体系研究》（庞皓、黎实、聂富强、毛中明、任栋，中国统计出版社2003年版）是中国全面系统研究中国货币与金融统计体系的第一部专著。作者在研究国际准则和总结中国实际金融统计工作经验的基础上，系统总结了中国货币与金融统计的发展历程，实事求是地评价了各个时期金融统计发挥积极作用及局限性，针对国内外经济金融形势发展新情况对中国货币金融统计的基础理论与方法论作了深入的研究，提出了适应中国市场经济体制新要求货币金融统计的框架体系，该书对于完善中国的金融统计学科建设具有重要理论意义。

《面向市场调整结构，持续增加农民收入》（文大会，《中共四川省委党校学报》2003年第3期）认为，当前必须高度重视农民收入问题，要把农民增收放在整个经济工作的突出位置，因为近年来农民收入增长幅度大大减缓，已危及农业的基础地位。为此，必须面向市场调整结构，持续增加农民收入。一是引导农民按照市场细分原则调整农产品结构；二是各决策部门要根据我国产业结构调整方向和农业发展目标，把农业放在应有的恰当的位置；三是精简政府机构，特别是乡一级行政人员，彻底减轻农民负担；四是围绕持续增加农民收入，着力调整农业内部各种结构。

《我国高新技术产业发展的税收支持》（王勇，《经济理论与经济管理》2003年第7期）考察了中国现行对高新技术产业的税收政策支持现状，指出有关高新技术产业的税法体系不够完善和健全，缺乏稳定性和透明度；科技税收政策不适应高新技术，充分调动企业开展技术创新的积极性；科技税收制度本身的不够协调与适应。与高新技术产业相应的税收支持政策的一些要求，无法不考虑到中国加入世界贸易组织所带来的相关约束条件。为此作者提出了中国中长期高新技术产业税收政策选择供有关方面参考。

《我国农村分配制度变迁的博弈论解释》(王朝明、李仁方，《经济学家》2004年第3期)认为，由于农村分配契约不完备和制度缺陷，基层政府鸠占了农村分配制度供给者之位，而中高层政府则沦为现存制度的修补者，其历次改革都没有采取有效措施弥补制度缺陷并提高分配契约的完备性，最终导致十多年来中国农民负担屡减不轻。因此，提高农村分配契约完备性，弥补制度缺陷，取消基层政府的制度供给资格，增强中高层政府和农民对基层政府的行为约束力，是税费改革取得最终成功的关键。

《探析中国经济转型之谜》(杨万铭、李海明，《财经科学》2004年第4期)归纳了经济转型时期的特征事实，对现有各种解释这些特征事实的文献作了系统评述。这些解释基本上被归结为三类：来自新古典主义、渐进主义和政策或战略论者，它们注意改革以来的已有成就和导致改革独特路径的具体因素，因而对改革作了片面的理解。基于制度主义的思路，相应地提出了一个理解改革的制度主义框架，它或许可以保持理解各类及不同时期经济转型的逻辑一致性和完整性。

《利用外商直接投资与中国贸易竞争力》(蒋瑛、谭新生，《世界经济》2004年第7期)认为，FDI对发展中东道国的外贸竞争力具有正面效应，然而中国吸引的FDI并未使中国外贸竞争力得以真正提高。利用FDI和外贸发展的正确模式选择应以竞争优势为导向。

《中国21世纪城市反贫困战略研究》(王朝明、申晓梅等，中国经济出版社2005年版)，在中国转型过程中日益凸显的城市贫困问题，已引起政府和社会各界的关注。什么是贫困的基本含义，如何界定中国城市贫困的标准和规模，怎样解读中国城市贫困的特征和成因，21世纪中国城市贫困发展有何趋势，如何建立中国城市贫困的监测预警系统，在21世纪怎样构成一个符合中国国情、全方位与统筹性的城市反贫困战略体系及其行动模式，从而有效治理城市贫困等，该书都一一作了解答、预测和分析。该书作为国家社会科学基金项目"中国21世纪城市反贫困战略研究"的最终成果，体现了前瞻性、现实性、战略性、学术性、政策性和可操作性的特点，也反映了我们对中国城市贫困和反贫困问题的认识、探索和治理的观点。

《我国自然垄断行业改革研究：管制与放松管制的理论与实践》（刘灿、张树民、宋光辉，西南财经大学出版社2005年版）结合20世纪70年代以来世界各地对电信、电力等自然垄断行业放松管制的改革实践及经验积累，现代产业组织理论和管制经济学为基础，从中国的国情出发，以中国电信行业改革为例考察自然垄断行业非对称管制的实践与绩效，深入研究了中国自然垄断行业放松管制的必要性和特殊性。指出在自然垄断行业放松政府管制，不仅仅是开放市场、引入竞争，还必须选择一个合理的所有制结构，进行所有制改革。这种改革是中国自然垄断产业改革的重要内容和核心部分。并提出了进一步改革路径选择的政策建议。

《二滩水电项目利用世界银行贷款的分析与探讨》（孙中弼，《水力发电》1997年第8期）。二滩水电项目利用世界银行贷款共计9.3亿美元，缓解了国内资金的不足。世行贷款是单利计算，如果用国内贷款来替代这些外资，则累计投入总额为利用世行贷款投入总额的2倍以上。由于采用国际招标，尽管土建工程因欧洲承包商材料、施工设备、人工价格高于国内，要增加投资25.76亿元人民币，但可缩短总工期21个月，增加的收益达100多亿元，而且工程质量优秀。永久机电设备采购采用技贸结合，使我国水轮发电机组制造水平跃上55万千瓦新等级。利用世行贷款，推动了技术进步；项目管理全面与国际接轨；控制了工程静态投资；促进了公司体制和内部管理机制的转变。

《四川农村新型专业合作经济组织机制创新研究》（傅泽平，《经济体制改革》2005年第6期）认为创新农村新型专业合作经济组织机制是完善农村经济体制，提高农民组织化程度的必然要求。解决小规模、分散化农户经营与市场化相适应的问题，必须大力培育农村新型专业合作经济组织。本文分析了四川农村新型专业合作经济组织发展现状及存在的主要问题，提出了加快基层组织机制创新的对策措施。

《转型期中国改革与社会公正》（陈伯君，中央编译出版社2005年版）主要讲述了近年来中央一系列重大决策对促进改革发展和解决新问题的着力点，探索这些重大决策贯彻落实为什么受阻的原因，回答在这个发展的黄金期和矛盾的多发期由于实践和理论相互激荡使人疑惑的问题。

《资产阶级古典学派货币银行学说》（曾康霖，中国金融出版社1986年版）以简练的笔触、通达的文字，轮廓地勾画出了古典经济学在货币、银行这一学术领域中的成就、贡献及其历史发展线索，给人以耳目一新之感。该书是中国第一本全面、系统地研究和阐释资产阶级古典政治经济学关于货币银行学说的专著，内容丰富，材料翔实，阐述详尽，为古典经济学的货币银行学说史建立了一个体系，从而在我国填补了一个空白。曾著以马克思主义为指导，坚持实事求是的科学态度，对于古典经济学的思想观点，该肯定的就肯定，该肯定多少就肯定多少，不作夸大溢美之词。

《经济体制改革的回顾和近期深化改革的思考》（四川省经济研究中心改革反思课题组，《管理世界》1987年第4期）对中国8年多经济体制改革进行了系统的反思。作者指出，我们的经济体制改革任务还远未完成，有计划商品经济所要求的一些基本经济关系尚未理顺。现在的改革处于一个新的关头，不能倒退，也不能只是在现有基础上作些修修补补。坚定不移和稳妥有序地把改革推向前进，实现经济体制的根本转换。关于近期深化改革的问题，作者认为，在控制总需求的同时，应当把改革重点放在企业上，认真解决好企业经营机制转换，辅以其他方面的配套改革。这样不仅有利于经济发展，也有利于经济改革，是当前改革战略选择的优化方案。

《产权新论》（刘诗白，西南财经大学出版社1993年版）是国内第一部系统研究产权基本理论的著述。该书以马克思主义为指导，吸取西方经济学产权理论的合理内容，以财产权为中心，对现代公司产权制度和国有企业产权制度进行全方位、多层面的综合分析研究，全面论述了建立社会主义市场经济产权制度的基本途径。提出了市场经济条件下两个"两权分离"的必然性，国企改革重点是法人财产权的建立等独创性观点，对中国全方位推进企业制度的改革具有重大的现实指导意义。

《加快攀西地区经济开发研究》（杨超、周振华主编，西南财经大学出版社1995年版）。1978年2月，冶金部和四川省联合召开攀枝花资源综合利用科研会，重点研讨钒钛磁铁矿的综合利用。杨超提出充分利用四川的钒钛磁铁矿和天然气两大自然资源的优势，把两者的综合利用结合起来，从综合利用钒钛磁铁矿要金属结构材料，从综合利用天然气要合成材料，争取实现结构材料的革命。

《内陆地区改革开放研究》（辛文主编，四川大学出版社1995年版）的主要特色和创新之处在于：把内陆地区改革开放问题，放在国际经济竞争和我国构建社会主义市场经济体制的大背景下，放在全国经济、社会发展的总体格局中，第一次界定了"内陆地区"这个概念及本课题研究的范围，具体分析了内陆地区在全国经济、社会等方面的战略地位，深入探讨了内陆地区改革开放的主要内容及所要达到的目标和途径。认为加速这个地区的改革开放，加快其经济发展的步伐，才有利于缩小同沿海地区经济发展水平上的差距，促进区域间经济的协调发展，实现全国各地区人民的共同富裕，体现社会主义的本质，保证社会稳定。另外，遵循解放思想、实事求是、一切从实际出发的思想路线，从内陆地区的具体条件出发，探索了这个地区改革开放。

《丘陵经济发展大思路——四川丘陵地区农村经济增长方式转变研究》（郑晓幸、郑和平主编，四川人民出版社1997年版）把四川丘陵地区经济增长方式转变和经济发展联系起来探讨，填补了经济理论研究的空白。

《资本经营》（郭元晞，西南财经大学出版社1997年版）突破了长期对资本认识的局限性和误解，不仅介绍了资本的社会属性，即资本归谁所有的问题，而且重点详细介绍和分析了资本具有的自然属性，即通过资本的使用实现资本盈利最大化，并指出资本的自然属性是共性，资本的存在是由其自然属性决定的。郭元晞关于资本二重性的阐述，澄清了长时间理论上对资本的成见，确立了社会主义社会仍然存在着资本的理论基础。即只有资本的自然属性即增值性的存在，才存在归谁所有的问题，归谁所有才有意义。

《中国城市地价探析》（杨继瑞，高等教育出版社1997年版）是杨继瑞教授多年潜心研究的沉淀和总结，体现了他对中国城市地价问题的学术探索。该书的最大特色是自始至终坚持以马克思主义地租地价理论为指导。

《高新技术商品化产业化国际化研究》（陈永忠，人民出版社 1996 年版）是四川省社会科学院研究员陈永忠牵头的国家社科基金资助科研项目《高新技术商品化产业化国际化研究》课题的最终成果，作者阐述了发达国家和我国高新技术发展的状况和前景，分析了高新技术在社会经济发展中的地位和作用，并对高新技术商品化、产业化、国际化，高新技术产业发展战略，高新技术产业开发区等问题，进行了创造性、开拓性的研究。

《利润周期与经济周期》（林凌、刘世庆，《中国社会科学》1999 年第 3 期）在大量收集、整理数据资料和对中国近 20 年来利润增长情况与世界上主要发达国家和发展中国家利润增长情况进行比较研究的基础上，对长期以来国际上通行的用 GDP 增长率、失业率、通货膨胀率和国际收支 4 个指标来观察和分析各国经济，尤其重视用 GDP 增长率来判断经济增长的理论和方法提出了挑战。

《中国抗日战争时期物价史》（周春，四川大学出版社 1998 年版）。历史是现实的一面镜子。中国抗日战争时期是我国现代史上一个重要的特殊的历史阶段，全面抗战 8 年期间，影响物价的政治、经济、军事等因素错综复杂，价格矛盾异常尖锐，物价剧烈上涨，社会影响巨大。

《国有资产流失研究》（赵一锦、刘军、张宁俊、吕先锫、罗济沙，西南财经大学出版社 1999 年版）以国有资产的价值化管理为出发点，研究了国有资产流失的概念与界定，国有资产流失的范围、途径、形式和流失价值的估算，以及国有资产流失的原因和防止国有资产流失的对策建议。

《成本论》（林万祥、付代国、余海宗、毛洪涛、李卫东，中国财政经济出版社 2001 年版）成本理论历来是多学科交叉研究的重要理论。本书在不同的历史时期，不同的国家，从不同的学科领域，对成本理论进行了长期而广泛地研究，形成不同的学派和观点，积累了丰富多彩的研究成果。这些成果对研究中国社会主义市场经济条件下的成本理论具有直接或间接的借鉴、指导意义。

《中国农业支持体系论》（蒋永穆，四川大学出版社 2000 年版）内容包括农业支持思想考察、中国农业支持体系建立的客观依据、中国农业支持体系、农业政策性支持、农业投入性支持、农业其他性支持和中国农业支持体系建立的相关环境等。

《中国宏观经济非均衡分析》（王成璋等，经济科学出版社2000年版）在借鉴当代西方经济学中的非均衡理论及分析方法的同时，尝试构建了中国宏观经济的多市场非均衡联系经济计量模型，并结合中国宏观经济的实际情况进行了理论探索。为求简易明白，在单向溢出的假定前提下，分别构建并估测了投资品市场、消费品市场、劳动力市场、货币市场和外贸市场的非均衡经济计量模型和溢出数量，通过实证分析，分别得出了有价值的结论。

《环境经济学》（杜受祜，中国大百科全书出版社2001年版）全面、翔实地记录了中国在这一时期经济开发和环境保护、可持续发展方面所做的探索、努力，所经历的曲折和积累的经验和教训。在环境产业、天然林保护、退耕还林、补偿机制等章节中研究了如何在国家的同等投入的情况下，最大化地实现生态建设的效益、建成西部生态屏障和加快西部地区经济发展的步伐，缩小与东部地区的差距的目标；提出了建立西部地区环境补偿机制等实现西部经济大开发与环境大保护相结合的决策建议，为实现四川省建成长江上游生态屏障的西部大开发战略目标提供了有力的理论支持。

《国有资本经营专论——国有资产管理、监督、营运体系研究》（郭复初，立信会计出版社2002年版）在以公有制为主体、国有经济为主导、多种所有制经济共同发展的经济制度前提下，系统研究了经营性国有资产由不同部门分开管理，国有资本实行国家财务总公司、子公司和国资企业三级管理模式，国有资本分层次多形式监督体系，国有资本营运风险、激励约束机制、效绩评价、资本重组、债转股、国有资本组合营运和西方国有企业发展的启示等问题，提出了在新形势下如何构建国有资产管理、监督、营运体系的设想与有关政策建议。

《口岸开放与社会变革——近代中国自开商埠研究》（杨天宏，中华书局2003年版）。戊戌之后30余年，自开商埠逐渐取代条约口岸，成为中国对外开放的主要形式。近代中国是如何从封闭发展到主动开埠通商的？在这一过程中，有哪些口岸被开辟出来，自开商埠是如何建设的，在多大程度上借鉴了条约口岸，开放之后其对外贸易状况如何，口岸开放在哪些方面带动了中国的近代变革，留下了什么经验教训？该书基于大量原始资料，首次对此作了全面的事实重建和逻辑论证，较为系统地阐释了这些问题。

《我国经济体制改革的目标模式和新体制的框架结构》（林凌，《经济体制改革》1986年第2期）认为，中国经济体制改革目标模式的选择，既不能用计划与市场的关系作标准，也不能用集权与分权作标准，也不能用经济协调机制的不同作标准，而应以排斥或促进有计划的商品经济的发展作标准，这种模式在所有制、商品范围、个人消费品分配和宏观管理等方面都有它独特的内容。

《论社会主义制度下劳动力的商品性》（鲁济典，《社会科学研究》1986年第6期）认为在社会主义制度下，劳动力是否具有商品性，是经济学的一个理论问题。该文指出，马克思和恩格斯预言，在社会主义制度下劳动力将不再是商品，但这是就比较发达的社会主义而言，这种发达的社会主义是中国今天所未达到的。由于社会主义社会劳动力与生产资料结合的特点，使资本主义社会劳动力成为商品的那两个条件，并没有完全消失。在社会主义社会劳动者的劳动仍然是劳动者的"谋生手段"，这表明劳动者仍然拥有对自己劳动力的所有权。

《经济体制改革的回顾与近期全球化改革的思考》（唐公昭、刘西荣、张大明、张煜、李经纬，《管理世界》1987年第6期）从理论与实际结合上分析和评价了改革中几项重大措施及思路，认为重点应当放在企业上，建立和完善企业主要是国有大中型企业的经营机制，同时体系方面进行相应的政策调整和改革。

《论经营责任契约与"三层次两权分离"运行模式——深化企业改革的宏观思考》（朱芬吉、竺平国、顾培东，《管理世界》1987年第5期）。"三层次两权分离"是指国家所有权与政权的分离、所有权经营权的分离、企业责任者经营活动权的分离。该文在反思改革实践基础上，尝试深化企业改革提供一条可供选择的路径。

《政府经济行为系列研究报告》（朱芬吉、顾培东、陈家泽、张煜、陈志全，《中国社会科学》1988年第1期）认为，经济体制改革要求政府经济行为与之配套。以往的政府经济行为是以权力支配为主导的，它不利于发挥企业的积极性和主动性，造成效率低下，但弱化政府经济职能也不能保证社会经济的协调发展。该文比较了权力支配机制与利益激励机制的利弊，认为在中国现实条件下，唯一可选择的是把政权职能同国有资产所有者职能分离开来，实现政府经济行为由权力支配机制向经济利益激励机制的转换。为此要在承认企业独立的物质利益的前提下，学会综合地利用资产及资产收益手段、价格和税收手段以及经济奖惩手段，以引导企业贯彻政府的宏观要求。

《对当前土地制度建设的几点认识》（梁进学、王志良，《农村经济》1991年第4期）针对实行农业联产承包制中双层经营体制尚未真正建立和运行起来的情况，指出土地制度建设中需要解决好的几个问题：即完善承包合同，使土地管理规范化、制度化和法规化；制定保护耕地和提高地力的具体办法。

《企业产权交易》（刘世庆，中国社会科学出版社1992年版）首先论证了企业商品化的客观必然性。其次从交易方式和价格形态角度考察，结合我国实践，为企业买卖、兼并，是整体式交易方式，有完全价格形态的特点；股份制是一种分割式交易方式，有不完全价格形态的特点；租赁制是一种分期式交易方式，具有加息的价格形态特点；承包制是一种委托经营、观念出售的方式，具有观念价格形态的特点。该书还阐述了企业商品化与经济体制改革的基本思路，以及企业商品化实现的途径和要求。

《"企业自负盈亏"的提法应改为"所有者负盈亏"》（黄工乐，《经济体制改革》1993年第5期）对"企业自负盈亏"的传统提法提出质疑。指出：40年的实践证明"企业自负盈亏的提法并无积极作用，而有消极作用，因为企业是一个载体，载体无法负盈亏"，"企业自负盈亏"的实质应是所有者负盈亏，但只应以出资额为限有限责任负亏。对一般企业，国有资产可退出，出售的钱由国家用于重点行业投入；对重点行业，国家应采取出售部分产权、改革价格消除政策性亏损、调动员工提高效益的积极性和坚持对亏损企业共负以国有资产为限的有限责任等措施来甩掉国家无限负亏的包袱。

《关于建立全国特价市场的报告》〔陈伯君，《人民日报》（市场版）1994年2月19日〕。作者针对当时全国每年约有2700亿元积压商品的问题,在分析了造成积压原因的基础上,提出建立特价商品市场作为解决积压问题的重要出路。

《深化农村改革的突破点:承包制走向劳动农民个体公有制》(文大会、典建川,《农业经济》1994年第2期)认为20世纪80年代中期以来农业出现长期徘徊的局面,关键原因还是在联产承包责任制本身。其局限性表现为按人头平均"承包"天地并非最佳资源配置;为了公平分配将地块零碎分割,难以实现规模经营。

《经济体制改革中的企业分析》(丁任重,四川科技出版社1994年版)从研究企业的产生、机体构造等一般理论开始,探讨国有企业改革的动因、出发点、形式、内容等问题,分析企业改革的外部条件如转换产业组织、建立宏观调控体系等。

《内陆中心城市对外开放的思考》(路小昆,《实事求是》1995年第2期)。内陆中心城市走向国际化要从实际出发,科学地确定发展目标;要处理好国内国际两个市场的关系,充分发挥国内市场的优势;要加快改革步伐,尽快从政策优惠转到为开放提供完善的法律保障上来。

《国家财务独立与财政理论更新》(郭复初,《经济学家》1995年第4期)强调国家财务独立是改革的必由之路。按照国家财务独立论为指导去处理国有经济组织和国家财政的分配关系,才能明晰国有资产产权,才能在国有产权价值管理方面形成独立的产权代表,才能使财政甩掉企业经营性亏损补贴和清产核资中核销国有资产损失的包袱,履行财政自身的三项职能。

《产权制度改革与资产评估》(林凌、刘世庆,人民出版社1995年版)是中国较早系统全面研究在产权制度改革中推进资产评估体系的著作。作者指出产权制度改革是企业资产评估的基础;企业商品化理论是企业资产评估的理论基础。该书阐述了企业资产评估的目的、原则和方法,认为企业资产评估从综合评估到专业评估,从传统的清产核资按账面值和历史成本评估,到有市场价格评估方法的初步应用,从只评有形资产到评估专利技术、商标、商誉等无形资产,每前进一步都伴随改革开放的实践。

《内陆地区改革开放研究》(辛文、袁文平,四川大学出版社1995

年版）以地缘关系和中国改革开放格局为标志，把内陆地区这一特定地域、特定环境、特定条件下的改革开放和发展问题进行全面系统研究的著述。

《中国城市用地制度创新》（杨继瑞，四川大学出版社1995年版）对中国城市土地多视角的探索与研究，探讨了中国城市土地使用制度改革的必然性，探讨了中国城市用地制度的目标模式和基本框架。分别就中国开发与利用模式创新、土地市场创新、城市土地价格定位创新等提供了新思路。

《私有经济在中国——私有经济嬗变、困惑与趋势》（朱明方、姚树荣、邹曦、胡世发，中国城市出版社1998年版）是剖析私有制经济在新中国的沿革、现状、未来走势及利弊、政策取向的一本著作。它将马克思主义的所有制理论与西方产权理论概括地进行了比较研究与分析，评价了马克思主义所有制理论的科学性及其历史的局限性。

《关于体制转变中若干根本性问题的思考》（杨钢，《经济体制改革》1996年第1期）就中国实现体制转变过程中5个带有根本性的认识问题提出了自己的见解：生产力是检验改革的唯一标准；要用生产力标准看待中国的公有制经济和私有制经济，允许它们平等竞争和共同发展；建立市场经济体制不是对计划经济体制的继承、发展和完善，而是对它的根本否定和替代；两极分化是实行市场经济的必然后果之一，也是中国经济和社会求得迅速进步的一种代价，以及最终达到共同富裕的一个手段；正确处理中国特色与国际惯例的关系，努力增强国际惯例意识，提高按国际惯例办事的自觉性。

《关于加速金融领域政企分离的若干思考》（孔凡胜，《金融研究》1997年第11期）。事实证明金融领域严重的政企不分，已成为金融体制改革顺利进行的主要障碍之一。造成金融领域政企不分的原因，根本在于传统的计划经济体制。

《关于中国现阶段农村劳动力流动制度建设的思考》[祁晓玲，《四川师范大学学报》（社会科学版）1998年第3期]提出了土地制度建设的重点是建立有效的流动机制，即明确土地所有权，在稳定承包制的基础上，通过两田制、规模经营、"四荒"使用权拍卖、土地股份化等具体形式，放活土地使用权、增强土地经营功能，打破平均承包制，促使土地使用权流转，实现土地资源和劳动力的优化配置。

《国有资产流失研究》（赵一锦、刘军、张宁俊、吕先锫、罗济沙，西南财经大学出版社1999年版）全面系统研究了国有资产流失的若干理论和实践问题。提出了国有资产的内涵及界定国有资产流失的依据。在大量调查的基础上，研究了国有资产流失的范围、途径和形式，提出了国有资产价值的定量计算原则、方法和公式，使国有资产价值的计算成为可以操作的行为。

《关于农村土地使用权的流转问题》（赵文欣，《农村经济》2001年第12期）指出，自农村经济体制改革以来，农村土地使用权的流转实际上一直在进行。近年来随着农业和农村经济的发展，特别是农业产业化经营的兴起和农村劳动力转移的推进，土地使用权的流转明显加快，规模扩大。

《中国金融体制改革研究》（刘朝明、张衔，中国金融出版社2003年版）针对加入世贸组织后外资金融机构进入带来的竞争压力，探讨了国际金融持续创新背景下我国金融市场创新问题，重点分析了中资金融机构进行深化改革的基本策略，研究了开放背景下我国金融体制变革的基本趋向等内容。

《地方国有资产管理体制改革与创新》（盛毅、林彬，人民出版社2004年版）是一部探索地方国有资产管理体制和经营体制的书，作者指出，传统的地方国有资产管理体制，是"国家统一所有，分级管理"前提下建立的。为适应深化国有企业产权制度改革和建立现代企业制度的意义，有必要对传统的地方国有资产管理体制进行改革。

《农村金融体制必须有重大突破》（郭晓鸣，《农村经济》2004年第2期）指出，当前中国农村经济已进入新的发展阶段，农村和农业发展对资金要素的依赖程度日趋增强。农村正规金融组织功能不全、农村合作金融明显缺位，农村金融抑制变得更加严重，与此同时，农村资金仍然在通过正规农村金融组织不断向外部流动，导致农村金融供需失衡的矛盾更为尖锐。

4. 2005年以后较有影响力的学术研究成果

《现代财富论》（刘诗白，生活·读书·新知三联书店2005年版）全书40万字。自专著问世以来，在学术界引起较大反响，这部学术专著坚持了与时俱进、理论创新的精神，以理论经济学家广阔的历史与现实的视野，以作者深厚的学术功底，抓住"财富"这一基本经济范畴为出发点，以"财富创造"这一人类基本的社会实践活动为主体，以推进人民财富丰裕化、实现中国建设全面小康社会为基本宗旨，对现代财富的性质、结构、源泉和加快财富创造的经济机制和规律，特别是发达市场经济和高科技经济条件下社会财富创造的新情况、新特点，进行了全方位、深层次的经济学、社会学的理论思考与分析。

《中国西藏区域经济发展研究》（赵曦，中国社会科学出版社 2005 年版），从全书的布局可以看出，作者把主要注意力集中在搞清楚西藏社会经济的发展进程与历史经验，正视西藏社会经济发展所面临的问题与障碍，分析西藏地区社会经济发展的相对优势与劣势。在此基础上，提出了一系列总的战略措施，首先是制度创新与社会主义市场经济制度建设，产业结构的调整与发展，地区布局调整与重点地区开发，特别强调人力资本投资与教育事业发展，认为这是西藏社会经济发展的关键所在。除此以外，人口发展与城镇化建设、生态环境与经济社会可持续发展也是不可或缺的战略措施。可见作者是从西藏社会经济发展的现实条件出发，理清西藏未来发展的战略思路，抓住西藏未来发展多方面的战略措施来展开论证，而不陷入烦琐的具体事件的叙述，这就构成了本书的特色。

《科学发展观与四川战略发展重点研究》（辛文等主编，四川人民出版社 2005 年版）立足于四川省情，着眼于当前国内外经济社会发展的新形势，对四川省贯彻落实科学发展观，全面建设小康社会所面临的实际进行了全面综合分析和科学判断。

《共建繁荣：成渝经济区面向未来的七大策略和行动计划》（成渝经济区发展思路研究课题组，经济科学出版社 2005 年版）强调，成渝经济区的建设和繁荣是川渝两省市的共同任务，而要实现这个任务，必须有高瞻远瞩而又与现实紧密结合的策略思路，同时要有积极的实际行动。

《农村社会保障的国际比较及启示研究》（林义等，中国劳动社会保障出版社 2006 年版）旨在对国外农村社会保障理论综合与改革实践最新动态系统把握的基础上：系统评价发达国家、发展中国家及经济转型国家的农村社会保险和农村社会救助制度的基本模式选择、运行机制及制度安排的特征和差异；研究发展中国家农村养老、医疗保险与农村社区互助保险、商业保险的综合性制度创新和政策实施效果；系统研究国外农村社会保障改革发展趋势及经验教训，为重构中国农村社会保障制度框架和改革思路，提供较全面、系统的国际经验和重要决策支持。

《制造型企业环境成本的核算与控制》（徐玖平、蒋洪强，清华大学出版社 2006 年版）提出，生态环境是人类生存和发展的基本条件，制造业却是现今对自然和社会生态环境保护带来巨大挑战的行业之一。本文就当前制造业面临的环境成本确认问题及企业对环境成本进行核算与控制的必然性进行了分析，并提出了环境成本控制的一些对策。

《经济周期论》（刘崇仪等，人民出版社 2006 年版）主要以美国这个当代世界唯一的超级大国的经济运行为依据，概要地指出了 21 世纪初级周期的特点。经济周期理论研究可以分为三大板块，首要的是马克思、恩格斯的经济周期理论。马克思、恩格斯从生产力与生产关系的矛盾运动的角度，从资本主义的经济制度本身去寻找经济周期产生的根源，揭示了周期各阶段更迭的机理及危机产生的物质基础。

《循环经济系统规划理论与方法及实践》（徐玖平等，科学出版社 2008 年版）。从目前循环经济急需解决的规划问题入手，充分运用系统综合集成思想，把循环经济的规划建设当成一个系统工程，综合国内外先进经验，从循环经济在复杂巨系统各个层面的运作原理分析切入，从大循环、中循环和小循环的角度，总结和归纳了循环经济的区域、城镇、园区、企业、产业、资源、消费、支撑、监督层面上的理论基础。依据循环经济规划，在不同层面上给出了典型区域的循环经济规划、典型园区的循环经济建设方案和典型企业的循环经济实施方案，为各层面的循环经济规划提供了可操作的、极具参考价值的循环经济规划示范。

《科技金融》（赵昌文，科学出版社 2009 年版）分为总论和分论。总论从财富创造的源泉出发讨论了科学、技术和金融的关系，科技金融的产生背景、发展过程及主要理论，中国科技金融发展 30 年的历史回顾与评价；分论从中国与比较的视角分别研究了以政府科技投入为主的科技财力资源配置、创业风险投资、科技贷款、科技资本市场和科技保险等科技金融的几个主要组成部分。同时，每一部分都提供了相关的案例。

《股权分置对中国资本市场实证研究的影响及模型修正》（杨丹、魏韫新、叶建明，《经济研究》2008年第3期）证明：忽视股权分置现实，或者不适当的修正都将导致偏颇的结论，进而提出了一个通用的修正方法，即每股非流通股的价格相当于每股流通股的一个百分比。然后用实际数据对这个百分比的表达式进行了估计，从而对股权分置条件下价格模型与回报率模型进行了修正。结果显示，经过修正后的模型估计优于未修正的模型。在此基础上，研究了现在的全流通改革是否公平地补偿了流通股股东。结果显示，对于非流通股比率较小的公司，补偿是公平的，但对于非流通股比率较高的公司，还是存在着大的非流通股股东剥削流通股股东的现象。

《宏观与开放视角下的金融风险》（廖君沛等，高等教育出版社2009年版），对金融危机形成的研究，着力于剖析与辨明金融系统风险形成中金融系统各部分、各元素之间，金融系统要素与实际经济要素之间的彼此渗透和相互影响，内因和外因的相互作用与转化，以及市场经济内在矛盾与基本制度内在矛盾作用的关系。在金融风险与危机的防范与化解上，该书对有分歧的政策主张，从理论依据和实践效果上对其利弊得失进行了剖析，并结合对中国实际的研究，引申出处理中国问题的政策结论。

《汶川抗震救灾与灾后重建的思路与对策》（杨继瑞，《高校理论战线》2009年第6期），涉及灾后群众的安置和就业及住房重建、城镇重建、企业重建、产业重建、市场重建等多个领域，内容全面、系统深入，理论与实践结合紧密，政策建议针对性强。温家宝、李克强等中央领导均给予了高度重视，并分别作出重要批示。其提出的对策建议，得到国家发展改革委、建设部等有关部委和灾区政府的采纳。

《农村土地流转中的若干重大问题与政策研究》（郭晓鸣、廖祖君，《中国农村经济》2011年第4期）通过对全国和四川农村土地流转的若干重大问题及政策进行了专题研究，对推进农村土地有效有序流转和农业现代化进程起到了显著作用，在国内产生了重要影响。

《中国特色新型工业化道路研究》（唐浩等，《课题报告》2011年）内容包括工业化理论的解读；立足国情，中国特色工业化的战略创新；立足可持续发展，新型工业化道路的根本要求；立足信息化，新型工业化的内核；立足技术创新，新型工业化的原动力等。

《统筹城乡发展中的政府与市场关系研究》（李萍等，经济科学出版社2011年版），围绕统筹城乡发展中若干理论与实践问题，特别是政府与市场作用及其关系问题，先后通过投标、接受委托等形式由笔者主持、课题组主要成员参与，承担并完成了成都市、区四个相关研究课题。

《循环经济系统论》（徐玖平、赵勇、黄钢等，高等教育出版社2011年版）针对循环经济实践所要解决的复杂系统问题，综合运用系统动力学模型和循环经济的可计算一般均衡模型，总结提炼循环经济模型群技术体系，从整体上构建循环经济一般问题的求解框架；结合循环经济实践涉及的各实际问题特性，寻找实现循环经济的技术支撑基础，选择典型循环经济的技术模式，为各层面的循环经济实践提供了可操作的、极具参考价值的循环经济工程化示范。

《中央银行的金融危机管理：基于货币契约论的分析视角》（刘锡良、周轶海，中国金融出版社2011年版）指出，金融的发展在促进全球经济增长的同时，也给世界各国特别是发展中国家带来了巨大的风险。世界金融发展史表明，无论是发达国家还是发展中国家，在经济开放的过程中很少能够避免金融危机的爆发，经济发展通常伴随着风险的形成与积聚，金融风险积累到一定程度后，将严重影响到一国的金融安全。

《世界经济波动理论》（第一卷）（李天德，科学出版社2012年版），首先，对国内外已有的经济周期理论进行了系统梳理，讨论了"新经济"背景下涌现的经济周期理论与世界经济周期理论；其次，采用了实证分析的方法对世界经济周期性与非周期性波动的生成机制、传导机制与国际协调机理进行了分析，并从分析"弱相关性"时期经济波动和金融传导的相关程度入手，得出了世界经济的发展趋势必将是世界经济发展与金融传导的一体化。最后，分析了世界经济波动与国际贸易之间的关系。

《统筹城乡社会保障制度建设研究》(林义等编,社会科学文献出版社 2013 年版)立足于中国城乡社会保障改革发展实践,系统借鉴国际经验,创新性地研究城乡统筹社会保障体系的理论前沿、制度框架、机制设计及关键政策问题,探索中国创新社会保障长效机制的制度模式,可持续发展的社会保障资金需求和资金保障机制及管理体制。该书力求从经济、社会、文化等多因素的制约和互动中,创新性地研究覆盖城乡居民社会保障制度设计思路,探索可持续发展的制度框架及政策思路,为中国统筹城乡社会保障发展提供决策支持。

《中国特色农业现代化道路研究》(蒋永穆等,国家社科基金重大招标项目成果,2012 年 9 月)分析了中国特色农业现代化面临的机遇和挑战,总结了各类典型国家和地区在不同发展阶段推进农业现代化的一般规律和特殊经验,对中国特色农业现代化道路的基本特征和科学内涵予以了界定,总体上把握了中国特色农业现代化道路的一般规律及其特殊路径,提出了中国特色农业现代化的总体政策体系和框架。这些研究成果对实现中国农业现代化具有重要的借鉴意义。

《我国生态文明发展战略及其区域实现研究》(邓玲,人民出版社2015 年版)根据党的十八大报告着眼于全面建成小康社会、实现社会主义现代化和中华民族伟大复兴,提出建设中国特色社会主义"五位一体"总体布局,将生态文明建设放到前所未有的战略高度和突出地位,明确了基本理念、奋斗目标、发展方针、建设内容和实现路径,提出建设美丽中国和走向社会主义生态文明新时代的宏伟愿景。

《百年中国金融思想学说史》(曾康霖、刘锡良、缪明杨主编,中国金融出版社 2011 年版)指出,金融学科源远流长。中国的金融学科建设有着自己的曲折萦回之路。东方、西方的古圣先贤都有蕴含着金融真知的至理名言。我国先秦、汉初诸子有关货币金融的见解透彻、精辟,至今依然熠熠生辉。可惜的是,社会的长期停滞,后人只会反复引述古训而踏步不前。西方却在走出中世纪之后,伴随着现代经济的萌生,逐步形成了服务于现代经济的经济学。19 世纪,马克思的《资本论》面世,其中金融理论占有极其重要的地位:有对环绕货币诸古老命题的透辟论证;也有对金融危机、资本市场等的探索和瞻望。许多论点,其历史的穿透力令人折服。

《完善社会主义市场经济体制与公民财产权利研究》（刘灿等，经济科学出版社2014年版）提出：党的十八大明确提出：全面建成小康社会，全面深化改革开放，要实现这"两个全面"的目标，关键是推动"两个加快"，即加快完善社会主义市场经济体制，加快转变经济发展方式。必须不失时机深化重要领域改革，坚决破除一切妨碍科学发展的思想观念和体制机制弊端，处理好政府和市场的关系，实施更加积极主动的开放战略，增强发展的动力与活力。

（二）1978年以后荣获国家级社会科学成果及奖项

1978年以后，国家重视人文社会科学研究成果的社会价值，开展了各类评奖活动。在人文社科领域，最高的奖项是以吴玉章命名的人文社会科学终身成就奖和以它命名的年度优秀成果奖。在经济学界，最高奖项为以孙冶方命名的孙冶方经济学奖。此外，凡入选国家社会科学基金成果要报并入库的亦视作国家级的优秀成果奖。同时还有教育部面向全国高校评选的人文社会科学奖和四川省人民政府面向四川评选出来的哲学社会科学年度奖。

1. 吴玉章人文社会科学终身成就奖

吴玉章人文社会科学终身成就奖以中国人民大学首任校长吴玉章的名字命名，自2012年设立以来，每年都面向全国进行评选，被视为中国人文社会科学领域最高奖项。2012—2017年，全国人文社会科学领域共有14位吴玉章终身成就奖获得者，刘诗白教授是四川学者中的首位获奖者。

2. 吴玉章人文社会科学奖

吴玉章人文社会科学奖设立于1991年，每年评选一届，用以表彰当年在人文社会科学领域做出卓越贡献的专家学者，旨在促进和推动中国人文社会科学的繁荣发展。四川理论经济学成果历年获奖情况如下所示。

（1）1992年第二届

一等奖为《评当代西方学者对马克思〈资本论的研究〉》，胡代光、魏埙、宋承先、刘诗白主编，中国经济出版社1990年版。评委会认为："本书是国内第一部系统评介当代西方学者对《资本论》研究的专著，是一本坚持和发展马克思主义政治经济学的作品。该书对百年来,特别是当代西方学者对《资本论》的总体评介以及对《资本论》的理论体系和方法、劳动价值论、剩余价值论、价值转形理论、贫困化理论、再生产理论、危机理论等的研究作了实事求是、全面深刻和充分的理论评介,边叙边评,具有较强的说服力。这部专著对坚持以马克思主义为指导来评介当代西方经济学,正确认识当代资本主义,具有重要的理论意义和现实意义。"这本专著后来多次获得重大奖励:1992 年被评为"第二届吴玉章哲学社会科学奖"一等奖、1995 年获国家教委"首届全国高等学校人文社会科学研究优秀成果奖"一等奖、1999 年获"国家社会科学基金项目优秀成果"二等奖。

(2) 2007 年第五届

优秀奖为《邓小平理论史》(四卷本),侯水平主编,四川人民出版社 2003 年版。该书以翔实的资料,用理论与历史相统一的方法进行研究,记述了邓小平同志青少年时代的远大政治抱负和崇高理想,为中国革命、建设和改革开放建立的丰功伟绩,与时俱进的深邃革命思想,长期革命生涯中锻炼的高尚风范和崇高品质,熔理论和实践于一炉,较好地体现了邓小平同志一生的革命实践和理论造诣。

3. 孙冶方经济科学奖

孙冶方经济科学奖是为纪念中国卓越的经济学家孙冶方同志对经济科学的重大贡献,表彰和奖励对经济科学作出突出贡献的集体和个人,推动中国经济科学的繁荣和发展而设立的。孙冶方经济科学奖于 1985 年开始设立和评选,每两年评选、颁发一次,是迄今为止中国经济学界的最高奖。该奖由孙冶方经济科学基金会组织评选,其获奖成果基本反映了中国经济科学发展前沿的最新成果,代表了中国经济学研究各领域的最高水平。四川理论经济学界历年获奖情况如下所示。

(1) 1984 年度(第一届)

林凌,《关于中心城市改革的几个问题》,《财贸经济》1984 年第 1 期。如何发挥中心城市作用的问题,已由理论探讨变成党和政府的重要的方针政策,变成经济体制改革的一个重要内容,并开始付诸实践。这篇文章提出了一些过渡的步骤和措施:第一,先要割断部门、地区与企业的经济利益联系;第二,对企业隶属关系采取逐步简化的方针;第三，中心城市要适应新体制的需要，积极探索新的经济管理形式和方法。并指出关于中心城市在改革过程中应当注意的三点问题：一是明确改革的目的，处理好几个方面的关系；二是坚决实行开放政策，防止形成新的块块；三是中心城市内部改革仍然要以调动企业和劳动者的积极性为根本出发点。

顾宗枏、孙广林，《试论我国工业企业的级差收益及其调节》，《社会科学研究》1981年第4期。在企业扩大了自主权特别是向独立核算、国家征税、自负盈亏方向发展的时候，如何调节工业企业之间经济利益的不合理差别，是一个甚为突出的问题。该文就对这一问题作一些初步探讨。当前，在实际工作中和不少理论文章中，都把企业之间经济利益的不合理差别称为"苦乐不均"。该文认为，这是一个十分含糊的提法。"苦乐不均"作为一个概念，其内涵是不确切的，它仅仅指出了企业经济利益在现象上的差别，而没有说明这是一种什么样的差别，更没有揭示这种差别的质的规定性及其所包含的经济关系。内涵的不确切必然导致它的外延的不明确，甚至可能成为被随意解释而没有特定范围的笼统提法。这样，要调节所谓"苦乐不均"，就把握不住正确的方向。该文认为，在社会主义经济中，要使企业得到合理的经济收益，避免不合理的差别，需要加以调节的只能是级差收益。

蒋一苇，《企业本位论》，《中国社会科学》1980年第1期。中国经济体制的改革应当从何处入手？目前大致有三种不同的想法：有的认为主要问题不是集中过多，而是集中不够，应当先解决如何适当集权的问题；有的认为主要问题是中央集中过多，应当把更多的权下放给地方；有的则认为根本问题在于企业缺少自主权，应当先解决这方面的问题。该文作者是持第三种主张的。该文论证了：社会主义经济的基本单位仍然应当是具有独立性的企业；而且，企业必须是一个个能动的有机体，在国家计划的指导下，按照市场供求情况，对劳动力、劳动手段和劳动对象可以自行增减、选择，具有独立经营、自主发展的条件；在局部利益服从整体利益、眼前利益服从长远利益的原则下，企业应当具有各自的经济利益；国家与企业的关系应是经济利益的关系，国家对企业的领导应采取经济手段。这样做不但不违背社会主义原则，而且能更好地体现社会主义原则。

(2) 1986 年度（第二届）

林凌，《城市经济商品化与城市开放》，《财贸经济》1985 年第 9 期。进行城市经济体制改革所要达到的目标和主要任务，就是通过改革，把我们的城市，首先是大城市，改变成为开放型、多功能、社会化、现代化的经济中心，推动社会主义有计划商品经济的发展。实现这个目标涉及的改革很多，但概括起来主要有两条：一是打破分割；二是打破封闭。具体而言，该文给出了八条需要注意的点：第一，要大大扩大城市商品的范围，使一切社会主义允许的领域都逐步实现商品化；第二，要围绕商品化开辟多种市场；第三，要采用适合有计划商品经济发展的组织形式；第四，要按商品经济原则进行企业的生产经验；第五，要提倡和保护竞争；第六，要按照有计划商品经济的要求改革分配制度，在坚持按劳分配为主的前提下，允许非按劳分配因素存在；第七，要用社会主义的计划性克服商品经济的盲目性；第八，要改革城市的计划体制和财政体制。

(3) 1990 年度（第四届）

胡代光、魏埙、宋承先、刘诗白主编，《评当代西方学者对马克思〈资本论〉的研究》，中国经济出版社 1990 年版。该书共分为十二章：第一章，作者将 100 年来西方资产阶级经济学界如何看待《资本论》的态度归纳为三个重要变化。第二章，作者分别评介了布朗芬布伦纳用 14 个方程式所表述的马克思理论体系并指出，布朗芬布伦纳在对马克思理论体系的理解上存在着片面性。第三章，作者评介了米克、久南卡和霍兰德等人对马克思经济学的分析方法的态度和看法。第四章，作者就《资本论》问世后一百多年来，西方经济学者在对马克思的劳动价值论的争论中所出现的三次大浪潮分别进行了深入的评介。第五章，作者评介了巴兰、斯威齐的经济剩余论、伊特韦尔与戴布伦奥夫对剩余价值理论的争辩以及霍吉森对剩余价值理论的曲解。第六章、第七章，作者较全面、系统地评介了西方著名经济学者关于马克思的"狭义转形问题"和"广义转形问题"的争论。第八章，作者评介了经济学者关于马克思无产阶级贫困化理论的种种争论的评析。第九章，作者评介了西方经济学者对马克思的社会资本再生产理论的研究。第十章，作者评介了西方经济学者围绕马克思的利润下降趋势规律的理论论战情况。第十一章，作者详细地评介了西方经济学者对马克思的经济危机理论的解说。第十二章，作者评介了当代西方学者根据和使用《资本论》的理论模式解释当代资本主义经济运行的问题。

4. 国家哲学社会科学成果文库①

《国家哲学社会科学成果文库》于 2010 年由全国哲学社会科学规划领导小组批准设立，旨在集中推出反映当前中国哲学社会科学研究最前沿水平、体现相关领域最高水准的创新成果，充分发挥哲学社会科学优秀成果和优秀人才的示范引领作用，推进学科体系、学术体系、话语体系创新，鼓励广大专家学者以优良学风打造更多精品力作，推动我国哲学社会科学进一步繁荣发展②。《国家哲学社会科学成果文库》每年每个学科拟入选 1—2 部，申报数量多的学科为 4—5 部，总数控制在 50 部左右，由全国哲学社会科学规划领导小组公开表彰，并由全国社科规划办统一组织出版。

2010—2017 年，四川省共有 3 篇经济学著作被收入国家哲学社会科学年度成果文库。具体成果如下所示。

《居民家庭金融资产选择的建模研究》（史代敏，中国人民大学出版社 2012 年版）居民金融资产的研究有着微观和宏观双重目的。微观目的是寻找居民金融资产的形成原因，以及家庭金融资产总量与结构的影响因素；解释家庭金融资产如何影响居民消费和投资行为。宏观目的主要是明确居民金融投资与金融市场、宏观经济和社会发展的关系；分析国家宏观经济政策和金融市场发展对居民家庭金融资产总量与结构的影响，以及进一步分析其对居民的收入、生活状况的影响，同时反过来也分析居民金融资产选择对经济金融的影响，从而为国家宏观经济政策的制定提供理论依据。本书提出理论驱动和数据驱动结合、微观数据和宏观数据结合的构建计量模型方法，填补了这一领域国内实证研究的方法论空白，具有重要的现实意义和理论价值。

《全球变暖时代中国城市的绿色变革与转型》（杜受祜，四川人民

---

① 本部分数据来源于全国哲学社会科学工作办公室。
② 姚莉、陈祖琴：《〈国家哲学社会科学成果文库〉影响力评价体系研究》，《西南民族大学学报》（人文社科版）2016 年第 6 期。

出版社 2015 年版）把中国城市生态环境可持续发展与生态文明建设的目标凝练为"资源节约型、环境友好型、气候安全型"城市（以下简称"三型"城市），并对国内外建设"三型"城市的理论和实践进行总结概括，对"三型"城市的表征、评价指标体系、生产方式、生活方式、消费模式、政策体系做了深入系统的研究，对影响中国城市生态环境的突出问题——大气环境污染进行了专题研究，并提出了若干以"三型"城市为目标模式推进中国城市可持续发展的对策建议。

《中国文化消费提升研究》（毛中根，科学出版社 2018 年版）从中国文化消费的实际出发，借鉴发达国家文化消费发展的经验，准确界定了中国文化消费提升的内涵，详细分析了中国文化消费的政策传导机制，深入探讨了新时代中国文化消费提升的路径。该书视角新颖、内容宏大，是近年来中国文化消费领域研究的一部佳作。该书有以下四个特点：提供了一个独特的研究视角，文化消费是涵盖文化学、社会学、心理学、经济学等多学科的交叉研究领域；构建了一个新颖而又严谨的逻辑框架；系统阐述了从政策到实效的传导机制；将国际经验与中国实际进行了紧密结合。

（三）中国高校人文社会科学研究优秀成果奖

高校人文社会科学优秀成果评奖工作，是教育部为表彰全国高校哲学社会科学工作者所取得的突出成绩，鼓励和引导广大科研人员积极探索，勇于创新，进一步推动高校哲学社会科学研究事业繁荣发展而进行的一项重要工作。按照《中国高校人文社会科学研究优秀成果奖励暂行办法》，该奖每 3 年评审一次。自 1995 年实施以来已经完成了 7 届，第八届正在进行中，该奖对调动广大哲学社会科学工作者的积极性和创造性，促进高校哲学社会科学的繁荣发展起到了重要的推动作用。

第五届中著作类四川省获奖成果为刘诗白教授所著的《现代财富论》。

（四）四川省社会科学优秀成果

四川省社会科学优秀成果奖设立于 1984 年，每两年评选一次，迄今已评选17届。设荣誉奖、一等奖、二等奖、三等奖。一、二、三等奖限额为400项,其中,一等奖20项以内,二等奖80项左右,三等奖300项左右。荣誉奖不设限额①。四川理论经济学界历年荣誉奖与一等奖部分如下所示。

1. 荣誉奖

荣誉奖主要是授予在四川省社会科学界德高望重,在国内学术界造诣较深,年龄70岁以上的知名专家。经济学18届共评出以下5部著作。

《中国近代海关税收和分配统计》(汤象龙编著,中华书局1992年版)是研究和分析中国近代海关税务司制度建立后从1861—1910年50年的税收和分配统计,主要取材于清政府军机处档案中海关监督的6000件报销册(四柱清册)。从大量的统计数字中揭示出帝国主义掠夺中国海关行政自主权后怎样控制中国的关税和财政,同时把清朝统治者的"财政的魔术后台"很大一部分内幕暴露在群众面前,可以看到中国如何从一个独立自主的封建帝国变成为一个半殖民地半封建国家,为研究中国近代史、近代经济史和近代财政史提供了重要资料。为了便于科研工作者利用这些统计资料和可能对这些统计资料作进一步的分析研究,作者对半殖民地半封建的关税制度和税收以及税收分配的种种项目作了精简扼要的叙述,也提出了一些看法。该书的内容分为三部分:第一部分为绪论;第二部分为全国海关历年税收和历年税收分配的综合统计,有统计表46个;第三部分为全国各海关历年税收和各关历年税收分配的关别统计,有统计表72个。

《跨世纪的世界经济》(韩世隆、王世浚主编,四川大学出版社1997年版)提出:从国际生产力的角度看,跨世纪世界经济发展的大趋势,可以概括为:全球化、信息化、市场化与一体化,它们标志着跨世纪世界经济全局的主流与方向,政府的决策、国际经济组织、企业和个人的全部经济活动都要受其影响与制约。这四大趋势各有不同的丰富内涵,各有特点,但又相互联系、相互促进、相互渗透、互为条件、共

---

① 《第十五次四川省哲学社会科学优秀成果评奖实施细则》,https://www.docin.com/p-2033140558.html。

同发生作用，汇合为跨世纪世界经济不可阻挡的大洪流。

《攀西地区经济开发模式与政策研究》（杨超，西南财经大学出版社 1999 年版）系国家社科基金 1997 年规划研究项目。其主要特点是：从世纪之交的高度，分析攀西地区经济开发面临的新态势；从"全国一盘棋"的观点，分析了中国西部和长江上游，特别是攀西地区在改革开放和社会主义现代化建设全局中的战略地位；具体研究了国外不同类型的地区经济开发模式和政策的典型经验，并分析了这些典型经验对攀西开发的重要启示。

《市场价格机制与生产要素价格研究》（周春主编，四川大学出版社 2006 年版）内容包括：社会主义市场经济与市场价格、价格形成中的行为主体、市场价格的运行、市场价格的调节作用、市场价格与财政、市场价格与金融、市场价格的宏观调控、土地价格、技术与信息价格、国内市场价格与国际市场价格等。

《马克思主义价值理论研究》（马俊峰，北京师范大学出版社 2012 年版）是作者多年潜心从事这方面教学和研究的成果。马克思主义既是真理体系又是价值体系，马克思主义价值理论是马克思主义的一个重要组成部分，对马克思主义价值理论进行系统、深入的研究，对坚持、发展马克思主义，具有重要的意义。

2. 其他各奖项评审标准[①]

（1）一等奖评审的标准

基础理论研究成果：选题有重大意义，对某项学科原有理论或方法有所创新，提出了很重要的新观点，填补了某项学科的空白，学术水平高，对学科建设有重大贡献，在国内、国际上有重大影响，可评为一等奖。应用研究成果：选题为经济、政治、文化、社会发展中亟待研究和解决的重大问题，经过系统周密的调查和研究，有重大的理论与应用价值，得到了省委、省政府以及中央有关部门的充分肯定或采用，推动改革开放和现代化建设取得显著效果，社会评价高，在国内、国际上有重大影响，可评为一等奖。

[①] 《第十五次四川省哲学社会科学优秀成果评奖实施细则》，https://www.docin.com/p-2033140558.html。

（2）二等奖评审的标准

基础理论研究成果：选题有重要意义，对某项学科原有理论或方法有重要的补充和发展，提出了鲜明的新观点，有较高的学术水平，对学科建设有较大的贡献，在省内有重要影响，可评为二等奖。应用研究成果：选题为经济、政治、文化、社会发展中亟待研究和解决的重要问题，经过比较系统周密的调查和研究，有较大的理论与应用价值，为省委、省政府决策提供了科学依据，推动改革开放和现代化建设取得明显效果，在省内有重要影响，可评为二等奖。

（3）三等奖及以下评审的标准

基础理论研究成果：选题有意义，对某项学科原有理论或方法有新的补充和发展，提出了某些新的认识，有一定的学术水平，对学科建设有一定贡献，在省内有一定影响，可评为三等奖。应用研究成果：选题有现实意义，经过调查和研究，在理论与实践的结合上分析和解决问题，为党政领导机关决策提供了重要参考，在实践中推动改革开放和现代化建设起了一定作用，可评为三等奖。

附录1：历届一等奖、二等奖、三等奖等奖项列表

表3-16　第一届四川省社会科学优秀成果奖（1978—1984年）

级别	姓名	作者单位	成果名称	成果发表出版社或期刊	成果发表时间
一等奖	林凌	四川省社科院	《发挥重庆经济中心的作用》	《四川日报》	1983年2月
一等奖	叶谦吉	西南农学院	《生态农业——我国农业的一次绿色革命》	《农业经济问题》	1983年第11期
一等奖	甘永沛	四川省计经委	《对四川省经济、社会发展战略及策略问题的探讨》	《四川计划经济》	1982年第59期
二等奖	王代敬	南充师范学院	《从〈资本论〉的"细胞理论"看政治经济学社会主义部分的逻辑起点》	江苏人民出版社	1983年

续表

级别	姓名	作者单位	成果名称	成果发表出版社或期刊	成果发表时间
二等奖	吴大成	中国人民银行重庆分行	《改革信贷、利率管理，提高流通资金使用的经济效益》	《重庆金融研究》	1982年第1期
二等奖	柯建中	四川大学	《明清农业经济的变化与资本主义因素的萌芽》《明清封建专制特权与超经济强制》《略论明清时期小农自然经济向商品经济的转化》	《社会科学研究》；《四川大学学报》（哲学社会科学版）；《四川大学学报》（哲学社会科学版）	1981年第12期和1982年第3期；1982年第8期；1983年第8期
二等奖	石柱成	四川大学	《略论社会主义制度下固定资产的简单再生产和扩大再生产》	《社会科学研究》	1983年第2期
二等奖	顾宗枞	四川省社科院	《试论我国工业企业级差收益及其调节》	《社会科学研究》	1981年第4期
二等奖	王兆亮	四川大学	《论社会主义总产品、纯产品和剩余产品的性质、结构和效益》	《马列主义研究》	1983年第4期
二等奖	张纪明	四川省科协	《关于建议重视发掘、培养和使用农村人才，进一步搞活农村经济给四川省委的报告》	四川省科协	1981年
二等奖	凌耀伦	四川大学	《清代四川自贡井盐业资本主义发展道路初探》	《经济学论丛》	1982年第14期
二等奖	韩世隆	四川大学	《再谈世界经济学的研究对象与体系》	《世界经济》	1983年第11期
二等奖	黄德润	乐山地委宣传部	《关于中国特色社会主义农业发展道路的哲学思考》	《理论简讯》	1983年第283期
二等奖	余尝海	万县地委讲师团	《走具有中国特色的社会主义农业发展道路》	《万县日报》	1983年4月
二等奖	顾宗枞	四川省社科院	《关于社会主义价格形成的基础与形态的探讨》	《社会科学研究》	1982年

续表

级别	姓名	作者单位	成果名称	成果发表出版社或期刊	成果发表时间
二等奖	张思文	四川财经学院	《农业大包干与农业计划》	《四川财经学院学报》	1982 年第 3 期
二等奖	课题组	四川省商经学会	1983 年 12 月 29 日给省政府的报告	—	1983 年
二等奖	王力行	四川省商业经济学会	《加强"物流"研究,搞活商品流转》	《经济研究》参考资料	1983 年
二等奖	肖文杰	四川省政府经济研究中心	《农村商业体制改革初探》	《经济研究》	1981 年
二等奖	张赞洞	四川大学	《〈剩余价值论〉概说》	四川人民出版社	1982 年
二等奖	汤群祥	绵阳地委研究所	《农村雇工问题的调查与研究》	《农村经济》	1983 年第 7 期
二等奖	辛文	四川省计经委	《对三线建设的一些认识》	《计划经济研究》	1982 年第 2 期
二等奖	黄荫涛	四川省委第二党校	《企业经济效益从哪里来》	重庆出版社	1983 年
二等奖	周春	四川大学	《马克思的级差地租理论与社会主义制度下农产品价格的形成》	《四川大学学报丛刊》	1983 年第 16 期
二等奖	课题组	成都市社科所经济研究室	《论成都的经济地位及其发展战略》	《四川社联通讯》	1982 年第 6 期
二等奖	熊甫	四川大学	《中国近代经济史》	重庆出版社	1982 年
二等奖	课题组	四川大学	《印度经济》	人民出版社	1982 年
二等奖	郑青	四川省社科院	《巩固和发展城镇集体所有制经济的调查》	中国社会科学出版社	1979 年
二等奖	吴忠观	四川财经学院	《关于物质利益的几个问题》	《中国经济问题》	1979 年第 2 期
二等奖	达凤全	四川省委宣传部	《农业联产承包责任制探论》	《农业经济问题》	1983 年第 1 期

第三章　学术研究　213

续表

级别	姓名	作者单位	成果名称	成果发表出版社或期刊	成果发表时间
三等奖	课题组	成都市人民银行储蓄部	《人民消费水平提高，储蓄稳定增长》	《中国金融》	1982年第22期
三等奖	张正文	成都市委研究所	《要重视农村人才的作用》	《四川农村人才研究文选》	2003年第7期
三等奖	杨永恩	重庆市计委	《重庆经济体制综合改革问题初探》	《财经科学》	1983年第4期
三等奖	刘东	达州地委党校	《农业扩大劳动积累的几个问题》	《农业经济问题》	1983年第5期
三等奖	何泽荣	四川财经学院	《谈我国银行的分配职能》	《四川财经学院1982年科学论文集》	1982年
三等奖	林圃	四川工业学院	《〈资本论〉在中国的传播》	《学习与探索》	1983年第1期
三等奖	李达昌	四川财经学院	《〈资本论〉的经济危机理论与当代资本主义现实》	《社会科学研究》	1983年第5期
三等奖	王世潘	四川大学	《美国农业投资概论》	中国农业科学院《八国农业投资概论》	1980年
三等奖	季耘岗	四川财经学院	《试论半殖民地半封建社会的经济结构》	《中国经济史论文集》	1998年
三等奖	杜肯堂	四川大学	《南斯拉夫农业生产关系问题》	中国财经出版社	1983年
三等奖	林大辉	四川财经学院	《资本主义国家经济周期进程的同期规律在战后的曲折和复归》	《世界经济》	1983年第8期
三等奖	吴园宏	四川省商业厅	《试论以城市为中心组织和管理商品流通》	《经济体制改革》	1984年第1期
三等奖	张先介	四川省粮食局	《稳定农民粮食负担要把工作重点放在少销上》	《中国财经报》	1982年第1期

续表

级别	姓名	作者单位	成果名称	成果发表出版社或期刊	成果发表时间
三等奖	高宇天	四川省社科院	《关于四川能源结构模式的探讨》	《经济科学研究论文集》	—
三等奖	白和金	重庆市计委	《经济中心城市在调整和改革中的地位和作用》	《中国城市问题座谈会论文集》	1981年12月
三等奖	罗蜀华	四川省农牧厅	《农业生产责任制发展形势和实践中提出的几个问题》	《农业经济问题》	1983年第3期
三等奖	符明了	农业银行达州支行	《支持农业内涵和外延扩大再生产，提高农贷经济效益》	《生产农村金融研究》	1982年第11、12期
三等奖	姜凌	四川省委党校	《学习马克思关于计划经济的理论，提高经济效益》	中央党校出版社《马克思的经济学说与当代》	1983年
三等奖	林永年	绵阳地区供销社	《积极扶持专业户把供销社办成综合服务中心》	《四川商业经济》	1983年第2期
三等奖	赵喜顺	四川省社科院	《农村实行家庭联产承包责任制后家庭结构、职能的变化》	《社会学论文集》	1983年
三等奖	编写组	人民银行四川省分行金融研究编写组	《川陕革命根据地金融史资料汇编》	四川省社科院出版社	1987年
三等奖	冯良勤	西南民族学院	《列宁合作制思想的历史考察》	省共运动史讨论交流会	1983年12月
三等奖	李永禄	四川财经学院	《对斯大林的〈工业方法论〉的一些看法》	《财经科学》	1983年第4期
三等奖	曾康霖	四川财经学院	《论货币积累与现实积累》	《财经科学》	1983年第3期
三等奖	钟振	四川财经学院	《中国小农经济存在和发展的历史条件》	《四川财经学院学报》	1982年第2期

续表

级别	姓名	作者单位	成果名称	成果发表出版社或期刊	成果发表时间
三等奖	何高箸	四川财经学院	《全民所有制企业的劳动耗费是直接的社会劳动吗》	《社会科学研究》	1980年第2期
三等奖	李兴富	成都市金牛区农贸办公室	《转让转包土地是农村经济发展的必然趋势》	土地转包调查材料	1983年1月
三等奖	汪祝希	农业银行四川省分行	《完善社会主义农村金融体系是振兴农业的需要》	《农村金融研究》	1981年第12期
三等奖	王伯炎	四川医学院	《建立马克思主义卫生经济学和中国社会主义卫生管理经济学体制》	《卫生经济》	1983年第6期
三等奖	王史华	四川省社科院	《马克思的"货币资本第一推动力"经济思想及其现实意义》	《金融研究》	1983年第3期
三等奖	何用先	成都市财协	《关于改革批发商业的探讨》	《四川商业经济》	1983年第2期
三等奖	黄培根	四川省农牧厅	《四川省粮食和经济作物发展问题的探讨》	《四川计划经济》	1983年第31期
三等奖	邓宦松	四川省物价局	《论价格补贴二重性与改革的途径》	《经济研究》	1981年第10期
三等奖	文启胜	四川财经学院	《论农业的经济再生产与自然再生产》	《财经科学》辑刊	1983年
三等奖	蒋杰	西南农学院	《发展生猪和增产粮食的相关分析》	《农业技术经济》	1983年第11期
三等奖	甘书农	重庆市税务局	《合理利用山地资源,开创农业新局面》	《山地研究》	1983年第2期
三等奖	娄后昌	农业银行乐山地区中心支行	《要正确对待社员发展家庭副业》	《四川金融研究》	1980年第3期
三等奖	刘之林	西南师范学院	《略论搞好我国社会主义扩大再生产的几个问题》	《西南师范学院学报》	1982年第1期

续表

级别	姓名	作者单位	成果名称	成果发表出版社或期刊	成果发表时间
三等奖	庞皓	四川财经学院	《再论评价综合经济效益的多目标规划方法》	《财经科学》	1983年第4期
三等奖	沈元瀚	四川财经学院	《农业生产结构的形成和调整》	《农业经济论丛》	1982年第4期
三等奖	王锡桐	西南农学院	《合理利用非耕地土地资源是农业发展的战略方向》	《农业经济丛刊》	1983年第6期
三等奖	卿天乐	重庆市委党校	《试论价值决定的原理及其对于提高经济效益的指导意义》	《全国党校〈资本论〉研究会文集》	1983年
三等奖	王永伦	四川省计经委	《论银行的调节作用》	《金融研究》	1981年第10期
三等奖	兰宗政	四川大学	《财商问题的争论》	《经济研究》资料	1980年第22期
三等奖	李运元	四川财经学院	《抗日战争时期陕甘宁边区的公营工业》	《经济科学》	1980年第2期
三等奖	柴詠	四川财经学院	《试论马克思主义劳动价值论的形成》	《经济科学》	1983年第1期
三等奖	唐公昭	四川省计经委	《价值规律及其作用辨析》	《四川大学学报》	1981年第1期
三等奖	罗实能	四川省粮食局	《吸取历史经验，改进粮食工作》	《农业经济丛刊》	1980年第6期
三等奖	覃加昌	成都市农委	《试论成都市农业经济结构的现状及调整方向》	全国交流	1983年
三等奖	佘国泰	四川省物价局	《调整政策，发展费省效宏的水运业》	《国内外经济管理》	1983年第26期
三等奖	李少宇	四川省社科院	《社会主义计划经济与市场调节》	重庆出版社	1982年
三等奖	彭朝贵	达州地区通川日报	《社会主义经济规律问题解答》	重庆出版社	1983年

续表

级别	姓名	作者单位	成果名称	成果发表出版社或期刊	成果发表时间
三等奖	南钟万	四川大学	《宏观经济学》	中国社会科学出版社	1982年
三等奖	殷勇修	农业银行雅安地区中心支行	《农村商品生产发展与农村信用发展的辩证关系》	《生产农村金融研究》	1983年第7、8期
三等奖	胡秀坤	四川省社科院	《略论怎样提高工业企业经济效益》	《国内外经济管理》	1983年第5期
三等奖	王永锡	四川财经学院	《〈资本论〉第三卷对社会主义经济的现实意义》	《社会科学研究》	1983年第2期
三等奖	黄宪章	四川省民主建国会	《从马克思主义的流通理论看我国商业体制的改革》	《商业经济研究》	1983年第2期
三等奖	过杰	成都市社科所	《要重视发挥中心城市的作用》	《四川省经济学会论文集》	1982年
三等奖	王堤生	成都市委党校	《宝贵的财富——论毛泽东同志关于社会主义经济问题的理论》	—	1983年
三等奖	徐元杰	四川省二轻厅	《试论工业品的价格管理形式》	《经济研究》参考资料	1982年第122期
四等奖	邹世琨	四川省林业厅	《绿化盆周山地，促进生态平衡》	《农村经济》	1983年第7期
四等奖	付绶宁	中国科学院成都地理所	《川中丘陵地区农村发展战略初探》	《经济地理》	1983年第4期
四等奖	杜含尊	解放军后勤工程学院	《关于划分指令性计划、指导性计划和市场调查范围问题的探讨》	重庆市体制综合改革的理论与实践	1983年
四等奖	夏子贵	西南师范学院	《论两种不同意义的商品使用价值——学习〈资本论〉札记》	《西南师范学院学报》	1983年第1期
四等奖	刘本清	四川财经学院	《改革商业体制，适应农村新形势》	《财经科学》	1983年第2期

续表

级别	姓名	作者单位	成果名称	成果发表出版社或期刊	成果发表时间
四等奖	陈贵然	成都市物资局	《试论物资企业经济效益统计》	《成都市经济问题研究》	1983年第5、6期
四等奖	谢文斗	四川省计经委	《论包干到户后改进和加强农业计划管理问题》	《四川计划经济》	1983年第2期
四等奖	谢元鲁	四川师范学院	《宋代成都经济特点试探》	《中国社会经济研究》	1983年第3期
四等奖	张明远	四川省社科院	《关于经济管理体制改革的几个问题的讨论简介》	《社会科学研究》	1980年第4期
四等奖	李树桂	四川省社科院	《我国工业企业规模结构的特点问题及趋势》	《经济问题探索》	1983年第3期
四等奖	吴先涛	重庆市经济体制改革委员会	《建设具有中国特色的社会主义银行的几个问题》	《金融研究》	1983年第9期
四等奖	李绍东	西南师范学院	《试论生态经济学研究中的几个问题》	《西南师范学院学报》（自然版）	1983年第4期
四等奖	庞举	重庆市计委	《浅谈地县如何确定经济、社会发展战略目标》	《四川计划经济》	1982年第16期
四等奖	贺荣伟	重庆大学	《经济体制改革与建设社会主义精神文明》	《重庆社会科学》	1983年第2期
四等奖	彭俊逸	四川财经学院	《论储蓄在宏观经济调节中的作用》	中国金融学会《储蓄理论探讨论文集》	1983年
四等奖	胡正华	人民银行四川省分行	《试论金银作为货币的职能没有取消》	《中央财政金融学院报》	1983年第4期
四等奖	黄新钰	四川省委农村政策研究室	《农村富庶的重要途径——广汉、邛崃、新都农工商综业经营试点调查》	《国内外经济管理》	1982年第1期
四等奖	李鸿儒	绵阳地委政策研究室	《适应新情况，改革农村合作经济公共积累提留制度》	《农村经济》	1983年第1期

续表

级别	姓名	作者单位	成果名称	成果发表出版社或期刊	成果发表时间
四等奖	张奉堂	农业银行达州支行	《支持推广科学技术，提高农贷经济效益》	《中国金融》	1982年第15期
四等奖	吴霖宗	成都市委第二党校	《从种种非议中看温江地区实行包干到户责任制的客观必然性》	《农村经济文选》	1983年
四等奖	李仁可	四川省委第二党校	《从温江地区农业合作化的实践，看农业社会主义改造的必要性和正确性》	1981年四川省科学社会主义学会会刊	1981年
四等奖	唐泽江	四川省社科院	《试论经济效果与经济效益的关系》	《技术经济研究》	1982年第6期
四等奖	洪历建	四川省社科院	《马克思的〈政治经济学批判大纲〉与亚细亚生产方式》	《中国史研究动态》	1981年第12期
四等奖	张祖源	成都市委党校	《学习陈云同志关于国民经济有计划按比例发展的主要经济观点》	《理论简讯》	1983年第260、261期
四等奖	何臻	泸州市物价局	《重视价格规律作用，加快农业发展速度》	《社会经济研究》参考资料	1979年
四等奖	黄荣武	四川省社科院	《四川农村商业体制改革中的三种模式》	《农业经济论丛》	—
四等奖	李星宇	四川财经学院	《农业实行联产承包制后农机经营形式的探讨》	《农业经济》	1983年第3期
四等奖	罗洵	重庆市计委	《把重庆建设成为综合性开放型的经济中心城市》	《重庆经济研究》	1983年第1期
四等奖	杨洛	重庆市社科所	《马克思论劳动时间的两种分配及其现实意义》	《社会科学研究》	1983年第1期
四等奖	冯浩	重庆市房管局江北分局	《试论把房管所办成经济实体的几个问题》	《重庆经济研究》	1983年第2期
四等奖	钟善修	重庆市环境保护局	《重庆地区的大气污染及其对社会经济的影响》	《社会研究》	1984年第1期

续表

级别	姓名	作者单位	成果名称	成果发表出版社或期刊	成果发表时间
四等奖	吴钦承	人民银行四川省分行	《关于银行经营责任制问题的探讨》	《中国金融》	1983年第10期
四等奖	漆先望	四川省计经委	《试论我省人口与经济的动态平衡》	《四川计划经济》	1883年第42期
四等奖	薛庆江	新都县委研究室	《以专业化、社会化、企业化推进农业现代化》	《农业技术经济》	1983年第4期
四等奖	高宏德	四川省社科院	《论经济效果概念的发展》	《未定稿》	1983年第15期

表3-17　第二届四川省社会科学优秀成果奖（1986年）

级别	姓名	作者单位	成果名称	成果发表出版社或期刊	成果发表时间
二等奖	曾康霖	西南财经大学	《金融理论问题探索》	中国金融出版社	1985年
二等奖	解洪	四川省政府经济研究中心	《稳定经济，促进改革》	《经济研究》	1985年第9期
二等奖	李善明	西南财经大学	《马克思主义政治经济学的产生》	上海人民出版社	1985年
三等奖	刘诗白	西南财经大学	《〈资本论〉难句解》	四川大学出版社	1985年
三等奖	黄启明	重庆市农业银行	《进一步发展农村储蓄》	《中国金融》	1985年第5期
三等奖	何禄为	工商银行重庆市分行	《搞好资金调度，提高经济效益》	《金融研究》	1985年第10期
三等奖	郭元晞	四川省社科院	《让一部分企业和工人先富起来》	《经济研究》	1984年第9期
三等奖	高枢年	成都市财贸办公室	《成都商业发展战略初探》	《商业研究》	1985年第11期
三等奖	王力行	四川省商经学会	《商业储运发展战略初探》	《四川商业经济》	—

续表

级别	姓名	作者单位	成果名称	成果发表出版社或期刊	成果发表时间
三等奖	周殿昆	四川省社科院	《试论以大城市为中心组织物资流通》	《经济问题探索》	1984年第6期
三等奖	黄荣武	四川省社科院	《包干到户是社会主义的土地租赁制》	《中国社会科学》	—
三等奖	柯愈寿	南充市审计局	《从分析微观经济入手，提出中观经济决策建议》	《审计通讯》	—
三等奖	周旭	四川省林业公司	《关于木材生产调度统计历史年鉴的初步探讨》	《四川林业科技》	—
三等奖	吴忠观	西南财经大学	《人口经济学概说》	四川人民出版社	1985年
三等奖	齐平	四川省级机关学校	《经济体制改革的哲学思考》	四川省社科院出版社	1982年
三等奖	贾大泉	四川省社科院	《宋代四川经济述论》	四川省社会科学院出版社	1985年
三等奖	唐公昭	四川省计经委经研所	《四川省经济社会发展战略整体构想》	《新天府建设方略》	—
三等奖	朱芬吉	四川省政府经济研究中心	《关于四川经济发展战略的几个问题》	《新天府建设方略》	—
三等奖	辛文	四川省计经委	《关于四川经济社会发展战略的几个问题》	四川科技出版社	1985年
三等奖	王锡桐	西南农业大学	《西南山区农村经济发展战略研究》	《西南农学院学报》	—
三等奖	张达	四川银行学校（现西南财经大学）	《货币信用原理》	中国金融出版社	1985年
三等奖	陈永忠	四川省社科院	《利改税问题研究》	广东人民出版社	1985年
三等奖	李化育	建设银行重庆市分行	《搞好产值工资含量包干应注意的几个问题》	《四川省财政研究》	—

续表

级别	姓名	作者单位	成果名称	成果发表出版社或期刊	成果发表时间
三等奖	韩世隆	四川大学	《从当代国际经济关系的多元化发展趋势谈我国对外经济贸易的战略决策》	中国展望出版社论文集	1985年
三等奖	章成平	四川省计经委	《四川省宏观经济数学研制及在编制我省"七五"计划中的应用》	四川省计划经济工作会议参阅文件	1985年
优秀奖	王叔云	西南财经大学	《加速发展四川农村商品经济的建议——发展我省农村商品经济的研究报告》	研究报告	1985年
优秀奖	课题组	四川省社科院	《四川省非耕地资源合理利用研究》	全国农业区划委员会三等奖	1985年
优秀奖	课题组	四川省社科院	《四川渔业经济》	全国渔业经济学奖	1985年
优秀奖	周天豹	重庆市社科院	《发展第三产业的动力、障碍、对策》	全国中青年经济改革讨论会优秀论文奖	1985年
优秀奖	罗实能	四川省粮食局	《四川省粮食流通发展战略研究》	中国商业经济学会一等奖	1985年
优秀奖	吴园宏	四川省商经学会	《试论批发贸易中心》	中国商业经济学会二等奖	1985年
优秀奖	王力行	四川省商经学会	《加强物流研究,搞活商品流转》	中国商业经济学会二等奖	1985年
优秀奖	康世泰	四川省商经学会	《在商品改革中急需协调工商关系,充分发挥国营企业商业主导作用》	中国商业经济学会二等奖	1985年
优秀奖	吕安和	四川省委研究室	《发展县级经济,改善收不抵支县财政状况》	研究报告	1985年

表 3-18　　　第三届四川省社会科学优秀成果奖（1988 年）

级别	姓名	作者单位	成果名称	成果发表出版社或期刊	成果发表时间
一等奖	曾康霖	西南财经大学	《资产阶级古典学派货币银行学说》	中国金融出版社	1986 年
一等奖	唐公昭	四川省体改委	《经济体制改革的回顾与近期深化改革的思考》	《管理世界》	1987 年第 4 期
二等奖	林凌	四川省社科院	《我国经济体制改革的目标模式和新体制的框架结构》	《经济体制改革》	1986 年第 2 期
二等奖	郭元晞	四川省社科院	《社会主义个人消费品分配研究》	四川省社科院出版社	1986 年
二等奖	方大浩	重庆社科院	《长江经济整体开发模式的构想》	《体制改革探索》	1987 年第 4 期
二等奖	凌耀伦	四川大学	《卢作孚与民生公司》	四川大学出版社	1987 年
二等奖	杨钢	四川省社科院	《关于农产品价格形成基础理论与改革合同定购价格的思考》	《经济体制改革》	1987 年第 3 期
二等奖	漆先望	四川省计经委	《以改革开放为动力，以产业结构高效化为方向，促成城乡人口就业和剩余劳动力的转移》	《计划经济研究》	1987 年第 4 期
二等奖	吴岐山	西南财经大学	《中国工业经济结构研究》	西南财经大学出版社	1987 年
二等奖	罗实能	四川省粮食局	《关于农村粮食情况的调查报告》	《粮食问题研究》	1987 年第 6 期
三等奖	赵富高	建设银行四川省分行	《简议住宅储蓄存款和贷款的特点、作用及发展政策》	《中国投资管理》	1987 年第 3 期
三等奖	曹廷贵	西南财经大学	《货币本质新探》	《南开学报》	1986 年第 2 期

续表

级别	姓名	作者单位	成果名称	成果发表出版社或期刊	成果发表时间
三等奖	刘军	西南财经大学	《中国发展阶段若干问题的研究》	中青年经济论坛	1986 年第 5 期
三等奖	周永绵	江油市委政研室	《对实行"两权"分离的企业新增固定资产归属问题的初步探讨》	《经营管理者》	1987 年第 7 期
三等奖	胡柏	西南农业大学	《农业生态经济分区理论与方法的研究》	《西南农业大学学报》	1986 年第 4 期
三等奖	冯天才	西南财经大学	《社会消费经济学》	四川省科技出版社	1987 年
三等奖	刘富善	省体改委	《完善市场体系与发展生产资料市场》	《财贸经济》	1987 年第 1 期
三等奖	罗询	重庆市计委研究室	《改进我国投资计划分级管理的设想》	《投资研究》	1987 年第 3 期
三等奖	赵怀顺	四川大学	《有偿使用城市土地必须同时缴纳绝对地租》	《经济体制改革》	1987 年第 6 期
三等奖	冯举	四川省社科院	《荥经县商品经济发展战略研究》	四川大学出版社	1987 年
三等奖	魏寿才	省林业厅	《加快调整产业结构是解决森工危困的重要途径——关于阿坝林区国营森工企业的调查》	《林业经济》	1986 年第 5 期
三等奖	何克	四川省社科院	《供销合作经济的理论与实践》	四川省社科院出版社	1986 年
三等奖	万钟英	重庆建筑工程学院	《现代城市商业环境的评价》	《建筑学报》	1987 年第 4 期
三等奖	孔繁涛	重庆市委研究室	《国家调控市场导向企业——宏观管理与微观搞活有机结合的模式探讨》	《天府新论》	1986 年
三等奖	曾绍熙	省农业银行	《对农村资金市场发展问题的探讨》	《农村金融研究》	1987 年第 12 期

续表

级别	姓名	作者单位	成果名称	成果发表出版社或期刊	成果发表时间
三等奖	陈家泽	省体改委	《梯度推移和发展极——增长点理论研究》	《经济研究》	1987年第3期
三等奖	游联璞	省委党校	《试论我国现阶段私人雇工经济的性质》	《开拓》	1987年第4期
三等奖	辛文	四川省政协	《四川经济三十五年》	四川科技出版社	1987年
三等奖	郑大平	省体改委	《对进一步改革的几个问题的思考》	《经济体制改革》	1986年第4期
三等奖	陈永忠	四川省社科院	《城市经济体制改革研究》	四川省社科院出版社	1986年
三等奖	周尚群	乐山市委党校	《耕地资源的利用和保护是亟待认真落实的一项重要国策》	《国土经济》	1987年第4期
三等奖	马鹤龄	凉山州委宣传部	《凉山民族经济发展的必由之路》	云南人民出版社	1987年
三等奖	邓本中	西南财经大学	《消费经济学》	西南财经大学出版社	1986年
三等奖	郭桂林	乐山市农业银行	《对山区信贷实行区别对待的研究》	《经济发展与改革》	1986年第6期
三等奖	戴思锐	西南农业大学	《重庆市2000年粮食生产和科技发展战略》	《西南农业大学学报》	1987年
三等奖	李善明	西南财经大学	《论〈剩余价值理论〉的研究起点》	《经济科学》,《马克思主义研究》	1987年第3、4期
三等奖	詹一之	四川省社科院	《论列宁的社会主义道路》	四川省社科院出版社	1987年
优秀奖	吴梅村	西南财经大学	《产品质量统计控制及其经济效益的确定》	中国统计学会优秀统计论文二等奖	1988年

续表

级别	姓名	作者单位	成果名称	成果发表出版社或期刊	成果发表时间
优秀奖	陈瑞彪	省统计局	《完善的科技统计招标体系框架探讨》	中国统计学会优秀统计论文三等奖	1988年
优秀奖	吴玉春	省统计局	《总供给总需求的平衡测算问题》	中国统计学会优秀统计论文三等奖	1988年
优秀奖	罗亮畴	西南财经大学	《西周统计制度及其对后代统计方法影响初探》	中国统计学会优秀统计论文三等奖	1988年
优秀奖	何克	四川省社科院	《论社会主义市场经济》	全国纪念党的十一届三中全会十周年理论讨论会优秀论文奖	1988年
优秀奖	刘诗白	西南财经大学	《论产权自主转让》	全国纪念党的十一届三中全会十周年理论讨论会优秀论文奖	1988年
优秀奖	唐公昭	四川省体改委	《论承包制在中国经济发展中的历史地位》	全国纪念党的十一届三中全会十周年理论讨论会优秀论文奖	1988年

表3-19　第四届四川省社会科学优秀成果奖（1988—1989年）

级别	姓名	作者单位	成果名称	成果发表出版社或期刊	成果发表时间
一等奖	叶谦吉	西南农业大学	《生态农业——农业的未来》	重庆出版社	1988年
二等奖	何高箸、曾康霖、曹廷贵、喻大康	西南财经大学	《马克思货币金融学说原理》	西南财经大学出版社	1989年

续表

级别	姓名	作者单位	成果名称	成果发表出版社或期刊	成果发表时间
二等奖	许廷星、张合金、朱明熙	西南财经大学	《财政信贷与宏观经济调节》	中国财经出版社	1989年
二等奖	辛文	四川省政协	《四川能源资源及发展战略》	四川科学技术出版社	1989年
	蒙尊谭	四川省能源研究会			
	高宇天	四川省社科院			
	车秀	四川省统计局			
	刘世兴	四川省计经委			
二等奖	经荣生	四川省物价局	《中国价格改革新思路》	中国财政经济出版社	1989年
	邓宦松	四川省物价局			
	何运林	四川省物价局			
	曾德久	四川省商业厅			
	马宇撑	四川省物价局			
二等奖	赵文欣、张孝理、林开峰、张稚英、任波	中共四川省委农工委	《四川省农业合作经济史料》	研究报告	1989年
二等奖	过杰	西南财经大学	《广元市经济发展战略研究综合报告》	研究报告	1989年
	龙光俊	四川省计经委			
	崔新桓	中共四川省委讲师团			
	杨超群	四川省物资经济学会			
	丁家学	四川省物资经济学会			

表3-20　第五届四川省社会科学优秀成果奖（1990—1991年）

级别	姓名	作者单位	成果名称	成果发表出版社或期刊	成果发表时间
二等奖	曾康霖	西南财经大学	《资金论》	中国金融出版社	1990年
	谢应辉	四川省财政厅			
二等奖	张合金	西南财经大学	《投资膨胀论》	西南财经大学出版社	1991年
二等奖	周春	四川大学	《社会主义价格管理学》	中国物价出版社	1990年
	蒋和胜	四川大学			
	毛道维	四川大学			
二等奖	鲁家果	四川省社科院	《中国社会集团消费概论》	西南财经大学出版社	1991年
	陈少中	四川省财政厅			
	陈为汉	四川省社科院			
	肖述祖	四川省社科院			
	张文翰	四川省财政厅			
二等奖	黄定康	四川省劳动学会	《中国的工资调整与改革（1949—1991）》	四川人民出版社	1991年
	舒克勤	四川省劳动学会			
	杨民泰	四川省人事厅			
	杨滋	四川省总工会			
	承纪中	四川省劳动人事厅			
二等奖	陈永忠	四川省社科院	《中国社会主义股份制研究》	人民出版社	1991年
二等奖	郭元晞	四川省社科院	《以按劳分配为主体，走共同富裕道路》	《人民日报》	1991年12月16日
	林是	四川省社科院			
	郭晓鸣	四川省社科院			
	阳洪兴	中共四川省委宣传部			
	卢笙岗	中共四川省委宣传部			

续表

级别	姓名	作者单位	成果名称	成果发表出版社或期刊	成果发表时间
三等奖	刘秋篁、崔国华、刘方健	—	《抗日战争时期国民政府财经战略措施研究》	西南财经大学出版社	1988年
三等奖	游联璞、郑晓幸、陈海泉	—	《中国现阶段私人雇工经济研究》	西南财经大学出版社	1991年
三等奖	刘运生、何仲铭、黎兵、赵正伦、余应军	—	《建立微观积累新机制，保证农业投入稳定增长——乐山市"八五"期间农业资金投入研究报告》	研究报告	1991年
三等奖	羊贵祥	—	《家庭经营学》	西南财经大学出版社	1990年
三等奖	杨安勤、田代贵	—	《中国城镇集体经济的发展与管理》	重庆大学出版社	1991年
三等奖	张泽荣	—	《社会主义劳动的政治经济学》	中国城市出版社	1990年
三等奖	赵怀顺、黄荣武、冯忠容、杨灿智、廖显赤	—	《城市土地制度改革研究》	四川人民出版社	1990年
三等奖	宋伍生、姚齐源、张景昭、张旭、陈宝天	—	《论有组织市场——计划与市场结合部的理论和实验》	中国计划出版社	1991年
三等奖	刘宇、郭晓鸣、倪宗新、郑天奇	—	《中国乡镇企业：现实与前景》	电子科技大学出版社	1991年

续表

级别	姓名	作者单位	成果名称	成果发表出版社或期刊	成果发表时间
三等奖	余腾光、杨文勇、张登华、宋建中、叶应诚	—	《自贡市农村合作经济组织建设研究》	—	—
三等奖	王格	—	《责、权、利的差别与承包人和劳动者的冲突》	《社会学研究》	1990年第5期
三等奖	孙平元、刘志前	—	《征收级差地租是搞活社会主义企业的重要经济杠杆》	—	—
三等奖	李永华	—	《科技革命与劳动价值论》	—	—
三等奖	罗节礼	—	《评西方微观经济学的市场结构理论——兼论我国的市场结构类型和计划经济与市场调节有机结合的形式》	《四川大学学报》（哲学社会科学版）	1991年第8期
三等奖	周殿昆	—	《区域市场发育与区域经济协调发展研究》	《经济体制改革》	1990年第5期
三等奖	韩世隆	—	《试论建立大西南对外经济贸易协作区》	《云南社会科学》	1990年第8期
三等奖	宋先均	—	《我国当前的产业结构调整》	《改革》	1990年第4期
三等奖	漆先望、孟红、王建、杨继勇	—	《加快城市（镇）化进程是促进农业剩余劳动力转移的必由之路》	《计划与管理》	1991年第10期
三等奖	廖君沛	—	《消费与经济社会发展国际比较的数量分析方法》	《数量经济技术经济研究》	1991年第5期

第三章　学术研究　231

续表

级别	姓名	作者单位	成果名称	成果发表出版社或期刊	成果发表时间
三等奖	罗实能、张先介、李树棠、李永钦、胥祯祥	—	《攻克难关走出困境——关于深化粮食体制改革的探讨》	—	—
三等奖	杨超群	—	《建立高效通畅可调控的物资流通体系的探讨》	《财贸经济》	1991年第4期
三等奖	朱芬吉、赵国良	—	《在国有企业内部先搞活一块——通过新质扩张最终搞活国有企业》	《中国企业报》	1991年第9期
三等奖	黄炳钧、罗德光、王毓菁、徐凯亮、彭臻莹	—	《坚持战略经营推进整体优化》	《机械工业企业管理》	1990年第2期
三等奖	陈祖培	—	《基本工资制度的理论与改革》	《中国劳动》	1991年第12期
三等奖	毛伯林、赵德武	—	《中国会计管理模式研究》	西南财经大学出版社	1990年
三等奖	石恩祥	—	《深化税制改革若干问题思考》	《经济体制改革》	1991年第4期
三等奖	陈显昭	—	《深化税制改革与优化资源配置》	《财经科学》	1990年第3期
三等奖	孔凡胜	—	《南方丝绸之路货币的初步研讨》	《四川金融》	1990年第2期
三等奖	王德毅、杨同杰、邹成柞	—	《关于深化利率改革的研究报告》	《农村金融研究》	1990年第11期

续表

级别	姓名	作者单位	成果名称	成果发表出版社或期刊	成果发表时间
三等奖	人民银行四川省分行金融研究所	—	《论信贷资金经济效益下降的成因及其改善对策》	《西南金融》	1991年第12期
三等奖	吴钦承	—	《如何发展我国金融市场》	《中国金融》	1990年第9期
三等奖	李鸿儒、陈土章、赵大杰、郭定清、王荣良	—	《农业投入研究》	—	—
三等奖	刘达永	—	《走出经济困境》	成都科技大学出版社	1990年
三等奖	刘成生、李远清、郭上沂、田善耕、蒋晓泉	—	《宏观经济学：非瓦尔拉斯分析方法导论》	上海人民出版社	1990年

注：经查，这次成果奖的三等奖均没有校注获奖人的单位，见《四川省第五届哲学社会科学优秀科研成果获奖项目（1990—1991）》，《天府新论》1993年第1期。

表3-21　第六届四川省社会科学优秀成果奖（1992—1993年）

级别	姓名	作者单位	成果名称	成果发表出版社或期刊	成果发表时间
一等奖	刘诗白	西南财经大学	《产权新论》	西南财经大学出版社	1993年
二等奖	辛文	省政协	《四川工业化与现代化研究》	西南财经大学出版社	1993年
	戚扬	省政府经济研究中心			
	唐公昭	省委政研室			
	朱芬吉	省政府经济研究中心			

续表

级别	姓名	作者单位	成果名称	成果发表出版社或期刊	成果发表时间
二等奖	林凌	省社科院	《中心城市综合改革论》	经济科学出版社	1992年
	赵国良	西南财经大学			
	郭元晞	省社科院			
	杨钢	省社科院			
	周殿昆	省社科院			
二等奖	杨秀吉、蒲勇健	重庆大学	《资源经济学——资源最优配置的经济分析》	重庆大学出版社	1993年
二等奖	徐敬君	省外作者	《城市土地资源的配置和利用》	云南人民出版社	1993年
	汝莹	四川联合大学			
二等奖	雷亨顺	重庆大学	《西南高山与平坝过渡带的脱贫与发展》	重庆大学出版社	1993年
	屈坤宁	雅安行署			
	李承德	成都理工学院			
	陈德祥	荥经县政府			
	廖祥云	雅安行署			
二等奖	蓝勇	西南师范大学	《历史时期西南经济开发与生态变迁》	云南教育出版社	1992年
二等奖	刘世庆	省社科院	《企业产权交易》	中国社会科学出版社	1992年
二等奖	吴钦承	人民银行四川省分行	《协调货币政策与产业政策的关系，促进生产要素合理流动》	《中国金融改革与货币政策》，经济管理出版社	1992年
	李小南	人民银行四川省分行			
	熊津成	人民银行四川省分行			
三等奖	丁任重	西南财经大学	《经济体制改革新思路》	西南财经大学出版社	1992年
三等奖	陶武先	成都市委	《社会主义市场经济研究》	四川人民出版社	1992年
	李健勇	西南财经大学			
	毛志雄	成都市委			

续表

级别	姓名	作者单位	成果名称	成果发表出版社或期刊	成果发表时间
三等奖	鲁锡海	丰都县	《跨世纪工程与三峡地区经济发展——理论探讨及决策建议》	四川人民出版社	1993年
	严卫东	省委第二党校			
三等奖	杨继瑞	四川联合大学	《中国乡镇企业论》	四川大学出版社	1992年
三等奖	石柱武	四川联合大学	《第三产业经济分析》	四川人民出版社	1992年
	晏仁章	四川联合大学			
	陈学彬	四川联合大学			
	张红伟	四川联合大学			
	曾巩	四川康迪公司			
三等奖	郭复初	西南财经大学	《国家财务论》	西南财经大学出版社	1993年
三等奖	孙景联、谢继冲、李可、赵巍、陈泉	省劳动厅	《就业服务体系概论》	四川科学技术出版社	1993年
三等奖	李树桂、王小刚、王晓琪、王新前	省社科院	《中国三线生产布局问题研究》	四川科学技术出版社	1992年
三等奖	汤保全、梁宝柱、张合金	西南财经大学	《财政效益论》	中国财政经济出版社	1993年
三等奖	邹学荣	西南师范大学	《丘陵地区农村经济发展与探索》	四川科学技术出版社	1993年
	李家顺	沱牌酒厂			
	张家辕	重庆市总工会			
	邹学富	射洪县农业银行			
	刘光平	解放军3533厂			

续表

级别	姓名	作者单位	成果名称	成果发表出版社或期刊	成果发表时间
三等奖	徐宣光	三丰塑胶有限公司	《聚财用财之研究》	四川大学出版社	1993年
三等奖	王锡桐、朱淑芳、李鸿、罗广、周黎明	西南农业大学	《自然资源开发利用中的经济问题》	科学技术文献出版社	1992年
三等奖	孙元明	重庆市经济信息中心	《市场经济心理学》	西南师范大学出版社	1993年
三等奖	孙志诚	四川联合大学	《住宅经济学》	四川大学出版社	1992年
	杨继瑞	四川联合大学			
	朱方明	四川联合大学			
	宋志斌	成都市房管局			
三等奖	罗勤辉	省社科院	《大商业 大流通 大市场》	成都科技大学出版社	1992年
	税海军	成都市科技顾问团			
	何克	省社科院			
	夏霖	成都百货大楼			
	王晓红	省社科院			
三等奖	李永禄、赵国良、马明宗、龙茂发、何永芳	西南财经大学	《工业经济结构学概论》	西南财经大学出版社	1993年
三等奖	罗蜀华	省农牧厅	《农业合作制建设与管理》	西南交通大学出版社	1992年
三等奖	高宏德	省社科院	《中国小企业研究：理论、实践、政策》	四川大学出版社	1993年
	盛毅	省社科院			
	沈天佑	省体改委			

续表

级别	姓名	作者单位	成果名称	成果发表出版社或期刊	成果发表时间
三等奖	覃天云	省社科院	《经营权论》	四川人民出版社	1992年
	周友苏	省社科院			
	侯水平	省社科院			
	李开国	西南政法学院			
	林刚	西南政法学院			
三等奖	王传藩	重庆钢铁公司党校	《社会主义市场经济学要义》	西南财经大学出版社	1993年
	谭坚	重庆钢铁公司党校			
三等奖	罗节礼	四川联合大学	《经济理论比较研究——马克思主义政经学与当代西方经济学》	四川大学出版社	1993年
三等奖	李慎、简仕明、余楚修、李雪敏	重庆社科院	《中国国情丛书——百县市经济社会调查（巴县卷)》	中国大百科全书出版社	1992年
三等奖	顾宗枨	省社科院	《中国国情丛书——百县市经济社会调查（渠县卷)》	中国大百科全书出版社	1993年
	唐洪潜	省社科院			
	杜受祜	省社科院			
	代鹏	渠县			
三等奖	王永锡	西南财经大学	《当代中国经济大辞库（经济卷)》	中国经济出版社	1993年
	李达昌	省财政厅			
	甘本佑	西南财经大学			
	过杰	西南财经大学			
	涂文涛	西南财经大学			
三等奖	蒋一苇、廖元和	重庆社科院	《股份经济辞典》	中国发展出版社	1992年
三等奖	杨超群、王德仁、覃由伟	省物资经济研究所	《关于四川省生产资料市场的培育和发展》	《经济研究参考》	1993年第188期

续表

级别	姓名	作者单位	成果名称	成果发表出版社或期刊	成果发表时间
三等奖	张廷安	遂宁市政府	《中国内陆农业大县回忆工业化进程初探》	《世界经济与政治》	1992年第12期
三等奖	赵磊	西南财经大学	《对当前经济增长的若干看法》	《经济研究》	1993年第1期
三等奖	肖成刚、林世彪、车永德	省农调队	《四川农村小康研究》	《农村调查资料》	1992年第25期
三等奖	杨晓维	西南财经大学	《不确定性·代理问题和国家资产产权结构选择》	《经济研究》	1992年第12期
三等奖	徐行吉	乐山市城管会	《城镇土地使用制度改革势在必行》	《光明日报》	—
三等奖	王洪波	泸州市委组织部	《农村改革与发展规律性问题探讨》	《探索》	1992年第1期
	邓栽虎	省委党校			
	康超光	成都市委党校			
	刘崇政	成都行政学院			
三等奖	张运城	四川教育学院	《世界政治经济问题研究》	成都科技大学出版社	1993年
	张先智	西南交通大学			
	马学元	成都大学			
	侯德芳	西南财经大学			
	乔哲青	省经干院			

表3-22　第七届四川省社会科学优秀成果奖（1994—1995年）

级别	姓名	作者单位	成果名称	成果发表出版社或期刊	成果发表时间
一等奖	杨超	省委	《加快攀西地区经济开发研究》	西南财经大学出版社	1995年
	周振华	省社科院			
	解洪	四川联合大学			
	王小琪	省政府攀西川南资源开发办			

续表

级别	姓名	作者单位	成果名称	成果发表出版社或期刊	成果发表时间
一等奖	辛文	省政协	《内陆地区改革开放研究》	四川大学出版社	1995年
	袁文平	西南财大			
二等奖	杨继瑞	四川联合大学	《中国城市用地制度创新》	四川大学出版社	1995年
二等奖	韩世隆	四川联合大学	《九十年代后期中国大陆经济发展的国际契机》	《经济学家》	1995年第1期
二等奖	林凌	省社科院	《产权制度改革与资产评估》	人民出版社	1995年
	刘世庆	省社科院			
二等奖	石柱成	四川联合大学	《社会主义宏观经济分析与调控》	四川大学出版社	1995年
	廖君沛	四川联合大学			
二等奖	冯举	省社科院	《社会主义市场经济条件下的社会主义精神文明建设》	成都科技大学出版社	1995年
	王文承	省社科院			
	姜忠	省社科院			
	张俊明	四川教育学院			
	金平	西南政法大学			
	李开国	西南政法大学			
	卓泽渊	西南政法大学			
二等奖	郑国玺	省委党校	《社会主义市场经济条件下的价值观建设》	四川人民出版社	1995年
	周和凤	省委党校			
	朱恪钧	省委党校			
	薛建平	乐山市委党校			
	曾繁亮	省委党校			
三等奖	李树桂	省社科院	《中国股份经济与证券市场考察》	四川科学技术出版社	1994年
三等奖	郭正模	省社科院	《农业综合开发概论》	四川科学技术出版社	1994年
三等奖	黄宗捷、蔡久忠	成都气象学院	《气象经济学》	四川人民出版社	1994年
三等奖	蓝勇	西南师范大学	《深谷回音——三峡经济开发的历史反思》	西南师范大学出版社	1994年

续表

级别	姓名	作者单位	成果名称	成果发表出版社或期刊	成果发表时间
三等奖	蒲心文	重庆商学院	《中国经济文化概论》	人民出版社	1995年
三等奖	涂文涛、张智勇	西南财经大学	《主体经济论》	人民出版社	1995年
三等奖	袁文平、杨伯华、刘灿、程民选、杨晓维	西南财经大学	《社会主义市场经济分析——理论政策运用》	西南财经大学出版社	1994年
三等奖	文富德	四川联合大学	《印度经济发展经验与教训》	四川大学出版社	1994年
三等奖	李善明、柴泳、吴忠观、杨致恒	西南财经大学	《剩余价值理论研究》	西南财经大学出版社	1994年
三等奖	崔国华	省参事室	《抗日战争时期国民政府财政金融政策》	西南财经大学出版社	1995年
	江林旭	西南财经大学			
	缪明扬	西南财经大学			
三等奖	吕火明	西南财经大学	《市场经济与农业发展》	中国农业出版社	1995年
三等奖	丁任重	西南财经大学	《经济体制改革中的企业分析》	四川科学技术出版社	1994年
三等奖	吴兆华	省委政策研究室	《房地产业发展与管理研究》	西南财经大学出版社	1995年
三等奖	蒋国庆	四川联合大学	《中国经济与世界多边贸易体系》	成都科技大学出版社	1994年
三等奖	高勇	省政府办公厅	《试论经济体制与经济增长方式的转变——四川实现"两个转变"的理论思考》	《改革时报》	1994年

续表

级别	姓名	作者单位	成果名称	成果发表出版社或期刊	成果发表时间
三等奖	尹志君	乐山市人大	《培育市场中介组织引导农民走向市场——四川省乐山市发展"实体十农户"的情况调查》	《农村经济文稿》，国家农业部	1994年第12期
	余应军	乐山市委政研室			
	王顺富	乐山市委政研室			
三等奖	文大会	省委党校	《深化农村改革的突破点：承包制走向劳动农民个体公有制》	《社会科学战线》	1994年第2期
三等奖	樊建川	宜宾市政府	—	《农业经济》	1994年第4期
三等奖	刘崇仪	西南财经大学	《不平衡发展规律在当代》	《世界经济》	1995年第4期
三等奖	明安联	西南财经大学	《商品生产分析》	四川科学技术出版社	1995年
三等奖	卿太金	凉山州财政局	《市场经济的牵绳》	西南财经大学出版社	1994年
	林俐	省财干院			
	刘在碧	凉山州财政局			
	边疆	凉山州财政局			
	伍皎晖	凉山州财政局			
三等奖	向东	华西医科大学	《社会保障经济学》	中国经济出版社	1994年
	唐天才	成都市体改委			
	赵明	成都市体改委			
三等奖	黄荫涛、曾明德、钟光亚、刘加庆、魏杰	省委二党校	《中国社会主义经济学》	重庆出版社	1994年
三等奖	周世勋、倪月望、罗文德、于维生、蒲发惠	重庆市委党校	《建立具有中国特色的社会保障制度》	四川人民出版社	1995年

续表

级别	姓名	作者单位	成果名称	成果发表出版社或期刊	成果发表时间
三等奖	丁任重、易敏利、刘灿、程民选	西南财经大学	《国有经营性资产的经营方式和管理体制》	四川人民出版社	1994 年
三等奖	毛子洄	西南交通大学	《中国消费品与投资品市场非均衡经济计量模型研究》	《经济研究》	1994 年第 4 期
三等奖	王成璋、龙志和、贾志永、郭耀煌	西南交通大学	《中国消费和投资两市场非均衡分析》	《数量经济技术经济研究》	1993 年第 8 期
三等奖	贾大泉	省社科院	《交子的产生》	《四川金融》	1994 年增刊
三等奖	鲁济典	重庆社科院	《走出"寻租"误区》	《社会科学研究》	1994 年第 6 期
三等奖	程德明	省工商行	《现代企业制度改革：商业银行面临的机遇、挑战与对策》	《四川城市金融》	1995 年第 12 期
	谢继渊	省工商行			
	王立早	省工商行			
	杨烈纯	成都市工商行			
	杨国光	省工商行			
三等奖	周春	四川联合大学	《向市场经济过渡中的通货膨胀》	《市场经济研究》	1995 年第 1 期
三等奖	林凌	省社科院	《在成都建立中国西部证券交易所的构想》	《股份制与现代企业制度研究》，人民出版社	1994 年
	陈永忠	省社科院			
	王化淳	成都市体改委			
	罗勤辉	省社科院			
	储安戈	省证券公司			
三等奖	郭复初	西南财经大学	《国家财务独立与财政理论更新》	《经济学家》	1995 年第 4 期
三等奖	曾绪宜	涪陵市委办公室	《创造性劳动价值论》	《探索》	1994 年第 1 期

续表

级别	姓名	作者单位	成果名称	成果发表出版社或期刊	成果发表时间
三等奖	吴宏放	攀枝花市委党校	《论现代市场经济的五大基本属性》	《社会主义研究》	1995年第3期
优秀奖	杨海清	绵阳市人民政府	《市场经济体制下的农村改革》	成都科技大学出版社	1994年
	雷启荣	绵阳市委			
	宋明	绵阳市委政研室			
	聂兆和	绵阳市财政局			
优秀奖	陈秀文	内江市政府农办	《内江地区农业经济志》	成都科技大学出版社	1995年
	魏仲文	内江市政府农办			
	余在湖	内江市政府农办			
	杨祝康	内江市政协			
优秀奖	赵昌文	四川联合大学	《现代市场经济导论》	四川人民出版社	1994年
	程民选	西南财经大学			
	郭晓鸣	省社科院			
	盛毅	省社科院			
优秀奖	张泽荣	省社科院	《当代资本主义分配关系研究》	经济科学出版社	1994年
	陈为汉	省社科院			
	王小琪	省社科院			
	陈维佳	国家教委高校司			
	李晓苹	中国银行北京市分行			
优秀奖	省财务成本研究会课题组	四川省财务成本研究会	《企业资产产权界定：问题与对策》	《财经科学》	1995年第3期

表3-23　　第八届四川省社会科学优秀成果奖（1996—1997年）

级别	姓名	作者单位	成果名称	成果发表出版社或期刊	成果发表时间
一等奖	郑晓幸	中共四川省委党校、中共德阳市委	《丘陵经济发展大思路——四川丘陵地区农村经济增长方式转变研究》	四川人民出版社	1997年
	郑和平	绵阳市人民政府			
	傅泽平	中共四川省委党校			
	冯文凡	中共绵阳市委党校			
	姜凌	中共四川省委党校			
一等奖	郭元晞	西南财经大学	《资本经营》	西南财经大学出版社	1997年
一等奖	杨继瑞	四川大学	《中国城市地价探析》	高等教育出版社	1997年
一等奖	陈永忠	四川省社会科学院	《高新技术商品化产业化国际化研究》	人民出版社	1996年
二等奖	高勇	凉山州人民政府	《省级政府经济调控论》	人民出版社	1997年
二等奖	周殿昆	西南财经大学	《中国东西部市场关系与协调发展》	西南财经大学出版社	1997年
二等奖	李明昌、曾宪久、罗望、陈宏志、孔凡胜	中国人民银行成都市分行	《四川经济增长中的资金因素分析》	《四川金融》	1996年第11期

续表

级别	姓名	作者单位	成果名称	成果发表出版社或期刊	成果发表时间
二等奖	刘茂才、杜受祜、杨钢、郭晓鸣、孙人健	四川省社会科学院	《四川县属国有企业产权制度改革研究》	《经济体制改革》	1996年第4期
二等奖	刘灿	西南财经大学	《现代公司制的产权关系和治理结构研究》	西南财经大学出版社	1997年
二等奖	蒋和胜、蒋永穆、钟思远	四川大学	《农产品价格机制论》	四川大学出版社	1997年
二等奖	王国敏、李济琛、郑晔、张琳、廖作斌	四川大学	《中国农业风险保障体系建设研究》	四川大学出版社	1997年
二等奖	龙光俊	四川省经济信息中心	《1998年四川经济展望》	四川人民出版社	1997年
	崔新桓	四川省经济信息中心			
	王定琛	四川省经济信息中心			
	吴超敏	四川省经济信息中心			
	彭小菊	四川省经济信息中心			
	肖百治	成都行政学院			
二等奖	袁亚愚	四川大学	《中国农业现代化的历史回顾与展望》	四川大学出版社	1996年

续表

级别	姓名	作者单位	成果名称	成果发表出版社或期刊	成果发表时间
三等奖	姜凌	中共四川省委党校	《现代市场经济的基本运作与社会主义市场经济体制的构建》	四川人民出版社	1997年
	傅泽平	中共四川省委党校			
	龙德灿	中共四川省委党校			
	穆良平	西南财经大学			
三等奖	李达昌	四川省人民政府	《当代资本主义结构性经济危机》	商务印书馆	1997年
	刘崇仪	西南财经大学			
	王小琪	四川省社会科学院			
	陈为汉	四川省社会科学院			
三等奖	高万权	中共宜宾市委	《西部地区经济发展理论与实践》	四川科学技术出版社	1996年
三等奖	程民选	西南财经大学	《产权与市场》	西南财经大学出版社	1996年
三等奖	杨钢	四川省社会科学院	《关于体制转变中若干根本性问题的思考》	《经济体制改革》	1996年第1期
三等奖	王永锡、丁任重	西南财经大学	《集约化与经济增长》	《管理世界》	1996年第3期
三等奖	王代敬	四川师范学院	《股份制改造》	西南财经大学出版社	1997年
三等奖	杨启地	绵阳经济技术高等专科学校	《改革开放以来我国农民收入差距状况的实证分析与研究》	《调研世界》	1997年第6期等

续表

级别	姓名	作者单位	成果名称	成果发表出版社或期刊	成果发表时间
三等奖	白冰	中共乐山市委	《中国水资源可持续利用和发展的对策研究》	《未来与发展》	1997年第5期
三等奖	宋玉鹏	四川省作家协会	《四川民营经济发展若干问题研究》	内部调研报告	1997年12月
	李少宇	四川省社会科学院			
	罗仲平	四川省社会科学院			
	许强	四川省社会科学院			
	汪红叶	四川省社会科学院			
三等奖	毛志雄	中共成都市委办公厅	《农村新型生产经营模式的分析与思考——"郫县种子公司+农户"生产经营模式研究》	《中国农村经济》	1996年第2期
	苟正礼	中共成都市委办公厅			
	何荣波	成都市人大办公厅			
三等奖	高勇	凉山州人民政府	《资本运营——国有企业改革的形势、机遇与任务》	《信息汇报》	1997年12月
	马佳	四川省财政厅			
优秀奖	张赞洞	四川行政学院	《〈剩余价值理论〉概说》	四川人民出版社	1996年
	李善明	西南财经大学			
优秀奖	朱舜	四川省干部函授学院达川分院	《经济学》	四川人民出版社	1997年
优秀奖	刘润葵	中共四川省委省级机关党校	《邓小平经济理论研究》	《经济学动态》	1997年第9期
优秀奖	张国光	工商银行四川省分行	《反通胀论——理论、运作与对策》	西南财经大学出版社	1996年
优秀奖	蒲龙	剑阁县文管所	《川陕苏区钱币》	四川大学出版社	1996年

续表

级别	姓名	作者单位	成果名称	成果发表出版社或期刊	成果发表时间
优秀奖	胡安荣	四川省物价局	《市场经济条件下价格管理必须把握好的几个问题》	《四川物价》	1996年第4期
优秀奖	杜是桦	中共苍溪县委	《持续快速健康——县域社会经济改革发展思考》	《经济体制改革》	1997年论丛
优秀奖	蒋兴国	中共遂宁市委	《对推进农业产业化有关问题的思考》	《农村经济》	1997年第2期
优秀奖	罗永康	宜宾市社科联	《宜宾地区生态农业建设的实践及启示》	《农村经济》	1997年第1期
	昂川	中共宜宾市委政研室			
	姜波	中共宜宾市委宣传部			
	徐斌	中共宜宾市农委			
优秀奖	杨东升	四川农业大学	《中国农业产业化进程中的农业技术变迁》	《天府新论》	1997年第2期
	曾维忠	四川农业大学			
优秀奖	吴开平	中国农业发展银行广安地区分行	《经济欠发达地区实施农业产业化面临的困境与出路》	《经济师》	1997年第1期
	黄镇				
优秀奖	张应文	四川省对外贸易经济合作委员会	《大开放 大改革促进大发展——对沪、浙外经贸的考察与思考》	《四川经贸研究》	1997年第1期
优秀奖	郭复初	西南财经大学	《产权重组与加快国有企业改革的思路》	《财务成本通讯》	1997年第13期
	屈信濂	四川省财务成本研究会			
	张福才	成都市国有资产管理局			
	李胜	成都市国有资产管理局			
	胡光涛	成都铁路局二院			

续表

级别	姓名	作者单位	成果名称	成果发表出版社或期刊	成果发表时间
优秀奖	彭前元	广安地区经贸委	《转变经济增长方式与企业"转制"的思考》	《中国质量》	1996年第6期
优秀奖	陈志明	中共达川地委	《发展社会主义市场经济的根本途径》	《四川师范学院学报》	1996年第5期
	赵文惠	中共渠县县委			

表3-24　第九届四川省社会科学优秀成果奖（1998—1999年）

级别	姓名	作者单位	成果名称	成果发表出版社或期刊	成果发表时间
一等奖	林凌、刘世庆	四川省社科院	《利润周期与经济周期》	《中国社会科学》	1999年第3期
一等奖	周春、蒋和胜、蒋永穆、钟思远、朱方明	四川大学	《中国抗日战争时期物价史》	四川大学出版社	1998年
一等奖	赵一锦、刘军、张宁俊、吕先锫、罗济沙	西南财经大学	《国有资产流失研究》	西南财经大学出版社	1999年
二等奖	刘锡良	西南财经大学	《中国财政货币政策协调配合研究》	西南财经大学出版社	1999年
	曾康霖	西南财经大学			
	陈斌	西南财经大学			
	陈铁军	中国建设银行总行			
	李晓欣	招商银行总行			
二等奖	庞皓、黎实、周光大、马骁、陈斌	西南财经大学	《社会资金问题分析——中国社会总资金配置监督与调控的数量研究》	西南财经大学出版社	1999年

续表

级别	姓名	作者单位	成果名称	成果发表出版社或期刊	成果发表时间
二等奖	黄方正	四川省广播电视大学	《现代市场经济与马克思劳动价值论》	西南交通大学出版社	1999年
	王道禹	四川省委党校			
	蒋南平	四川工业学院			
	宋先均	南充市委党校			
	姜凌	四川省委党校			
二等奖	姜凌	西南财经大学	《经济全球化趋势下的南北经济关系》	四川人民出版社	1998年
二等奖	干胜道	四川大学	《所有者财务论》	西南财经大学出版社	1998年
三等奖	尹庆双	西南财经大学	《理顺个人收入分配关系的对策研究——一个以公平为取向的政策周期的到来》	《财经科学》	1999年第5期
三等奖	杨钢、蓝定香	四川省社会科学院	《集体企业产权制度改革与股份合作制》	四川人民出版社	1998年
三等奖	高勇	中国证监会成都证管办	《资本经营与操作——造就经济巨人和企业王国》	四川人民出版社	1998年
三等奖	傅志康	中共雅安地委	《西部民族地区经济发展战略与实践》	西南师范大学出版社	1998年
三等奖	夏代川	四川省统计局	《四川城镇居民收入差距研究》	《四川重要经济问题实证研究》，四川人民出版社	1999年
	刘小莉	四川省城调队			
	左自力	四川省城调队			
	李慧英	四川省城调队			
	王晓波	四川省城调队			
三等奖	杨钢、蓝定香、梁灏	四川省社会科学院	《集体企业产权制度改革与股份合作制》	四川人民出版社	1998年

续表

级别	姓名	作者单位	成果名称	成果发表出版社或期刊	成果发表时间
三等奖	李向东	四川大学	《世纪之交中国经济体制改革的深层思考（之一—之七)》	《经济体制改革》	1998年第4期、1999年第1、2、5期等
	石建新	重庆市涪陵区国资局			
三等奖	刘卉	中共泸县县委宣传部	《买方市场形成与劳动就业转型》	《四川日报》	1998年9月15日
三等奖	刘成玉	西南财经大学	《论中国农产品流通体系建设》	西南财经大学出版社	1999年
三等奖	赵国良	西南财经大学	《四川当前经济形态分析及全年经济发展预测》	四川省委、省政府采用	1999年8月印
	崔新桓	四川省经济信息中心			
	赖齐	四川省经济信息中心			
	赵西	四川省经济信息中心			
	彭小菊	四川省经济信息中心			
三等奖	张克俊	四川省社会科学院	《论我国西部市场体系的培育》	《四川大学学报》	1998年第4期
	陈健生	西南财经大学			
三等奖	周继尧、王海林、邓和、梁正明、廖禄华	四川省经贸委	《关于推进四川工业民营化问题研究》	四川科学技术出版社	1999年
三等奖	赵曦	西南财经大学	《中国西部地区经济发展研究》	四川人民出版社	1999年
三等奖	张立仁	成都市建筑材料总公司	《我看为商之道——商战制胜箴言六十篇》	中国经济出版社	1998年
三等奖	刘志才	中共南充市委组织部	《21世纪企业家》	中国经济出版社	1998年

续表

级别	姓名	作者单位	成果名称	成果发表出版社或期刊	成果发表时间
三等奖	黄胜	绵阳市涪城区信用联社	《农村股份合作银行论》	四川大学出版社	1999年
三等奖	刘云	铁道部第二勘测设计院	《中国制造——中国制造业所面临的困境与对策》	西南财经大学出版社	1999年
三等奖	王裕国	西南财经大学	《消费需求制约经济增长的机理及影响》	《经济学家》	1999年第5期
三等奖	戴歌新	四川师范学院	《中国国有企业制度创新研究》	西南财经大学出版社	1999年
三等奖	任登菊	四川省委组织部	《建立健全激励机制 深化国有企业改革——四川建立健全国企经营管理者激励机制的探索与启示》（研究报告）	《经济体制报告》	1999年第6期
	贺建锋	四川省委组织部			
	刘云夏	四川省委组织部			
	陈志全	四川省委组织部			
	赖荣	四川省党委组织部			
三等奖	康超光	成都市委党校	《社会主义初级阶段研究》	四川人民出版社	1999年
	邓栽虎	四川省委党校			
	张星炜	四川省委党校			
	刘从政	成都市社会科学院			
	吴嘉蓉	四川省委党校			
三等奖	路小昆、孙英、梁志明、李仁彬	成都市委党校	《体制转轨时期的社会矛盾与社会稳定》	四川人民出版社	1998年
三等奖	过杰、尹继堂、吴火星、王波	西南财经大学	《四川省农村剩余劳动力转移和城市化问题研究报告》	《社会科学研究》	1999年第1期

续表

级别	姓名	作者单位	成果名称	成果发表出版社或期刊	成果发表时间
优秀奖	王庆跃	先锋杂志社	《知识经济——通向21世纪的路》	四川人民出版社	1999年
	吴志中	四川省档案馆			
	陈玮	四川省国家安全厅			
优秀奖	王云川	四川省社会科学界联合会	《对我国国内市场情况和若干对策的评论》	《理论与改革》	1999年第5期
优秀奖	崔新桓、赖齐、赵西、吴超敏、彭小菊	四川省经济信息中心	《2000年四川省经济展望〈四川经济蓝皮书〉》	四川人民出版社	1999年
优秀奖	罗勤辉、何克、杨俊辉、王晓红、杨萍	四川省社会科学院	《四川商品流通及市场》	西南财经大学出版社	1999年
优秀奖	李宏明	中国农业发展银行四川省分行	《构建适宜的组织联结机制促进农业分户经营与产业化要求相衔接》	《中国农村经济》	1999年第2期
优秀奖	赵喜顺	四川省社会科学院	《个体私营经济发展与家庭结构的变迁》	《社会科学研究》	1999年第3期
优秀奖	陈玉屏	西南民族学院	《关于社会主义本质理论和社会主义市场经济问题的新思考》	《西南民族学院学报》	1999年第2期
优秀奖	李尚志	四川省人大常委会	《关于加快发展高新技术产业以迎接知识 经济挑战的对策思考》	《知识经济与现代科技》，四川科技出版社	1999年

表3-25　　　第十届四川省社会科学优秀成果奖（2001年）

级别	姓名	作者单位	成果名称	成果发表出版社或期刊	成果发表时间
一等奖	四川省社会科学院课题组	四川省社科院	《党的第三代领导集体对邓小平理论的实践与创新研究丛书》	四川人民出版社	2001年
一等奖	林万祥、付代国、余海宗、毛洪涛、李卫东	西南财经大学	《成本论》	中国财政经济出版社	2001年
一等奖	蒋永穆	四川大学	《中国农业支持体系论》	四川大学出版社	2000年
一等奖	王成璋	西南交通大学	《中国宏观经济非均衡分析》	经济科学出版社	2000年
	贾志永	西南交通大学			
	龙志和	华南理工大学			
	郭耀煌	西南交通大学			
	傅浩	西南交通大学			
一等奖	杜受祜	四川省社科院	《环境经济学》	中国大百科全书出版社	2001年
	甘庭宇	四川省社科院			
	李晟之	四川省社科院			
	杜珩	四川省扶贫开发办			
	葛家瑜	四川省社科院			
二等奖	揭筱纹	四川大学	《西部地区中小企业发展研究》	西南财经大学出版社	2001年
	李杨	四川大学			
	王文义	四川省乡镇企业局			
	陈光志	中共资阳市委			
	王云川	四川省社科联			
二等奖	赵文欣	中共四川省委农工委	《关于农业土地使用权流转问题》	《农村经济》	2001年第12期

续表

级别	姓名	作者单位	成果名称	成果发表出版社或期刊	成果发表时间
二等奖	袁文平、赵磊、李萍、欧兵、高晋康	西南财经大学	《经济增长方式转变机制论》	西南财经大学出版社	2000年
二等奖	陈永忠 姚洪	四川省社科院 省汽车工业公司	《国有企业资本营运研究》	人民出版社	2000年
二等奖	陈进	四川大学	《博弈论与区域经济》	天地出版社	2000年
二等奖	朱欣民 David Shaw 曾勇 李仕明 马永开 刘莉	四川大学 英国利物浦大学 电子科技大学 电子科技大学 电子科技大学 电子科技大学	《欧盟产业衰落区域的综合治理——英国默西郡案例研究》	西南财经大学出版社	2001年
二等奖	江世银	中共四川省委党校	《论信息不对称条件下的消费信贷行为》	《经济研究》	2000年第6期
二等奖	袁本朴 李传林 李锦 袁晓文 李星星	四川省民族事务委员会 四川省民族研究所 四川省民族研究所 四川省民族研究所	《长江上游民族地区生态经济研究》	四川人民出版社	2001年
二等奖	任杰 梁凌	中共四川省委统战部 成都市新闻出版局	《中国政府与私人经济》	中华工商联合出版社	2000年

续表

级别	姓名	作者单位	成果名称	成果发表出版社或期刊	成果发表时间
三等奖	汪贤裕	四川大学	《国有企业的企业市场管理与激励机制》	《中国管理科学》	2001年第6期
	钟胜	四川大学			
	王虹	四川大学			
	肖玉明	四川大学			
	梁国忠	成都市铝材厂			
三等奖	郑景骥	西南财经大学	《总结与探索：中国农村改革问题研究》	四川人民出版社	2001年
	刘成玉	西南财经大学			
	黄金辉	四川大学			
	杨明洪	四川大学			
	程治中	西南财经大学			
三等奖	李萍	西南财经大学	《经济增长方式转变的制度分析》	西南财经大学出版社	2001年
三等奖	黄宗捷、蔡久忠	成都信息工程学院	《网络经济学》	中国财政经济出版社	2001年
三等奖	何金泉、段立波、孙加秀、刘茂林、李树文	四川师范学院	《中国民营经济研究》	西南财经大学出版社	2001年
三等奖	史继刚	西南财经大学	《宋代军用物资保障研究》	西南财经大学出版社	2000年
三等奖	赖齐、赵西、林伟、段立明、张义方	四川省经济信息中心	《四川省水资源中长期供需趋势研究》	《四川经济信息》	2001年第47期
三等奖	邓翔	四川大学	《中国经济增长率和生产率的重估与比较》	《管理世界》	2001年第4期
三等奖	杨继瑞、杨明洪	四川大学	《农业增长方式转型研究》	四川大学出版社	2001年
三等奖	郑长德	西南民族学院	《世界不发达地区开发史鉴》	民族出版社	2001年

续表

级别	姓名	作者单位	成果名称	成果发表出版社或期刊	成果发表时间
三等奖	高林远、李皓	四川师范大学	《试论四川在西部大开发中实现跨越式发展的战略对策》	《西南交通大学学报》	2001年第2期
三等奖	赵曦	西南财经大学	《中国西部农村反贫战略研究》	人民出版社	2000年
三等奖	毛道维	四川大学	《中国大型工业企业战略性再造问题》	《管理世界》	2000年第3期
三等奖	任佩瑜、杨江	四川大学	《论管理熵、管理耗散结构与我国企业文化的重塑》	《四川大学学报》	2000年第7期
三等奖	张合金	西南财经大学	《投资规模调节论》	中国财政经济出版社	2000年
	张伟	申银万国证券			
	杨明洪	四川大学			
	马骁	西南财经大学			
	杨宇焰	西南财经大学			
三等奖	郑邦才、王朝明、申晓梅、王卉、李秋红	西南财经大学	《西南城市居民最低生活保障研究》	西南财经大学出版社	2000年
三等奖	李达昌	四川省人民政府	《积极的财政政策应包括积极的税收政策》	《税务研究》	2000年第6期
	罗骁莉	四川省国税局			
三等奖	杨德俊	四川省国税局	《涉外税收优惠应体现国民待遇原则》	《经济学家》	2000年第6期
	缪玉兰	四川省国税局			
	朱明熙	西南财经大学			
	刘建	成都市国税局			
三等奖	吴志文	广元市林业局	《分类经营与公益林生态效益补偿制度创新》	《中国林业企业》	2000年第1期

续表

级别	姓名	作者单位	成果名称	成果发表出版社或期刊	成果发表时间
三等奖	朱锡祥、姜晓亭、黄正富	四川省外经贸厅	《加入世界贸易组织对我省外经贸的影响及对策》	内部报告，省政府采纳	2000年
三等奖	漆先望、吴学刚、杨春健、蒋玉麒	四川省经济发展研究院	《发展农产品加工，实现农民减负与财政征收的统一》	《软科学》	2001年第5期
三等奖	王小刚、鲁荣东、曾广觉	四川省经济发展研究院	《引导企业成为西部大开发的投资主体》	《社会科学研究》	2001年第6期
三等奖	王洪章	中国人民银行成都分行	《对中小企业金融支持问题的几点思考》	《中国金融》	2001年第12期
三等奖	张衔	四川大学	《价格竞争的需求效应与财政收入》	《经济研究》	2001年第5期
三等奖	贾志勇、戴宾、骆玲	西南交通大学	《变革与选择——中国铁路资产结构调整与资本经营》	四川人民出版社	2000年
三等奖	吴德辉、王道禹、师丽、丁英、许彦	中共四川省委党校	《21世纪世界经济发展研究》	四川大学出版社	2001年
三等奖	李天德	四川大学	《西部大开发和中国加入WTO四川对外开放对策研究》	《专题研究报告》	2001年第3期
	蒋瑛	四川大学			
	周明芝	四川省科技顾问团			
	余先河	四川省招商局			
	蒲仕党	四川省外经贸厅			

续表

级别	姓名	作者单位	成果名称	成果发表出版社或期刊	成果发表时间
三等奖	徐玖平、符礼建、朱毅、胡知能	四川大学	《中国西部攀西地区农业经济可持续发展研究》	四川教育出版社	2000 年
三等奖	张凤翔	中共成都市委党校	《长江上游天然林"禁伐"后的结构调整与经济发展对策研究》	《理论与改革》	2001 年第 4 期等
	张丽华	中共成都市委党校			
	李崇禧	中共四川省委			
	张中由	中共凉山州委			
	王云川	四川省社科联			
	张其佐	龙泉驿区政府			
三等奖	郑晓幸	中共四川省委宣传部	《工业化城市化市场化与跨越式发展》	四川人民出版社	2001 年
	黄平林	中共德阳市委研究室			
	潘裕信	中共德阳市委党校			
	高隆峰	中共德阳市委宣传部			
	刘建伟	中共德阳市委党校			
三等奖	郭正模、谢继冲、王实	四川省社科院	《西南贫困地区城乡劳动就业问题研究》	四川大学出版社	2001 年

续表

级别	姓名	作者单位	成果名称	成果发表出版社或期刊	成果发表时间
三等奖	张克俊	四川省社科院	《四川工业产品市场竞争能力研究》	《财政科学》	2000年第5期
	杨旭	中共四川省委办公厅			
	邱云生	四川省社科院			
	陈英	四川省社科院			
	杨俊辉	四川省社科院			
三等奖	杨羽	成都市信息化办公室	《网络金融》	中国财政经济出版社	2001年
	黄宗健	成都信息工程学院			
	苏甘雅	成都信息工程学院			
	曹邦英	成都信息工程学院			
	郑礼明	成都信息工程学院			
三等奖	陈立权	达州市委讲师团	《西部大开发与区域经济发展——达州跨越式发展研究》	四川人民出版社	2001年
	向自强	达州市社科联			
	毕英涛	中共达州市委党校			
	傅忠贤	达州职业技术学院			
三等奖	中国农业银行四川省分行课题组	中国农业银行四川省分行	《中国农业银行实行股份制改造的研究报告》	内部报告，中国农业银行采纳	2001年
三等奖	李学明	四川省社会主义学院	《邓小平非公有制经济理论研究》	四川人民出版社	2001年

续表

级别	姓名	作者单位	成果名称	成果发表出版社或期刊	成果发表时间
三等奖	蔡明秋	成都行政学院	《构筑中国特色的社会保障体系》	华夏出版社	2001年
三等奖	顾新	四川大学	《西部大开发要着眼于形成区域竞争优势》	《软科学》	2000年第2期
优秀成果奖	王行	四川省成本物价研究所	《天然气调价背后的几个理论问题》	《价格理论与实践》	2001年第9期
优秀成果奖	陈维政、曹志强	四川大学	《工作分享制——解决国企冗员问题的有效途径》	《管理世界》	2000年第6期
优秀成果奖	张凤祥、郑卫国、孙英、卢玲、任敬东	中共成都市委党校	《西部地区非公有制经济发展战略研究》	四川人民出版社	2001年
优秀成果奖	殷孟波、贺国生	西南财经大学	《西南金融结构与经济结构的关系》	《经济学家》	2001年第6期
优秀成果奖	彭通湖	四川大学	《四川近代经济史》	西南财经大学出版社	2000年
	凌耀伦	四川大学			
	熊甫	四川大学			
	刘方健	西南财经大学			
优秀成果奖	何永芳	西南财经大学	《加快经济增长方式转变——四川产业结构调整与产业政策》	西南财经大学出版社	2001年
优秀成果奖	蔡春	西南财经大学	《企业改组、兼并与资产重组中的财务与会计问题研究》	《财务成本通信》	2001年第11期
	唐焕道	四川锅炉厂			
	王吾	成都工业学院			
	陈瑛	成都建工机械公司			
	车德坤	四川通信移动公司			

续表

级别	姓名	作者单位	成果名称	成果发表出版社或期刊	成果发表时间
优秀成果奖	佘国华	四川省人民政府	《四川省国有及国有控股企业退出竞争性行业问题研究》	内部研究报告省政府采纳	2001年
	邓和	四川省经贸委			
	陈大智	四川省经贸委			
	李文清	四川省经贸委			
	梁正明	四川省经贸委			
优秀成果奖	劳秦汉	乐山市财政局	《对新世纪公允价值会计计量模式的理论透视》	《四川会计》	2001年第7期
优秀成果奖	何政	中共成都市委党校	《成都市国有企业改革发展研究》	四川大学出版社	2000年
	宋志斌	中共成都市委			
	何春芳	成都市药监局			
	张凤祥	中共成都市委党校			
	张丽华	中共成都市委党校			
优秀成果奖	郑寿春、张明泉、熊志坚、余晓钟、胡国松	西南石油学院	《四川油气市场发展趋势研究》	中国社会出版社	2001年
优秀成果奖	王为强	中国人民银行成都分行	《中国人民银行成都分行关于建立金融安全区的意见》	内部报告省政府采纳	2001年
优秀成果奖	郭民	中国人民银行成都分行	《中国人民银行成都分行金融安全区评价指标体系》	内部报告省政府采纳	2001年
	潘凌	中国人民银行成都分行			
	程常利	中国人民银行成都分行			
	苏保祥	中国人民银行总行			

续表

级别	姓名	作者单位	成果名称	成果发表出版社或期刊	成果发表时间
优秀成果奖	王国清	西南财经大学	《对税收基础理论几个问题的再认识》	《经济学家》	2000年第6期
优秀成果奖	罗永宁	中国农业银行四川省分行	《发挥优势：提升竞争力的基础》	《农村金融研究》	2001年第10期
优秀成果奖	郑卫国	中共成都市委党校	《激活成都中小企业——成都中小企业发展问题研究》	四川大学出版社	2001年
	向阳	中共成都市委党校			
	孙薇	西南财经大学			
	杨峻峰	中共成都市委党校			
	刘莎	中共成都市委党校			
优秀成果奖	李树桂、王安靖、罗宏翔、邓良、杨霆	四川省社会科学院	《西部经济跨越式发展——知识经济与产业结构转型》	四川大学出版社	2001年
优秀成果奖	崔新桓	四川省经济信息中心	《吸取东部开发和发展经验 推进四川经济跨越式发展》	研究报告	2000年
	彭小菊、耿林、田琦	四川省经济信息中心	《2001四川经济展望》	四川人民出版社	2000年
优秀成果奖	《绵阳工业化问题研究》课题组	绵阳市政府	《绵阳工业化问题研究》	内部报告绵阳市委、市政府采用	2000年
优秀成果奖	漆先望、蒲晓筠、宋德育	四川省经济发展研究院	《新时期四川县域经济发展的基本思路》	《市场与发展》	2001年第10期

表 3-26　　第十一届四川省社会科学优秀成果奖（2002—2003 年）

级别	姓名	作者单位	成果名称	成果发表出版社或期刊	成果发表时间
一等奖	郭复初	西南财经大学	《国有资本经营专论——国有资产管理、监督、营运体系研究》	立信会计出版社	2002 年
	向显湖	西南财经大学			
	李力	西南财经大学			
	杨丹	西南财经大学			
	任兴文	四川省国资委			
一等奖	杨天宏	四川师范大学	《口岸开放与社会变革——近代中国自开商埠研究》	中华书局	2003 年
二等奖	何景熙	四川大学	《探索充分就业之路——成都平原农村人力资源开发研究》	四川大学出版社	2000 年
	张果	四川师范大学			
	冯天丽	电子科技大学			
	罗蓉	中共成都市金牛区委			
二等奖	杨钢、蓝定香、王丽娟	四川省社科院	《邓小平"两个大局"理论与西部大开发》	四川人民出版社	2002 年
二等奖	丁任重、李萍、程民选、戴歌新、刘恒	西南财经大学	《转型与发展：中国市场经济进程分析》	中国经济出版社	2003 年
二等奖	邓翔	四川大学	《经济趋同理论与中国地区经济差距的实证研究》	西南财经大学出版社	2002 年
三等奖	刘宝驹	成都市社科院	《劳动力市场化配置与再就业流动障碍分析——城镇失业与再就业问题研究》	《社会科学研究》	2003 年第 4 期
三等奖	石平	中共遂宁市委党校	《当代中国"三农"问题面临的矛盾及深层次原因剖析》	《理论前沿》	2003 年第 19 期

续表

级别	姓名	作者单位	成果名称	成果发表出版社或期刊	成果发表时间
三等奖	邵昱	成都市社会科学院	《宏观人力资源开发与配置研究》	巴蜀书社	2003年3月
三等奖	任佩瑜、黄璐	四川大学	《西部工业增长极再造》	《管理世界》	2002年第7期
三等奖	杜受祜	四川省社会科学院	《探寻西部开发与保护的结合点》	《光明日报》	2002年7月19日
三等奖	汝莹、符蓉	四川大学	《收益与收益质量的分层研究》	《中国工业经济》	2003年第7期
三等奖	李天德、蒋瑛、蒋和胜、向宇、赵志泉	四川大学	《西南地区外商直接投资环境与效益分析》	四川大学出版社	2002年
三等奖	邓玲、张红伟、龚勤林、黄勤、程玉春	四川大学	《中国七大经济区产业结构研究》	四川大学出版社	2002年
三等奖	袁远福	西南财经大学	《川陕革命根据地货币史》	中国金融出版社	2003年
	巴家云	中国人民银行成都分行			
	高文	四川省文化厅			
	阎登发	中国人民银行达州分行			
	缪明杨	西南财经大学			
三等奖	曾永昌	乐山市国土资源局	《土地资源与资产》	中国大地出版社	2003年10月

续表

级别	姓名	作者单位	成果名称	成果发表出版社或期刊	成果发表时间
三等奖	杨继瑞	四川大学	《建立城市土地储备制度的探讨》	《管理世界》	2002年第3期
	朱仁友	广西大学			
三等奖	王国敏、郑晔、黄金辉、蒋永穆、杨明洪	四川大学	《农业产业化经营与农业宏观政策研究》	四川大学出版社	2002年
三等奖	邓金堂	西南科技大学	《高技术经济的制度演化研究——兼论中国高技术经济的制度创新》	西南财经大学出版社	2003年
三等奖	刘恒	西南财经大学	《当代中国经济周期波动及形成机理研究》	西南财经大学出版社	2003年
三等奖	姜凌、王道禹、付晓冰、师丽、许彦	中共四川省委党校	《〈资本论〉与市场经济研究》	西南交通大学出版社	2002年
三等奖	李燕琼	西南科技大学	《农业制度创新和技术创新的理论与实践》	电子科技大学出版社	2003年
	魏顺泽	西南科技大学			
	衡代清	内江职业技术学院			
	范高林	西南科技大学			
	胡健	西南科技大学			
三等奖	姜凌	西南财经大学	《当代国际货币体系与南北货币金融关系》	西南财经大学出版社	2003年
三等奖	杨明洪	四川大学	《退耕还林（草）利益补偿机制研究——以长江上游地区为例》	四川人民出版社	2002年
	杜伟	四川师范大学			
三等奖	徐薇、郭晓鸣	四川省社科院	《四川农村经济发展研究》	电子科技大学出版社	2002年

续表

级别	姓名	作者单位	成果名称	成果发表出版社或期刊	成果发表时间
三等奖	陈永正	四川大学	《所有权构造论——传统国有制之解构与全民所有制之重构》	四川大学出版社	2003年
三等奖	胡碧玉	西华师范大学	《世界经济新发展——经济全球化及对中国经济的影响》	四川大学出版社	2002年
三等奖	高林远	四川师范大学	《推动国有企业技术创新研究》	中国经济出版社	2003年
	杜伟	四川师范大学			
	曾令秋	四川师范大学			
	黄善明	四川大学			
	曹洪	四川大学			
三等奖	王云川	四川省社会科学界联合会	《消费需求的宏观调控》	西南财经大学出版社	2003年
三等奖	杨继瑞、任啸	四川大学	《农地"隐性市场化":问题、成因与对策》	《中国农村经济》	2002年第9期
三等奖	符礼建	中共成都市委宣传部	《论我国小城镇发展的特点和趋势》	《中国农村经济》	2002年第11期
	罗宏翔	四川省社科院	《我国小城镇发展的特点》	《经济学家》	2002年第3期
三等奖	胡小平、涂文涛	西南财经大学	《中美两国小麦市场竞争力比较分析》	《管理世界》	2003年第9期
三等奖	漆先望、吴学刚、谭方宁、陈运平	四川省经济发展研究院	《六省工业化进程研究》	《经济研究参考》	2003年第92期(专刊)
优秀奖	曾旭晖	四川省社会科学院	《在城农民工留城倾向影响因素分析》	《人口与经济》	2003年第3期
	秦伟	四川大学			
优秀奖	张晓雯	成都市社科院	《提高农民地位是解决"三农"问题的关键》	《成都行政学院学报》	2003年第5期

续表

级别	姓名	作者单位	成果名称	成果发表出版社或期刊	成果发表时间
优秀奖	盛毅	四川省社会科学院	《论"经营城市"的必然性及其风险》	《当代经济科学》	2003年第4期
优秀奖	尹音频、张友树	西南财经大学	《两种属性的积极财政政策及其选择》	《中央财经大学学报》	2003年第7期
优秀奖	纪尽善	西南财经大学	《中国知识经济发展战略》	经济科学出版社	2002年
优秀奖	王影聪	中共眉山市委	《经济发展战略环境论》	四川大学出版社	2002年
优秀奖	刘晓鹰	西南民族大学	《小城镇发展与土地资源配置》	中国三峡出版社	2003年
	戴宾	西南交通大学			
	王新前	四川省社会科学院			
	雷晓明	西南交通大学			
	何春	电子科技大学			
优秀奖	杨万铭	西南财经大学	《对劳动价值论的世纪沉思》	《社会科学研究》	2003年第3期
优秀奖	蒋和胜	四川大学	《关于农民增收减负途径的深层次思考——兼论农民增收减负的制度基础》	《四川大学学报》	2002年第1期
	王德忠	四川师范学院			
优秀奖	刘成玉	西南财经大学	《对特色农业、产业化经营与农业竞争力的理论分析》	《农业技术经济》	2003年第4期
优秀奖	成都市政协理论研究会	成都市政府	《关于成都市失地农民问题的调查报告》	成政协发〔2003〕13号文采用	2003年

表 3 - 27　　第十二届四川省社会科学优秀成果奖（2004—2005 年）

级别	姓名	作者单位	成果名称	成果发表出版社或期刊	成果发表时间
一等奖	刘诗白	西南财经大学	《现代财富论》	三联书店	2005 年
一等奖	赵曦	西南财经大学	《中国西藏区域经济发展研究》	中国社会科学出版社	2005 年
一等奖	四川省科技顾问团	四川省科技顾问团	《科学发展观与四川战略发展重点研究》	四川人民出版社	2005 年
一等奖	《成渝经济区发展思路研究》课题组	《成渝经济区发展思路研究》课题组	《共建繁荣：成渝经济区发展思路研究报告》	经济科学出版社	2005 年
二等奖	刘锡良、聂富强、孙磊、陈赤、李镇华	西南财经大学	《中国经济转轨时期金融安全问题研究》	中国金融出版社	2004 年
二等奖	黄金辉、张衔、邓翔、杨明洪、赵春霞	四川大学	《中国西部农村人力资本投资与农民增收问题研究》	西南财经大学出版社	2005 年
二等奖	王国清	西南财经大学	《财政基础理论研究》	中国财政经济出版社	2005 年
二等奖	刘灿、张树民、宋光辉	西南财经大学	《我国自然垄断行业改革研究：管制与放松管制的理论与实践》	西南财经大学出版社	2005 年
二等奖	杨锦秀	四川农业大学	《中国蔬菜产业发展的经济学分析》	中国农业出版社	2005 年

续表

级别	姓名	作者单位	成果名称	成果发表出版社或期刊	成果发表时间
二等奖	丁任重	西南财经大学	《西部经济发展与资源承载力研究》	人民出版社	2005年
	侯荔江	西南财经大学			
	顾文军	西南财经大学			
	蔡竞	四川省政府办公厅			
二等奖	杜伟	四川师范大学	《我国农村土地产权制度创新与失地农民基本权益保障研究》	《财经科学》	2004年第2期
三等奖	高林远	四川师范大学	《西部地区房地产业发展与制度创新研究》	科学出版社	2005年
	周鸿德	成都市房管局			
	杜伟	四川师范大学			
	杜文	成都市房管局			
	黄善明	四川师范大学			
三等奖	李南成	西南财经大学	《中国货币政策传导的数量研究》	西南财经大学出版社	2005年
三等奖	杜海韬、邓翔	四川大学	《流动性约束和不确定性状态下的预防性储蓄研究——中国城乡居民的消费特征分析》	《经济学》（季刊）	2005年第2期
三等奖	涂锦、王成璋	西南交通大学	《信息化演进与交易效率》	《数量经济技术经济研究》	2004年第10期
三等奖	郑长德	西南民族大学	《企业资本结构理论与实证研究》	中国财政经济出版社	2004年
三等奖	王朝明	西南财经大学	《中国转型期城镇反贫困理论与实践研究》	西南财经大学出版社	2004年
三等奖	任佩瑜	四川大学	《企业再造新论下的中国西部工业发展战略研究》	四川人民出版社	2004年
三等奖	霍伟东	西南财经大学	《中国—东盟自由贸易区研究》	西南财经大学出版社	2005年

续表

级别	姓名	作者单位	成果名称	成果发表出版社或期刊	成果发表时间
三等奖	黄庆、覃蓉芳	西南交通大学	《产权变革下的国有企业集团化战略研究》	科学出版社	2005年
三等奖	蒋和胜	四川大学	《城乡和谐发展的价格障碍及对策探析》	《四川大学学报》	2005年第4期
	王华华	西南石油大学			
	王静	四川大学			
	余梦秋	成都市社会科学院			
三等奖	周克清	西南财经大学	《政府间税收竞争研究——基于中国实践的理论与经验分析》	中国财政经济出版社	2005年
三等奖	姜凌	西南财经大学	《汇率目标区理论与人民币汇率机制的改革》	Applied Economics Letters	Nov.，2004
	韩璐	深圳平安保险公司			
三等奖	李天德、马德功	四川大学	《人民币汇率机制新解：政府行为与非对称性》	《四川大学学报》	2004年第2期
三等奖	张红伟、贾男	四川大学	《虚拟经济与金融危机》	《四川大学学报》	2004年第3期
三等奖	蒋瑛	四川大学	《利用外商直接投资与中国外贸竞争力》	《世界经济》	2004年第7期
	谭新生	南开大学			
三等奖	银路、赵振元、肖廷高、王敏、邵云飞	电子科技大学	《股权期权激励——高新技术企业激励理论与操作实务》	科学出版社	2004年
三等奖	陈永忠、蓝定香、盛毅、王磊、陈志	四川省社会科学院	《上市公司壳资源利用理论与实务》	人民出版社	2004年

续表

级别	姓名	作者单位	成果名称	成果发表出版社或期刊	成果发表时间
三等奖	郭晓鸣、韩伟、陈明红、张鸣鸣、甘庭宇	四川省社会科学院	《农户金融需求：基本判断与政策选择》	电子科技大学出版社	2005年
三等奖	张克俊	四川省社会科学院	《我国高新科技园区建设的比较研究》	西南财大出版社	2005年
三等奖	周殿昆	西南财经大学	《中国商业连锁公司快速成长机理分析及加快发展的政策建议》	《财贸经济》	2004年第3期
三等奖	丁利国	西昌学院	《现行农地征用制度与失地农民权益保护问题初探》	《西南民族大学学报》	2004年第10期
三等奖	张艳	四川大学	《中国证券市场的信息博弈与监管研究》	经济科学出版社	2004年第3期
三等奖	张梦	西南财经大学	《区域旅游业竞争力理论与实证研究》	西南财经大学出版社	2004年第4期
三等奖	江世银	中共四川省委党校	《区域产业结构调整与主导产业选择研究》	上海人民出版社	2004年
三等奖	姜太碧	西南民族大学	《城镇化与农业可持续发展》	四川科学技术出版社	2004年
三等奖	盛毅	四川省社会科学院	《地方国有资产管理体制改革与创新》	人民出版社	2004年
	林彬	四川省社会科学院			
	邵平桢	四川省社会科学院			
	解进强	首都经贸大学			

续表

级别	姓名	作者单位	成果名称	成果发表出版社或期刊	成果发表时间
三等奖	胡树林	西南科技大学	《制度变迁中的西部经济发展》	西南交通大学出版社	2005年
三等奖	刘家强	四川省劳动和社会保障厅	《中国新贫困人口及其社会保障体系构建的思考》	《人口研究》	2005年第5期
	唐代盛	西南财经大学			
	蒋华	西南财经大学			
三等奖	王朝全、李仁方	西南科技大学	《我国农村分配制度变迁的博弈论解释》	《经济学家》	2004年第3期
三等奖	赵万江	四川师范大学	《社会主义收入分配理论与实践》	四川人民出版社	2005年
三等奖	张星炜、陈钊、郭上沂、文大会、吴少柏	中共四川省委党校	《全面建设小康社会与四川重大现实问题研究》	四川人民出版社	2005年
三等奖	周治滨	中共四川省委党校	《社会主义本质理论与科学发展观》	中央文献出版社	2004年
优秀奖	郑寿春、刘先涛、胡国松、张淑英、吕南	西南石油大学	《按生产要素分配的理论与方法》	经济日报出版社	2005年
优秀奖	吴秀敏	四川农业大学	《农业产业化经营组织形式的选择：要素契约还是商品契约——一种基于G－H－M模型的思考》	《浙江大学学报》	2004年第5期
	林坚	浙江大学			
优秀奖	张华	西南科技大学	《高技术企业成长的理论研究》	电子科技大学出版社	2004年
优秀奖	杨慧玲	西南财经大学	《从政治经济学研究对象到中国政治经济学的创新》	《当代经济研究》	2005年第2期

续表

级别	姓名	作者单位	成果名称	成果发表出版社或期刊	成果发表时间
优秀奖	罗元青	四川师范大学	《企业竞争力的产业组织环境分析》	《经济管理》	2004年第22期
优秀奖	罗军	中国银行宜宾分行	《中国现代产融耦合研究》	西南财经大学出版社	2005年
优秀奖	黄旭	西南财经大学	《中国企业战略变革理论与实践——PC业上市公司实证研究》	西南财经大学出版社	2005年
优秀奖	纪尽善	西南财经大学	《加快西部发展开发论》	天地出版社	2005年
优秀奖	唐华	成都市商务局	《产业集群简论》	成都时代出版社	2005年
优秀奖	胡碧玉	西华师范大学	《流域经济非均衡协调发展制度创新研究》	四川人民出版社	2005年
优秀奖	王代敬	西华师范大学	《论我国土地资源开发的资本化之路》	《开发研究》	2005年第1期
优秀奖	黄金辉	四川大学	《社会主义与公有制关系的历史反思》	《社会科学研究》	2004年第3期

表3-28　**第十三届四川省社会科学优秀成果奖（2006—2007年）**

级别	姓名	作者单位	成果名称	成果发表出版社或期刊	成果发表时间
一等奖	林义	西南财经大学	《农村社会保障制度的国际比较及启示研究》	中国劳动社会保障出版社	2006年
	孙蓉	西南财经大学			
	陈滔	西南财经大学			
	丁少群	集美大学			
	陈志国	西南财经大学			
一等奖	徐玖平	四川大学	《制造型企业环境成本的核算与控制》	清华大学出版社	2006年
	蒋洪强	环境保护部环境规划院			

续表

级别	姓名	作者单位	成果名称	成果发表出版社或期刊	成果发表时间
一等奖	刘崇仪	西南财经大学	《经济周期论》	人民出版社	2006年
	霍伟东	西南财经大学			
	王小琪	四川省社科院			
	袁奇	中南财经政法大学			
	竹俊	西南政法大学			
二等奖	黄钢	四川省农科院	《农业科技价值链系统创新论》	中国农业科学技术出版社	2007年
	徐玖平	四川大学			
	李颖	四川省农科院			
	刘晓刚	四川省农科院			
二等奖	杜伟、黄善明	四川师范大学	《"三农"背景下的农村集体土地产权股份化问题研究》	经济日报出版社	2007年
二等奖	向蓉美	西南财经大学	《网络经济条件下统计学的应用与发展》	西南财经大学出版社	2007年
	徐浪	西南财经大学			
	胡品生	四川省统计局			
	王青华	西南财经大学			
	吴岚	四川大学			
二等奖	周志斌	中国石油西南油气田	《天然气要素成本管理模式研究》	石油工业出版社	2006年
二等奖	陈野华	西南财经大学	《中国渐进改革成本与国有银行财务重组》	《经济研究》	2006年第3期
	卓贤	中国工商银行总行			
二等奖	祁晓玲、罗元青、刘珺、宋周、张乃文	四川师范大学	《四川省产业组织结构与企业竞争力研究》	中国经济出版社	2006年
二等奖	江世银	中共四川省委党校	《西部大开发新选择——从政策倾斜到战略性产业结构布局》	中国人民大学出版社	2007年

续表

级别	姓名	作者单位	成果名称	成果发表出版社或期刊	成果发表时间
二等奖	陈维政	四川大学	《实施工作共享 破解就业难题》	中国经济出版社	2007年
	李贵卿	成都信息工程学院			
	吴继红	电子科技大学			
	李栓久	四川大学			
	曹志强	四川大学			
二等奖	赵昌文	四川大学	《创业风险投资及高科技中小企业融资问题研究》系列论文	ME Sharpe, Inc	2006—2007年
	陈春发			Ashgate Publishing Limited Science Press	
	李昆			北京大学出版社	
	杜江			《四川大学学报》	
三等奖	中共成都市委政策研究室	中共成都市委政策研究室	《科学发展观指导下的成都实践——成都市推进城乡一体化的实践探索》	四川人民出版社	2007年
三等奖	张伟荣	四川省级机关党校	《科学发展观与四川发展新跨越》	四川人民出版社	2006年
	邓光汉	四川省级机关党校			
	陈学明	四川省级机关党校			
	李绍华	四川省级机关党校			
	王民朴	四川经济管理学院			

续表

级别	姓名	作者单位	成果名称	成果发表出版社或期刊	成果发表时间
三等奖	赵国良	西南财经大学	《构建四川和谐社会若干问题研究》	西南财经大学出版社	2006年
	杨岐	核动力研究院			
	丁任重	西南财经大学			
	张义正	四川大学			
	王小刚	四川省经济发展研究院			
三等奖	吴越	西南财经大学	《经济宪法学导论——转型中国经济权利与权力之博弈》	法律出版社	2007年
三等奖	邓龙安	成都大学	《技术范式演进下模块企业网络运营市场效率研究》系列论文	《中国工业经济》	2007年第8期
	代审坤	四川大学		《科学管理研究》	2007年第6期
	吴敏	四川大学		《企业管理研究》	2007年第4期
三等奖	李萍	西南财经大学	《反思与创新：转型期中国政治经济学发展研究》	经济科学出版社	2006年
	武建奇	河北经贸大学			
	杨慧玲	西南财经大学			
	杜漪	绵阳师范学院			
	冯新力	西南财经大学			
三等奖	杜漪	绵阳师范学院	《构建和谐城乡关系的经济学研究——以公平与效率的统一为基点》	光明日报出版社	2007年
三等奖	蓝定香	四川省社科院	《西部国有大中型企业产权制度改革研究》	经济科学出版社	2006年
三等奖	李竹渝	四川大学	《经济、金融计量学中的非参数估计技术》	科学出版社	2007年
	鲁万波	西南财经大学			
	龚金国	西南财经大学			

续表

级别	姓名	作者单位	成果名称	成果发表出版社或期刊	成果发表时间
三等奖	雷俊忠	中共四川省委农办	《农业产业化经营研究》	电子科技大学出版社	2007年
三等奖	李永强	西南财经大学	《城市竞争力评价的结构方程模型研究》	西南财经大学出版社	2006年
三等奖	朱欣民	四川大学	《落后地区开发的国际比较研究》	四川人民出版社	2006年
	何道隆	四川大学			
三等奖	何先聪	四川省发展改革委员会	《四川城市发展与结构功能研究》	西南财经大学出版社	2007年
	漆先望	四川省经济信息中心			
	盛毅	四川省社科院			
	陈大斤	四川省科技顾问团			
	张志	四川省科技顾问团			
三等奖	刘锡良	西南财经大学	《中国转型期农村金融体系研究》	中国金融出版社	2006年
	洪正	西南财经大学			
	王磊	中信银行			
	程婧	深圳证券交易所			
	董青马	重庆工商大学			
三等奖	漆雁斌	四川农业大学	《农业竞争力研究》	中国农业出版社	2007年

续表

级别	姓名	作者单位	成果名称	成果发表出版社或期刊	成果发表时间
三等奖	丁任重	西南财经大学	《中国大香格里拉经济圈研究》	西南财经大学出版社	2006年
	徐承红	西南财经大学			
	蓝定香	四川省社科院			
	张克俊	四川省社科院			
	任啸	西南财经大学			
三等奖	程民选	西南财经大学	《信誉与产权制度》	西南财经大学出版社	2006年
	严海波	中宣部理论局			
	黄载曦	西南财经大学			
	李晓红	西南财经大学			
	赵吉林	西南财经大学			
三等奖	张吉军	西南石油大学	《不确定性决策分析方法及其应用》	光明日报出版社	2007年
	何润民	西南油气田分公司			
	杨京	西南石油大学			
	熊钰	西南石油大学			
三等奖	何加明	西南财经大学	《国有资本营运新论》	西南财经大学出版社	2006年
三等奖	刘润葵、邓光汉、陈学明、周红芳、王世凤	四川省级机关党校	《市场竞争中的弱势群体研究》	经济日报出版社	2007年
三等奖	卢阳春	四川省社科院	《转型期中国民间资本进入银行业的制度变迁研究》	西南财经大学出版社	2006年
	吴凡	西南财经大学			
三等奖	邓大鸣	西南交通大学	《金融监管的区域合作》	西南交通大学出版社	2006年
三等奖	揭筱纹	四川大学	《西部传统中小企业转型融资问题研究》	西南财经大学出版社	2006年

第三章　学术研究　279

续表

级别	姓名	作者单位	成果名称	成果发表出版社或期刊	成果发表时间
三等奖	杨继瑞	西南财经大学	《文化经济论——基于成都市文化产业及文化事业对社会经济发展贡献的研究》	西南财经大学出版社	2007年
	郝康理	四川省统计局			
三等奖	郭晓鸣	四川省社科院	《化解四川农村税费改革后续问题的现实分析及宏观思路》	《农村经济》	2007年第11期
	廖祖君	四川大学			
	付娆	四川农业大学			
三等奖	王筠权、王泽平、程铿、张守信、劳海燕	四川银监局	《中国假冒伪劣成因及对策研究》	国务院办公厅《专报信息》	2006年7月10日
三等奖	李洁	四川省经济信息中心	《四川省税收收入与GDP关系的实证分析及其VAR预测模型》	《税务研究》	2007年第12期
三等奖	于楠、苏俊儒	中国银行乐山市中心支行	《内生变量主导：新农村建设与金融支持——四川夹江县两个村新农村建设个案研究》	《金融研究》	2007年第1期
三等奖	吴晓燕	西华师范大学	《社会化小农：货币压力与理性消费——以府君寺村农民日常生活消费为例》	《华中师范大学学报》	2006年第3期
三等奖	王军	成都市经济发展研究院	《农村土地整理流转全新探索》	国务院发展研究中心（《经济要参》）	2006年
	刘斌夫	四川大学			
三等奖	柏成华	四川师范大学	《四川省科技管理体制改革问题论析》	中央文献出版社	2007年
	黄善明	四川师范大学			
	杜伟	四川师范大学			
	李戎	四川师范大学			
	康自平	国航西南公司			

续表

级别	姓名	作者单位	成果名称	成果发表出版社或期刊	成果发表时间
三等奖	任佩瑜	四川大学	《中国新型公司治理结构模式及其绩效评价研究》	《中国工业经济》	2005年第7期
	范集湘	中国水利水电建设集团公司采用			
	黄璐	四川大学			
	张蓓	四川大学			
	李贻伟	四川大学			
三等奖	石磊	西南财经大学	《垄断行业国有独资公司制度创新研究》	西南财经大学出版社	2006年
	郭晓林	成都信息工程学院			
三等奖	周殿昆、李胜、孔杰、张剑渝、卿卫平	西南财经大学	《连锁公司快速成长奥秘——网状组织结构、统一管理、规模经济、三赢价值链与渠道冲突控制》	中国人民大学出版社	2006年
三等奖	何雄浪	宜宾学院	《专业化产业集聚、空间成本与区域工业化》	《经济学》（季刊）	2007年第7期
	李国平	西安交通大学			
三等奖	刘朝明、蒋朝哲、曾胜、涂瑞	西南交通大学	《四川省能源需求预测与开发战略研究》	西南交通大学出版社	2007年
三等奖	课题组	—	《四川社会主义新农村建设战略研究》	四川大学出版社	2007年
三等奖	张红伟	四川大学	《FDI在中国的区位决策因素分析及实证研究》	《四川大学学报》	2007年第1期
	陈伟国	电子科大成都学院			
三等奖	唐浩	四川省工业经济发展研究中心	《四川工业科学发展战略问题研究》	四川大学出版社	2007年
	蒋永穆	四川大学			

续表

级别	姓名	作者单位	成果名称	成果发表出版社或期刊	成果发表时间
三等奖	宋伍生	四川省经济委员会	《四川工业科学发展战略问题研究》	四川大学出版社	2007年
	陈俊明	成都理工大学			
	蒋和胜	四川大学			
三等奖	黄寰	成都理工大学	《自主创新与区域产业结构优化升级》	中国经济出版社	2006年
三等奖	杨柳	四川省社科院	《四川省白酒产业发展对策研究》系列论文	《四川经济管理学院学报》	2007年第4期
	李维民	四川省商务厅			
	杨冬云	四川剑南春集团公司		《软科学》	2007年第3期
	田勇	四川省商务厅			
	曾宇	《名酒世界》杂志社			
三等奖	任平	四川师范大学	《四川省经济发展水平区域差异综合评价研究》	《四川师范大学学报》	2007年第1期
	周介铭	四川师范大学			
三等奖	徐承红	西南财经大学	《产业集群与西部区域经济竞争力研究》	西南财经大学出版社	2006年
三等奖	《成都统筹城乡综合配套改革重大理论和支撑体系研究》课题组	成都市政府	《成都统筹城乡综合配套改革重大理论和支撑体系研究》	四川人民出版社	2007年
三等奖	文兴吾	四川省社科院	《知识经济与创新体系建设研究》	巴蜀书社	2007年
	何翼扬	西南民族大学			
三等奖	陈伯君	成都市社科院	《逆城市化趋势下中国村镇的发展机遇——兼论城市化的可持续发展》	《社会科学研究》	2007年第3期

续表

级别	姓名	作者单位	成果名称	成果发表出版社或期刊	成果发表时间
三等奖	常慧丽	攀枝花学院	《生态经济脆弱区旅游开发扶贫效应感知分析》	《干旱区资源与环境》	2007年第10期
优秀成果奖	杨明洪	四川大学	《西藏经济社会跨越式发展的实证研究》	中国藏学出版社	2006年
	潘久艳	西南民族大学			
	刘毅	西南民族大学			
优秀成果奖	陈桢	西南民族大学	《经济增长的就业效应研究——基于经济转型与结构调整视角下的分析》	经济管理出版社	2007年
优秀成果奖	方行明	西南财经大学	《我国高载能产业面临的问题及出路》	《改革》	2006年第9期
优秀成果奖	王敏	电子科技大学	《自主创新的理论分析与实证研究》	《中国软科学》	2007年第7期
	银路	电子科技大学	《企业技术创新战略选择及其对国家自主创新战略布局的影响》	《科学学与科学技术管理》	2007年第2期
	宋艳	电子科技大学	—	《研究与发展管理》	2007年第6期
	唐泳	电子科技大学	—	《电子科技大学学报》	2006年第4期
优秀成果奖	黄善明	四川师范大学	《企业劳动契约的产权研究》	光明日报出版社	2007年
优秀成果奖	蒋远胜	四川农业大学	《四川省社会主义新农村建设内容、标准与优先序研究》	《中国农村经济》	2007年第1期
	雷俊忠	四川省委农办	《浅谈四川省社会主义新农村的建设内容与标准》	《农村经济》	2007年第1期
	吴平	四川农业大学	—	《四川农业大学学报》	2007年第3期
	赵晓斌	四川省委农办			
	王玉峰	四川农业大学			
优秀成果奖	曾永昌	乐山市国土资源局	《土地市场的体制性缺陷及政策选择》	《人民日报》（内部参阅）	2007年12月21日

续表

级别	姓名	作者单位	成果名称	成果发表出版社或期刊	成果发表时间
优秀成果奖	宜宾市社科联调研组	宜宾市社科联调研组	《关于宜宾农村土地经营权流转的调查》	《调查与决策》	2007年第4期
优秀成果奖	张红伟、毛前友	四川大学	《羊群行为、股价波动与投资收益——基于中国证券投资基金的实证研究》	《经济理论与经济管理》	2007年第10期
优秀成果奖	刘家强	四川省劳动和社会保障厅	《缓解西部地区城乡就业矛盾对策研究》	西南财经大学出版社	2007年
	王学义	西南财经大学			
	唐代盛	西南财经大学			
	蒋华	四川省社科院			
优秀成果奖	编写组	编写组	《四川省借用国外贷款25年回顾与总结》	四川科学技术出版社	2007年
优秀成果奖	黎仁华	西南财经大学	《资本市场中舞弊行为的审计策略》	中国时代经济出版社	2006年
优秀成果奖	邱夏	广安市社科联	《关于乡镇负债问题的调查与研究》	《四川省哲学社会科学研究项目重要成果专报》	2007年第15期
	张莉	广安市社科联			
	杜建琼	广安区财政局			
优秀成果奖	李燕琼、嘉蓉梅	西南科技大学	《城市化进程中土地征用与管理问题的理性反思——对我国东、中、西部1538个失地农户的调查分析》	《经济学家》	2006年第5期
优秀成果奖	厉国民、阳国新、孙自力、范承	中国农业银行四川省分行	《关于县域业务经营管理体制改革的调研报告》	《四川农村金融》	2007年第9期

续表

级别	姓名	作者单位	成果名称	成果发表出版社或期刊	成果发表时间
优秀成果奖	课题组	课题组	《风险约束与农村信用社信贷行为研究》	《实践与探索——人民银行成都分行调研文集》，中国金融出版社	2006年
优秀成果奖	李宏伟	中国人民银行成都分行	《微小企业的融资现状及其对策——四川微小企业贷款情况调查》	《金融研究》	2006年第11期
优秀成果奖	王世录	中共四川省金堂县委	《"股田制"改革刍议》	《人民日报内部参阅》	2007年5月25日
优秀成果奖	母涛	成都市旅游局	《论旅游资源开发与四川经济发展》	西南交通大学出版社	2007年
优秀成果奖	邓金堂	西南科技大学	《基于自主创新目标的国有高技术企业激励机制研究》	经济科学出版社	2007年
优秀成果奖	青理东	中共南江县委	《县域发展研究》	中共中央党校出版社	2006年
优秀成果奖	罗尚元	中共南江县委政研室	《县域发展研究》	中共中央党校出版社	2006年
优秀成果奖	宋先钧	中共南充市委党校	《县域发展研究》	中共中央党校出版社	2006年
优秀成果奖	杨奎荣	中共南江县委政研室	《县域发展研究》	中共中央党校出版社	2006年
优秀成果奖	王志雄	中共南江县委政研室	《县域发展研究》	中共中央党校出版社	2006年
优秀成果奖	郑长德	西南民族大学	《发展经济学与地区经济发展——以四川省为例》	中国财政经济出版社	2007年
优秀成果奖	赵辉	攀枝花市政府	《科学发展观视野下的攀枝花市可持续发展战略研究》	中央文献出版社	2007年
优秀成果奖	史仕新	攀枝花学院	《科学发展观视野下的攀枝花市可持续发展战略研究》	中央文献出版社	2007年
优秀成果奖	赵中	攀枝花西区区政府	《科学发展观视野下的攀枝花市可持续发展战略研究》	中央文献出版社	2007年
优秀成果奖	付建平	攀枝花学院	《科学发展观视野下的攀枝花市可持续发展战略研究》	中央文献出版社	2007年
优秀成果奖	陈虎	攀枝花学院	《科学发展观视野下的攀枝花市可持续发展战略研究》	中央文献出版社	2007年

续表

级别	姓名	作者单位	成果名称	成果发表出版社或期刊	成果发表时间
优秀成果奖	郑予捷	成都电子机械高等专科学校	《新经济时代我国企业家成长发展机制研究》	中国财政经济出版社	2007年
优秀成果奖	钟海燕	西南民族大学	《成渝城市群研究》	中国财政经济出版社	2007年
优秀成果奖	吴志文	广元市林业局	《林业是山区新农村建设的基础和增长点》	《中国农业通讯》	2006年第9期
优秀成果奖	苟大凯	四川警察学院	《论WTO代表第三国反倾销行动制度——以区域贸易安排环境为视角》	《法学》	2006年第4期
优秀成果奖	吴斌、支果、曾凡英	四川理工学院	《中国盐业契约论——以四川近现代盐业契约为中心》	西南交通大学出版社	2007年
优秀成果奖	何薇	西南交通大学	《中共十四届三中全会以来关于资本的重新定位》	《中共党史研究》	2006年第2期
优秀成果奖	胡德明	甘孜州人大	《甘孜州可持续发展战略理论和实践》	四川民族出版社	2006年
	金学文	甘孜州政协			
	杨洛桑	中共甘孜州委党校			
	谭英俊	中共甘孜州委党校			

表3-29　第十四届四川省社会科学优秀成果奖（2008—2009年）

级别	姓名	作者单位	成果名称	成果发表出版社或期刊	成果发表时间
一等奖	徐玖平	四川大学	《循环经济系统规划理论与方法及实践》	科学出版社	2008年
	胡知能	四川大学			
	黄钢	四川省农科院			
	刘英	农业部沼气科学研究所			

续表

级别	姓名	作者单位	成果名称	成果发表出版社或期刊	成果发表时间
一等奖	赵昌文、陈春发、唐英凯	四川大学	《科技金融》	科学出版社	2009年
一等奖	杨丹	西南财经大学	《股权分置对中国资本市场实证研究的影响及模型修正》	《经济研究》	2008年第3期
	魏韫新	平安证券			
	叶建明	西南财经大学			
一等奖	廖君沛、张红伟、邓翔、杨艳、张蕊	四川大学	《宏观与开放视角下的金融风险》	高等教育出版社	2009年
一等奖	杨继瑞	西南财经大学	《汶川抗震救灾与灾后重建的思路与对策》	《高校理论战线》	2008—2009年
二等奖	蒋永穆	四川大学	《农业和农村发展若干重大政策问题研究》	《〈人民日报〉情况汇编》	2009年4月
	郭晓鸣	四川省社科院			
	刘润秋	四川大学			
	纪志耿	四川大学			
	刘刚	河北师范大学			
二等奖	庞皓、黎实、贾彦东	西南财经大学	《金融安全的预警机制与风险控制研究》	科学出版社	2009年
二等奖	高林远、黄善明、祁晓玲、杜伟	四川师范大学	《制度变迁中的农民土地权益问题研究》	科学出版社	2009年
二等奖	杨明洪	四川大学	《"公司+农户"型产业化经营风险的形成机理与管理对策研究》	经济科学出版社	2009年
	李明刚	—			
	李彬	山东医科大学			
	俞雅乖	宁波大学			

续表

级别	姓名	作者单位	成果名称	成果发表出版社或期刊	成果发表时间
二等奖	熊方军、马永开、杜红艳、邓长荣	电子科技大学	《中国房地产市场非均衡性与分类宏观调控》	科学出版社	2009年
二等奖	肖作平	西南交通大学	《债务期限结构影响因素研究——理论和证据》	中国人民大学出版社	2008年
	廖理	清华大学			
	蒋志华	成都信息工程学院			
	刘全	成都信息工程学院			
	曾鸿	成都信息工程学院			
二等奖	山立威、甘犁、郑涛	西南财经大学	《公司捐款与经济动机——基于汶川地震后中国上市公司捐款的实证研究》	《经济研究》	2008年第11期
二等奖	汤继强	成都市国家高新区发展策划局	《我国科技型中小企业融资政策研究——基于政府的视角》	中国财政经济出版社	2008年
二等奖	刘晓鹰	西南民族大学	《中国西部欠发达地区城镇化道路及小城镇发展研究》	民族出版社	2008年
	郑长德	西南民族大学			
	戴宾	西南交通大学			
	杨建翠	西南民族大学			
	王涵	四川大学			
二等奖	李宏伟	中国人民银行成都分行	《我国农业成长的融资需求与农村金融类型选择》	中国金融出版社	2009年

续表

级别	姓名	作者单位	成果名称	成果发表出版社或期刊	成果发表时间
二等奖	干胜道	四川大学	《自由现金流量专题研究》	东北财经大学出版社	2009 年
	符蓉	四川师范大学			
	钟朝宏	电子科技大学			
	黄本多	—			
	陈霞	—			
二等奖	杜伟、黄善明	四川师范大学	《失地农民权益保障的经济学研究》	科学出版社	2009 年
二等奖	曹萍	四川大学	《城乡统筹下的城郊经济发展研究》	四川人民出版社	2008 年 9 月
二等奖	任平	四川师范大学	《以土地产权改革为主导的农村土地管理创新研究》	《调研世界》	2008 年 9 月
	周介铭	四川师范大学	《基于统筹城乡发展视角的农村土地管理问题研究》	《华东经济管理》	2009 年 1 月
二等奖	—	—	—	《参谋动态》	2009 年 4 月
二等奖	邵云飞	电子科技大学	《增强产业集群自主创新能力的理论与对策研究》	研究报告	2009 年
	唐小我	四川省教育厅			
	陈新有	德阳市人民政府			
	陈爽英	电子科技大学			
二等奖	李天德、蒋瑛、王鹏、熊豪、杜晓蓉	四川大学	《世界经济周期性与非周期性波动》系列论文	《世界经济导刊》	2009 年 3 月
				《财经科学》	2009 年 5 月
				《四川大学学报》	2008 年 5 月
二等奖	郑长德	西南民族大学	《中国西部民族地区的经济发展》	科学出版社	2009 年

续表

级别	姓名	作者单位	成果名称	成果发表出版社或期刊	成果发表时间
二等奖	课题组	四川省社会科学院	《共建成渝经济区培育中国经济新的增长极》	经济科学出版社	2009年
二等奖	丁任重	西南财经大学	《西部资源开发与生态补偿机制研究》	西南财经大学出版社	2009年
	张景华	扬州税务学院			
	黄世	西南财经大学			
	王娟	四川省社科院			
	宋一淼	中央财经大学			
二等奖	赵曦	西南财经大学	《中国西部农村反贫困模式研究》	商务印书馆	2009年
二等奖	李锦	四川省民族研究所	《民族文化生态与经济协调发展——对泸沽湖周边及香格里拉的研究》	民族出版社	2008年
二等奖	杨成钢	西南财经大学	《失业属性与中国失业问题研究》	西南财经大学出版社	2008年
二等奖	王芳、杨锦秀、张文秀、尹奇、曹正勇	四川农业大学	《西部循环型农业发展的理论分析与实证研究》	中国农业出版社	2008年
二等奖	胡国松	西南石油大学	《现代国际石油经济论》	四川科学技术出版社	2009年
	朱世宏	西南石油大学			
	付德明	中国石化西北石油局			
	吴晓明	西南石油大学			
	陈绪学				
三等奖	钟林	四川建筑职业技术学院	《农地流转市场机制研究》系列论文	《中国管理科学》	2009年4月
	唐小我	四川省教育厅		Proceeding of ICPA	2009年5月

续表

级别	姓名	作者单位	成果名称	成果发表出版社或期刊	成果发表时间
三等奖	高增安	西南交通大学	《非传统安全威胁下贸易洗钱与反洗钱》	研究报告	2008年
三等奖	税伟	四川农业大学	《区域竞争力的宏观、微观理论与实证研究——以安徽省为例》	西南财经大学出版社	2008年
三等奖	朱红波	四川大学	《中国耕地资源安全研究》	四川大学出版社	2008年
三等奖	盛毅、达捷、陈映、王学人、卢阳春	四川省社科院	《中国经济改革30年——企业卷》	西南财经大学出版社	2008年
三等奖	李贵卿	成都信息工程学院	《合作型劳动关系研究》	四川大学出版社	2008年
	陈维政	四川大学			
三等奖	王雨林	四川农业大学	《中国农村贫困与反贫困问题研究》	浙江大学出版社	2008年
三等奖	卿涛、郭志刚	西南财经大学	《组织变革下的雇佣关系转变分析》	《经济社会体制比较》	2008年第5期
三等奖	杨文武	四川大学	《中国四川与南亚经贸合作研究》	四川出版集团巴蜀书社	2008年
	李星东	民盟成都市委员会			
三等奖	胡席贤	四川省经济发展研究院	《共建西南国际大通道的思路与对策研究》	研究报告	2009年
	王小刚				
	文德华				
	谭方宁				

续表

级别	姓名	作者单位	成果名称	成果发表出版社或期刊	成果发表时间
三等奖	张杰	四川省经济发展研究院	《共建西南国际大通道的思路与对策研究》	研究报告	2009年
	刘师嘉	西南财经大学			
三等奖	陈健生	西南财经大学	《地区农村慢性贫困研究——基于600个国家扶贫重点县的监测证据》	经济科学出版社	2009年
三等奖	朱小燕	四川师范大学	《不确定条件下中小企业竞争行为研究》	光明日报出版社	2009年
三等奖	陈桢	西南民族大学	《经济增长与就业增长关系的实证研究》	《经济学家》	2008年第2期
三等奖	刘灿、张树民、王雪苓、吴垠、张毓峰	西南财经大学	《我国自然资源产权制度构建研究》	西南财经大学出版社	2009年
三等奖	徐刚	西南财经大学	《建设资源节约型社会理论分析与对策研究》	研究报告	2009年
	江维琳	四川大学			
	代光举	西南财经大学			
	王媛媛	中共四川省委宣传部			
	谭晓政	四川省国资委			
三等奖	王朝明、孙蓉、聂富强、胡棋智、徐惠丹	西南财经大学	《社会资本与城市贫困问题研究——一个理论框架及四川城市社区经验证据的检验》	西南财经大学出版社	2009年
三等奖	殷孟波	西南财经大学	《国际油价变动比较分析》	《经济学动态》	2008年第9期
	马瑾	—			
三等奖	谢代银、邓燕云	遂宁市发改委	《中国农村土地流转模式研究》	西南师范大学出版社	2009年

续表

级别	姓名	作者单位	成果名称	成果发表出版社或期刊	成果发表时间
三等奖	刘成玉	西南财经大学	《中国优质农业发展与农产品质量安全控制》	西南财经大学出版社	2009年
	郑景骥	西南财经大学			
	孙小燕	山东经济学院			
	余珉露	四川音乐学院			
	张磊	安徽省委政研室			
三等奖	赵洪江	电子科技大学	《高新技术创业企业融资——融资契约与创业金融体系》	西南财经大学出版社	2009年
三等奖	张媚	成都中医药大学	《平衡供给、需要、需求的社区基本公共卫生服务项目包研究》	《中国卫生事业管理》	2009年第3期
	李玉强	四川省卫生厅	《2006年四川省城市社区公共卫生服务现状分析》	《中国全科医学》	2009年第4期
	杨义	成都中医药大学	—	—	—
	王慧敏	四川省卫生厅			
三等奖	朱盈盈	成都学院	《中资银行引进境外战略投资者：背景、争论及评述》	《管理世界》	2008年第1期
	曾勇	电子科技大学			
	李平	电子科技大学			
	何佳	香港中文大学			
三等奖	罗宏	西南财经大学	《上市公司现金股利政策与公司治理研究》	西南财经大学出版社	2008年
三等奖	李杰	西南交通大学	《投资结构论》	西南财经大学出版社	2006年
三等奖	陈旭东	西南财经大学	《企业生命周期、应计特征与会计稳健性研究》	西南财经大学出版社	2009年
三等奖	段宏	西南交通	《风险导向审计模式下风险偏好的影响研究》	西南交通大学出版社	2009年

表3-30　　第十五届四川省社会科学优秀成果奖（2010—2011年）

级别	姓名	作者单位	成果名称	成果发表出版社或期刊	成果发表时间
一等奖	郭晓鸣	四川省社会科学院	《农村土地流转中的若干重大问题与政策研究》	《中国农村经济》	2011年4月
	任永昌	四川省农业厅	《中国社会科学内部文稿》	—	2011年4月
	廖祖君	四川省社会科学院	—	—	—
	蒲实	国家行政学院	—	—	—
	张克俊	四川省社会科学院	—	—	—
一等奖	唐浩	凉山彝族自治州人民政府	《中国特色新型工业化道路研究》	《课题报告》	2011年12月
	王鹏	四川省工业经济发展研究中心	—	《经济体制改革》	2010年5月
	涂文明	成都信息工程学院	—	《国际经济合作》	2010年9月
	陈俊明	成都理工大学	—	《经济学家》	2010年4月
	彭亮	四川师范大学			
一等奖	李萍	西南财经大学	《统筹城乡发展中的政府与市场关系研究》	经济科学出版社	2011年
	陈志舟	西南财经大学			
	胡雯	中共四川省委党校			
	戴歌新	西南财经大学			
	刘金石	西南财经大学			
一等奖	徐玖平	四川大学	《循环经济系统论》	高等教育出版社	2011年
	赵勇	广元市人民政府			
	黄钢	四川省农业科学院			
	胡知能	四川大学			
	卢毅	四川大学			

续表

级别	姓名	作者单位	成果名称	成果发表出版社或期刊	成果发表时间
一等奖	刘锡良	西南财经大学	《中央银行的金融危机管理——基于货币契约论的分析视角》	中国金融出版社	2011年
	周轶海	中国人民银行总行货币政策司			
二等奖	杜伟	四川师范大学	《农民经济权益保障研究——基于成渝城乡一体化改革的思考》	科学出版社	2011年
	黄善明	四川师范大学			
	黄敏	四川师范大学			
	徐文渊	四川师范大学			
	曾竞方	贵阳银行成都分行			
二等奖	王小刚	四川省经济发展研究院	《四川新型工业化新型城镇化互动发展的理论与实践研究》系列论文		2011年第5期
	杨春健			《社会科学研究》	2011年第12期
	鲁荣东				—
	王建平				—
	曾洪萍				—
二等奖	张红伟	四川大学	《对外开放战略研究》	四川大学出版社	2011年
	耿林	四川省经济信息中心			
	王芳	四川省经济信息中心			
	吴敏	四川省经济信息中心			
	姚聪德	四川省经济信息中心			

续表

级别	姓名	作者单位	成果名称	成果发表出版社或期刊	成果发表时间
二等奖	郑长德	西南民族大学	《中国少数民族地区经济发展方式转变研究》	民族出版社	2010年
	罗布江村	西南民族大学			
	李皓	西南民族大学			
	田钊平				
	王礼刚	襄樊学院			
二等奖	丁任重	西南财经大学	《中国房地产业的调控效应与走势分析》	《经济学家》	2010年第5期
二等奖	解洪	四川省政协	《打造中国新的增长极——成渝经济区研究报告》	四川人民出版社	2011年
	崔广义	四川省政协			
	漆先望	四川省经济信息中心			
	侯水平	四川省社会科学院			
	戴宾	西南交通大学			
二等奖	程民选、李晓红、龙游宇、黄载曦、孙磊	西南财经大学	《信用的经济学分析》	中国社会科学出版社	2010年
二等奖	高林远、祁晓玲、杜伟、黄善明、田承春	四川师范大学	《城乡一体化中农民权益保障研究》	四川省人民政府办公厅2010年委托课题并被省政府采用	2010年
二等奖	杨锦秀	四川农业大学	《西南地区农民工对流出地新农村建设的影响研究》	中国农业出版社	2011年
	傅新红	四川农业大学			
	庄天慧	四川农业大学			
	蒋永穆	四川大学			
	朱玉蓉	四川农业大学			

续表

级别	姓名	作者单位	成果名称	成果发表出版社或期刊	成果发表时间
二等奖	方正	四川大学	《产品伤害危机应对策略对品牌资产的影响研究》	《管理世界》	2010年第12期
	杨洋	四川大学	—	《南开管理评论》	2011年第4期
	李蔚	四川大学	—	《软科学》	2011年第11期
	江明华	北京大学	—	—	—
	蔡静	西南民族大学	—	—	—
二等奖	赖廷谦、龚秀勇	成都信息工程学院	《收入差距合理性问题探析》	《马克思主义与现实》	2010年第6期
三等奖	万鹏龙、刘龙章、资军、白鹏远、章尺木	四川省人民政府研究室	《四川省成都天府新区发展战略研究总报告》	四川省人民政府2011年结项课题	2011年
三等奖	姜凌	西南财经大学	《经济全球化条件下的国际货币体系改革——基于区域国际货币合作视角的研究》	经济科学出版社	2011年
	谢洪燕	西南财经大学			
	牟新焱	深圳证券交易所			
	周丽莉	南昌大学			
	马先仙	成都信息工程学院			
三等奖	曾令秋、胡健敏	四川师范大学	《新中国农地制度研究》	人民出版社	2011年
三等奖	杜受祜	四川省社会科学院	《民族地区西部大开发效应研究》	中国大百科全书出版社	2011年
三等奖	杨宏斌	成都信息工程学院	《基于金融脆弱性的银行危机传染研究》	四川大学出版社	2011年

续表

级别	姓名	作者单位	成果名称	成果发表出版社或期刊	成果发表时间
三等奖	漆先望	四川省发展和改革委员会	《低碳经济时代的四川产业发展战略》	西南财经大学出版社	2010年
	张宁俊	西南财经大学			
	温静	—			
	程亨丽	四川省经济信息中心			
	李洁	四川省经济信息中心			
三等奖	笪凤媛	西南民族大学	《交易费用的测度方法及其在中国的应用研究》	中国经济出版社	2011年
三等奖	揭筱纹	四川大学	《中国西部中小企业集群多维度生态模式的构建与优化》	四川大学出版社	2011年
	杨斌	四川大学			
	宋宝莉	西华大学			
	庞鹏	成都信息工程学院			
	林良沛	深圳市人民政府			
三等奖	董春	西南财经大学	《产业结构优化升级的发展思路研究——四川省承接产业转移的视角》	四川省社科规划2011年结项课题	
	达捷	四川省社会科学院			
	张建功	—			
	左宇晓	西南财经大学			
	郭亚丹	西南财经大学			
三等奖	彭亮	四川师范大学	《工业革命以来产业互动思想演进研究》	《生产力研究》	2011年第9期
三等奖	吴垠	西南财经大学	《天府新区试点后工业化的理论与政策探索》	《中国工业经济》	2010年第1期

续表

级别	姓名	作者单位	成果名称	成果发表出版社或期刊	成果发表时间
三等奖	蒋崇辉	电子科技大学	An Analysis of Portfolio Selection with Background Risk	Journal of Banking and Finance	2010年第12期
	马永开	电子科技大学			
	安云碧	温莎大学Odette商学院			
三等奖	冯永宽	四川西部贫困研究中心	《西部贫困地区发展路径研究》	四川大学出版社	2010年
	赵曦	西南财经大学			
	王卓	四川大学			
	李玉珍	四川省社会科学院			
	王思铁				
三等奖	陈家泽	成都市社会科学院	《成都农村土地确权和流转的实践与探索》	成都时代出版社	2011年
	吴建瓴	成都大学			
	蒋青	中共成都市委党校			
三等奖	张克俊、唐琼、胡俊波、王晓红、何飞	四川省社会科学院	《西部高新区提高自主创新能力与促进高新技术产业发展研究》	西南财经大学出版社	2011年
三等奖	王冲	四川师范大学	《中国西部经济增长质量与农村人力资源开发》	人民出版社	2011年
	胡平	四川师范大学			
	司嵬	四川烹饪高等专科学校			
	周蕾	西南交通大学			
	阙海宝	四川师范大学			
三等奖	王擎	西南财经大学	《资本市场开放与金融安全》	中国金融出版社	2011年

续表

级别	姓名	作者单位	成果名称	成果发表出版社或期刊	成果发表时间
三等奖	罗宏	西南财经大学	《管理层代理动机与国有企业收益分配研究》	经济科学出版社	2010年
	唐雪松	西南财经大学			
	陈燕	中共四川省委党校			
	黄文华	华西证券公司			
三等奖	方行明	西南财经大学	《中国重化工业发展研究》	西南财经大学出版社	2011年
	何永芳	西南财经大学			
	刘天伦	西南财经大学			
	方堃	北京交通大学			
	星焱	西南财经大学			
三等奖	牟锐	西南民族大学	《中国信息产业发展模式研究》	中国经济出版社	2010年
三等奖	张红伟	四川大学	《我国农村金融改革与创新研究》	《价格理论与实践》	2010年第11期
	李太后	四川省经济发展研究院	《基于金融抑制视角的我国农村金融改革及创新研究》	《西南民族大学学报》	2010年第2期
	张学兵	四川大学	《基于农地金融视角下的农民融资困境研究》	《学术论坛》	2011年第9期
	陈伟国	四川省发展和改革委员会	—	—	—
	曹邦英	成都信息工程学院	—	—	—
三等奖	曾庆芬	西南民族大学	《产权改革背景下农村居民产权融资意愿的实证研究——以成都试验区为个案》	《中央财经大学学报》	2010年第11期
三等奖	黄勤	四川大学	《循环经济概论》	四川人民出版社	2010年
三等奖	刘晓鹰、刘兴全、朴燮、赵伟、王涵	西南民族大学	《中韩区域经济发展与农村城镇化研究》	民族出版社	2010年

续表

级别	姓名	作者单位	成果名称	成果发表出版社或期刊	成果发表时间
三等奖	李晓峰	四川大学	《企业技术创新风险测度与风险决策研究》	四川大学出版社	2011年
三等奖	赵长轶	四川大学	《"产业战略转移点"后企业持续成长的内部关键因素研究》	四川大学出版社	2011年
三等奖	谭洪涛、蔡利、蔡春	西南财经大学	《公允价值与股市过度反应——来自中国证券市场的经验证据》	《经济研究》	2011年第7期
三等奖	张伟荣	中共四川省直机关党校	《中国房地产市场健康发展中的政府宏观调控》	四川人民出版社	2010年
	王喜梅	中共四川省直机关党校			
	侯建强	人民银行成都分行			
	刘军	中共四川省直机关党校			
	周红芳	中共四川省直机关党校			
优秀奖	雷国胜	西南交通大学	《最优化货币政策探微》	西南交通大学出版社	2010年
优秀奖	江世银	中共四川省委党校	《四川承接产业转移，推动产业结构优化升级》	经济管理出版社	2010年
	杜丽红	中共四川省委党校			
	严红	中共四川省委党校			
	王小红	四川行政学院			
	郭险峰	四川行政学院			

续表

级别	姓名	作者单位	成果名称	成果发表出版社或期刊	成果发表时间
优秀奖	杨继瑞	西南财经大学	《房产税征收对区域经济的影响——以新都区为例》	西南财经大学出版社	2011年
	马永坤	重庆警察学院			
	刘蓉	西南财经大学			
	周敏	西南财经大学			
	毛一新	新都区国土局			
优秀奖	侯晓春	广安市人民政府	《四川丘陵地区转变经济发展方式研究》	四川辞书出版社	2011年
优秀奖	曹萍	四川大学	《西部地区统筹城乡发展的新实践——二元结构转化的视角》	《四川大学学报》	2010年第6期
	王彬彬	四川大学	—	《农村经济》	2011年第12期
	李晓燕	四川省社会科学院	—	《西南民族大学学报》	2010年第1期
	龚勤林	四川大学	—	—	—
	杜黎明	四川大学	—	—	—
优秀奖	杨建光	雅安日报传媒集团	《统筹城乡发展金融推动力研究》	光明日报出版社	2010年
优秀奖	吴志文	广元市林业和园林局	《林下产业的发展与新经济增长点的培育》	《林业经济》	2011年第9期
优秀奖	陈爽英	电子科技大学	《民营企业家社会关系资本对研发投资决策影响的实证研究》	《管理世界》	2010年第1期
	井润田	电子科技大学	—	—	—
	邵云飞	电子科技大学	—	—	—
	廖开容	电子科技大学	—	—	—

表 3 – 31　　第十六届四川省社会科学优秀成果奖（2012—2013 年）

级别	姓名	作者单位	成果名称	成果发表出版社或期刊	成果发表时间
一等奖	李天德、马德功、蒋瑛、李旸、王鹏	四川大学	《世界经济波动理论（1—4）卷》	科学出版社	2012 年
一等奖	林义	西南财经大学	《统筹城乡社会保障制度建设研究》	社会科学文献出版社	2013 年
	林治芬	南京财经大学			
	胡秋明	西南财经大学			
	蒲晓红	四川大学			
	丁少群	西南财经大学			
一等奖	蒋永穆	四川大学	《中国特色农业现代化道路研究》	国家社科基金重大招标项目成果	2012 年
	杨少垒	四川大学			
	王丰	西南大学			
	纪志耿	四川大学			
	刘润秋	四川大学			
一等奖	邓玲	四川大学	《我国生态文明发展战略及其区域实现研究》	国家社科基金重大招标项目成果	2012 年
	张红伟	四川大学			
	王倩	四川省社会科学院			
	邱高会	成都医学院			
	龚勤林	四川大学			
二等奖	杜伟、黄敏、黄海阳、曾令秋、魏刚	四川师范大学	《耕地保护的经济补偿机制研究》	科学出版社	2013 年
二等奖	江世银	中共四川省委党校	《预期理论在宏观经济中的应用》	人民出版社	2012 年

续表

级别	姓名	作者单位	成果名称	成果发表出版社或期刊	成果发表时间
二等奖	王朝明	西南财经大学	《社会资本视角下政府反贫困政策村庄的调查数据》绩效管理研究	经济科学出版社	2013年
	孙蓉	西南财经大学			
	聂富强	西南财经大学			
	王建忠	西南财经大学			
	庞楷	兰州商学院			
二等奖	刘润秋	四川大学	《中国农村土地流转制度研究——基于利益协调的视角》	经济管理出版社	2012年
二等奖	王建洪	西南科技大学	《农村公共产品流通机制研究》	中国社会科学出版社	2013年
	胡碧玉	四川职业技术学院			
二等奖	祁晓玲、邝先慧、宋周、何燕、赵华	四川师范大学	《维护农民权益机制研究——基于新中国成立以来党和政府政策分析》	科学出版社	2013年
二等奖	丁任重	西南财经大学	《新时期中国经济发展道路研究》	西南财经大学出版社	2013年
	侯荔江	西南财经大学			
	黄世坤	西南财经大学			
	王娟	四川省社会科学院			
	刘攀	成都市科技局			
二等奖	何格	四川农业大学	《同地同权下的征地补偿机制重构研究》	中国农业出版社	2013年
	陈文宽	四川农业大学			
二等奖	郭晓鸣	四川省社会科学院	《统筹城乡发展与农村土地流转制度变革——基于成都"试验区"的实证研究》	科学出版社	2012年
	郑泰安	四川省社会科学院			
	杜伟	四川师范大学			
	韩立达	四川大学			
	丁延武	四川省社会科学院			

续表

级别	姓名	作者单位	成果名称	成果发表出版社或期刊	成果发表时间
二等奖	邹红、李奥蕾、喻开志	西南财经大学	《消费不平等的度量、出生组分解和形成机制——兼与收入不平等比较》	《经济学》	2013年第8期
二等奖	王国敏	四川大学	《中国特色农业现代化道路的实现模式研究》	四川大学出版社	2013年
	郑晔	四川大学			
	周庆元	四川大学			
	罗静	四川大学			
	赵波	成都理工大学			
二等奖	郭晓鸣、张克俊、王娟、胡俊波、廖祖君	四川省社会科学院	《城乡经济社会一体化新格局战略研究》	科学出版社	2013年
二等奖	任平	四川师范大学	《国家粮食安全视角下的城乡建设用地增减挂钩制度评价与完善研究》	国家社科基金项目成果	2013年
	周介铭	四川师范大学			
	吴建瓴	成都学院			
	刘成玉	西南财经大学			
	刘寅	四川师范大学			
	肖柯	四川师范大学			
	赵小波	四川省社会科学院			
	朱志浩	许昌学院			
	胡剑	重庆理工大学			
三等奖	肖明辉	四川师范大学	《和谐经济宏观调控论》	中国社会科学出版社	2012年
三等奖	蒲艳	四川师范大学	《行政垄断与寻租行为研究》	科学出版社	2013年
三等奖	邓翔	四川大学	《中国地区分工与经济集聚研究》	《经济学家》	2013年第12期
	路征	四川大学			
	李建平	西南石油大学			

续表

级别	姓名	作者单位	成果名称	成果发表出版社或期刊	成果发表时间
三等奖	姜凌	西南财经大学	《经济全球化条件下的中国国际收支失衡及其应对研究》	西南财经大学出版社	2013年
	吴建强	四川省社会科学院			
	谢洪燕	西南财经大学			
	李婷婷	西南财经大学			
	曾珠	成都学院			
三等奖	邓龙安	成都师范学院	《中国少数民族地区贫困问题研究》	经济科学出版社	2013年
三等奖	何跃	四川大学	《宏观经济数据挖掘理论与方法》	四川大学出版社	2013年
三等奖	鲁万波、仇婷婷、杜磊	西南财经大学	《中国不同经济增长阶段碳排放影响因素研究》	《经济研究》	2013年第4期
三等奖	杜海韬	西南民族大学	《部门价格动态、特质冲击与货币政策——基于结构动态因子方法》	《经济研究》	2013年第12期
	邓翔	四川大学			
三等奖	朱方明、贺立龙	四川大学	《劳动价值理论与中国经济增长质量研究》	《教学与研究》	2012年第2期
三等奖	文红星	四川大学	《经济泡沫研究》	光明日报出版社	2013年
三等奖	唐剑	西南民族大学	《制度变迁视域下的国有企业竞争力演化》	经济科学出版社	2013年
三等奖	蓝定香、张琦、杨钢、刘渝阳、唐琼	四川省社会科学院	《大型国企产权多元化改革研究》	人民出版社	2012年

续表

级别	姓名	作者单位	成果名称	成果发表出版社或期刊	成果发表时间
三等奖	王鹏	四川省工业经济发展研究中心	《生产性服务业推动四川省产业结构优化升级研究》	省、部级及其以上领导批示或党政机关采用	2012年
	韩周瑜	四川大学			
	谢建军	四川大学			
	高锦	四川大学			
三等奖	刘任远	自贡高新技术产业开发区管理委员会	《创新驱动 转型升级》	《中国高新技术产业导报》	2013年第12期
	谢飞	—			
	沈焰林	—			
	向军	四川日报社			
	陈晏平	—			
三等奖	应千伟	四川大学	《中等收入居民住房承受能力研究》	《统计研究》	2013年第7期
	罗党论	中山大学			
	陈杰	上海财经大学			
三等奖	张华、黄爽、姚寿福、游文静、高巍	西华大学	《农业专业化发展研究——以成都市为例》	西南财经大学出版社	2013年
三等奖	李雪莲	西南财经大学	《货币错配的宏观经济影响及对策研究》	中国经济出版社	2013年
三等奖	劳承玉、张序	四川省社会科学院	《水能资源有偿使用制度研究》	中国经济出版社	2013年
三等奖	余晓钟	西南石油大学	《跨区域低碳经济发展模式及协同机制研究》	《科技进步与对策》	2013年第11期
	江昱洁	—			
	辜穗	西南石油大学			
	侯春华	—			
	魏新	—			

续表

级别	姓名	作者单位	成果名称	成果发表出版社或期刊	成果发表时间
三等奖	陈爽英、井润田	电子科技大学	《转型经济中民营企业研发投资研究》	科学出版社	2013年
三等奖	沈茂英、杨萍	四川省社会科学院	《我省战略性资源开发与重大基础设施建设中的生态安全研究》	四川省社科规划项目成果	2012年
三等奖	李刚	中共四川省委党校	《制度·创新·伦理——制度伦理视域下的制度创新研究》	四川大学出版社	2013年

表3-32　　第十七届四川省社会科学优秀成果奖（2014—2015年）

级别	姓名	作者单位	成果名称	成果发表出版社或期刊	成果发表时间
一等奖	曾康霖、刘锡良、缪明杨	西南财经大学	《百年中国金融思想学说史》	中国金融出版社	2015年
一等奖	刘灿、程民选、吴垠、盖凯程、唐清利	西南财经大学	《完善社会主义市场经济体制与公民财产权利研究》	经济科学出版社	2014年
二等奖	姚伟	西南科技大学	《社会风险不平等研究——关于马克思主义阶段理论的一种继承与发展》	中国社会科学出版社	2014年
二等奖	李翔宇、杨志远、张芮菱、赵林、李学军	中共四川省委党校	《发展模式转变与四川省甘孜藏族自治州发展、稳定、团结的实证研究》	中央文献出版社	2015年
二等奖	张俊良、郭显超	西南财经大学	《人口长期均衡发展研究——理论与实证》	西南财经大学出版社	2015年

续表

级别	姓名	作者单位	成果名称	成果发表出版社或期刊	成果发表时间
二等奖	丁任重	四川师范大学	《四川"两化"互动、城乡统筹机制体制创新研究》	省、部级以上领导批示或党政机关采用	2014年
	邓玲	四川大学			
	刘世庆	四川省社会科学院			
	王芳	—			
	李标	西南财经大学			
二等奖	四川省第三次全国经济普查研究课题组	四川省第三次全国经济普查研究课题组	《现状 趋势 策略——四川省第三次全国经济普查研究报告》	中国统计出版社	2015年
二等奖	王朝全、李仁方、胡树林、陈文君、陈瑾瑜	西南科技大学	《机制与对策——循环经济之中国探索》	科学出版社	2015年
二等奖	叶子荣	四川省人民政府参事室	《关于增强民间金融理财风险管控能力的调研报告》	省、部级以上领导批示或党政机关采用	2015年
	蔡竞	四川省人民政府			
	于桂	四川省建设厅			
	刘激涛	—			
	罗凤林	—			
二等奖	黄友、黄吉秀、独娟、肖兆飞、李代俊	四川财经职业学院	《促进西部地区产业结构调整的财税政策研究》	中国财政经济出版社	2015年
二等奖	毛中根	西南财经大学	《生产大国向消费大国演进研究》	科学出版社	2015年
	洪涛	哈尔滨工业大学			
	孙豪	西南财经大学			
	叶胥	西南财经大学			
	杨丽姣	西南财经大学			

续表

级别	姓名	作者单位	成果名称	成果发表出版社或期刊	成果发表时间
二等奖	杜伟	四川师范大学	《农村宅基地退出与补偿机制研究》	科学出版社	2015年
	黄敏	四川师范大学			
	曹代学	四川师范大学			
	曾令秋	四川师范大学			
	杨爱民	四川大学			
二等奖	郑长德	西南民族大学	《中国少数民族人口经济研究》	中国经济出版社	2015年
二等奖	将永穆	四川大学	《四川省新型农业经营体系的重点和政策研究》	省社科规划重点项目成果	2015年
	赵苏丹	四川大学			
	张尊帅	成都大学			
	刘畅	四川大学			
	戴中亮	西南政法大学			
二等奖	胡俊波	四川省社会科学院	《劳务输出大省扶持农民工返乡创业研究：制度困境与政策选择》	科学出版社	2015年
	胡雯	中共四川省委党校			
	竹俊	西南政法大学			
二等奖	邹红、喻开志	西南财经大学	《退休与城镇家庭消费：基于新点回归设计的经验证据》	《经济研究》	2015年第1期
二等奖	王国敏	四川大学	《加强农业基础地位和确保国家粮食安全战略研究》	四川大学出版社	2014年
	李杰	西南交通大学			
	傅新红	四川农业大学			
	蒋和胜	四川大学			
	郑晔	四川大学			
二等奖	陈文宽、何格、冉瑞平、李冬梅、张社梅	四川农业大学	《四川农业产业转型升级战略研究》	科学出版社	2015年

续表

级别	姓名	作者单位	成果名称	成果发表出版社或期刊	成果发表时间
二等奖	廖红斌	西南财经大学	《农村土地流转风险控制研究》	社会科学文献出版社	2015年
	陈东伟	—			
	杨艳玲	成都市华润地产公司			
	王智	—			
二等奖	顾新	四川大学	《中国区域创新体系发展的理论与实践》	经济管理出版社	2014年
	王元地	四川大学			
	杨雪	西南石油大学			
	胡园园	国网四川省电力公司			
	程强	西南石油大学			

表3-33　第十八届四川省社会科学优秀成果奖（2016—2017年）

级别	姓名	作者单位	成果名称	成果发表出版社或期刊	成果发表时间
荣誉奖	陈昌智	全国人大、民建中央	《经济发展大辞典》（工具书）	人民出版社	2017年
一等奖	毛中根	西南财经大学	《我国文化消费提升路径与机制研究》（研究报告）	国家社科基金重大项目	2017年
	何昀	湖南师范大学			
	叶胥	西南财经大学			
	武优勐	西南财经大学			
	谢迟	西南财经大学			
一等奖	刘灿、王朝明、李萍、盖凯程、韩文龙	西南财经大学	《中国特色社会主义收入分配制度研究》（专著）	经济科学出版社	2017年
一等奖	杜伟、黄敏、郑涛、曾令秋、黄燕	四川师范大学	《农村宅基地"三权分置"改革研究与建议》（研究报告）	国家社科基金项目	2016年

续表

级别	姓名	作者单位	成果名称	成果发表出版社或期刊	成果发表时间
一等奖	刘锡良、董青马、王擎、洪正、苗文龙	西南财经大学	《防范系统性和区域性金融风险研究——基于金融适度分权的视角》（研究报告）	国家社科基金重大项目	2017年
二等奖	杨先农	四川省社会科学院	《中国特色社会主义理论体系基本原理研究》（专著）	四川人民出版社	2017年
	黄家周	广西财经学院			
	刘海鑫	西南交通大学			
	柯芳	重庆理工大学			
	周晓敏	中国民用航空飞行学院			
二等奖	杨志远	中共四川省委党校	《完善国有大型企业资产风险管理体制研究》（专著）	西南财经大学出版社	2017年
二等奖	陈井安、邓真、李后卿、谢芬、何建兴	四川省社会科学院	《推进四川藏区绿色发展系列对策建议》（研究报告）	省、部级及其以上领导批示或党政机关采用	2017年
二等奖	朱方明、邓国营、张衔、谯薇、骆桢	四川大学	《四川省创新驱动战略的产业实现与政策研究》（专著）	经济科学出版社	2016年
二等奖	朱波、邵华明、卢露、杨文华、马永谈	西南财经大学	《新时代我国系统性风险演化机理及双支柱防范对策研究》（系列论文）	《数量经济技术经济研究》	2016年第1期
二等奖	曾令秋	四川师范大学	《四川省农业产业化发展研究》（研究报告）	《四川统计报告》	2017年第8期
	王芳	四川师范大学			
	车茂娟	四川省统计科学研究所			
	丁娟	四川省统计科学研究所			
	黄源	四川师范大学			

续表

级别	姓名	作者单位	成果名称	成果发表出版社或期刊	成果发表时间
二等奖	马双、李雪莲、甘犁、蔡栋梁、邱光前	西南财经大学	《劳动力成本上涨及外贸受阻背景下最低工资研究》（系列论文）	《经济研究》	2016年第5期
二等奖	王擎	西南财经大学	《银行资本监管与系统性金融风险传递——基于DSGE模型的分析》（论文）	《中国社会科学》	2016年第3期
	田娇	重庆理工大学			
二等奖	四川省社会科学院课题组	四川省社会科学院课题组	《统筹城乡战略架构与模式创新》（专著）	四川人民出版社	2017年
二等奖	祁晓玲、罗元青、徐莉、宋周、胡民	四川师范大学	《加快农业转移人口市民化的相关政策研究》（研究报告）	省、部级及其以上领导批示或党政机关采用	2017年
二等奖	曹萍	四川大学	《中国特色城镇化道路推进机制研究》（专著）	人民出版社	2017年
	王彬彬	四川大学			
	龚勤林	四川大学			
	李晓燕	四川省社会科学院			
	杜黎明	四川大学			
二等奖	蓝红星、曾维忠、何思妤	四川农业大学	《深度贫困地区精准脱贫进程和对策研究》（研究报告）	省社科规划重大项目	2017年
二等奖	张红伟	四川大学	《金融创新支持实体经济发展研究》（系列论文）	《国际金融研究》	2017年第9期
	吴永超	四川大学			
	冉芳	西南科技大学			
	杨琨	深圳证券交易所			
	向玉冰	湖南农业大学			

续表

级别	姓名	作者单位	成果名称	成果发表出版社或期刊	成果发表时间
二等奖	盛毅	四川省社会科学院	《国家级新区建设与产业发展》（专著）	人民出版社	2016年
	方茜	四川省社会科学院			
	魏良益	四川省社会科学院			
	潘方勇	中共成都市委党校			
	王学人	四川省社会科学院			
二等奖	贾晋	西南财经大学	《农业供给侧改革——基于微观视角的经济学分析》（专著）	西南财经大学出版社	2016年
	申云	四川农业大学			
三等奖	韩太平	西南科技大学	《包容性增长制度创新研究——以马克思主义发展理论为视域》（专著）	中国社会科学出版社	2017年
三等奖	张晓明	西华师范大学	《论中国特色社会主义现代化理论的形成与发展》（专著）	中国社会科学出版社	2016年
三等奖	胡秋明	西南财经大学	《人口转变与养老保险长效机制研究》（专著）	西南财经大学出版社	2016年
	景鹏	北京大学			
	袁中美	重庆工商大学			
	常彩	西南财经大学			
	李振文	中国人寿成都保险研修院			
三等奖	廖祖君、王娟、张耀文、唐小雪、杜婵	四川省社会科学院	《要素、制度与交易成本三重约束下的农业经营体系创新研究》（研究报告）	国家社科基金项目	2017年

续表

级别	姓名	作者单位	成果名称	成果发表出版社或期刊	成果发表时间
三等奖	卓武扬	西华大学	《金融创新、道德风险与法律规制——全球金融监管体制变革的一个理论维度》（专著）	北京大学出版社	2017年
	彭景	西华大学			
	丁灿	四川银保监局			
	彭艺	四川省支付清算协会			
三等奖	蒋永穆、刘润秋、赵苏丹、余超、周宇晗	四川大学	《城乡融合视域下土地制度创新研究》（系列论文）	《农村经济》	2017年第3期
三等奖	高增安	西南交通大学	《宏观审慎监管视角的国家系统性洗钱风险与反洗钱研究》（专著）	科学出版社	2017年
	梅德祥	重庆工商大学			
	霍明	海通证券股份有限公司			
	雷斌	西南交通大学			
	马永红	西南交通大学			
三等奖	杨文武、涂晶、肖进杰	四川大学	《后金融危机时代中印经贸合作研究》（专著）	时事出版社	2016年
三等奖	何思妤	四川农业大学	《库区移民经济权益问题研究》（专著）	西南交通大学出版社	2016年
三等奖	臧敦刚、刘艳、罗雨柯、宋坤	四川农业大学	《互联网金融对传统型农村金融机构的影响研究》（专著）	四川大学出版社	2017年
三等奖	伍骏骞	西南财经大学	《经济集聚、经济距离与农民增收：直接影响与空间溢出效应》（论文）	《经济学》（季刊）	2016年第10期
	阮建青	浙江大学			
	徐广彤	浙江大学			

续表

级别	姓名	作者单位	成果名称	成果发表出版社或期刊	成果发表时间
三等奖	胥刚	攀枝花学院	《文化科技融合与资源富集区经济发展》（系列论文）	《光明日报》	2016年11月
	张旭辉	攀枝花学院			
	胡春生	攀枝花学院			
	苏兴仁	攀枝花学院			
	赵忠义	攀枝花市政协			
三等奖	陈建东	西南财经大学	Interreginal differences of coal carbon dioxide emissions in China	Energy Policy	2016年第9期
	程树磊	西南财经大学			
	宋马林	安徽财经大学			
	王佳	西南财经大学			
三等奖	李平	电子科技大学	《证券市场停牌制度研究》（专著）	科学出版社	2016年
	廖静池	深圳证券交易所			
三等奖	王鹏	西南民族大学	《不平等挑战幸福生活——收入差距如何影响幸福感》（专著）	中国经济出版社	2017年
三等奖	吴良、燕鑫	四川大学	《经济和金融研究中的统计方法》（系列论文）	《统计研究》	2016年第3期
三等奖	郑涛	四川师范大学	《中国宏观调控体系的演变与改进》（专著）	人民出版社	2017年
	张义方	四川省工程咨询研究院			
	张洋	四川省人民政府办公厅			
	王文轲	四川师范大学			
	李建平	四川师范大学			
三等奖	刘勇	四川大学	《企业环境行为机理与引导政策研究——基于复杂系统与仿真视角》（专著）	经济科学出版社	2016年

续表

级别	姓名	作者单位	成果名称	成果发表出版社或期刊	成果发表时间
三等奖	黄寰	成都理工大学	《后重建时期灾区生态与产业协调发展研究——以四川地震灾区为例》（专著）	人民出版社	2017年
	刘登娟	成都理工大学			
	李源	四川大学			
	刘丹丹	成都理工大学			
	尹宏	成都市社会科学院			
三等奖	李旸	四川大学	《碳减排与经济研究》（系列论文）	《四川大学学报》（哲学社会科学版）	2017年第4期
	陈少炜	西安财经大学			
	徐海锋	四川大学			
	甘浩辰	四川大学			
三等奖	朱德莉	四川文理学院	《新中国西部经济开发思想研究（1950—2012）》（专著）	经济科学出版社	2017年
三等奖	严红	中共四川省委党校	《培育西部民族地区内生增长能力的制度安排与路径选择》（专著）	西南财经大学出版社	2017年
三等奖	杜海韬	西南民族大学	《价格黏性的微观机制与货币政策研究》（专著）	中国经济出版社	2016年
三等奖	孙婷婷	中共广安市委党校	《"一带一路"背景下四川省内陆开放型经济发展研究》（专著）	四川大学出版社	2017年
	徐洪海	四川大学			
	练江	四川大学			
	陈瑜	四川大学			
三等奖	孙楚仁、陈瑾	西南财经大学	《企业生产率异质性是否会影响工业集聚》（论文）	《世界经济》	2017年第2期
三等奖	黄俊兵、杜丹、陶启智	西南财经大学	《技术进步对中国能源强度影响机理研究》（系列论文）	Energy Policy	2017年第6期

续表

级别	姓名	作者单位	成果名称	成果发表出版社或期刊	成果发表时间
三等奖	尹庆双、肖磊	西南财经大学	《中国特色社会主义政治经济学的理论品质及其在新时代的最新发展》（论文）	《马克思主义与现实》	2017年第6期
三等奖	涂文明	成都信息工程大学	《新型工业化道路省级区域实现模式与机制研究》（专著）	科学出版社	2017年
三等奖	莫秀蓉	西华师范大学	《建国以来中国产业结构思想演进研究》（专著）	中国人民大学出版社	2016年
三等奖	邓国营	四川大学	Price Discovery and Dynamics across Houisng Developers in China	Economics Bulletin	2016年第11期
	吴耀国	成都市城乡房产管理局			
三等奖	王彬彬	四川大学	《提升西部地区自我发展能力战略研究》（专著）	经济科学出版社	2017年
	李晓燕	四川省社会科学院			
	郑妮	中共四川省委党校			
	杜玨	四川省社会科学院			
	卢晓莉	成都市社会科学院			
三等奖	刘海月、李旸、吴鹏、蒋强、孙美	四川大学	《中韩自由贸易区的构建对四川省贸易与投资的影响及对策研究》（研究报告）	省社科规划项目	2016年
三等奖	企业创新激励研究课题组	企业创新激励研究课题组	《提升我国企业创新投入及其绩效的微观机理研究》（系列论文）	《经济研究》	2017年第11期

续表

级别	姓名	作者单位	成果名称	成果发表出版社或期刊	成果发表时间
三等奖	汤继强	西南财经大学	《系统推进全面创新改革试验的制度设计与路径选择——基于四川实践的视角》（专著）	世界知识出版社	2017年
	赵静梅	西南财经大学			
	尹响	四川大学			
	易鑫	西南财经大学			
	梅红	西南交通大学			
三等奖	雷震、杨明高、田森、张安全	西南财经大学	《股市谣言与股价波动：来自行为实验的证据》（论文）	《经济研究》	2016年第9期
三等奖	吕福玉、曾凡英、樊玉然	四川轻化工大学	《政府管制产权制度与中国盐业管制改革》（专著）	经济科学出版社	2016年
三等奖	四川省统计局课题组	四川省统计局课题组	《四川经济结构性改革研究》（专著）	四川大学出版社	2017年
三等奖	徐雷	西华大学	《企业级系统综合健康管理体系及决策优化研究》（系列论文）	Journal of Risk and Reliability	2016年第3期
	杨杉	四川大学			
	孙凯	四川大学			
三等奖	徐兴明	四川省农村信用社联合社遂宁办事处	《四川农村金融工作研究》（系列论文）	《银行家》	2017年第12期
三等奖	黄钢	四川省农业科学院	《供给侧改革与现代绿色薯业技术创新》（专著）	科学出版社	2017年
	沈学善	四川省农业科学院			
	王平	四川省农业科学院			
	屈会娟	四川省农业科学院			
	黄静玮	成都大学			

续表

级别	姓名	作者单位	成果名称	成果发表出版社或期刊	成果发表时间
三等奖	林宇	成都理工大学	《金融市场风险运行特征与智能预警研究》（系列论文）	《管理科学学报》	2016年第5期
	黄登仕	西南交通大学			
	陈粘	成都理工大学			
	吴栩	成都理工大学			
	李福兴	成都理工大学			
三等奖	王建平、王小刚、李太后、鲁荣东、曾勇	四川省经济发展研究院	《深度贫困地区反贫困政策调整优化研究》（专著）	经济科学出版社	2016年
三等奖	成都市发展和改革委员会课题组	成都市发展和改革委员会课题组	《成都实施"东进"战略思路研究》（研究报告）	省、部级及其以上领导批示或党政机关采用	2017年

（五）其他优秀成果

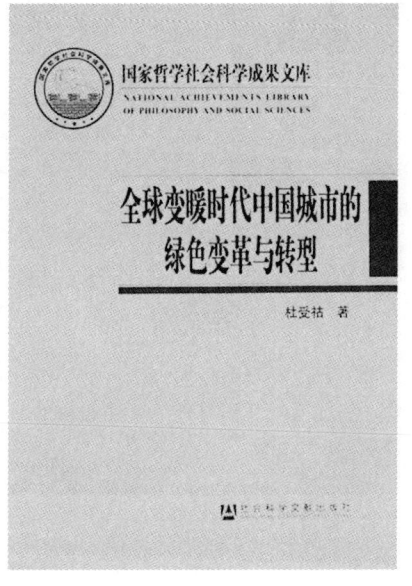

中国近代
海关税收
和
分配统计

研究生系列教材
SHICHANG JIAGE
JIZHI YU SHENGCHAN
YAOSHU JIAGE
YANJIU
市场价格机制与
生产要素价格研究
●周春 主编
●蒋和胜 副主编

产权新论
产权新论

口岸开放与社会变革
——近代中国自开商埠研究
杨天宏 著
中華書局

《中国西藏区域经济发展研究》

《农村社会保障的国际比较及启示研究》

《经济周期论》

《循环经济系统规划理论与方法及实践》

宏观与开放视角下的金融风险
廖君沛等 著
高等教育出版社

统筹城乡发展中的
政府与市场关系研究

循环经济系统论
System Perspectives of Circular Economy

中央银行的
金融危机管理
—— 基于货币契约论的分析视角

统筹城乡社会保障
制度建设研究

DRC
丛书主编・李伟
中国特色农业
现代化道路研究
RESEARCH ON THE ROAD OF AGRICULTURAL
MODERNIZATION WITH CHINESE CHARACTERISTICS
国务院发展研究中心农村经济研究部课题组 著
中国发展出版社

百年中国
金融思想学说史

完善社会主义市场经济体制
与公民财产权利研究

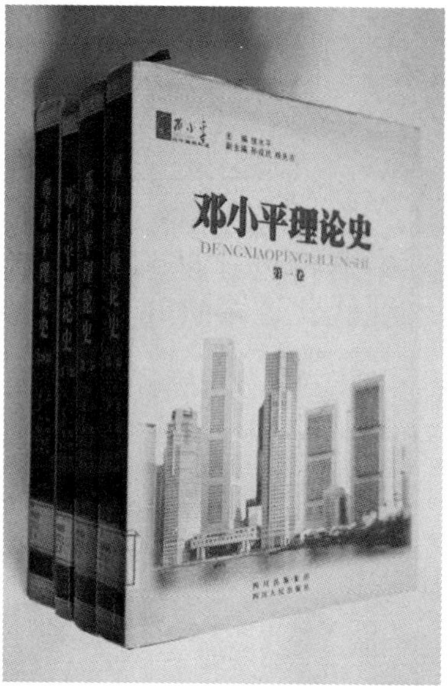
邓小平理论史
第一卷

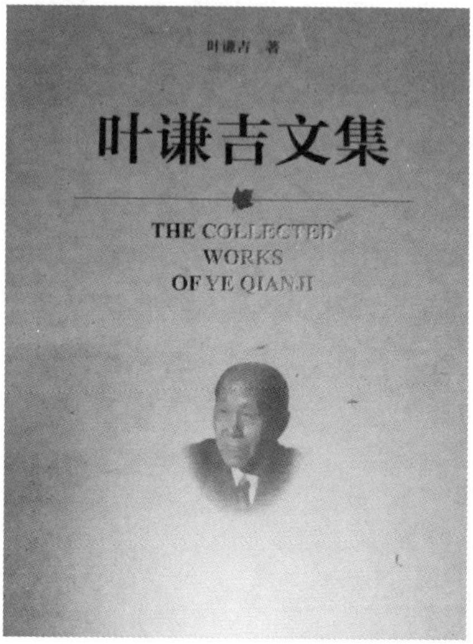
叶谦吉 著
叶谦吉文集
THE COLLECTED
WORKS
OF YE QIANJI

第四章 学术活动[*]

新中国成立 70 年四川经济学界举行的学术活动可分为国际、国内学术研讨会以及举行的专家学者的学术讲座三大类。

一 经济学国内会议

1978 年以前，从事经济学教学研究的工作者数量较少，再加之在社会主义过渡时期的"一化三改造"，以及计划经济历史背景下，经济学研究的对象、所涉及的问题多是全局性、全国性的，因而，学术研讨和学术交流的组织者多为中央相关部门，相关会议多在北京。自 1978 年改革开放以来，随着中央权力的下放以及地方面临的局部问题日益增多，研究队伍的扩大，研究对象日益深入透彻，因而，由地方倡导并组织经济学学术会议也日益频繁。

（一）1977—1992 年的理论经济学国内会议

1977 年 12 月 26 日，由四川省社会科学院、四川省委党校、四川师

---

[*] 《四川省志·哲学社会科学志》（1998 年版）、《四川省志·哲学社会科学志》（2005 年版）、西南财经大学校志、西南财经大学年鉴、四川大学年鉴、四川省各大高校经济学院、经济与管理学院、商学院官网（四川大学经济学院：http：//sesu.scu.edu.cn/；西南财经大学经济学院：http：//econ.swufe.edu.cn/；电子科技大学马克思主义学院：http：//www.my.uestc.edu.cn/；西南交通大学经管学院：https：//glxy.swjtu.edu.cn/；成都理工大学：http：//www.cc.cdut.edu.cn/info/1052/1382.htm；四川农业大学：https：//jjxy.sicau.edu.cn/；四川师范大学：http：//econ.sicnu.edu.cn/；成都理工大学：http：//www.cc.cdut.edu.cn/；西华大学：http：//www.xhu.edu.cn/197/list.htm；西南民族大学：http：//news.swun.edu.cn/xsxw.htm 等），中国高校人文社科网、中国知网、《天府新论》、《四川社科界》、网站报道、四川省各大出版社官网。

范大学主办四川省按劳分配理论讨论会。

中共十一届三中全会召开后,作为中国改革开放前沿阵地,四川省理论经济学界在此阶段特别活跃,根据全会提出的尊重经济规律,按客观经济规律办事,于1979年、1981年,由四川省社会科学院、省计委、省物委两次在成都主办了价值规律理论学术研讨会;1979年4月,四川省社科院和中国社科院工业经济研究所在成都召开全国经济管理体制改革理论与实践问题讨论会。1981年4月16日由中国社会科学院工业经济研究所和四川省社会科学研究院联合主办全国经济管理体制改革理论和实践讨论会等,这几次研讨会均为全国首次。1981年,我国现阶段生产资料所有制结构问题讨论会在成都召开。1985年,全国经济效益讨论会在成都召开。1986年,四川省社会主义商品经济与思想政治工作理论讨论会在成都召开。

1986年9月27日,由西南财经大学、四川省《资本论》研究会主办了陈豹隐教授诞辰一百周年纪念会。出席大会的有来自全国的著名经济学家关梦觉、宋涛、胡代光、林凌、谭崇台、谷书堂、张友仁、曾启贤、肖灼基等,有四川省政协、民主党派和有关部门负责人潘大逵、刘元瑄、郭景璞等,有新闻出版单位的代表,有陈豹隐教授的亲属,以及西南财经大学、四川省《资本论》研究会和其他各界人士代表共100多人。四川省社会科学学会联合会主席杨超给大会的来信中说:"陈豹隐是一位值得纪念的历史人物。"原重庆大学张洪沅教授、原四川省副省长张秀熟也分别题词、赋诗纪念。民革中央委员会发来了纪念电文。

1990年5月10日,由西南财经大学和四川大学共同承办了中国经济思想史第五届年会。来自全国60多所大专院校、科研机构的70余名专家学者,聚集一堂,围绕着总结开拓经验,把中国经济管理思想史的学科建设推向新阶段这一主题进行了讨论。

表4-1　　　1977—1992年四川省召开的理论经济学国内会议

时间	会议名称	主办单位	召开地点
1977年12月26日	四川省按劳分配理论讨论会	四川省社会科学院、四川省委党校、四川师范大学	成都

续表

时间	会议名称	主办单位	召开地点
1979年2月15日	四川省价值规律理论讨论会	四川省社会科学院、省计委、省物委主办	成都
1981年3月1日	四川省第二次价值规律学术讨论会	四川省社会科学院、省计委、省物委主办	成都
1980年5月28日	全民所有制企业自负盈亏讨论会	《社会科学研究》编辑部主办	成都
1981年3月27日	全国首次生产资料所有制结构谈论会	—	成都
1981年4月16日	全国经济管理体制改革理论和实践讨论会	中国社会科学院工业经济研究所和四川省社会科学研究院联合主办	成都
1982年3月4日	四川省工业生产经济责任制讨论会	四川省经济学会和四川省财政学会联合主办	成都
1982年3月22日	四川省经济社会发展战略理论讨论会	—	成都
1982年7月4日	全国首次储蓄理论讨论会	中国金融学会主办	成都
1982年10月26日	四川省支农资金经济效益讨论会	四川省财政学会主办	成都
1982年11月10日	全国经济效益讨论会	中国企业管理协会与四川省企业管理协会主办	成都
1983年3月14日	全国价格理论讨论会	中国价格学会和四川省价格学会主办	成都
1983年6月13日	四川省供销社体制改革理论讨论会	四川省计划经济学会、省计划经济研究所和成都市计委联合主办	成都
1983年6月25日	四川省工业发展战略讨论会	四川省计划经济学会、省计划经济委员会经济研究所联合主办	自贡
1983年8月1日	全国高等财经院校《资本论》研究会、社会主义研究会成立大会暨学术交流大会	西南财经大学主办	成都

续表

时间	会议名称	主办单位	召开地点
1983年8月21日	四川省对农村土地转包和雇工经营问题讨论会	四川省省农经学会、四川省社科院农经所共同主办	成都
1983年10月1日	计划体制改革理论讨论会	四川省计划经济学会、省计划经济研究所和成都市计委联合主办	成都
1983年10月5日	中国经济史学术讨论会	中国社会科学院历史研究所、中国历史博物馆、四川大学历史系、中国第一历史档案馆联合主办	成都
1983年11月4日	《资本论》"有其历史局限性"吗？——四川成都地区部分经济理论工作者讨论会	四川省哲学社会科学学会联合会和四川省《资本论》研究会主办	成都
1983年11月14日	全国农村经济体制改革讨论会	中国农村发展研究中心委托中国农科院和四川省社会科学院联合主办	成都
1983年12月5日	全国城市工业管理学术讨论会	中国社会科学院工业经济研究所、四川省社会科学院、重庆市社会科学研究所主办	重庆
1984年9月1日	加速农村商品经济理论讨论会	西南财经大学与四川省委宣传部、四川省科协、四川省社会科学联合会、四川省社会科学研究院联合举办	成都
1984年9月10日	四川省农村商品经济理论讨论会	四川财经学院、四川省社会科学院、四川省社联和四川省农业经济学会联合主办	成都
1984年11月24日	全国大城市人口问题和对策讨论	北京市、天津市、上海市、成都市人民政府和中国城市科学研究会、北京大学社会学系联合发起	成都
1984年12月5日	小城镇建设要与调整产业结构发展商品经济同步进行——四川农村小城镇学术讨论会	—	重庆

续表

时间	会议名称	主办单位	召开地点
1985年1月1日	四川省经济社会发展战略研讨会	四川省社科院主办	成都
1985年6月17日	四川省搞活企业理论讨论会	四川省委宣传部委托四川省社会科学院、四川财经学院、省体制改革委员会、省社联联合主办	成都
1985年6月18日	价格改革进程中的价格控制问题——四川省第四次价值规律理论讨论会	四川省社会科学院、省计委、省物委主办	成都
1985年7月5日	四川省县级财政讨论会	温江县县政府主办	成都
1985年9月23日	抗战时期西南经济研究讨论会	重庆市社会科学研究所、市社科联、市档案馆、市政协文史办、市民建工商联、重庆经济管理干部学院联合主办	重庆
1985年10月7日	企业富余人员问题讨论会	—	重庆
1986年9月10日	宏观分层控制 微观市场导向——四川省改善宏观控制理论讨论会	四川省委宣传部、省政府经济研究中心、省社科联、省社科院和西南财经大学主办	成都
1986年9月27日	陈豹隐教授诞辰一百周年纪念会	西南财经大学、四川省《资本论》研究会主办	成都
1986年10月1日	全国高等财经院校首次社会主义经济理论与实践研讨会	西南财经大学主办	成都
1986年11月29日	成都地区首届研究生经济理论讨论会	西南财经大学主办	成都
1987年6月7日	成都市高校所有制问题研讨会	西南财经大学主办	成都
1987年6月27日	全省高校校报首届学术研讨会	西南财经大学主办	成都
1988年1月1日	股份制理论与实践研讨会	四川省社科院、省体改研究所、省计经委经济研究所、西南财经大学经济研究所和自贡市体改委、自贡铸钢厂等11个单位联合召开	自贡

续表

时间	会议名称	主办单位	召开地点
1988年10月1日	市场发育理论研讨会	四川省社科院、省物资经济学会、省物资交易信息中心、绵阳市人民政府、中国社科院财贸所联合举办	绵阳
1988年12月1日	四川省外国经济学说研究会学术讨论会	西南财经大学主办	成都
1989年3月5日	改革形势座谈会	《经济学家》杂志主办会议	成都
1989年4月15日	资金体外循环问题研讨会	西南财经大学主办	成都
1989年10月1日	社会主义经济体制改革问题学术研讨会	四川省社科院和宏光电子集团联合召开	成都
1989年10月30日	四川省高校研究生马列主义理论研讨会	西南财经大学主办	成都
1990年5月1日	中国经济思想史第五届年会	西南财经大学和四川大学共同承办	成都
1990年5月10日	西方经济学研究的回顾与展望学术讨论会	西南财经大学主办	成都
1990年6月1日	中国经济思想史第五届学术年会	西南财经大学主办	成都
1990年10月5日	全国《资本论》第五次学术讨论会	西南财经大学主办	成都
1990年12月1日	四川省外国经济学说研究会学术讨论会	西南财经大学主办	成都
1991年1月1日	搞好大中型企业、巩固发展集体经济理论讨论会	四川省社科院主办	成都
1991年1月1日	转换经营机制，提高经济效益研讨会	四川省社科院主办	成都
1991年1月1日	建立计划经济与市场调节相结合的价格新机制理论讨论会	四川省社科院主办	成都
1991年5月25日	四川省市场理论与实践研讨会	四川省社科联和四川大学经济学院等15个单位联合举办	成都

续表

时间	会议名称	主办单位	召开地点
1991年6月22日	全国第三次市场体系理论研讨会	国务院发展研究中心市场流通部，中国社科院财贸所，《财贸研究》编辑部，四川省社科院，四川省物资贸易中心，中国市场学会联合主办	成都
1991年10月22日	"90年代国营大中型企业面临的挑战和对策"研讨会	西南财经大学与省政府经济研究中心联合举办	成都
1992年4月3日	经济学家理论座谈会	《经济学家》杂志主办	北京
1992年12月20日	四川省外国经济学说史研究会及学术讨论会	西南财经大学主办	成都

（二）1992—2002年的理论经济学国内会议

自党的十四大确立了社会主义市场经济建设的目标之后，1994年，四川经济学界相继举办了纪念毛泽东同志诞辰100周年暨社会主义经济理论与实践学术讨论会；"市场经济与现代企业制度"专题研讨会，全国高校社会主义经济理论与实践研讨会第十次会议。全国高等财经院校政治经济学研究会1997年年会。四川作为全国经济体制改革的重点，亦相继召开了四川省进一步扩大建立现代企业制度试点研讨会、国有企业改革理论研讨会、全国现代企业制度建设与国有资产保值增值研讨会等。

2002年12月30日，嫘祖文化与经济建设学术研讨会在中国科技城——绵阳市隆重召开，由绵阳市人民政府、四川省社会科学院、盐亭县人民政府主办。参加研讨会的有四川省副省长李达昌，中共绵阳市委副书记宋全安、副市长黄正良、市人大主任廖世孔、副主任吴因易、市政协主席邱宏德，中共盐亭县委书记高颖、代理县长胡精，四川省社科院党委书记李翠贤、院长侯水平、副院长陈焕仁、孙成民，全国政协委员刘茂才等领导同志和来自省内外的专家学者及各界代表共200余人。与会同志紧密围绕会议主题，就如何进一步深入挖掘、利用四川省嫘祖文化资源，促进地方社会经济跨越式发展等问题，展开了热烈而深入的讨论。

表 4-2　　1992—2002 年四川省召开的理论经济学国内会议

时间	会议名称	主办单位	召开地点
1993 年 12 月 14 日	纪念毛泽东同志诞辰 100 周年暨社会主义经济理论与实践学术讨论会	西南财经大学主办	西南财经大学
1994 年 4 月 13 日	四川省进一步扩大建立现代企业制度试点研讨会	西南财经大学主办	西南财经大学
1994 年 10 月 26 日	"市场经济与现代企业制度"专题研讨会	西南财经大学主办	西南财经大学
1995 年 5 月 3 日	金融体系的现代化与经济增长问题研讨会	西南财经大学主办	西南财经大学
1995 年 6 月 1 日	国有企业改革理论研讨会	四川省社科联和四川省企业管理协会联合举办	四川省社科联
1995 年 12 月 27 日	实现经济增长方式转变理论座谈会	西南财经大学主办	西南财经大学
1996 年 10 月 12 日	全国高校社会主义经济理论与实践研讨会第十次会议	西南财经大学主办	西南财经大学
1996 年 10 月 23 日	全国现代企业制度建设与国有资产保值增值研讨会	西南财经大学主办	西南财经大学
1996 年 11 月 22 日	四川省深化国营大中型企业改革研讨会	四川省社科联和四川省企业家俱乐部联合举办	四川省社科联
1997 年 7 月 20 日	全国高等财经院校政治经济学研究会 1997 年年会	西南财经大学主办	西南财经大学
1997 年 11 月 4 日	全国马列主义经济学说史学会第六次学术研讨会	西南财经大学主办	西南财经大学
1999 年 3 月 20 日	《经济学家》创刊十周年座谈会	西南财经大学主办	西南财经大学
2000 年 4 月 22 日	加入 WTO 后中国货币市场与外汇市场发展高级研讨会	西南财经大学与中国外汇交易总中心、全国银行同业拆借市场交易中心联合主办	成都
2000 年 5 月 20 日	中华外国经济学说研究会第八届学术讨论会	西南财经大学与中华外国经济学说研究会联合举办	成都

续表

时间	会议名称	主办单位	召开地点
2000年5月24日	全国政治经济研究会第三次年会	西南财经大学主办	西南财经大学
2000年11月7日	西部大开发与市场经济发展研讨会	西南财经大学主办	西南财经大学
2001年1月1日	世界贸易组织与中印经济发展国际研讨会	四川大学主办	四川大学
2002年3月16日	四川省现代企业管理论坛	—	成都
2002年12月1日	2002年经济形势分析与对策研讨会	四川省社科联和四川日报社、四川省经济发展研究院联合主办	成都
2002年12月30日	2002年嫘祖文化与经济建设学术研讨会	绵阳市人民政府、四川省社会科学院、盐亭县人民政府主办	四川绵阳

(三) 2002—2012年四川省举行的理论经济学国内会议

在这一历史时期，在四川经济学界召开的重要会议如下所示。

1. 四川省经济学会2003年年会暨换届改选大会。举办时间：2003年7月24日。会议主要内容：在7月24日下午的换届改选大会上西南财经大学副校长刘灿教授当选本届四川省经济学会会长，并选举西南财经大学校长助理、发展规划处处长丁任重教授等为四川省经济学会副会长，选举西南财经大学袁文平教授等为四川省经济学会顾问。本次年会共持续4天，包括6场学术研讨会和学术报告会，分别是7月25日上午开始的"四川加快民营经济发展，推进小康社会进程研讨会"；25日下午召开的"四川企业经营模式转换研讨会"；26日上午召开的"加快民间资金向民间资本转变途径与对策研讨会"；26日下午召开的"当前我国金融形势与融资途径——银行家与企业家对话"；29日上午，青岛大学葛树荣教授作的题为"海尔与海信企业文化比较研究"的学术报告；29日下午召开的"企业文化建设专题研讨会"。

图 4-1　四川省经济学会 2003 年年会暨换届改选大会

2. 四川加快民营经济发展，推进小康社会进程研讨会。举办时间：2003 年 7 月 25 日。会议主要内容：本次会议由西南财经大学、四川省经济学会主办，四川朗博西部中小企业研究院承办。四川省社科联主席、西南财经大学名誉校长刘诗白教授、校长王裕国教授、副校长刘灿教授，四川大学副校长杨继需教授等省内专家学者近百人参加会议。研讨会以"三个代表"重要思想为指导，以党的十六大精神和省委省政府《关于进一步加快民营经济发展的决定》为依据，通过"加快民营经济发展"的专题研讨，对加快四川跨越式发展，推进小康社会进程进言献策，为省委、省政府提供智力支持。

3. 全国高等财经院校《资本论》研究会 2003 年学术年会暨成立 20 周年纪念会。举办时间：2003 年 7 月 29 日。会议主要内容：本次会议由西南财经大学主办、西南财经大学经济学院承办。来自中南财经政法大学、东北财经大学、暨南大学、山西财经大学、江西财经大学等全国 20 多所高校以及中国社会科学院的 50 多位代表参加了此次会议，著名经济学家、北京大学经济学院胡代光教授出席会议。会议收到学术论文近 50

篇、学术专著2部。会议围绕《资本论》研究与我国全面建设小康社会的主题展开了广泛深入的研讨。代表们就劳动价值理论、按劳分配与按生产要素分配、收入差距、全面建设小康社会、经济与社会的可持续发展、《资本论》的研究和教学等问题开展了热烈讨论，代表们发言踊跃、讨论深入。会议还进行了学会理事的改选，西南财经大学名誉校长刘诗白教授再次当选为全国高等财经院校《资本论》研究会会长，西南财经大学副校长刘灿教授当选为研究会副会长，西南财经大学海宇东教授当选为研究会副秘书长，西南财经大学王永锡教授、李萍教授等当选为研究会常务理事，西南财经大学纪尽善教授等当选为研究会理事。这次会议的召开促进了西南财经大学与兄弟院校的学术交流，扩大了学校的学术影响，有力地促进我国高等财经院校的理论经济学的学科建设。

4. 21世纪初的全球经济与中国经济暨西部区域经济发展战略研讨会。举办时间：2003年9月21日。会议主要内容：本次会议由中国世界经济学会主办，四川大学经济学院承办。参加本次研讨会的有来自国内著名高等院校和研究单位的经济学界专家学者数十名，中国世界经济学会负责人何帆、陈沙和四川省社会科学联合会党委副书记何其知出席了会议。本次会议主要议题包括：跨国公司与西部大开发，西部企业的国际化问题，欠发达地区开发的国际经验等课题。通过本次会议，旨在共同研究和探讨世界经济和中国经济发展中的重大问题，并全面认识世界经济发展变化带来的有利条件和不利因素，以推动中国经济持续性健康发展，并为中国经济发展尤其是西部大开发献计献策。

5.《中共中央关于完善社会主义市场经济体制若干问题的决定》座谈会。举办时间：2003年10月28日。会议主要内容：本次座谈会由四川省委宣传部、四川省社科联、四川省社科院和四川日报社联合举办。会上，四川省社科联主席、西南财经大学刘诗白教授就以"五个统筹"的科学发展观为指导，走上一条协调、全面发展的新路子作了发言。西南财经大学教授郭元晞也在会上发言，阐述了充分认识资本市场体系，加快资本市场体系建设，从整体上激活全社会的资本融通，使社会的各类资本能够健康有效地运动起来。

6. 四川省社科院关于《完善社会主义市场经济体制若干问题的决定》研讨会暨《经济体制改革》创刊20周年纪念会召开。举办时间：

2003年12月20日。会议主要内容：会议由四川省社会科学院主办，省内有关部门领导和知名专家学者、院内外专业人员等80人出席了会议。在主席台就座的有省政协主席刘诗白教授，省科技顾问团顾问辛文教授，《经济体制改革》杂志主编林凌研究员，省社科院院长侯水平研究员。刘诗白、辛文、章玉钧、杜肯堂、赵国良、赵文欣、唐公昭、张明泉、丁任重、顾宗栻、郭元晞等学者做了主题发言。他们回顾了四川省社会科学院参与四川改革的每一个历程；回顾了《经济体制改革》杂志作为理论与实践探讨的平台和窗口，与改革同行；回顾了社会各方面对杂志发展的关心和支持，并希望杂志在党的十六届三中全会精神指引下继续发展，再做贡献。

图4-2　四川省社科院关于《完善社会主义市场经济体制若干问题的决定》研讨会暨《经济体制改革》创刊20周年纪念会召开

7. 纪念邓小平诞辰100周年理论讨论会暨2004年度科学讨论。举办时间：2004年6月18日。会议主要内容：本次会议在西南财经大学举行，来自邓小平思想研究会（北京）、中国社科院、省社科院、省委党校、人大、川大、电子科大、西南交大等研究机构和高校的知名学者、专家会聚一堂，参加了研讨。据悉，该讨论会从1982年开始举行，每两年召开一次。

第四章 学术活动 | 337

8. 中国经济史学会 2004 年年会。举办时间：2004 年 8 月 16 日。会议主要内容：本次会议由中国社会科学院经济研究所与西南财经大学联合主办。中国社科院副院长王洛林，四川省人民政府副省长柯尊平出席会议并讲话，省委宣传部副部长郑晓幸，省社科联主席、西南财经大学名誉校长刘诗白，省社科院院长侯水平，校党委书记涂文涛、校长王裕国、副校长丁任重，来自社会科学院、高校、党校、国家部委机关研究室等系统的 130 余名专家学者出席了会议。与会代表围绕"中国历史上的经济增长问题"的会议主题，从古今中外、理论与实践等不同角度探讨了中国在全面建设小康社会的进程中，如何树立科学的发展观，保持人口与资源、环境、经济与社会、政治、文化全面协调发展等学术问题，并提交了近百篇论文。

9. 解决新时期中国"三农"问题的新思路——统筹城乡经济社会发展研讨会。举办时间：2004 年 9 月。会议主要内容：本次会议由《中国农村经济》杂志社、西南财经大学和四川师范大学联合举办。我国著名农业问题专家、中央财经领导小组办公室副主任、中央农村工作

图 4-3 解决新时期中国"三农"问题的新思路——统筹城乡经济社会发展研讨会

领导小组办公室副主任陈锡文，西南财经大学名誉校长刘诗白，中央财经领导小组办公室、中央农村工作领导小组办公室农村局局长唐仁健，四川省委农村工作领导小组办公室主任张宁，西南财经大学党委书记涂文涛、校长王裕国，四川师范大学党委书记高林远，《中国农村经济》常务副主编陈劲松，以及来自全国各地科研院所、高等院校的40余位专家学者参加了会议。与会专家学者围绕大会主题，深入探讨统筹城乡经济社会发展的内涵、具体实现方式和面临的主要困难，交流各地经验，为解决"三农"问题提供了不少新的思路和创新性的政策建议。

10.《现代财富论》学术研讨会。举办时间：2005年5月9日。会议主要内容：本次研讨会由四川省社科联与西南财经大学联合举办，应邀参加本次研讨会的有原省政协主席廖伯康，原省政协主席聂荣贵，原省政协副主席辛文，原省政协副主席章玉钧，中央党校原教育长王瑞璞，省委宣传部副部长郑晓幸，省委原副秘书长、省政协文体医卫委员会主任龚炤祥，省社科联党组书记、副主席梁守勋，省社科联党组副书记、副主席张家鎏，省社科联副主席、原西南民族大学校长陈玉屏，省委讲师团团长、省委宣传部理论处处长王素以及王永锡、林凌、姜凌、钟历国、宋玉鹏、隗嬴涛、赵昌文、杜肯堂、周春、廖君沛、曹顺庆、李天德、李义平、贾志勇、杜受祜、谭继和、赵国良、袁文平、唐永进、谢世廉等领导和知名专家学者。学校领导王裕国、封希德、朱世宏、赵德武、欧兵、刘灿、马骁、卓志、丁任重参加了本次研讨会。与会的专家学者，相继在研讨会上作了发言，对该刘诗白教授新著中的理论创新予以高度评价。专家们认为，《现代财富论》回答了什么是现代财富这一重要问题；作者提出的财富多样性的命题，认为由物质生产、服务生产和知识、精神生产三大部门组成的三维产业结构已成为现代产业结构的特征；作者对财富的概括，远远超越了物质财富的范畴，是当代财富状况既鲜活又生动的真实写照；物质财富生产和知识财富生产并举并以知识生产促进物质生产，成为当代经济发展的大趋势，形成了知识经济的基本特征；正是现代知识和科技的企业化、市场化生产，才使得现代知识和科技得以迅猛发展；作者面对既构成财富的重要内容，又渗透于并且促进当代经济蓬勃发展的文化产业及其生产，进行了深刻的经济学分析。

图 4-4 《现代财富论》学术研讨会

11. 中日经济论坛。举办时间：2006 年 8 月 24 日。会议主要内容：本次会议由四川省商务厅、四川省人民政府侨务办公室与四川大学主办，双流县人民政府、日本星火产业株式会社协办，四川大学经济学院承办。本次会议主要围绕"世代友好、和睦共处、合作互利、共谋发展"的主题进行了热烈而友好的对话。出席本次会议的日方代表共有 43 人，四川省内外专家共有 90 余人。四川省副省长黄小祥、四川省政协副主席肖光成、四川省商务厅厅长谢开华、四川省侨务办公室主任周敏谦、副主任席柏松以及四川省政协港澳台外事委员会副主任屈刚和双流县县长符礼建、四川大学石坚副校长等领导和日本驻重庆总领事富田昌宏先生出席了会议。会议包括"中日经济合作""日本经济与世界经济""中国经济与世界经济""中日医学瞻望"四个议题。中日经济、医学、经贸方面的专家依次做了精彩的陈述，发表了各自的观点和看法。

12. "国家宏观调控对四川经济影响"分析会。举办时间：2006 年 9 月 14 日。会议主要内容：本次会议由四川省社科院宏观所和金融所联合召开。四川省社科院学术顾问林凌、副院长杜受祜、省发改委、省经委、省统计局的相关领导、《金融投资报》记者、四川省社科院经济所的科研人员以及部分研究生参加了会议。会议主要介绍了中国2006年经济偏快的具体表现以及国家采取的宏观调控措施，分析了调控措施对四川经济可能产生的影响，包括信贷资金紧张、建设用地紧张、新建项目难度加大、房地产开发投资将受到限制等的影响。同时，与会专家也认为宏观调控给四川经济发展带来了机遇，一是有利于促进产业结构调整，二是有利于转变经济增长方式，三是有利于加强社会事业发展。

13. 第一期"四川省社会科学院经济论坛"。举办时间：2008年10月21日。会议主要内容：此次论坛由四川省社会科学院主办。四川省社会科学院党委书记贾松青、副院长郭晓鸣、院学术顾问杜受祜出席论坛开幕并致辞，科研处处长向宝云、党政办主任王伊洛参加开幕，经济所、宏工所、金融所、农发所、区域所部分科研人员和研究院部分同学参加论坛。贾书记指出要将经济论坛办成多层次、小型化和持续性的学术交流平台。农发所副所长李晟之博士和经济所李晓梅博士作为本次论坛的主报告人，分别以"中国生物多样性保护的转变与机会""探寻户籍制度'返璞归真'之路"为题做了精彩讲演。

图4-5 第一期"四川省社会科学院经济论坛"

14. 汤象龙百年诞辰纪念暨学术研究会议。举办时间：2009年3月6日。会议主要内容：会议由中国经济史会和西南财经大学联合主办。四川省社科联主席、西南财经大学名誉校长刘诗白教授，中国经济史学会会长董志凯、原会长经君健，《中国经济史研究》原主编李根蟠及汤象龙先生的亲属出席会议。来自中国社科院、财政部财科所、清华大学、南开大学、中南财经政法大学、中央财经大学、天津财经大学、四川大学、四川师范大学、四川省地方志等经济史学界的专家及西南财经大学的师生代表近200人参加了此次会议。经济史学界的专家学者在会上相继做了专题报告，进行热烈的讨论和交流，共同追思先辈的伟绩，并表示将以实际行动承继先生的事业与精神，以告慰先生在天之灵。汤象龙先生亲属捐赠的图书包括先生毕生所藏的史书典籍及字词典700多本，期刊资料3000多册，卡片1.2万多张，关于清代财政史线索及卡片4000多件，论著34本，以及部分研究手稿和书信稿等。

图4-6 汤象龙百年诞辰纪念暨学术研究会议

15. 实践科学发展观与县域经济发展暨2009年市县院所工作会。举办时间：2009年7月14日。会议主要内容：深入实践科学发展观，促进县域经济发展,四川省社会科学院"实践科学发展观与县域经济发展暨2009年市县院所工作会"在雅安天全县二郎山宾馆举行。天全县委书记李维余,四川省社科院院长侯水平,院常务副院长周友苏,副院长郭晓鸣,各职能部门主要负责人以及甘孜、凉山、南充、达州等各分院分所的代表出席了会议。科研处处长向宝云通报了2006—2008年市县院所第八次优秀科研成果评奖的情况。本次大会在58件参选作品中共评出优秀科研成果特别奖1名、一等奖6名、二等奖10名、三等奖10名。

图4-7 实践科学发展观与县域经济发展暨2009年市县院所工作会

16. 电子科大EMBA举办高峰论坛——经济学家樊纲"论经"。举办时间:2010年1月10日。会议主要内容:会议由电子科技大学主办。中国经济改革研究基金会国民经济研究所所长樊纲教授亲自出席并作专题演讲。据介绍,从2002年开办高层管理人员工商管理硕士培训起,电子科技大学每年都举办跨年级相聚的高层管理人员工商管理硕士周年庆典。论坛盘点过去,展望未来,为在读和已毕业的高层管理人员工商管理硕士校友搭建广阔的交流平台。著名经济学家樊纲教授以"后危机时代世界宏观经济趋势与中国经济发展"为题发表了专题演讲。与此同时，来自政府、金融和教育界的精英也进行了深入交流与探讨，对话企业家，从不同角度评点了中国经济、预测中国经济发展趋势、力图把握未来世界经济的走势。

17. 全国资本论年会。举办时间：2010年10月28日。会议主要内容：会议由西南财经大学主办。著名经济学家卫兴华、黄范章、逄锦聚、林岗、胡钧、李其庆、王振中及北京大学、中国人民大学、清华大学、南开大学、复旦大学等80多所高校的160多位专家学者参加了大会。与会专家围绕国际金融危机背景下的《资本论》研究及中国经济发展问题进行了广泛而深入的研讨，着重以《资本论》基本原理、马克思主义危机理论与当前经济危机、中国改革发展理论与对策、国际视野下的马克思主义经济理论等四个主题，进行分组讨论和大会学术交流。《经济学动态》《当代经济研究》《经济学家》《人民日报》《光明日报》等十多家杂志媒体的编辑记者参加会议，对会议学术研讨情况进行了追踪报道。

18. 2010年马克思经济学发展论坛。举办时间：2010年12月3日。会议主要内容：会议由中国社会科学院经济研究所、《经济研究》编辑部、西南财经大学经济学院和西南财经大学马克思主义经济学研究院共同主办。西南财经大学名誉校长刘诗白教授，中国人民大学卫兴华教授，厦门大学吴宣恭教授，中国人民大学胡钧教授，南京大学党委书记洪银兴教授，中国社科院经济研究原所长刘树成研究员，西南财经大学校长赵德武教授，《经济研究》杂志社社长、编辑部主任王诚研究员，西南财经大学副校长、马克思主义经济学研究院院长刘灿教授，四川省社科联副主席唐永进研究员，西南财经大学副校长马骁教授等出席了开幕式。近80余名与会代表来自中国社会科学院、中国人民大学、南京大学、南开大学、厦门大学、吉林大学、武汉大学、四川大学、西南财经大学等国内知名高校，共计向论坛提交高质量学术论文50余篇，就马克思主义经济学领域的诸多问题进行了深入探讨。与会代表就"马克思主义经济学的继承、创新与发展""《资本论》与当代中国经济发展研究""马克思主义全球化理论与当前世界经济发展""马克思主义经济学与中国模式研究""马克思危机理论与当前金融和经济危机"等议题进行了主题发言和分场讨论。在各分会场的专题讨论中，专家学者们对马克思主义经济学相关问题各抒己见，在智慧交锋中寻求理论共识。

图 4-8　2010 年马克思经济学发展论坛

19. 教育部社科委经济学部工作会议。举办时间：2011 年 4 月 16 日。会议主要内容：教育部社会科学委员会经济学部 2011 年工作会议于 4 月 16—17 日在西南财经大学召开。来自中国人民大学、南京大学、南开大学、厦门大学、浙江大学、北京师范大学、中央财经大学、江苏省社会科学院和西南财经大学的 13 位社科委经济学部委员参加了会议，教育部社科司张东刚副司长、教育部社科司规划处何建处长到会指导。会上，教育部社科司张东刚副司长作了重要讲话，高度肯定了教育部经济学部的工作进展，并高度评价了国家教育部社科司专项委托项目"经济学战略规划研究"的引领性和前瞻性；教育部社科司规划处何建处长就《经济学战略规划研究》需要梳理的重点和服务于"十二五"规划的作用提出了新的改进要求。与会的各位学部委员就《经济学战略规划研究》的内容和亟待修改的方向进行了热烈的讨论，进一步明确了修改完善的具体意见和经济学部的下一步工作重点。

图4-9　教育部社科委经济学部工作会议

20. 马克思主义中国化与《政治经济学》课程建设研讨会。举办时间：2011年11月25日。会议主要内容：本次会议由西南财经大学经济学院承办，中国人民大学荣誉教授、博士生导师卫兴华，南开大学政治经济

图4-10　马克思主义中国化与《政治经济学》课程建设研讨会

学教授、博士生导师逢锦聚，中国人民大学经济学院党委书记、中国《资本论》研究会副会长张宇教授参加了本次座谈会并致辞。其中，卫兴华教授认为劳动价值理论是一个具有时代性的话题，应该不断发展这个理论，才能与实际相结合，指导实践；张宇教授主要结合自己多年参与教学的经验，谈了谈中国人民大学课程建设情况；逢锦聚教授指出西方经济学片面强调数理计量，不能成为中国现代化建设的指导思想，没有基础理论，没有文化，没有思想的民族是没有前途的，而中国政治经济学的研究将影响中国的未来；刘灿教授认为政治经济学的研究学者有能力，也有信心与西方经济学学者竞争，为社会主义建设培养优秀人才。

21. 第四次人的发展经济学年会。举办时间：2012年8月4日。会议主要内容：会议由《改革与战略》杂志社、西南财经大学马克思主义经济学研究院和光明日报光明网联合主办，西南财经大学经济学院、广西人的发展经济学研究会协办。来自国家发展和改革委员会经济研究所、北京大学、清华大学、中国人民大学、南开大学、南京大学、西南财经大学、中南财经政法大学、中央民族大学、西北大学、天津师范大学、中共江苏省委党校、光明日报光明网等30余家单位的近50名专家学者参加了研讨会。

图4-11 第四次人的发展经济学年会

22. 彭迪先、袁文平、杨致恒学术思想讨论会。举办时间：2012年10月19日。会议主要内容：会议由西南财经大学马克思主义经济学研究院、经济学院主办。会议举行了《彭迪先全集》《袁文平文集》《杨致恒文集》出版发行仪式，以及对其学术思想进行了研讨。

表4-3　　2002—2012年四川省召开的理论经济学国内会议

时间	会议名称	主办单位	召开地点
2003年7月24日	四川省经济学会2003年年会暨换届改选大会	西南财经大学主办	西南财经大学
2003年7月25日	四川加快民营经济发展，推进小康社会进程研讨会	西南财经大学、四川省经济学会主办，四川朗博西部中小企业研究院承办	西南财经大学
2003年7月29日	全国高等财经院校《资本论》研究会2003年学术年会暨成立20周年纪念会	西南财经大学主办、西南财经大学经济学院承办	西南财经大学
2003年9月9日	四川省新型工业化道路和城镇化问题研讨会	四川省社科联和中共四川省委政研室联合举办	成都
2003年9月21日	21世纪初的全球经济与中国经济暨西部区域经济发展战略研讨会	中国世界经济学会主办，四川大学经济学院承办	四川大学
2003年10月28日	《中共中央关于完善社会主义市场经济体制若干问题的决定》座谈会	四川省委宣传部、四川省社科联、四川省社科院和四川日报联合举办	成都
2003年11月1日	四川产权市场发展研讨会	四川省社科院经济社会发展重大问题对策研究中心和西部大开发中心联合举办	成都
2003年12月20日	关于《完善社会主义市场经济体制若干问题的决定》研讨会暨《经济体制改革》创刊20周年纪念会	会议由四川省社会科学院主办	四川省社科院
2004年6月18日	纪念邓小平诞辰100周年理论讨论会暨2004年度科学讨论	西南财经大学主办	西南财经大学

续表

时间	会议名称	主办单位	召开地点
2004年8月16日	中国经济史学会2004年年会	中国社会科学院经济研究所与西南财经大学联合主办	西南财经大学
2004年9月1日	统筹城乡经济社会发展研讨会	《中国农村经济》杂志社、西南财经大学和四川师范大学联合举办	西南财经大学
2005年5月9日	《现代财富论》学术研讨会	四川省社科联与西南财经大学联合举办	西南财经大学
2015年7月10日	经济形势分析专家座谈会	四川省政府	四川省政府
2006年8月21日	"反贫困与国际区域合作"高层国际研讨会	四川大学主办	四川大学
2006年9月14日	"国家宏观调控对四川经济影响"分析会	四川省社科院宏观所和金融所联合召开	四川省社科院
2007年12月23日	西南马克思主义经济学论坛2007年学术年会	四川大学经济学院承办	四川大学
2008年10月21日	第一期"四川省社会科学院经济论坛"	四川省社会科学院主办	四川省社科院
2008年10月31日	世界经济周期波动与金融危机研讨会	四川大学主办	四川大学
2009年3月6日	汤象龙百年诞辰纪念暨学术研究会议	中国经济史会和西南财经大学联合主办	西南财经大学
2009年7月14日	实践科学发展观与县域经济发展暨2009年市县院所工作会	四川省社会科学院主办	四川雅安
2009年12月19日	四川省经济史学会2009年会暨四川省钱币学会	西南财经大学主办	西南财经大学
2010年1月10日	电子科大EMBA举办高峰论坛——经济学家樊纲"论经"	电子科技大学主办	电子科技大学
2010年4月23日	"当前国际金融危机与中国经济"全国博士生学术论坛	四川大学主办	四川大学
2010年10月28日	全国资本论年会	西南财经大学主办	西南财经大学

续表

时间	会议名称	主办单位	召开地点
2010年12月3日	2010年马克思经济学发展论坛	中国社会科学院经济研究所、《经济研究》编辑部、西南财经大学经济学院和西南财经大学马克思主义经济学研究院共同主办	西南财经大学
2011年4月16日	教育部社科委经济学部工作会议	四川省社会科学院主办	四川省社科院
2011年10月15日	第五届中国政治经济学年会	四川大学经济学院承办	四川大学
2011年11月25日	马克思主义中国化与《政治经济学》课程建设研讨会	西南财经大学经济学院承办	西南财经大学
2012年8月4日	第四次人的发展经济学年会	《改革与战略》杂志社、西南财经大学马克思主义经济学研究院和光明日报光明网联合主办，西南财经大学经济学院、广西人的发展经济学研究会协办	西南财经大学
2012年10月19日	四川省经济形势分析预测与对策专家座谈会	四川省发改委主办	四川省发改委
2012年10月19日	彭迪先、袁文平、杨致恒学术思想讨论会	西南财经大学马克思主义经济学研究院、经济学院主办	西南财经大学
2012年11月16日	2012四川大学经济学院岷江资本论坛	四川大学经济学院主办	四川大学

（四）2012—2019年的理论经济学国内会议

1. 陈豹隐全集出版发行及陈豹隐铜像揭幕仪式暨陈豹隐学术成就研讨会。举办时间：2013年5月5日。会议主要内容：会议由西南财经大学主办、经济学院承办。西南财经大学名誉校长、著名经济学家刘诗白教授，四川省人大常委会副主任、民革四川省委主委刘家强，四川省人大教科文卫委员会主任委员涂文涛，学校党委书记赵德武出席活动并讲话。校长张宗益主持了出版发行仪式。来自南开大学、中国人民大学、武汉大学、山东大学、中山大学、重庆工商大学等高校代表，农民

图4-12 《陈豹隐全集》出版发行仪式

图4-13 陈豹隐铜像揭幕仪式

运动讲习所纪念馆、陈豹隐家乡中江县政府代表、西财副校长卓志、杨丹、尹庆双，学校老领导和老教师代表、校友代表等齐聚一堂，共襄盛举。会议回顾了陈豹隐教授对我国的教育事业做出了突出的贡献，刘诗白、林岗、李胜兰、钱津、简新华、黄少安、杨俊等教授和广州农民运动讲习所旧址纪念馆卜穗文馆长、陈豹隐家乡中江县副县长伏霖先等分别进行了主题发言。

2. 全国第七届马克思主义经济学发展与创新论坛。举办时间：2013年9月26日。会议主要内容：本次会议由中国社会科学院经济研究所、《经济研究》编辑部、四川大学经济学院共同主办。中国人民大学经济学院卫兴华教授，四川省社会科学界联合会党组副书记、副主席唐永进教授，中国社会科学院学部委员刘树成研究员，中国社会科学院经济研究所所长、《经济研究》主编裴长洪研究员，四川大学党委常务副书记罗中枢教授等专家领导出席开幕式。专家学者们围绕中国对外开放面临的机遇与挑战、中国宏观经济走势分析、土地制度改革、马克思主义地租地价理论与实践、新政治经济学、经济学中国化与国际化等主题作了精彩发言。

3. 第十三届中国经济学年会。举办时间：2013年11月15日。会议主要内容：会议由中国经济学年会秘书处与西南财经大学主办，西南

图4-14 第十三届中国经济学年会

财经大学经济学院承办，中国农业银行协办。此次大会以"深化体制改革，促进全面发展"为主题，来自国内各大科研院所的700余名专家学者齐聚一堂，就体制改革与全面发展进行深入探讨。本届年会共收到论文600余篇，经过两轮专家匿名评审，最终选出320篇。来自中国经济学年会理事单位、国内80多所大学的经济学院院长（系主任）、全国各大机构的专家学者以及特邀嘉宾共700余人，就宏观经济、金融证券、企业管理、国际经济、农业经济以及制度经济学、卫生经济学、国防经济学等25个领域相关的入选论文，分80多个专题分会场展开深入的交流和讨论。

4. 电子科技大学EMBA十一周年庆典论坛"三中全会后宏观经济形势与政策取向分析"。举办时间：2014年1月12日。会议主要内容：本次会议由电子科技大学主办。庆典邀请了宏观经济研究部副巡视员、研究员张立群教授做主题发言。围绕着三中全会提出的各项政策，张教授从投资、消费、出口三驾"马车"的角度出发，分别阐述了影响宏观经济发展的各项重要因素，并对2014年房地产调控、城镇化、消费新增长点等多方面经济形势进行了详细的分析，对2014年及更长一段时期内宏观经济的走势和预期会出现的变动进行了预估，为现场EMBA历届校友们以后的投资方向及发展路径指明了道路。

5. 纪念邓小平同志诞辰110周年学术研讨会。举办时间：2014年8月6日。会议主要内容：此次研讨会由省委宣传部、中国延安精神研究会、省委党校、省委党史研究室、教育厅、省社会科学院共同主办。此次研讨会是四川省纪念邓小平同志诞辰110周年系列活动之一，自今年3月发出征文通知以来，主办方共收到论文350余篇，经评审，153篇论文入选。会上，专家学者进行了深入热烈的研讨，逄先知、王东京、李忠杰、高翔等26位代表分别作了研讨发言。这次理论研讨会，有助于充分运用邓小平理论研究的最新成果，为四川全面深化改革注入思想和理论的源头活水。

6. 四川省经济学会2014年年会。举办时间：2014年11月1日。会议主要内容：此次会议在电子科技大学举行，出席此次会议的有四川省社科院、四川师范大学、四川大学、西南财经大学、西南民族大学、西华大学等单位的专家学者和研究生。会议四川省经济学会会长、四川师范大学校长丁任重教授主持。会议首先进行了主题发言。四川师范大学校长丁任重以经济增长的极限为题进行了交流。他表示经济增长的极限不仅在于资源能源的极限，同时也是管理、认知、政策以及可持续发展的极限。四川大学经济学院院长朱方明认为，收入分配不平等的深层次原因是企业资金流出了问题，而社会关注仅仅限于资本增量的变化，忽视了资本存量的作用。西南财经大学李萍教授、四川大学蒋永穆教授、张衔教授、西南民族大学郑长德教授、四川省社科院经济所所长蓝定香研究员等，分别就新型城镇化中文化资本的作用、市场在资源配置中的作用、企业社会责任、经济体最优增长的路径、企业社会责任的中国实践等问题进行了交流。

7. 完善农村基本经营制度和农村土地产权制度改革研讨会。举办时间：2014年11月22日。会议主要内容：会议由西南财经大学马克思主义经济学研究院、西南财经大学经济学院与《经济学家》《财经科学》和《当代经济研究》编辑部联合主办。来自中国社会科学院、中国人民大学、南京大学、吉林财经大学、重庆工商大学、贵州大学、华南农业大学、安徽大学、四川省社会科学院、西南财经大学等国内研究机构和高校的50余位专家学者参加了本次研讨会。与会专家学者围绕"完善农村基本经营制度和农村土地产权制度改革"这一主题，分别就"农地产权制度变迁与改革方向""农地产权的流转与抵押"，以及"新型农业经营组织的创新和发展"等进行了热烈讨论。

8. 新常态下马克思主义政治经济学创新研讨会。举办时间：2015年6月2日。会议主要内容：此次研讨会由西南财经大学马克思主义经济学研究院、西南财经大学经济学院与《经济学家》《财经科学》编辑部联合主办。原南京大学书记洪银兴教授、武汉大学简新华教授、中国人民大学李义平教授、西北大学经济管理学院院长任保平教授、原重庆工商大学校长杨继瑞教授、西南财经大学马克思主义学院院长刘灿教授、四川师范大学校长丁任重教授、西南财经大学经济学院院长易敏利教授、经济学院分党委书记文洪毅教授，经济学院王朝明教授、程民选教授等国内重要研究机构和高校的40余位专家学者、老师和同学，以及来自《经济学家》和《财经科学》编辑部的主编和编辑们参加了本次研讨会。历时半天的研讨会，与会专家学者围绕主题深入研讨、热烈交锋，畅所欲言、各抒己见，就如何推进新常态下政治经济学的创新和发展这一重要问题提出了许多有价值和具前瞻性的建议。例如，在新常态下要实现马克思主义政治经济学的创新和发展就需要继承马克思主义经济学的基本原理，同时应该结合实际情况进行理论创新；重视和熟悉《资本论》等经典著作是学好和用好政治经济学的重要基础；政治经济学必须对新常态等现实问题做出回答，并通过理论和现实相结合的方式使得实践经验能够升华为理论，使得理论更好地指导实践；对于新常态的判断，专家们提出产业结构会由中低端向中高端演进，经济增长速度会有高速转变为中高速是其重要的表现；在新常态下需要解决财产占用差距过大问题，处理好环境污染问题，处理好政府与市场的关系，构建新型的国家和居民财富观念。

9. 经济形势分析专家座谈会。举办时间：2015年7月10日。会议主要内容：四川省政府召开"经济形势分析专家座谈会"，会议由四川省省长魏宏主持。与会专家认为，今年上半年四川经济继续保持总体平稳，符合年初发展预期。政府出台的一揽子稳增长政策措施成效初步显现，还将继续发挥作用。工业特别是部分重点产业、财政金融、进出口等经济指标走势需高度关注，并就抓抢"一带一路"等国家战略机遇，提升政策精度、提高财政资金使用效率等提出建议。魏宏省长最后做了简要总结，表示将充分消化吸收各位专家的意见建议，进一步加强经济形势分析研判，及时有针对性地采取措施，既抓传统产业转型升级，又抓新兴产业引进培育，不断夯实经济持续健康发展的基础。希望各位专家继续加强对区域经济和实体经济的调查分析，从各自研究重点领域出发，为政府决策提供更多客观真实的信息和更多切实有效的建议。

10. 适应和引领新常态必须全面深化改革——"全面深化改革与经济新常态"研讨会。举办时间：2015年7月22日。会议主要内容：会议由中央党校中国马克思主义研究基金会、西南交通大学和四川省委党校共同主办，在成都西南交通大学举行。来自中央党校、国家发改委、西南交通大学、天津财经大学的专家学者，15家省级党校领导及专家学者近百人出席研讨会。中央党校马克思主义理论教研部原主任周为民、国家发改委地区经济司副司长于合军、天津财经大学经济学院首席教授李炜光，先后以"宏观调控的根据和边界""新常态下促进区域协调发展""新常态经济条件下我国现代财政制度的建构问题"为题作专题演讲。

图4-15 适应和引领新常态必须全面深化改革——"全面深化改革与经济新常态"研讨会

11. 第九届中国政治经济学年会（2015）。举办时间：2015年10月17日。会议主要内容：本届会议由中国政治经济学年会各理事单位共同主办，西南财经大学马克思主义经济学研究院、西南财经大学经济学院共同承办。本届年会共收到投稿论文200多篇，入选论文115篇，组委会从中选取了80多篇在主会场进行大会报告、在8个分会场进行专题讨论。来自北京大学、中国人民大学、南开大学、中国社会科学院、日本早稻田大学、《中国社会科学》等国内、外60多所高校与科研机构，以及14家学术期刊和出版单位的150名代表参加。会议在我国全面深化改革、制定十三五社会经济发展规划之际召开，有着重要和特殊的意义。研讨主题包括《资本论》与政治经济学基本理论、当代马克思主义经济学创新与发展、制度与演化经济学分析、经济思想史与方法论研究、中国经济的历史与实证分析、中国经济改革与发展方式研究、农村经济与收入分配专题研究、"新常态"下中国经济前沿问题研究等。

12. 中华外国经济学说研究会第二十三次学术年会会议。举办时间：2015年11月14日。会议主要内容：会议由中华外国经济学说研究会与西南财经大学经济学院、马克思主义经济学研究院联合举办。会议主要议题如下：马克思主义经济学与西方经济学的比较研究，外国经济思想史研究，西方经济学前沿问题研究，中国经济新常态与经济转型，"一带一路"与对外开放新格局，再工业化与全球经济发展。

13. 中国世界经济学会统计专业委员会 2016 年学术年会。举办时间：2016 年 4 月 23 日。会议主要内容：本次会议由中国世界经济学会主办，中国世界经济学会统计专业委员会、四川省世界经济学会、四川大学经济学院和四川大学宏观经济研究院共同承办。来自中国社科院、北京大学、浙江大学、中国人民大学、复旦大学、南开大学、厦门大学、武汉大学、对外经贸大学、北京师范大学等全国著名高校、科研单位的 100 多名学者共聚一堂，分别围绕世界经济、国际金融、全球宏观经济、国际贸易、国际商务、国际投资、中国经济等方面中统计理论和方法的应用问题进行了深入的探讨。其中复旦大学陈学彬教授、南开大学戴金平教授、北京师范大学邱东教授和中国人民大学雷达教授分别以"具有自动平衡机制的交互盯住国际汇率体系研究""汇率波动与世界经济增长：机制与实证""宾大效应与 PPP 计算中的纯价比假设""20 国集团峰会的使命：反危机还是全球治理？"做了精彩发言。

14. 2016 年成都经济学术研讨会。举办时间：2016 年 4 月 25 日。会议主要内容：本次会议由西南财经大学经济学院及其下属的实验与行为经济研究中心（CEBER）组织筹办，四川大学经济学院协助。会议邀请牛津大学和加州大学著名经济学家，当今世界最有影响力的经济学家之一的 Vincent Crawford 教授担任会议嘉宾。Vincent Crawford 教授同时是美国科学与艺术院院士，英国科学院院士和欧洲科学院院士，他主要在机制设计理论、实验与行为经济学方面做出了杰出贡献，会议期间，Vincent Crawford 教授进行了两场精彩纷呈的主题演讲。会议内容涵盖机制设计、实验与行为研究等当前经济学前沿研究领域，来自该领域的知名教授、学者 Zaifu Yang、Jiahua Che、Wing Sue、Juanjuan Meng、Kim-Sau Chung、Jaimie Lie、Jie Zhen、Steve Chin、Ning Sun、Chunlei Yang、Steve Ching、Nanyang Bu、Huanhuan Zhen、雷震、凌晨、刘定、刘璐、张吉鹏、冯宏、王湛等为会议带来了 20 场精彩的学术报告。

15. 全国高校社会主义经济理论与实践研讨会审稿会。举办时间：2016 年 7 月 25 日。会议主要内容：此次审稿会由西南财经大学马克思主义经济学研究院和经济学院承办。厦门大学原党委书记吴宣恭教授，南京大学原党委书记、教育部社会科学委员会副主任委员、研讨会领导小组组长洪银兴教授，中国人民大学原副校长林岗教授，中央民族大学校长、国务院学位委员会学科评议组成员、研讨会秘书长黄泰岩教授，厦门大学原校长助理、现厦门大学世界经济研究中心主任庄宗明教授，武汉大学经济发展研究中心副主任简新华教授，北京师范大学校学术委员会副主任李晓西教授，以及来自中国人民大学经济学院院长张宇教授，南京大学商学院党委书记张二震教授和院长沈坤荣教授，复旦大学经济学系主任李慧中教授，辽宁大学经济学书记林木西教授和院院长谢地教授，福建师范大学经济学院院长黄茂兴教授等经济学领域专家学者出席会议。西南财经大学马克思主义经济学研究院院长刘灿教授，副院长李萍教授，院长助理盖凯程教授，韩文龙和李梦凡老师等参加了此次审稿会。全国高校社会主义经济理论与实践研讨会是在原国家教委的倡导下，由北京大学、中国人民大学、南开大学、西南财经大学等8所高校的老一辈经济学家宋涛、胡代光、刘诗白等组织发起的。研讨会于1985年举行筹备会议，1986年举行第一次会议，目前已经举办了29届年会。此次是第30届年会，具有很强的纪念意义。

16. 农村经济生态新模式学术研讨会。 举办时间：2016年12月24日。会议主要内容：会议由西华大学与中国文化管理协会新农村文化委员会合办。参与合作研讨的校外专家有农业部农村经济研究中心农村社会研究处处长龙文军，农业部农村经济研究中心研究员刘年艳，首都经贸大学教授吴少平，中国农业技术推广协会农村金融合作分会秘书长葛伟，中国社会科学院农村发展研究院研究员、《中国农村经济》《中国农村观察》副社长兼编辑部主任潘劲，中央电视台新闻中心主编马挥，《农村工作通讯》主编魏登峰，嘉粹（中国）环境发展促进中心总监杜开发，丽岭高尔夫联盟总监岳野，北京伊珍旅游公司董事长李伊珍，台州职业技术学院讲师严先锋。与会专家学者围绕西华大学学科特色、研究基础、实力展示、项目推介、合作方式、渠道，展开了充分讨论和深入交流。专家认为：西华大学与中国文化管理协会新农村文化委员会合作开展新农村文化引领经济发展模式创新研究，通过制度、文化、技术的融合，实现农村经济的可持续发展，符合新农村经济建设发展的需要；拟设立的研究项目平台方向正确、前景远大，已经获得的成果为未来的研究奠定了良好的基础；建议尽快组织人员、建设团队，制定规划，拟定细则，落实项目，抓好细节；加强宣传力度，扩大学术影响，争取更多合作的机会。

图 4-16　农村经济生态新模式学术研讨会

17. 全国青年马克思主义经济学者研讨会（2017 年）。举办时间：2017 年 4 月 22 日。会议主要内容：此次研讨会由西南财经大学马克思主义经济学研究院和经济学院共同主办。来自中国人民大学、浙江大学、南开大学、厦门大学、四川大学、西南财经大学、中国政法大学、云南大学、西南大学、山西大学、重庆工商大学、河北经贸大学、四川师范大学和南京财经大学等高校的 30 多位青年马克思主义经济学者，以及来自《中国社会科学》《求是》《政治经济学评论》《经济研究参考》《财经科学》等杂志社的编辑参加了此次研讨会。

本次研讨会的主题为"新常态下中国特色社会主义政治经济学的创新与发展"。研讨会上，青年学者们重点围绕"马克思主义政治经济学基本原理""当代资本主义经济发展趋势研究""《资本论》与中国经济新常态问题研究"和"新常态下完善农村基本经营制度与土地产权制度改革研究"等议题展开了热烈讨论。"实践是检验真理的唯一标准",23日上午,青年学者们一行来到成都市郫都区唐昌镇战旗村,实地调研了农村集体经济发展、农地经营权流转和农村集体经营性建设用地入市的情况,现场对农地问题展开了热烈的讨论。

18. 第五届香樟经济论坛——成都 Seminar。举办时间:2017年9月23日。会议主要内容:来自电子科技大学、西南财经大学、四川大学、四川农业大学和西南交通大学的40多位师生出席了此次活动。本次论坛为川内高校师生搭建了一个高起点、多领域的展示研究成果和交流学术经验的平台,开阔了视野,启迪了思维,加强了专业的沟通与协作,为今后川内各高校相关领域的学术创新提供了良好的基础。

图4-17 第五届香樟经济论坛——成都 Seminar

19. 新时代中国特色社会主义政治经济学重大理论问题研讨会。举办时间:2017年11月25日。会议主要内容:此次研讨会由西南财经大学全国中国特色社会主义政治经济学研究中心、南京大学全国中国特色社会主义政治经济学研究中心、南开大学中国特色社会主义经济建设协同创新中心共同主办,西南财经大学经济学院承办,《经济学家》杂志协办。西南财经大学名誉校长刘诗白教授，南京大学原党委书记、南京大学全国中国特色社会主义政治经济学研究中心主任洪银兴教授，南开大学原副校长、南开大学中国特色社会主义经济建设协同创新中心主任逄锦聚教授，中共四川省委宣传部副部长向宝云同志，南京大学校长助理范从来教授，四川师范大学党委书记丁任重教授，成都市社科联主席杨继瑞教授，以及来自复旦大学、南京大学、厦门大学、四川大学、西北大学、辽宁大学、福建师范大学、山西财经大学等十余所高校的专家学者参加研讨会。我校党委书记赵德武教授、副校长尹庆双教授、校学术委员会主任刘灿教授，来自经济学院、财税学院、马克思主义学院、中国西部经济研究中心的领导专家，以及学校党办、校办、科研处、宣传部、组织人事部等部门领导共同出席会议。此外，《中国社会科学》《马克思主义与现实》等国内顶级期刊也参加了研讨会。与会学者分别围绕中国特色社会主义政治经济学理论创新体系、基本理论问题、基本经济制度、经济发展异质性、现代经济体系等作了主题发言。

图4-18 新时代中国特色社会主义政治经济学重大理论问题研讨会

20. 中国特色社会主义政治经济学本硕博（西部）论坛（2017年）——新时代中国特色社会主义政治经济学的创新与发展。举办时间：2017年12月9日。会议主要内容：此次论坛由西南财经大学全国中国特色社会主义政治经济学研究中心主办，马克思主义经济学研究院、经济学院和《经济学家》编辑部承办。西南财经大学副校长、中特中心主任尹庆双教授，经济学院领导、老师，来自厦门大学、四川大学的专家学者，以及来自日本一桥大学、欧洲经济思想史学会、中国人民大学、清华大学、中国社会科学院等国内外高校和研究机构的50多名全国青年政治经济学学子出席了论坛。自2017年9月全国征稿以来，海内外青年经济学学子积极投稿，共收到204篇投稿作品，其中本科组38篇，硕士组93篇，博士组73篇。经过匿名评审和评审委员会充分酝酿评选，评选出本科组一等奖作品1篇，二等奖作品1篇，三等奖作品1篇，优秀论文奖作品3篇；硕士组一等奖作品1篇，二等奖作品1篇，三等奖作品2篇，优秀论文奖作品6篇；博士组二等奖作品2篇，三等奖作品4篇，优秀论文奖作品6篇。参会专家围绕乡村振兴战略、供给

图4-19 中国特色社会主义政治经济学本硕博（西部）论坛（2017年）

侧结构性改革、主要矛盾变迁、互联网与政治经济学、工资—利润率倒"U"形关系等主题作了精彩的主题报告。

21. 首届微观经济数据与经济学理论创新论坛。举办时间：2018年3月24日。会议主要内容：此次论坛由中国社会科学院经济研究所《经济研究》杂志社和中国高校数据调查共享平台主办，西南财经大学中国家庭金融调查与研究中心承办。《经济研究》编辑部主任刘霞辉研究员，杂志社社长张永山，西南财经大学副校长张邦富教授，高校数据调查共享平台发起人、中国家庭金融调查与研究中心主任甘犁教授，高校数据调查共享平台成员单位的相关负责人以及来自全国25所高校和科研院所的专家、学者参与了本次论坛。上午，刘霞辉研究员就"中等收入跨越与供给侧结构性改革"，甘犁教授就"中国自有住房空置率之谜"，北京大学王蓉教授就"微观经济数据与宏观教育政策"进行了精彩的主题演讲。下午，会议由"住房与家庭行为研究""家庭消费与储蓄研究""中国农村经济与代际流动""教育与发展研究""中国基层治理与中国经济发展""家庭的劳动情况与就业研究""真实进步、经济发展与企业行为""家庭资产配置与普惠金融"8个分论坛组成。来自多位高校的学者报告了自己的论文，各个分论坛的作者交叉评阅，进行了高质量的讨论。本次会议将遴选优秀论文进入《经济研究》匿名评审。

图4-20　首届微观经济数据与经济学理论创新论坛

22. 习近平新时代中国特色社会主义经济思想研讨会暨中国经济规律研究会第28届年会。举办时间：2018年4月21日。会议主要内容：

本次会议由中国经济规律研究会、四川大学主办,四川大学经济学院、四川大学中国特色社会主义政治经济学研究中心承办,《马克思主义研究》编辑部、中国社会科学院经济社会发展研究中心协办。中国经济规律研究会会长、中国社会科学院马研学部主任程恩富教授,中国经济规律研究会常务副会长、首都经济贸易大学原校长文魁教授,中国经济规律研究会副会长、福建师范大学原校长李建平教授,中国经济规律研究会副会长、武汉大学经济发展研究中心副会长简新华教授,中国经济规律研究会副会长、吉林大学经济学院纪玉山教授,中国经济规律研究会副会长、上海财经大学马艳教授、成都市社科联主席杨继瑞教授等来自全国各大高校的150余名专家学者,副校长晏世经,宣传部、社科处、经济学院、马克思主义学院相关负责人及师生代表、新闻媒体近300人参加了本次会议。

图4-21 习近平新时代中国特色社会主义经济思想研讨会暨中国经济规律研究会第28届年会

23. "历史和证据:清代以来的中国经济增长"学术研讨会。举办时间:2018年4月21日。会议主要内容:本次会议由西南财经大学经济学院经济历史与文化研究所主办。会议邀请到了来自南开大学、复旦大学、上海财经大学、中央民族大学、清华大学、山西大学、广州外语外贸大学及本校十余名专家学者和优秀博士生作专题报告。研讨会围绕"清代以来的中国经济增长"这一主题报告了9篇论文,就近代中国政府统计调查制度、清代各省土地面积历史统计方法、晚清广州口岸子口税制、伪满洲国鸦片专卖制度、近代中国城市体系发展的历史衡量、近代中国的多层货币体系、厘金征收的通货问题等进行深入讨论。

图4-22 "历史和证据:清代以来的中国经济增长"学术研讨会

24. 全国中国特色社会主义政治经济学研究中心等举办纪念马克思诞辰200周年专家学者座谈会。举办时间:2018年5月7日。会议主要内容:本次会议由西南财经大学全国中国特色社会主义政治经济学研究中心、马克思主义学院、《经济学家》等共同主办。来自成都社科联、四川大学、西南交通大学、西南民族大学、四川师范大学、贵州财经大学、成都师范学院等川内外高校的专家学者,我校副校长尹庆双教授、校学术委员会主任刘灿教授,学校宣传部、科研处负责人,以及经济学院、马克思主义学院的老师与学生代表50余人出席座谈会。专家发言阶段,刘灿、杨继瑞、李萍、曾令秋、赵磊、刘明国、周铭山、何雄浪、刘世强、杨慧玲、甘路有等十余位专家及学生代表紧紧围绕习近平总书记在纪念马克思诞辰200周年大会上的重要讲话精神,就坚定马克思主义信仰、创新发展当代中国马克思主义和21世纪马克思主义的、构建新时代中国特色社会主义政治经济学理论体系和话语体系,自觉运用马克思主义基本原理分析中国特色社会主义的伟大实践等重大理论和实践命题进行了广泛而深入的交流。

图4-23 全国中国特色社会主义政治经济学研究中心等举办纪念马克思诞辰200周年专家学者座谈会

25. 纪念马克思诞辰200周年研讨会暨青年政治经济学学者年会。举办时间:2018年5月19日。会议主要内容:本次会议由四川大学马克思主义学院、经济学院、公共管理学院、文学与新闻学院共同承办。中国中共党史学会副会长、原中共中央党史研究室副主任李忠杰,中央新疆工作协调小组办公室副主任、教育部原副部长鲁昕,南开大学原副校长、讲席教授逄锦聚,中国人民大学荣誉一级教授、校务委员陈力丹,省委宣传部、省委党史研究室、省社科联、省社科院有关领导,以及来自清华大学、中国人民大学、复旦大学、浙江大学、中央党校、中国社科院等国内高校和科研机构的200余名专家学者参加了研讨会及相关活动。李忠杰、鲁昕、逄锦聚、陈力丹分别以"像马克思一样对待马克思主义""马克思主义经济理论始终绽放思想光芒""开辟21世纪马克思主义政治经济学新境界"和"继承和发展马克思的新闻传播思想"为题，作了精彩的主题报告。其他与会嘉宾分别围绕构建现代化经济体系、中国现实问题的数理马克思主义政治经济学分析和新时代与改革开放四十周年等主题，进行了多维度、宽领域、深层次的学术探讨与交流。

图4-24 纪念马克思诞辰200周年研讨会暨青年政治经济学学者年会

26. 四川大学内陆开放合作学术研讨会。举办时间：2018年5月20日。会议主要内容：研讨会是四川大学承担的四川省重大课题《内陆开放合作研究》的一部分。研讨会受学校委托，由经济学院、四川大学中国特色社会主义研究中心共同举办。复旦大学中国特色社会主义研究中心主任张晖明教授，西南财经大学报刊中心主任、经济学院教授委员会主席李萍教授，西南民族大学经济学院院长郑长德教授、西北大学经济管理学院经济系主任高煜教授以及各子课题负责人四川大学经济学院副院长邓翔教授、教授委员会副主任蒋和胜教授、蒋瑛教授、蒋国庆教授和课题组的学生代表参加了本次研讨会。会议介绍了四川省"大学习、大讨论、大调研"活动，"推动高质量发展、建设经济强省"的情况，介绍了课题的研究背景，蒋瑛教授、蒋国庆教授、邓翔教授、蒋和胜教授分别就子课题的进展情况，围绕着四川扩大开放合作的重点方向和领域、进一步深化自贸区建设、进一步打通通道促进区域和跨区域合作、更好发挥开放平台等作了汇报和主题发言。

图 4-25 四川大学内陆开放合作学术研讨会

27. 第四届马克思经济学理论创新与发展论坛。举办时间：2018年5月26日。会议主要内容：本次会议由四川省世界经济学会、四川大学经济学院、四川大学宏观经济研究院、《天府新论》编辑部协办。厦门大学庄宗明教授、北京大学萧琛教授、南开大学戴金平教授，四川省社科联党组成员、机关党委书记兼《天府新论》主编张志怀，国家开发银行四川省分行副行长、四川省扶贫和移民工作局副局长马长有，西南财经大学刘锡良教授，四川省世界经济学会会长、四川大学经济学院李天德教授，四川省世界经济学会副会长、西南财经大学姜凌教授，四川省世界经济学会副会长、西南交通大学戴宾教授，西南民族大学经济学院院长、国家"万人计划"哲学社会科学领军人才郑长德教授以及来自省内外各科研机构、高等院校、实体企业、金融企业及监管部门的从业人员和川大师生代表共计 200 余人参加了本次论坛。论坛主要围绕马克思的经济学理论在中国的创新与发展进行学术探讨。中国成功的实践证明，马克思的经济学理论在中国的创新与发展是中国改革开放成功的理论基石，坚持马克思经济学理论创新与发展是中国走向世界强国之林的必由之路。会议主要就马克思世界市场经济理论和国际价值理论、中国经济周期、中美贸易摩擦、系统性金融风险防范、改革开放以来的经济增长与民生改善、区域经济协调发展、脱贫攻坚、绿色创新经济等问题进行了深入研究和探讨。

图4-26 第四届马克思经济学理论创新与发展论坛

28. 西南财经大学政治经济学青年工作坊。举办时间：2018年7月1日。会议主要内容：工作坊由复旦大学、西南财经大学特聘教授孟捷作为点评专家，听取了西南财经大学经济学院李梦凡老师、四川大学经济学院李亚伟副教授的工作论文汇报。西南财经大学政经所全体青年教师、兄弟院校青年教师和在读博士生同学共同参与了研讨。工作坊首先由李梦凡老师作了主题为"内生性限制，技术进步与一般利润率趋势蕴涵"的报告，论文建立在扎实的文献综述基础上，侧重于对一般利润率趋势的理论和模型研讨；四川大学的李亚伟老师汇报的题目是"利润率的经验界定与中国经济增长——利润率与资本积累的双向因果"，全文着重对我国利润率变化的合理计算，以及对利润率、积累率经验关系的分析。孟捷教授对两篇文章的贡献与不足进行了指点，强调论文选题如何具备敏锐的问题意识，鼓励青年学者就政经领域的前沿问题展开深入对话和合作研究，并就《资本论》经典理论如何构建中国特色社会主义政治经济学的理论基础，为青年学者上了深入的一课。

图 4-27 西南财经大学政治经济学青年工作坊

29.《资本论》与中国特色社会主义政治经济学研讨会暨四川大学中国特色社会主义政治经济学研究中心第四次高峰论坛——纪念马克思诞辰200周年及中国改革开放40周年。举办时间：2018年7月6日。会议主要内容：吉林财经大学副校长丁堡骏教授、安徽大学经济学院荣兆梓教授、复旦大学经济学院孟捷教授、中国人民大学马克思主义学院副院长张旭教授、西南财经大学《财经科学》编辑部常务副主编赵磊研究员以及四川大学中国特色社会主义政治经济学研究中心主任张衔教授等专家学者和经济学院部分师生参加了本次研讨会。上午，与会专家围绕着历史唯物论与中国特色社会主义、马克思经济学的宏观调控理论、利润率下降理论及其经验研究、供给侧改革与高质量发展、中国特色社会主义政治经济学的话语体系构建等议题展开了激烈而深入地讨论。在下午的四川大学中国特色社会主义政治经济学研究中心第四次高峰论坛上，吉林财经大学副校长丁堡骏教授、复旦大学经济学院孟捷教授、中国人民大学马克思主义学院副院长张旭教授、安徽大学经济学院荣兆梓教授、西南财经大学《财经科学》编辑部常务副主编赵磊研究员分别作了题为"马克思主义的与时俱进和中国化""《资本论》与现代市场经济""《资本论》与中国特色社会主义政治经济学话语体系构建"和"马克思主义经济学与实证分析方法"的学术报告。

图4-28 《资本论》与中国特色社会主义政治经济学研讨会暨四川大学中国特色社会主义政治经济学研究中心第四次高峰论坛

30. 西南财经大学马克思主义经济学研究院学术委员会暨理论经济学学科建设座谈会。举办时间：2018年7月18日。会议主要内容：本次会议由西南财经大学主办。南京大学原党委书记洪银兴教授、南开大学原副校长逄锦聚教授、中央民族大学校长黄泰岩教授、厦门大学庄宗明教授、浙江大学史晋川教授、辽宁大学林木西教授、上海财经大学赵晓雷教授、西北大学任保平教授、原重庆工商大学校长杨继瑞教授等知名专家学者应邀参加座谈会。西南财经大学副校长尹庆双教授、西南财经大学校学术委员会主任刘灿教授，科研处、研究生院、发展规划处等职能部门负责人，经济学院、马克思主义经济学研究院、马克思主义学院、中国金融研究中心的领导及中特中心全体研究人员出席座谈会。西南财经大学马克思主义经济学研究院，作为西南财经大学国家重点学科——政治经济学学科建设与创新平台的一个新的"学科特区"创建设立，成立于2010年9月。研究院由学校批准特设，由学校直接领导，为开放式、非实体性学术研究机构。研究院聘请了刘诗白、卫兴华、吴宣恭、何炼成、张卓元、赵人伟、黄范章、袁恩桢等著名经济学家出任高级学术顾问，并成立了由南开大学原副校长逄锦聚担任主任委员、由顾海良、洪银兴、刘伟、林岗、黄泰岩、张宇、刘灿、丁任重、杨继瑞、宋冬林、简新华、白永秀、史晋川、石磊、李萍、林木西、范从来、赵晓雷、黄少安等国内20位著名经济学家组成的院学术委员会。研究院每年召开1—2次学术委员会，为学科建设特别是政治经济学的发展提供咨询和指导。

图4-29　西南财经大学马克思主义经济学研究院学术委员会暨理论经济学学科建设座谈会

31. 纪念改革开放四十周年暨反贫困高峰论坛。举办时间：2018年8月25日。会议主要内容：本次论坛由四川大学经济学院、西南财经大学成渝经济区发展研究院及凉山州甘洛县等单位联合主办。四川大学、西南财经大学等高校专家学者，凉山州扶贫移民局、凉山州甘洛县、广安市岳池县、宜宾兴文县等工作在精准扶贫战线上的政府部门负责人，五粮液集团、四川省企业经济促进会等企业家代表以及四川大学经济学院师生代表共计百余人参加了本次论坛。四川大学经济学院杨继瑞教授谈到，乡村组织振兴是农民脱贫奔康和乡村振兴的关键。他认为乡村要根据自身的特色和比较优势，充分发挥新技术对产业和经济的带动作用，如通过搭建农特产品互联网平台，通过网络直播、网络营销、电商销售的方式，拓宽品牌知名度和销售渠道；凉山州扶贫移民局副局长段泽普就凉山州移民工作的现状、困境与思路做了交流发言；五粮液集团副董事长、股份公司常务副总经理邹涛就五粮液集团在精准扶贫工作中践行国企担当，不断推进精准扶贫工作的经验进行了发言；岳池县扶贫移民工作局副局长李春林交流了岳池县扶贫工作开展思路和实践方法。四川大学经济学院副院长龚勤林教授在发言中分析了"扶贫""扶志"和"扶智"之间内在联系，认为三者共同构成习近平扶贫思想的内核，同时概括了四川大学在对口帮扶甘洛的精准扶贫实践中开展的志气帮扶、教育帮扶、医疗帮扶、科技帮扶等探索。四川大学经济学院贺立龙副教授首先发言，他认为甘洛存在地理贫困与文化贫困的交织性，可通过发展基础设施和电商网络，构建对接成都的大旅游和绿色农业产业链，并提升教育质量，阻断代际贫困；成都大学商学院院长助理张千友副教授在发言中分析了甘洛县优势经济作物——马铃薯产出现状，并对其角色贡献、面临危机与应对策略进行了深度剖析；四川省企业经促会 PPP 发展中心主任胡鹏从项目经验的角度，分析了凉山州的产业扶贫实现路径；重庆工商大学人口发展与政策研究中心副主任薛骁对基层医疗卫生如何开展精准扶贫进行了发言；四川博雅社信息技术有限公司董事长周世兴认为农村电商在进行路径与模式选择时应延长和粗壮农副产品价值链以此来提高农副产品附加价值；兴文县脱贫攻坚办副主任黄世碧就兴文县扶贫工作思路与实践进行了发言与交流。

图4-30 纪念改革开放四十周年暨反贫困高峰论坛

32. 理论经济学学科建设专家座谈会。举办时间：2018年8月31日。会议主要内容：会议由西南财经大学全国中国特色社会主义政治经济学研究中心主办。厦门大学庄宗明教授、山东大学黄少安教授、中国人民大学陈彦斌教授、上海财经大学赵晓雷教授等校外知名专家与会。

图4-31 理论经济学学科建设专家座谈会

西南财经大学经济学院执行院长易敏利，分党委书记文洪毅，副院长盖凯程、邹红以及中特中心部分研究人员参加会议。与会校外专家听取了西南财经大学理论经济学学科建设的经验、做法，充分肯定了西南财经大学理论经济学学科建设的成绩和特色，并诚恳指出了其在理论经济学学科建设过程中存在的短板和问题，并结合各自学校学科建设的经验做法提出了很多有益的意见和建议。与会专家老师就学科建设中的热点问题进行了深入而热烈的讨论。

33. 中国特色社会主义政治经济学本硕博（西部）论坛（2018年）。举办时间：2018年9月20日。会议主要内容：会议由西南财经大学全国中国特色社会主义政治经济学研究中心、马克思主义经济学研究院和《经济学家》编辑部共同承办。自2018年5月征稿以来，海内外青年经济学爱好者积极投稿，共收到150篇校内外投稿作品，其中本科组6篇，硕士组91篇，博士组53篇。来自中国人民大学、中国社会科学院、南开大学、国防大学、北京师范大学、厦门大学、中山大学等国内外高校和研究机构的专家和青年学子参加了会议。最终评选出了67篇获奖论文，其中校外一等奖3名、二等奖6名、三等奖8名、入围奖28名；校内一等奖5名、二等奖8名、三等奖10名。

图4-32　中国特色社会主义政治经济学本硕博（西部）论坛（2018年）

34. "建设现代化经济体系"学术研讨会。举办时间：2018年10月20日。会议主要内容：会议由西南交通大学经济管理学院主办。四川大学王国敏教授，西南财经大学赵磊教授、蒋南平教授，成都轨道交通集团党委专职副书记刘学鹏博士，四川大学锦城学院李燕教授莅临会议。西南交通大学李杰教授、曹洪副教授、廖周伟副教授、许俐副教授、王学副教授、陈有真副教授、陈钠老师，部分理论经济学专业研究生参加此次研讨会。

图4-33 "建设现代化经济体系"学术研讨会

35. 纪念改革开放40周年暨学会成立35周年学术研讨会——中国宏观经济管理教育学会2018年会。举办时间：2018年10月20日。会议主要内容：本次会议由中国宏观经济管理教育学会主办、四川大学经济学院承办、钟契夫国民经济学科发展基金会支持，来自中国人民大学、中央财经大学、辽宁大学、吉林大学、厦门大学、安徽财经大学、西南财经大学、江西财经大学、郑州大学、四川大学等国内高校和科研机构的160余名专家学者参加了本次会议。会议同时得到了《中国社会科学》《经济理论与经济管理》《智库理论与实践》等学术期刊的支持。河北大学经济学院李惠茹教授、湖北经济学院新农村发展研究院高洁教授、四川大学经济学院邓翔教授、南京林业大学经济发展质量研究中心范金教授、厦门大学经济学院唐礼智教授分别作了题为《改革开放 40 年我国对外投资政策演变分析》《改革开放 40 年农村土地制度存在的问题与改革方向》《宏观经济学发展的主要脉络及展望》《改革开放 40 年中国绿色增加值演化趋势与结构分解》《知识产权保护适度吗？——基于人力资本增长效应的验证》的主题发言。本次研讨会不但对我国改革开放 40 年来经济发展道路、产业发展、经济体制改革、创新发展等问题进行了深入探讨，而且汇集了大量优秀、高质量的学术论文和学术研究成果。

图 4-34　纪念改革开放 40 周年暨学会成立 35 周年学术研讨会——中国宏观经济管理教育学会 2018 年会

36. 改革开放 40 周年专题研讨会。举办时间：2018 年 10 月 25 日。会议主要内容：会议由电子科技大学主办。来自四川省经济发展研究院、东北财经大学管理科学与工程学院和电子科技大学学报编辑部、经济与管理学院、公共管理学院、马克思主义学院等校内外单位的 40 余名师生参加了研讨。四川省经济发展研究院院长、研究员王小刚，东北财经大学管理科学与工程学院副院长、教授、博士生导师刘德海,电子科技大学经济与管理学院教授、博士生导师邵云飞等专家学者,围绕改革开放40年来中国的乡村改革、城市化建设、国际化、技术创新以及灾害管理等话题进行了研讨。

图4-35 改革开放40周年专题研讨会

37. 贫困地区2020年后相对贫困与乡村振兴战略学术研讨会。举办时间:2018年10月26日。会议主要内容:此次研讨会由中国区域科学协会、中南民族大学和西南民族大学主办,西南民族大学经济学院、中国区域科学协会民族经济专业委员会、中国区域科学协会精准扶贫专业委员会、中国西部民族经济研究中心和四川省金融学会藏区金融专业委员会联合承办,会议得到西南民族大学、文化名家暨"四个一批"人才计划、国家万人计划哲学社会科学领军人才计划和四川省高等学校创新团队"民族地区经济发展问题研究"团队的联合支持。来自中国社会科学院、中国人民大学、北京师范大学、中央民族大学、四川省扶贫和移民工作局、四川农业大学、西南财经大学、厦门大学、吉林大学、对外经济贸易大学、中南财经政法大学、北京工商大学、云南大学、西藏大学、广西壮族自治区委党校、延边大学、宁夏大学、北方民族大学、内蒙古师范大学、长江师范学院、中南民族大学、西南民族大学等近50所高校、研究机构和政府部门的100余位专家学者参加了研讨会。北京师范大学中国扶贫研究院院长张琦教授发表了题为"2020年后绿色减贫的理念和制度框架"的主旨演讲；四川农业大学党委书记庄天慧教授发表了题为"精准脱贫与乡村振兴的内在逻辑及有机衔接路径研究"的主旨演讲；国家开发银行四川省分行副行长、四川扶贫与移民工作局副局长马长友博士发表了题为"严格目标标准，坚持精锐出战，高质量推进精准扶贫精准脱贫"的主旨演讲；中央民族大学经济学院院长张丽君教授的主旨演讲题目为"中国西部地区生态贫困的时空格局演变与影响因素"；西南财经大学中国家庭金融调查与研究中心王军辉博士的主旨演讲题目为"激励相容的反贫困政策实验"；中南民族大学经济学院院长成艾华教授的主旨演讲题目为"乡村振兴背景下农村全面小康社会建设"；西南民族大学中国西部民族经济研究中心单德朋博士的主旨演讲题目为"金融素养与城市贫困"。

图4-36　贫困地区2020年后相对贫困与乡村振兴战略学术研讨会

38."习近平新时代中国特色社会主义经济思想暨改革开放40年理论与实践"研讨会。举办时间：2018年11月2日。会议主要内容：本

(a)

(b)

图 4-37 "习近平新时代中国特色社会主义经济思想暨改革开放 40 年理论与实践"研讨会

次会议由西南财经大学《财经科学》编辑部、全国中国特色社会主义政治经济学研究中心、西南财经大学马克思主义学院联合主办。著名经济学家、西南财经大学名誉校长刘诗白教授，逄锦聚、简新华、黄少安、任保平、刘灿、杨继瑞、蒋永穆、张衔、韩源等专家教授出席会议并做主题发言。本次研讨会立足习近平新时代中国特色社会主义经济思想，深刻回顾改革开放40年的实践经验，是一次高规格、高层次的思想盛宴，与会代表们围绕改革开放与中国特色社会主义政治经济学创新发展、经济体制改革、经济高质量发展与共享发展、农业基本经营制度以及社会主义本质等重大理论和实践问题展开精彩主题报告。

39. 庆祝改革开放40周年暨2018年中国土地经济学年会。举办时间：2018年11月16日。会议主要内容：本次年会由中国土地学会土地经济分会、四川大学经济学院、《中国土地科学》编辑部主办，四川省土地学会、成都市土地学会、天府新区规划建设国土局、和盛家园集团协办。来自中国社会科学院、中国土地勘测规划院、《中国土地科学》编辑部、中国人民大学、南京大学、四川大学、复旦大学、浙江大学、武汉大学、华中科技大学、南京农业大学、华中农业大学、中国矿

图4-38 庆祝改革开放40周年暨2018年中国土地经济学年会

业大学、中国地质大学、华南农业大学、扬州大学、江西财经大学、浙江财经大学等70多家高校和科研院所的专家学者和博（硕）士研究生近200人参加了会议，大会收到投稿论文150余篇。大会以"中国城乡融合发展与新型土地经济关系"为主题，与会代表围绕如何通过土地改革促进城乡融合发展、中国经济转型和生态文明建设等方面进行了热烈讨论和深入交流。华南农业大学罗必良教授，中国社会科学院党国英研究员，中国人民大学经济学院刘守英教授，扬州大学钱忠好教授，四川省农科院吕火明教授，四川大学经济学院韩立达教授分别就"从土地规模经营到服务规模经营""乡村振兴中的效率与平等""以地谋发展模式的衰竭""中国农地产权制度改革40年：变迁及启示""对乡村振兴战略的若干思考""基于农民注册制下的农村户籍和土地制度联动改革"进行了精彩报告。

40. 光华世界经济与开放宏观经济学中青年学者论坛——如何积极推进"一带一路"建设，如何深入扩大对外开放以及如何深度融入世界经济等相关话题的研究。举办时间：2018年11月17日。会议主要内容：会议由西南财经大学世界经济研究所、西南财经大学科研处主办。此次会议旨在为全国年轻学者提供了解和把握世界经济的学术发展动态和最新研究成果的机会，拓宽中青年学者的国际学术视野和提高创新研究能力，以增进世界经济和开放宏观经济学研究人才的成长。

41. 数量政治经济学成都工坊。举办时间：2018年11月24日。会议主要内容：本次会议由西南财经大学全国中国特色社会主义政治经济学研究中心、西南财经大学经济学院和西南财经大学马克思主义经济学研究院联合主办，西南财经大学《经济学家》编辑部、西南财经大学《财经科学》编辑部协办。来自北京大学、清华大学、中国人民大学、复旦大学、南开大学、上海财经大学、厦门大学、四川大学等10余所高等院校的专家学者和博士生出席了此次会议，对研究成果进行了汇报并开展了深入的交流讨论。此次会议旨在汇聚政治经济学领域高水平的专家对数量政治经济学相关研究开展交流讨论，推动传统马克思主义经济学的演绎和辩证分析与现代数量分析方法的充分结合，这对扩展中国特色社会主义政治经济学的研究内容，提升马克思主义政治经济学研究的新方法、新领域有重要价值。

图 4-39 数量政治经济学成都工坊

42. 成都经济发展研讨会（2018）。举办时间：2018 年 12 月 18 日。会议主要内容：会议由四川省社科院主办。此次研讨会旨在明确成都"三步走"发展目标，剑指可持续发展的世界城市。探寻新一轮

图 4-40 成都经济发展研讨会（2018）

改革开放,"成都'三步走'迈向可持续发展的世界城市"成为专家学者的核心关注点。成都市经济发展研究院院长、研究员李霞,成都市社科联(院)副主席、副院长阎星,中国消费经济学会会长、成都市社科联主席杨继瑞,中国城市规划设计研究院西部分院副总规划师肖莹光,重庆市综合经济研究院总经济师、研究员丁瑶等学者做了主题发言。

43."推进新时代改革开放"高端论坛。举办时间:2019年2月24日。会议主要内容:本次会议由四川大学经济学院、四川大学中国特色社会主义政治经济学研究中心主办。国家"万人计划"哲学社会科学领军人才、重庆工商大学经济学院院长李敬教授,国家社科基金学科评审组专家、武汉大学经济发展研究中心副主任简新华教授,四川大学经济学院教授委员会主任蒋和胜教授分别做了"挖掘内陆开放新优势,构建对外开放新格局""中国经济改革是搞资本主义吗?——纪念中国经济改革40周年""中国价格改革四十年回顾与前瞻"的主题报告。

图4-41 "推进新时代改革开放"高端论坛

44. 中国世界经济学会国际贸易论坛(2019)——多边贸易体制变革下的中国对外贸易。举办时间:2019年3月23日。会议主要内容:

此次论坛由中国世界经济学会主办，四川大学经济学院、四川省世界经济学会、四川大学宏观经济研究院承办，来自昆士兰大学、北京大学、浙江大学、中山大学、四川大学、山东大学、吉林大学、西北大学、辽宁大学、西南财经大学、中央财经大学、对外经贸大学等国内外知名高校以及中国社科院、山东省社科院、四川省社科院等研究机构一百余名代表参加了会议。南开大学佟家栋教授、对外经济贸易大学贾怀勤教授、四川大学李天德教授、南京大学于津平教授以及山东理工大学李平教授分别就经济一体化与大湾区规划实施的思考、数字贸易规则与测度、基于开放视角的四川经济研究、"一带一路"沿线国家铁路互联互通对中国出口的影响以及美国对外经济政策与中国等主题进行了主旨发言。其他与会专家围绕着国际贸易理论和经验研究前沿、全球贸易规则变革及多边贸易体系改革、经济全球化新趋势及中国对外贸易新形势分析、中美贸易战与中美经贸关系前景、"一带一路"、自由贸易区及国际经贸合作、中国贸易强国建设及自贸试验区建设经验等问题进行了专题研讨。

图 4-42 中国世界经济学会国际贸易论坛（2019）

45. 全国青年马克思主义经济学者研讨会（2019 年）。举办时间：2019 年 4 月 20 日。会议主要内容：本次会议由西南财经大学全国中国特色社会主义政治经济学研究中心、经济学院、马克思主义经济学研究院共同主办，《经济学家》《财经科学》协办。来自中国社会科学院、中国人民大学、南京大学、复旦大学、南开大学、武汉大学、厦门大学、四川大学、西安交通大学、辽宁大学、西北大学等全国知名高校和研究机构中青年专家代表，以及《马克思主义与现实》《政治经济学评论》《当代经济研究》《经济纵横》等知名期刊和出版社负责人等 80 余人参加了本次研讨会。河北经贸大学武建奇、四川大学蒋永穆、复旦大学周文、南京大学葛扬、西南财经大学杨慧玲、四川大学张衔、西北大学吴振磊、北京理工大学宋宪萍和复旦大学高帆等专家就"竞争中性"、中国特色社会主义政治经济学体系构建、经济学新时代历史使命、基本经济制度、扶贫问题、中美贸易摩擦和农地产权制度变革等问题做了主题发言。全国青年马克思主义经济学学者研讨会是西南财经大学的全国中国特色社会主义政治经济学研究中心面向海

图 4 - 43　全国青年马克思主义经济学者研讨会（2019 年）

内外青年马克思经济学者重点打造的全国性学术交流平台和学术品牌。研讨会每1—2年召开，迄今已举办2届。本次研讨会是为庆祝新中国成立70周年，深入学习贯彻党的十九大报告精神，大力推进新时代中国特色社会主义政治经济学的发展和创新，运用马克思主义基本理论分析西南财经大学经济社会发展过程中面临的重大理论和现实问题的一次思想和知识的盛宴。

46. 中国国土经济学会学术年会（成都）暨国土经济高质量发展论坛——中国国土经济高质量发展的理论与实践。举办时间：2019年5月11日。会议主要内容：本次会议由中国国土经济学会主办，四川大学与西南交通大学联合承办。中国国土经济学会首席顾问、国务院参事、原科技部副部长刘燕华，中国国土经济学会首席顾问、原国土资源部副部长胡存智，中国国土经济学会理事长兼党委书记、研究员、《今日国土》杂志社社长兼总编辑柳忠勤，中国科学院大学国家土地科学研究中心主任、研究员、原国家土地督察成都局局长、国土资源部规划司

图4-44 中国国土经济学会学术年会（成都）暨国土经济高质量发展论坛

司长、自然资源部调控和监测司巡视员董祚继，西南交通大学党委副书记、校长徐飞，四川大学副校长晏世经出席论坛。来自全国20余个高等院校的专家学者，学会理事单位代表，行业优秀企业负责人，成都市相关部门负责人，四川大学、西南交通大学师生代表参加了论坛。刘燕华做了《认识国土经济高质量发展的几个"高"》主题报告，向与会嘉宾分享了对他高质量发展的认识，认为现阶段中国国土经济生态环境高、国土空间布局的起点高、经济发展的国土价值链高、人民生活水平质量高、社会文明程度高；胡存智以"在新时代发展中推进国土经济高质量发展"为题，提出应在国家经济转型发展中、在生态文明建设基础上、在优化国土开发空间格局中、在区域协调新战略新机制中实现国土经济高质量发展；董祚继以"高品质国土与高质量发展"为题，就国土空间规划需要处理好的规划与市场、空间规划与发展规划等十大重大关系做了阐述。

47. 中国特色社会主义政治经济学本硕博论坛。举办时间：2019年5月24日。会议主要内容：论坛由西南财经大学全国中国特色社会主义政治经济学研究中心主办、马克思主义经济学研究院等协办。西南财经大学党委常委、副校长尹庆双教授，世界著名马克思主义经济学家大卫·科茨教授，以及来自清华大学、北京大学、中国人民大学、中国社会科学院、南开大学、复旦大学、厦门大学、武汉大学、中山大学、美国马萨诸塞州立大学、日本一桥大学等国内外知名高校和研究机构的青年学子100多人参加了论坛。中国特色社会主义政治经济学本硕博论坛是由我校全国中国特色社会主义政治经济学研究中心发起的、面向海内外政治经济学优秀学子的全国性大学生学术论坛，旨在搭建平台、奖掖后学、发掘才俊。论坛每年举办一届，迄今已举办3届，产生了良好的学术品牌效应。本届论坛自2019年1月征稿以来，共收到海内外青年学子204篇投稿作品，其中本科组59篇，硕士组75篇，博士组70篇。为保障论文评审客观公正，邀请了《中国社会科学》《求是》《马克思主义与现实》《政治经济学评论》《红旗文稿》等期刊编辑等进行双向匿名评审，最终评选出88篇获奖论文。

(a)

(b)

图 4-45 中国特色社会主义政治经济学本硕博论坛

表4-4　　2012—2019年四川省召开的经济学国内会议

时间	会议名称	主办单位	召开地点
2013年4月20日	"虚拟经济与实体经济之关系"学术研讨会	四川师范大学经济与管理学院携手《经济学动态》杂志社联合举办	四川师范大学
2013年5月5日	陈豹隐全集出版发行及陈豹隐铜像揭幕仪式暨陈豹隐学术成就研讨会	西南财经大学主办、经济学院承办	西南财经大学
2013年11月15日	第十三届中国经济学年会	中国经济学年会秘书处与西南财经大学主办，西南财经大学经济学院承办，中国农业银行协办	西南财经大学
2014年1月12日	电子科技大学EMBA十一周年庆典论坛"三中全会后宏观经济形势与政策取向分析"	电子科技大学主办	电子科技大学
2014年8月6日	纪念邓小平同志诞辰110周年学术研讨会	省委宣传部、中国延安精神研究会、省委党校、省委党史研究室、教育厅、省社会科学院共同主办	成都
2014年11月1日	四川省经济学会2014年年会	电子科技大学主办	电子科技大学
2014年11月22日	完善农村基本经营制度和农村土地产权制度改革研讨会	西南财经大学马克思主义经济学研究院、西南财经大学经济学院与《经济学家》《财经科学》和《当代经济研究》编辑部联合主办	西南财经大学
2015年3月31日	"新常态下的企业家智慧与创新"专题培训	四川省工商联和西南交通大学联合主办	西南交通大学
2015年6月2日	新常态下马克思主义政治经济学创新研讨会	西南财经大学马克思主义经济学研究院、西南财经大学经济学院与《经济学家》《财经科学》编辑部联合主办	西南财经大学
2015年7月18日	全国马克思列宁主义经济学说史年会	全国马克思列宁主义经济学说史学会和四川大学马克思主义学院共同承办	四川大学

续表

时间	会议名称	主办单位	召开地点
2015年7月22日	适应和引领新常态必须全面深化改革——"全面深化改革与经济新常态"研讨会	中央党校中国马克思主义研究基金会、西南交通大学和四川省委党校共同主办	西南交通大学
2015年9月7日	南昌市非公有制经济人士培训班	由西南交通大学经济管理学院承办、南昌市委统战部组织	西南交通大学
2015年10月17日	第九届中国政治经济学年会（2015）	中国政治经济学年会各理事单位共同主办，西南财经大学马克思主义经济学研究院、西南财经大学经济学院共同承办	西南财经大学
2015年10月17日	一带一路战略下充分用好"两种资源、两个市场"研讨会	四川省社会科学院、四川大学宏观经济研究院、四川省人大外事侨务委员会联合举办	四川大学
2015年11月7日	全国综合大学《资本论》研究会第15次会议	全国综合大学《资本论》研究会和四川大学经济学院共同承办	四川大学
2015年11月14日	中华外国经济学说研究会第二十三次学术年会会议	中华外国经济学说研究会与西南财经大学经济学院、马克思主义经济学研究院联合举办	西南财经大学
2016年4月23日	中国世界经济学会统计专业委员会2016年学术年会	中国世界经济学会主办，中国世界经济学会统计专业委员会、四川省世界经济学会、四川大学经济学院和四川大学宏观经济研究院共同承办	四川大学
2016年4月25日	2016年成都经济学术研讨会	西南财经大学经济学院及其下属的实验与行为经济研究中心（CEBER）组织筹办，四川大学经济学院协助	西南财经大学
2016年7月25日	全国高校社会主义经济理论与实践研讨会审稿会	西南财经大学马克思主义经济学研究院和经济学院承办	西南财经大学

续表

时间	会议名称	主办单位	召开地点
2016年11月27日	四川省精准扶贫战略与实践学术研讨会	四川省社科院、德国艾伯特基金会、四川大学、四川农业大学联合主办,四川对外友好协会联合承办。	四川农业大学
2016年12月24日	农村经济生态新模式学术研讨会	西华大学与中国文化管理协会新农村文化委员会合办	西华大学
2017年3月4日	第三届香樟成都Seminar	四川大学主办	四川大学
2017年4月22日	全国青年马克思主义经济学者研讨会（2017年）	西南财经大学马克思主义经济学研究院和经济学院共同主办	西南财经大学
2017年7月15日	第34届全国高等财经院校《资本论》研究会	全国高等财经院校《资本论》研究会主办、江西财经大学经济学院和《经济学家》杂志社联合承办	江西南昌
2017年9月23日	香樟经济论坛——成都分论坛（第五期）	电子科技大学主办,工信部《产业经济评论》杂志社协办	电子科技大学
2017年11月25日	新时代中国特色社会主义政治经济学重大理论问题研讨会	西南财经大学全国中国特色社会主义政治经济学研究中心、南京大学全国中国特色社会主义政治经济学研究中心、南开大学中国特色社会主义经济建设协同创新中心共同主办,西南财经大学经济学院承办,《经济学家》杂志协办	西南财经大学
2017年12月9日	中国特色社会主义政治经济学本硕博（西部）论坛（2017年）	西南财经大学全国中国特色社会主义政治经济学研究中心主办,马克思主义经济学研究院、经济学院和《经济学家》编辑部承办	西南财经大学
2018年3月24日	首届微观经济数据与经济学理论创新论坛	中国社会科学院经济研究所《经济研究》杂志社和中国高校数据调查共享平台主办,西南财经大学中国家庭金融调查与研究中心承办	西南财经大学

续表

时间	会议名称	主办单位	召开地点
2018年4月21日	"历史和证据:清代以来的中国经济增长"学术研讨会	西南财经大学经济学院经济历史与文化研究所主办	西南财经大学
2018年4月21日	习近平新时代中国特色社会主义经济思想研讨会暨中国经济规律研究会第28届年会	中国经济规律研究会、四川大学主办,四川大学经济学院、四川大学中国特色社会主义政治经济学研究中心承办,《马克思主义研究》编辑部、中国社会科学院经济社会发展研究中心协办	四川大学
2018年5月7日	全国中国特色社会主义政治经济学研究中心等举办纪念马克思诞辰200周年专家学者座谈会	西南财经大学全国中国特色社会主义政治经济学研究中心、马克思主义学院、《经济学家》等共同主办	西南财经大学
2018年5月19日	纪念马克思诞辰200周年研讨会暨青年政治经济学者年会	四川大学马克思主义学院、经济学院、公共管理学院、文学与新闻学院共同承办	四川大学
2018年5月20日	四川大学内陆开放合作学术研讨会	四川大学经济学院、四川大学中国特色社会主义研究中心共同举办	四川大学
2018年5月26日	第四届马克思经济学理论创新与发展论坛	四川省世界经济学会、四川大学经济学院、四川大学宏观经济研究院、《天府新论》编辑部协办	四川大学
2018年7月1日	西南财经大学政治经济学青年工作坊	西南财经大学主办	西南财经大学
2018年7月6日	《资本论》与中国特色社会主义政治经济学研讨会暨四川大学中国特色社会主义政治经济学研究中心第四次高峰论坛	四川大学经济学院、四川大学中国特色社会主义研究中心共同举办	四川大学
2018年7月18日	西南财经大学马克思主义经济学研究院学术委员会暨理论经济学学科建设座谈会	西南财经大学主办	西南财经大学

续表

时间	会议名称	主办单位	召开地点
2018年8月25日	纪念改革开放四十周年暨反贫困高峰论坛	四川大学经济学院、西南财经大学成渝经济区发展研究院及凉山州甘洛县等单位联合主办	四川凉山州甘洛县
2018年8月31日	理论经济学学科建设专家座谈会	西南财经大学全国中国特色社会主义政治经济学研究中心主办	西南财经大学
2018年9月20日	中国特色社会主义政治经济学本硕博（西部）论坛（2018年）	西南财经大学全国中国特色社会主义政治经济学研究中心、马克思主义经济学研究院和《经济学家》编辑部共同承办	西南财经大学
2018年9月28日	科技成果转化暨现代化经济体系研讨会	四川省社会科学院政治学研究所、复旦大学马克思主义研究院主办	四川省社科院
2018年10月20日	纪念改革开放40周年暨学会成立35周年学术研讨会——中国宏观经济管理教育学会2018年会	中国宏观经济管理教育学会主办、四川大学经济学院承办、钟契夫国民经济学科发展基金会支持	四川大学
2018年10月20日	"建设现代化经济体系"学术研讨会	西南交通大学经济管理学院主办	西南交通大学
2018年10月25日	改革开放40周年专题研讨会	电子科技大学主办	电子科技大学
2018年10月26日	贫困地区2020年后相对贫困与乡村振兴战略学术研讨会	中国区域科学协会、中南民族大学和西南民族大学主办，西南民族大学经济学院、中国区域科学协会民族经济专业委员会、中国区域科学协会精准扶贫专业委员会、中国西部民族经济研究中心和四川省金融学会藏区金融专业委员会联合承办	西南民族大学
2018年11月2日	"习近平新时代中国特色社会主义经济思想暨改革开放40年理论与实践"研讨会	西南财经大学《财经科学》编辑部、全国中国特色社会主义政治经济学研究中心、西南财经大学马克思主义学院联合主办	西南财经大学

续表

时间	会议名称	主办单位	召开地点
2018年11月16日	庆祝改革开放40周年暨2018年中国土地经济学年会	中国土地学会土地经济分会、四川大学经济学院、《中国土地科学》编辑部主办,四川省土地学会、成都市土地学会、天府新区规划建设国土局、和盛家园集团协办	四川大学
2018年11月17日	光华世界经济与开放宏观经济学中青年学者论坛	西南财经大学世界经济研究所、西南财经大学科研处主办	西南财经大学
2018年11月24日	数量政治经济学成都工坊	西南财经大学全国中国特色社会主义政治经济学研究中心、西南财经大学经济学院和西南财经大学马克思主义经济学研究院联合主办,西南财经大学《经济学家》编辑部、西南财经大学《财经科学》编辑部协办	西南财经大学
2018年12月18日	成都经济发展研讨会(2018)	四川省社科院主办	四川省社科院
2019年2月24日	"推进新时代改革开放"高端论坛	四川大学经济学院、四川大学中国特色社会主义政治经济学研究中心主办	四川大学
2019年3月23日	中国世界经济学会国际贸易论坛(2019)——多边贸易体制变革下的中国对外贸易	中国世界经济学会主办,四川大学经济学院、四川省世界经济学会、四川大学宏观经济研究院承办	四川大学
2019年4月20日	全国青年马克思主义经济学者研讨会(2019年)	西南财经大学全国中国特色社会主义政治经济学研究中心、经济学院、马克思主义经济学研究院共同主办,《经济学家》《财经科学》协办	西南财经大学

续表

时间	会议名称	主办单位	召开地点
2019年5月11日	中国国土经济学会学术年会（成都）暨国土经济高质量发展论坛——中国国土经济高质量发展的理论与实践	中国国土经济学会主办，四川大学与西南交通大学联合承办	四川大学
2019年5月24日	中国特色社会主义政治经济学本硕博论坛（2019年）	西南财经大学全国中国特色社会主义政治经济学研究中心、马克思主义经济学研究院和《经济学家》编辑部共同承办	西南财经大学

二 四川理论经济学界主办的国际（含境外）学术会议

自改革开放以来，随着国际交往的扩大，国际交流亦日益频繁。尤其是1992年邓小平南方谈话提出了关于"姓资""姓社"问题的不争论，解放了思想，扫除了理论研讨的禁区。1992年党的十四大提出了中国经济体制改革的目标是建立社会主义经济体制，这更需要向境外学习、向西方学习，从20世纪90年代以来，在四川召开的经济学学术研讨会日益增多。

（一）1992—2002年四川理论经济学国际（含境外）会议

1992—2002年，在四川经济学界较有影响、较为重要的国际（含境外）会议有：1994年9月11日由西南财经大学主办的海峡两岸"中国经济之前途"研讨会；1995年9月11日主办的海峡两岸"迈向二十一世纪的中国经济"学术研讨会。

表4-5　1992—2002年四川省召开的理论经济学国际会议

时间	会议名称	主办单位	召开地点
1994年9月11日	海峡两岸"中国经济之前途"研讨会	会议由西南财经大学主办	西南财经大学

续表

时间	会议名称	主办单位	召开地点
1995年9月3日	金融体系的现代化与经济增长问题研讨会	会议由西南财经大学主办	西南财经大学
1995年9月11日	海峡两岸"迈向二十一世纪的中国经济"学术研讨会	会议由西南财经大学主办	海口
1996年5月20日	金融规划研讨班	会议由西南财经大学主办	西南财经大学
1996年9月9日	面向21世纪财经教育国际学术研讨会	会议由西南财经大学主办	西南财经大学
1997年	"亚洲金融危机及其对中国的影响"国际研讨会	会议由西南财经大学主办	西南财经大学
1998年5月25日	面向21世纪全球金融发展研讨会	会议由西南财经大学主办	西南财经大学
1998—2000年	"住友海上——西南财经大学"科学研讨会（连续三届）	会议由西南财经大学主办	西南财经大学
1998—2000年	"德国中央银行——柏林经济学院——西南财经大学"研讨年会（连续三届）	会议西南财经大学、德国柏林经济学院主办	西南财经大学
2000年7月	中国劳动力市场与再就业国际学术研讨会	会议由西南财经大学主办	西南财经大学
2001年3月31日	中国金融论坛暨西南财经大学中国金融研究中心揭牌仪式	会议由西南财经大学主办	西南财经大学
2001年	世界贸易组织与中印经济发展国际研讨会	会议由四川大学主办	四川大学
2002年5月15日	第二届中国金融论坛	会议由西南财经大学主办	西南财经大学

（二）2002—2012年的理论经济学国际（含境外）会议

2002—2012年，在四川经济学界较有影响、较为重要的国际（含境外）会议有：2006年8月23日由省商务厅等主办、西南财大承办的中日经济国际学术研讨会；2007年3月12日由四川大学主办的中德经济论坛；2012年10月13日由西南财经大学、莫斯科罗蒙诺索夫国立大学、中国世界经济学会主办，西南财经大学承办的全球化进程国际学术大会等。

1. 海峡两岸公共经济与经济一体化论坛。举办时间：2009年6月29日。会议主要内容：本次会议由西南财经大学经济学院和台湾淡江大学商学院经济系联合主办，《经济学家》杂志社协办。西南财经大学副校长卓志，淡江大学经济系主任庄希丰，西南财经大学经济学院特聘院长甘犁、执行院长刘方健、财税学院执行院长刘蓉，四川大学经济学院院长李天德，澳门大学孙广振教授、《经济学家》编辑部主任蒋南平等领导和海峡两岸经济学专家学者出席了大会开幕式，本次大会共有40余名代表参会。在公共经济和经济一体化的各分会场讨论中，与会代表分别从各自研究的专业角度，围绕两岸公共经济与经济一体化的热点问题进行了论文宣讲和深入交流。

2. 2010淡江经济论坛（与台湾淡江大学联合主办）。举办时间：2010年10月4日。会议主要内容：会议由西南财经大学经济学院与台湾淡江大学兰阳校园联合举办。会议主要就"利率市场化""新型城镇化""城市统筹与农村土地制度改革研究"做了主题报告。

3. 全球化进程国际学术大会。举办时间：2012年10月13日。会议主要内容：会议由西南财经大学、莫斯科罗蒙诺索夫国立大学、中国世界经济学会主办。会议议题围绕全球化进程中的矛盾发展对世界经济及人类社会和谐发展的正、负面影响，以及发展中国家如何正确认识和应对经济全球化的机遇和挑战等展开。

表4-6　　2002—2012年四川省召开的理论经济学国际会议

时间	会议名称	主办单位	召开地点
2006年8月23日	中日经济国际学术研讨会	四川省商务厅、四川省人民政府侨务办公室与四川大学主办，双流县人民政府、日本星火产业株式会社协办，四川大学经济学院承办	西南财经大学
2007年3月12日	中德经济论坛	四川大学主办	四川大学
2007年5月24日	中巴经贸论坛暨"中巴经贸合作现状与前景"	四川大学主办	四川大学

续表

时间	会议名称	主办单位	召开地点
2009年6月29日	海峡两岸公共经济与经济一体化论坛	西南财经大学经济学院和台湾淡江大学商学院经济系联合主办，《经济学家》杂志社协办	西南财经大学
2010年10月4日	2010淡江经济论坛	西南财经大学经济学院与台湾淡江大学兰阳校园联合举办	台湾淡江大学
2011年6月24日	2011产业经济与管理策略国际研讨会	西南财经大学主办	西南财经大学
2011年	2011宏观与金融国际研讨会	西南财经大学主办	西南财经大学
2011年	2011暑期计量经济学供给研讨会	西南财经大学主办	西南财经大学
2012年	亚洲金融市场和经济发展国际会议	西南财经大学主办	西南财经大学
2012年	第十三届中德货币政策研讨会	西南财经大学主办	西南财经大学
2012年3月30日	第三届中德经济合作论坛	四川大学经济学院和德国不莱梅应用科技大学共同举办	四川大学
2012年4月26日	中日马克思经济学的现代发展与运用研讨会	西南财经大学主办	西南财经大学
2012年5月26日	2012庆祝萧政教授执教40周年计量经济学国际研讨会	西南财经大学主办	西南财经大学
2012年6月8日	2012应用微观经济学研讨会	西南财经大学主办	西南财经大学
2012年6月8日	2012暑期计量经济学国际研讨会	西南财经大学主办	西南财经大学
2012年6月29日	2012亚太国家经济金融挑战与问题国际研讨会	西南财经大学主办	西南财经大学
2012年6月29日	2012美国国民经济研究（NBER）成都研讨会	西南财经大学主办	西南财经大学
2012年9月26日	中日资本论研究国际研讨会	西南财经大学主办	西南财经大学
2012年10月13日	全球化进程国际学术大会	西南财经大学、莫斯科罗蒙诺索夫国立大学、中国世界经济学会主办	西南财经大学

(三) 2012—2019 年的理论经济学国际（含境外）会议

自 2010 年以来从海外留学归来的博士日益增多，需要通过国际学术交流来和海外保持密切的学术联系，再加之中国自改革开放以来在经济建设方面所取得的重大成就，中国的经验引起了世界的高度关注，因而，在这 7 年间，在四川召开的经济学国际（境外）会议更多。其中较为重要者有：2014 年 9 月 13 日，由四川大学主办中国欧洲学会欧盟研究会暨欧洲研究分会 2014 年年会；2015 年 11 月 1 日"一带一路"："中印合作的愿景与路径"国际学术研讨会等；2018 年 7 月 18 日由西南财经大学经济学院和 the Society for Promotion of Mechanism and Institution Design 共同筹办的 2018 年经济理论与应用国际研讨会等。

1. 海峡两岸学术研讨会（2014）——经济转型与市场化。举办时间：2014 年 10 月 10 日。会议主要内容：会议由西南财经大学经济学院和淡江大学国际企业学系共同举办，每年一次，由双方轮流主办。两岸经济学研究生学术交流会邀请淡江大学和西南财经大学的研究生，就经济转型与市场化、利率自由化、农地产权和新型城市化等相关领域中的前沿学术问题进行研讨和交流，由相关领域知名教授学者点评指导。

2. 新时期"一带一路"中欧经贸合作国际会议。举办时间：2018 年 6 月 4 日。会议主要内容：本次会议由四川大学经济学院、德国不来梅应用科技大学、波兰格但斯克大学联合主办，在德国不来梅应用科技大学召开，会议有中欧近 40 位经济、法律、国际问题的专家与会。会议中，来自德国、波兰和中国的学者围绕"一带一路"建设中的中欧经贸与投资往来、中德友好城市交流、基础设施建设、环保合作、能源问题和人文交流等多个方面主题进行了深入的研讨。我院邓翔教授、马德功教授、邓国营副教授、贺立龙副教授、赵绍阳副教授，分别就"一带一路"与中欧班列整合、中国人口流动与房价、脱贫攻坚事业、医疗体制改革进行了主题发言，引发了与会专家的热烈讨论。论坛上中欧学者们一致认为，尽管全球贸易保护主义抬头，但合作共赢仍是全球主流趋势，欧盟应积极响应"一带一路"倡议，扩大双边的经贸合作，加强政策、贸易、金融、基础设施和人心沟通，才是互惠互利的明智之举。中欧双方应加强双边的合作关系，完善贸易投资的政策对接，加强

"一带一路"基础设施投资和欧盟"投资计划"的对接,助力中欧经贸投资合作在新时期取得巨大进展。

图 4-46 新时期"一带一路"中欧经贸合作国际会议

3. 2018 年经济理论与应用国际研讨会。举办时间:2018 年 7 月 18 日。会议主要内容:大会由西南财经大学经济学院和 the Society for Promotion of Mechanism and Institution Design 共同筹办。自中国、美国、英

图 4-47 2018 年经济理论与应用国际研讨会

国、法国、以色列、奥地利、德国、加拿大、印度、日本、新加坡、韩国等国家和地区的 140 多名学者相聚一堂，就经济理论和应用问题展开研讨。两天会议中，举办了微观经济学、宏观经济学、计量经济学、劳动经济学、机制与市场设计、博弈论、实验经济学、经济史、货币经济学、金融经济学、国际贸易、政治经济学、公共政策评估等分论坛。

4. 第一届"亚洲新兴经济体经济发展、企业与金融市场国际研讨会"。举办时间：2018 年 12 月 22 日。会议主要内容：本次会议由四川大学经济学院，美国新兴市场与贸易协会主办。来自复旦大学、厦门大学、重庆大学、电子科技大学、四川大学等高校的 30 余名专家学者参加了国际研讨会。与会代表就亚洲新兴经济体经济发展、企业与金融市场等关键问题达成了许多共识。研讨会最后由南伊利诺伊州大学杰出教授、EMFT 主编 Kutan 教授作了"如何在世界一流经济与金融杂志发表学术论文"的学术报告。Kutan 教授分别从学术论文各部分的写作以及投稿发表流程进行了详细的介绍。

图 4-48　第一届"亚洲新兴经济体经济发展、企业与金融市场国际研讨会"

表 4 – 7　　2012—2019 年四川省召开的理论经济学国际会议

时间	会议名称	主办单位	召开地点
2013 年	中国留美经济学会 2013 年国际学术会	西南财经大学主办	西南财经大学
2013 年	家庭金融调查国际研讨会	西南财经大学主办	西南财经大学
2013 年	马克思主义经济学发展与创新轨迹学术研讨会	四川大学主办	四川大学
2014 年	产业经济与公共政策国际研讨会	西南财经大学主办	西南财经大学
2014 年	第十五届中德货币政策会议金融学院	西南财经大学主办	西南财经大学
2014 年	新加坡管理大学——西南财经大学国际研讨会	西南财经大学主办	西南财经大学
2014 年	中国欧洲学会欧盟研究会暨欧洲研究分会 2014 年年会	四川大学主办	四川大学
2014 年	海峡两岸学术研讨会（2014）——经济转型与市场化	西南财经大学经济学院和淡江大学国际企业学系共同举办，每年一次，由双方轮流主办	西南财经大学
2015 年	第十六届中德货币政策暨金融安全研讨会	西南财经大学主办	西南财经大学
2015 年	中英微型金融与农村金融国际研讨会	西南财经大学主办	西南财经大学
2015 年	行为金融和共同基金国际学术研讨会	西南财经大学主办	四川大学
2015 年	"一带一路：中印合作的愿景与路径" 国际学术研讨会	四川大学主办	四川大学
2016 年	中国美国经济学年会暨"中美经贸关系与世界经济格局演变"学术研讨会	西南财经大学主办	西南财经大学
2016 年	第十七届中德货币政策暨金融安全研讨会	西南财经大学主办	西南财经大学
2016 年	中国区域、城市和空间经济学国际研讨会	西南财经大学主办	西南财经大学
2016 年	世界计量经济学会中国会议	西南财经大学主办	西南财经大学

第四章　学术活动　403

续表

时间	会议名称	主办单位	召开地点
2017年	国际金融市场和机构会议：资产定价、风险管理和公司治理	西南财经大学主办	西南财经大学
2018年	新时期"一带一路"中欧经贸合作国际会议	四川大学经济学院、德国不来梅应用科技大学、波兰格但斯克大学联合主办	德国不来梅应用科技大学
2018年	2018年经济理论与应用国际研讨会	西南财经大学经济学院和机制与制度设计促进协会共同筹办	西南财经大学
2018年	第一届"亚洲新兴经济体经济发展、企业与金融市场国际研讨会"	四川大学经济学院，美国新兴市场与贸易协会主办	四川大学

三　理论经济学讲座及学术报告

（一）1978—1992年的理论经济学讲座及学术报告

表4-8　　1978—1992年四川省理论经济学讲座及学术报告

时间	学术讲座名称	主讲人	主办单位和地点
1986年6月7日	关于农村商品经济的几个问题	中国农业经济学会副理事长兼秘书长严瑞珍教授	西南财经大学
1986年10月31日	政治经济体制改革	中央顾问委员会委员，著名经济学家于光远	西南财经大学
1987年5月19日	当前经济体制改革的若干难题	国务院经济技术社会发展研究中心《管理世界》杂志社总编何沼化	西南财经大学
1987年5月20日	中苏经济体制改革比较	中国社会科学院情报研究中心研究员段合珊	西南财经大学

续表

时间	学术讲座名称	主讲人	主办单位和地点
1987年6月1日	宏观经济学和计量经济学	美国华盛顿州立大学怀恩·吉尔丁教授	西南财经大学
1987年7月20日	关于联邦德国的社会市场经济	联邦德国科隆大学前校长、著名经济学家格诺特·古特曼教授	四川省社科院
1987年11月12日	当前国际经济的现状与发展	联邦德国西柏林自由大学经济系教授喻钟烈博士	西南财经大学
1988年9月2日	我的经济思想	中央顾问委员会委员，著名经济学家于光远	西南财经大学
1988年9月9日	经济体制改革	国务院发展研究中心吴敬琏高级研究员	西南财经大学
1989年2月23日	当前农业经济理论的有关问题	四川省委宣传部理论部副处长达凤全副研究员	西南财经大学
1990年12月6日	当代西方经济学与我国经济体制改革	北京大学胡代光教授	西南财经大学
1991年4月15日	四川当前农村经济形势、任务和对策研究	四川省委农业研究室赵文欣主任	西南财经大学
1991年4月15日	农业银行体制改革的现状和问题	农业银行总行体改办主任郑良芳高级经济师	西南财经大学
1991年5月2日	亚当·斯密的道德学思想	日本名城大学水田洋教授	西南财经大学
1991年10月18日	国内外经济发展趋势	中国国际信托投资公司总会计师熊崇义	西南财经大学
1991年10月18日	大转变时期的香港经济	香港《经济导报》总编陈可昆教授	西南财经大学
1992年	消费分析、货币供应理论及历史和稳定政策复杂性	诺贝尔经济学奖得主米尔顿·弗里德曼教授	西南财经大学
1992年5月12日	改革开放和利用外资	成都正大公司董事长	西南财经大学
1992年11月11日	社会主义市场经济体制的财政及若干问题	著名经济学家原中国人民建设银行行长许毅	西南财经大学

(二) 1992—2002 年的理论经济学讲座及学术报告

表 4 - 9　　　1992—2002 年四川省理论经济学讲座及学术报告

时间	学术讲座名称	主讲人	主办单位及地点
1993 年 3 月 3 日	成都股份制的现状及展望	成都市体改委康天才主任	西南财经大学
1994 年 3 月 2 日	经济热点讲座	北京大学博士后李义平	西南财经大学
1994 年 5 月 17 日	四川省当前经济形势和对策	四川省委常委副省长蒲海清	西南财经大学
1995 年 3 月 27 日	现代企业问题研究	四川联合大学（现四川大学）杨继瑞教授	西南财经大学
1995 年 4 月 18 日	商业银行的实践和理论若干问题	上海浦东发展银行副行长陈伟恕	西南财经大学
1995 年 4 月 19 日	当前人民币汇率走势	中国人民银行总行政策研究室景学成教授	西南财经大学
1996 年 4 月 17 日	三场讲座：西方经济学和中国金融体系改革；通货膨胀成因及治理对策；国有企业改革思路	国家计委经济研究中心罗精奋研究员	西南财经大学
1997 年 4 月 28 日	当前宏观经济的若干问题	北京大学博士生导师肖灼基	西南财经大学
1997 年 11 月 4 日	十五大对股份制问题的重大突破	北京大学博士生导师肖灼基	西南财经大学
1998 年 4 月 15 日	关于国有企业改革对策评析	中国人民大学李义平教授	西南财经大学
1998 年 9 月 24 日	学习邓小平理论	四川省委常委成都市委书记陶武先	西南财经大学
1998 年 10 月 20 日	关于经济形势的几个问题	四川省副省长邹广严	西南财经大学
1998 年 10 月 27 日	亚洲金融风暴对"两岸三地"之冲击及因应	中国台湾中华经济研究院顾问、台湾大学经济系教授叶万安先生	西南财经大学
1998 年 10 月 29 日	税收与经济增长	四川省国税局局长丁力	西南财经大学

续表

时间	学术讲座名称	主讲人	主办单位和地点
1998年12月15日	关于改革和发展的几个问题	国务院发展研究中心吴敬琏高级研究员	西南财经大学
1999年7月2日	美国社保与就业状况	诺贝尔经济学奖获得者福格尔教授	西南财经大学
1999年10月14日	从曼昆的《经济学原理》看当前经济学发展新趋势	北京大学梁小民教授	西南财经大学
1999年10月28日	从宏观经济学的观点来看东南亚金融危机对我国经济发展的影响	澳大利亚莫纳什大学经济学教授，社科院院士黄有光教授	西南财经大学
1999年11月4日	国有企业改革	中国社会科学研究院王振中研究员	西南财经大学
1999年11月6日	当前经济及利率走势与债券市场的发展	国家开发银行资金局局长高坚博士	西南财经大学
1999年11月8日	四川经济的发展方向	四川省政策研究室吴兆华博士	西南财经大学
1999年12月9日	当前我国经济次高增长阶段及其政策选择	中国社科院研究局副局长刘迎秋博士	西南财经大学
2000年4月6日	加入WTO对中国经济的影响	中国社科院经研所杨帆博士	西南财经大学
2000年5月5日	对经济学和经济学家的研究	浙江大学史晋川教授	西南财经大学
2000年5月16日	中国加入WTO	北京大学博士生导师厉以宁教授	西南财经大学
2000年5月19日	关于西方经济学和发展经济学	武汉大学博士生导师谭崇教授	西南财经大学
2000年5月20日	国有经济战略布局的调整	北京师范大学沈越教授	西南财经大学
2000年5月21日	经济全球化与中国的应对策略	中国人民大学方福前教授	西南财经大学
2000年10月11日	企业生命周期及全球战略	法国蒙彼利埃第三大学经济学院苏珊娜·莎维教授	西南财经大学

续表

时间	学术讲座名称	主讲人	主办单位和地点
2000年10月21日	数码时代给银行带来的商机与挑战	香港恒生银行副董事长兼行政总裁、汇丰集团执行董事郑海泉	西南财经大学
2001年2月19日	世界经济一体化格局下的中国经济走向	美国加州大学伯克莱分校文森特·米勒教授	西南财经大学
2001年2月20日	俄罗斯的经济改革——现状与前景	俄罗斯圣彼得堡财经大学教授，经济学博士Selishchev	西南财经大学
2001年3月19日	入世对中国经济的影响和对策	中国社科院财贸物资经济研究所杨圣明研究员	西南财经大学
2001年3月31日	中国资本市场的改革问题	国家开发银行副行长王益博士	西南财经大学
2001年5月24日	资本市场与创业投资	全国人大财经委员会周道炯先生	西南财经大学
2001年5月25日	关于国际接轨的几点思考	中国人民大学博士生导师吴易风教授	西南财经大学
2001年5月28日	中国改革进程中的三次理论突破	中国社科院政治经济学研究室副主任钱津博士	西南财经大学
2001年9月17日	中外国民经济核算体系改革与发展	国家统计局国民经济核算司司长许宪春博士	西南财经大学
2001年9月21日	加入WTO的若干问题	美国威斯康星大学法学博士，台湾淡江大学教授林江涛	西南财经大学
2001年9月24日	世界银行和国际货币基金组织最新反贫宏观经济战略	柏林经济学院赫尔教授和柏林应用科技大学普利维教授	西南财经大学
2001年11月4日	经济学与科学精神	中南财经政法大学副校长、博士生导师赵凌云	西南财经大学
2001年11月5日	家庭、道德在经济发展中的作用	美国华盛顿大学教授，经济学博士Poznanski	西南财经大学

续表

时间	学术讲座名称	主讲人	主办单位和地点
2001年11月15日	新经济——大调整，大发展	著名的理论经济学家，西南财经大学经济学院教授刘诗白教授	西南财经大学
2001年11月20日	全球经济化理论与现实若干问题	中国世界经济学会常务理事，西南财经大学经济学院姜凌教授	西南财经大学
2001年11月21日	怎样看待中国实施的积极财政政策	著名财政金融学家、西南财经大学财税学院刘邦驰教授	西南财经大学
2001年11月29日	如何认识当代的"中产阶级"	西南财经大学经济学院赵磊教授	西南财经大学
2002年2月8日	经济学的学习方法	美国马瑞塔大学陈文蔚教授	西南财经大学
2002年3月7日	WTO条约对中国国际和国内贸易影响	四川省社科院特邀前任美国贸易副代表唐纳德·菲利普二世	四川省社科院
2002年3月14日	新经济与比较优势革命	西南财经大学国际商学院教授刘崇仪	西南财经大学
2002年3月19日	三个世纪伟人对西部开发的理论与实践比较研究	四川省政协委员会副秘书长，民革中央委员沈元瀚教授	西南财经大学
2002年4月1日	经济学合约理论的核心与发展	香港经济学家张五常教授	西南财经大学
2002年4月1日	美国201钢铁限制案与WTO相关协议	中国加入WTO谈判首席顾问王磊博士	西南财经大学
2002年4月22日	经济学合约理论的核心及发展	世界著名经济学家，原香港大学经济学院院长张五常教授	西南财经大学
2002年4月22日	中国市场化改革和当前宏观经济运行中的问题	国务院发展研究中心吴敬琏研究员	西南财经大学

续表

时间	学术讲座名称	主讲人	主办单位和地点
2002年4月24日	中国的市场化改革与加入WTO的进程	西南财经大学博导朱敏	西南财经大学
2002年5月23日	经济学科在美国和理解现代经济学	美国伯克利加州大学钱颖一教授	西南财经大学
2002年6月14日	世界经济学前沿——健康经济学	美国北卡罗莱纳州立大学刘国恩教授	西南财经大学

（三）2002—2012年的理论经济学讲座及学术报告

表4-10　　2002—2012年四川省理论经济学讲座及学术报告

时间	学术讲座名称	主讲人	主办单位和地点
2003年9月1日	全球化下中国文化的现状、发展与趋势	法国学者魏明德先生	四川省社科院
2003年11月4日	经济全球化与人民币汇率问题	世界著名经济学家、诺贝尔经济学奖获得者蒙代尔教授	西南财经大学
2004年3月10日	转轨经济：激进与渐进	波兰前副总理哥哲哥·科勒德克	西南财经大学
2005年8月25日	中美宏观经济政策与经济增长理论	著名经济学家，美国西部经济学会主席，哈佛大学罗伯特·巴罗教授	西南财经大学
2006年5月30日	寻找"一只手"的经济学家	教育部长江学者，西南财经大学讲座教授甘犁教授	西南财经大学
2006年10月30日	从历史的角度看日本和中国货币的升值	国际著名经济金融学家麦金农教授	西南财经大学
2006年11月10日	中国加工企业的产权结构与谈判过程	澳大利亚莫纳什大学经济学博士张居衍	西南财经大学
2007年3月30日	中国物价指数趋同研究	University of Birmingham经济学博士，香港岭南大学经济系教授魏向东	西南财经大学

续表

时间	学术讲座名称	主讲人	主办单位和地点
2007年3月30日	感知不同的共享行为：一般博弈论	加拿大麦基尔大学经济学博士 Institute of Economics, Academia Sinica 副研究员罗晓	西南财经大学
2008年5月13日	博弈台海	西南财经大学当代世界经济与政治教研室副教授，西南财经大学党委宣传部副部长俞国斌	西南财经大学
2007年5月25日	中国——从外部看全球经济新参与者	世界著名经济学家西伯特教授	西南财经大学
2007年10月15日	中国银行业改革展望	著名学者，加拿大西安大略大学徐滇庆教授	西南财经大学
2008年9月28日	关于构建中国特色资本市场的几个问题	西南财经大学证券与期货学院理事会理事长，名誉院长周正庆教授	西南财经大学
2009年10月29日	四川省非公组织学习实践活动首场专家讲座	四川省委党校经济学教授文大会教授；清华大学李稻葵教授	西南财经大学
2010年5月11日	中国经济的短期波动与长期增长	北京大学副校长海闻教授	西南财经大学
2010年5月23日	非合作博弈理论中开创性的均衡分析	诺贝尔经济学奖获得者莱茵哈德·泽尔腾教授	西南财经大学
2010年6月	制度变革与经济增长	诺贝尔经济学奖获得者奥利弗·威廉姆森教授	西南财经大学
2011年9月24日	全球经济波动前景	诺贝尔经济学奖获得者罗伯特·恩格尔	西南财经大学
2012年5月	全球工厂	现任欧洲国际商务学会主席彼得·巴克利	西南财经大学
2012年7月6日	中国资本市场发展与改革	中国证监会研究中心主任祁斌	西南财经大学
2012年10月25日	新政治经济学批判	清华大学李萍教授	西南财经大学

续表

时间	学术讲座名称	主讲人	主办单位和地点
2012年11月2日	经济全球化与中国开放型经济构建	四川大学蒋国庆教授	西南财经大学
2012年11月12日	世界经济形势与中国经济增长方式转变	中南财经政法大学副校长杨灿明教授	西南财经大学
2012年11月19日	欧债危机的动态演变及其应对	柏林经济学院Hansjörg Herr教授	西南财经大学
2012年12月5日	泛市场化批判——对当代中国经济体制改革的理性反思	汕头大学商学院田广教授	西南财经大学
2012年12月17日	人力资本与经济增长：东亚国家研究	奥克兰大学的BahDepartment of Economics 的 RL-Haji M.	西南财经大学

（四）2012—2019年的理论经济学讲座及学术报告

表4-11　　2012—2019年四川省理论经济学讲座及学术报告

时间	学术讲座名称	主讲人	主办单位和地点
2013年3月13日	是什么导致了低价和失业同步波动？	明尼苏达大学经济学博士查涛教授	西南财经大学
2013年4月2日	马克思经济学与西方经济学的比较研究	中国人民大学李义平教授	西南财经大学
2013年4月10日	马克思主义经济学与西方经济学的方法论比较——兼谈中国经济学时代的到来	中国人民大学经济学院院长杨瑞龙教授	西南财经大学
2013年4月26日	商品房价格研究	香港城市大学的Charls Ka Yui Leung	西南财经大学
2013年5月31日	离岸价格、关系—特殊性和汇率	美国波士顿学院的Ben Li	西南财经大学
2013年6月5日	中美经济的比较研究	美国加州立大学长滩分校Jack Hou教授	西南财经大学

续表

时间	学术讲座名称	主讲人	主办单位和地点
2013年6月8日	人民币在国际货币体系中的未来	世界著名经济学家、诺贝尔经济学奖获得者蒙代尔教授	西南财经大学
2013年6月8日	世界经济合作与发展组织在经济衰退期间的失业情况	世界著名经济学家、诺贝尔经济学奖获得者克里斯托弗·皮萨里德斯教授	西南财经大学
2013年9月27日	马克思的劳动平等理论	安徽大学经济学院原院长荣兆梓教授	西南财经大学
2013年10月11日	中国反垄断法实施前的横向并购	美国肯塔基大学经济学教授Frank A. Scott博士	西南财经大学
2013年10月13日	有关改革的若干思考	国务院发展研究中心魏加宁研究员	西南财经大学
2013年10月16日	重工业优先发展与计划经济体制的内生形成	厦门大学经济学院廖谋华副教授	西南财经大学
2013年10月16日	欧债危机：欧洲一体化异化的噩梦	四川大学马克思主义学院院长蒋永穆教授	西南财经大学
2013年10月18日	中国人对大城市的偏好：来自城乡移民的证据	Clark University Junfu Zhang	西南财经大学
2013年10月19日	当前我国发展的阶段性特征及未来发展趋势	中共中央党校李兴山教授	西南财经大学
2013年10月19日	中国经济第二季的挑战与机会	法国巴黎银行（中国）董事总经理兼首席经济学家陈兴动	西南财经大学
2013年11月5日	关于中国宏观经济的一些事实	美国联邦储蓄银行亚特兰大分行数量研究中心主任，埃默里大学经济学教授，著名华人经济学家，四川大学特聘讲座教授查涛教授	四川大学
2013年11月7日	巴泽尔产权思想与中国产权改革	河北经贸大学副校长，《河北经贸大学学报》主编，教育部经济学类教学指导委员会委员武建奇教授	成都理工大学

续表

时间	学术讲座名称	主讲人	主办单位和地点
2013年11月8日	贬值之谜、格雷欣定律和货币理论	香港科技大学经济系朱涛副教授	西南财经大学
2013年11月11日	西方经济学的学习和研究方法	南京师范大学商学院教授，西方经济学专业硕士生导师，江苏省创新研究院，江苏省民营经济研究基地研究员李政军	四川师范大学
2013年12月24日	政治经济学的创新与中国的前途	中国人民大学邱海平教授	西南财经大学
2014年3月26日	重组和私有化对制造业生产效率的影响：来自中国的证据	美国富布莱特学者，西密歇根大学经济学院教授，中国学研究中心主任黄维乔教授	四川大学
2014年5月23日	经济危机后的宏观经济：刺猬还是狐狸？	英国华威大学经济系教授，英格兰银行高级研究员张雷教授	四川大学
2014年6月6日	马克思经济学与西方经济学的学术逻辑比较	北京大学应用经济学博士后，现为中国社会科学院马克思主义研究院研究员，马克思主义原理研究部副主任余斌	四川大学
2014年10月19日	中国经济换挡与动力结构改革	教授，博士生导师，中央党校副校长赵才茂	四川师范大学
2014年11月14日	新国际背景下的中法经济关系	克莱蒙费朗大学经济管理学院院长暨中国经济研究学院负责人玛丽·弗朗科伊斯·雷纳德（Mary-Françoise RENARD）教授	四川大学
2014年12月5日	全球化、社会认同与合作	西班牙海梅一世大学教师暨基尔世界经济研究所高级研究员Grimalda博士	四川大学
2014年12月19日	老龄化社会的经济问题	四川大学经济学院外聘教授Tor Eriksson	四川大学

续表

时间	学术讲座名称	主讲人	主办单位和地点
2015年2月28日	中国宏观经济的趋势与周期	世界著名经济学家，美联储高级研究员，美国埃默里大学查涛教授	四川大学
2015年3月25日	马克思主义经济学研究院双周论坛——调节理论及其在中国经济中的应用	蒙特利尔魁北克大学Sylvain Gauthier研究员	西南财经大学
2015年4月29日	"博弈论与动态宏观经济学"小型研讨会	宁波诺丁汉大学经济学院Shravan Luckraz副教授；西南财经大学经管院副教授龚强；西南财经大学经管院副教授张岚；宁波诺丁汉大学经济学院助理教授杨毅柏；西南财经大学经管院副教授彭涛；西南财经大学经济学院副教授黄千佑	西南财经大学
2015年5月14日	中国不良资产问题与探讨	北京凯恩克劳斯经济研究基金会王海军博士	四川大学
2015年6月2日	新常态下的经济发展	著名经济学家，原南京大学党委书记洪银兴教授	西南财经大学
2015年6月11日	中国经济应该如何快速发展	诺贝尔经济学奖获得者詹姆斯·莫里斯教授	西南财经大学
2015年9月14日	全球经济失衡和危机中希腊的退出	牛津大学SAïD商学院金融经济学，圣埃德蒙学院管理学（研究员），l. S. E的金融市场集团高级研究员Dimitrios Tsomocos教授	四川大学
2015年10月11日	评估银行中介冲击的宏观经济影响：一种结构方法	美国埃默里大学经济系陈凯吉教授，四川大学经济学院客座教授查涛教授	四川大学
2015年10月12日	中国房地产市场的大繁荣	美国埃默里大学经济系，亚特兰大联邦储备银行研究员陈凯迹教授	四川大学

续表

时间	学术讲座名称	主讲人	主办单位和地点
2015年10月13日	中国宏观经济的趋势和周期研究	埃默里大学经济系教授，美国国民经济研究局研究员查涛教授	四川大学
2015年11月14日	演化经济学的发展与前沿	中国人民大学经济学院贾根良教授	西南财经大学
2015年12月1日	历史文化研究所经济史seminar——从清代的案件概念开始谈比较史和法律学的关系	加州理工学院戴史翠（Maura Dykstra）助理教授	西南财经大学
2015年12月1日	中印经济增长的故事：一带一路（新丝绸之路）	印度IIF商学院，《印度金融》杂志副主编Aman Agarwal教授	四川大学
2015年12月4日	对国际形势新常态的认识	复旦大学欧洲问题研究中心主任，欧盟"让·莫内讲席教授"，博士生导师戴炳然教授	四川大学
2015年12月14日	关于中国经济发展与改革若干问题的研究和思考	国务院办公厅国家科技教育领导小组办公室政策调研组组长，国务院参事室特约研究员胡和立教授	四川大学
2016年1月8日	一带一路与成都发展	经济学博士，研究员，成都市社科联党组成员、副主席，成都市社会科学院副院长阎星	成都理工大学
2016年3月31日	论小型开放经济体中政府财政赤字政策与需求管理债务的有效性	英国约克大学的Neil Rankin教授	四川大学
2016年4月8日	"一带一路"与中欧地方政府合作	波兰罗兹大学东亚研究系，波兰罗兹大学亚洲事务中心主席梅德明教授	四川大学
2016年4月13日	"新常态"并非"新周期"	申万宏源证券有限公司固定收益总部首席分析师范为	电子科技大学

续表

时间	学术讲座名称	主讲人	主办单位和地点
2016年5月19日	博弈论和社会网络的创新扩散	牛津大学圣埃德蒙学院的Dominik Karos博士	四川大学
2016年5月26日	供给侧改革与中国经济发展	中国社会科学院经济所研究员、教授、博士生导师剧锦文	四川师范大学
2016年5月28日	我国当前的宏观经济形势及政策分析	中国人民大学经济学院教授、博士生导师,中国人民大学产业经济与竞争政策研究中心主任,中国世界贸易组织研究会常务理事,中华外国经济学说研究会理事,北京外国经济学说研究会副会长吴汉洪	四川师范大学
2016年5月31日	供给侧改革与房地产去库存	重庆大学建设管理与房地产学院教授、硕士生导师王林	四川师范大学
2016年6月27日	经济理论与实践大讲堂——我国税收征管体制的前世今生	四川省国家税务局办公室主任柳华平博士	四川大学
2016年6月30日	中国制造业的资源误置	瑞典乌普萨拉大学经济系李传忠教授	四川大学
2016年7月6日	住房位置对旅游行为的长期影响：来自中国住房改革的证据	全球能源问题专家、美国著名智库未来资源研究所研究员王忠民博士	四川大学
2016年7月6日	在一个概率双向拍卖中价格过程的收敛	美国罗格斯大学肯顿校区经济系马金鹏教授	四川大学
2016年10月31日	中国宏观货币政策	著名经济学家,美国埃默里大学经济学教授查涛教授	四川大学
2016年11月2日	"全面创新改革"专题讲座	成都市发改委国民经济综合处副处长贾燕兵博士	四川农业大学
2016年11月3日	中国经济的新常态与结构性改革	中国著名经济学家王福重教授	电子科技大学

续表

时间	学术讲座名称	主讲人	主办单位和地点
2016年11月10日	构建中国特色财政预算体系的几点思考	四川省人大代表,人大常委会副秘书长,人大财经委副主任委员郑树全	四川大学
2016年11月28日	预期效用最大化者投资的资产组合理论	布鲁塞尔自由大学经济与政治科学系研究员姚经博士	四川大学
2016年12月1日	热带森林道路改善对减少生态破坏的研究	世界银行发展研究团队环境和能源小组首席环境经济学家 Susmita Dasgupta	四川大学
2016年12月4日	经济学高质量论文的探究与写作素养	上海财经大学学术期刊编辑部编审、《财经研究》编辑部主任施祖辉教授	四川农业大学
2017年3月17日	欧元危机:有没有什么出路?	英国牛津大学奥利尔学院 Andrew Farlow 教授	四川大学
2017年3月27日	中国经济增长的可持续性	世界著名华人经济学家,美国埃默里大学查涛教授	四川大学
2017年3月28日	"关系"和收入不平等	加拿大 Mortgage and Housing Cooperation 市场分析中心张林研究员	四川大学
2017年4月7日	美国银行业开放史——从权利限制到权利开放	中央财经大学经济学院讲师,美国马里兰大学经济学博士路乾	西南财经大学
2017年4月7日	深入实施供给侧结构性改革	经济学博士,四川省委党校经济学教研部主任,四川省委党校经济社会发展战略研究所所长,四川省《资本论》学会会长许彦教授	成都理工大学
2017年4月20日	贸易信贷与出口:来自中国的证据	国家首批"青年拔尖人才支持计划"(万人计划),教育部"青年长江学者",北京大学经济学院杨汝岱副教授	西南财经大学

续表

时间	学术讲座名称	主讲人	主办单位和地点
2017年4月21日	从资源配置方式看当代资本主义变化趋势	浙江大学马克思主义学院卢江副教授	西南财经大学
2017年4月22日	如何写作和发表经济学论文？	《中国社会科学》杂志社编辑陈凤仙；《政治经济学评论》杂志社编辑张晨；《求是》杂志社编辑吴晓迪；《光明日报》理论版编辑张胜；《经济研究参考》杂志社编辑宋艳波；《财经科学》杂志社编辑刘宇浩	西南财经大学
2017年4月26日	全球流动性传输以及国际债券发行	韩国首尔国立大学经济系教授，Bank of International Settlements与亚洲开发银行顾问，韩美经济学会会长Soyoung Kim教授	四川大学
2017年5月2日	绝对量还是相对比例？一个收入分配研究	中国人民大学王湘红教授	西南财经大学
2017年5月4日	家庭支持还是社会支持？文化对个体经济行为的影响研究	中央财经大学经济学院张川川副教授	西南财经大学
2017年5月10日	经济理论前沿与实践大讲堂——全面解析营改增	山东财经大学经济研究中心主任潘明星教授	四川大学
2017年5月27日	土地与中国经济发展关系问题	中国人民大学经济学院刘守英教授	四川大学
2017年6月2日	中国货币政策与影子银行的关系	美国埃默里大学陈凯迹副教授	四川大学
2017年6月5日	针对中国城镇的收入阈值、家用电器以及居民用电量的微观经济学分析	瑞典乌普萨拉大学经济系李传忠教授	四川大学
2017年6月9日	一个新的滤波器及美国经济周期	美国罗格斯大学马金鹏副教授	四川大学
2017年6月16日	经济新常态下货币金融对供给侧改革的支持	电子科技大学经管学院经济学与金融学系副教授李耀	电子科技大学

续表

时间	学术讲座名称	主讲人	主办单位和地点
2017年9月20日	天府大讲堂中国经济形势与政策——变化的经济世界与我们的选择	浙江大学经济学院博导、国际经济研究所所长赵伟教授	西南民族大学
2017年9月22日	弹性工作对工作进入决策和保留工资的影响	北京师范大学经济与工商管理学院副教授,瑞典哥德堡大学经济学博士何浩然副教授	西南财经大学
2017年10月12日	中国经济学的现状和未来的创新发展——与有关论著商榷	武汉大学经济与管理学院教授,博士生导师简新华教授	西南财经大学
2017年10月16日	医生的决策疲劳	新加坡国立大学经济系易君健助理教授	西南财经大学
2017年10月17日	供给侧结构性改革学术研讨会	成都理工大学商学院领导班子、副高以上职称教师、硕博导师、具有博士学位的教师以及学术型研究生参加了研讨会,会议由副院长林宇教授主持	成都理工大学
2017年11月3日	空间经济学与环境经济学的融合	中国人民大学经济学院石敏俊教授	四川大学
2017年11月6日	中国城镇化与城市群	中国宏观经济研究院肖金成研究员	成都理工大学
2017年11月13日	如何将政治经济学选题与现代分析方法融合	长江学者,西北大学经济管理学院院长任保平教授	四川大学
2017年11月24日	博弈论——模糊混合策略的全面实施	首都经济贸易大学国际经济管理学院刘知微副教授	西南财经大学
2017年11月24日	信贷效率冲击	著名经济学家,美国埃默里大学经济学教授查涛教授	四川大学

续表

时间	学术讲座名称	主讲人	主办单位和地点
2017年11月30日	新常态下的中国经济：挑战与因应	西南财经大学经济学院副院长，中宣部"西南财经大学全国中国特色社会主义政治经济学研究中心"副主任盖凯程教授	西南民族大学
2017年12月21日	新时代社会主要矛盾与供给侧结构性改革	主讲人：成都理工大学商学院院长，国家社科基金同行评审专家淳伟德教授	成都理工大学
2017年12月22日	矢量值简约式分配规则对于一般社会选择问题的可执行性（市场机制设计，微观经济理论）	西南财经大学经济学院郎旭副教授	西南财经大学
2018年4月16日	资产泡沫与货币政策	上海交通大学安泰经济与管理学院董丰助理教授	西南财经大学
2018年4月17日	第三期经济历史与发展研讨会	西南财经大学经济学院史继刚老师郭岩伟老师赵劲松老师	西南财经大学
2018年4月18日	英国住房市场机制	英国约克大学经济学系教授和学术委员会主席，荷兰蒂尔堡大学经济学博士，日本早稻田大学和韩国首尔国立大学访问学者鞠源教授	西南财经大学
2018年5月4日	城乡中国的土地问题	全国著名土地与"三农"问题专家，中国人民大学经济学院刘守英教授	四川大学
2018年5月4日	中国的城市化进程和劳动力的流动方向	主讲人：北佛罗里达大学考金商学院Albert Loh教授	西南民族大学
2018年5月7日	马克思利润率下降规律的不确定性和未来研究方向	美国马萨诸塞州立大学阿默斯特分校经济系梁俊尚博士	西南财经大学

续表

时间	学术讲座名称	主讲人	主办单位和地点
2018年5月11日	拍卖报价中的个人决策方法	哈尔滨工业大学吴航副教授	西南财经大学
2018年5月15日	创新与增长：拉丁美洲国家的证据	Autonomous University of Baja California Luis Alfredo Avila Lopez 副教授	西南财经大学
2018年5月15日	经济全球化真的逆转了吗？——基于马克思主义经济全球化理论的探索	南开大学博士研究生葛浩阳	西南财经大学
2018年5月16日	墨西哥经济史：一个系统的调查	Autonomous University of Baja California Santos Lopez-Leyva 教授	西南财经大学
2018年5月16日	我为何成为一个马克思主义经济学家——一个关于马克思主义理论和新古典经济学理论的比较	美国曼荷莲学院经济学教授马克思主义经济学家弗雷德·莫斯利（Fred Moseley）	西南财经大学
2018年5月16日	"中国模式"经济发展激励机制研究——随机动态优化视角	西华大学经济学院罗涛博士	西华大学
2018年5月17日	《资本论》"四篇草稿"	美国曼荷莲学院经济学教授马克思主义经济学家弗雷德·莫斯利（Fred Moseley）	西南财经大学
2018年5月17日	信用风险与通货膨胀	清华大学经济管理学院经济系李冰助理教授	西南财经大学
2018年5月19日	开辟21世纪马克思主义政治经济学新境界	著名经济学家，南开大学逄锦聚教授	四川大学
2018年6月4日	分析综合评价模型中的最优碳税	四川大学兼职教授，瑞典乌普萨拉大学李传忠教授	四川大学
2018年6月10日	构建中国特色国际政治经济学：中国立场、国际视野与现代方法	发展中国家科学院院士，美国康奈尔大学经济学系终身教授，厦门大学经济学院与王亚楠经济研究院院长，"长江学者"讲座教授洪永淼教授	四川大学

续表

时间	学术讲座名称	主讲人	主办单位和地点
2018年6月20日	"中美贸易战：悬崖边的较量与反制"论坛活动	四川大学经济学院副院长邓翔教授，国际贸易问题专家蒋瑛教授，国贸系李旸教授和贾文副教授参加了本次论坛	四川大学
2018年8月9日	中国金融政策的宏观经济效应	著名经济学家查涛教授	四川大学
2018年9月13日	如何进行经管类学术论文写作：选题、逻辑结构和文献整理	新加坡南洋理工大学应用经济学博士，武汉大学理论经济学博士后，博士生导师，西华大学经济学院院长罗航教授	西华大学
2018年9月28日	中美贸易摩擦原因、长短期影响和对策	中央财经大学国际经济与贸易学院院长助理林发勤副教授	四川大学
2018年10月10日	中国税制改革四十年	国家税务总局税收科学研究所刘佐研究员	四川大学
2018年10月11日	韩国与中国"一带一路"倡议对接问题的探讨	韩国建国大学国际通商学部副教授金旭	四川大学
2018年10月17日	韩国与中国"一带一路"倡议对接问题的探讨	韩国建国大学国际通商学部金旭副教授	四川大学
2018年10月18日	经济理论前沿与实践论坛—气候变化《巴黎协定》的谈判历程与未来展望	国家发展和改革委员会能源研究所高翔副研究员	四川大学
2018年10月24日	政治权力与土地成本：来自中国微观城市数据的证据	西南财经大学经济与管理研究院山立威教授	西华大学
2018年11月1日	中国货币政策和财政政策相互作用的结构估计	西南财经大学刘定副教授	西南财经大学
2018年11月2日	理论经济学座谈会（经济思想史研究、《资本论》当代价值、改革开放成就的经济学解释）	中央马克思主义理论研究和建设工程首席专家，中国特色社会主义经济建设协同创新中心主任逄锦聚教授	四川大学

续表

时间	学术讲座名称	主讲人	主办单位和地点
2018年11月3日	全球适用的债券创新：改善养老基金表现及降低政府融资成本	诺贝尔奖经济学奖得主罗伯特·默顿教授	西南财经大学
2018年11月5日	下游产品差异化市场中纵向并购的福利效应	台湾政治大学李文杰副教授	西南财经大学
2018年11月6日	两种选择的高效肾脏交换——基于微观经济学理论的机制设计	西南财经大学程瑶讲师	西南财经大学
2018年11月9日	为什么美联储充当全球的最后贷款人？——基于影子银行的系统运行分析	华威大学经济系Marcus Miller教授	四川大学
2018年11月18日	《世界经济》期刊研讨会	中国社会科学院《世界经济》编辑部副主任，经济学博士，政治学博士后宋志刚博士	西南财经大学
2018年11月18日	成渝经济区农业高质量发展：路径及举措	博导，成都市社科联主席杨继瑞教授	西华大学
2018年11月18日	社会主要矛盾与乡村振兴战略	博导，四川大学经济学院院长蒋永穆教授	西华大学
2018年11月30日	1960年至2015年全球金融一体化计划采取形式是什么？一个拓扑分析	里昂大学政治学院Antoine Parent教授	四川大学
2018年11月30日	盲目购买下的消费者搜寻	中国人民大学李三希副教授	西南财经大学
2018年11月30日	关于《太平洋三文鱼协定》	北京大学新结构经济学研究院江深哲博士	西华大学
2018年12月3日	流动性陷阱和大规模金融危机	里昂大学政治学院Antoine Parent教授	四川大学
2018年12月5日	我国资本市场注册制改革的路径探讨	副教授，经济学博士王伦强	西华大学

续表

时间	学术讲座名称	主讲人	主办单位和地点
2018年12月6日	人力资本外部性或消费溢出？高技能人力资本对低技能劳动力市场的影响	暨南大学经济与社会研究院刘诗濛助理教授	西南财经大学
2018年12月7日	货币的未来——补充性货币的新发展	经济学博士后蒋海曦	西华大学
2018年12月12日	人民币汇率研究方法和方向	上海财经大学教授，博士生导师及现代金融研究中心主任，上海国际金融中心研究院副院长，日本三井住友银行独立董事，中国世界经济学会常务理事丁剑平	西南财经大学
2018年12月18日	贯彻新发展理念，建设现代化经济体系	四川大学经济学院"马克思主义理论与中国特色社会主义创新"学科首席科学家，院长蒋永穆教授	四川大学
2018年12月20日	当前我国收入分配领域的主要问题及改革路径	西南财经大学经济学院经济系主任，经济学博士，当代中国马克思主义政治经济学创新智库理事，全国马克思主义经济学青年论坛理事韩文龙副教授	成都理工大学
2019年3月18日	乡村振兴的基本逻辑与路径选择	湖南省社会科学院中国乡村振兴研究院陈文胜研究员	四川大学
2019年3月29日	2019年全球洞察：挑战中的机遇（加拿大皇家银行、国际经济走势和国际机会）	加拿大皇家银行财富管理副总裁兼董事 David Jiang	西南财经大学
2019年4月19日	"以人民为中心"的政治经济学释义——从我国经济数据透视的问题谈起	浙江大学卢江副教授	西南财经大学
2019年4月19日	扩大内需与基本收入实验	中国人民大学张晨副教授	西南财经大学

续表

时间	学术讲座名称	主讲人	主办单位和地点
2019年4月19日	建国以来马克思主义政治经济学研究进展：概况、议题与前瞻	浙江大学付文军副教授	西南财经大学
2019年5月7日	乡村振兴战略有关政策、工作和问题探讨	四川大学经济学博士成都农村产权交易所副总经理唐鹏程博士	西南财经大学
2019年5月14日	乡村振兴的中国方案	湖南师范大学马克思主义学院特聘教授，湖南省社会科学院中国乡村振兴研究院研究员，中央农办乡村振兴专家委员，国务院特殊津贴专家陈文胜教授	西南财经大学
2019年5月17日	改革开放40年中国区域发展战略演变：国家级战略平台布局的视角	西南大学经济管理学院尹虹潘教授	西南财经大学
2019年5月21日	逃税、资本利得税和住房市场	清华大学吴璟副教授	西南财经大学
2019年5月21日	政府投融资国企的发展历程和转型	成都先进制造产业投资有限公司董事长洪浩	西南财经大学
2019年5月22日	全球资本主义的停滞：增长缓慢和高失业率的根源	马萨诸塞州立大学阿默斯特分校，美国著名马克思主义政治经济学家大卫·科茨教授	西南财经大学
2019年5月22日	世界经济发展的演变历程	马萨诸塞州立大学阿默斯特分校，美国著名马克思主义政治经济学家大卫·科茨教授	四川大学
2019年5月28日	后凯恩斯宏观经济学——基于拉沃的新书	四川大学骆桢副教授	西南财经大学

附录1：理论经济学学术交流阵地

附表4-1　　四川省理论经济学学会（2019年）

名称	成立时间
四川省经济学会	1979年2月
四川省物价学会	1981年12月
四川省外国经济学说研究会	1982年3月
四川省计划经济学会（现更名为四川省宏观经济学会）	1983年1月
四川省《资本论》研究会	1983年3月
四川省中国经济史学会	1983年
四川省科学学与科技政策研究会	1984年1月
四川省政治经济学（社会主义部分）研究会	1985年11月
四川省青年改革理论与实践研究会	1985年12月
四川省经济文化协会	1993年8月
四川省农村发展促进会	1995年5月
四川省个体私营经济协会	2006年
四川省企业经济促进会	2009年1月
四川省世界经济学会	

附表4-2　　四川省应用经济学学会（2019年）

名称	成立时间
四川省林业经济专业委员会	1979年3月
四川省金融学会	1980年4月
四川省物资经济学会	1980年5月
四川省农业经济学会	1980年6月
四川省统计学会	1980年10月
四川省会计学会	1981年9月
四川省财政学会	1981年9月
四川省企业管理学会	1981年11月
四川省商业经济学会	1983年4月
四川省保险学会	1983年10月

续表

名称	成立时间
四川省卫生经济学会	1983 年 11 月
四川省农村金融学会	1984 年 2 月
四川省财务成本研究会	1984 年 5 月
四川省税务学会	1984 年 10 月
四川省对外经济贸易学会	1984 年 11 月
四川省工业经济学会	1984 年 12 月
四川省供销合作经济学会	1985 年 3 月
四川省数量经济学会	1985 年 11 月
四川省审计学会	1985 年 11 月
四川省县域经济学会	1990 年 3 月
四川省农业经济学会	1991 年 1 月
四川省区域经济研究会	2004 年 11 月
四川省生态经济协会	2006 年 3 月
四川省循环经济协会	2009 年 9 月
四川省国际商务发展促进会	2013 年 9 月
四川省产业与金融发展促进会	2014 年 8 月
四川省产业经济发展促进会	2014 年 8 月
四川省金融科技学会	2018 年 11 月

附录2：理论经济学学术交流阵地——杂志及出版社

附表 4-3　　　　　　　　　　　刊物

1. 社科院和社科联主办理论经济学刊物

《社会科学研究》	《社会科学研究》是四川省社会科学院主管主办的综合性人文社会科学学术理论刊物，于 1979 年 3 月创刊，双月刊。系全国中文核心期刊、中国人文社会科学核心期刊、中文社会科学引文索引（CSSCI）来源期刊，中国期刊方阵双效期刊，主要刊登哲学、经济学、政治学、法学、社会学、历史学、文学等学科的学术理论文章。《社会科学研究》获得过多项荣誉，建立了较高的学术地位。自 1993 年以来已连续多次被选为全国中文核心期刊、中国人文社会科学核心期刊，并入选历次"中文社会科学引文索引"（CSSCI）来源期刊

续表

刊物	介绍
《天府新论》	《天府新论》创刊于1985年，是由四川省社会科学界联合会主管主办的综合性社会科学学术杂志。该刊坚持"二为"方向，贯彻"双百"方针，鼓励创新之见，以繁荣和发展社会科学为宗旨。《天府新论》发表国内外政治、哲学、经济、法律、公共管理、社会学、文化、文学、历史、科教等社会科学研究论文、书刊评论、观点综述，是了解国内外社会科学学术界的新思想、新观点、新论证、新成果和新趋势的重要窗口，辟有经济理论研究、宏观经济问题研究等栏目
《农村经济》	《农村经济》创刊于1983年，是由四川省社会科学院主管、四川省农业经济学会主办的农村经济理论刊物。《农村经济》连续多年被列为全国中文核心期刊和中国人文社会科学核心期刊，并于2009年首次列入中文社会科学引文索引（CSSCI）来源期刊
《经济体制改革》	《经济体制改革》是四川省社会科学院主办的经济理论刊物。创办于1984年，双月刊。辟有现代企业制度研究、产权改革探讨、宏观经济管理与改革、城市经济体制改革、农村经济改革、股票与证券、金融体制改革、经济学家改革思想介绍等栏目，主要探讨建立社会主义市场经济体制过程中的各种问题，适合经济研究人员和经济工作者阅读。该刊连续多次列入中文社会科学引文索引（CSSCI）来源期刊
2. 高校、党校主办理论经济学刊物	
《四川大学学报》（哲学社会科学版）	《四川大学学报》（哲学社会科学版）创刊于1955年，是一份由中华人民共和国教育部主管，四川大学主办的综合性学术期刊，1999年由季刊改为双月刊。该刊是CSSCI来源期刊，全国中文核心期刊，中国人文社会科学核心期刊，中国期刊方阵双效期刊，教育部名刊工程入选期刊
《财经科学》（原名《四川财经学院学报》，1984年改现名）	《财经科学》是由中国老一辈著名经济学家、《资本论》最早的翻译者陈豹隐先生主办，是四川首家经济理论类期刊，1957年创刊的西南地区最早的经济理论刊物，由教育部直属院校西南财经大学编辑出版，国内外公开发行。《财经科学》长期被列入全国经济类核心期刊，南京大学《中文社会科学引文索引》（CSSCI）来源期刊，北京大学图书馆"中文核心期刊"，四川省一级期刊。许多高水平的论文、研究报告被《新华文摘》、人大复印报刊资料、《高等学校文科学报文摘》以多种形式转载，影响因子、转载率等指标多年稳居全国经济类学术期刊前列
《经济学家》	《经济学家》杂志是由刘诗白、胡代光、宋涛等80余位著名经济学家共同倡议创办，由西南财经大学承办的大型经济理论刊物。1989年创刊伊始，《经济学家》就以高起点、高水平和高质量为办刊宗旨，以马克思主义为指导，以促进社会主义精神文明和物质文明建设为己任，着力发展和繁荣有中国特色的社会主义经济理论，促进国际文化交流。经过20多年的锤炼，《经济学家》已成为国内外经济学界的权威经济理论期刊之一

第四章　学术活动　　429

续表

《财经译丛》	《财经译丛》是 1979 年由西南财经大学经济学院创办的期刊，作为翻译、介绍国际财经科学发展动向的窗口。主办单位是校科研处，主持编务工作的先后有元毓盛、林展平、刘秋簧、罗根基、雷起荃等人。1989 年，经学校校务会决定，《财经译丛》上报停刊
《西南民族大学学报》（人文社科版）	《西南民族大学学报》（人文社会科学版）系国家民族事务委员会主管、西南民族大学主办的大型学术期刊。创刊于 1979 年，2000 年由双月刊改为月刊。学报人文社会科学版以基础理论研究为主，瞄准学术前沿，关注学术热点，突出民族特色。该刊连续多年入选全国中文核心期刊和中国社会科学引文索引（CSSCI）来源期刊
《四川师范大学学报》（哲学社会科学版）	《四川师范大学学报》（哲学社会科学版）是四川师范大学主办的综合性学术理论刊物、中文社会科学引文索引（CSSCI）来源期刊、综合性人文社科类核心期刊、中国人文社会科学核心期刊、中国人文社会科学学报核心期刊、全国百强社会科学报、四川省一级期刊、国家级火炬计划项目《中国学术期刊》（光盘版）及《中国期刊网》全文收录期刊、国家级火炬计划项目中国学术期刊综合评价数据库来源期刊
《理论与改革》	《理论与改革》，双月刊，为全国中文核心期刊、中国人文社会科学引文数据库来源期刊、中文社会科学引文索引（CSSCI）扩展版来源期刊；常设栏目有马克思主义、科学社会主义、中国特色社会主义、政治、党的建设、公共管理、法学、经济、社会、文化、思想政治教育
《中共四川省委党校学报》	《中共四川省委党校学报》，季刊，为四川省第四届高校学报中特理论和党建特色学术期刊。常设栏目有：马克思主义研究、中国社会主义研究、政治建设、经济建设、文化建设、社会建设、生态建设、党的建设、哲学研究、法学研究、四川发展研究、成渝城乡统筹论坛、探索与争鸣、当代国际、文史论苑、学术动态等
《西华师范大学学报》（哲学社会科学版）	《西华师范大学学报》（哲学社会科学版）是四川省教育厅主管、西华师范大学主办的综合性学术理论刊物，创刊于 1979 年。该刊坚持人文社会科学的正确导向，注重反映社会科学研究的最新成果，积极追踪社会学术热点和理论前沿，所刊论文具有科学性、创新性和实践性。该刊是《中国人文社会科学引文数据库》来源期刊、《中国学术期刊综合评价数据库》来源期刊、《中国知网》全文收录期刊、《中国学术期刊（光盘版）全文收录期刊》《中国学术期刊（光盘版）检索与评价数据规范》执行优秀奖期刊、《万方数据资源系统（ChinaInfo）数字化期刊群》入网期刊
《成都大学学报》（哲学社会科学版）	《成都大学学报》（社会科学版）是成都大学主办、国内外公开发行的综合性学术理论刊物，创刊于 1981 年，双月刊，是全国中文核心期刊扩展期刊、中国人文社会科学期刊 AMI 综合评价（A 刊）扩展期刊、全国地方高校名报、全国地方高校优秀学报、四川省社会科学特色学术期刊。本刊主要刊发特色鲜明、高质量的哲学、政治学、社会学、经济学、管理学、教育学、心理学、历史学、语言文学、艺术、法学等学科的学术论文

续表

《电子科技大学学报》（哲学社会科学版）	《电子科技大学学报》（社科版）创刊于1999年，是一本综合性社会科学学术刊物。依托电子科技大学学科优势，在电子信息技术与管理创新等重点领域，聚集国内外相关领域的著名专家和学者，打造精品期刊，为广大学者搭建传播文化、学术交流、启迪思想的重要平台
《中共成都市委党校学报》	《中共成都市委党校学报》是中共成都市委党校主办，以党的建设和思想政治理论等人文社科理论研究成果为主要内容的社会科学理论刊物，面向国内外公开发行。学报自1985年创刊以来，始终高举中国特色社会主义伟大旗帜，以马克思列宁主义、毛泽东思想、邓小平理论、"三个代表"重要思想和科学发展观为指导，认真学习和贯彻习近平总书记系列重要讲话精神；坚持党的基本路线和基本纲领，坚持正确的政治方向和舆论导向；为建设中国特色社会主义服务，为成都经济社会发展服务，为我校的教学科研和建设服务；在推动党的建设等理论研究方面发挥了重要的作用
3. 重点社科网站	
四川社会科学在线	
四川大学校园网	
西南财经大学校园网	
四川师范大学校园网	
西南民族大学校园网	
成都社科在线	
泸州社会科学网	
绵阳市社会科学界联合会网	

附表4-4　　　　　　　　　　出版社

序号	出版社	简介
1	重庆出版社（1997年之前）	重庆出版社是由重庆市委主管、市政府主办的大型综合性出版社。其前身是1950年组建的西南人民出版社，1980年恢复现名。设有政经、教育、科技、文艺、文史、少儿、译著、旅游、美术、书艺、重点工程、电子音像等14个编辑室
2	西南财经大学出版社	西南财经大学出版社地处四川省成都市，成立于1985年10月，2000年2月以前由中国人民银行总行主管，2000年3月起划归国家教育部主管，是我国西部唯一一家财经专业出版社。成立以后，我社形成了以经济、管理类图书为主导，以经济、管理类教材为核心竞争力，教材与一般图书并重，高水平学术著作与普及性大众读物并存的出版特色；树立了坚持社会效益和经济效益并重，以社会效益促进经济效益的办社理念

续表

序号	出版社	简介
3	四川大学出版社	四川大学出版社有限责任公司是直属教育部，由四川大学主办的综合性大学出版社，成立于1985年。1998年5月，原四川大学出版社与原成都科技大学出版社合并成新的四川大学出版社；2001年3月，原华西医科大学医学编室并入四川大学出版社，至此，四川大学出版业务范围涵盖了高校各学科门类、社会科学读物、政治理论读物、市场类读物等
4	西南交通大学出版社	西南交通大学出版社是1985年8月成立的全国重点大学出版社，同时拥有图书、音像制品和电子出版物的出版权面向全国各类本科院校、高职高专、中等职业学校及全社会，出版以工、理、管、经、文、医、农为主的各种教材、教学参考书、学术专著、科普读物、工具书及国外先进科学技术译著等
5	成都时代出版社	成都时代出版社，前身为成立于1985年的蜀蓉棋艺出版社。现隶属于成都传媒集团，是成都市唯一一家综合性出版社，也是中国城市出版社联盟和中国媒体出版社联盟的重要成员单位
6	四川人民出版社	四川人民出版社隶属新华文轩出版传媒股份有限公司，系公司旗下最大的出版社，也是我国中西部地区最有影响力的综合性出版社之一。图书涉及政治、经济、文学、哲学、历史、法律、文化、旅游、工具书等多个方面，拥有名人传记、学术图书、财经图书、文学文化等优势产品线
7	四川民族出版社	四川民族出版社创建于1953年，用藏、彝、汉三种文字出版政治、经济、科技、文教、美术和古籍等图书，是一家综合性的出版社

第五章　学科人才[*]

　　1949年初期，支撑四川理论经济学界的人才如陈豹隐、李孝同、李锐、彭迪先、汤象龙、刘洪康、王叔云、叶谦吉、林凌、何高箸、刘诗白等皆为旧中国所培养，许多人接受的是西方经济学的教育，且还具有留学海外的背景，也有一些来自延安或解放区，为中共自己所培养。新中国成立后，确立了以马克思主义为指导，在1966年前四川培养了一批以刘茂才、辛文、袁文平、曾康霖、赵国良、郑景骥、何泽荣、李天德等为代表的经济学者。1978年后恢复高考，1980年恢复学位制，四川经济学界人才辈出，如郭元晞、杨继瑞、丁任重、刘灿、李萍、刘锡良、朱方明、蒋永穆等，亦带来四川经济学的繁荣。尤其是21世纪以来，一大批有博士学位或海外留学背景的青年学者，如甘犁、李涵、王擎、毛中根、尹志超、徐舒等活跃在四川经济学界。

---

[*]《四川省志·哲学社会科学志》，四川科学技术出版社1998年版；《四川省志·哲学社会科学志》，四川科学技术出版社2005年版；《西财力量》，西南财经大学出版社2015年版；《重庆社会科学年鉴》（1999年），重庆出版社2000年版；各大高校理论经济学相关学院官网（四川大学经济学院：http：//sesu.scu.edu.cn/；四川大学马克思主义学院：http：//mkszy.scu.edu.cn/；西南财经大学经济学院：http：//econ.swufe.edu.cn/；西南财经大学马克思主义学院：https：//mks.swufe.edu.cn/；西南财经大学中国西部经济研究中心：http：//xbzx.swufe.edu.cn/；电子科技大学经济与管理学院：http：//www.mgmt.uestc.edu.cn/；西南交通大学经济管理学院：https：//glxy.swjtu.edu.cn/；成都理工大学商学院：http：//www.cc.cdut.edu.cn/；四川农业大学经济学院：https：//jjxy.sicau.edu.cn/；四川师范大学经济学院：http：//econ.sicnu.edu.cn/；西华大学经济学院：http：//economics.xhu.edu.cn/；西华师范大学商学院：http：//business.cwnu.edu.cn/；四川省社会科学院：http：//www.sass.cn/）。同时，还利用了中国知网百科、百度百科、搜狗百科等网站。

一 新中国成立前培养的理论经济学者

在这一历史时期,活跃在四川经济学界的理论经济学工作者,一是为旧中国所培养,且具有海外留学背景的等;二是来自延安或解放区,为中共自己所培养。经过新中国成立初期的"思想改造"运动,学习马克思历史唯物主义,改造世界观,加之此后的一系列政治运动,一些人因跟不上新中国的步伐而落伍了,一些人选择了与时代同行,积极投身新中国经济学的建设而获得了巨大成就,如刘诗白的学术生命与新中国同行,一直延续至今。

这一历史阶段支撑四川理论经济学的有陈豹隐、李孝同、李锐、彭迪先、汤象龙、刘洪康、王叔云、叶谦吉、林凌、何高箸、刘诗白等。

陈豹隐(1886—1960),原名启修,字惺农,笔名勺水、罗江。1886年10月3日生于四川省中江县回龙镇杨家湾。早年留学日本,毕业于东京帝国大学。1918年毕业回国,受聘为北京大学教授,"五四"时期,和李大钊一起传播马克思主义经济学,并担任该校马克思学说研究会《资本论》研究组导师。1923年赴欧洲讲学、考察。次年入苏联莫斯科东方大学学习,在校加入国民党和共产党。1925年回国赴广东先后在黄埔军校、广东农民运动讲习所任教。继派往武汉主持《武汉日报》,大革命失败后流亡日本,开始马克思主义著作的翻译工作。1930年回国后,先后任北平大学法商学院教授兼政治系主任。1932年应冯玉祥邀请,赴山东泰山讲学。1938年到重庆任国民参政会参政员、重庆大学商学院院长等职。中华人民共和国成立后,任四川财经学院教授兼教务长、民革中央常委、全国政协常委、四川省政协常委等。作为经济学家,陈豹隐对马克思主义和资产阶级经济理论有深入的研究。1914年翻译小林丑三郎的《财政学提

图 5-1 陈豹隐

要》，1924 年出版了中国最早的自著财政学教科书《财政学总论》。1929—1930 年，他进一步翻译出版了《经济学大纲》（河上肇）和《资本论》第 1 卷第 1 分册（此为《资本论》的首个中译本）。其后，他致力于构建完整的经济学理论体系，先后出版了《经济现象的体系》《经济学原理十讲（上册）》《经济学讲话》等专著。抗战期间，他积极关注战时经济问题，主编和合著了《经济恐慌下的日本》《抗战建国纲领浅说》《战时财政新论》等著作有《经济学讲话》《社会科学研究方法论》等 20 余部，译著有《资本论》《经济学大纲》等。新中国成立后，他毅然坚持计划生育与社会主义制度下仍有商品生产和价值规律作用的观点。

李孝同（1893—1969），曾用名李光忠、李会忠，贵州贵阳人。1919 年毕业于北京大学，1920 年赴美国加州伊利诺伊大学学习。1924 年回国后，先后在北京私立中国大学、北京政法大学、沈阳东北大学、北京大学、北平大学法商学院、四川三台东北大学、贵州大学、成都华西协合大学、四川财经学院任教授。译有《近世欧洲经济发达史》。

梅远谋（1897—1980），经济学家。字一略。湖北省黄梅县人。1925 年毕业于武昌高等师范学校，随即从事教育工作。1932 年赴法国留学，开始研究货币学理论，同年底发表《中国的白银外流与货币危机——驳"国际经济关系均衡论"》一文。文章引用大量资料，揭穿了帝国主义对殖民地国家进行经济侵略的荒谬理论。获巴黎大学经济学硕士，南锡大学经济学博士学位。翌年回国，先在重庆大学商学院与马寅初教授共同担任"货币银行学"课程。后在四川大学、东北大学、云南大学、相辉学院等校教授，兼任东北大学经济系主任，云南大学文法学院院长等职。对当时通货恶性膨胀现象，曾多次著文进行抨击。中华人民共和国成立后，在西南人民革命大学、四川财经学院任教授。在学习马列主义经济学理论的基础上，曾撰写《凯恩斯学说批判》等文章，对垄断资本主义经济理论进行剖析与批判。1955 年带领学生深入温江地区农村进行调查研究，写有《农村金融工作与农业合作化——四川省温江县公平乡农村金融调查研究》的长篇论文（连载于 1955—1956 年《四川财经学院学报》）。文章分析了农业合作化高潮前后农村信贷发展基本情况，农村信贷工作如何适应农业经济发展的新条件，提出大力发展农村信贷合作事业以促进农业生产迅速发展的建议。1961 年与何高箸、彭俊逸等合写《中国社会主义货币信用学》一书（成都大学印），该书以"正确认识和掌握我国货币流通与信用的客观规律，并正确地运用这些规律，以指导工作实践，揭明社会主义银行与经济部门之间，在货币和信用方面的相互关系的适当形式，从而使货币与信用更好地为贯彻党的社会主义建设总路线服务"为宗旨，系统揭示了我国社会主义经济中的货币及其职能，具体地阐述了我国货币流通制度，结算制度，短期信贷制度的原则与作用，以及人民储蓄，农村金融，综合信贷计划，国际金融的任务、方针、政策等。1976 年后，坚决拥护调整国民经济的"八字"方针，从货币学理论方面提出了制止通货膨胀的主张和建议，并重新着手撰写《货币学说史》。生前是九三学社社员，中国社会科学院外国经济学说研究会名誉理事。主要论文有《中国的白银外流与货币危机》（1936 年，法国南锡大学印）、《国家统购统销政策与国家银行现金工作》（1953 年）、《从自贡市商业信贷试验田看商业信贷工作的方向》（1958 年）。

李锐（1898—1978），字笔渔。湖南邵阳人。中国近现代著名财政学家。1930 年南开大学毕业后留校，担任经济研究所所长（后任校长）何廉的学术秘书，同时兼任商学院讲师，承担经济学、财政学的课程教学。1934 年赴英国伦敦大学经济学院进修，并自费考察了英国、法国、德国、意大利等欧洲 11 国的经济状况。20 世纪 30 年代，国内大学财税学说的讲授已不再单纯依靠翻译引进，而是开始运用西方财政理论来研究中国自身的现实问题。何廉、李锐所著的《财政学》一书，立足中国实际，以西方财政学说为基础，着眼于研究和分析中国现实的财政税收问题，对国民政府的财税政策制定和财税制度的确立起到了重要的指导作用。据南开大学教授杨敬年回忆，李锐撰写了书中的第二编公共收入与第三编租税，是由他构建起了近代具有中国特色的税收学体系。该书于 1935 年由国立编译馆出版，商务印书馆发行，成为当时的大学丛书之一。1937 年转财政部荐任秘书。1941 年入川出任川康专卖局局长，负责烟酒税收征收。因其工作勤奋，成绩显著，财政部特任其为税务署副署长兼贸易委员会副主任委员，主要从事货物税征收及税收政策制定工作。1945 年，出任财政部直接税署署长，整改旧税，开征新税，扩大税收机构，增设分局和查征所，直接税税收收入已占全国税收的 2/3

以上。抗战胜利后,1948年应贵州大学校长所邀受聘于贵州大学任教。新中国成立,于1953年随贵州大学经济系调入四川财经学院担任教授,讲授财政学。2013年入选钱伟长总主编,张卓元主编、厉以宁、吴敬琏副主编,科学出版社出版的《20世纪中国知名科学家学术成就概览——经济学卷》。

魏崇阳(1902—1995),男,四川省峨眉县人。早年就读于上海中山学院,上海法政大学,留学日本早稻田大学大部经济系,获经济学学士学位。曾先后担任原考试院考选委员会编纂、《新亚细亚》月刊主编,考选委员会专门委员,四川大学农经系副教授,川北农工学院教授,川北大学教授兼系主任。1952年,调至西南农学院农经系任教授。主要研究方向和业绩总揽:先后担任"农业经济史""农业政策""计划经济""国民经济计划""农业计划""苏联农业建设""苏联农业经济地理""农业经济学""供销合作"等课程的讲授。在农业经济与管理教学岗位上辛勤耕耘,参加过四川省省志农林卷的编写工作。1992年享受国务院颁发的政府特殊津贴。

刘心铨(1903—1983),四川省富顺县人。1929年,清华毕业后前往北平社会调查所[①]任职,研究经济统计理论,并对一些行业进行社会调查与统计。其间,也在北平大学、法大、交大等高校兼职讲授统计学等课程。1942年去重庆国民政府经济部作专员,1942—1943年任湖南大学法商学院统计学教授。1943年去重庆国民政府资源委员会统计室担任顾问工作。1949年去北大经济系讲授会计学、成本会计、高等会计等课程。西南财经委员会成立后,于1952年担任西南财经委员会统计处副处长职务。1953年初,调四川财经学院任统计系教授兼系主任,1960年,学校经济研究所成立,1962年他调任所长,1965年又回统计系任系主任。西方具有近现代意义的社会统计学是在20世纪初传入到中国的。刘心铨在北平社会调查所、中央研究院工作期间长达12年之久,是中国统计学界的前辈。1933年,他与同事吴半农、王子健、韩德章等合作编著出版了《中国之经济地位统计图》,1934年与林颂河等合作编著了《北平社会概况统计图》。这是将西方社会调查统计引入近

---

① 后与中央研究院合并,为今日中国社会科学研究院前身。——编者注

代中国后所出现最早的一批社会概况调查统计成果，它所提供的各种数据为研究者广泛使用，并奠定了刘心铨在中国统计学界的历史地位。在此期间，他还对当时国民政府颁布的劳动法的社会影响、华北铁路工人的工资、1928—1931年北平电车纠纷、山东中兴煤矿工人的生存状况等进行了社会调查统计，并于1936年他在中央研究院创办的《社会科学杂志》上发表了"论倒数平均数之来源"等统计理论研究的文章。建国初期，在西南财委工作期间，曾经为财政部会计制度处研究制定过《各级政府机关、国营企业等会计主管人员的职务权利与责任条例》草案。1957年，他接受了国家统计局提出的关于统计平衡表中产品统计与国民收入统计的编制方法问题的研究任务，写出了"对产品质量统计检查的初步任务"。在1957年四川财经学院举办的首届科学讨论会中，他较早地对苏联的统计理论中的某些观点提出了质疑，在《财经科学》第2期发表"试论劳动生产率指数的性质与指数公式的选择"一文中，提出了自己的观点，引发了学术争论。改革开放以后，刘心铨在《统计研究》第一辑和1981年在《中国统计》第1期发表的"典型调查在统计工作中的作用"，定义了什么是典型调查？典型调查的最大特点。他认为典型调查是从研究事物的质的方面开始的。以农业生产中的估产为例，除此之外还可以再进一步考虑采用抽样、选典和全面估产三结合的方法。他还发表了"社会经济统计学与其他科学的关系"，界定了社会经济统计学与其他科学的关系与边界。在刘心铨教授五十年学术生涯中所发表的论文数量虽然不多，但他对西方统计学理论的引进，对建立中国社会统计学从实践到理论，从人才培养到学科建设所作出的杰出贡献。

左治生（1905—2002），四川省三台人。1949年前曾在北京中国大学、四川大学讲授欧洲经济思想史。抗战期间在兰州主编《政论》杂志，著有《今日之西北》（兰州俊华印书馆1940年版），《西北经济建设》（兰州俊华印书馆1941年版），《政论丛稿》（政论出版社1942年版），《中国粮食问题与粮食政策》（兰州俊华印书馆1943年版）等书。新中国成立后，先后任成华大学、四川财经学院、成都大学，西南财大教授，主讲中国近代经济史、财政学。著有《中国近代财政史丛稿》（西南财经大学出版社1987年版），《中国政史》（总纂组长，中国财政经济出版社 1987 年版)，《中国财政历史资料选编》(第 10、第 11 辑清代后期和北洋政府部分，中国财政经济出版社 1988 年版)。

温嗣芳（1907—1993），重庆市人，回族。1930 年毕业于英国爱丁堡大学。回国后，主要从事教学工作。抗战期间在中国工业合作协会工作，任该会英文刊物编辑。1944 年担任武汉大学教授，主讲国际贸易与金融。1951 年后一直在四川财经学院任教。代表作系列论文《资本主义世界货币战的重大变化》(《世界经济》1982 年第 11 期)、《再论几个工业发达国家的利率战和货币战》(《世界经济》1985 年第 5 期)、《1984 年美国突破滞胀之谜》(《财经科》1986 年第 2 期)、《新重商主义在美国的重演及其危机》(《财经科》1987 年第 5 期)，依次叙述了西方国家货币战的演进。其中第一篇对西方国家货币战的历史作了断代的尝试，认为从 1979 年起，西方国家的货币贬值政策从此结束，此后即进入货币增值时代。此文受到国外一些学者的重视。主要论著另有：《贸易中的价格政策》(重庆人民出版社 1957 年版)、《关于手工业品价格问题的研究》(《财经科学》1958 年第 2 期)、《社会主义制度下的商品生产和价值规律》(1959 年)。

彭迪先（1908—1991），原名彭伟烈，四川眉山人。1926 年留学日本，1932 年考入九州帝国大学经济系本科，1935 年升入研究院做研究生，1937 年初毕业。抗日战争爆发后回国，参加抗日救亡运动，并与进步力量站在一起同国民党反动统治进行斗争，历任西北联合大学政治经济系教授、生活书店总管理处馆外编审、武汉大学经济系教授、四川大学经济系教授兼系主任。中华人民共和国成立后，历任第一届至第七届全国人民代表大会代表，曾任成华大学校长，四川大学教授、校长，中国民主同盟四川省主任委员，中国民主同盟中央副主席，中国人民政治协商会议第五

图 5-2 彭迪先

届全国委员会常务委员，四川省政协副主席，四川省副省长，四川省人大常委会副主任，第六届全国人民代表大会常务委员会委员。

彭迪先在1937年《战时日本经济》一书中，指出日本政府实行军国主义政策，必然导致日本经济走向崩溃。1939年对当时学术界争论得很激烈的关于"亚细亚生产方式"的看法，他主张亚细亚生产方式是原始共产主义社会或氏族社会。20世纪40年代他向奥国学派进行针锋相对的挑战，剖析了资本主义商品经济社会的生存基础和剥削实质，有力地回击了奥国学派否定马克思主义劳动价值论和剩余价值论的企图，深刻批评了奥国学派的边际效用学说。同时，他还批判了货币商品学说、各种货币名目学说、购买力平价说，着重批判当时风靡一时的凯恩斯主义，揭露国民党通货膨胀政策的反动性。50年代，他探讨了社会主义条件下信用的本质、职能和我国人民币问题，他指出，社会主义条件下货币的必要性在于两种公有制的社会化程度的不同和商品生产的存在，社会劳动支出还不能直接用劳动时间来计算，要想把这些劳动支出还原为同质劳动而能予以数量上的比较和计算，就只能借助于价值形式和货币。他指出，人民币是社会主义国家手中所掌握的，对物质生产和分配进行计算和监督的工具。同时，他对现代资本主义货币信用体系及其危机也作了清晰的分析。主要著作有《世界经济史纲》（1948）、《实用经济学大纲》（1940）、《新货币学讲话》（1947）、《货币信用论大纲》（1955）。译作有《资本生产物的商品》（马克思未发表遗稿）（1940）。

汤象龙（1909—1998），别名豫樟，湖南湘潭人。1925年考取清华大学首届文科，1929年毕业后，继做清华大学特别研究生1年，专攻中国近代经济史。1931年发表《道光时期的银责问题》（《社会科学杂志》第2期）。1930—1942年在北京社会调查所和中央研究院社会研究所、经济研究所从事中近代财政经济研究工作。其间，1936年至1938年留学欧洲；先在伦敦经济学院做研究生，学习欧洲近代经济史；后入巴黎大学文学院做研究生，学习欧洲近代经济史；1938年入波恩大学学习德文。12年中，先后任助理研究员、副研究员、研究员，以及中国近代经济史研究组组长等职。曾组织人员大量抄录清宫军机处和内阁档案中有关近代财政经济史资料达12万件，其中一半以上实行表格化，形成半成品，可供研究之用。这是大量发掘和利用清代政府档案研究史学的开端,也是我国史学研究最早运用统计方法整理大量史料。在此期间还收集有关中国近代财政经济史书籍和资料1000多种。此外,1932年与陶孟和教授主编《中国近代经济史研究集刊》,共出刊八卷十多期。为导致今日研究中国经济史和社会史之嚆矢。1934年和吴晗等人组织史学研究会,任总务。1942年5—12月,一度任国民党政府经济部物资局专门委员。1946年7月至1948年5月任金城银行总管处专员、上海中国经济研究所研究员。于1949年10月参加革命,先后在南京为二野筹设西南经济调查研究所,任副所长、代理所长。3个月后调西南财政经济委员会计划局研究室任主任。1950年任西南财委统计处处长,主编《西南统计工作月刊》和《统计工作参考资料》。1952年至1966年先后任四川财经学院副教务长科研处长兼经济研究所所长,并负责四川省省志财政、金融、贸易三分志的编辑工作。1957年加入中国共产党。近几年整理了过去在北京收集的海关档案资料6000件,并写出《中国近代海关税收及其分配统计(1861—1910)》一书。曾任西南财经大学经济研究所研究员、中国社会科学院经济研究所研究员。

图 5-3 汤象龙

叶谦吉（1909—2017），江苏无锡人。1933年金陵大学农学院毕业,1938年美国康乃尔大学研究生院农业经济系毕业。曾任南开大学经济研究所教员、教授兼研究员,重庆中央大学农学院农业经济系兼任教授、硕士生导师,重庆大学法学院经济系教授、系主任,曾为联合国粮农组织访问学者赴美考察。中华人民共和国成立后，历任西南农业大学（原名西南农学院）教授、兼农业经济研究室主任、生态农业研究所所长，重庆市政协第七、第八、第九届常委，重庆市科技协会委员、生态农业学会理事长、农业经济学会理事长，四川省国土经济学研究会顾问，中国农业生态经济研究会副理事长，民盟中央科技委员会委员。出版专著《生态农业——农业的未来》、编著《英汉农业经济词典》、译著《现代企业管理》（奥斯伯等著）、主编《农业生态经济博士论丛》等。撰写发表论文代表作有《生态农业决策分析》《生态农业——我国农业的一次绿色革命》《生态农业是重庆农业可持续发展的必由之路》等数十篇。在其《生态农业——我国农业的一次绿色革命》论文中创造性地在国内首次提出了"生态农业"这一符合中国国情的农业发展战略和新型农业生产模式。"生态农业"论文及专著，分别获四川省1984年及1990年哲学社会科学科研成果一等奖，共计获省级一等奖四项，市级一等奖一项、二等奖二项。荣誉称号有全国四化建设先进个人代表，农牧渔业部特发执教四十周年以上荣誉证书，四川省人民政府特授予从事科技工作五十年以上荣誉证书，四川省优秀研究生导师，民盟四川省委盟遂合作科技兴农先进工作者，国务院表彰为高等教育事业作出特殊贡献者（1991年10月1日），享受政府特殊津贴。

程英琦（1909—1985），四川涪陵人。早年留学英国，1939年回国后历任武汉大学、成都光华大学、华西大学、上海光复商专、杭州之江大学、上海财院教授，华西大学经济系主任等。主要论著有《凯恩斯的金融学说》《美国联邦储蓄银行的金融政策评述》《资本主义国家中央银行政策评议》等。

刘洪康（1911—1989），湖北沔阳（今仙桃）人。1929年东渡日本，就读于东京明治大学经济学部，回国后一直从事教育工作，同时潜心研究马克思主义哲学，经济学和其他社会科学理论。他先后担任过成都会计专科学校教授，四川财经学院、西南财经大学教授、博士生导师以及成都会计专科学校校长，四川财经学院教务长，成都大学副校长，四川财经学院副院长，四川省科技顾问团名誉顾问，西南财经大学顾问。中华全国世界语协会名誉理事、四川省世界语协会名誉理事长、民盟成都市委副主任委员。为了适应中国人口问题亟待解决的客观需要，刘洪康在哲学研究方面造诣相当高的情况下，将研究重点转向人口理论。他曾是国务院人口普查办公室顾问，中国人口学会理事和四川省人口学会名誉会长。主要著作有《人口分册》《中国人口·四川分册》《马克思主义人口理论》（均担任主编）。其主要论文有：《试论马克思主义人口理论的一个基本观点"两种生产"》《再论两种生产》《严格控制我国人口增长的必要性和重要性》《控制我国人口增长不能放松》。在学术方面的主要贡献在于运用马克思主义经济学原理来研究中国的人口问题。他的最主要的学术成就在以下两大方面：关于"两种生产"理论；关于"两种生产"理论的实践意义。

杨振锟（1913—　），字皓千，河北省唐县朱北罗村人。1937年在北京大学政治系获学士学位；1937年10月至1939年在中央政校地政学院进修；1949年9月受四川省三台私立川北大学之聘，任该校农学院农业经济系教授；1951—1952年兼任四川省三台私立川北大学农学院农业经济系主任；1953年从川北大学农经系调至西南大学农学院农经系任教授兼农经教研组主任。主要研究方向和业绩总揽：担任"农业经济学"等课程的教学任务。20世纪50年代初期学习苏联，按照苏联的农业经济学教材大纲的内容，翻译了讲述苏联集体农庄内容的4万多字的小册子1本。从苏联《农业经济》杂志中选择了讲述农业机器拖拉机站的文章6篇。翻译了论述生产力与生产关系为内容的约3万字的小册子1本。编写了《农业经济学》部分章节的教材。曾撰写论文《试论我国的农田基本建设》。独自或与他人合作从美国书刊中选译了关于世界粮食问题的论文，如《世界粮食与人口问题》《农用地面积数量足够概念与情况》等9篇，均发表在《农业经济译丛》刊物上。1992年享受政府特殊津贴。

许廷星（1913—1997），四川乐山人。西南财经大学财政系教授、博士生导师，国务院学位委员会经济学科评议组成员，中国财政学会理事，中国经济杠杆理论研究会干事，四川省省银行经济研究处任高级研究员，兼副教授等职。新中国成立后，任重庆西南军政委员会财经委处长、四川财院财政系主任等职。新中国成立前著有《论通货膨胀与物价问题》，《财政问题与财政政策》，《论国际贸易问题》《谈地方债券的发行问题》等论文。新中国成立后著有《关于财政学的对象问题》（重庆人民出版社 1957 年版)、《社会主义商品经济与财政信贷问题》(西南财经大学出版社 1987 年版)、《财政学原论》(3 人合著,重庆大学出版社 1986 年版)、《财政信贷与宏观经济调节》(中国财经出版社 1989 年版),主编《社会主义财政学》(四川教育出版社 1987 年版)等。论文有《财政赤字与经济建设》(《四川十年财政改革的理论与实践》,西南财经大学出版社 1988 年版)、《财政平衡与国民经济总体平衡》(《四川财政研究》1985 年第 4 期)等多篇。

罗亮畴(1915—),贵州大方人。成都西南财经大学统计系教授。1949 年前曾任贵州高级中学、师范学校等校校长。1952 年后于西南财经大学统计系任教,专事社会经济统计学教学研究,1980 年起从事中国统计史教学研究迄今。主要著译有《关于调和平均数》(《教学改革》1954 年第 10 期)、《统计学原理讲义》(四川财院 1955 年版),合译《概率与统计导论》([美] H. L. 阿尔德等著,北京大学出版社 1984 年版)、《试谈在分组相关表中计算相关系数的偏差》(《统计研究》1985 年第 1 期),合著《社会经济统计学原理》(四川科技出版社 1987 年版);《关于皮尔逊经验公式应用上的一些问题》(西南财大 1986 年版)、《西周统计制度及其对后代统计方法的影响》(《统计研究》1986 年第 1 期)、《晚清半殖民地海关统计》(同前 1991 年第 1 期)、《中国统计一词由来刍议》、《国民党政府举办四川省选县户口普查事略》《晚清海关统计》(均西南财大印)等。致力于中国古代、近代统计史的研究和写作。

吴世经(1916—2000),河南浚县人。1940 年毕业于重庆复旦大学经济系。1946 年毕业于美国费城宾夕法尼亚大学华顿学院工业管理系,获硕士学位。1947—1952 年在重庆大学商学院工商管理系任教授,兼系主任。1952 年在西南革大三处工厂管理系任教授。1953 年在成都四川财经学院任教授,兼任系主任、副教务长、学院顾问等。1986 年起任西南财经大学工业经济博士生导师。现兼任全国自学考试指导委员会经济类委员,中国高校市场学研究会顾问、四川省企业协会副会长、四川省技术经济与管理现代化研究会副会长等职。对企业经营管理有深入研究。1956 年被评为全国先进工作者。1960 年代表学院工业经济系先进集体出席全国文教群英会。主要著作和译著有《市场经营原理与策略》（主编，1986）、《国际营销学》（主编，1989）、《工业企业经营管理》（主编，1989）、《管理信息系统入门》（合译兼主审，1982）等。发表论文20余篇。

谭本源（1917— ），四川省广汉人。西南财经大学财政系教授。1944年武汉大学经济系毕业，1946年于武大法科研究所获硕士学位。先后执教于四川省立会计专科学校、成都大学等。为研究生专题讲授西方财政理论。主要著作有《社会主义财政与信用》（主编，四川教育出版社1986年版）、《财政学原论》（三人合写，重庆大学出版社1986年版）、《赤字经济》（主译、[美]菲力蒲·凯甘等主编，中国经济出版社1988年版）。主要论文有《基金式财政初探》（《财政研究资料》1988年第2期）、《论社会主义财政信用的调节机制》（《贵州财经学院学报》1989年第1期）等。

胡代光（1919—2012），四川省新都人。1944年毕业于武汉大学经济系，获法学学士学位。1947年毕业于中央大学（1949年更名为南京大学）研究院，获经济学硕士学位。1947—1949年任湖南大学经济系讲师。1950—1952年任西南军政委员会财经经济委员会科长。1953年以后，先后任北京大学经济系讲师、副教授、教授、西方经济学专业博士研究生导师，并兼任系副主任、主任和北京大学经济学院院长；1988—1993年任第七届全国人民代表大会常务委员会委员、第七届全国人民代表大会财经委员会委员。还曾担任中华外国经济学说研究会副会长、会长（现任名誉会长）、中国《资本论》研究会副会长（现任顾问）。在学术研究方面，主要研究方向为当代西方经济学，西方高声经济理论与我国经济体制改革。胡代光发表了论著（含与其他人合作的）共20余部，论文100余篇，培养了一大批骨干人才，为我国经济学的发展作出了杰出贡献。学术成果中与厉以宁合著

图5-4 胡代光

的《当代资产阶级经济学主要流派》一书获"北京市哲学社会科学和政策研究优秀成果一等奖"（1987年）。与罗志如、范家骧、厉以宁合著的《当代西方经济学说》一书获"北京第二届哲学社会科学优秀成果一等奖"（1991年）。与刘诗白主编的《评当代西方学者对马克思〈资本论〉的研究》专著获"孙冶方经济科学1990年度著作奖"、"第二届吴玉章哲学社会科学一等奖"（1992年）、国家教委"首届全国高等院校人文社会科学研究优秀成果一等奖"（1998年）、"国家社会科学基金项目优秀成果二等奖"（1999年）。与周安军合著的《当代国外学者论市场经济》一书1998年获"北京市第五届哲学社会科学优秀成果一等奖"。此外，撰著、出版了《米尔顿·费里德曼和他的货币主义》《西方经济理论和经济计量学评论》《胡代光选集》《西方经济学说的演变及其影响》等专著。曾获首届国家社会科学基金奖著作二等奖、孙冶方经济科学著作奖、第二届吴玉章奖金一等奖、北京大学蔡元培奖等。

何高箸（1919—2005），四川罗江人。西南财经大学金融系教授，中国金融学会常务理事。1644年武汉大学经济系毕业，1952年中国人民大学财政信贷系研究生班毕业后一直在四川财经学院任教。曾任货币信用学教研室主任、政经系、金融系主任等职。致力于社会主义金融理论与实际经济的研究，主要著作有《我国过渡时期货币的本质与职能》（重庆人民出版社1957年版）、《中国社会主义货币信用学》（主编，成都大学铅印教材）、《马克思货币金融学说原论》（总纂，西南财经大学出版社1989年版，获四川省1989年优秀科研成果二等奖），《经济大辞典·金融卷》（副主编之一，上海辞书出版社1987年版）。撰写的《对币值与物价的关系问题的探讨》（《四川财经学院学报》1982年第1期）、《增发货币能刺激经济增长吗？——学习〈资本论〉的一点体会》（《金融研究》1983年第3期）、《略论价格改革与控制货币供应量》（《财经科学》1986年第5期）。三篇论文从不同侧面分析了通货膨胀对我国经济的危害及其防治。另有《关于开放我国资金市场问题》（《中国金融学会第二届年会论文选》1986年）等论文。

邹绪昌（1919— ），四川江津人。西南财经大学农业经济系教授。1946年毕业于中央大学农经系在重庆大学经济系任教，中华人民共和国成立后在西南革命大学、四川财经学院，成都大学等院校执教。早年从事会计学、国民经济计划，农业经济学、农业企业经营管理学的教学和研究工作。20世纪80年代起主要从事畜牧业经济管理的教学和研究。专著有《畜牧业经济管理》（四川社会科学院出版社1985年版），主编《中国农村人民公社经营管理学》（成都大学1961年），参加《中国农业经济学》《中国农业百科全书·农业经济卷》《经济大辞典·农业经济卷》等书的写作。发表有《浅析我省生猪今后的发展方向》等论文十余篇。

吴岐山（1919— ），男，1919年9月出生于四川重庆。1944年重庆大学商学院工商管理系大学毕业后，先后在重庆大学、上海商学院、中华工商专科学校、四川财经学院、西南财经大学担任助教、讲师、副教授、教授、教研室主任等工作职务。1952年在中国人民大学研究生毕业。共出版教材和专著约20部，所撰论文约60篇。曾担任中国工业经济研究会顾问，中国质量管理协会理事，四川质量管理协会副理事长，四川物资经济学会副会长，成都市企业管理协会顾问等。主要成就专著和论文中有3种获四川哲学社会科学二等奖、三等奖，有的获省、市科委、科协、学会的优秀论文奖。荣获质量管理先进工作者和四川省教委优秀硕士生导师。被收录于《中国当代经济科学学者辞典》《中国教育专家名典》《中华人物大典》《世界名人录》《中国经济学家与发明家辞典》《国际名人录》《世界优秀专家人才名典》等。

杨晓航（1920— ），四川成都人。西南财经大学教授。1943年毕业于西南联合大学经济系，1948—1950年英国爱丁堡大学研究生，1955年中国人民大学经贸研究生毕业。主要从事国际经济学的教学和科研工作。代表论著有《云南怒江流域商业的过去和现在》《国际贸易与金融概论》（四川科技出版社）等。

蒋一苇（1920—1993），男，原名蒋炜，福建福州人，生于湖北武汉，于1987年3月至1993年1月任重庆市社会科学院院长。曾先后任中国社会科学院工业经济研究所副所长、所长，并兼任经济管理出版社社长、《中国经济年鉴》总编辑、国务院学位委员会经济学科评议组成员、中国工业经济协会副会长、中国企业管理协会常务理事、中国企业管理教育研究会理事长、中国社会科学院研究生院博士生导师、经济管理刊授联合大学副校长。担任清华大学、中国人民大学、天津财经学院、上海财经大学等高等院校的经济管理专业的兼职教授。《改革》杂志主编、综合开发研究院常务副理事长、中国工业经济管理研修中心基金会会长兼研修中心管委会主任、深圳无线电工贸公司企业委员会主任。创办河北科技大学的经济管理学院。全国七届人大代表、七届人大法律委员会委员。主要研究方向在经济结构、经济体制改革、社会主义工资理论、股份制理论等方面,是"企业本位论"的倡导者,是国内工业经济学科

图 5-5 1991 年蒋一苇

领域有较高学术地位和声望、在国外有较大影响的专家。主要论著有《企业本位论》(获 1978 年 12 月至 1987 年 10 月有关中国企业改革与发展论文"金三角奖")、《试论全面物质利益原则》(获《人民日报》优秀论文一等奖)、《论社会主义企业领导体制》(获《红旗》优秀论文一等奖)、《中国社会主义工业企业管理研究》(主编,获企业管理论著奖)、《企业组织体制改革》(主编)、《股份制的理论与实践》(主编)、《在完善承包制的基础上逐步试行股份制》《我对社会主义经济体制的构想》《关于"企业集体股"的争论》《论社会主义企业模式》《论社会主义的企业》等。发表《社会主义公有制新形式的探索——论劳动共有股份制》(1987)、《论社会主义商品经济与资本主义商品经济》(1990)等论文,受到国内外学术界的广泛重视。

吴梅村(1920——　),四川璧山人。西南财经大学统计系教授,中国现场统计研究会理事。1946 年毕业于重庆大学统计系。曾执教西南财校、西南人民革命大学。长期从事统计和数理统计教学与研究工作,现致力于现代管理中统计预测,决策与技术进步和概率统计决策分析与技术进步等专题研究。主要著作有《抽样调查法基本原理和方法》(西南财经大学出版社 1987 年版)、《数理统计学》(合作,天津人民出版社 1983 年版)等。合译译著有《概率与统计导论》(北京大学出版社

1984年版）等。主要论文有《关于平均发展速度的计算方法问题》（统计出版社1985年版）、《统计平均数在经济分析中的应用问题》（同前1985年版）、《产品质量统计控制及其经济效益的确定》（《财经科学》1985年第1期）、《关于回归估计方法的研究》（《财经科学》1982年第4期）等。

李运元（1922—2010），四川内江人。1946年毕业于四川大学政治系。1952年全国高等教育院系调整之时进入四川财经学院。1954年自编讲义，率先开出《中国近代经济史》课程，使四川财经学院成为中华人民共和国首批、西南地区最早开设此门课程的学校。1979年职称评定解冻后，为学校首批晋升的副教授之一，1981年再晋升为教授。自1954年以来一直从事中国经济史的教学、研究工作。曾在《经济研究》《经济学动态》《光明日报·史学》等刊物发表学术文章多篇。参加由国家教委统编的高校教材《中国近代国民经济史教程》的编写并任副主编，1984年高等教育出版社出版，其后3次再版；获国家教委第二届高等院校优秀教材一等奖。其论著近年集结为《柿红阁经济史文选》（方志出版社2006年版）一书。

侯宗卫（1922— ），四川营山人。历任西南财经大学政治经济学系教授、世界经济教研室主任，中国西欧学会理事，四川对外经济贸易学会副会长。1945年武汉大学经济系毕业，1947年华西大学经济研究所研究生毕业。1947年9月至1949年5月留学美国威斯康星大学研究生院国际经济学专业。1953—1956年在中国人民大学教师进修班学习。致力于英、美近代经济史的研究，撰写专著《外国近代经济史》和《世界经济专论集》。主要著译《外国经济史》（成都大学教材科印）、《世界经济》（同前1962年）、《当代西方经济学与马克思主义》（西德·K.屈内著，《财经译丛》1983年第3期）等。

王世浚（1922— ），四川南充人。四川大学对外经济贸易系教授，中国国际经济合作学会理事。1945年武大经济系毕业后，供职于金城银行，1951年迄今在东北商专、东北财院、辽大、川大执教。早年从事贸易经济、贸易组织与技术学研究，后来侧重研究世界经济，国际贸易，国际经济合作等学科。译著有《加拿大农业、畜牧业、林业和渔业分册》（《经济译丛》1980年第2期）、《发展经济学的要点》（商务印书馆1984）。论著有《美国农业投资概况》《美国农业专业化和农工商一体化》（中国农科院专辑1980年9、12月）、《亚太地区的经济发展和中国的战略》（英文稿，1987年于美国发表）、《建立国际经济合作学科的探讨》（《国际经济合作》1988年第5期），主编《国际贸易概论》（大学出版社1989年版）、《合作概论》（对外经贸出版社1991年版）等。

韩世隆（1922— ），四川省新都县人。四川大学国际贸易与金融系教授、中华美国经济学会顾问，四川省对外经济贸易学会顾问。1946年前中央大学经济学系毕业，新中国成立后1964年与1974年先后在中国科学院经济研究所世界经济研究室与北京大学经济学说史教研室进修研究。长期从事世界经济和国际贸易理论的教学与研究。先后在成华大学、东北财经学院与四川大学等校工作、担任教研室主任、系副主任与院校学校委员会委员。1963年任副教授，1983年任教授迄今。先后招收并培养了九届世界经济类硕士研究生，多次评为校市教育先进工作者、1992年获四川省教委优秀研究生指导教师称号并获国务院有贡献专家特殊津贴。主编作品有《世界经济简明教程》《世界市场行情概论》与《跨世纪的世界经济》等教材、专著。先后在《经济研究》《世界经济》《国际贸易问题》《经济学家》《经济评论》《经济体制改革》《四川大学学报》与《中国社会科学》等经济核心报刊和国家权威核心发表学术10篇左右，其中1篇获四川省哲学社会科学优秀研究成果荣誉奖，2篇获二等奖，3篇获三等奖，并入选《中国"八五"科研成果选》《经济文库》《中国"九五"科技学术成果选》《中国改革与发表文库》等辞书。

王叔云（1923—2001），四川西充人。1945年毕业于中央大学经济系。1947年毕业于南开大学经济研究所，获硕士学位。1947年起先后任达仁商学院、相辉学院、乡村建设学院、重华学院、中国公学等院校讲师、副教授。新中国成立后，历任西南财经委员会经济研究室研究员、重庆大学经济系副教授兼系主任、四川财经学院计划经济系、农业经济系副教授、教授，兼系主任、科研处处长、副院长、院长。现任西南财经大学教授、顾问，四川省农业经济学会名誉理事长、四川省经济学会常务理事、四川省哲学社会科学联合会常务理事、四川省农村金融学会副理事长、四川省统一战线理论研究会副会长等职。早年从事经济学和计划、统计学科的教学和研究。1956年开始从事农业经济学的教学和研究工作。对农业经济学有较深研究，为开拓这一学科的研究和教学作出了贡献。多次获四川省哲学社会科学科研成果奖。主要著作有《中国社会主义农业经济学》（主编，1960）、《中国农村经济问题浅论》（论文集，1987）。

秦少伟（1923—2010），男，北京市人，汉族，中共党员，硕士研究生导师。1991年起享受政府特殊津贴。主要受教育和工作经历：1948年四川大学农业经济系本科毕业；1952年中国人民大学硕士研究生毕业。历任西南农业大学农经系副主任，农经教研组主任，经贸学院学术委员会主任，农经学科评审组组长，校学术委员会副主任，四川省经济学会第一、第二届副理事长，重庆市经济学会第一、第二届副理事长，重庆市农经学会第一、第二届副理事长，四川省农经学会第二届副理事长，四川省科学技术顾问团第一届成员，农业部科学技术委员会第三届委员。主要研究方向和业绩总揽：担任本科生的"农业经济学""政治经济学"等课程的讲授，研究生的"马列主义农经原著选读"和"当代重大农经问题"等课程的讲授。主编和参编教材与专著10余本，主要有《中国社会主义农业经济学》《农业经济管理》，全国统编教材《农业经济经典著作选读》等著作。撰写公开发表论文20余篇，具有代表性的文章如《关于农业经济学研究对象的问题》《初级农业生产合作社土地报酬的性质》《对马列主义关于土地报酬理论的认识》《马克思商品二重性理论与市场经济——论市场经济的二重性》等18篇文章汇集为《从教50周年论文专集》出版。曾获全国、四川省、重庆市、农业部和学校优秀教师和先进工作者称号12次，1986年获全国职工教育先进教师奖，1989年获全国优秀教师奖，1991年获四川省研究生优秀指导教师奖。

雷起荃（1924—　），四川成都人。历任西南财经大学经济研究所教授、所长，中国计划学会理事，四川省计划学会副会长。1949年成都光华大学工商管理专业毕业。1955年中国人民大学国民经济计划专业研究生毕业。1983年在中央党校计划研究班进修结业。长期从事计划经济学、宏观经济及发展经济学的教学和研究工作。致力于区域发展经济研究。主要著作有《国民经济计划原理》（合作，中国人民大学出版社 1983 年版）、《区域发展经济学导论》（西南财经大学出版社 1989 年版）等。

刘诗白（1925— ），重庆万州人。1946 年毕业于武汉大学经济系。1946—1950 年在四川大学经济系任助教，1951—1978 年在成华大学（1952 年改组为四川财经学院，1985 年更名为西南财经大学）从事经济学教学与科研工作。1978—1979 年在北京中国社会科学院经济研究所参加许涤新主编《政治经济学词典》编审工作。1980 年任四川财经学院副院长、教授。1984 年被国务院学位委员会批准为政治经济学博士研究生导师。1985—1991 年任西南财经大学校长。1988—1992 年是第七届全国人民代表大会代表，1993—1997 年是第八届全国政协委员，常委，四川省政协副主席。曾任民盟四川省委常务副主委、中央常委。2017 年 3 月 27 日，四川省社会科学界联合会第七次代表大会上，当选为四川省社科联名誉主席。现任西南财经大学名誉校长、教授、博士生导师，四川省社会科学联合会主席，《经济学家》杂志主编，全国高等财经院校社会主义政治经济学、资本论研究会会长，学术团体"新知研究院"院长。

图 5-6 刘诗白

长期从事经济学理论研究，其研究范围包括政治经济学基本理论，社会主义市场经济理论，在社会主义产权理论、转型期经济运行机制，国有企业市场化改革以及金融体制改革等方面进行了大量卓有成效的研究，是我国著名的理论经济学家。十分重视将马克思主义理论与当代中国实践相结合，致力于经济理论的创新。他提出了政治经济学要拓宽研究范围，除了研究生产关系以外，还要研究生产力、经济运行机制和精神生产；强调加强数量分析，借鉴西方经济学，为社会主义现代化建设服务；提出人民财富的最大增值、合理分配、优化使用，是社会主义政治经济学的新主题，为经济学的理论创新提出了一条重要思路。他在2001年以来陆续发表的"论科技创新劳动""论科学力"等科学论文，是结合新的实际，深化对社会主义劳动和劳动价值理论的超前研究。刘诗白是我国较早提出社会主义所有制多元性的学者之一，是我国社会主义市场经济理论的先驱研究者。他发表了大量有关社会主义产权制度的论文和两部专著，以其独到的见解被称为中国三大产权理论流派之一。他还强调要推进国有资产的流动重组和国有企业的战略性重组，从国有经济整体着眼来搞活国有企业。1985年他在全国人大提出建立货币委员会和1990年提出"缓解市场疲软十策"等提案，均引起决策部门的高度重视并采纳。他在1988年提出银行企业化改革的设想，业已成为我国金融体制改革的现实。现在主要报刊上发表论文200余篇，著有十余本专著，荣膺"影响四川改革开放30周年"十大最具标示性"风云人物"称号；入选"建国60周年四川省杰出贡献经济学家"；"2011成都全球影响力人物"；2017年9月28日，获第六届吴玉章人文社会科学终身成就奖。

柴泳（1925—　），女，四川内江人。历任西南财经大学经济系教授，中华外国经济学说研究会理事。1947年四川大学经济系毕业，从事政治经济学的教学工作，代表性论文有《试论社会主义农业扩大再生产的形式》(《经济研究》1963年第8期)、《对四川丘陵地区机电提灌问题的初步研究》(《经济研究》1964年第1期)、《关于社会主义制度下价值规律作用形式的探讨》(《财经论丛》1979年第2期)等。1978年以后从事经济学说史和剩余价值理论的教学工作，发表了《李嘉图的劳动价值学说》(《四川财经学院学报》1981年第3期)、《试论马克思主义劳动价值学说的形成》(《经济科学》1983年第1期)、《市场机制理论的发展》(《财经科学》1986年第2期)、《马克思论不变资本的再生产在资本积累中的作用》(《财经科学》1987年第6期)等论文。主要著作有《经济学说史》（副主编，西南财大出版社1987年版）、《〈国民财富的性质和原因的研究〉提要》（同前1989年版）。

林凌（1926—2018），男，原名何颖达，曾用名何大海，山西省平定县人，1948年北京师范大学物理系本科毕业。历任四川省社会科学院学术顾问、研究员、博士生导师，中国工业经济联合会副会长，中国城市经济学会副会长，中国企业改革与发展研究会副会长、中国综合开发研究院副理事长，《经济体制改革》《开放导报》主编，四川省社会科学院副院长、华东政法大学教授、四川省学术和技术带头人，荣获国家级突出贡献专家、享受国务院特殊津贴、四川省劳动模范、四川省十大英才、四川省优秀创新人才等称号以及国家级突出贡献奖。在经济体制改革、城市经济、区域经济、企业改革、政府职能、西部大开发、东北老工业基地振兴、中部崛起、港澳台与内地经济、南水北调工程等关系改革和发展的重大问题上都有深入的研究和突出的贡献。主编有《中国经济体制改革探索》《四川经济体制改革》《产权制度改革与资产评估》《企业商品论》《林凌选集》《东南沿海经济起飞之路》《转型期的中国经济》《共建繁荣成渝经济区发展思路研究报告》《南水北调西线工程备忘录》《中国经济的区域发展》《林凌文选——改革30年亲历》等。获孙冶方经济科学奖2项、四川省哲学社会科学优秀成果奖一等奖2项、中国社会科学院优秀研究报告奖2项、蒋一苇企业管理奖1项，中国科协西部突出贡献奖1项。

刘之林（1926— ），重庆云阳人。1951年保送到西南师范学院教育系学习，1954—1956年在中国人民大学政治经济学研究班深造，1987年评聘教授。历任西南师范学院院刊采编、《汉语大字典》编委、政治经济学教研室主任、西南师范大学出版社副总编、重庆市北碚企业管理协会名誉会长、重庆市人口学会常务理事、重庆市经济学学会副会长、重庆市社联理事、四川省《资本论》研究会理事、全国高等师范院校《资本论》研究会理事。主讲政治经济学、经济学说史、《资本论》选读、中国社会主义经济建设、中国社会主义经济问题研究等课程。共撰写和发表论文、调查研究报告20多篇，其中影响较大的有《略论搞好社会主义扩大再生产的几个问题》（1982年）、《嘉陵牌摩托车经济联合体调查》（1983年，四人合写）、《马克思的交通运输理论及其现实意义》（1987年）三文获四川省政府和重庆市政府三等奖，《马克思主义人口理论和我国的人口政策》（1983年）、《谈控制人口增长和充分利用劳动资源》（1983年）。主编、参编并出版学术著作和教材共17本（套），其中影响较大的有《汉语大字典》、《政治经济学基础知识》（主编，1983年）、《中国社会主义建设教程》（副主编，1986—1988年3次修订再版）、《政治经济学史120题》（主编，1987年）、《资本论问题解析》（副主编，1987年）、《社会主义初级阶段概论》（副主编，1987年）等。1983年被评为重庆市先进工作者。

陶维全（1927—2013），四川云阳人。1950年毕业于中国乡村建设学院社会学系参加工作，1986年后历任重庆社科院筹备组长、重庆社会科学院副院长、党组书记，1993年评为研究员。长期在党政机关从事社会调查和政策研究。中共十一届三中全会以后，在研究重庆体制改革综合试点、住宅商品化和发展长江水运事业等方面取得了多项成果。同时，主持国家级课题"劳动力市场的社会学研究"等十多项课题，主编《重庆市情》等。其科研成果获得全国专业学会和省、市政府奖励7项。

冯肇伯（1927—　），广州市人。1950年毕业于广州岭南大学经济学系，1952年同校研究生毕业，到四川财经学院任教。1955年中国人民大学贸易专业研究生毕业。长期从事西方金融理论与政策的教学和研究工作，致力于中外货币政策比较等专题研究。主要著作有《西方国家货币政策比较研究》（西南财经大学出版社1987年版）等。译文有《1861—1957年间英国货币与工资变动率的关系》（《财经译丛》1983年第1期）、《就业的一般理论》（《财经译丛》1984年第4期）等。主要论文有《股市风暴与美国货币政策》（《财经科学》1983年第3期），《当前西方汇率与国际收支分析》（《中山大学学报》1988年3月号）等。

石柱成（1927—　），四川崇州人。1950年毕业于四川大学经济系，1955年中国人民大学国民经济计划专业研究生毕业。历任四川大学经济学院教授、院长，中国计划学会常务理事，全国高等学校计划经济学研究会副理事长，中国劳动学会理事，四川省计划学会、劳动学会、政治经济学研究会副理事长。长期从事社会主义经济理论和宏观经济分析等教学与研究工作，致力于第三产业经济、四川经济效益评价及提高途径等研究。主要著作有《政治经济学（社会主义部分）》（合作，四川人民出版社 1979 年版）等。主要论文有《社会主义固定资产的简单再生产和扩大再生产》（《社会科学研究》1983 年第 2 期）、《工资总额浮动和工资总额控制》（《四川大学学报丛刊》第 26 辑，1985 年）等。

周春（1927— ），天津人。1948 年在华北大学第一部学习，1952 年中国人民大学政治经济学专业研究生毕业并留校，1955 年到四川大学工作，历任四川大学经济系教授、政经教研室主任、经济系主任、博士生导师，经济研究所所长，中国价格学会，中国《资本论》研究会理事，四川省经济学会副会长等职。主要研究社会主义价格理论、我国价格问题的现状和历史。主要论著有《马克思级差地租理论与社会主义制度下农产品价格的形成》（载《坚持和发展马克思主义》论文集，四川人民出版社 1984 年版，获四川省哲社二等奖），《论我国价格体系的改革》（《经济理论与经济管理》1984 年第 3 期，获四川大学哲社一等奖），《我国生产资料价格改革的回顾和展望》（《四川大学学报》1987 年第 2 期，获川大哲社一等奖）。编著有《论社会主义初级阶段》（主编，四川大学出版社 1988 年版）、《社会主义价格管理学》（主编，中国物价出版社 1990 年版）。

二　新中国培养的理论经济学工作者（1949—1966 年）

新中国成立以后，在高等院校人才培养中确立了以马克思主义指导的原则。使这一批理论经济学工作者具有较为扎实的马克思主义经济学理论功底，并在社会主义经济制度的建立和改革开放的发展中发挥出了重要作用。

顾宗杺（1929— ），浙江大碶横山村人。1952 年复旦大学经济系毕业。1955 年中国人民大学研究生毕业。曾任四川省社科院经济研究所所长、副院长，中国区域经济学副会长，中国社会主义经济规律系统研究会副会长，中国生产力经济学会常务理事，中国宏观经济学会、中国台湾研究会理事。主要研究经济理论、经济体制改革与发展战略。发表论文百余篇，出版专著 8 部。其中《试论中国工业企业的级差收益及其调节》《关于社会主义价格形成的基础与形态的探讨》两文，获四川省政府二等奖。前者并获首届孙冶方经济科学基金奖。1984年发表《新技术革命与跳跃战略》一文，提出有选择地实行跳跃战略，该战略已被学术界和实际工作部门认为是一种可供选择的战略。主持"社会主义商品经济运行机制""西南经济区发展战略"两项"七五"国家社科重点课题研究，并参与由中国科学院牵头的国家重点课题"西南地区资源开发与发展战略"，后者获国家科技进步二等奖。1988年提出"建立长江上游资源开发与生态保护区"的建议，经与九三学社联合研讨上报后被中央采纳。培养硕士研究生10余名。两次被评为省先进工作者，1960年被评为全国劳动模范，1992年起享受国务院特殊津贴。

杨致恒（1929—　），河北省临漳县人。1956—1959年在中国人民大学研究生班攻读政治经济学、经济学说史专业。历任西南财经大学经济系教授、经济学说史教研室主任、人口理论研究所兼任教师，"中华外国经济学说研究会"理事、"中国《资本论》研究会"理事、"全国马克思主义经济学说史学会"理事、四川省外国经济学说研究会会长兼秘书长。多年潜心研究人口理论和我国现实人口问题，1979年以来与人合作撰写出版了多部人口学方面的学术专著和其他著作。其主要著作有《试论人类自身的生产是历史发展中的决定因素之一》（与张光照合作，载《人口研究》1981年第4期）、《再论两种生产同是历史发展中的决定因素》（与张光照合作，载《西北人口》1982年第3期）、《中国人口经济思想史》（与张光照合作，西南财经大学出版社1988年版）。参加编写和撰写了《人口手册》（西南财经大学出版社1988年版）、《计划生育与国民经济的发展》（《四川财经学院学报》1980年第1期）、《提倡只生一胎的经济奖励与农村年终分配》（《四川财经学院学报》1980年第1期）等论著。其中《人口手册》曾获四川省政府哲学社会科学优秀成果二等奖，四川省1979—1989年优秀图书二等奖、《试论人类自身的生产是历史发展中决定因素之一》被1981年12月《新华文稿》摘要转载。

熊甫（1929—　），四川井研人。1951年毕业于四川大学经济系。长期从事中国近代经济史教学和研究工作。历任四川大学经济系副教授，四川省中国经济史学会副会长。致力于宝元通公司史和中国资本主义企业管理史研究。主要著作有：《中国近代经济史》（三人合作，重庆出版社1982年版）、《中国近代经济简史》（与凌耀伦合作）、《民生公司史》（合作，人民交通出版社1990年版），《卢作孚文集》（与凌耀伦合编，华中师大出版社1991年版）等。主要论文有：《论"宝元通公司"》（《四川大学学报》1985年第1期）、《军阀统治时期的四川经济》（《四川军阀史（四川军阀史料）》第5辑，四川人民出版社1988年版）、《试论中国民族资本企业的精神教育》（《四川大学学报》1988年第4期）等。

章学源（1930—　），上海市人。1949年9月参加中国人民解放军西南服务团，在西南军政委员会农林部工作；1958年8月毕业于西南农学院农经系，先后在四川省农业机械化学校、重庆市北碚区粮食公司、重庆市北碚区农业局工作；1978年8月调至西南农学院农经系任讲师、副教授、教授。历任中国统计学会农村统计研究组成员、中国农经学会农村统计研究会会员、重庆市第一、第二届统计学会理事兼秘书长。从事社会经济统计实际工作和统计教学工作四十余年，担任全国高等农业院校统编教材《农业统计学》一书总撰与最后定稿人，被国家统计局评为首届全国高等农业院校优秀统计教材，并获部委一级奖励。主持并完成《农村社会发展综合评价方法》课题的研究工作。担任高等农业院校"九五"规划教材《乡镇企业统计学》主编。撰写论文"粮食产量的调查"，获四川省农经学会优秀论文三等奖。"对农村和农业的商品总量的发展水平和发展速度计算方法的探讨"获四川省农经学会优秀科研成果二等奖。"农产品收购价格趋势探讨"获重庆市农经学会优秀学术论文奖。获国家统计局颁发的"从事统计工作三十年以上"荣誉证书。享受政府特殊津贴。

李慎（1930—　），贵州安顺人。1949年4月参加中共外转地下组织（新青社），1952年毕业于中国乡村建设学院社会学系。1978年10月至1987年10月历任重庆市建材工业局局长、党组书记，重庆市环境保护局局长、党组书记，中共重庆市市中区区委书记、市委委员等职。1987年10月至1994年6月任重庆社科院副院长、党组副书记。1993年评为研究员。曾任中国社会科学院国情调查与研究中心特邀研究员，中国社会学常务理事，四川省暨重庆市社会学学会副理事长，四川省社会科学界联合会常务理事，四川省社会科学评奖委员会委员，重庆市老教授协会理事,《改革》杂志社副社长,"中国国情丛书"编委会常务编委。主持并完成两项国家"八五"哲学社会科学重点研究课题和有关环境质量、街道体制、城区改革、县情区情、市情等大型社会调研,为领导机关决策和社会科学研究提供科学依据。主要著作和论文有《论企业利益共同体》(主编)、《坚持人民民主专政、健全社会主义民主法制》(主编)、《中国国情丛书——巴县卷》(主编)、《中国国情丛书——沙坪坝卷》(主编)、《在城区改革中健全街道综合管理职能》《农村流通体制改革的新探索》等,曾获重庆社科院优秀科研成果一等奖三项,四川省社科优秀成果三等奖三项及其他学会奖多项。

吴忠观(1930—),四川绵阳人。1952年毕业于成华大学经济系,在中国人民大学马列研究班学习政治经济学。20世纪50年代从事政治经济学的教学与研究,60年代转而研究经济学说史,70年代专攻人口经济学。历任四川财经学院政治经济学系教授、外国经济学说史教研室主任,西南财经大学人口研究所所长、教授、博士生导师,中国人口学会理事,四川省人口学会会长,四川省外国经济学说研究会副会长。主要著作有《马克思主义的产生是政治经济学伟大的革命》(上海人民出版社1956年版)、《伯恩施坦修正主义经济观点批判》(同前1975年版)、《人口经济学》(副主编,北京大学出版社1983年版)、《人口经济学概说》(四川人民出版社1985年版)、《经济学说史》(主编,西南财大出版社1988年版)、《马克思主义人口思想史》(副主编,北京大学出版社1986年版)、《人口手册》(副主编,西南财大出版社1988年版)、《中国人口·四川分册》(副主编,中国财经出版社1988年版)等。在《经济研究》等期刊上发表论文数十篇。

谢乐如(1930—),四川省资中人。1956年四川大学经济学系毕业。1959年中国人民大学经济系研究生毕业并留校从教。1964年调入西南财大,讲授政治经济学和《资本论》。历任西南财经大学出版社总编辑、教授。主要著作有合写《社会主义经济理论基本知识》(四川人民出版社1979年版)、合写《政治经济学社会主义部分提要》(四川省社科院出版社1985年版)、合写《从全民所有制经济内部交换的生产资料是否商品谈起》(《社会科学研究》1980年第4期)、《马克思剩余价值理论的伟大意义》(《财经科学》辑刊1983年),合写《〈资本论〉难句解》(第1、2、3集)(四川大学出版社1985年版、1987年版、1989年版)。

凌耀伦(1930—),四川资中人。1955年毕业于四川大学经济系。1956—1959年相继在四川大学政经研究生班、中国人民大学经济系学习与进修中国经济史。此后一直在川大从事中国经济史的教学与研究。历任四川大学经济系教授,中国经济学会理事,四川省中国经济史学会会长。主要著作有《中国近代经济史》(主编,重庆出版社1982年版)、《卢作孚与民生公司》(四川大学出版社1987年版)、《清代自贡井盐业资本主义发展道路》(《井盐业史论丛》,中国社会科学出版社1988年版),均获四川省哲学社会科学二等奖。《卢作孚与民生公司》获得美国王安汉学研究院汉学奖助金。

辛文(1931—2011),山西石楼人,高级经济师、教授。四川省邓小平理论研究中心、四川省社会科学院原特约研究员。四川省政协第六届、第七届委员会副主席,四川省委、省政府决策咨询委员会原副主任。20世纪80年代,辛文与刘茂才、林凌等人同为四川经济界泰斗级的人物。在这之中,辛文以改革派著称,他曾说:"如果没有改革开放,再过一百年成都也还是以前的成都。"退休后辛文仍活跃于四川经济的舞台上,直到去世前也是四川省多项重大经济政策的制定者。无论是从成渝经济区概念的提出,还是四川省"十二五"规划的参与制定,辛文一直对四川经济的发展起到了重大作用。

图5-7 辛文

过杰(1931—),江苏省无锡市人。1960年毕业于四川财经学院工经系,留校从事政治经济学教学工作,后调中共成都市委等从事调查研究工作,致力于城市经济学和城市经济问题研究,参加"七五"期间国家级"中心城市综合改革研究"课题组。历任西南财经大学经济研究所所长,《经济学家》杂志编辑部主任,中国城市经济学会理事,四川省城市经济学会秘书长，成都市社会科学研究所所长，《城市经济》杂志主编等职。主要论著有《城市经济学入门》（合著，山西人民出版社1987年版），专著《城市经济学》（四川人民出版社1989年版），主要研究报告有《论成都的经济地位及其发展战略》（1984年四川省人民政府授予优秀科研成果二等奖）、《论成都平原小城镇建设的对策》等。

唐洪潜（1931— ），四川安岳人。1951—1955年任彭山县委、乐山地委理论教员。1957年毕业于中央高级党校师训部党史专业。1958—1964年在省委党校哲学教研室任教员。1965—1977年为四川省写作小组成员，1978年调任四川省社会科学院农村经济研究所所长、研究员。主要代表作《农业劳动转移研究》（主编，四川省社科院出版社1985年版）、《农业资源与计划》（四川省社科院出版社1985年版）、《四川经济动植物资源开发》（副主编，同前1988年版）、《加快山区林业发展的途径》（《农业经济问题》1983年）、《论商品经济中的经营位置》（《经济体制改革》1987年第9期）等60多种。

裴倜（1931— ），江西南城人。1959年毕业于四川大学经济系。1959—1963年任教于北京大学经济系，后调回四川大学经济系，历任副教授，中国经济思想史学会理事。20世纪80年代以前从事政治经济学的教学与研究，此后主要从事中国经济史、中国经济思想史、中国经济管理思想史的教学与研究。主要论著有《中国近代经济史》（三人合著，重庆出版社1982年版）、《中国经济管理思想史》（副主编，黑龙江人民出版社1988年版）、《中国近代经济简史》（四川大学出版社1988年版）、《中国近代民族实业家的经营管理思想》（合著，云南人民出版社1988年版）、《古代人口思想及其规律》（《四川大学学报》1981年第4期），《管子经济思想述评》（《四川大学学报丛刊》14辑）、《略论古代思想家对封建经济思想"三大教条"的批判》（《四川大学学报》1984年第2期）、《封建经济思想"三大教条"的没落》（《四川大学学报》1986年第3期），《孙中山的民生主义与中国古代经济思想的渊流》（《四川大学学报》1988年第2期）。

王锡桐（1932— ），四川江油市。1953年毕业于西南农学院农经系，1956年毕业于中国人民大学研究生院区域经济专业，1956年9月至1957年6月在天津师范大学任教，1957年7月至2005年西南农学院经济管理学院全职教授。在全国核心刊物上发表论文70多篇。主编全国统编教材《农业区划》《农业自然资源经济学》，参编全国统编教材《外国农业经济》。专著有《庭院经济指南》、《自然资源开发利用中的经济问题》、《当代中国的农业》（主要撰稿人）、《西南开发研究》（合编）、《建设长江上游生态屏障对策研究》等5本。主持国家自然科学基金和国家社科基金、国家博士点基金、国家农业部软科学重大科研项目等12项。先后获国家教委科技进步二等奖、四川省人民政府哲学社会科学优秀科研成果三等奖3项、重庆市人民政府社会科学优秀科研成果一、二、三等奖6项，多次被国家农业部、西南农业大学、中央农业干部管理学院评选为优秀教师。1991年获国务院颁发的政府特殊津贴。1993年先后被英国剑桥国际名人传记中心（IBC）和美国传记研究所（ABI）评选为国际名人，业绩分别载入两国出版的书中。

方大浩（1932— ），安徽绩溪人。1950年参加革命，1954年进入北京外国语学院留苏预备部学习，1955年赴俄罗斯留学，1955年毕业于原苏联莫斯科大学经济学系。20世纪五六十年代曾先后在北京国家计委和国家统计局工作6年。1982—1996年曾历任重庆社会科学院经济研究所所长、中共重庆社科院党组成员、机关党委委员、重庆市社科院院务委员。重庆社科系列高级职称评审委员。重庆市人民政府发展研究中心秘书长。1983—1993年任重庆市第八届、第九届政协委员、政协经济建设委员会委员。1989—1995年任重庆市政府首届科技顾问团顾问。1992年国务院授予有突出贡献、享受政府特殊津贴的专家。长期从事经济方面的实际工作和理论研究工作，对经济领域各学科知识较为广泛且有实践经验。参与起草的"重庆市第一步利改税方案"实施后取得了很大的成效，国家体改委决定在全国范围内推广；撰写了研究长江的第一本专著《长江经济研究》（中国展望出版社1986年版），引起了国外学者的重视，1988年译成日文出版；撰写的《长江经济整体开发构想》及《优先开发长江上游矿产和水能资源》等论文，获四川省政府、重庆市政府社科优秀成果二等奖。1995年中标并完成了中加合作研究课题中的《重庆郊县农村工业污染状况及治理对策》等课题，被中加专家评为已达国际水平的优秀成果，并邀请参加了1996年

12月在香港举行的国际学术会议。先后主编出版的专著有：《重钢改革十年》、当代四川丛书重庆卷《长江上游的经济中心》以及《1998年重庆经济蓝皮书》《1999年重庆经济蓝皮书》等。

李善明（1933—　），四川大邑人。1958年毕业于四川大学经济学系政治经济学专业毕业后留校任教，主要讲授经济学说史、中国经济思想史、马克思主义经济思想史等课程。1986年调西南财经大学经济研究所从事研究工作兼研究生教学。兼任全国马克思主义经济学说史学会副会长，中华外国经济学说研究会副会长，四川省外国经济学说研究会会长，四川省社会科学界联合会理事等。多年来结合教学主要研究中外经济思想史，侧重于马克思主义经济学说史。已发表论文百余篇，出版著作十本。主要有《马克思主义政治经济学的产生》《马克思主义政治经济学的创立》《〈剩余价值理论〉概说》（第1—3册）、《马克思恩格斯经济学创建纪略》《恩格斯经济思想》《外国经济学家词典》，以及《论政治经济学史的方法》《论〈剩余价值理论〉手稿的研究起点》《〈剩余价值理论〉手稿与〈资本论〉第四卷》《后期墨者关于价值与货币的思想》《商鞅的经济思想》《韩非的经济思想》等。分别于1984年、1986年、1988年和1996年四次获得省人民政府颁发的社会科学优秀科研成果一等奖、二等奖和三等奖共5个；1987年获得贵州省人民政府颁发的社会科学优秀成果二等奖一个。曾被收入《当代中国社会科学学者大辞典》《中国当代经济科学学者辞典》《中国社会科学家大辞典》（英文版）、《中国当代名人录》、《世界名人录》（中文版）等20余种人名辞书。

刘邦驰（1933—　），四川开江人。1960年毕业于四川财经学院，留校任教。历任西南财经大学财政税务学院院长、教授、博士生导师。中国财政学会理事。1986年获西南财大优秀教学质量特别奖。主要著作有《财政学原论》（三人合作，重庆大学出版社1986年版）、《社会主义财政与信用》（副主编，四川教育出版社1986年版）等。论文有《毛泽东同志对马克思主义财政理论的丰富和发展》（《财经科学》1984年第2期）、《从资金积累看四川经济发展战略》（《新天府建设方略》，四川科技出版社1985年版）等。

刘茂才（1934—　），1955年重庆大学地质系地矿专业本科毕业。

历任四川省社会科学研究院院长,四川省学术和技术带头人、享受国务院特殊津贴专家。主要研究成果有《经济与文化整合论》《关于华商潮现的宏观思考》等重要论文 200 多篇。主编、合编的著作有《毛泽东教育思想研究》《邓小平与当代中国道路》《中介论与相似论》《行政区划改变合四川经济社会发展战略与对策研究》等十余种。2000 年 10 月由经济出版社出版《刘茂才文集》(八卷本)。其成果先后获得四川省哲学社会科学二等奖 3 项,三等奖多项,四川省科技进步二等奖 1 项,中国科学院重大科技成果二等奖 1 项等。

朱芬吉(1934—),女,贵州遵义市人。1960 年毕业于四川财经学院工业经济系本科。先后从事过银行、工业综合计划、基本建设等工作。历任四川省体改委副主任、四川省地产房产开发(集团)股份有限公司常务副董事长兼总经理。曾在国家级刊物上发表论文 30 多篇,向省委、省政府提出经济政策报告 30 多项,获省级、全国性优秀论文奖励近 10 项。1988 年被授予四川省优秀女科技工作者和三八红旗手称号。1992 年她提议并创办现在的省地产房产开发(集团)股份有限公司,在不要国家投资的前提下组建成了这个注册资本 2 亿元,有 10 多个分公司的大型企业。

王永锡(1934—),四川省西充人。1957 年毕业于四川大学马列研究班后,一直从教于四川财经学院。历任西南财经大学教授、博士生导师、党委书记兼校长。论文主要有《关于社会主义经济效果的实质》(《经济研究》1962 年第 9 期)、《试论我国的就业问题及其解决途径》(《人口研究》1980 年第 3 期)、《关于〈资本论〉的研究对象》(《四川财经学院学报》1982 年第 4 期)、《〈资本论〉第三卷对社会主义经济的现实意义》(《社会科学研究》1983 年第 2 期)、《马克思主义关于主体经济的理论的新发展》(《财经科学》1988 年第 11 期)等。

袁文平(1934—),四川射洪人。1955 年 7 月考入四川财经学院会计学本科读书,毕业后留校从事政治经济学教学与研究。历任西南财经大学政治经济学系主任、教授、博士生导师、经济改革与发展研究所所长、《财经科学》杂志主编,兼任全国高等财经院校经济学研究会副会长、四川省经济学会副会长、四川省发展经济学会副会长、成都市社会科学联合会顾问,国务院 1992 年批准享受政府特殊津贴。曾给经济学专业和其他专业本科生、硕士生、博士生讲授《政治经济学》《马列经典著作选读》《社会主义经济理论专题研究》《社会主义经济理论发展史研究》《社会主义经济体制改革比较研究》等课程，获四川省教委首届优秀教学成果二等奖。独立和合作撰写并出版专著10余部，其中任主编或副主编的国家社科基金资助专著有《经济增长方式转变机制论》《内陆地区改革开放研究》《国有经营性资产经营方式和管理体制研究》等。在中国经济学权威期刊《经济研究》《经济学家》以及经济学核心期刊《财经科学》《经济纵横》等刊物报纸发表论文100余篇。其中比较重要的：一是与王永锡同志合作在《经济研究》1962年第5期发表的论文《论社会主义经济效果的实质》，学术界评价为"很有见地"；二是《四川日报》1979年3月13日理论版发表的论文《社会主义经济发展的客观要求——谈社会主义市场经济与计划经济的结合问题》，经济理论界认为，作者在全国率先提出"社会主义市场经济"概念，并提出社会主义市场经济与计划经济"结合论"，是"倾听实践和时代呼声的经济学家"；三是1997年提交全国高校社会主义经济理论与实践研讨会的论文《创建新的社会主义政治经济学》。文中将邓小平的社会主义经济理论归纳为"十论"，被理论界称为"近年来政治经济学界公认的新发展"。曾获四川省政府哲学社会科学优秀科研成果一等奖1项，三等奖3项，刘诗白奖励基金科研成就奖。

鲁济典（1935— ），安徽颍上人，1994年4月至1997年7月任重庆市社会科学院院长。1957年毕业于北京大学经济系后在西南农业大学从事经济学教学及研究工作。1985年评为教授。同年调任中共重庆市委宣传部副部长，其间先后担任四川省社科联副主席、重庆市社科联副主席等职务。1987年任渝州大学和重庆师范学院教授。1994年任中共重庆市委宣传部副部长、重庆社会科学院院长、党组书记。1994年，获国务院专家特殊津贴。主编、合编、撰写了《工业企业经济责任制》《论社会主义商品经济》等10多部教材、专著，在《经济研究》《社会科学研究》等刊物上发表了大量学术价值较高的论文。1979年在《经济研究》上发表的《生产资料优先增长是一个客观规律吗？》一文，引起了全国经济学界的广泛关注和热烈的讨论。代表作《科学技术进步对社会生产两大部类比例关系的影响》获四川省政府社会科学优秀成果一等奖。另获有四川省政府社会科学优秀成果三等奖 3 项，重庆市社科优秀成果一等奖 1 项、二等项 1 项、三等奖 3 项。

杜肯堂（1935— ），四川省乐山市人。四川大学经济学院教授、博士生导师，国家社会科学规划经济学科组成员、四川省社会科学界联合会顾问、四川省委省政府决策咨询委员会委员、四川省区域经济研究会名誉会长、区域经济与现代管理研究中心主任。研究方向为区域可持续发展、区域发展战略。主要著述《科技兴农的理论与实践》《技术市场论》《东西中关系调整加速西南开发》等，主编面向 21 世纪课程教材《区域经济管理学》。科研项目：作为首席专家获准教育部哲学社会科学研究重大课题攻关项目《西部经济发展与生态环境重建研究》，主持完成国家"九五"重点课题《农科教结合促进农村经济发展》、国家"八五"重点课题《加快攀西地区开发研究》、四川省"十五"重大委托课题《四川省统筹区域经济发展，走可持续发展道路系列研究》，获四川省哲学社会科学优秀成果一等奖。在全国中文核心期刊发表学术论文 10 余篇。参与省、市"九五""十五""十一五"规划的调研和论证工作，为若干市（县）制定发展战略和规划纲要进行过咨询与指导。

何春德（1936—2002），重庆璧山人。1957 年 8 月毕业于西南农学院农经系农业经济管理专业，毕业后留校任教。曾任经济理论教研室主任，重庆市人民政府参事，重庆市《资本论》与社会主义市场经济研究会副会长。主要研究方向和业绩总揽：主讲《资本论》选读、政治经济学、农业商品经济、社会主义市场经济概论等课程，出版教材专著《政治经济学》《社会主义市场经济概论》；合编、参编有《当代中国的农业》《农经经典著作选读》等 9 本；发表学术论文有《试论农村市场主体的培育》《稳定和完善土地承包制的根本问题》《正确认识社会主义市场经济需要搞清楚的几个问题》《试论供销社合作在农村商品流通中的主渠道作用》等 20 多篇，先后承担"西南山区农村经济发展战略研究"（获 1985 年度四川省社科成果三等奖）、"当代中国的农业研究"（获 1992 年国家第一届国史研究一等奖）等课题。1984 年获农业部优秀教师，1984 年、1995 年两次获西南农业大学优秀教师，1984 年获重庆市教书育人，为人师表先进个人，1994 年获四川省教委自考先进工作者，1961 年获重庆市文卫体系统先进工作者等荣誉称号。1992 年 10

月起享受政府特殊津贴。

杨选成（1937— ），四川渠县人。1960年于西南师范大学中文系毕业，本科学历。1997年，经国务院批准为有突出贡献，享受政府特殊津贴。中共重庆市委党校经济学教研部教授，曾任中国市场经济研究会市场体制建设委员会常委、重庆市社会科学界联合会常务理事、重庆市大专院校政治经济学研究会会长。科研方向：20世纪80年代主要研究价格改革；80年代末至90年代末主要研究国有企业改革；党的十五大以后，主要研究非公有制经济发展。主编或参与编写的专著有《社会主义初级阶段的商品经济》《经济体制改革基本理论难题研究》《马克思主义基本原理读本》《马克思主义政治经济学基本原理与实践》等。撰写发表的学术论文有：《对马克思生产价格理论的再认识——兼谈社会主义商品价格形成的基础》（获四川省价格学会一等奖、重庆市政府第二次社会科学优秀科研成果三等奖）、《全民所有制企业产权制度改革研究》（获重庆市政府第三次社会科学优秀科研成果三等奖）、《社会主义从计划经济向市场经济的转变》（获重庆市政府第四次社会科学优秀科研成果优秀奖）、《试论国有制与市场经济的深层矛盾》（获重庆市人民政府第五次社会科学优秀科研成果三等奖）等。

赵应奎（1937— ），四川合江人。1961年西南师范学院政治系政治教育专业毕业后留校工作。曾任政治系副系主任、总支书记，重庆市社联副秘书长、市经济学会副秘书长、市价格学会常务理事、市农经学会常务理事、市计划学会理事、省价格学会理事。主编、参编教材、教参、专著9部，撰写论文30余篇，主要有《略论扩大再生产的前提条件和实现条件》《政治经济学基础知识》《市管县是实现城乡综合的新体制》《原材料提价后企业可以内部消化》《中国社会主义建设》《政治经济学一百二十题》《按生产价格规律的要求进行价格改革》《稳定和完善土地承包制》等。

赵国良（1937— ），湖北武汉人。1959年毕业于四川财经学院工业经济系后留校任教，历任西南财经大学教授，工业经济系副系主任。兼中国工业经济研究会理事、四川省工业经济学会副会长、四川省机械工业管理学会副会长等职。主要从事中国工业经济体制改革、中国工业经济结构合理化及两者关系的研究。提出企业"体制——结构学"。主要著作有：《中国工业经济结构研究》（与吴岐山合著，获四川省人民政府1988年哲学社会科学优秀成果二等奖）、《工业经济责任制》《中国工业经济管理》（主编）等。发表论文130多篇，有3篇论文获省级学会优秀科研成果一等奖。主要论文有：《论政治与经济是对立的统一》《再论政治与经济是对立的统一》《论社会主义国家与国营企业关系的二重性》（与郭元晞合写，1986年，获四川省人民政府哲学社会科学优秀成果二等奖）等。

赵一锦（1937— ），北京人。1958年毕业于重庆大学机械系。历任西南财经大学信息系教授，技术经济及管理学科带头人。中国管理科学院特约研究员，中国技术经济研究会高级会员，四川省标准化协会常务理事。长期从事技术经济、投资经济管理及系统工程等边缘学科的教学、科研和社会实践工作。共完成著作、科研课题和论文近40项；完成了大量投资项目论证和资产评估实务。主编出版了《国有资产流失研究》《技术经济学》《经济系统工程》《农业投资项目管理》等专著、工具书6部，主持研究完成了国家和部、省级科研项目5项。在《光明日报》《技术经济数量经济研究》等全国性报纸和专业核心期刊上发表论文近30篇。教学和科研成果获得四川省第九次（2000年）哲学社会科学优秀成果一等奖等多种奖励。特别是主持完成的国家社会科学基金项目"我国当前经济活动中国有资产流失价值的测定范围和估算方法"，按中宣部全国社科规划办的要求，将其主要内容撰写成《防止国有资产流失的对策建议》和《当前我国国有资产流失的63种形式》两文，于1998年由全国社科规划办上报中共中央政治局常委等党和国家领导人及中共中央、国务院、全国人大、全国政协参阅，并将《防止国有资产流失的对策建议》一文推荐在《光明日报》1998年11月3日发表。四川省社科界联合会也专文介绍，所在学校认为是高水平、有影响的科研精品，取得良好社会效果。曾受聘担任首届国家社科基金项目优秀成果奖、国家教委人文社科研究优秀成果奖和四川省科技进步奖的评委或通讯评委；受聘担任四川省增列硕士学位授权点通讯评议专家。

钟光亚（1937— ），四川德阳人。1955年7月毕业于成都农业学校，历任重庆市委党校研究生指导小组成员、经济学教授。曾担任过全国党校系统及四川省《资本论》研究会理事，价格学会理事，重庆市金融学会常务理事，被聘为一些区县政府经济顾问。科研方向有《资本论》基本原理、市场经济基本理论、国企改革、农村改革、价格问题等。主要成果有《马克思所说的私人劳动是商品经济存在的依据》《生产资料双轨价格相反运动初探》（获重庆市政府三等奖）、《价值规律体系的横向考察》（人大复印报刊资料全文复印）等论文40多篇，中国人民大学书报资料中心全文复印5篇。公开出版主编、参编专著《经济杠杆的奥秘》《现代财政学概论》《中国特色社会主义论纲》等13本。先后获四川省、重庆市政府优秀科研成果三等奖5个；获四川省、重庆市《资本论》研讨会、经济学会、金融学会、价格学会的一等奖、二等奖、三等奖和优秀的成果奖。

曾康霖（1938—　），四川泸县人。1956年考入四川财经学院财政与信贷专业深造，1960年毕业后留校任教。曾任金融系主任，现任金融研究所所长，教授，货币银行学博士导师，中国金融学会常务理事，全国金融学术委员会委员，四川省金融学会副会长，国务院特殊津贴获得者。发表论文多篇，出版专著多部，包括《货币论》《货币流通论》《资金论》《信用论》《利息论》《银行论》《银行资产负债管理论》《投资基金论》等，其中前5部著作获省部级奖。理论联系实际，关注金融领域的热点问题研究，推动金融改革和金融学科的发展。1984年出版《金融理论问题探索》、1994年出版《金融实际问题探索》、1997年出版《金融理论与实际问题探索》，其中"推动金融改革，更新教学内容，提高金融教学质量"获国家级优秀教学成果奖，《金融理论问题探索》获省部级奖。为构建新的教材体系，紧密结合市场经济和中国实际，编写金融专业基础理论及业务骨干课教材，如打破"姓资姓社"的界线，按商品经济和市场经济的准则组织撰写出版了《货币银行学》《商业银行经营管理》和《商业银行经营管理研究》等教材，其中《商业银行经营管理》获全国高校金融类教材一等奖，《商业银行经营管理研究》获四川省优秀图书奖。承担《金融人才培养及金融教学研究》课题，并出版专著《金融学科建设与人才培养》，撰写了《金融学科建设与金融人才培养》论文。设计"培养高层次金融人才方案"并着力履行，该方案1997年获国家级优秀教学成果奖。尽力站在学科前沿，进行跨学科和交叉学科的研究，继承和弘扬前人的研究成果和研究方法，近年撰写出版的这方面的著作和论文，有《金融经济学》《中国金融理论前沿》《金融经济分析导论》《略论经济学研究的几次革命》《漫谈经济学研究》等。2011年4月29日在《人民日报》发表《住房价格上涨原因剖析》，专门指出居民收入增加是房价上涨的首要原因，引起舆论极大争议。此外，曾康霖为我国金融教育，金融学科建设及推动金融事业的发展，做出了贡献。多部专著获得国家和省部级优秀科研成果奖；被"英国剑桥国际名人传记中心"载入《国际名人传记词典》（1994年第二十三卷）；2013年度"中国金融学科终身成就奖"获得者。

郑景骥（1938— ），四川开江人，1991年晋升教授，1993年被国务院学位委员会评审为博士生导师，1995年由国务院批准享受政府特殊津贴。现任农业经济研究所所长，四川省农村发展研究中心学术顾问等。学术特长为农业经济学理论研究、农村改革与发展研究。曾先后独著和主编专著12部、教材3部、发表论文90余篇，主持国家级课题3项，主研国家级课题5项，主持省、部级课题8项，主研省、部级课题9项。曾先后受聘担任四川省社科规划项目评审专家，四川省社科成果奖评审专家，中央教育部的科研项目立项评审专家、中央教育部社科成果奖评审专家，中央教育部"跨世纪优秀人才"评审专家，国务院学位委员会增列博士点通讯评审专家等。

何泽荣（1939— ），四川江安人。1957—1961年就读于四川财经学院财政系；1960—1978年四川财经学院马列主义教研室任教；1978—1979年四川财经学院财政系副系主任；1979—1987年西南财经大学金融系副系主任；1987—1993年西南财经大学国际经济系主任；1993—2002年西南财经大学国际经济研究所所长。现任职务为西南财经大学国际经济研究所所长，国务院学位委员会应用经济学科评议组成员，四川省政府科技顾问团顾问。研究方向为国际金融。研究成果有《中国国际收支研究》《入世与中国金融国际化研究》《中国金融原理》《凯恩斯的货币理论与政策》《中国外汇市场》《国际金融纲要》（译著）。所获奖项包括1994年10月被国务院授予享受政府特殊津贴专家，2001年被教育部评为全国优秀教师。《谈我国银行的分配职能》获1984年四川省政府哲学社会科学优秀论文三等奖。《国际金融概论》获1995年中国人民银行全国高等学校金融类优秀教材二等奖。《论互换交易》获 1996 年中国"八五"科学技术成果奖。

刘崇仪（1939—　），四川宜宾人。1961 年毕业于四川财经学院会计系会计学专业本科。历任西南财经大学国际商学院教授、学术专家委员会委员、博士生导师，西南财经大学美国经济研究中心副主任、中国金融研究中心兼职研究员。长期从事国际贸易和世界经济理论与实际问题的研究。担任的博士生课程有《国际贸易理论前沿》《世界经济专题研究》《美国经济研究》。近年来主持国家社会科学基金课题三项和省部级课题多项。曾三次荣获省部级优秀科研成果奖。两次以高级访问学者身份赴美研修。中国人民银行优秀教师（1993）。出版有《当代资本主义结构性经济危机》（国家社会科学基金课题，课题组长，商务印书馆 1997 年版）、《国际投资学》（中国金融出版社 2001 年版）、《WTO 规则与运作》（四川大学出版社 2002 年版）、《WTO 与中国经济》（西南财经大学出版社 2002 年版），以及《世界经济教程》（吉林人民出版社）、《国际营销学》《国际贸易》《欧美证券市场》（西南财经大学出版社）等专著、教材、译著（任上述著作的课题组长、主编、副主编或主审）。发表论文数十篇，如《"股票期权计划"与美国公司治理结构》（《世界经济》2003 年第 1 期）、《试论美国"新经济"发展模式》（《财经科学》2001 年第 2 期）、《不平衡发展规律在当代》（《世界经济》1995 年第 4 期）、《多边贸易体制与市场经济》（《经济学家》1982 年第 6 期）、《经济全球化与"全球经济学"》（《经济学家》1998 年第 1 期）等。现任中国世界经济学会常务理事、全国美国经济学会副会长、四川省对外经济贸易学会顾问、四川省世界经济学会会长、四川国际文化交流中心理事。从事的研究项目有《21 世纪初美国经济发展趋势、战略调整和对策研究》（国家社会科学基金"十五"重点课题，课题负责人）等。在世界经济基本理论领域有一定的学术造诣。曾深入论证了"集团对抗是资本主义制度的基本经济趋势"这一命题，准确预言北美自由贸易区的诞生；论证了当代资本主义条件下不平衡发展规律的表现；对世界经济中心的形成与转移问题发表了正确意见；特别是对当代资本主义危机和周期问题，多次发表的意见和预测被证明是正确的。

廖君沛（1939—　），男，四川省隆昌县人。四川大学经济学院经管系教授，博士生导师。曾任中国宏观经济管理教育学会副会长，四川省宏观经济学会副会长。主要研究领域：宏观经济分析。主持国家级、省级科研项目 10 余项主要著述有《社会主义宏观经济分析与调控》《国际经济社会与消费比较的数量分析方法》《社会主义市场经济与地方政府调节功能》等。获四川省哲学社会科学优秀成果二等奖 1 项，四川省软科学优秀成果二等奖 1 项。

王代敬（1939— ），男，四川广安人。1961 年 7 月于南充师院政治教育专修科毕业，1962 年 8 月在中国人民大学政治经济学系进修班毕业。先后从事政治经济学、中国社会主义建设等课程的教学和科研工作。曾任四川师范学院政治系副主任，现为经济学教授。兼任中国《资本论》研究会理事、全国高等师范院校《资本论》研究会常务理事、副秘书长，四川省《资本论》研究会常务理事。近几年来，发表学术论文 20 余篇，出版学术专著、高校教材十余部，其中任主编、副主编的有四部，共计 55 万余字。多次参加《资本论》方面的全国性学术讨论会，提交学术论文资料近 40 篇。主要著作、论文有：《从〈资本论〉的"细胞理论"看政治经济学社会主义部分的逻辑起点》(《〈资本论〉研究》，江苏人民出版社 1983 年版，获四川省 1984 年哲学社会科学优秀成果二等奖)、《〈资本论〉难句解》(合著，共三集，四川大学出版社出版，其中第一集获四川省 1986 年哲学社会科学优秀成果三等奖)、《〈资本论〉若干理论问题争议》(副主编，河南人民出版社 1986 年版，获四川省《资本论》研究会 1988 年优秀著作奖)、《关于建国以来〈资本论〉方法论讨论》(《经济研究参考资料》1984 年第 51 期，获四川省《资本论》研究会 1986 年优秀成果奖)《〈资本论〉问题解析》(副主编，西南师范大学出版社 1986 年版)。此外，他在社会主义建设中的劳动积累、农业经济、四川地方经济、政治经济学教材建设等方面的研究也取得了一些成果。

魏杰（1940— ），山东济宁人。1962 年考入中国人民大学工业经济系；1983 年 8 月调入原中共四川省委第二党校，从事经济与管理教学研究工作；后任中共重庆市委党校经济学教研部主任，经济学教授，区域经济研究生导师。潜心于经济与管理理论的研究，科研方向是区域经济的发展与管理、国有企业改革与管理。主编 2 本专著，参编 4 本专著，发表 50 多篇论文，其中 4 篇（册）分别荣获四川省、重庆市社科优秀科研成果三等奖；9 篇获学术团体的等级奖。主要科研成果包括《县区经济建设与管理》《市场经济学》《中国社会主义经济学》《中国特色社会主义理论论纲》以及《关于企业复合经营机制的构想》（论文）、《县域产业结构的问题与对策》（论文）、《加快城乡市场建设，促进区县经济发展》（论文）、《对我国区域经济协调发展的理论思考》（论文）等。

夏子贵（1941—　），四川富顺人。1962 年考入兰州大学经济系政治经济学专业；1970 年加入中国共产党；1978 年考入四川大学经济系政治经济学专业攻读硕士研究生；1981 年毕业分配到西南师范学院政治系工作至 2001 年退休。1992 年晋升教授，1993 年获高等师范院校曾宪梓教育基金会老师奖，同年获国务院政府特殊津贴。长期从事《资本论》与政治经济学教学与研究。主要科研成果有《两种不同意义的商品作用价值》《价值规律的调节作用不能限制》《论我国现阶段的所有制结构》《对国有资产及其管理中几个问题的拙见》《论企业家的社会职责》《我对东西部差距问题的思考》《关于社会主义公有制的几个问题》等论文 30 多篇，其中有 5 篇文章分别被《新华文摘》《读者文摘》等摘录，以及由人大复印报刊资料全文复印，有 3 篇论文分别收入《中国改革二十年》大型文献性丛书，以及《中国优秀经济学论文集》。主编专著、教材主要有《〈资本论〉与中国改革建设》《政治经济学新编教程》《毛泽东思想新论》《人才资源论》等 20 多部。曾主持教育部、社科基金项目 3 项，重庆市社科基金项目 1 项。科研成果中，获国家人事部一等奖 1 项，获四川省、重庆市人民政府二等奖各 1 项，获四川省、重庆市人民政府三等奖多项。2002 年被评为我国著名经济学家。

陈永忠（1941—　），四川人。1963 年毕业于四川财经学院计划经济系国民经济与管理专业。研究领域为工业经济。在改革开放时代，先后承担并主持过 3 项国家社科基金项目，即社会主义股份制研究；高新技术商品化、产业化、国际化；国有资本运营研究、10 多项省级和院级课题。在国内核心期刊发表了上百篇学术论文。其学术研究成果中获四川省哲学社会科学一等奖 2 项、二等奖 3 项、三等奖 8 项。历任四川省社会科学院工商经济与管理研究所研究员、四川省学术和技术带头人、享受国务院特殊津贴专家。

谢德禄（1942— ），重庆巴县人。1968年毕业于总参通讯学院雷达系。曾任重庆社会科学研究所所长，经济学研究员，院学术委员会委员、市"十五"发展规划专家组成员、市经委专家咨询委员会委员、渝州大学客座教授、《改革》杂志编委等。研究方向和专长：经济与管理，主攻工业经济、产业发展和企业经济。近10年来就国家和重庆经济社会发展的难点及重大课题，主持承担和参与了有关国有企业改革、发展战略、区域经济、企业集团、增长方式、长江开发、技改规划、复关对策等一批国家和省部市级重点项目研究。先后在《中国工业经济》《经济研究》《改革》等全国性刊物上公开发表了70余篇论文。主编和参与撰文的专著、编著11本。代表作《中国最大的破产案透视》（专著）出版后受到了国内外专家学者和经济界的广泛关注并由日本"东方（株）书店"购买版权，译为日文版《大破产》，公开出版，海外发行，日本《读卖新闻》等报刊发表书评予以高度的评价。各类科研成果共有300多万字。获国家科技进步二等奖一项，重庆市政府科技进步二等奖一项，省部市级软科学一等奖二项、中国发展研究奖一等奖一项、国家科委批准的国际合作优秀成果奖一项，以及省市政府社科优秀成果三等奖多项。

张泽荣（1942—2003），经济学家。曾用名张天瑞。陕西渭南人。1968年毕业于西北财经学院。1968—1979年在企业从事管理工作。1980年起在四川省社会科学院经济研究所从事研究工作，1985年任经济研究所副所长。1987年被评为副研究员。主要研究社会主义政治经济学、社会主义经济理论。先后提出新的社会主义生产成本理论，社会主义工资支付过程理论，新的社会主义资金运动公式，社会主义商品价值由 C＋N 构成理论等。主要著作有《社会主义经济理论与经济体制改革》《除本分成制试验考察》（主编，1985年，获四川省优秀科研成果奖）、《企业工资改革的理论、实践和目标》（合著）、《变动成本法原理及其应用》等。发表论文100余篇。其中《论社会主义生产成本》（1983年获四川省社会科学院优秀科研成果奖）。

曾明德（1943— ），男，四川邛崃人。汉族。曾任中共重庆市委党校、重庆行政学院副校（院）长，经济学教授，校学术委员会主任，研究生教学领导小组副组长，区域经济学专业指导小组组长。兼任重庆市经济学会会长、重庆市邓小平理论研究会副会长等。1960年9月选入西南政法学院政治系学习，1964年7月毕业；1983年8月调入中共四川省委第二党校历任教员、经管教研室主任、教务处长、校长助理、校委委员，副校长；1997年9月起任中共重庆市委党校、重庆行政学院副校（院）长；1983年调入党校后，即潜心经济学和经济管理学的教学与研究；1988年评为经济学副教授，1994年晋升为经济学教授。主持或参与编著的主要成果有《现代管理通论》《县区经济建设与管理》《现代企业战略管理》《经济管理原理》《中国社会主义经济学》《〈资本论〉要点释义》等。

庞皓（1943— ），男，教授、博士生导师。1966年四川财经学院统计系毕业。1978年底在西南财经大学统计系任教，1979年和1982年曾先后在厦门大学和南京大学进修，曾到日本、美国、英国、法国、加拿大和德国等十余个国家访问，1984—2004年任西南财经大学副校长。现为西南财经大学学术委员会主任，西南财经大学应用统计研究所所长。1991年被中国人民银行授予"有突出贡献的中青年专家"，1995年获国务院颁发的政府特殊津贴，2005年评为"四川省学术与技术带头人"，2006年获教育部"国家级教学名师奖"。先后担任教育部经济学类学科教学委员会副主任委员、中国统计学会和中国数量经济学会常务理事、中国国民经济核算研究会副会长、中国统计教育学会副会长、四川省数量经济学会理事长等职。长期从事经济统计学和数量经济学的教学与科研，主要研究领域为中国宏观经济统计及数量分析。在《经济研究》《统计研究》《经济学家》《数量经济技术经济研究》等刊物发表论文约50篇。出版的学术著作主要有《社会经济统计学原理》《基础经济计量学》《投入产出分析》《统计分析实例评析》《企业经济统计学》《国民经济统计学》《经济计量学》《社会经济统计学原理教科书》《我国畜产品产加销一体化研究》《统计学》《社会资金总量分析》《计量经济学》《货币与金融统计学》《中国货币与金融统计体系研究》等16本。获国家统计局优秀统计科研奖：一等奖1项、二等奖2项、三等奖1项；获四川省人民政府哲学社会科学优秀成果奖：一等奖1项、二等奖2项、三等奖1项；获国家统计局优秀统计教材奖（主编）1项；

获四川省优秀教学成果奖 2 项；所指导的博士论文获国家统计局全国统计科研优秀博士论文奖 2 项。

纪尽善（1943— ），男，四川南充人。历任西南财经大学中国西部经济研究中心副主任、经济研究所所长，第九、十届全国人民代表大会代表，第六、第七、第八届中国民主建国会中央委员，中央经济委员会委员，第七届四川省工商联、四川省商会副会长，全国工商联法律委员会委员，第九届四川省人民代表大会代表，第十届成都市政协常委，经济建设委员会副主委，中国经济发展研究会常务理事，中国《资本论》研究会理事，四川省统筹城乡研究会会长，四川省宏观经济学会副会长，四川省市场经济学会副理事长，四川省"5·12"汶川地震灾后重建促进会副会长，四川省人民政府参事室副主任（2000 年 12 月至 2013 年 12 月，兼）；四川省人民政府参事（2007 年 4 月至 2012 年 11 月），成都市政府民营经济领导小组成员，成都市政协顾问，教育部西南财经大学中国金融研究中心兼职研究员，对外经济贸易大学中国世界贸易组织研究院客座研究员等。主要从事经济、金融和股份制理论与实践问题的研究。主持国家社会科学研究基金 1 项（04BJL030），四川省社科基金规划项目 1 项（2001 年），主要著作有《大型国有经济主体股份制与增强控制力研究》《国有企业股份制与制度创新》《国有企业股份制》《加快西部发展开发论》《中国知识经济发展战略》以及《中国发展建议丛书》（全七册）、《〈资本论〉与现代经济研究》（全七卷）、《纪尽善论经济金融》（全八卷）、《纪尽善文集》（全十卷）等。在《新华文摘》《人民日报》等报刊上发表论文 400 余篇，向政府部门提供的政策建议报告 100 余项，其中多项政策建议被国家发展改革委员会等政府部门采纳。科研成果荣获中国图书一等奖、财政部优秀研究生教材二等奖、四川省哲学社会科学优秀科研成果三等奖多项等。论文《马克思、恩格斯资本市场理论及我国资本市场的发展》被美国柯尔比（Colby）科学文化信息中心评为"1998 年度优秀社会和人文科学论文"（1999 年）。1998 年和 1999 年被美国传记学会提名授予"1998 年度人物"和"1999 年度人物"，1999 年被英国剑桥世界名人传记中心提名入典并授予"新世纪前 500 人物"。被誉为著名中青年经济学者、股份制理论研究专家（《经济学动态》1993 年第 6 期、《中南财经大学学报》1993年第4期),著名经济学家(中央文献出版社2004年版、《经济学动态》2010年第8期),中华人民共和国经济学家人物等荣誉称号。

李达昌(1943—),重庆巴县人。中国世界经济学会理事,四川财政学会会长。1965年毕业于四川财经学院政经系留校任教。1978—1981年于中国社科院研究生院世经系获硕士学位。后继续在西南财大执教,1983年任系副主任。1984年9月后调任四川省德阳市副市长、四川省计委副主任等职。1988年3月任省财政厅厅长、四川省副省长等职。研究领域主要是马克思主义政治经济学帝国主义部分和当代世界经济基本理论。参加《〈资本论〉辞典》等书编写外,发表论文30余篇,主要有《试论〈资本论〉对垄断资本主义的分析》(《财经科学》1983年第1期)、《论战后科技革命条件下的剩余价值生产》(《经济问题探索》1982年第2期)、《〈资本论〉的危机理论与当代资本主义现实》(《社会科学研究》1983年第5期)、《现代帝国主义的历史地位探新》(《四川大学学报》1984年第1期)、《论当代帝国主义经济发展的趋势》(《财经科学》1984年第1期)、《试论垄断价格的价值基础》(《学术月刊》1984年第9期)等。这些论文大多汇集在《当代帝国主义经济问题研究》一书。

三 改革开放以来培养的理论经济学工作者(1978—2000年)

1978年恢复高考和学位制以后,培养出来的理论经济学工作者大多具有较为完备的知识体系与结构,具有较为开阔的国际视野。在社会主义市场经济体制建设中发挥了重要作用。

周殿昆(1944—),四川省荥经县人。1969年毕业于北京经济学院(现首都经贸大学)。历任西南财经大学贸易经济研究所所长、研究员、教授、校学术委员会委员。四川省委、省政府科技顾问团顾问、四川省市场学会常务副会长、四川省社会科学界联合理事、中国市场学会理事、四川省物资经济学会常务理事。主要成果个人负责承担和参加完成国家社科基金重点和一般课题4项(重点2项)、国家自然科学基金课题（管理科学）1项，加拿大IDRC基金会资助的中国南方经济社会持续发展研究项目1项，在全国重要刊物和报纸上发表论文200多篇，独著和合著正式出版专著10多本。其中重要专著有《中国东西部市场关系与协调发展》《农商经济合同概论》《四川市场体系研究》《城乡商品流通体制改革》《农产品批发市场与贸易中心》《城市综合体制改革论》等。重要论文有《对"国有独资、授权经营"现象的反思及改进建议》《论批发贸易中心》《论城市经济区的流通网络体系》《内陆与沿海地区市场发育比较研究》《区域市场发育与区域经济协调发展研究》等。研究成果获蒋一苇企业改革与发展学术基金首届优秀论文奖1项，四川省政府哲学社会科学优秀成果一、二等奖各2项、三等奖3项，中国商业经济学会、中国城市经济学会优秀成果二等奖1项，《经济日报》《光明日报》和中央部委联合举办的有奖专题征文（有关经济体制改革）优秀论文二等奖各1项，刘诗白学术奖励基金优秀著作（专著）三等奖1项。

王裕国（1945— ），四川成都人，西南财经大学教授、博士生导师。国务院特殊津贴专家，四川省学术和技术带头人，曾任西南财经大学校长。长期从事马克思主义政治经济学、中国特色社会主义消费经济学教学与研究。2005年牵头组建西南财经大学消费经济研究所并担任所长，是国内首家以消费经济学专业招收博士、硕士研究生的单位。2010年成立全国首家省级居民消费研究机构"四川省居民消费研究会"并担任理事长，定期编制发布"四川消费者信心指数"和"四川民生满意度指数"。2014年受国内消费经济学界委托，积极筹备成立（中国）消费经济学会并担任首任会长。发表科研论文30余篇，牵头及参与出版专著10多部，主持、参与国家社科基金项目和教育部、省市委托课题多项。获四川省哲学社会科学优秀科研成果奖2项。在社会工作方面，是中共四川省第八次代表大会代表，第九届四川省政协经济委员会副主任委员，四川省科协常委。教育部社会科学委员（经济学），全国工商管理硕士（MBA）教育指导委员会委员。中国《资本论》研究会副会长，中国高等商科教育分会副会长，四川省法学会副会长，四川省技术经济及管理现代化研究会副会长，四川省消费者权益保护委员会副主任。

邓玲（1945— ），女，四川泸州人。历任四川大学经济学院教授、博士生导师，四川大学区域规划研究所所长，享受国务院特殊津贴专家，四川省学术和技术带头人，四川省决策咨询委员会委员，四川省人才工作领导小组专家组成员，四川省区域经济学会副会长、中国区域经济学会常务理事。主要研究领域为区域经济学、人口资源与环境经济学，主持完成国家、省部级课题40余项，出版了《我国生态文明发展战略及其区域实现》《中国七大经济区产业结构研究》《国土开发与城镇建设》《攀西新跨越》等专著多部。在《人民日报》《光明日报》《管理世界》等报刊发表文章若干篇。作为项目负责人已完成国家社科基金项目"我国七大经济区产业结构比较研究""长江上游生态屏障建设研究""长江上游经济带与生态屏障共建及其协调机制研究"以及国家社科基金重大项目"我国生态文明发展战略及其区域实现研究"（07ZD&019），完成国家社科基金重点项目《城市生态文明建设协同创新研究》（13AZD076）。先后获科技进步贡献奖、哲学社会科学优秀成果奖多项。从事经济学研究30余年，以"为地方经济作点切实贡献"为宗旨，深入各地调查研究，建言献策，参与完成《攀西经济区发展规划》《成渝经济区南部城市群发展规划》等上百个区域规划的编制和研究工作，完成了数十份咨询报告。

杜受祜（1945— ），男，1969年毕业于四川师范大学。研究方向农业经济、环境经济。历任四川省社会科学院研究员、博士生导师、副院长；四川省农业经济学会理事长、四川省学术技术带头人、国务院批准享受政府特殊津贴专家、四川省政府科技顾问团顾问，四川省成都市人民政府参事。课题研究在农业经济、反贫困问题和环境保护、可持续发展等领域都有深入的研究和丰硕的成果。主持过"西部地区生态环境建设补偿机制研究""巩固提升四川省民族地区西部大开发效应研究""中国百县市跟踪调查·渠县调查"等多项国家社会科学基金、国际合作、省级、院级课题。代表性专著及论文、调研报告专著《环境经济学》等科研成果获省部级以上一等奖三项；二等奖二项，三等奖三项。多项政策建议和研究报告受到中央、省政府和有关部门的重视和采纳，产生了较好的社会经济效益。曾经赴德国、日本、美国、英国、印度、菲律宾、尼泊尔、越南、泰国等国家和台湾地区考察农业、林业、进行学术交流，在国内外农业经济学界有一定的影响。

任治君（1946— ），杰出的留法博士和学者。1979年考入北京对外经贸大学，1982年获硕士学位。1984年调入西南财经大学经济系从事有关《世界经济》课程的教学工作。1988年由国家教委派遣到法国蒙彼利埃第一大学法学与经济学院学习，1994年5月获该校经济学博士学位。1994年9月至今在西南财经大学经济系工作，1995年晋升为教授，1997年2月至2000年9月任经济系主任。1997年赴法国做价格专题研究。主要研究宏观经济理论与政策、国际经济学、发展经济学和政治经济学。在国内外发表的主要论著有《农产品的价值及其在交换过程中的部分转移》（专著），（法国）格勒诺布尔二大国家论文复制中心，1995年4月电子出版物；《国际经济学》（教材，主编），西南财大出版社2002年版；《中国农业规模经营的制约》（《经济研究》1995年第6期）；《价值、价格和价格体系——关于马克思价值理论的定量化研究》（《经济学家》1995年第3期）；《共同农业政策的终结》（《欧洲》1996年第1期）；《农产品在交换过程中劣势探源》（《财经科学》1995年第6期）（以上论文均被人大复印报刊资料全文转载）。

余凡（1947— ），男，重庆巴县人。1982年1月毕业于四川师范大学政治教育系。历任中共重庆市委党校科学社会主义教研部主任、教授。科研方向主要为科学社会主义理论，尤其对建设有中国特色社会主义理论进行了长期深入研究。主要科研成果有《新重庆崛起与中国中西部经济的发展》等书主研人员；发表论文《抗日战争时期国际运输战线的变迁及其作用》等。其成果先后获得重庆市政府社会科学优秀成果一等奖、重庆市"五个一"工程优秀论文奖、四川省政府哲学社会科学优秀科研成果三等奖等，获国务院颁发《政府特殊津贴证书》。

罗德刚（1948— ），男，重庆铜梁人。1981年毕业于江津师范专科学校中文系，1989年毕业于西南师大政治本科（函授），法学学士，历任中共重庆市委党校、重庆行政学院行政管理学教研部主任、教授。在经济学方面的主要科研为论著《社会主义市场经济概论》（主著，副主编）。发表论文100余篇，出版著作8部，主持完成课题5个。科研成果获省部级二等奖1项、三等奖5项、优秀奖2奖。

王国清（1948— ），四川成都人。1982年7月毕业于西南财经大学政治经济学专业并留校财政专业任教。1988年7月于财政学专业研究生毕业。曾任财政教研室副主任、财政系副主任、财政系系主任、财政税务学院院长、教授、博士生导师，多次被评为西南财经大学优秀党员、优秀教师，并获有"中国人民银行优秀教师"，中共四川省委宣传部、省教委、共青团省委、省教育工会"大学生社会实践优秀指导教师"称号。社会学术兼职：中国税务学会理事、全国高校财政学研究会理事、财政部教材编审委员会财税（本科）专业编审组成员、四川省税务学会常务理事兼副秘书长、四川省财政学会常务理事兼副秘书长、《金税》杂志学术指导、中外经济文化研究委员会特约研究员等。长期从事财政税收类教学和科学研究。先后主讲本科《资本主义国家财政》《财政与税收》《预算与税收》《财政学》课程；硕士生（含MBA、EMBA）《税收理论与实践》《当代中国财政理论研究》《税收专题研究》课程；博士生《税收理论与实践研究》《财税政策与宏观调控研究》。科学研究的主要方向为"税收理论与实践研究""财政基础理论与政策""财税体制改革研究"和"国债经济研究"。科研成果及奖励：独立或合作完成科研160余项。其中主持或主研国家课题《中西部发展与分税制改革的完善》、四川省社科规划项目课题《发展财政信用拓展理财领域》《社会主义税收理论与实践》《我国税收优惠政策研究》，中国人民银行总行《市场利率化与国债研究》、四川省重点科技计划项目"四川省经济跨越式发展与财政金融支持问题研究"、西南财经大学"211工程"重点项目《规范中央税系与地方税系条件下的税制结构研究》等；主编或参编《财政与金融》《国家税收教程》《中国税制》《财政学》等教材10本、《财政信用研究》《社会主义税收若干问题研究》专著2本；在《经济学家》《经济研究》《经济学动态》《财贸经济》《财政研究》《中国财政》《财经科学》等报刊发表论文140余篇。科研成果获国家税务局和中国税务学会"全国税务系统十年理论研究成果奖"，中国财政学会第一次、第二次、第三次"全国优秀财政理论研究成果奖""刘诗白奖励基金科研成果奖"等19项奖。

陈野华（1948— ），女，教授，博士生导师。1982年毕业于四川大学经济系，历任云南财贸学院金融系副主任、西南财经大学金融学院副院长、西南财经大学中国金融研究中心副主任。长期关注与跟踪国外货币金融学说的最新发展动态与趋势，其学术研究领域为：20世纪70年代以来西方货币金融理论的发展与问题研究方向："国外货币金融学说"和"证券市场与投资"方向的教学与研究工作；从货币经济学到金融经济学的发展历程；研究中国资本市场发展中的有关问题，微观金融学及方法论研究。其主要研究项目有：国有商业银行的股份制改造；金融衍生品开发与定价；金融创新与风险管理；投资理财与公司金融；商业银行、投资银行的风险管理；中国证券市场的制度建设。微观金融学及方法论研究。承担国家社科基金、教育部、中国人民银行及四川省等国家级、省部级研究课题20余项。出版《国外货币学说研究》《西方货币金融学说的新发展》《行为金融学》《证券业自律管理理论与中国的实践》等著作十余部。在《经济研究》《金融研究》《财贸经济》等刊物发表论文数十篇。其主要成果获国际学术会议优秀论文二等奖一项；教育部、中国人民银行优秀科研成果奖多项。

白云升（1948— ），四川成都人。1982年毕业于北京师范大学地理系，到四川财经学院政经系从事经济地理教学与研究。研究方向为国土、旅游、建设与评估。承担国家、省部级相关科研课题数十项，多项成果获四川省人民政府科技进步奖与哲学社会科学奖。历任西南财大经济系教授、研究室主任、博导，四川省旅游、国土、建设、评估等协会理事、专委会主任，四川省人大代表、常委。四川省有突出贡献专家，1998年9月首聘，2003年9月续聘为四川省人民政府参事。

李天德（1949— ），男，河南郑州人，1976年7月四川大学经济系本科毕业后留校任教，1984年9月复旦大学世界经济学研究生课程进修班，1997年12月在职博士研究生毕业并取得经济学博士学位。主要研究方向世界经济理论与金融理论，尤其是在对世界经济周期、国际金融危机传染及其防范、国际汇率、国际利率的走势、世界经济发展趋势、WTO、中国金融体制改革、货币供给调控理论等方面。先后在《经济学家》《光明日报》《人民日报》等核心期刊上发表论文60余篇，出版著作国际经济学与国际金融学（国家教育部"十一五"规划教材）、世界经济学（21世纪高等学校财经类系列教材）等10部。先后承担完成"国家社科基金重大项目""国家社科基金项目""教育部社科基金项目"等国家、省部级项目12项。获四川省哲学社会科学优秀成果奖一等奖1项，二等奖1项，三等奖4项，历任四川大学经济学院院长、四川大学经济学院名誉院长、四川省政府教学改革优秀成果二等奖2项。国家社科基金评审专家委员会专家、国家教育部经济学科教指委委员、中国世界经济学会常务理事、副秘书长、中国欧洲学会常务理事、中国金融学会金融工程委员会常务委员、中国数量经济学会金融研究部委员、中国国际贸易学会理事、四川省技术与学术带头人、四川省有突出贡献专家、四川省委省政府决策咨询委员会委员、成都市重大问题决策咨询委员会委员、四川省经济学会副会长、四川省科技顾问团改革开放组副组长、四川省世界经济学会会长、四川省劳动学会副会长、四川省对外贸易学会副会长、四川大学宏观经济研究院院长、四川大学西部金融研究中心主任、四川大学世界经济研究所所长。

郭元晞（1950— ），江苏海门人。西南财经大学教授。曾任改革与经济管理研究所副所长，《经济体制改革》杂志常务副主编。1977年毕业于四川大学经济系。1979年调四川省社会科学研究院。负责由林凌，蒋一苇牵头的国家"七五"项目"中心城市的综合改革研究"的日常工作。发表文章250多篇。代表作有《社会主义个人消费品分配研究》（四川省社科院出版社1986年版）、《城市改革实践的探索》（四川科技出版社1987年版）、《八城市改革试验》（主编，四川科技出版社1987年版）、《工业经济责任制》（与赵国良合作，四川人民出版社1987年版）、《四川城市改革十年》（主编，四川省社科院出版社1989年版）、《企业承包经营责任制概论》（中国财经出版社1990年版）、《论产品税》（《经济研究》1983年第3期）、《深化国营企业改革的若干思考》（《经济研究》1990年第9期）、《论社会主义国家与国营企业关系的二重性》（《中国社会科学》1985年第1期）、《有计划商品经济条件下的个人消费品分配》（《中国社会科学》1986年第5期）、《股份制、租赁制、承包制的比较分析》（《光明日报》1988年3月19日）、《我国企业改革急需解决的问题》（《光明日报》1990年10月27日）、《关于特困企业走出困境的思考》（《光明日报》1991年4月19日）、《通过竞争选择经营与企业经营机制的转变》（《中国工业经济研究》1988年第2期）等。

谭志惠（1951— ），女，重庆人。1975—1978年在西华师范大学学习；1982—1983 年在成都市委党校学习《资本论》；1985—1986 年在中南财经大学助教进修班，攻读政治经济学硕士课程；曾任西南大学经济管理学院经济学系系主任，中国《资本论》研究会理事，重庆市《资本论》与社会主义市场经济研究会副会长。主要研究方向和业绩：主要研究方向是理论经济学、农业经济管理，对农村社会保障很感兴趣。先后主编和参编《政治经济学》《农业经济经典著作选读》《〈资本论〉与社会主义市场经济理论与实践》《马克思主义经济学研究——〈资本论〉学与用》等教材、论文集等 10 余部。先后主持、主研国家级和省部级等各级项目 10 余项；公开发表学术论文近 30 篇。先后荣获学校先进工作者、优秀教师、优秀党员、优秀班主任等荣誉称号。

李晓西（1949—　），男，重庆江津人。兰州大学经济系 1977 级（1981 届）毕业生；1981—1984 年攻读中国社会科学院研究生院现实经济系硕士学位；1985—1989 年就读于中国社会科学院研究生院，获经济学博士学位；1988 年作为高级访问学者在英国伦敦经济学院工作 1 年；1993—2001 年在国务院研究室工作，曾任宏观经济研究司司长。现任北京师范大学校学术委员会副主任，经济与资源管理研究院名誉院长，教授、博士生导师；中国社会科学院研究生院教授、博士生导师；西南财经大学学术顾问与发展研究院院长；为北京大学经济学院、中国人民大学经济学院等十余所大学的兼职教授；为国务院批准享受政府特殊津贴专家和北京市优秀教师。兼任中国市场学会副会长及 20 多个学会的常务理事和理事，为中国经济 50 论坛成员。2009 年，入选中国社会科学院《经济研究》等单位主持的《影响新中国 60 年经济建设的 100 位经济学家》。主要学术成就是中国经济体制市场化和宏观经济学中国化的理论成果。撰写或主持发表了 30 部著作，300 多篇论文。获得 20 余项重要奖项，如孙冶方经济科学奖等。

廖元和（1950—　），四川广元人，经济学博士、研究员。1982 年 7 月毕业于重庆师范学院。同年 9 月到重庆市社会科学研究所工作。先后任经济室主任、副所长。1990 年考入中国社会科学院研究生院工业经济系攻读博士学位，1992 年取得了经济学博士学位，是我国著名经济学家蒋一苇先生的"关门弟子"。曾任重庆社会科学院副院长，重庆市人民政府发展研究中心副主任兼秘书长，《改革》杂志主编。1993 年获国务院专家特殊津贴，1994 年被评为研究员。主要研究方向为理论经济学和产业经济学、区域经济学等方面，取得诸多成果。其主要代表作有《公有产权制度与市场经济的相互关系》《公有产权制度的三大内在矛盾及其解决途径》《关于财富源泉、私有经济与剥削的探讨》《中国西部工业化进程研究》《日本关西地区与长江中上游的经济合作》（英文版）等。先后在国内外期刊和出版社公开发表 300 多万字著作；主持国家级、省部级、中日和中加国际合作课题 30 多个；获 22 项省部级政府奖，其中全国性学术基金奖 1 项，省部级政府一等奖 1 项，省部级政府二等奖 4 项，省部级"五个一"工程奖 3 项，省部级科技进步奖 4 项，全国性优秀图书奖一项，省部级政府三等奖 8 项。

刘世庆（1950— ），研究员。1982 年四川大学经济系政经专业本科毕业。历任四川省社会科学研究院金融研究所所长、西部大开发研究中心秘书长。四川省学术和技术带头人、享受国务院特殊津贴专家、四川省有突出贡献的优秀专家。在《中国社会科学》《经济学动态》《中国工业经济》《改革》等期刊发表论文百余篇；专著有《企业产权交易》《中国西部大开发与经济转型》《长江上游经济带西部大开发战略与政策研究》，论文《利润周期与经济周期》《我国国有经济布局的调整方向》《西部大开发面临的新挑战》等。获省部级一等奖 1 项、二等奖 3 项。

胡小平（1950— ），重庆人。研究员、博士生导师。1978—1982 年就读于四川财经学院；1987 年获经济学硕士学位；2002 年以来 3 次赴美国多所大学进行访问研究。现任四川省学术和技术带头人，四川省有突出贡献专家。长期从事农业经济问题研究。共承担并完成国家级课题 6 项，省部级、地市级以及国有大型企业委托的研究课题 70 余项；作为主编、副主编出版专著 9 本；在 *Journal of Economic Issues* 以及《中国社会科学》《经济研究》《管理世界》《光明日报》《经济学家》《改革》《中国工业经济》《中国农村经济》《金融研究》《财经科学》等刊物上发表论文 100 余篇，多次被人大复印报刊资料全文转载。发表成果共计 200 余万字。获省部级以上（含省级）优秀科研成果奖 6 项、四川省软科学优秀成果三等奖 1 项。

刘灿（1951— ），女，经济学博士，西南财经大学教授、博士生导师；1982年毕业于西南财经大学政治经济学专业留校任教。2001年3月至2012年12月任西南财经大学党委常委、副校长；2010年10月起任西南财经大学马克思主义经济学研究院院长。近年来主要致力于现代经济学前沿与中国经济体制转轨问题研究，社会主义产权制度创新研究，公司治理结构与国有企业改革研究，西部大开发与制度创新研究。在《经济学家》《财经科学》《经济学动态》《上海经济研究》《宏观经济研究》等刊物发表多篇论文。承担多项课题，包括国家社会科学基金"九五"规划重点项目"社会主义产权理论研究"；四川省哲学社会科学规划项目"四川省商贸流通企业集团化研究"；国家社科基金"八五"至"九五"重点课题"二滩水电开发有限责任公司"等。曾获得"四川省有突出贡献的硕士学位获得者""西南财经大学教书育人先进个人""中国人民银行优秀教师"等称号，论文获中宣部"五个一工程"理论文章奖、研究报告与专著多次获四川省哲学社会科学一等奖。

陈维达（1951— ），经济学院教授，福建晋江人。1982年毕业于四川财经学院政治经济学系，留校从事政治经济学教学。研究方向：政治经济学、社会主义市场经济理论、现代企业理论。曾先后与人合作，出版过专著《当代资本主义走向》《区域经济发展战略研究》《转型与发展》《转型与分配协调论》等，在《经济参考》《人口研究》《财经科学》《改革》《现代大学教育》《天府新论》以及一些高等院校学报上发表过多篇学术论文。参与过国家火炬计划、国家863高技术项目和国家科技部"十五"重点项目的开发。

倪克勤（1952— ），2000年西南财大金融学院博士研究生毕业，获经济学博士学位。历任西南财经大学教授，博士生导师，金融学院副院长、中国金融研究中心副主任。主授课程为国际金融、国际金融管理、金融专业英语、中外货币政策比较研究等。研究方向为国际收支、国际金融市场与外国金融理论和实务、国际理论和政策、跨国公司财务管理研究。历年来在《财贸经济》《经济学家》《财经科学》等学术刊物上发表论文10余篇。主编《国际金融英语》《金融英语》《跨国公司财务》《期货与期权》。在国外的英文学术刊物上发表论文两篇。曾赴美讲学，在斯坦福大学，密歇根大学短期讲学。

李一鸣（1953— ），四川泸州人。1982年于四川财经学院工业经济系毕业留校，长期从事教学科研工作。历任西南财经大学工商管理学院院长、教授、博士生导师，中国工业经济开发与研究促进会副理事长，中国宏观经济管理教育学会常务理事、副秘书长，四川省经济学会常务理事。主要研究方向为产业运行调控、国民经济管理。曾担任博士生、硕士生、本科生《产业运行分析与调控》《宏观经济调控研究》《经济规划方法与模型》《投入产出法》《宏观经济管理》等课程的教学。先后指导国民经济学、产业经济学、MBA 研究生 30 多人，承担过《社会主义市场经济体制下国有企业经营研究》《WTO 框架下四川产业结构调整的对策研究》《劳动价值理论创新基础上的企业家激励机制研究》《四川旅游业可持续发展研究》各类课题的研究。参与《现代企业经营论》《管理学》《产业经济学》等十余部专著、教材的编写，其中，在《宏观经济管理学》《国民经济管理学》等教材的编写中担任主编、副主编。在《财经科学》《四川日报》《学习与实践》（人民日报出版社）等发表《促进我国"十五"经济增长的政策组合》《四川旅游业的发展对策》《按生产要素贡献参与分配——社会主义市场经济条件下收入分配理论的创新》《完善我国社会保障制度的思考》等论文 30 余篇。

涂文涛（1954— ），四川绵阳人。教授，博士生导师。历任西南财经大学党委书记，四川省教育厅厅长、党组书记，四川省十二届人大教科文卫委员会主任委员。第十一届、第十二届全国人大代表，党的十六大代表，四川省第八届、第九届省委委员，四川省十二届人大常委 1995 年被评为全国教育系统劳动模范，2001 年被评为全国优秀党务工作者。2005 年遴选为四川省有突出贡献专家，四川省学术技术带头人。1982 年获四川财经学院经济学学士学位，毕业留校后历任助教、讲师，1991 年评为副教授，1996 年 9 月至 2001 年 7 月在西南财经大学经济学院在职攻读博士学位；其间，1997 年评为教授，1998 年 10 月至 1999 年 8 月为美国华盛顿州立大学访问学者。2002 年后担任西南财大经济学院博士生导师。主要从事社会主义经济理论和邓小平理论的教学和研究工作，主要代表著作和论文有：《主体经济论》（合作完成，人民出版社 1995 年版）；《当代中国所有制结构变迁研究》（专著）；《知识经济与西部跨越式发展》（专著）；《邓小平经济思想研究》（主编）；《社会主义制度下按劳分配的三种形式》（论文）；《对社会主义理论研究中的几个基本概念的认识》（论文）；《论经济过程的复杂多样性和主体性》（论文）；《知识经济与收入分配》（论文）；《知识经济条件下生产关系的嬗变》（论文）；《对人民公社化的理论与实践的反思》；《知识经济与西部人力资源的开发与管理》（论文）；《知识经济与西部高等教育的发展》（论文）等。先后出版、发表论文、著作、教材、辞书等成果100多项，有3项成果获四川省人民政府哲学社会科学优秀科研成果奖。在学术领域兼任四川省社科联副主席，全国马克思主义经济学说史学会副会长，四川省党建学会常务理事、副秘书长，四川省高校党建学会常务理事、秘书长等学术职务。

刘方健（1954— ），四川三台人。1982年西南财经大学经济系本科毕业后留校从事中国经济史、中国经济思想史教学；1985—1987年，就读本校在职研究生；1989年晋升副教授；1993年担任学校图书馆馆长；1996年晋升教授；2007年，担任西南财经大学经济学院执行院长。承担过国家社会科学基金课题《1368—1978年中国社会经济中市场因素的萌芽》（1996年），《清代至民国时期中国工商企业股份制研究》（1999年）。主要学术成果有《抗日战争时期国民政府财政经济战略措施研究》（主研，西南财经大学出版社1988年版），《简明中国经济史教程》（主编，西南财经大学出版社2002年版）、《四川近代经济史》（副主编，西南财经大学出版社2000年版）、《中国现代化史》（1800—1949）（参编，上海三联书店2007年版）、《中国经济思想史专题研究》、《中外经济思想史比较研究》等。主要学术兼职有中国近代经济史学会副会长，中国经济思想史学会副会长，四川省经济史学会会长等。

穆良平（1954— ），四川成都人。1982年毕业于四川财经学院政治经济学系并留校任教。1984年参加世界银行经济发展学院一般项目师资班学习并结业。1990年破格晋升副教授，1998年晋升教授。先后承担的主要课程有《国际金融与国际贸易》《世界经济概论》《外国近现代经济史》《我国对外经济贸易关系研究》《外国近现代史专题研究》等。主要研究领域为国别经济与国别经济史、中国对外经济贸易关系。主要学术成果有《中美在国际经济体系中的互动》（《国际经济合作》）；《中美贸易逆差与美国贸易保护的转变》（《国际经济评论》）；《中美经贸关系中的摩擦点》(《世界知识》);《论美国银行持股公司的发展动因及职能》(《国际金融探索》);《罗斯福"新政"值得借鉴》(《证券时报》);《日本地税改革探讨》(《社会科学研究》);《从经济史角度考察中日甲午战争》(《天府新论》);《日本企业精英集团形成的历史演变》(《中国经济史学会年会论文集》);《日本的节能运动》(《国内外经济管理》);《日本银行、证券新一轮海外扩张及其特点》(《四川金融》);《德国近代史上的价格崩溃》(《四川物价》);《"价格革命"加速了新兴资产阶级的发展》(《四川物价》);《印度尼西亚对外经贸新走势》(《财经科学》);《论调整中的印尼对外经贸关系》(《国际商报》);《主要工业国家近现代经济史》(西南财经大学出版社)。有关中国对外经济贸易关系及其他方面的主要研究成果:《我国边境贸易理论探讨》(《财经科学》);《对我国边境贸易的考察》(《国际商报》);《农产品国际政策的借鉴》(《理论与改革》);《货币政策透明度制度兴起的背景分析》(《金融研究》);《台湾防治污染的财税措施及其启示》(《中国环境管理》);《佣金制度改革的影响与证券商的应对之策》(《经济体制改革》);《股票市场波动性与上市公司整体业绩的关联性》(《财经科学》);《论我国证券投资的风险特征及风险规避》(《社会科学研究》)。主持四川省哲学社会科学普及规划 2007 年度项目"居民投资理财策略与技巧"。

朱泽山(1954—),重庆市人。1982 年毕业于四川大学经济系。曾任西南范大学经济政法学院副院长、经济学院院长;西南大学经济管理学院党委书记兼副院长。担任中国经济发展研究会理事,全国高师《资本论》研究会理事,重庆经济学会副会长,重庆市数量经济学会副会长。从事《西方经济学》《政治经济学》《国际金融》教学科研工作,主要研究方向为社会主义市场经济运行与宏观调控;在《经济研究》上发表的论文获得过重庆市政府优秀社科成果二等奖,另有两项成果获得重庆市政府优秀社科成果三等奖;三度评为西南师范大学优秀教师;在核心期刊上发表专业学术论 30 余篇,被《新华文摘》以及人大复印报刊资料全文转载 12 篇;撰写有专著《社会主义经济理论与实践》;主持 2 项省部级科研课题。

程民选(1954—),四川合江人。华东师范大学 1978 级本科毕业后从事干部教育工作 5 年，考入西南财经大学经济系，先后于 1990 年和 1995 年获得经济学硕士学位和博士学位。1994 年破格晋升副研究员，1996 年破格晋升研究员。在西南财经大学工作期间，先后在经济研究所、经济学家编辑部、学校出版社、经济学院、国际商学院从事经济研究、学术出版、教学和管理等工作。2002 年起担任博士生导师。迄今已公开发表经济学论文逾百篇，出版学术专著（独著、主编和参编）十余部。有 20 多篇论文被人大复印报刊资料全文转载。有 20 项成果获奖，其中四川省哲学社会科学优秀科研成果奖 3 项，四川省社科联优秀科研成果奖 1 项，全国高等财经院校政治经济学研究会优秀专著奖 1 项，刘诗白科研奖励基金二等奖 1 项、三等奖 2 项。获四川省有突出贡献中青年专家称号。学术兼职方面，现担任中国经济发展研究会常务理事。

姜凌（1954—　），山东人。1982 年四川财经学院政治经济学系毕业。1998 年 7 月在西南财经大学经济系获经济学硕士学位，2002 年 3 月获经济学博士学位。历任西南财经大学经济学院教授、博导。中国美国经济学会副会长；中国世界经济学会常务理事；中国国际经济关系学会理事；四川省世界经济学会副会长。获"四川省有突出贡献的优秀专家"荣誉称号。2012 年被聘为四川省政府研究室特约专家。主要研究领域为世界经济；国际贸易与国际金融；国际经济关系。先后在《世界经济》《经济学家》《金融研究》《经济评论》《世界经济文汇》以及 *Applied Economics Letters* 等报刊公开发表学术论文逾百篇；独立完成和主持出版学术专著 6 部；主持参与多部文集和大学教材编写。科研成果多次被 SCI、英国剑桥《科学文摘》、人大复印报刊资料以及《经济学文摘》收录转载。先后 16 次获省部级、有关学会和校级优秀科研成果奖。

杨继瑞（1954—　），四川井研县人，经济学博士，教授、博士生导师。1986 年硕士研究生毕业于四川大学经济系后留校任教。1987 年 10 月起历任四川大学团委书记、党办副主任、校长助理兼东辉商学院院长、校长助理兼经济管理学院院长，1996 年 9 月起任四川大学副校长，2005 年 4 月任西南财经大学党委副书记，2011 年 1 月任重庆工商大学校长，2015 年 2 月担任成都市社科联主席，担任中国《资本论》研究会副会长、四川省发展经济学会副会长、四川省税务学会副会长、四川省土地学会副会长、四川省财政学会副会长、国家开发银行专家委员会委员等社会职务。享受国务院颁发的政府特殊津贴专家，四川省学术带头人，1991年获"霍英东高校优秀青年教师奖"，1993年获"成都市十大杰出青年"称号，1997年获"国家教委跨世纪优秀人才""国土资源部跨世纪优秀人才"称号，1999年获首批宝钢"全国文科优秀博士论文"奖，2000年获"四川省有突出贡献的中国博士"，获首届"国家社科基金项目奖"三等奖1项，省部级科研成果奖一等奖1项，省部级科研成果奖二等奖5项，省部级科研成果奖三等奖9项。先后在《中国社会科学》《经济研究》《管理世界》《经济学动态》《新华文摘》等学术出版物上发表论文350余篇，出版专著、教材27部，主持、参与国家及省部级科研项目30余项，其中多项科研成果受到党和国家领导人的肯定和批示。

陈永正（1954— ），四川成都人，经济学博士，1983年毕业于四川财经学院政治经济学系。历任四川大学经济学院教授、博士生导师，四川大学文化经济研究所所长，四川省教育厅重点研究基地"四川省农村发展研究中心"学术委员，"成都市财政局决策咨询专家智库"专家。研究领域为政治经济学、发展经济学、财政学、产权理论与国企改革、农村问题、文化经济理论与文化产业发展。出版专著《社会主义市场经济存在及运行原理》《所有权构造论——传统国有制之解构与全民所有制之重构》《论农村问题》《城乡公共服务均等化与地方财政体制》。主持课题有教育部项目"国有企业所有权制度改革理论与实践研究"；教育部项目"城乡公共服务均等化目标下地方公共财政体制改革研究"；农业部软科学课题"中国农村乡级财政体制问题研究"等。

殷孟波（1954— ），1982年四川财经学院金融系毕业后留校任教。历任西南财经大学教授，博士生导师。四川省学术和技术带头人，四川省有突出贡献的中青年专家，中国金融学会常务理事。研究方向为金融理论与实践。主要著作《货币论》、《中国商业银行发展之路》、《商业银行储蓄实务全书》（主编）、《货币银行学》（教材、主编）、《商业银行经营管理研究》（教材、参编）、《货币理论研究》（教材），发表了《论金融安全》《亚洲金融危机对中国政府的启示》《中国金融风险机理研究》《中国金融风险成因及传导机制》《转轨时期金融体制缺陷分析》《中国信用基础算性分析》《重视开拓国内市场需求》等大量论文。其中《货币论》曾获 1996 年中国金融教育基金奖优秀论文奖，两篇论文分别获 1994 年中国社科院首届全国中青年优秀社会科学成果奖和首届全国金融优秀论文三等奖。

朱明熙（1954—　），男，重庆人，西南财经大学教授，博士生导师。历任财政系外国财税教研室副主任，主任，税务系副主任，财税学院副院长，中国国际税收研究会学术委员，中国财政学会理事，四川省学术和技术带头人，四川省国际税收学会副会长，河南大学兼职教授，重庆工商大学兼职教授，四川省国税局科研所特约研究员。1983 年本科毕业于西南财经大学。1986 年硕士毕业于西南财经大学，留校任教至今。1988 年被聘为讲师。1992 年被聘为副教授，硕士研究生导师。1995—1996 年和 1997—1998 年两次分别被国家教委和西南财经大学作为访问学者派往法国巴黎的 Cergy 大学和法国里尔地区的 Valenciennes 大学进修两年。1999 年聘为教授。在校任教期间，曾讲授《国家财政》《国家税收》《财政与信贷》《外国财政》《国际税收》《税法》《财政与税收专题》《西方财税史专题》等本科生课程，《外国财政模式比较》《西方财政研究》《税收理论与实践研究》等硕士研究生课程，《西方财税研究课程》《区域财税研究》《税制研究》等博士生研究生课程。研究方向财税研究，对我国财税与外国财税有较深的研究，尤其对西部贫困地区的财税和农村财税有深入的研究。主要贡献曾负责主持完成国家级课题 1 个，在研课题 1 个，教育部"十五"首批人文社科课题，与人合作完成国家级课题 3 个，完成省部级课题两个，学校"211"重点课题两个，校管课题 3 个，横向课题十余个。独立出版专著 1 部，与人合作完成专著 4 部，教材 5 本，译著 4 部，曾在《财政研究》《税务研究》《财贸经济》《经济学家》《涉外税务》《财经科学》《财经译丛》等杂志上发表论文、译文 70 余篇。获奖情况：曾获得国家税务总局、中国税务学会科研三等奖、全国金融教育基金会首届"金晨"二等奖，四川省哲学社会科学二、三等奖，省首届优秀政策研究二等奖，中国国际税收研究会优秀科研成果奖、省财政学会和省税务学会、省青经会各种优秀科研成果奖，刘诗白基金二、三等奖，校优秀科研成果奖等 30 余项，四川省有突出贡献的专家称号，省级有突出贡献的硕士生。

尹音频（1954— ），女，江西永新人。毕业于西南财经大学财税学院，先后获得经济学学士学位（1983），经济学硕士学位（1986），经济学博士学位（1995）。2000年赴美国梅西大学（Mercer University）研修学习。现为西南财经大学财税学院教授、博士生导师，西南财经大学学术委员会委员，西南财经大学税法研究中心副主任；兼任中国国际税收研究会理事，四川省国际税收研究会常务理事。主要研究方向：财税理论与政策，尤其在国际税收方面有较深的造诣。现已取得科研成果90余项。其中：(1)主持或主研国家社科基金及省部级课题8项；(2)独著与合著学术著作9部及译著2部；(3)在《财贸经济》《经济学家》《国际贸易》《税务研究》等经济学核心期刊上发表论文80余篇。上述科研成果产生了一定的社会影响：10余篇论文为人大复印报刊资料《财政与税务》《经济学消息报》《中国税务报》全文转载、摘编或评价；获得第二次全国财政理论研究成果奖等省部级奖项4项。代表作有独著《涉外税收论纲》（西南财经大学出版社1997年版）；《反金融风险的财政与财务政策研究》（西南财经大学出版社2001年版）；合著《个人收入分配与税收调节研究》（西南财经大学出版社1996年版）；合著《中国税制模式设计、预测与运行研究》（西南财经大学出版社2000年版）。论文《关税转嫁的轨迹与规律》（《国际贸易》1994年第11期）；《构造中国对外投资税系之探索》（《财贸经济》1995年第1期）；《21世纪中国关税政策取向思考》（国务院关税税则委员会主办："97中国关税理论学术研讨会"的大会演讲论文，入选论文集《走向21世纪的中国关税》，中国经济出版社1998年版）。《重构中国农业税制》（《财经科学》1998年第3期）；人大复印报刊资料《财政与税务》（1998年第7期）全文转载；《企业兼并的征税原则与税收政策调整》（《税务研究》1999年第3期）；《构建海峡两岸电子商务信息预提税制的探讨》，应邀赴台湾参加"2001年海峡两岸租税研讨会"国际学术会议，该文被收入该会出版的论文集；《金融业流转税负的影响因素分析》（《财经科学》2003年第1期）。承担国家社会科学基金课题（1992年）《个人收入分配与税收调节研究》（承担课题框架设计投标及部分撰写工作）；教育部人文社会科学研究2003年度博士点基金项目：《资本市场税制优化研究》（项目负责人）；中国人民银行总行1996年度课题《中国证券市场中的税制研究》(项目负责人);四川哲学社会科学"十五"规划2003年度重点项目:《四川"走出去"战略研究》(项目负责人);中华人民共和国商务部2003年度课题:《中国出口退税制度优化研究》(项目负责人)。

王朝明(1955—),男,四川成都市人。1982年毕业于电子科大社会科学系政治经济学专业。历任西南财经大学经济学院教授(博导),经济学博士,教授委员会主席,学术委员会主任,贫困与发展研究中心执行主任,兼任四川省经济学会常务理事、四川省高校政治经济学研究会理事等。先后承担的主要课程有:本科生的《政治经济学》《社会主义市场经济理论》;硕士研究生的《〈资本论〉与社会主义市场经济理论研究》《社会主义经济理论与实践专题研究》《社会问题的经济学分析》;博士研究生的《社会主义市场经济理论(高级)》《中国经济改革与发展》《中国经济理论与政策》《高级政治经济学》《中国马克思主义与当代》等课程;现聘任为国家精品课程:《政治经济学》的主讲教师。主要研究领域及方向为:发展经济学、劳动经济学及社会经济学,尤其在收入分配、就业与保障、贫困问题、经济政策与社会政策等方面有所造诣。科研与教学成果的社会评价:近年来,先后出版学术专著6部,主编、参编教材、辞书5部;在《管理世界》《人口研究》《当代经济研究》《南开经济研究》《数量经济技术经济研究》《中国经济问题》《财贸经济》《经济学家》《改革》《社会科学研究》《国外理论动态》《财经科学》《天府新论》《经济体制改革》《光明日报》等全国核心期刊上发表学术论文60余篇。先后主持(主研)承担完成国家社会科学基金课题、国家自然科学基金课题、教育部人文社会科学研究(专项任务)项目、四川省哲学社会科学"十一五"规划重点项目、西南财经大学"211"工程第一、二、三期重点学科建设项目等9项国家、省部级和校级各类课题的研究工作。研究成果取得了良好的社会效益,获四川省哲学社会科学优秀成果三等奖3项;四川省教育厅人文社会科学科研成果一等奖、三等奖各1项;刘诗白奖励基金优秀科研成果二等奖1项;西南财经大学优秀科研成果奖3项;全国与省级学会的优秀科研成果奖共7项;有的论文还被《新华文摘》、人大复印报刊资料、《高等学校文科学术文摘》《社会学报》等全文转载或摘要,被

《中文社会科学引文索引（CSSCI）》《中国期刊全文数据库》《中国优秀博硕士学位论文全文数据库》《中国重要会议论文全文数据库》等收录和引用，社会反响优良。同时，教学成果取得优异成绩，获西南财经大学第三届教学成果评奖二等奖（1997），获教育部颁发国家级教学成果奖二等奖（2009），获四川省人民政府颁发"四川省教学成果奖：第六届高等教育教学成果一等奖"（2010），所指导的政治经济学专业博士学位论文在2011年全国优秀博士学位论文评选中首次荣获提名奖。

  张合金（1955—　），四川省大英县人，西南财经大学教授，博士生导师。国务院政府特殊津贴专家。1978年入读四川财经学院金融系，1985年研究生毕业后留校从事财政、金融及投资领域的教学和研究工作。1990年获博士学位，1991年1月被国家教委（现教育部）和国务院学位委员会评为"做出突出贡献的中国博士学位获得者"并破格晋升副教授，1993年破格晋升教授，1994年10月至1995年10月作为高级访问学者在日本筑波大学从事研究工作，1996年被聘为博士生导师。2000年6月遴选为国务院政府特殊津贴专家。在学术研究领域，张合金1988年与导师许廷星教授合作完成的国家教委（现教育部）"七五"重点课题"财政信贷与宏观经济调节"成果出版，该书从理论上研究了财政政策和信贷政策对宏观经济的调节机制，为进一步研究投资规模调节问题奠定了坚实的理论基础。1991年4月出版《投资膨胀论》，探讨了中国投资规模膨胀的检测标准，从理论分析和实证研究两个层面系统论述了我国投资膨胀的类型及成因，重点研究了政府如何运用财政和信贷两个手段实现对投资规模膨胀的有效调控，以及调控过程中如何实现二者的协调配合问题，获许毅、曾康霖等国内专家的一致好评。2000年5月在中国财政经济出版社出版《投资规模调节论》，对我国调节投资规模的目标、调节重点、调节手段等内容进行了理论分析，重点研究了财政政策和货币政策对投资规模的调节机制及二者的协调配合问题，并对新中国成立后40多年来政府调节投资规模的经验和问题进行了总结分析。先后在《财政研究》《金融研究》《投资研究》《经济学家》等刊物发表学术论文100多篇，出版学术著作7部。获各类优秀科研成果奖20多项，其中四川省哲学社会科学优秀成果二等奖2项，三等奖2项，四川省财政厅和四川省财政学会优秀成果一等奖4项。

张衔（1955— ），天津市人，经济学博士，四川大学经济学院经济系教授，博士生导师。中华外国经济学说研究会理事、全国综合大学《资本论》研究会理事、四川省外国经济学说研究会理事、副秘书长、四川省《资本论》研究会常务理事。主要研究领域和方向为经济理论、财政金融与宏观调控、经济增长理论与政策、产业经济、人力资本及企业理论。主要著述（独著与合著）有《人才资本论》《中国金融体制改革研究》《西南民族区域反贫困战略与效益》《大西南整体开放战略与出海通道建设》等。在《经济研究》《金融研究》《税务研究》《经济学家》等全国中文核心期刊和CSSCI期刊发表学术论文32篇，主持和主研国家自然科学基金、国家社会科学基金、省部级科研项目以及企业、地方政府委托项目12项。获省政府哲学社会科学优秀成果二等奖1项、三等奖3项。

刘锡良（1956— ），男，四川自贡人，教育部长江学者特聘教授，西南财经大学博士生导师。国务院特殊津贴专家，"百千万人才工程"国家级人选。1997年首批入选教育部"跨世纪人才培养计划"。1978—1985年就读于西南财经大学金融专业本科和硕士研究生，1985年毕业后留校任教，1988年破格晋升为副教授，1993年破格晋升为教授。历任西南财经大学金融系主任、校长助理、中共西南财经大学党委委员、西南财经大学中国金融研究中心主任、名誉主任、长江学者特聘教授，国务院特殊津贴专家，四川省有突出贡献的优秀专家，四川省人民政府决策咨询委员会成员、中国金融出版社教材编审委员会主任委员、中国金融学会常务理事和学术委员会委员、中国城市金融学会常务理事。曾兼任教育部首届经济学教学指导委员会委员，中国金融教材编审委员会主任，四川省人民政府科技顾问团顾问，贵州省人民政府科教顾问，四川省金融学会常务理事，国务院学位委员会第五届及第六届学科评议组应用经济学组成员。1988年获国家教委优秀青年教师基金；1994年获"成都市劳动模范"称号；1997年首批入选教育部"跨世纪人才培养计划（人文社科类）"；同年赴美国杜肯大学访问，次年回国后引入《金融经济学》《微观银行学》等英文教材。1995年获中国金融教育基金会颁发的全国优秀教师奖；1998年入选国家人事部等7部委"百千万人才工程"计划一、二层次；2015年获刘鸿儒金融教育基金会"金融学杰出教师奖"。主要研究领域集中在财政政策与货币政策协调配合、金融风险与金融安全等，第一，着重从宏观层、中观层、微观层等三个层面研究财政货币政策的配合模式以及着重解决的问题，同时针对国内问题分析了保持内部均衡的财政货币政策配合模式，针对开放条件下内部均衡与外部均衡的统一和协调，研究了政策的配合方式与政策工具的搭配；第二，关于中国金融安全问题研究，侧重于转轨经济条件下金融安全问题的宏观、中观、微观层面分析，以个体风险、系统性风险与金融安全之间的逻辑关系作为分析的起点，围绕一个中心（以金融机构尤其是银行作为研究核心）、两个视角（金融经济学与金融政治经济学视角）、三个层次（国家安全、经济安全、金融安全）构建了金融安全的整体框架，并根植于中国经济结构转型的内生逻辑，从经济与金融互动关系以及金融分权的视角出发分析我国系统性、区域性风险的生成机制、监管管理制度设计等。在上述领域，先后主持完成教育部重大攻关项目《中国金融国际化中的风险防范与金融安全》、国家社会科学基金重大项目《防范系统性和区域性金融风险研究——基于金融适度分权的视角》等国家级及省部级课题30多项，并在《经济研究》《金融研究》《管理世界》及《经济学（季刊）》等高水平刊物上发表论文130余篇，出版专著、译著、教材共30多部，获教育部全国高校人文社科优秀成果二等奖两项，三等奖一项；获四川哲学社科优秀成果一等奖四项、二等奖两项；中国人民银行全国金融类优秀教材一等奖、二等奖、三等奖各一项；省部级教学成果奖两项；获孙冶方金融创新奖一项。在学科建设方面，培育了一批在金融学、金融风险管理等领域具有一定贡献的学术骨干，造就了一批学术领军人物。

祁晓玲（1956— ），女，汉族，四川开江人。1982年2月毕业于南充师范学院政教系，分配到达县财贸学校任教。1987年8月，调到四川师范大学马列部任教。1998年获西南财经大学经济学博士学位。评聘为教授。历任四川师范大学马克思主义原理教研室主任，管理系副主任（主持工作）。研究生处处长、副校长、党委常委、校学术委员会主任、校学位委员会副主任，国家社会科学规划项目评审专家，省社科联常务理事，省高校政治经济学会副会长，省区域经济学会副会长，成都市"邓研"中心特约研究员。国务院特殊津贴获得者，四川省学术和技术带头人，四川省有突出贡献专家。主要研究领域为产业经济学。

主持完成国家级、教育部、四川省社科和软科学项目等十余项，其中：主持国家社会科学基金项目"企业家队伍建设与企业发展问题研究""四川少数民族地区人才竞争机制研究""健全党和政府主导的维护农民权益机制研究"3项。先后在人民出版社、中国经济出版社、台湾捷幼出版社、四川人民出版社出版著作12部，在《社会科学研究》《理论与改革》《财经科学》上发表论文60余篇，其代表作主要有博士论文《中国粮食经济市场化进程与目标分析》，获四川省第九届哲学社会科学二等奖；主持完成的国家社科基金《企业家队伍建设与企业发展问题研究》成果获四川省第十届哲学社会科学三等奖；主持完成的《四川省农村地区教师队伍现状调查分析》成果获四川省第十二届哲学社会科学三等奖、省教育厅优秀教育科研成果一等奖；主持完成的省社科重点项目《四川产业组织结构与企业竞争力研究》成果获四川省第十三届哲学社会科学二等奖；主持完成的国家社科基金《民族地区人才竞争机制研究》成果获四川省第十四届哲学社会科学二等奖。

祁晓玲（1956— ），女，汉族，四川开江人。1982年2月毕业于南充师范学院政教系，分配到达县财贸学校任教。1987年8月，调到四川师范大学马列部任教。1998年获西南财经大学经济学博士学位。评聘为教授。历任四川师范大学马克思主义原理教研室主任，管理系副主任（主持工作）。研究生处处长、副校长、党委常委、校学术委员会主任、校学位委员会副主任，国家社会科学规划项目评审专家，省社科联常务理事，省高校政治经济学会副会长，省区域经济学会副会长，成都市"邓研"中心特约研究员。国务院特殊津贴获得者，四川省学术和技术带头人，四川省有突出贡献专家。主要研究领域为产业经济学。主持完成国家级、教育部、四川省社科和软科学项目等十余项，主持国家社会科学基金项目"企业家队伍建设与企业发展问题研究""四川少数民族地区人才竞争机制研究""健全党和政府主导的维护农民权益机制研究"3项。先后在人民出版社、中国经济出版社、台湾捷幼出版社、四川人民出版社出版著作12部，在《社会科学研究》《理论与改革》《财经科学》上发表论文60余篇，其代表作主要有博士论文《中国粮食经济市场化进程与目标分析》，获四川省第九届哲学社会科学二等奖；主持完成的国家社科基金《企业家队伍建设与企业发展问题研究》成果获四川省第十届哲学社会科学三等奖；主持完成的《四川省农村地区教师队伍现状调查分析》成果获四川省第十二届哲学社会科学三等奖、省教育厅优秀教育科研成果一等奖；主持完成的省社科重点项目《四川产业组织结构与企业竞争力研究》成果获四川省第十三届哲学社会科学二等奖；主持完成的国家社科基金《民族地区人才竞争机制研究》成果获四川省第十四届哲学社会科学二等奖。

盛毅（1956— ），1988 年四川省社会科学院研究生部工经专业研究生毕业，获硕士学位。曾任四川省社科院经济研究所副所长、四川经济社会发展对策研究中心秘书长，四川省社科院副院长，《经济体制改革》杂志主编，四川省学术和技术带头人，省委、省政府决策咨询委员，享受国务院政府津贴专家。研究领域：产业经济与企业经济。出版专著 5 本，公开发表论文 200 余篇，获省政府奖励 6 项。主要研究成果有：专著《企业产权改革与企业组织》《地方国有资产管理体制改革与创新》等，论文《西电东送与西南能源资源配套开发研究》《论"分级所有"的地方国有资产经营》《论经营城市的必然性及其风险》《国有企业资本积累的性质》《论民营经济是经济属性还是经营方式》《关于中小企业产权制度改革的几点思考》等。获四川杰出人才奖，获省哲学社会科学一等奖 1 次，三等奖 3 次。

郭晓鸣（1957— ），毕业于西南农业大学。现为四川省社会科学院副院长、研究员、博士生导师，四川省有突出贡献的优秀专家，四川省学术和技术带头人，享受国务院特殊津贴专家，四川省政府科技顾问团顾问，四川大学、四川农业大学兼职教授，四川省农经学会副理事长以及四川省中青年农村经济研究会副理事长。1982 年以来，长期致力于农业经济理论与政策的研究。在《人民日报》《光明日报》《经济研究》《经济学家》《中国农村经济》《农业经济问题》等省级以上报刊发表研究成果 400 余项，出版学术专著 18 部。较有影响的国家级及省、部级课题 先后主持和参加了国家级、省部级和国际合作课题 80 多项。科研成果获四川省哲学社会优秀成果二等奖 3 项，四川省哲学社会科学优秀成果三等奖 4 项，四川省科技进步三等奖 2 项，四川省"五个一工程"优秀成果奖 2 项。先后应邀赴美国、加拿大、日本、德国、英国、荷兰、越南和中国香港等国家和地区进行学术交流和合作研究。

郭正模（1957— ），男，四川省社会科学院经济研究所研究员，研究生学院人口学和劳动经济学专业硕士生导师。四川省学术与技术带头人，享受国务院政府特殊津贴专家，四川省有突出贡献优秀专家。1982年毕业于成都科技大学（现四川大学）政治经济学专业。1998—1999年由英国学术院基金资助到英国利兹大学东亚系做访问学者；2001—2010年期间任经济研究所所长。1983年以来长期从事劳动经济学、农业资源经济学、土地经济学和人口经济学等理论研究及相关应用研究。30多年来主持国家、省部级课题和委托课题30多项，其中5项为国家社会科学基金项目课题。曾经获四川省人民政府、农业部、劳动部、国土资源部、国家土地管理局等科研成果奖9项，其中一等奖3项，三等奖6项。曾公开发表论文200多篇，出版学术专著6本。其中在《经济研究》《经济学动态》《经济科学》《中国农村经济》《经济地理》等期刊发表论文数十篇；10多篇论文被《新华文摘》、人大复印报刊资料、《经济学文摘》等转载。

王钊（1957— ），男，四川省叙永县人。1978年入学西南农业大学经济管理专业，1985年硕士研究生毕业获硕士学位留校任教，1996年博士研究生毕业获管理学博士学位，2003年美国密苏里—哥伦比亚大学访问学者。现任西南大学经济管理学院院长，博士生导师。社会兼职重庆市政协常委，北碚区政协副主席；民盟重庆市副主委，北碚区委主委；重庆市政府科技顾问团成员，市内外若干区市县政府顾问，国家开发银行重庆市分行财务顾问专家；重庆市首届学术技术带头人（后备）等。学术兼职重庆市数量经济学会副会长，三峡移民与经济发展研究会副会长，重庆市农业投资研究会副会长，重庆市生态农业学会秘书长，重庆市信息协会经济发展战略专家委员会成员等。长期从事经济学管理学的教学和研究工作。主讲本科、硕士、博士各层次经济学和管理学骨干课程10余门，指导培养硕士研究生90余人（含专业硕士）、博士研究生50余人（含在读）。获重庆市人民政府发展研究奖一等奖"重庆市社会主义新农村建设案例研究"（2010）、三等奖（2008）；重庆市政府哲学社会科学优秀成果二等奖《中国乡镇企业与工业化城镇化研究》（1999）、三等奖（2009）；以及重庆市政府科学技术奖三等奖（2002）等省部各级各类科研教学成果奖10余项。

李萍（1958—　），女。现任西南财经大学《财经科学》主编，西南财经大学马克思主义经济学研究院副院长。1978年考入四川财经学院，于1982年、1985年、1999年先后获四川财经学院经济学学士学位、西南财经大学经济学硕士、博士学位，1997年破格晋升为教授。享受国务院颁发的政府特殊津贴，全国高等财经院校《资本论》研究会常务理事、四川省《资本论》研究会副会长、四川省经济学学会副会长，四川省学术技术带头人，四川省有突出贡献的优秀专家。研究领域：经济增长与发展、收入分配、城乡关系、政府与市场。主要研究成果：代表作有《经济增长方式转变的制度分析》（独立专著）、《统筹城乡发展中的政府与市场关系研究》（李萍等著），完成了国家社科基金"八五""九五""十五""十一五"等多项课题（其中主持完成2项），公开出版的学术专著、论文集、教材（个人独著、主编、副主编、参编）31本、200多万字、学术论文百余篇、学术成果120多项。获国家级、省部级和全国性学会奖等各种奖项30多项，其中，国家级教学成果二等奖1项、四川省政府第七次、第八次、第十次、第十一次、第十三次、第十五次哲学社科优秀成果一等奖1项、二等奖2项、三等奖3项，另获四川省高等教育教学成果奖1项。

戴歌新（1958—　），四川三台人。西南财经大学教授，历任经济学院理论经济学教研室主任，MBA"社会主义市场经济理论专题研究"课程组长。1982年毕业于中国南充师范学院政治系，获哲学学士；1987年毕业于中国四川大学经济系，获经济学硕士。于2009年评为西南财经大学优秀教师。主要研究方向为社会主义经济理论、企业制度理论、宏观经济管理理论与实务。近年来在《中国改革》《财金贸易》等刊物发表论文数篇，参加国家级和省级学术课题研究多项，出版学术专著《中国国有企业制度创新研究》等五部（包括合著），教材两部（任副主编，其中一部为《现代企业理论基础教程》），获省政府级的学术奖三项（一等奖2012年，二等奖2006年，三等奖2003年）。

杨成钢（1958—　），男，人口经济学博士，研究员，博士生导师，西南财经大学人口研究所所长，中国人口学会理事，中国残疾人事业发展研究会常务理事，四川省人口学会副会长，中国城市社会学研究会理事，国家人口计生委综合改革专家组成员。自1982年毕业于西南财经大学（原四川财经学院经济系），1991—1994 年曾赴加拿大学习城市社会学。研究方向人口经济学、劳动经济学、城市社会学、企业人力资源管理学。主要研究项目有失业问题、土地股份合作与农村经济发展问题、中小企业信用建设问题、宏观人口管理问题、人口行为机制问题。主要讲授课程为人口经济学、世界人口学、当代人口学主要流派评价。学术成就：近 5 年独著、主编、副主编学术专著 4 部，参编 4 部；发表学术论文 20 多篇；主持四川省哲学社会科学基金课题、政府部门委托课题和大企业委托横向课题 15 项，主研国家社科基金课题、四川省社科基金课题、农业部软科学基金课题等 4 项。

张炜（1958— ），四川叙永人。1982 年毕业于西南财经大学政治经济学专业，留校任教。曾任经济系副主任，旅游管理学院院长。1991 年破格晋升副教授，1996 年晋升教授。现任西南财大中国西部经济研究中心副主任、博士生导师。中国区域经济学会理事，四川国土经济学会常务理事；中外经济文化研究委员会常务理事，四川旅游规划研究院专家委员会委员等。一直从事区域经济教学和科研工作。教学：为本科和研究生讲授：区域经济学、生态经济学、环境经济学、经济地理专题、人文地理与区域开发专题、西部经济发展专题等课程有区域经济理论和相关学科理论坚实的研究成果，并坚持深入实际，参与地方经济的研究。主要研究特点：城市与区域的开发、规划、项目建设、投资、国土整治、旅游等研究上取得成果，有的被地方政府或企业采纳。西部经济研究，长期深入西部调研，发表论著，并在西部工业化道路、投资效益、生态建设、经济文化、民族经济等方面提出有价值的观点。进行区域发展中的生态经济文化协调发展等问题的跨学科探索。发表《中国国土经济学》《四川人口地理》《世界经贸地理》《现代经济文化导论》等专著（含合著）6 部。合作出版丛书、辞书、年鉴等 15 部，例如《世界经济文化年鉴》（1996—2002 年各卷）（副总编）。在《世界经济》《经济学家》《光明日报》等发表学术论文 220 余篇（香港 4 篇）。主要论文在学术界有影响。《城市经济结构及其优化问题》《中国西部双层二元结构转化与工业化发展道路研究》《论经济空间结构及其优化问题》《论生态经济文化协调发展》等论文被《新华文摘》《人民日报》等转载或摘编或刊文好评。主持或主研国家和省级及横向课题共

10 余项。西南国土资源综合考察、川南国土规划、新四川经济发展战略、长江经济带建设与成都经济发展研究等。科研成果获各种奖 10 多项。其中，省级科技进步三等奖 1 项；省级哲学社会科学三等奖 2 项；刘诗白奖励基金三等奖 2 项，全国一级学会一等奖 3 项等。

杨晓维（1958— ），西南财经大学经济学博士，北京师范大学经济与工商管理学院教授、博士生导师，西华大学经济学院特聘教授。1982 年毕业于南开大学经济系，获经济学学士学位；1993 年、1998 年在西南财经大学分别获经济学硕士、博士学位。1985 年至 2001 年任教于西南财经大学经济系。1998 年 11 月至 1999 年 5 月，在美国加州州立大学 Bakersfield 校区做访问学者。2001 年起在北京师范大学经济与工商管理学院任教。参与主持多项科研项目，出版多部著译作，发表学术论文数十篇。

赵磊（1958— ），1983 年毕业于西南财经大学政经系（本科），1988 年毕业于西南财经大学经济系（硕士）。1991 年破格晋升为副研究员，1995 年破格晋升为研究员。曾先后担任《财经科学》杂志常务副总编、西南财经大学出版社副总编，现为《经济学家》编辑部主任、博导，四川省文科学报研究会副理事长。在《经济研究》（2 篇）、《哲学研究》（7 篇）、《社会学研究》、《学术月刊》（6 篇）、《文史哲》、《经济学动态》、《财贸经济》、《光明日报》（9 篇）、《真理的追求》、《江汉论坛》、《江海学刊》、《经济参考报》等发表论文 200 多篇；著有《走近权力》《中国莫回头》《经济增长方式转变机制论》等书；有数十篇论文被《新华文摘》、人大复印报刊资料、《书摘》、《文摘报》、《报刊文摘》转载或摘编；信仰马克思主义，在收入分配理论、宏观经济理论等领域具有较高的学术造诣。

曾令秋（1958— ），四川资中人。1982 年 1 月于西华师范大学政治系毕业，获哲学硕士；1988 年 7 月西南财经大学经济系毕业，获经济学硕士；四川大学经济学院经济学博士，经济学教授，博士生导师。现任四川工业科技学院党委书记、院长。中华外国经济学说研究会理事，四川外国经济学说研究会副会长，四川发展经济学会副会长。长期从事经济学说史、微观经济学、宏观经济学的教学和研究，在比较经济学、当代经济热点问题等领域有一定研究心得。主要著述有《马克思失业理论与西方经济学失业理论：一个新的综合》《由〈资本论〉中的"农业基础论"引发的思考》《再论作为政治经济学研究对象的商品使用价值》《马克思一般资本理论与古典学派的对比》等论文40余篇；主编《中国农地制度研究》《推动国有企业技术创新研究》等专著6部；主编《西方经济学》教材5种；参加或主持了国家、省部级及各种横向课题20余项的研究。曾获省政府一等奖1项，二等奖2项，三等奖5项，学会奖6项。

申晓梅（1958—　），女，四川成都人。1982年毕业于四川财经学院政治经济学系，留校任教。1987年获经济学硕士学位，1998年被评聘为教授，历任教于西南财大公共管理学院，劳动经济与政策研究所所长。主要承担劳动经济和公共经济相关的教学任务，先后为本科生、研究生开出了劳动经济学，劳动经济前沿，劳动力市场理论与政策，公共经济前沿、公共经济专题等课程。获得西南财大优秀教师、西南财大教学名师、四川省教学名师等荣誉称号。主要研究方向劳动力市场理论与政策；尤其是对劳动就业的研究形成了较为丰富的学术成果。主要学术成果：先后主持和主研了多项国家级、省部级和校级科研课题：1998年主研国家社科基金课题《国有企业工资分配机制研究》（获四川省政府三等奖）；2000年主研国家社科基金课题《西南城市居民最低生活保障机制研究》（获四川省政府三等奖）；2002年主研国家社科基金课题《中国21世纪反贫困战略研究》；2009年主持四川省社科基金课题《基于消费对就业传导机制及拉动效应研究》；2010年主持校管课题《大学生基层就业意愿及能力匹配度调研报告》。先后在《金融研究》《经济学家》《中国劳动》《人口与经济》等经济类核心期刊上公开发表论文40余篇。其代表性论文主要有《劳动力市场"退出援助"方式与政策探析》（《人口学刊》2006年第1期）；《非正规就业的保障制度创新》（《中国劳动》2006年第2期）；《论失业救济制度向就业保险制度转型及其政策探析》（《人口与经济》2007年第3期）；《城市弱势群体就业援助可行性分析》（《中国劳动》2009年第5期）；《失业返乡农民工就业意愿调研及思考》（《农村经济》2010年第3期）。其中部分论文被《新华文摘》、人大复印报刊资料收编或选载。入选四川省第五批学术和技术带头人后备人选，担任四川省劳动保障厅专家咨询会委员；四川省劳动保障学会常务理事等社会兼职。

丁任重（1959— ），安徽蚌埠人。1982年3月本科毕业于安徽大学经济学专业；1985年3月，获西南财经大学经济学硕士学位；1988年1月，获西南财经大学经济学博士学位。历任西南财大副校长、四川师范大学校长、党委书记。兼任中国经济规律研究会副会长，全国高等财经院校政治经济学研究会副会长，四川省区域经济研究会会长，四川省哲学社会科学评奖委员会委员，四川省科技顾问团宏观经济组组长，四川省"十五规划""十一五规划"专家组成员，四川省学术带头人，国务院政府特殊津贴专家，1998年入选中组部第三届青年专家考察团。研究方向为经济理论与经济改革、区域经济。承担多项国家哲学社会科学课题和省部级课题，出版个人专著4部，合作出版专著、教材、辞书等20余部，在《中国社会科学》《经济研究》《人民日报》《光明日报》等报刊上发表论文200余篇。科研成果多次荣获中宣部"五个一"工程奖、中国青年科技论坛奖和四川省哲学社会科学优秀成果一、二、三等奖等奖项。

刘金成（1959— ），四川成都人。1979年9月考入成都大学，1982年7月大学本科毕业，并被四川财经学院（现西南财经大学）授予经济学学士学位。1986年12月进入四川省社会科学院，在《经济体制改革》编辑部长期从事编辑工作。1997年10月被评聘为副编审。主要科研成果有《攀钢：中国钢铁工业的骄傲》（合作专著）；《中心城市综合改革》（合作专著）；《攀枝花钢铁公司》（"八五"国家社科基金课题，合作专著）；《四川概览》（合作专著），《论邓小平对外开放思想》（论文），成果1次荣获省政府优秀科研成果二等奖，2次获省级学会成果奖（一、二等奖各1次）。

邵昱（1959— ），重庆市大足人。1982年毕业于四川财经学院政治经济学系。历任中共成都市委党校、成都行政学院、成都市社会主义学院副校（院）长，研究员，经济学博士，成都市政府特殊津贴专家。兼任中国城市经济学会理事，四川省社会科学界联合会理事，四川省经济学会副会长，四川省《资本论》研究会副会长、四川省邓小平理论研究会副会长。先后在省级以上多类报刊出版物公开发表学术成果50篇以上，独立学术专著和主编的著作十余项。参研3项国家社科基金课题、主持研究省级重点社科课题3项、承担成都市级重点课题十余项。个人专著《宏观人力资源开发与配置研究》获成都市政府优秀社科成果一等奖，省政府优秀社科成果三等奖。有十余项成果被人大复印报刊资料、《经济学文摘》等报刊复印、转载。

文大会（1960— ），四川人。四川省委党校经济学教研部主任、经济学教授、经济学学科带头人，四川经济社会发展战略研究所所长，四川省委宣讲团成员，四川省政府特邀研究员。主要研究方向：社会主义市场经济运行与调控。曾应邀为国家经贸委（原）、国家国税总局、国务院扶贫办等部委所办研讨班或培训班讲授经济形势等专题。作为省委宣讲团成员，曾为省级机关不少厅局和一些市州中心组等讲授科学发展观、改革开放三十周年、党的十六大、党的十七大、党的十七届三中全会精神，当前世界经济危机及对策，以及各种经济专题。出版专著五部，在省级以上公开刊物发表学术论文160多篇，科研成果获省政府二等奖一项，三等奖两项，省"五个一工程奖"一项，主持一项国家社科基金资助课题：中西方经济运行干预比较研究。科研成果获省政府二等奖一项，三等奖两项。

刘俊（1960— ），男，美国得克萨斯大学物理学博士学位，美国斯坦福大学金融学博士学位。西南财经大学金融研究院副院长，教育部"长江学者"讲座教授，美国加州大学圣地亚哥分校管理学院终身副教授。研究领域：理论和实证资产定价，计量经济学等。1982年北京大学物理学学士学位，1988年美国得克萨斯大学物理学博士学位，2000年美国斯坦福大学金融学博士学位。研究领域理论和实证资产定价，计量经济学方法的发展和运用等。刘俊教授目前已在国际顶尖金融学期刊上发表了十余篇论文，其中包括 Journal of Finance, Review of Financial Studies, Journal of Financial Economics, Journal of Business, Review of Accounting Studies, Accounting Review 以及 Financial Analyst Journal 等。他的论文在学术界和金融业界被广泛引用。所获荣誉2005年《金融研究评论》最佳论文 Michael Brennan 奖。

赵曦（1960— ），四川成都人，西南财经大学经济学院教授、博士生导师、国务院政府特殊津贴专家，国家"十五""十一五""211工程"重点学科建设项目负责人。现任西南财经大学经济学院区域经济研究所所长。长期从事中国西部地区、贫困地区、少数民族地区经济社会发展研究。先后主持国际合作项目、国家重点项目、国家社会科学基金项目、省部级等重点科研项目15项。著有《中国西部地区经济发展研究》《中国西部农村反贫模式研究》《21世纪中国西部发展探索》《中国西藏区域经济发展研究》等独立专著10部，以及合著《中国西藏扶贫开发战略研究》《21世纪西藏农牧民增收的途径》等10部。在《中国软科学》《中国人口资源与环境》《世界经济》《经济学家》等刊物发表学术论文200余篇，其中被《新华文摘》《中国社会科学文摘》以及人大复印报刊资料等转载34篇。有29项成果获四川省哲学社会科学优秀成果奖、四川省科技进步奖等奖项。2000年9月获成都市"民族团结进步模范"称号，2005年1月当选"首届四川十大杰出青年经济人物"，2011年4月就解决四川山区的贫困问题参与中央电视台《再问贫困》节目制作并接受《经济半小时》栏目专访。

王小琪（1960— ），四川成都人。1982年毕业于四川财经学院政治经济学系，历任四川省社会科学院金融与财贸经济研究所所长、院可持续发展（对外开放）研究中心秘书长、研究员（教授）、产业经济学研究生导师，享受国务院特殊津贴专家。研究方向为国际经贸、财税与货币、可持续发展。并任中国世界经济学会常务理事、全国美国经济学会理事兼四川召集人、四川省委省政府科技顾问团顾问、四川省经济学会副会长、成都市政府重大行政决策咨询论证委员会委员等。完成国家、省（部）、市（州）、县（市、区）级项目100多项。成果获国家和省（部）级奖12项。在报刊上发表文章200余篇，出版专著和调研报告集10余本。代表性成果有《经济周期论》（专著），人民出版社2006年版，获四川省政府第13届社科优秀成果评奖一等奖（2009年）。《战后西方国家股份制的新变化》（专著），商务印书馆2000年版，《世界经济》杂志、《中国社科院院报》、《经济学家》杂志分别发表了书评。《攀西地区经济开发模式与政策研究》（专著），西南财经大学出版社1999年版，获四川省政府第9届社科优秀成果评奖特别荣誉奖（2001年）。《当代资本主义结构性经济危机》（专著），商务印书馆1997年版。《加快攀西地区经济开发研究》（专著），西南财经大学出版社 1995 年版，获四川省政府第 7 届社科优秀成果评奖一等奖（1997年），《光明日报》发表了书评。较有代表性和影响的国家及省、部级课题有在研国家社科基金项目"不同西方国家区域经济协调发展的比较及其启示"（主持）。完成四川省政府重大调研项目"四川省'十一五'循环经济发展规划"（主持人之一），2007 年，四川省政府 2008 年第 6 次常务会议审议通过，四川省政府办公厅川府办〔2008〕35 号文件发布实施。完成国家社科基金项目《战后西方国家股份制的新变化》（主持人之一）。完成四川省哲学社科项目"四川地理品牌培育与发展机制研究"（主持人之一），2008 年。在研四川省政府重大调研项目"四川丘陵地区投融资体系建设研究"（主持）。完成四川省软科学重点项目"加入 WTO 后四川引进外资研究"（主持），2005 年。完成四川省软科学重点项目"建立健全政府采购制度，规范和完善四川社会集团购买行为"（主持），1999 年，同年获四川省政府科技进步三等奖。作为常务理事每年应邀出席中国世界经济学会在全国各地举行的理事会和其他学术活动。作为理事每年应邀出席全国美国经济学会在全国各地举行的理事会和其他学术活动。作为副会长每年应邀出席四川省经济学会在四川省各地举行的理事会和其他学术活动。作为顾问每年应邀出席由四川省委省政府科技顾问团在全省各地举行的各种会议和活动。作为委员每年应邀出席由成都市政府重大行政决策咨询论证委员会举行的各种会议和活动。

林义（1960— ），重庆市渝中区人，西南财经大学教授、博士生导师，西南财经大学老龄化与社会保障研究中心主任，国务院政府特殊津贴专家，四川省学术和技术带头人。兼任中国社会保障学会副会长，中国社会保险学会常务理事，中国社会保险学会教研委员会副主任委员，北京大学中国保险与社会保障研究中心专家委员会委员，四川省决策咨询委员会委员。1982—1985 年、1993—1996 年在西南财经大学金融系先后获经济学硕士、博士学位。1994 年获教育部"高校青年教师资助计划"，1996 年获教育部"高校青年教师奖"，1997—1999 年受德国洪堡基金会 Allianz-Fellowship 资助，赴德国不来梅大学社会政策研究中心从事博士后研究。1990 年出版了国内第一部风险管理专著，将国外风险管理的理论、方法和技术进行系统介绍，推进了国内风险管理的教学与研究。在维也纳经济大学访学中，结合国内社会保障改革实践，在美、英、德、日及国内学术刊物《社会学研究》《学术月刊》《经济学家》《经济学动态》等刊物上发表了关于中国社会保障改革的多篇英文论文，在英国出版著作 Pension System Reform in China（《中国养老保险改革》）。代表性著作《社会保险制度分析引论》及关于社会保险制度分析的系列论文，在国内率先倡导社会保险制度分析，强化跨学科方法论的创新意识，从一个全新的角度提出社会保险制度分析框架，对社会保险制度的模式选择等重大基础理论，进行剖析和透视，取得了具有原创价值的理论研究成果。在学术界较早提出多层次社会保障制度改革思路，较早提出弹性退休的政策主张，较早提出运用国有资本充实社会保障基金的思路，较早提出树立中国经济学之根的思路。先后承担国家自然科学基金、国家社会科学基金重大项目等多项国家省部级课题。主编国家级规划教材《社会保险》和《社会保险基金管理》。主编教材《人身保险与风险管理》。曾获中国人民银行优秀教师，四川省优秀教师，霍英东高校优秀教师三等奖，获国家级优秀教学成果二等奖，中国人民银行优秀教学成果一等奖，2005年获教育部新世纪优秀人才支持计划奖励，获得四川省优秀社会科学成果一等奖。研究报告《政府采购"新农保"服务的做法、问题和建议》获得国家领导人批示。

史代敏（1960— ），四川宜宾人。1986年7月，重庆大学应用数学系应用数学专业毕业后到西南财经大学任教；2002年9月，获西南财经大学经济学博士学位。历任西南财经大学统计学院副院长、院长学校党委常委、组织人事部部长、副校长。2002年破格晋升教授。加拿大滑铁卢大学访问教授（2006年）。主要研究领域为金融投资数量分析、资本市场实证研究、金融时间序列分析。主要学术观点和学术贡献体现在资本市场有效性、居民金融资产选择行为、货币需求分析、金融时间序列建模等研究领域。先后在《国务院内参》《管理世界》《金融研究》《统计研究》《数量经济技术经济研究》以及 Journal of Applied Statistics 等国内外期刊发表论文50余篇，多篇论文被《财经》以及人大复印报刊资料转载；出版《中国股票市场波动与效率研究》《组合投资学》《居民家庭金融资产选择的建模研究》等专著、教材7部；先后主持国家自然科学基金项目、国家社会科学基金项目等纵向课题10多项，主持中国人民银行、深圳国土资源局、阿坝州发改委等部门的横向课题或委托课题 10 余项；获得国家级教学成果二等奖 1 项、四川省教学成果一等奖 1 项；获得四川省哲学社会科学优秀科研成果奖、全国统计科研优秀成果奖等省部级以上科研成果奖励 10 余项，刘诗白奖励基金优秀科研成果奖 2 项。主持完成的国家社科基金项目成果《我国居民家庭金融资产选择的统计研究》获得第十届全国统计科研优秀成果一等奖，入选国家哲学社会科学成果文库。承担完成的中国人民银行重点课题《人民币现金总量与结构需求预测》，研究结论上报国务院主要领导后受到重视，建议被中央银行采纳。是"百千万人才工程"国家级人选（2009 年）、教育部"新世纪优秀人才"（2004 年）、四川省学术与技术带头人（2006 年）、四川省有突出贡献的优秀专家（2005 年）、第五届四川省普通高校"十佳青年教师"（2001 年）。先后担任国家社会科学基金学科评议组成员、中国统计学会副会长。

曹廷贵（1960—　），1982 年 2 月毕业于南开大学经济学系经济学专业。随即在该系攻读《资本论》方向硕士研究生，重点研究马克思的货币理论。1984 年 12 月到四川财经学院金融系任教。1985 年完成论文《重新认识马克思的劳动价值论》，文章从市场的角度分析了价值及其实体，认为我国学术界对马克思劳动价值论的认识存在偏差。该文的基本观点以"交换过程在价值形成中的作用"为题在中国社会科学杂志社 1985 年 11 月《未定稿》上发表。1989 年与人合作完成《马克思货币金融学说原论》。1992—1994 年，受英国诺丁汉大学经济系邀请，由国家教委派遣，作为访问学者前往英国研究货币银行学。从 1997—1998 年受美国杜肯大学商学院邀请，作为访问教授前往美国，研究衍生金融工具。1999 年受德国柏林经济学院邀请，作为客座教授前往德国，研究欧洲中央银行，并应邀到波兰波兹南银行学院讲学。自 1996 年以来，一直与德国柏林经济学院保持学术联系，在德国发表了有关中国银行体系、中国的中央银行及其货币政策、中国的通货紧缩等方面的论文。承担的课程包括：货币银行学、现代银行业务、金融期货与期权、商业银行业务与经营管理、金融经济学、金融工程学等。使用英文原版教材，用英语讲授专业课程。主编和参编的教材有《货币银行学》《西方货币银行学》《货币金融学》《金融期货》《金融专业知识与实务》。近年来，发表论文《究竟应该如何看待亚洲金融危机的原因》《关于化解国有银行不良资产的思考》《WTO与我国的银行改革》《西部大开发的资源与资金问题》等。现主要致力于金融教学的改革，以及各国金融体制、金融改革，特别是发展中国家金融体制及其改革的研究。2003年被中国教育发展基金会评为金融教育先进工作者；2007年被评为四川省有突出贡献专家。

吴兆华（1961— ），女，汉族，中共党员，西南财经大学经济学博士，教授。现任四川广播电视大学副校长、四川省妇联兼职副主席。主要成果：对宏观经济、女性人才、家庭情感、公务员压力调适等有较多研究，在《光明日报》《管理世界》《经济学家》等报刊发表若干长篇文章，多篇文章被《新华文摘》、人大复印报刊资料等刊物转载。出版有《房地产业发展与管理研究》专著，并荣获四川省哲学社会科学优秀成果三等奖；出版有《公务员心理健康与压力调试》专著，并荣获四川省党校系统优秀成果奖；主研和参研多项省级、国家级课题，多次荣获四川省哲学社会科学优秀成果二等奖、三等奖，以及中宣部"五个一工程"奖；在《管理世界》《光明日报》《四川日报》等报刊公开发表论文80多篇。

甘庭宇（1961— ），女。2001年菲律宾大学社会林业专业研究生毕业，获硕士学位。历任四川省社科院农村经济研究所副所长。研究领域：农村发展，生态经济。主要研究成果有专著、合著《环境经济学》《中国反贫困词汇释疑》，论文《社会林业发展的性别参与》《社区林业与世界可持续峰会》《西昌市退耕还林研究》《关于草地资源权属的相关问题研究》等。获省部级一等奖1项。

向蓉美（1962— ），女，四川人，1982年毕业于四川财经学院统计系获经济学学士学位、1985年获经济学硕士学位，毕业后任教至今，其中1990—1991年作为访问学者到美国Marrietta College学习与讲学，2004年受德国学术交流中心（DAAD）资助赴德国研究访问3个月。现任中国国民经济核算研究会常务理事、中国投入产出学会常务理事、中国统计教育学会常务理事、成都市统计学会副理事长、四川省统计专业高级职务评审委员。主要研究方向为国民经济核算、经济统计理论与数量分析方法及其应用。从事《国民经济核算及分析》《投入产出分析》

《经济统计研究》《统计学》《国民经济统计学》等课程的教学。独立、合著、主编、参编专著各1部，主编教材4部，参编教材8部，发表论文70多篇。主持国家社会科学基金课题1项、省部级课题6项、学校"211工程"课题2项、金融重点课题1项。获省部级奖励4项。在全国较早研究国民经济核算体系，多次作为专家参与当时的国务院国民经济统一核算标准领导小组及办公室组织的我国新国民经济核算体系的研究、建立和试点工作，为我国国民经济核算体系的建立作出了一定的贡献。1993年新会计制度刚刚颁布，就提出研究课题，对新国民经济核算体系与新会计制度进行比较和结合研究，当年在《统计研究》上发表论文"新核算体系和新会计制度中资产负债表的比较研究"，引起一些学者的重视，引发了一些有关的研究文章。主持中国人民银行科技司课题"金融电子化发展评测指标体系"和"金融计算机安全调查统计体系研究"，所设计的调查表和统计表用于全国6万余个金融机构的调查，根据调查所写的分析报告作为全国金融计算机安全会议的文件。

易敏利（1962— ），四川乐山人。1982年毕业于西南财经大学政治经济学专业，获得经济学学士学位。1987年和1988年先后获得经济学硕士、博士学位，并于1989—1991年赴英国丹迪大学经济系做访问学者一年余。曾担任经济学院西方经济学课程教师，历任西南财大国际商学院院长、MBA教育中心主任、教授、博士生导师、经济学院执行院长。长期从事微观经济学、宏观经济学、管理经济学等课程教学，并结合教学开展科学研究。主要研究领域为西方经济学，关注西方经济学领域新的研究动向，如新制度经济论、演化经济论和认识经济论等的研究，重视经济学与管理学的交叉研究。在《财贸经济》《社会科学研究》《国有资产研究》《理论与改革》等杂志上发表文章，一些文章被《新华文摘》和人大复印报刊资料《理论经济学》全文转载。先后在国内杂志、报纸和电台公开发表文章50余篇；先后参加并完成《评西方学者对马克思〈资本论〉的研究》《社会主义经济原论》《国有经营性资产的经营方式和管理体制》等国家级和省级课题7项；参与撰写《国有股权论》《现代西方经济学基础》等专著、教材、译著等11本。在学术研究方面获得的荣誉主要有：孙冶方经济学著作奖、吴玉章奖金一等奖、国家教委人文社会科学研究成果奖、四川哲学社会科学优秀成果三等奖和刘诗白奖励基金三等奖等。主要学术兼职有：中国企业管理研究会第三届理事会常务理事、中国高等商科教育分会理事；四川省对外经济贸易学会第四届理事会理事、四川省非公有制企业高级经济师专业技术称号认定委员会委员；四川省国际商务专业高级职务评审委员会委员。主要社会兼职是：民盟四川省委第八、第九届副主委、民盟中央委员第八、第九届委员；第十届全国人大代表；第九届全国青年委员和第十届四川省青年委员会常委。四川省第十三届人民代表大会代表。

刘家强（1962— ），四川成都人，1980 年 9 月至 1984 年 7 月在四川财经学院政治经济学系学习，获学士学位；1984 年 9 月至 1987 年 7 月，在西南财经大学人口学专业研究生学习，获硕士学位；1987 年 7 月至 2002 年 6 月，历任西南财经大学人口研究所讲师、副教授、教授，副所长、所长、博士生导师（1992 年 9 月至 1995 年 6 月西南财经大学人口学专业研究生学习，获博士学位）；1988 年 12 月加入民革。1999 年被评为"四川省有突出贡献的中青年专家"，2000 年被评为"四川省有突出贡献的博士、硕士学位获得者"，2002 年被评为四川省学术技术带头人。2002 年 6 月至 2009 年 3 月，四川省劳动和社会保障厅副厅长（2002 年 5 月至 2002 年 11 月挂任武汉市洪山区区长助理；2006 年 5 月至 2007 年 7 月挂任中国长江三峡工程开发总公司总经理工作部副主任）；2009 年 3 月至 2011 年 10 月，成都市副市长；2011 年 9 月至 2013 年 1 月，四川省人口和计划生育委员会主任；2013 年 1 月至 2013 年 7 月，四川省第十二届人大常委会副主任；2013 年 6 月至今，全国政协副秘书长。曾任民革第十届、第十一届中央委员，第十二届中央副主席；民革四川省第七届委员会常委，第八届常委、副主委，第九届、第十届副主委，第十一届主委；民革成都市第七届委员会候补委员，第八届常委；成都市第十届人大代表；第十一届全国政协委员，第十二届全国政协常委；四川省第八届政协委员，第九届、第十届政协常委。其学术贡献一是从生产方式、生活方式和价值观念三个角度揭示了人口城市化的内涵，并从发展模式和道路选择对中国城市化问题进行了前瞻性、探索性的研究。提出人口城市化是人口经济活动转移过程的观点；提出"生态人口容量"这一命题，并论述其科学性和实用性；提出人口环境是影响和制约经济社会发展的外部条件；提出流域可持续发展问题。二是对人口学基础理论研究和人口学分支学科体系的创新发展做出贡献。一方面从新的角度对两种生产问题，对中国人口学及学科体系的发展进行了系统研究；另一方面，主编的《人口经济学新论》，从全新的视角揭示了人口与经济之间的关系及其运动的规律性，既包括宏观人口经济学内容也包括微观人口经济学内容，首次把可持续发展原理纳入人口经济学范畴，全面深化和拓展了人口经济学的理论体系，这对于人口学学科体系的丰富和完善具有非常高的学术价值。三是在跨学科交叉研究方面取得丰硕成果。刘家强与刘灿、胡小平共同承担的国家社科基金重点课题"全国百家大中型国有企业调查——二滩水电开发责任有限公司"，前后六次深入到二滩水电站建设工地现场和二滩水电开发责任有限公司内部调研，总结出以建立现代企业制度为依托，大胆引进现代科学的工程项目管理制度，建管结合，落实项目法人责任制度，走资本营运、资本扩张和集约型发展之路，为我国投资体制改革和大型基建投资项目建设提供了一套新的经验。1995 年获全国马寅初人口科学奖学金（博士生类）；1998 年，《中国人口城市化——道路、模式与战略选择》获国家计生委第二届中国人口科学优秀成果二等奖；1999 年，《二滩经验：我国大型投资项目建设的新路子》获得中共中央宣传部第七届全国精神文明"五个一工程"奖；2000 年，《中国 21 世纪发展与生育政策研究——四川省》获得国家计生委科技进步二等奖。

李后强（1962— ），重庆云阳人。历任四川省社会科学院党委书记、教授，博士生导师，党的十五大代表。1992 年破格晋升为四川大学物理系教授。1992 年获"四川省十大杰出青年"称号，1993 年成为国务院政府特殊津贴获得者，1995 年入选国家教委"跨世纪优秀人才培养计划"（环境类），获得"四川省学术和技术带头人"称号。主要研究领域：马克思主义中国化、非线性系统学、区域经济学、企业管理、文化产业、科学哲学、政治学、政策学。获奖情况：中国化学会青年化学奖和国家教委科技进步奖一等奖（甲类）；中共中央组织部、国家人事部、中国科协颁发的"中国青年科技奖"；中国图书奖 2 项；四川省政府哲学社会科学优秀成果奖二等奖 5 项；四川省政府哲学社会科学优秀成果奖三等奖 1 项；成都市政府哲学社会科学优秀成果奖一等奖

1 项。主持院党委全面工作。分管《社会科学研究》杂志社。

兰虹（1962— ）。1984 年 7 月毕业于四川大学经济系并分配到成都高等师范专科学校任教，1991 年到四川师范大学攻读研究生课程进修班。1995 年 12 月破格晋升副教授并担任政法系副主任。2000 年 7 月担任政法系主任。2003 年 12 月晋升教授，2004 年 1 月开始担任西华大学经济与贸易学院副院长。主要研究方向为金融、证券、区域经济等领域。发表论文 40 余篇，其中 1 篇被人大复印报刊资料全文转载，有 10 篇被 CSSCI 检索，有 30 余篇发表在全国中文核心期刊上，主编专著 1 部。完成省部级项目 3 项、四川省教育厅重点课题 2 项、学校教学改革项目 1 项，并评为优秀教学成果一等奖。在研省部级项目 1 项、成都市社科联项目两项、四川省教育厅教改项目 1 项。获成都市第十一次社会科学优秀成果三等奖（2015.4）、西华大学优秀教学成果一等奖（2012）、四川省金融学会 2011 年度重点课题三等奖、四川省金融学会省级课题二等奖（2012）、四川省金融学会 2011 年度重点课题三等奖。

徐芳（1962— ），女，西南财经大学经济研究中心研究员。1980—1984 年就读于四川财经学院工业经济系，获经济学学士学位。毕业后一直任职于西南财经大学经济研究中心。2004 年晋升为研究员。长期从事农村改革与发展研究。作为主研人员完成国家、部、省、市及校级课题 30 余项。主持省、市及校级课题 12 项。在《经济研究》《经济学动态》《管理世界》《中国农村经济》《中国工业经济》《经济学家》《社会科学研究》《经济体制改革》等有影响的刊物上发表学术论文 40 余篇。完成的科研成果获得省、市、校级及学会奖励 16 项。

冯用富（1962— ），男，四川安岳人。1987 年毕业于北京科技大学力学专业，获工科学士学位。1996 年毕业于西南财经大学统计系计量经济学专业，获经济学硕士学位；2000 年获经济学（金融学）博士。主要担任《资本市场与证券投资》《国际金融》《汇率经济学》《经典文献导读》《方法论基础》等的教学工作。历任西南财经大学金融学院教授，博士生导师、证券与期货学院院长、全国人大《期货法》起草委员会专家、中国金融学会理事。主要研究领域为证券与期货、汇率经济、资产定价、国际金融等。主研货币政策有效性研究，获 2001 年国家社科基金项目最终成果项目资助；2013 年获国家自然科学基金应急项目，中国股市利用私有信息套利研究。获教育部人文社会科学研究基金重点研究基地重大研究项目：欧洲主权债务危机动态演变研究。在《经济研究》《经济学动态》《金融研究》发表多篇论文。2001年在西南财经大学出版社《汇率制度：中国金融是一种开放中的选择》。获第五届全国优秀金融论文三等奖；四川省第九次金融科研优秀成果二等奖；刘诗白奖励基金2001—2002年度、2002—2003年度优秀科研成果二等奖；西南财经大学2000年优秀科研成果。

张俊良，西南财经大学中国西部经济研究中心人口研究所研究员，人口学专业、人口资源与环境经济学专业博士生导师，中国西部经济研究中心教授（学术）委员会主席，四川省卫生计生决策专家咨询委员会委员，中国劳动学会常务理事，四川省人口学会学术委员会副主任。1980年9月至1984年6月，就读于四川财经学院（现西南财经大学）政治经济学系政治经济学专业；1992年9月至1996年12月，在职攻读西南财经大学人口学专业博士学位；1997年1月获得法学（人口学专业）博士学位。在《人口研究》《中国人口科学》《人口学刊》等上发表学术论文50余篇，公开出版学术专著5部，主持国家级、省部级及其他课题20余项。先后获得中国人口科学优秀成果二等奖2次；四川省哲学社会科学优秀成果二等奖1次，刘诗白奖励基金三等奖1次。

刘恩华（1957— ），男，1983年毕业于四川大学，经济学学士。现为西华师范大学商学院教授。主讲《财政学》《资本论》《经济法》等本科课程和《人力资源经济学》《政治经济学发展研究》等研究生课程。主要研究方向为财政税收、民营经济发展。出版专著2部，主编1部；在省、部级刊物上发表论文20余篇；主持省教育厅重点项目1项。

马骁（1963— ），四川苍溪人。1983年本科毕业于四川财经学院财政学专业并留校任教，1995年12月获西南财经大学经济学博士学位。主要研究领域为财政基础理论与财政制度创新。独立、合作出版了6部专著，主编教育部统编教材2部，辞典2部，在《财政研究》《经济学家》等刊物公开发表学术论文40余篇，主持和主研国家社会科学基金项目、自然科学基金项目、教育部"新世纪教育教学改革工程"重点项目多项。科研成果多次荣获省部级奖。获国家高等教育教学成果二等奖2项,四川省高等教育教学成果一等奖2项。历任西南财经大学财政系副主任、财政税务学院副院长、西南财经大学教务处处长、西南财经大学党委常委、副校长。享受国务院政府特殊津贴专家,四川省有突出贡献专家,中国人民银行优秀教育工作者,兼任教育部普通高等学校公共管理类学科专业教学指导委员会委员,中国财政学会理事,四川省决策咨询委员会社会发展组副组长,四川省税务学会副会长。

吕火明(1963—),男,四川省蒲江县人。1979年9月至1983年9月西南财经大学统计系学习。1983年9月至1986年9月西南财经大学农经系硕士研究生学习。1986年9月至1987年9月西南财经大学工作。1987年9月至1990年9月西南财经大学农经系博士研究生学习。1990年9月至1994年2月西南财经人学农经系讲师、副教授、教授。1994年2月至1997年2月西南财经大学农经系系主任、教授(1995年12月评为博士生导师)。1997年2月至1999年5月西南财经大学校长助理、教授、博士生导师〔1997年5月至6月在意大利联合国粮农组织(FAO)培训,1997年10月至1998年6月在美国亚特兰大梅西大学(Mercer university)研修〕。1999年5月至2001年12月四川仁寿县委常委、副县长、教授、博士生导师。2001年12月至2005年8月四川雅安市人民政府副市长、教授、博士生导师。2005年8月至2006年12月四川泸州市人民政府副市长、教授、博士生导师。2006年12月至2009年11月四川省农科院副院长、教授、博士生导师。2009年11月至2017年4月四川省农科院党委副书记、教授、博士生导师。2017年4月四川省农科院党委书记、教授、博士生导师。荣获成都市十大杰出青年(第四届),1999年获国务院政府特殊津贴,中国农经学会理事,中国农村金融学会理事,中国农业技术经济研究会副理事长,四川省决策咨询委员会委员,四川省农经学会副理事长及学术委员会主任。四川省第十三届人大代表。现任四川省农业科学院党委书记。

王静(1963—),女,西南财经大学经济学院硕士、金融学院博士毕业。经济学教授、硕士生导师、MBA导师。全国WTO研究中心会员。主要研究方向国际贸易、工商管理、人力资源管理等,自1987年起在高校任教，主要教授国际贸易理论与实务、金融理论与实务、人力资源管理等课程，并长期与四川省外贸厅公平贸易处有合作关系，参与我省企业在国际贸易中的反倾销贸易摩擦的研究与应对工作。注重理论与实际的结合，善于利用所学知识指导实践，在金融投资、房产投资方面有多年实践经验。近几年发表学术论文30余篇，出版专著两本。完成国家级、省级、校级科研课题共5项。

孙蓉（1963— ），女，四川成都人。1984年毕业于四川财经学院金融系后留校任教，获西南财大经济学博士学位。主要研究领域商业保险理论与实务、保险法、农业保险、保险与经济的相关分析等。学术成果共计100余项。先后独著或参著专著7部，发表论文、译文60余篇，主编、副主编、参编教材及工具书18部；承担各类课题16项（在研4项）。在学术成果中有8项为全国统编或规划教材（全国高校重点教材主编、副主编各1项），1项为省级精品课程教材，20余项发表于《保险研究》《财贸经济》《改革》《生态经济》《财经科学》《中国保险》《上海保险》《理论与改革》《中国保险管理干部学院学报》《保险职业学院学报》《天府新论》《西南金融》等全国核心期刊；主持及主研国家教育部、中国人民银行、"211工程"规划重点课题、校管课题，国家自然科学基金及省重点课题等。历任西南财经大学校保险学院教授，博士研究生导师，风险管理与保险研究所所长。是四川保险学会理事暨学术专业委员会副主任，四川省司法鉴定人，成都仲裁委员会仲裁员。科研成果百余项。曾获得全国金融教育先进工作者、西南财大教学名师（首届）等称号，并先后获得四川省政府哲学社会科学优秀成果一等奖等10余项教学科研奖。是四川省省级精品课程《保险学原理》的课程负责人。

邓翔（1963— ），四川省营山县人。历任四川大学教授、博士生导师，四川大学经济学院副院长，美国哈佛大学经济系博士后。1985年1月至1997年9月，四川南充西南石油学院经济管理系任教。1997年9月至今，四川大学经济学院经济管理系任教。先后历任经济管理系系主任、经济学院副院长，教授，政治经济学专业宏观经济分析方向博士生导师。先后在哈佛大学经济系做博士后研究，在剑桥大学土地经济系、慕尼黑大学经济系做访问学者，同时在波恩大学、根特大学、阿伯丁大学和哥廷根大学做短期高级访问学者。欧盟"让·莫内讲席教授"，教育部"新世纪优秀人才"、四川省学术技术带头人，兼任四川大学欧洲研究中心副主任，四川大学统计学研究中心副主任，四川大学中国反贫困研究中心副主任。担任中国区域科学学会副理事长、中国统计学会常务理事、中国宏观经济教育学会常务理事、四川省经济学会、区域经济学会、数量经济学会常务理事。主要研究领域为国家和区域经济增长和发展，经济趋同；经济发展政策；宏观经济的微观基础等问题。主持国家自然科学基金项目、四川大学985工程"经济发展与管理创新研究基地"（宏观与区域经济发展项目）1项。主持完成国家自然科学基金项目2项、归国人员留学启动基金项目1项和欧盟资助的大型国际项目子课题2项；完成多项政府部门委托的规划和咨询项目，特别是在石油、民航等产业都有重要的研究成果。先后获得省部级优秀成果一等奖1次，二等奖2次，三等奖4次，被"网易财经"编入《新中国经济学人史》。主要著作有《经济趋同理论与中国地区差距的实证研究》（独著）、《经济转型期中国居民消费储蓄行为及其影响》、《中国地区分工与专业化研究》、《论集聚与经济增长》、《宏观与开放视角下的金融风险》（合著）、《现代区域经济学》（魏后凯主编）；先后在《经济研究》、《经济学（季刊）》、《管理世界》、《经济学动态》、《经济学家》以及 Journal of Management Science and Statistical Decision, Annales Universitatis Apulensis Series Oeconomica 等期刊上发表论文60多篇。主要学术贡献有：于1995年提出中国石油石化行业的管理体制改革方案，提出上下游一体化、促进行业竞争和公司化改造方案，是国内最早提出系统改革方案的学者；出版学术专著《经济趋同理论和中国地区差距的实证研究》，是国内最早将增长理论的趋同理论应用于中国地区增长和系统分析中国区域差距及其动态变迁的学者之一，提出了建立区域市场一体化和区域政策转型等建议；长期致力于宏观经济的微观基础及其行为分析，包括家庭的消费储蓄行为和企业的定价行为分析；在与中国民航局的合作中，应用拍卖理论，提出了热门航线与贫瘠航线进行组合拍卖的方案，提出了支线航空的政府补贴方案。

卓志（1963— ），男，汉族，四川泸州人。1988年考入南开大学攻读硕士学位（中美联合培养首届精算硕士），1991年到西南财经大学任教，1993年评为副教授，1995年通过北美精算师全球资格考试并获得精算师（ASA）认证，1997年获西南财经大学经济学博士学位；1997年至1999年获德国洪堡奖学金赴德国曼海姆大学风险管理与保险经济研究所从事博士后研究，1998年评为教授，2001年担任博士生导师。先后为本科生、研究生讲授《商业保险理论与方法》《保险精算学》《风险管理与保险专题》《保险经济分析》《利息理论》等基础课程和前沿课程，主编全国或行业规划教材4部，主编"十一五""十三五"国家规划教材或出版物3部。1993年出版的我国首部精算学教材《寿险精算理论与操作》获首届"中国高校人文社会科学研究优秀成果（经济学）二等奖"。历任西南财经大学保险学院副院长、院长，西南财经大学副校长，山东财经大学校长、党委副书记，西南财经大学校长、党委副书记。兼任教育部高等学校金融学类专业教学指导委员会副主任委员、（中国）消费经济学会副会长、中国精算师协会常务理事、国家自然科学基金和国家社会科学基金评议专家。

韩立达（1957— ），四川大学经济学院教授、博士生导师、四川大学土地经济与城镇化发展研究中心主任、四川大学房地产发展与研究中心常务副主任。四川省第四批学术和技术带头人后备人选（2003）。主要研究领域和方向为区域经济发展、资源环境与经济发展、土地经济与房地产经济、农村经济等。主要著述有《我国企业管理新思维》《房地产新政：现状、展望与思考》《市场营销》等15部。在全国中文核心期刊和CSSCI期刊发表论文30多篇。主持省部级课题3项，地方政府和企业委托项目20多项，参与并协助主持了教育部2005年重大招标子课题、国家自然科学基金、国家发改委下达的课题5项。获得中国高等教育学会三等奖1项，四川省教育厅社会科学优秀成果二等奖3项。

蒋和胜（1958— ），四川大学经济学院经济系教授，博士生导师，经济研究所所长，经济学院教授委员会副主任。主要研究领域为政治经济学、产业经济学、市场价格学。主要社会兼职有四川省价格学会副会长、四川省城市经济学会副会长、四川省经济学会常务理事、国家社科基金项目通讯评审专家、国家发改委价格咨询专家、国家环保部项目评审专家库财务专家，四川省科技厅项目评审专家、成都科技评估中心项目评审专家、四川省人民政府（研究室）特聘专家、中国注册项目分析师（CPDA）专家委员会专家、中共中央组织部干部教育师资库入库专家。代表性著作有《农产品价格机制论》《社会主义市场经济论纲》《贸易经济学》《市场价格机制与生产要素价格研究》等。主要获奖有《社会主义价格管理学》获省政府第五次哲社优秀成果二等奖；《农产品价格机制论》获省政府第八次哲社优秀成果二等奖等。

王波，男，1981—1985年就读于西南财经大学经济系，现为西南财经大学中国西部经济研究中心副研究员。长期从事社会主义经济理论研究。主要研究成果有：在《经济学家》《生态经济》《农村经济》《天府新论》《城市改革与发展》《中国证券报》等报刊发表学术论文40余篇。出版的专著有《社会主义市场经济研究》、《证券经济学》（副主编）、《股份经济与资本市场研究》（副主编）、《股份合作经济》、《西部与四川改革与发展问题研究》（副主编）等。作为课题负责人完成"四川省现代农业产业体系构建研究"（2009年，四川省科技厅软科学研究项目），"四川推广'东桑西移'战略可行性及对策研究"（2007年，四川省科技厅软科学研究项目），我国西部农村公共品供给问题研究（2011年，省科技厅软科学研究项目），我国农信社小额信贷可持续发展研究（2014年，省科技厅软科学研究项目）等。

张雷，教授，经济学博士。1981—1985年北京大学空间物理学；1985—1987年北京大学管理科学硕士；1987—1988年英国华威大学经济学硕士；1988—1993年英国华威大学经济学博士。出版著作 *The Invisible Hand and the Banking Trade*，*When Bigger isn't Better: Bailouts and Bank Behaviour*，*Eastern Caution, Western Exuberance and Global Imbalances*，*The Illusion of Stability—Low Inflation in a Bubble Economy*，*Political Uncertainty and the Peso Problem* 等。

张智勇，1985年本科毕业于西南财经大学政治经济学系，1993年研究生毕业于西南财经大学经济学系。先后在西南财经大学金融学院、研究生部、经济学院和中国西部经济研究中心工作，主要担任《政治经济学》《当代世界经济与政治》《思想政治教育理论与方法论》《大学生就业指导》《社会主义市场经济理论与实践》《当代中国经济前沿问题研究》等课程的教学工作。张智勇教授先后在《经济学家》《财经科学》《光明日报》《理论与改革》等报刊发表论文20多篇，其中代表性成果有《主体经济论》（获四川省政府第七次哲学社会科学优秀科研成果三等奖），主要研究领域为土地制度改革、县域经济发展、农业产业化、民营经济。

尹庆双（1964— ），男，重庆永川人。1985年7月西南财经大学政治经济学专业本科毕业留校任教。主要研究领域为劳动经济学、公共管理。先后承担国家级、省部级及横向科研课题30余项，公开出版或发表科研成果50余项。多项成果被《新华文摘》、人大复印报刊资料全文转载，多项成果获国家及省部级科研奖励。历任西南财经大学政治系副主任、主任、公共管理学院院长、西南财经大学党委常委、副校长。教育部"高等学校优秀青年教师教学科研奖励计划"、"霍英东教育基金会高等院校青年教师奖"获得者，中国人民银行优秀教师，四川省教学名师，四川省学术带头人，四川省有突出贡献专家。兼任教育部高校学校公共管理类学科教学指导委员会副主任委员，四川省委省政府决策咨询委员会专家委员，四川省外国经济学说研究会副会长。

陈健生（1964— ），男，四川成都人。经济学博士，西南财经大学经济学院区域经济研究所教授（研究员）、博士生导师，1985年毕业于西南财经大学政治经济学专业后留校。主要研究领域为区域与城市经济学、发展经济学。社会学术职务为中国民主建国会中央经济委员会委员、民建四川省委委员、民建四川省委政策研究委员会副主任、政协第十三届、第十四届成都市委员会委员、政协成都市经济委员会委员。现任学术职务为中国区域科学协会西部开发分会副秘书长、四川省区域经济学会副秘书长、四川省县域经济研究中心学术顾问、中华外国经济学会发展经济学分会理事、四川省居民消费研究会秘书长等。曾主持或者参与国家、省、市各级课题20余项。出版专业学术著作12部，其中，《生态脆弱地区农村慢性贫困研究》（经济科学出版社2009年版）、《退耕还林与西部可持续发展》（西南财经大学出版社2006年版）为个人著作；《区域产业经济分析》（主编）（西南财经大学出版社2014年版）为研究性教材。其余为参与著作。曾先后在国内专业核心学术期刊发表论文70余篇。先后为全国政协、民建中央、四川省和成都市政府提交几十份决策咨询报告。先后主持或参与《成都经济区十二五规划》《泸州市龙马潭区农业发展规划》《十三五成都市产业功能区规划研究》等规划。曾先后获得四川省政府哲学社会科学优秀成果一、二、三等奖八次。与四川省委研究室、四川大学、四川省社科院、成都市社科院等院校和研究所建立密切的人员联系。

方行明（1956— ），安徽人。1986年于西南财经大学工业经济研究生班毕业后留校，在经济研究中心从事经济学研究，2010年9月转入经济学院国民经济研究所任所长。研究领域为能源经济学、国民经济学、资源与环境经济。主持国家社科基金重点项目——我国煤炭产量的增长极限及煤炭资源可持续利用问题研究，以及国家社科基金西部项目、四川省哲学社会科学"十五"规划2005年度重点课题、四川省哲学社会科学"十一五"规划2006年度重点课题及10多项横向课题；在国际性学术刊物 *Far Eastern Economic Review*，*Futurics*，*Journal of Economic Issues* 和国内核心学术刊物《中国农村经济》、《光明日报》（理论版）、《改革》、《经济学家》等发表大量论文；主持出版《中国西部工业发展报告》（蓝皮书）；领著、独著出版《中国重化工业发展研究》《中国西部工业经济发展报告》《中国铝业产业链的构建及发展战略研究》等10部专著。

蒋南平（1956— ），男，经济学博士后，先后获工学学士、经济学硕士及经济学博士学位。历任西南财经大学经济学院教授，博士生导师以及《经济学家》编辑部主任。在国内外报纸杂志发表学术论文130余篇，主要有《应当重新审视西方生态马克思主义的消费理论》《怎样看待约翰·罗默的非劳动价值论的剥削理论》《中国农村集体土地所有权问题研究》等；发表专著8部，主要有《知识资本论》等；主编、副主编专著、教材15部，主要有《现代市场经济与马克思劳动价值论》等。主持国家、省、市及地方企事业单位各项科研课题30余项，主要有《马克思主义经济学中国化研究》《中国重大技术装备基地知识产权制度研究》等。先后获得全国、省级政府及学术团体优秀成果奖项30余项。被四川省政府授予"四川省有突出贡献的专家"称号。

吴开超（1963— ），西南财经大学经济学院教授。1986年毕业于西南财经大学政治经济学专业；1999年获取西南财经大学政治经济学专业硕士学位；2008年获取政治经济学专业博士学位。研究领域为市场定价与产业组织，市场机制与政府规制，经济增长与经济制度。代表作有《协议工资制的合理内核和实施障碍》《中国电信改革的基本原因和路径选择》《民航价格联盟的经济效应分析》《四川省民营企业融资途径研究》《市场失灵与市场的自矫正机制》《制度性边界与中国经济的制度性扩张》《转型期我国宏观政策的减振效应的实证研究》等。出版多部教材，包括《经济学原理》《经济学通论》《微观经济学》。

史继刚（1964— ），四川洪雅人。四川师范大学本科毕业（1986年），河北大学硕士毕业（1989年），浙江大学博士毕业（1996年）。现任西南财经大学经济学院教授，硕导。主讲课程有西方经济学说史（本科）、经济学原理（本科）、经济学说史专题（研究生）。研究领域为盐业经济史、军事经济史、金融史。在《中国史研究》、《中国经济史研究》、《盐业史研究》、《宋辽金元史研究》（韩国）、《史学汇刊》（台湾）等学术刊物发表论文近40篇，出版学术专著1部，主编教材2部，参编2部。

倪鹏飞（1964— ），安徽阜阳人。中国社会科学院城市与竞争力研究中心主任，中国社会科学院财经战略研究院院长助理，城市与房地产研究室主任，研究员，博士生导师。1994—2000年在南开大学经济学院攻读经济学硕士、博士学位。2000年7月进入赴中国社会科学院财经战略研究院工作。主要致力于城市经济学、房地产经济学、空间金融学、城市竞争力及国家竞争力等方面的理论与实证研究。先后承担了中央交办课题、国家重大社科基金招标课题、联合国、世界银行、欧盟、中组部、科技部、商务部、北京市、广州、成都市等国际组织、国家部委、地方政府委托的课题。到目前已发表9次《中国城市竞争力报告》（年度报告），3次《全球城市竞争报告》（双年度报告），3次《中国住房发展报告》（年度）、1次《中国国家竞争力报告》（双年度），作为经济与战略领域的专家，为中国近20个省市政府进行案例、战略和对策研究，发表12部案例专著。在美国《国际事务》（*Journal of International Affairs*）、英国《城市研究》（*Urban Study*）等国内外权威杂志上发表论文数十篇。代表作《中国城市竞争力报告》获中国经济学的最高奖——孙冶方经济学著作奖（第十一届）。

庄天慧（1964— ），女，四川彭州人，中共党员。教授，博士生导师。现任四川农业大学党委书记。主持学校党委全面工作。分工负责组织工作。分管党委办公室、学校办公室（合署办公），组织部。1987年毕业于西南师范大学思想政治教育专业，同年任教于四川农业大学；2004年获四川农业大学农业经济管理专业硕士学位。长期致力于农村区域发展和农村贫困问题研究，主持或主研国家社科基金等国家级项目8项，省部级项目40余项；出版论著、教材10部；在《农业经济问题》《中国人力资源开发》等核心期刊发表论文70余篇；获四川省人民政府哲学社会科学二等奖1项、三等奖3项，四川省人民政府教学成果二等奖1项，四川省科技进步三等奖1项。是四川省有突出贡献的优秀专家，四川省学术和技术带头人，享受国务院政府津贴专家。

刘成玉（1964— ），四川荣县人；1986年、1989年和1997年分别从西南农业大学、中国人民大学和西南财经大学农业经济管理专业本科、硕士和博士生毕业，1997年11月获经济学博士学位，1998—1999年赴美国学习和研究农业经济管理；1989—1997年在四川省农科院农业发展战略研究室从事"三农"问题研究，1997年至今在西南财经大学经济学院从事教学与研究工作；历任西南财经大学经济学院教授，副院长（分管全院的科学研究和农业经济管理专业的研究生培养工作），兼农业经济教研室主任，西南财经大学"国家经济学基础人才培养基地"导师及导师组组长，产业经济学专业及农业经济管理专业硕士生导师，农业经济专业博士生指导小组成员，西南财经大学人口所（人口、资源与环境经济学专业）兼职教授，成都市农业经济学会常务理事，四川省农业经济学会理事，四川省经济学会理事，联合国粮食及农业组织（FAO）在华粮食安全项目国家专家（National Expert），曾获"四川省在工作中做出突出贡献的博士学位获得者"（四川省学位办授予）等荣誉和称号。主要研究方向为"三农"问题、环境经济与管理等；共主持和参加各级各类科研课题40项，其中国际合作项目4项，国家级项目9项，省部级项目14项。作为项目主持人承担的研究课题12项，其中国际合作项目1项，国家社科基金项目1项，省部级项目6项；出版个人独立专著1部（《论中国农产品流通体系建设》），编著1部，在《经济学家》《中国农村经济》《农业经济问题》《生态经济》等刊物发表学术论文103篇；获各种学术性奖励20项，其中省部级以上政府奖励3项；2003年被评为西南财经大学科研管理先进个人；多次为省级有关部分进行决策咨询,多次接受新华社记者和省级电视台专题采访;近5年来,就WTO、农业结构调整、农业产业化经营、农民增收、县域经济发展、经营城市及城市公用事业改革等问题。曾经和正在讲授的本科生课程有《当代中国的农业、农村和农民问题》《生态环境问题的经济学分析》及《生态经济学》。曾经和正在讲授的研究生(含博士生)课程有《农业经济理论研究》《农村经济改革与发展研究》《农产品流通研究》《农业项目管理研究》《外国农业经济研究》《生态经济研究》《环境经济学》等。

赵昌文(1964—),男,甘肃环县人,经济学博士。历任四川大学党委常委、副校长,国务院发展研究中心产业经济部部长,研究员,中心学术委员会委员。第三批国家"万人计划"哲学社会科学领军人才。1995年7月,毕业于西南财经大学经济学院,获经济学博士学位。1999年1—7月,英国牛津大学和利物浦大学高级访问学者。2000年4—6月,香港中文大学高级访问学者。2002年9月至2003年9月,美国密西根大学富布莱特(Fulbright)高级访问学者。兼任四川大学商学院教授,博士研究生导师,四川大学金融研究所所长,中国科技金融研究中心主任,科技金融与数理金融四川省重点实验室主任。北京大学、清华大学、浙江大学、西北大学等高校兼职教授。国务院特殊津贴专家;国家哲学社会科学基金项目评审专家,重大项目首席专家;教育部新世纪优秀人才;中国区域科学协会副理事长,中国富布莱特学友会副理事长,中国科技金融促进会高级顾问,中国企业改革与发展研究会高级顾问。四川省学术与技术带头人,四川省有突出贡献的中青年专家,成都市科技顾问团顾问,西部金融中心建设专家组组长。美国经济学会会员、美国金融学会会员,中国留美经济学会会员。《中国金融学》(*China Journal of Finance*)主编、*Review of Financial Studies International*,学术委员会委员、《公司治理评论》学术委员会委员,*Journal of Business*, *China Economic Review*、《经济研究》等国内外著名杂志匿名审稿人。1996年以前,主要从事宏观经济理论、发展经济学等领域的研究工作;1996年以后,其学术研究的主要领域集中在公司金融、科技金融方面。共主持国家自然科学基金、国家社会科学基金、教育部博士点基金等国家级、省部级项目、国际合作项目和横向科研项目30余项。

分别就《经济发展中的市场机制与政府行为的协调》《民营高科技企业的信用模式和融资能力研究》《壳资源公司价值评价的理论、方法及非对称信息条件下的博弈定价模型》等问题进行了研究。共出版 The Chinese Economy after WTO Accession（Ashgate Publishing Limited，2006 年）、《共同基金与投资者行为研究前沿》（科学出版社 2008 年版）、《投资学》（清华大学出版社 2007 年版）、《中小型高科技企业：信用与融资》（西南财经大学出版社 2004 年版）、《金融技术》（经济科学出版社 2001 年版）、《壳资源研究——中国上市公司并构理论与案例》（西南财经大学出版社 2001 年版）、《金融科学》（经济科学出版社 1999 年版）等专著和教材 19 部。在国外期刊如 Journal of Fixed Point Theory and Applications（SCI），The Chinese Economy（SSCI），Nonlinear Analysis Forum 发表英文和德文学术论文 12 篇；在国家级权威刊物如《经济研究》《管理世界》《中国工业经济》《金融研究》《世界经济》《数量经济与技术经济》《会计研究》《经济学家》《人民日报》《光明日报》等发表中文论文 120 余篇，被国外报刊、国际互联网和《人民日报》《光明日报》、人大复印报刊资料等转载 50 余项。先后获得教育部人文社会科学优秀科研成果奖、四川省科技进步奖、四川省哲学社会科学优秀科研成果奖等省部级以上奖励 7 项，其中《从中小企业到上市公司：企业成长过程中的融资、并购与治理问题》获得四川省 2007 年科技进步一等奖。

徐承红（1965— ），女，四川眉山人。1983—1986 年于乐山师范专科学校政史专业毕业。1991—1994 年于西南财经大学世界经济专业毕业，获得研究生学历、硕士学位。2001—2004 年于西南财经大学区域经济学专业毕业，获得研究生学历、博士学位。2009 年 1 月至 2010 年 1 月于美国加州大学伯克利分校做访问学者。主讲博士生课程：区域经济学研究；硕士生课程：区域经济学理论与实践、区域经济规划、涉外项目管理、管理学；本科生课程包括区域经济学、项目管理、国际贸易实务。研究领域为区域经济学、区域经济规划、城市经济学、城市规划、空间经济学、聚集经济学、环境经济学、生态经济学。先后在《管理世界》《统计研究》《宏观经济研究》《经济学动态》《改革》《人口·资源与环境》《生态经济》《财经科学》《江汉论坛》《经济体制改革》等杂志发表论文 50 多篇，关于西部地区竞争力的相关研究及提出的西部产业集群发展战略以及关于聚集经济理论研究两篇文章被人大复印报刊资料转载。主持承担和主研了国家哲学社会科学基金项目和省部级课题 30 项，出版个人专著 3 部，合作出版专著和教材 6 部。个人获得四川省哲学社会科学 2014 年科研成果三等奖 1 项，四川省哲学社会科学 2012 年科研成果二等奖 1 项，四川省哲学社会科学 2008 年科研成果三等奖 2 项，西南财经大学 2006 年校级优秀科研成果奖 1 项。现任西南财经大学经济学院教授、博士生导师、区域经济学博士。经济学院区域与环境经济研究所所长，四川省城市经济学学会副秘书长，四川省区域经济学学会理事，美国加州大学伯克利分校访问学者。

蒋瑛（1965— ），女，四川广汉人。历任四川大学经济学院教授、博士生导师，副院长，中欧政府高教国际合作人才交流项目赴欧访问学者。中国世界经济学会常务理事、中国国际经济合作学会理事、中国国际贸易学会理事、全国美国经济学会理事；四川省世界经济学会秘书长、四川省经济学会理事、四川省对外经济贸易学会副秘书长、四川省学术技术带头人，四川省科技顾问团兼职秘书，成都市人民政府重大行政决策咨询专家，成都市科技评估中心项目评审专家、成都市有突出贡献专家，"欧盟——中国高等教育合作项目"赴欧访问学者。主要研究领域：跨国经营与国际投资、产业规划与发展、金融经济。主持国家社科基金项目包括《西部地区承接东部地区投资和产业转移的对策研究》（已完成）、《农业转移人口市民化下西部城镇人口承载力评价研究》（在研）；教育部项目：《碳约束下中国包容性增长的路径选择研究》。《国际投资》《欧洲货币联盟及其投资效应》《国际金融法》等；在《世界经济》《经济理论与管理》《经济学动态》《四川大学学报》等刊物发表论文 50 多篇。

顾宇红（1965— ），女，1985 年 7 月毕业于西南财经大学工业经济专业，任教于四川省经济管理干部学院。1988 年公派赴加拿大温哥华，Capilano College 进修，1989 年获工商管理结业证。长期从事一线教学工作，擅长中英文双语教学，先后讲授经济学基础、国际贸易实务、跨国企业管理、市场营销、金融市场学、外贸单证实务等专业课。在教学同时，积极投身各种社会实践活动，先后参与多项由四川省商务厅主管的大型中外国际合作项目，包括中英四川国企重组及企业发展项目、中意职业培训项目等。研究方向：经济与贸易。荣誉奖励包括发表于《经济体制改革》2001年第3期的《有关信用担保的几个问题》，荣获由中国改革实践与社会经济形势社科优秀成果评审委员会授予的2001年度中国改革实践与社会经济形势社科优秀成果二等奖，2001年"全国优秀学术成果评选"工作及"中国新时期人文科学优秀成果"征文活动二等奖。

李秋红（1965— ），西南财经大学经济学院教授、硕士生导师。1985年毕业于西南财经大学政治经济学学士；1996年获取西南财经大学政治经济学硕士学位；2010年12月获取西南财经大学政治经济学博士学位。研究领域为社会主义市场经济理论、转型经济学。主持国家社科基金项目、四川省社科基金项目，主持省级科研项目、西南财经大学校管项目等。在《改革》《财经科学》《贵州社会科学》《经济体制改革》等国内学术期刊发表学术论文20多篇，多篇论文被人大复印报刊资料全文转载。出版专著1部。参编著作、教材、辞典等数十部。获得过四川省第十六次哲学社会科学优秀成果一等奖（集体奖）、四川省第十次哲学社会科学优秀成果三等奖、西南财经大学优秀教学成果二等奖（2006）、刘诗白奖励基金优秀科研成果二等奖（2000—2001）等。

文华成（1965— ），1982—1986年西南财经大学农业经济系本科；1986—1989年西南财经大学农业经济系硕士；2006—2010年西南财经大学西部经济研究中心博士。主要研究领域与方向为涉农产业组织理论、现代农业、农村土地问题等。在《农村经济》发表论文多篇，主持校管课题两项、政府委托横向课题多项。主研国家级课题和省部级课题多项。

刘蓉（1965— ），四川西昌人。1984年四川财经学院财政系本科毕业留校任教。为本科生、研究生、MBA开设的课程有《税法》《税收筹划实务与案例》《税收理论与实践》《税收管理研究》《税务稽查》《税收管理》《税收代理实务》《纳税检查与查账技巧》等。出版独立专著1部，合作专著1部，教材5部，在全国公开刊物《税务研究》《经济学家》《财经科学》等中国经济类核心期刊发表论文70余篇，专著《税式支出的经济分析》获得2004年国家税务总局、中国税务学会颁发的优秀科研成果二等奖，论文《论税源管理由速度型向效益型的转变》获得2005年国家税务总局国际税收学会二等奖，有3篇论文获得1999年、2001年、2005年四川省哲学社会科学优秀成果三等奖，有7篇论文被人大复印报刊资料《财政与税务》全文转载。作为课题负责人承担教育部人文社会科学课题1项，四川省哲学社会科学"九五"规划课题1项，校"211"课题3项，参与国家社科基金课题一项，省部级课题3项。已指导博士研究生4人，硕士研究生20余人，MBA研究生15余人。历任西南财经大学财税学院税务教研室主任、博士生导师、院长。四川省学术与技术带头人后备人选。西南财经大学"151"学术带头人培养工程资助人选。中国税务学会理事，高校财税法研究会常务理事，四川国际税收学会常务理事，四川注册税务师协会理事，成都市国际税收学会副会长。

姚寿福（1965— ），安徽歙县人，教授。1983年9月至1987年7月安徽师范大学地理系学习（本科、地理专业）；1987年9月至1990年8月中国科学院、水利部成都山地灾害与环境研究所（硕士、自然地理专业）；2001年10月至2004年6月西南财经大学（博士，产业经济学专业）。农工党党员，西华大学经济学院金融投资系主任。中国农工民主党西华大学支部主委。成都市第16届人大代表、成都市第16届人大法制委员会委员。研究方向：农业与农村经济、产业经济、区域经济。公开发表论文40多篇，其中中文核心13篇，CSSCI收录5篇，CSCD收录2篇；主持或主研科研项目30多项，其中国家社科基金1项，国家863项目子项目2项，国家科技攻关项目2项目，省部级4项；专著与教材《专业化与农业发展》《统计学原理》等。荣获四川省人民政府社会科学优秀成果奖三等奖2项，成都市人民政府哲学社会科学优秀成果奖三等奖2项。

徐莉（1965— ），女，经济学博士，教授。2000年6月博士毕业于西南财经大学产业经济学专业。研究领域主要集中在证券市场与投资及农村经济问题研究。曾主持四川省农村发展研究中心2004项目"失地农民权益的长效保障机制研究"、四川省教育厅2008重点项目"城市化进程中我国农村土地抛荒问题研究"、四川师范大学2004项目"我国农村土地产权制度研究"；主研国家社科基金2005西部项目"西部大开发进程中四川少数民族地区人才竞争机制研究"、国家社科基金2008 招标项目"城乡一体化进程中农民权益保障研究"、四川省重点委托 2005 项目"加快我省城镇化研究系列——城镇化建设与土地制度改革研究"等。近年来，在《高等教育研究》《理论与改革》《统计与决策》《西南金融》《农村经济》《经济问题探索》等刊物公开发表学术论文 20 余篇。

高淑桃（1965— ），女，四川夹江人。1988 年毕业于西南财经大学经济系。2002 年获四川农业大学农业经济管理专业硕士学位。现为四川农业大学马克思主义学院马克思主义中国化研究教授。先后主持或参与省、部级科研课题 10 余项，第一作者发表论文于《东南学术》《探索》《理论探讨》《理论月刊》《农村经济》等刊物 30 余篇；获省级优秀科研成果二等奖 1 项，市级优秀科研成果一等奖 2 项，二等奖 2 项。撰写学术专著 1 部，参编教材 3 部，其中《政治经济学》为全国高等院校"十一五"规划教材。

刘书祥（1965— ），男，四川大竹人。1985 年四川师范学院政治教育专业；1987 年西南财经大学政治经济学研究生班毕业；2000 年获取南开大学经济研究所政治经济学专业博士学位后留校任教。2005 年调入西南财经大学经济学院任教。现为西南财经大学经济学院教授。社会兼职：成都市政协委员，民进四川省委经济工作委员会副主任、民进四川省委企业家联谊会特邀理事、民进成都市委会经济科技委员会顾问。研究领域为宏观经济理论与政策、经济增长与就业、货币理论与货币政策。承担课题多项，包括国家社科基金项目、中央高校基本科研业务费专项资金、中央高校基本科研业务专项资金等。在《南开经济研究》《经济学家》等期刊发表论文多篇。著有专著《社会主义市场经济理论研究》（合著）、《跨世纪宏观经济难题研究》（合著）、《21 世纪经济类专业高等教育的改革和发展战略研究》（主要作者）等。

罗从清（1965— ），1989 年西南农业大学农经专业研究生毕业，获硕士学位。研究领域：农村经济理论与政策。主要研究成果有《沿海乡镇企业发展外向型经济探索》《开发项目经理的"成功公式"》《小城镇建设中的问题及对策探讨》《推进农业产业化的思考》《新世纪我国农业面临的问题及对策》《对提高四川农村居民消费水平改善消费的思考》《农村土地使用权流转与农民增收》《促进农村劳务输出产业化发展的对策探讨》《攀西地区生物资源开发研究》《我国农村土地适度规模经营的现实条件与对策》等。

沈茂英（1965— ），女，研究员、四川省学术技术带头人。1985年毕业于四川省农业机械化学校（现四川职业技术学院），1990—1993年在四川省社科院研究生部学习并获经济学硕士学位，2002—2005年在中科院成都山地灾害与环境研究所学习并获理学博士学位。主要研究方向为山区发展、人口资源与环境、扶贫与生态保护。先后主持四川省哲学社会科学规划项目四项，参与多项国家社科基金课题研究，主持十余项省部级横向课题。发表论文100余篇，独著学术专著有《山区聚落发展理论与实践研究》《四川省贫困地区人口资源环境协调发展研究》《生态脆弱民族地区农牧民增收问题与对策研究》；《青藏高原重要商品农产品基地建设与扶持对策研究（第二作者）》。多项科研成果获四川省哲学社会科学奖三等奖、二等奖（集体奖）、一等奖（集体奖）。

甘犁（1966— ），四川成都人。1982—1987年清华大学经济管理学院本科，1993—1998年加州大学伯克利分校统计学硕士、经济学博士，师从2000年诺贝尔经济学奖获得者丹尼尔·麦克法登教授。现任德克萨斯农工大学经济学副教授，美国国家经济研究局研究员，中国"长江学者"讲座讲授，现为西南财经大学经济与管理学院院长。长期从事应用微观经济学和计量经济学等领域的研究，主要研究方向以应用微观经济学为基础，涉及公共经济学、劳动经济学、发展经济学和工业组织等领域，其多篇学术论文及研究成果发表于《美国经济评论》（American Economic Review）、《政治经济学杂志》（Journal of Political Economy）、《计量经济学杂志》（Journal of Econometrics）、《公共经济学杂志》（Journal of Public Economics）、《美国统计协会杂志》（Journal of American Statistical Association）、《经济学报》（The Economic Journal）、《计量经济学杂志》（Econometrics Journal）、《经济学快报》（Economics Letters）等国际顶尖经济学期刊上。2009年，他发起并领导了全国范围内的学术调查——中国家庭金融调查，建立起了中国微观金融的基础数据库。获得学术荣誉多项，如2001年，德克萨斯大学人文学院拉波波特王奖；2007年，德克萨斯农工大学经济系优秀研究生导师；2011年，获得 Economic Inquiry 最佳论文奖。

李小平（1966— ），管理学博士、经济学教授、硕士生导师、中国注册会计师。现为四川师范大学经济与管理学院院长，民盟成都市委常委，教育部考试中心基础教育课程特约研究员、四川省高校形势与政策研究会副会长。主要从事经济学和公共管理的教学工作，主要研究方向为 EVA 理念与公司治理结构的优化。承担《市场经济理论与实践》《福利经济学》《经济统计与经济热点专题》等本科生研究生课程教学任务；主持校研究生精品课程《社会主义市场经济理论与实践》。主持国家社会科学基金项目"国有资产保值增值机制研究——基于 EVA 的理念和方法"和省社科重点项目 2 项；在经济日报、高等教育等出版社出版著作、教材 3 部；在《经济学家》《财经科学》等期刊独立发表论文 30 多篇；论文《价格听证：仲裁模型与扩展解释——以我国首次铁路春运价格听证为例》获全国交通科技成果创新奖一等奖。

杨锦秀（1966— ），女，重庆人。1987 年四川农业大学农业经济管理专业本科毕业，1999 年获四川农业大学农业经济管理专业管理学硕士学位，2005 年西南财经大学产业经济学专业在职博士研究生毕业。历任四川农业大学组织部部长、二级教授，农业经济管理专业博士生导师；享受国务院政府特殊津贴专家、四川省学术带头人、四川省有突出贡献优秀专家、四川省政府研究室特约研究员。主要从事农业经济理论与政策、人力资源管理理论与实践、产业经济学、应用经济研究方法论的教学与科学研究，先后主持国家社会科学基金项目 2 项，国家社会科学基金重大招标项目子课题 1 项，欧盟合作课题子项目主持 1 项、参与 1 项，主持省、部级项目 11 项，政府和企业委托项目 10 余项，出版专著、教材 7 部，先后在农业经济问题、农业技术经济等 CSSCI 期刊上公开发表学术论文 50 余篇，先后获得：四川省哲学社会科学优秀成果二等奖 3 次，三等奖 2 次；四川省优秀教学成果一等奖和三等奖各 1 次；市厅级哲学社会科学优秀成果奖一等 3 次。

罗元青（1966— ），女，四川大学物理学学士，四川师范大学教育学硕士，西南财经大学产业经济学博士，现任四川师范大学经济与管理学院教授，硕士生导师。主要研究方向为产业经济理论与实践、企业理论与企业战略管理、经济发展理论与问题研究等。在《经济管理》

等核心学术期刊上发表多篇学术论文。出版《产业组织结构与产业竞争力研究》等学术著作，主编、参与多本教材的编写工作。先后承担多项国家级课题、四川省哲学社会科学课题、四川省农村经济发展研究中心课题的主研人员和课题负责人。部分科研成果获四川省政府、四川省教育厅哲学社会科学优秀成果奖。

阙四清（1966— ），四川南充人。1988年天津科技大学本科毕业后，在企业从事技术管理工作8年，1997年进入四川师范大学原管理系攻读硕士学位，2000年毕业后留校任教至今。主要研究方向为经济理论及企业经济。近年发表的论文、主持或参加的课题以及编写的著作、教材主要有《对马克思资本论经济危机理论的继承、丰富与发展》《从马克思经济危机理论看社会主义市场经济发生危机的可能性》《企业创新成本的政府分担机制》《论企业创新机制》《政治民主与政府公共关系》《浅析城市经营与城市管理的关系》《论企业家的职权》以及《旅行社计调与外联实务》（副主编）、《旅行社经营管理》（参编）、《教育经济学》（参编）、《管理经济学》（参编）、《企业家队伍建设与企业发展问题研究》（国家级课题、参加）、《中小企业创新激励机制研究》（校级课题、主持）。

蓝定香（1966— ），女，四川人，研究员。1987年7月、1990年7月、2009年6月，本科、硕士、博士依次毕业于四川大学国民经济管理专业、四川省社会科学院工业经济专业、西南财大政治经济学专业。历任四川省社会科学院经济研究所所长。自1990年工作以来，围绕工业经济、国企改革、制度经济理论等领域，先后发表和出版著述90余篇（本）（含合作）；主持国家社科基金规划课题2项、四川省级课题8项；主研和参与完成国家级、省级及横向合作课题30余项。2005年获得中共四川省委宣传部等五个部门授予的首届"四川省优秀青年经济人物"称号。2006年、2014年两次获"四川省有突出贡献的优秀专家"称号；2009年获"四川省三八红旗手"称号。科研成果获得四川省哲学社会科学优秀成果一等奖2项（集体）、二等奖4项（个人3项、集体1项）、三等奖9项（个人）；学会奖20余项。学术论文被复印转载17篇（含部分）。

张克俊（1966— ），四川内江人，区域经济学博士，现为四川社会科学院农村发展研究所所长、研究员，农业经济管理专业博士生导师，国家社科基金项目评审专家、四川省学术技术带头人、四川省有突出贡献的优秀专家、乡村振兴战略研究智库专家。主要从事统筹城乡和农村改革发展领域的研究工作，是国家社科基金重大项目《健全城乡发展一体化的要素平等交换体制机制研究》首席专家。近年来承担了国家和省部级项目20余项，在全国核心期刊上发表学术论文80余篇，代表论著有《城乡经济社会一体化新格局战略研究》《成都统筹城乡经验、挑战与发展选择》《让农民带着土地财产权进城》等。调研报告或政策建议20余份获得省委、省政府领导肯定性批示，在学术界及为党和政府决策咨询服务上产生了较大的影响。共荣获四川省政府哲学社会科学优秀科研成果一等奖2项、二等奖3项、三等奖5项。

陈映（1967— ），女，经济学博士，历任四川省社会科学院宏观经济与工业经济研究所副所长、研究员、硕士生导师。主要研究方向：宏观经济、区域经济、产业经济。2003年以来，参与撰写《统筹区域发展研究》《四川经济形势分析与预测》《中国企业改革三十年》等专著10部。在《城市发展研究》《云南社会科学》《求索》《统计与决策》等中文核心期刊上发表论文18篇，其中CSSCI来源期刊上17篇；在论文集上发表论文10篇。作为主研人员参加国家哲学社会科学基金项目2项、教育部哲学社会科学研究重大攻关项目1项；主持省哲学社会科学规划课题1项、作为主研人员参加省重点课题6项；主持院重大课题1项、作为主研人员参加院重点课题4项；作为主研人员参加横向课题数项。2003年至今，参与撰写的专著获第五届吴玉章人文社会科学优秀奖1项、四川省哲学社会科学优秀成果一等奖2项，四川省哲学社会科学优秀成果三等奖1项，论文获成都市哲学社会科学优秀成果三等奖1项。

兰卫东（1967— ），四川仁寿人，四川大学经济学博士，经济学副教授。主要研究领域：国有资产管理、社会主义经济理论、产业经济学。已出版专著《国有资本论纲》1部，在《财经科学》《生产力研究》等发表论文多篇，主要代表作有《按劳分配的实现：按要素分配与国民收入再分配》《按劳分配的二层次实现论》《全民所有制的内在矛盾与按劳分配的实现形式》等。

董秋云（1968—　），女，四川绵阳人，博士，副教授，主要研究领域为西方经济学、企业管理。主持或主研国家级、四川省社科和省教育厅项目6项。其中，国家社会科学基金项目"中国西部中小企业集群多维度生态模式的构建与优化"和"中国西部资源型中小企业技术创新管理模式研究"两项。先后在清华大学出版社、经济管理出版社出版学术著作2部。在《科学学与科学技术管理》《经济纵横》《科技进步与对策》《生态经济》等国内核心学术刊物以及重要国际学术会议发表学术论文20余篇。作为第二负责人完成的《四川省农业产业化经营与中小企业互动模式及绩效评价研究》获四川省科技进步三等奖。

滕颖，女，教授，1985—1989年电子科技大学电子机械系读大学；1993—1996年电子科技大学管理学院数量经济方向研究生，获得经济学硕士学位；2001—2006年西南交通大学管理学院产业组织方向博士研究生，获得管理学博士学位。研究方向：价格理论相关问题研究、产业与企业战略问题研究。主要研究成果有期刊论文《移动互联网环境下通信产业链纵向整合模式研究》《风险配置视角下农业产业化组织结构衍化分析》《具有网络外部效应的三度价格歧视研究》等，负责课题有四川省社科基金"农户土地使用权流转行为与战略性农业投资行为互动研究——基于四川省土地使用权流转的调研"（2009—2010）、四川省科学技术厅软科学项目"信息化环境下高新技术产业开发区管理模式研究"等。社会兼职及荣誉有2009年四川省教学成果二等奖、2005年四川省教学成果一等奖、2004年电子科技大学教学成果一等奖、2003年四川省科技进步一等奖等。

吴晓东（1967—　），四川都江堰人。1994年研究生毕业于西南财经大学经济系并获得经济学硕士学位，2002年在西南财经大学获得博士学位，2009年2月到2009年8月受邀在剑桥大学做访问学者。历任四川省对外经济贸易学会副秘书长，四川省世界经济学会理事，现在任教于西南财经大学经济学院世界经济研究所，西南财经大学"151"工程首期培养人选。主要研究国际经济理论（包括国际贸易、国际金融、国际投资等），在《经济学家》《社会科学研究》《财经科学》等刊物上发表论文37篇，著有《国际投资学》（第二版）、《证券投资技术与分析》（第四版）和《中国农村养老的经济分析》等，副主编教材一部、参与编写教材以及其他经济学书籍多部，先后参与过国家社科基金项目2个，国家科技部、省级和"211工程"课题各1个。

蒋永穆（1968— ），历任四川大学经济学院院长、博士生导师。四川大学"双一流"超前部署学科"马克思主义理论与中国特色社会主义创新"首席科学家、国家社科基金重大招标项目首席专家、国务院特殊津贴获得者、四川省首届十大杰出青年经济人物、成都市有突出贡献专家。研究方向为马克思主义中国化、中国特色社会主义政治经济学、三农问题。主持各类科研项目100余项，其中国家社科基金项目6项（重大2项、重点1项），提交各类研究报告60余份。在《马克思主义研究》《教学与研究》等期刊上发表学术论文160多篇，其中CSSCI论文90余篇，主编或参编学术著作20部。获教育部高等学校科学研究优秀成果奖三等奖1次，四川省哲学社会科学优秀科研成果一等奖3次，二等奖5次，三等奖4次，省部级优秀教学成果一等奖1次、二等奖4次。两项科研成果入选《成果要报》，三项研究报告受到中央领导和国家有关部门负责同志批示和重视。

傅红春（1968— ），1977年考入武汉大学；1987年考取西南财经大学刘诗白教授博士；1992年赴美国伊利诺大学做访问学者；1996年起任西南财经大学教授；2002年起任博士生导师；2003年进上海师范大学新组建商学院，任首任院长；2007年9月进华东师范大学商学院。中国美国经济学会理事，上海市经济学会理事。主持包括国家自然科学基金，上海市浦江人才计划等在内的多项课题。出版多部专著、译著、教科书。在《管理世界》《经济学动态》《统计研究》《经济学家》《经济研究资料》《读书》以及《今日经济》（台湾"经济部"主办学术刊物）、《台湾经济研究月刊》（"台湾经济研究院"主办学术刊物）、《台湾经济金融月刊》（"台湾银行"主办学术刊物）、《证券暨期货管理》（台湾"证券和期货管理委员会"主办学术刊物）、《哲学与文化》（台湾"辅仁大学"主办学术刊物）、英国《交叉学科经济学杂志》(*The Journal of Interdisciplinary Economics*)、《人民日报》、《光明日报》、《上海证券报》、《证券时报》、《商报》（中国香港）、《联合早报》（新加坡）、《侨报》（美国纽约）、《世界日报》（美国纽约）等以及国内外学术会议，发表论文200余篇。一些论著被国内外广泛转载、引用，其中"领袖偏好效应""经济仿生学""削权养廉""市盈率涨停制""GDP中文译法的建议"等，较有影响。

蒋远胜（1968— ），男，教授，博士后，历任四川农业大学经济管理学院院长、教授、博士生导师，德国波恩（Bonn）大学农业经济学博士，西南财经大学应用经济学博士后，四川省学术与技术带头人后备人选，四川省雅安市首届社会科学学科（应用经济学）带头人，中国农业技术经济研究会理事。主要研究领域：农村经济理论与政策、农村金融与保险、产业经济理论与政策等。主持（主研）了多项课题。近5年出版专著2部，其中英文专著1部，副主编论文集2部，参编1部；在中国农村经济、农业经济问题和人口与经济等重要学术期刊上发表论文30多篇，其中英文论文4篇；主持获四川省政府优秀社科成果三等奖1项，四川省社科联优秀成果奖1项，有三项成果被四川省委省政府采纳。

张红伟（1968— ），女，经济学博士，博士生导师，历任四川大学教务处处长、教育部经济学教学指导委员会委员、四川省学术技术带头人，中国宏观经济教育学会副会长、四川省宏观经济学会副会长、四川大学公共经济与公共管理中心主任。主要研究领域：宏观经济，金融理论，高等教育及管理；出版《金融波动论》，《宏观与开放视角下的金融风险》等6部专著，《货币金融学》（"十二五"国家级规划教材）、《国民经济管理学》等4本教材；在国内外重要学术期刊发表论文50余篇；承担省级及以上社科课题10项；获得省级哲学社会科学成果一等奖2项，二等奖1项，三等奖4项。国家级教学成果奖二等奖3项，省级教学成果一等奖5项。

郑晔（1968— ），经济学教授。四川省学术和技术带头人后备人选、四川大学"214"重点人才工程第三层次、四川大学教学名师培养对象、四川省马克思主义中国化研究会副会长、四川省社科联理事、四川大学农村经济发展研究中心副主任。研究方向为马克思主义基本原理、马克思主义中国化、马克思主义与社会主义市场经济、农村经济。作为主研或课题负责人参加科研项目10余项，其中国家社科基金重点课题2项，国家社科基金重大项目1项。作为主研或主编参与了20余部专著撰写。在全国核心刊物和省级刊物上发表学术论文80余篇，其中多篇被人大复印报刊资料、《高等学校文科学报文摘》《光明日报》理论版转载、摘录。获四川省人民政府哲学社会科学优秀科研成果二等奖3项、三等奖3项，四川省教育厅优秀教案一等奖，四川大学优秀教学成果一等奖、优秀教学成果二等奖、三等奖。

朱方明（1968— ），经济学博士。主要研究方向为市场经济理论、企业制度、可持续发展。国务院特殊津贴专家，教育部新世纪优秀人才，四川省学术与技术带头人，四川省委、省政府决策咨询委员会委员，四川省政府法律顾问团成员，成都市有突出贡献的优秀专家，四川大学985"经济发展与管理创新研究基地"负责人，四川大学企业研究中心主任，全国综合大学《资本论》研究会常务理事，四川省《资本论》研究会副会长，四川省经济学会副会长。代表性论著有《国家利益与企业的国际化发展》《论经济制度的财富效应》《惩戒制度与经济秩序》等。代表性著作有《社会主义经济理论》《政治经济学（上/下）》等。获得四川省社科优秀成果一等奖，三等奖，四川省政务调研成果奖二等奖等奖励。承担了国家社科基金《西部传统优势企业技术创新能力和区域经济增长研究》等项目。

王学义（1968— ），男，研究员，博士生导师。1980年9月至1983年在绵阳师范学院（原绵阳师范专科学校）中文系学习，后继续攻读硕士、博士，为人口学博士，企业管理博士后。四川省学术和技术带头人，四川、重庆、成都等人口专家委员会委员，四川省促进非公经济专家委员会委员等。研究领域主要涉及人口管理与人口政策、人口发展规划与执行评估、资源环境与企业发展战略、社会学理论与实践等。出版《人口现代化研究》《人口政策学》等专著10本，主编或参编多本。在《中国人口科学》《人口学刊》等刊物公开发表学术论文、译文、调研报告等数十篇，被《人民日报》新闻中心、人大复印报刊资料等转载20多篇。立项承担四川社科基金重点项目、国家人口计生委基金项目、国务院办公厅委托研究项目等省部级课题10多项。立项主持国家课题2项，主研国家课题多项。获国家人口计生委、人事部、中国残联、四川省人民政府等省部级优秀科研成果一、二、三等奖共计12项，刘诗白奖励基金二等奖1项，中国人口学会、省级学会及校级科研奖数项。

郑兴渝（1968— ），西华大学经济贸易系副教授。研究方向为微观与宏观经济分析。1984 年 7 月毕业于四川大学经济系政治经济学专业，获经济学学士学位；1986 年 9 月至 1988 年 2 月在厦门大学经济系助教进修班学习经济学硕士学位课程；1999 年 6 月获四川大学工商管理系企业管理专业管理学硕士学位。在四川大学学报、经济理论与经济管理、四川省经济管理干部学院学报等期刊和论文集上发表论文 10 余篇，参与编辑出版教材 2 部，合著 1 部。

杨明洪（1968— ），男，四川南部人。1986—1990 年在四川大学历史系读本科；1990—1993 年在四川大学历史系攻读硕士学位；1997—1999 年在四川大学经济学院攻读博士学位；2000—2002 年在西南财经大学做博士后研究。现任四川大学社会发展与西部开发研究院副院长（主持工作），经济学院教授、博士生导师，民建四川省委副主委，省政协常委、民建中央财政金融委员会副主任。先后在《民族研究》《中国工业经济》《中国农村经济》《中国藏学》等学术期刊上发表论文 100 余篇，其中，被人大复印报刊资料和《高校文科学报文摘》全文转载 20 多篇，CSSCI 文献引用达 150 余次；独立或者第一作者出版了学术专著《西藏农牧民的民生发展研究》《西藏农村公共产品供给相关问题分析》等 13 部，主编教材《财政学》（三版），参与完成专著、教材 14 部。完成的科研项目先后获四川省科技进步二等奖 1 项、四川哲学社会科学优秀成果二等奖 2 项、三等奖 7 项。

辜秋琴（1969— ），女，四川仁寿人。复旦大学硕士，四川大学经济学博士。现任成都理工大学商学院教学与指导委员会委员、《成都理工大学学报》（社科版）编委、四川省经济学会理事、四川省循环经济研究中心特约研究员、国家技能鉴定物业管理高级考评师、教育部学位与研究生教育评审专家。研究方向为产业经济学、区域经济学、宏观经济学、企业创新理论与实践、职业经理人与项目管理。公开发表学术论文 30 余篇，出版学术专著 1 部，教材 3 部。其中，CSSCI 来源期刊 11 余篇、国外全英论文 2 篇。论文被收录和检索 11 篇，其中，被 CSSCI 收录 9 篇、ISTP 检索 2 篇。应邀参加国内外重要学术会议 6 次并作会议交流发言；承担科研项目 20 余项，其中，主持国家社会科学基金项目 1 项、主研国家级项目 4 项；主持和主研省部级研究项目 12 项，校级 4 项。获得"中国高等教育研究"优秀论文一等奖、四川省教育厅优秀教学科研成果三等奖和四川省教育厅优秀教案三等奖。

万宏（1969—　），男，四川师范大学理学学士，四川师范大学教育学硕士，现任四川师范大学经济与管理学院经济学副教授，四川省区域经济学会成员，四川省科技青年联合会四川师范大学分会理事。硕士生导师。主要研究方向为国有企业管理、国有资产管理、物流经济、农业物流管理等应用经济研究等。在《西南民族大学学报》《社科研究》《四川师范大学学报》《江西农业》等 CSSCI 核心期刊上发表十余篇学术论文。主编、参与《物流管理学》《管理学》《银行会计学》等多本规划教材和著作 10 部的编写工作。先后承担参与 1 项国家级课题、四川省发改委课题主研担任、并担任四川省教育厅课题、四川软件实验室（厅级）、四川师范大学校级课题负责人。以及承担了省内多家企业内部咨询课题。

张蕊（1969—　），女。1986—1990 年攻读并获得天津大学计算机应用专业学士学位；1995—1998 年攻读并获得四川大学计算机应用专业硕士学位；1999—2002 年攻读并取得四川大学政治经济学专业博士学位。国家自科基金和国家社科基金同行评议专家，四川省数量经济学会会员。成都市第十四届、第十五届政协委员。主要研究领域为宏观经济学和金融经济学。在 SSCI 来源刊和《统计研究》《经济学动态》《中国工业经济》《经济理论与经济管理》《经济学家》等权威期刊上发表中英文论文十数篇；主持国家自然科学基金项目 1 项和多项省部级课题；出版专著两部，参编专著与教材多部；获 2010 年四川省第十四次哲学社会科学优秀成果一等奖（参编专著）；获得 2010 年四川省第十四次哲学社会科学优秀成果一等奖。

陈滔（1970—　），四川成都人。2000 年毕业于华西医科大学卫生统计专业，获取理学博士学位后，在西南财经大学保险学院从事健康保险和保险精算方面的教学和研究工作。历任助教、讲师、副教授、2004 年 9 月至 2005 年 8 月赴德国杜伊斯堡—埃森大学经济学院卫生经济专业做博士后。回国后任副教授、教授，学院院长，四川省科技青年联合会理事，《中国商业保险杂志》编委。主要承担课程为"人身保险""人寿与健康保险""健康保险""社会医疗保险""保险学原理"和

"风险管理"。研究领域为健康保险精算、健康保险经营风险控制、国民健康保障体系研究、健康保险的卫生经济分析。至今已主持、主研完成省部级以上课题6项，在国内外杂志上公开发表论文20多篇，独立完成专著、教材各1本，参编专著3本、译著1本，参编教材3本。第三主研参加的国家自然科学基金项目"疾病时空聚集性分析的统计方法研究"获1999年四川省科技进步三等奖，论文"论寿险公司偿付能力监管"获中国保险学会和保险研究杂志社2004年优秀论文三等奖。由于教学和人才培养方面的突出成绩，2003年曾获中国金融教育发展基金会"金融教育先进工作者"称号。德国洪堡科研奖学金和美国富布莱特奖学金，教育部"新世纪优秀人才支持计划"入选者，西南财经大学"151工程"中青年学科带头人培养人选，四川省优秀博士后。

霍伟东（1970— ），重庆人，教授、博士生导师，教育部教学指导委员会委员，国家文化贸易学术研究平台专家，四川省学术和技术带头人。1991年中国海洋大学经济管理专业毕业，1999年、2003年分别获得西南财经大学经济学硕士学位和博士学位。受教育部"青年骨干教师出国研修"项目遴选，2008年1月至2009年1月在加拿大I. H. Asper School of Business，University of Manitoba访问研修。2013年7月至2013年8月，参加英国伦敦政治经济学院、牛津大学举办的现代高校教育管理培训；2013年10月至2013年11月，被遴选参加四川省第二批"高层次复合型人才"培训班学习；2015年9月至2015年12月，受四川省委组织部选派参加四川省优秀干部人才递进培养计划高端领军人才班第五期培训学习。在证券公司从事过研究、投资银行和管理工作；参与过多家（拟）上市公司的财务顾问工作；曾任HPI China（NGO）中国本地企业发展顾问、西南财经大学国际商学院副院长、经济信息工程学院院长、北京吉利学院校长、西南财经大学中国（四川）自由贸易试验区综合研究院副院长、政策法律研究中心联席主任，中国国际贸易学会常务理事，中国新兴经济体研究会常务理事，四川省高校科研创新团队负责人，成都日报首席观察员，成都仲裁委第三届委员会成员，四川省2011计划互联网金融创新及监管协同创新中心副主任，四川省灾后重建专家团专家。主要研究兴趣：区域经济一体化、国际投融资、企业走出去战略等。主持或参与的课题有国家社科重大项目、国家社科基金项目、教育部人文社会科学项目、四川省委组织部战略性研究重大课题、四川省政府重点课题、中央高校基本科研项目、四川省高校科研创新团队课题等。已在 Journal of Business Ethics，The World Economy 以及《中国工业经济》《经济学家》《改革》《经济学动态》《国际贸易问题》等期刊发表学术论文数十篇，出版或参著专著数本。代表性学术著作《人民币区研究》获"刘诗白经济学奖"；《中国—东盟自由贸易区研究》是国内第一部研究 CAFTA 的学术专著；共同总撰的《经济周期论》获得国际贸易学领域最高奖"安子介国际贸易研究奖"。曾被评为成都市优秀青年教师，荣获省哲学社科一等奖、商务部"中国外经贸发展与改革"一等奖和"中国服务贸易研究奖"一等奖等多项。

张华（1970— ），四川开江人，教授。1993 年毕业于西南师范大学，获理学学士学位；2011 年 12 月毕业于西南大学，获硕士学位。主要从事区域经济、旅游经济、农村经济等领域的研究。公开发表论文 30 多篇，其中中文核心 11 篇，CSSCI 收录 7 篇，主持或主研科研项目 30 多项，其中国家级 1 项，省部级 4 项，地厅级 8 项。主要学术成果有《农民工家庭城市融入的制约因素与对策分析》《农民工市民化的制约因素与对策分析》等。承担课题多项，包括四川省教育厅重点项目"农民工市民化的制约因素与对策研究"、四川省教育厅人文社科重点研究基地项目"城市金融支持农民工创业转型发展研究"等。荣誉奖励包括曾获四川省金融学会"四川省第十五次金融科研优秀成果奖三等奖"、成都市人民政府"第十一次哲学社会科学优秀成果奖三等奖"、成都市人民政府"第十二次哲学社会科学优秀成果奖三等奖"等。

黄进（1970— ），男，研究员。1998 年获得四川大学经济学硕士学位；2003 年到四川省社会科学院社会学所从事科研工作，2006 年到中国社会科学院社会学所进修一年。主要研究方向为经济社会学、法律社会学，目前主要从事社会政策、流动人口、农村社区、弱势群体方面的研究。主持和作为主研人员参与的省部级以上的课题 8 项，如《从权益保障到资本建设：四川农民工问题的社会政策研究》（四川省哲学社会科学"十一五"规划课题）、《汤营村社会变迁调查》（四川省社会科学院重大课题）等。近年来公开发表的论文主要有《统筹城乡社会政策论纲》《论科学发展观指导下的社会政策》《社会资本：经济学与社会学的对话》等。个人著作（含合著）有《李嘉图》（独著，经济学家思想述评丛书）、《中国城市化进程中的农民工问题研究》（写作"农民工市民化"一章，主编林凌、郭晓鸣）。

邱爽（1970— ），女，四川营山人，经济学博士、教授、硕士生导师。1994年本科毕业于四川师范学院（现西华师范大学），获学士学位，后留校任教；硕士、博士研究生毕业于西南财经大学。现任教于西华师范大学商学院。主要研究方向为市场经济理论与实践、区域经济学、制度经济学及经济学教育。在《科技进步与对策》《云南社会科学》《生态经济》《生产力研究》《新课程研究》等刊物发表论文50余篇，出版个人专著（独著）1部；主持国家社科基金项目1项、四川省哲社规划项目1项、省教厅重点项目2项、省教育发展研究中心课题1项及校级课题3项；负责校级教学团队和科研创新团队各1项。曾荣获省教厅哲社科研成果三等奖1项，南充市哲社优秀成果二等奖2项、三等奖4项。

吴平（1970— ），四川巴中人，教授。1994年毕业于四川农业大学，获经济学学士学位；1994—1995年在华南农业大学进修；2002年毕业于四川农业大学，获管理学硕士学位；2014年6月毕业于西南财经大学博士，获经济学博士学位。四川省金融学会理事、四川省村社发展促进会副会长，现任四川农业大学经济学院副院长，区域经济与金融研究所所长。长期从事农业经济理论与政策研究，在农村区域发展、农村财政与金融等方面取得一系列研究成果。先后主持和主研省部级以上纵向课题10多项，横向合作项目20余项。在EI、消费经济、保险研究、农业现代化研究、农村经济等杂志上公开发表专业论文40余篇。以副主编身份参编两部国家级教材。先后为企业、地方政府编制可研报告和规划报告10余项、累计做管理咨询与培训20余场次。获省厅级人文社科奖3项、四川省社科界优秀成果奖2项、四川省教育厅人文社会科学科研成果奖三等奖等。

胡民（1970— ），四川南江人，经济学博士、博士后。四川师范大学经济与管理学院副教授。中国市场学会流通经济学专业委员会副秘书长。主要研究方向：流通经济学理论与实践、排污权交易制度理论与实践。主持"四川省排污权交易研究""四川经济增长与金融发展互动研究"等四川省哲学社会科学课题、四川省教育厅重点课题 4 项，横向课题 10 多项，公开发表学术论文 20 余篇。

邹宏元（1970—　），四川成都人。1983 年 1 月毕业于华东理工大学机械工程系化工机械专业（本科），1987 年 7 月，毕业于西南财经大学统计学院统计学专业（研究生班），1987 年 9 月至 1988 年 7 月，入读复旦大学福特基金会赞助的中美经济学（研究生班）。1997 年获取西南财经大学金融学院博士学位。1996 年 9 月至 1997 年 6 月赴纽约市立大学巴鲁克商学院做访问学者。主要研究领域与方向，开放宏观经济学、国际金融。主要研究成果：论文《中国分行业名义有效汇率研究》，国际金融研究，2013 年 9 期等多篇，有《金融风险管理》（第三版）等多部，承担有 1994 年国家哲学社会科学基金项目《论我国经济高速增长时期的国际收支平衡》（批准文号：94BJL014），2007 年国家社科基金重大招标项目，以人为本的中国金融全面协调与可持续发展研究。获四川省精品课程——国际金融本科课程和四川省高等教育教学成果奖二等奖——金融本科人才培养方案研究。社会兼职有中国国际金融学会理事、《国际金融研究》杂志编委。

达捷（1970—　），研究员。2005 年西南财经大学产业经济学专业研究生毕业，获博士学位。现任四川省社会科学研究院工商经济与管理研究所副所长。主要研究成果有《中国加入 WTO 对产业结构的影响》《西部大开发背景下的成都市投资融资体制改革研究》《中小企业融资问题研究》《治理机制与国企改革——对成都市部分国有中小型企业改制分析》《中小企业创新性分析》《发展循环经济、建立节约型社会》《我国产业集群式发展的现实分析》《四川工业强省战略若干问题研究》等。

杨艳（1971—　），女，四川简阳人。现为四川大学经济学院教授，经济管理系系主任，中国宏观经济教育管理学会副秘书长。2010 年 4 月至 2011 年 4 月，由国家留学基金委公派在新西兰维多利亚大学做访问学者。科研工作主要集中在研究宏观经济分析、政府规制、财政金融政策相关理论与实践。在《经济学家》《四川大学学报》等期刊发表文章 20 余篇；参与专著《宏观与开放视角下的金融风险》，该成果获得了 2010 年四川省哲学社会科学优秀成果一等奖；2014 年出版专著《自然垄断产业的价格管制与改革》；作为副主编出版的教材《国民经济管理》被列为"十二五"规划教材；承担了2016年国家社科项目"我国政府规制效率对企业制度性交易成本的影响研究"、2014年四川省社科项目"四川省地方政府债务风险管理与社会经济稳定研究"等。

孙加秀（1971— ），女，西华师范大学教授，经济学博士。主讲《政治经济学》《投资经济学》《发展经济学》等本科课程和《环境经济学》等研究生课程。主要研究方向为城乡统筹、环境经济理论与政策。出版专著2部；在省、部级刊物上发表论文30余篇；主持省、校级科研项目7项；主持四川省、校级教改课题3项。获四川省哲学社会科学优秀成果三等奖1项，南充市哲学社会科学优秀成果一、二、三等奖各1项。

邢祖礼（1971— ），四川内江人，西南财经大学经济学院副教授，经济学博士。1991年9月至1995年7月在北京商学院本科学习；1995年9月至2001年7月在西南民族学院任教；2001年9月至2004年7月在西南财经大学经济学院攻读西方经济学专业硕士学位；2004年9月至2007年7月在西南财经大学经济学院攻读西方经济学专业博士学位。师从著名经济学家胡代光先生，主要从事寻租经济学与产权理论的研究，在《经济理论与经济管理》《宏观经济研究》《中国农村经济》《财经研究》等核心刊物发表学术论文10多篇，其中几篇被《新华文摘》等转载，2010年主持国家社科基金项目"经济转型期公共权利规范问题研究"（10CJL002）。2006年3月撰写的调研报告《四川省六市农村土地征用调查报告》曾得到四川省委、省人民政府的高度重视并为此召开了专门的讨论会。

雷震（1971— ），四川内江人。经济学博士，西南财经大学教授，现任中国行为经济与行为金融研究中心主任、经济学院西方经济研究所副所长。2004—2007年在西南财经大学攻读博士学位，师从著名经济学家刘诗白教授，博士毕业后留校任教至今。2011年9月至2012年9月访问佐治亚州立大学，师从哈佛大学博士、原经济科学协会主席、实验经济学中心（Experimental Economics Center）主任James Cox教授，从事实验经济学、行为经济学、行为金融学理论与政策研究。目前，已在国内"四大"经济学刊物上发表论文7篇，其中在国内经济学排名第一的杂志《经济研究》上发表论文3篇，英文论文两次入选世界顶级经济学学术会议（Economic Science Association World Conference）；主持国家社会科学基金一般项目、教育部人文社科基金项目、西南财经大学"重大基础理论研究项目"等各类课题多项。以第一作者身份获得德国 Werner Jackst & auml; dt 博士中国经济和商业研究最佳论文奖，是全国财经类院校首次获得该奖项，同时也是实验经济学、行为经济学、行为金融学领域内首次获得该奖项，多次获得"刘诗白奖励基金""西南财经大学优秀科研成果""四川省经济学学会""四川省海外高层次留学人才"等奖励或荣誉。

贺刚（1971— ），四川资阳人。2005年获四川大学经济学硕士学位，2008年获四川大学经济学博士学位。副教授，区域社会经济研究所副所长，四川省金融创新与风险管理学会理事，四川省经济发展战略研究会研究员。从事宏观经济、区域经济、投资经济、旅游经济、能源价格等方面的研究和实践工作。主持或主研课题50多项，其中国家社科基金重大招标课题1项，国务院西部开发办项目1项，国家工信部项目2项，教育部项目1项，省市重点项目多项；公开发表学术论文30多篇，包括多篇CSSCI和若干核心期刊论文；出版《中国能源价格调控论》《电子商务物流》《西部大开发特色优势产业发展》等多部专（编）著作。获得四川省科技进步三等奖、四川省人民政府三等奖、西华大学哲学社会科学一等奖。

黄涛（1972— ），四川宜宾人，经济学博士，教授，博士生导师。1989—1993年中国青年政治学院思想政治教育专业本科毕业，获法学学士学位；1998—2008年西南财经大学政治经济学专业在职攻读研究生，获经济学硕士和博士学位。2000年9月起，先后任西南财经大学党委办公室副主任、中共四川省委组织部青年干部处助理调研员、信息中心副主任、西南财经大学校长办公室副主任、发展规划处副处长、党委办公室主任；2017年4月，任成都理工大学党委副书记。四川省学术和技术带头人后备人选（第十一批）。主要从事社会主义经济理论、产权与制度变迁理论、公共治理与社会政策等领域的研究，先后发表论文50余篇，出版专著2部、教材及其他书籍6部，主持国家社会科学基金项目2项、其他省部级项目3项。

陈志舟（1972— ），经济学博士，西南财经大学经济学院副教授。1991年9月至1995年6月重庆师范学院中文系，攻读本科；1995年9月至1998年6月西南财经大学经济学院攻读硕士研究生；2000年9月至2006年6月西南财经大学经济学院攻读博士研究生。主要研究领域有政治经济学、居民收入分配、统筹城乡发展等。先后参著专著4部，参著教材2本，在《经济学家》《宏观经济研究》《光明日报》《当代经济研究》《社会科学研究》等刊物发表学术论文20余篇。作为主研人员完成国家社会科学基金项目3项、学校"211工程"项目2项、中央高校科研专项资金项目3项，教学改革课题2项，完成成都市政府、武侯区政府、温江区政府等横向委托课题4项。获得国家级优秀教学成果二等奖1项，四川省优秀教学成果一等奖2项，获得四川省哲学社会科学优秀成果一等奖1项，二等奖1项。

姚树荣（1972— ），河北涉县人，四川大学经济学博士，中山大学工商管理博士后，现任四川大学经济学院经济系主任、教授，主要研究领域为企业制度与产业经济、土地制度与新型城镇化。承担各类课题20多项，发表科研论文40余篇，出版著作或教材10部，主持或参与中国航天科技集团燎原无线电厂、四川沱牌集团等大型集团公司（单位）的管理咨询与培训项目。2007年12月至2015年2月，在成都市国土资源局工作，曾任研究室、综合规划处、政策法规处处长，负责成都国家统筹城乡综合配套改革试验区土地管理制度改革的政策设计与相关工作。主要获奖情况包括作为主研（排名第三）参与的《统筹城乡改革试验区建设中的农村土地制度创新研究》获2010年度四川省政府科技进步奖三等奖。2004年，《新时期我国社会主义经济理论课程教学与实践创新》获四川大学优秀教学成果二等奖等。

王擎（1973— ），男，教授，金融学博士，博士生导师。现任西南财经大学中国金融研究中心主任、四川省世界经济协会理事、四川省科技青年联合会理事。1996年10月至1997年3月，德国柏林经济学院进修MBA。1997年西南财经大学金融学院毕业后留证券教研室及双语教研室从事教学和研究工作。2001年10月至2002年10月，受教育部国家留学基金委资助赴英国格拉斯哥大学做访问学者，进修金融理论及博士课程。2000年10月至2003年7月，在西南财经大学中国金融研究中心获经济学博士学位。主讲课程《投资学》（双语）、《投资银行学》、

《公司金融》、《货币金融学》。主要研究领域有资本市场的理论与实践，侧重于证券市场运行的实证分析。主要贡献主持和参与省部级及校级课题10余项，代表性的有《资本约束下城市商业银行行为研究》《地方政府融资工具研究》《我国投资银行的现状和发展研究》《我省消费信用的建立和发展潜力研究》《区域金融安全问题研究》《中国封闭式基金折价的实证研究》《我国投资基金市场结构与发展问题研究》等；主编《证券投资原理》《金融市场投资》《金融市场学》《证券投资学》等4部，参编或译著《通货紧缩》等4部；在《金融研究》《管理世界》《财经科学》《光明日报》等不同刊物上发表论文30余篇，代表性的有《再析中国封闭式基金折价之谜》《财务风险与收益关系的背离》《基金管理能力与封闭式基金的定价》等。获四川省金融学会金融科研优秀成果二等奖一项、三等奖一项；获四川省财务成本研究会社会科学优秀科研成果二等奖一项、三等奖一项；获西南财经大学优秀科研成果奖一项、优秀教学成果奖一项；优秀课件评比二等奖一项。入选2011年教育部"新世纪优秀人才支持计划"和"四川省第九批学术与技术带头人后备人选"。

赵静梅（1973—　），女，四川成都人。1996年毕业于西南财经大学国际经济系国际金融专业本科。1996—2000年在西南财经大学金融学院硕博连读，获博士学位。2000—2002年到德国曼海姆大学金融学院做博士后，归国后在西南财经大学金融学院任教。主要研究方向为国际金融、金融危机、货币政策、资产定价。2008—2009年在美国Benedictine大学任教，承担《国际经济学》《国际金融学》与《中国商业与投资》等4门课程共两学期的任课。2012—2016年，由教育部选拔派出到中国驻法国大使馆教育处任正处级一等秘书，主要负责国家留学基金委员会（CSC）派出法国公派学生学者项目、联合国教科文组织（UNESCO）总部实习生项目、中国与经济合作与发展组织（OECD）教育合作事务等。历任西南财经大学金融学院副院长、执行院长。在《经济研究》《管理世界》《管理科学学报》《金融研究》《世界经济》《经济评论》《经济学家》《财经科学》《金融时报》等刊物发表论文40余篇。主持一项国家自然科学基金、一项国家社会科学基金课题（国家级）、一项教育部人文社科重点研究基地重大项目和一项教育部新世纪人才专项课题。出版专著《金融危机救济》一部。2008—2009年，获美国政府奖学金——福布莱特奖学金。福布莱特Scholar in Residence项目资助，赴美国芝加哥Benedictine大学为本科生、研究生和MBA学生授课，共两学期。学生评教商学院第一。2007年3月，受美国国务院（State Department）之邀参加International Visitor Leadership Program。历时一个月，赴美考察美国中央银行、证监会、货币监理署、摩根大通银行等机构，当年全世界16人获此邀请。2000—2002年，德国国家奖学金——洪堡奖学金，当年唯一获得该奖项资助的中国学者，期间在曼海姆大学从事博士后研究。国内获奖，2011年，教育部新世纪人才奖。2008年，霍英东高校青年教师基金二等奖。

杜伟（1973— ），男，汉族，四川雅安人，中共党员，现任四川师范大学副校长，教授，博士，四川师范大学企业管理、政治经济学硕士研究生导师。国务院政府特殊津贴专家、教育部新世纪优秀人才支持计划人选、四川省学术与技术带头人、四川省有突出贡献优秀专家，四川省高校"十佳"青年教师。主要研究方向为农村经济学。近年来，先后完成国家社科基金项目3项，教育部人文社科研究项目、四川省软科学研究重点项目等省部级科研课题和教改课题8项；出版学术专著7部，在CSSCI来源期刊和核心期刊发表论文98篇，被《新华文摘》《高等学校文科学报文摘》摘登和人大复印报刊资料全文转载12篇；科研和教学成果获国家级二等奖3项、省部级一、二、三等奖28项，另有7项成果获四川省教育厅人文社科优秀成果奖、成都市哲学社会科学优秀成果奖等一、二、三等奖，连续八年被评为"四川师大科研十佳先进个人"。

王兰（1973— ），女，2001年毕业于四川师范大学经济学院，获得教育学硕士学位。2011年获得中国人民大学经济学博士学位。2003年前往美国华盛顿大学进行为期三个月的学术交流和访问；2004年前往日本京都大学进行为期一年的科研和教学进修。近年来，在国内《经济学动态》《生产力研究》《教学与研究》等核心期刊发表论文20多篇，主持并参与校级和省级课题多项。

龚松柏（1973— ），1997年9月至1999年7月在湖南省教育学院脱产进修政治本科；1999年9月至2002年6月在西南交大人文学院攻读马克思主义理论与思想政治教育硕士学位；2009年7月获西南财经大学经济学院世界经济专业博士学位。现任西南财经大学毛泽东思想和中国特色社会主义理论体系概论教研室主任，研究方向为中国特色社会主义、中印发展模式比较、社会主义新农村建设。主要研究课题有2013年度国家社科基金项目："中印农业现代化与城镇化道路比较研究"；2013年度西南财经大学"中央高校基本科研业务费专项资金"项目："现代世界体系视域下马克思主义中国化与中国现代化互动关系研究"；2015年度西南财经大学"中央高校基本科研业务费专项资金"项目：中国特色农业现代化道路与新型农业经营体系构建研究。在《生产力研究》《农村经济》等期刊发表论文多篇，著有专著《中印经济转型与发展模式比较》。

李毅（1973— ），重庆人。1996年本科毕业于上海交通大学工业管理工程系，获工学学士学位。2003年研究生毕业于西南财经大学经济学院西方经济学专业，获得经济学硕士学位，任教于西南财经大学经济学院。多次被评为学校优秀教师一、二等奖，获得西南财经大学"首届学生心目中的好老师"、首届唐立新奖教金等荣誉称号。主要研究领域为微观经济学的基础理论，博弈论和信息经济学及其应用。

王贝（1973— ），四川盐亭人，2012年12月毕业于四川大学经济学院，获得政治经济学博士学位。主要从事马克思主义理论和土地制度及流转方面的研究。著作有《我国征地制度改革研究——基于社会公正视域》《我国农村建设用地流转机制研究》《社会主义新农村建设理论与实践研究》等；主持的重要课题有：以建设"公正社会"为导向的全面深化改革研究子课题：公正社会取向下的全面深化改革研究，国家社会科学重大规划课题，革命老区农村基层有效治理的实现机理及路径研究，四川革命老区发展研究中心课题；四川省贫困地区产业扶贫研究——基于社会资源整合视角，四川省社科联规划课题；等等。荣誉奖励有四川省委教育工委省高校"优秀共产党员"称号（2013年度）；西华大学第二次、第三次、第四次哲学社会科学优秀成果奖三等奖（2012年、2014年、2016年）；西华大学优秀教学成果奖一等奖2项（2012年、2016年，第2成员）。

龙云安（1965— ），经济学博士、国际职业培训师。1995年毕业于四川大学外贸系获硕士学位；2007年毕业于四川大学经济学院获博士学位。主要研究领域：国际贸易，跨国公司、世界经济。在国内外重要学术期刊上发表学术论文50多篇，主要学术成果发表在《中国管理科学》《国际经贸探索》《中国流通经济》《世界经济研究》《科学管理研究》《技术经济》等。出版专著两部，西南财经大学出版社出版《新营销原理与实务》《跨国公司新战略——社会责任研究》，译著一部中央编译出版社出版《21世纪政治经济学》，主持省部级以上相关课题多项。荣誉奖励为校科研先进个人，哲学社会科学二等奖。社会兼职为中国西部国际资本论坛副秘书长。

宋光辉（1974— ），1997年7月参加工作，1998年在四川省甘孜州支教1年。先后获教育学学士、经济学硕士和经济学博士学位。现任四川省委常委办副主任、省委办公厅一级调研员。主要研究方向为公共经济学、教育经济学、区域经济学和高等财经教育理论、教学发展与评估等。近年来的主要学术成果有先后发表论文30余篇；出版独著1部，参著专著3部；主持国家自然科学基金项目、教育部人文社科项目和四川省哲学社会科学项目3项，四川省重点教改和教育发展研究项目3项；主研国家社科基金项目1项，教育部重点教改项目2项；获得国家教学成果奖及省部级教学科研奖5项。

王大明（1974— ），西华师范大学经济学教授、博士。主讲《政治经济学》《西方经济学说史》《经济学原理》等本科课程和《现代西方经济学流派》《农业资源利用与管理》等研究生课程。主要研究方向为区域经济发展与管理。出版著作2部（独著、合著各1部），在省级以上刊物发表论文20篇。主持国家社科基金项目1项、省教育厅重点课题1项、市社科规划课题1项、校级课题1项；参研国家社科基金项目2项（其中国家社科重大招标项目1项）；主持或参研地方委托项目6项。2011年获南充市第九次哲学社会科学优秀科研成果三等奖；2013年获得南充市第十次哲学社会科学科研成果优秀奖。

高焰（1974— ），女，四川宜宾人。1998年四川师范大学本科毕业，2001年四川师范大学硕士毕业，2008年起在四川大学经济学院攻读西方经济学博士学位。主要研究方向为经济理论及金融市场。近年在《浙江金融》《价格月刊》《金融经济》《改革与战略》等期刊发表多篇论文；参加的课题有《金融危机背景下中国资本账户开放的策略研究》（四川省教育厅重点课题，2009 年）、《成都软件业打造"中国班加罗尔"的策略探析》（成都市哲学社会科学研究"十一五"规划暨成都市邓小平理论和"三个代表"重要思想研究中心 2006 年度重点课题项目）、《国有企业选人、激励和约束机制》（四川省科技厅软科学项目资助课题主研之一）、《成都地区东部走廊现代农业集中区建设研究》（成都市哲学社会科学研究项目主研之一）、《双轨双循环——师范类高校工商管理专业人才培养模式创新研究》（四川省教育厅项目主研之一）。

杨海涛（1975— ），男，四川攀枝花市人，经济学博士。现为西南财经大学经济学院教授、硕士生导师。1998 年毕业于华中理工大学（现华中科技大学）经济学院，获"投资经济专业"和"经济法专业"双学士学位；2001 年毕业于西南财经大学经济学院，获"西方经济学专业"硕士学位；同年师从于著名经济学家胡代光教授，于 2005 年在西南财经大学获"政治经济学专业"博士学位，2005 年 10 月至 2006 年 9 月以"国家公派访问学者"身份赴德国进行访问学习。主要研究方向为公共组织、民营企业、宏观经济管理。近年来的主要学术成果有在《改革》《中国经济问题》《社会学》《经济体制改革》《财经科学》《农村经济》《经济经纬》《经济问题探索》《山西财经大学学报》等刊物发表论文 30 余篇；出版专著 1 部；主持国家社会基金课题 2 项；参与国家社科基金课题 3 项；参与教育部人文社会科学课题 2 项；参与横向应用课题 2 项；主编教材 1 部。

卢阳春（1975— ），女，成都市人，经济学博士。四川省社会科学院区域经济研究所副所长，研究员，硕士生导师，四川省第九批学术与技术带头人后备人选，四川省科技青年联合会第五届理事会常务理事，四川省产业发展促进会副会长，四川省循环经济促进会学术顾问。主要研究领域：宏观经济理论与实践，区域经济理论与实践，产业经济理论与实践，新型城镇化。主持或参研国家级、省部级课题以及地方政府部门委托横向课题 80 多项，出版专著 1 部，参撰或参编书籍和教材十多部，公开发表学术论文 40 余篇，其中经济金融类核心期刊论文 30 余篇，多篇文章为《新华文摘》、人大复印报刊资料等全文转载，先后获得四川省第十三次、第十四次、第十五次、第十六次哲学社会科学优秀成果一等奖和三等奖，第十二届四川省青年科技奖，第七届四川省中青年专家学术大会三等奖，第八届四川省中青年专家学术大会二等奖。

袁春梅，女，西华大学经济学院副教授，硕士。1997年毕业于四川农业大学经济贸易学院，获得经济学学士学位；2002年获得西南大学管理学硕士学位。工作经历：1997年9月至2003年2月，在西南大学荣昌校区经济系任教。2003年2月至今，在西华大学经济学院任教。在《生态经济》《生产力研究》《农业经济》《农村经济》等期刊发表论文十余篇，主持和参研多项科研课题。主要讲授统计学，市场调查与预测和公共关系学等课程。

黄善明（1976— ），湖南人。1995—2005年就读于四川大学经济学院，2005年获经济学博士学位，2006年获评经济学副教授，2007年始担任硕士生导师，2011年获评经济学教授。现为四川省学术和技术带头人后备人选。专业为政治经济学，研究方向为中国经济改革与发展。近年来，在《经济纵横》《生产力研究》《云南社会科学》《农村经济》等CSSCI核心期刊发表论文十余篇；独著、合著学术专著7部；主持、主研国家自然科学基金、国家社会科学基金、教育部人文社科基金、省哲学社会科学基金等多项科研项目；科研成果连续三届获四川省哲学社会科学优秀成果二等奖、三等奖以及优秀奖共计6项，连续5年获四川省科学技术进步奖二等奖、三等奖共计5项，获教育部高校优秀科研成果三等奖1项，以及市哲学社会科学优秀成果、省教育厅优秀社会科学成果奖等多项奖励。

蒋华（1976— ），2005年毕业于西南财经大学人口学专业博士。现为四川省人口学会秘书长、四川省学术和科学技术带头人后备人选、省社会科学院成都县域经济研究所副所长，四川省卫计委决策咨询专家委员会委员、成都市人口专家委员会委员。从事人口学理论、人口与经济社会发展、人口与区域可持续发展方面的教学和研究工作。先后在《求是》《人口研究》《经济学家》《人民日报》等国内公开刊物上发表论文20多篇，主持（或主研）四川省、成都市"十二五"人口发展规划、四川省"十三五"人口发展与老龄化社会研究、四川人口素质发展报告、四川省人口生育率转变的效应研究等国家、省市相关部门多项重大课题研究，先后获得第五届中国人口科学专著优秀成果一等奖（国家计生委、中国人口学会)、第十七届四川省哲学社会科学优秀研究成果一等奖等省部级奖励 7 项。

蒲艳(1976—),女,四川叙永人,经济学博士,四川师范大学经济与管理学院教授,硕士生导师。主要从事微观经济学、宏观经济学、国际贸易的教学和研究,在竞争经济学、微观经济理论与政策等领域有一定研究心得。主要著述有《寻租成本的研究述评》(发表在 2012 年 11 月《经济学动态》)、《收入差距、职业选择与经济增长》(发表在 2011 年 9 月《财经科学》)、《寻租均衡理论的最新进展》(发表在 2011 年 3 月《经济学动态》)、"Rent Seeking and Social Costs in the Chinese State Enterprises"(发表在 GSTF Journal on Business Review) 等论文 20 余篇;主要著作《行政垄断与寻租行为研究》(科学出版社 2013 年版)、译著《新自由主义不死之谜》(中国人民大学出版社 2013 年版)、《产业组织理论先驱》(经济科学出版社 2010 年版)。参加或主持了国家、省部级及各种横向课题 10 余项的研究。

曹敏(1963—),西华师范大学教授。主讲《政治经济学》《西方经济学》《会计学》和《中国经济发展与改革》等本科课程,主讲《中国经济发展与改革研究》和《资源经济学》研究生课程。主要研究方向为中国经济发展与改革、马克思主义中国化。在省、部级刊物上发表论文 10 余篇,出版专著 1 部,主持省教育厅重点项目 1 项,主研国家社科基金项目 1 项。2006 年获四川省政府三等奖 1 项,2008 年获四川省优秀教学成果三等奖 1 项。

兰竹虹(1972—),副教授,硕士生导师。博士毕业于中山大学,获得理学博士学位。主要从事资源开发与区域可持续发展、环境经济学、环境影响评价、环境资源评估、环境管理等方面的教学和科研。参与联合国环境规划署(UNEP)/全球环境基金(GEF)项目 1 项、国家"863"项目 1 项、省级以下课题 5 项。主持西南财经大学校管课题 3 项,2009 年获西南财经大学"211 工程"三期青年教师成长项目立项。著作论文方面,担任副主编出版《中国湿地专题报告》和 National Action Plan of China on Wetlands 等两部著作;以第一作者在《经济日报理论版》《生态经济》《农村经济》《环境与可持续发展》《应用生态学报》《生态学杂志》《海洋环境科学》《生态科学》《湿地科学等》环境类、经济学类核心期刊发表论文20多篇。

张乃文（1977— ），女，四川成都人，经济学硕士，副教授。主要研究领域为理论经济学，货币金融理论。现任四川师范大学经济与管理学院教师，在《价格理论与实践》《农业经济》《理论导刊》《改革与战略》等CSSCI及核心期刊上发表学术论文数篇；参编专著1部，主研、主持四川省哲学社科项目、四川省教育厅重点项目等省部、厅、校级科研课题多项，其中主研《四川省产业组织结构与企业竞争力》获四川省第十三届哲学社会科学优秀科研成果奖二等奖及四川省教育厅第七届人文社会科学研究成果三等奖。

杨慧玲（1977— ），女。陕西师范大学哲学本科；陕西师范大学政治经济学院经济学硕士；1999年进入西南财经大学经济学院任教；2008年在西南财经大学获经济学博士学位。专注于货币、信用及金融的政治经济学研究，主要研究成果："马克思主义金融不稳定性理论研究"，2016年国家社会科学基金规划项目（主持研究）；《国际垄断资本的全球扩张与中国国有企业改革》，《当代经济研究》2015年第7期；《中国市场化的历史与现实逻辑——全球化的视角》，《海派经济学》2015年第1期；中国经济与世界分工体系的冲突——中国社会主义市场经济模式创新研究（主持课题），2012年教育部人文社会科学研究规划项目；《反思与创新：转型期中国政治经济学发展研究》，经济科学出版社2008年版。2009年荣获四川省第十三次哲学社会科学三等奖。

彭亮（1977— ），重庆市人，博士（后），四川师范大学经济与管理学院经济学副教授，硕士研究生导师，获得省哲学社会科学优秀成果一等奖一次（排名第五），省哲学社会科学优秀成果三等奖一次（排名第一），研究成果《三次产业互动研究》获全省经委系统优秀调研课题一等奖一次（排名第一）；主持国家社科基金重大招标课题子项目、四川省哲社规划项目、科技部重点调研课题子项目、四川省经济委员会重点调研课题等多项省内外研究课题；出版了著作3部，分别为《产业互动论》（四川大学出版社2012年版）、《严守耕地保护的激励机制研究——基于四川省改革实践的思考》（人民出版社2013年版）和《市场营销管理与产业发展》（四川师范大学出版社2012年版）；发表论文17篇，其中北大核心期刊9篇，CSSCI检索期刊6篇。

四 2000 年以来培养的理论经济学工作者（2000 年至今）

李涵，2006 年于美国休斯敦大学获得经济学博士学位，历任西南财经大学经济学教授，博士生导师，经济与管理研究院院长，入选教育部新世纪优秀人才支持计划以及四川省学术与技术带头人。政协四川省第十二届委员会委员，政协成都市温江区第十四届委员会委员、四川省欧美同学会建言献策委员会常务副主任、温江区党外知识分子联谊会会长、西南财经大学党外知识分子联谊会会长、2012—2013 中国留美经济学会副会长。长期从事产业经济学、区域经济学、发展经济学的研究工作。主持两项国家自然科学基金课题，在国内外高水平经济学刊物上发表论文十余篇，政策研究报告获得省部级领导批示。科研成果先后荣获刘诗白优秀科研成果奖、第九届四川省教育厅哲学社会科学科研成果奖、两度获得西南财经大学年度优秀科研成果奖、两度获得西南财经大学优秀教师称号。

罗航（1976— ），男，教授，西华大学经济学院院长。新加坡南洋理工大学应用经济学博士、武汉大学理论经济学博士后。2009 年在武汉大学获得正高级（教授）专业技术职务任职资格。同时兼任英国利物浦大学工商管理博士课程特聘教授、博士生导师，国际匿名评审学术期刊 Journal of Financial Risk Management 主编和多个国际匿名评审学术期刊编委，并担任多个国内外期刊的审稿人。研究方向为公司金融、银行与金融机构、国际金融、金融风险管理、金融经济学和国际宏观经济学。学术成果为曾在 Economic Modelling，Applied Economics Letters，Applied Financial Economics，Journal of Chinese Political Science，Journal of Developing Areas 以及《光明日报》（理论版）、《金融时报》（理论周刊）等期刊和国际重点学术会议发表论文 60 余篇，其中多篇论文被 SSCI、ESCI 和 CSSCI 全文检索，出版中文学术专著和英文学术专著各 1 部。

袁正（1975— ），湖南人。1993 年入读湖南师范大学物理系获理学学士学位；2001 年入读华南师范大学经济与管理学院获经济学硕士学位；2004 年入读中国人民大学经济学院，2007 年获经济学博士学位后，应聘西南财大经济学院任教。2016 年 3 月至 2017 年 3 月赴加拿大萨斯喀彻温大学经济系做访问学者。著有专著《经济转型与信任危机治理》《微观经济学习题集》。在《中国工业经济》《保险研究》《财经科学》《当代财经》《中国经济问题》等期刊发表论文 30 多篇。主持课题多项，包括国家社科基金后期资助项目（18FJL022）"国民幸福感研究"、国家社科基金一般项目（14BJL022）："信息与法律双重局限下的市场交易治理研究"、教育部人文社会科学研究规划基金项目（12YJA790179）："法律、声誉与信任重建：我国转型期诚信危机治理研究"等。是四川省学术与技术带头人后备人选，光华百人计划人选，中国经济发展研究会理事。历任西南财经大学经济学院西方经济学研究所所长。

盖凯程（1978— ），男，山东莱阳人。西南财经大学经济学院教授，博士生导师。西南财经大学政治经济学专业博士学位，2008 年进入西南财经大学经济学院任教，2011 年晋升副教授，2014 年晋升教授。研究领域：《资本论》与社会主义市场经济理论、经济学方法论、土地市场理论与实践。主持中央高校专项资金年度培育项目、211 青年教师成长项目、决策咨询应急项目、后期资助项目及其他课题等多项。现已在 A 级核心期刊：《马克思主义研究》（独立）、《经济学动态》（独立）、《经济研究》（合作）以及 B1 级核心期刊：《经济学家》（独立）、《中国经济问题》（独立）等刊物公开发表论文多篇。已公开出版学术专著 1 部（独著），参著著作 1 部（主著：刘灿），公开出版《当代马克思主义经济学研究报告（2010—2013）》1 部（主编：刘灿；副主编：李萍，盖凯程），参编辅导教材 1 部。论文曾被人大复印资料《理论经济学》全文转载；成果曾获中国国际共产主义运动史学会 2009 年年会优秀论文一等奖、2010 年四川省经济学会社会科学研究成果二等奖等。

毛中根（1975— ），西南财经大学经济学博士、博士后，教授、博士生导师，现任中国西部经济研究中心主任。农工党中央经济金融专委会委员、西南财经大学支部主委，政协四川省第十二届委员会委员。入选了教育部"新世纪优秀人才支持计划"，系四川省学术和技术带头人、四川省教育厅创新团队负责人。主持完成国家社会科学基金重大项目、国家自然科学基金面上项目、四川省统计局重大项目等课题。在《统计研究》《数量经济技术经济研究》《金融研究》《经济学动态》等刊物发表论文多篇，部分论文被《新华文摘》《中国社会科学文摘》《人大复印报刊资料》转载和复印，部分观点被《中国经济学年鉴》收录。研究报告获《教育部简报（高校智库专刊）》《人民日报》《光明日报》《中国社会科学报》等刊登，部分成果获国家领导人批示。研究成果入选国家哲学社会科学成果文库，研究成果获商务部商务发展研究成果一等奖、教育部高等学校科学研究优秀成果（人文社会科学）三等奖、四川省社会科学优秀成果二等奖等。

周铭山（1976—　），1998年毕业于桂林理工大学资源与环境工程系。1999年入读西南财大保险会计硕士研究生，2010年获北京大学光华管理学院金融学博士学位。历任西南财大金融学院教授、副院长、学校科研处长。主讲公司金融、货币金融学、实证金融、金融经济学等。主要研究方向为公司金融、资本市场等。发表在《金融研究》《金融学季刊》等杂志的论文数十篇。做为主研参与国家自然科学基金课题四项，教育部课题2项。荣获北京大学五四奖学金。

刘金石（1978—　），江西会昌人，经济学博士，副教授、硕士生导师。四川省经济学会理事，西南财经大学人文（通识）学院副院长。1995年9月至1999年7月南昌大学经济系经济学学士；2001年9月至2004年7月暨南大学经济学系国民经济学硕士；2004年9月至2007年7月西南财经大学经济学院政治经济学博士。研究领域为政治经济学理论与实践研究。主要研究成果：在《经济学动态》《财经科学》《财贸经济》《经济理论与经济管理》等期刊发表多篇论文；负责并参与多年《中国绿色发展指数年度报告》的编写；完成包括"激活四川省民间投资研究"等多项政府委托项目及研究报告；主持或参与研究项目多项，包括教育部社科青年项目一项（13YJC790093）等。获得科研奖励多项，包括西南财经大学刘诗白奖励基金2012—2013年度优秀科研成果二等奖、教育部第六届高等学校科学研究优秀成果奖（人文社会科学）二等奖、第六届四川省中青年专家学术大会学术论文三等奖。

王彬彬（1978—　），浙江杭州人，经济学博士，教授，四川省有突出贡献的优秀专家（2018年），四川省学术和技术带头人后备人选

(2014年），四川大学社科青年杰出人才，四川省科技青年联合会社会科学分会理事，四川省社会科学院资源与环境研究中心特邀研究员。在《马克思主义研究》《政治学研究》《经济学动态》《四川大学学报》（哲学社会科学版）以及 World Review of Political Economy 等学术刊物发表论文30余篇，其中CSSCI论文20余篇；独立出版学术专著2部，参著、参编学术著作10余部；8篇研究报告获国家领导人和四川省主要领导批示，3篇研究报告入选省级成果专报；主持各类科研项目20余项，其中国家社会科学基金项目2项、国家社会科学重大项目子课题1项、省部级项目多项；合著的著作入选国家哲学社会科学成果文库，获得四川省社会科学优秀成果一等奖1次、三等奖2次，四川省教学成果二等奖1次；学术成果被英国金融时报（FT）报道和总编专题评论，并被翻译成多种文字传播。

王雪苓（1978— ），云南丽江人。经济学博士，副教授。1996年、1999年分别获经济学学士、硕士学位；2002年在西南财经大学经济学院获经济学博士学位，留校任教至今；2009年在美国A&M University农经系做访问学者。研究领域主要为货币经济理论、中国经济学、政治经济学以及技术经济学。在《当代财经》《财经科学》等学术刊物公开发表论文20余篇，独立专著1部，部分论文多次被他引或被人大复印报刊资料及网络转载，参编教材若干部、合著多部，作为主研人员完成国家级课题2项以及省部级课题、学校"211工程"项目多项，获得四川省哲学社会科学优秀成果一、二、三等奖各1项。2006年获"西南财经大学优秀教师"称号。曾多次参加云南及四川省政府有关部门组织的企业咨询和教学科研活动。

喻开志（1978— ），四川成都人。2000年7月毕业于西南大学数学与统计学院数学教育专业；2003年7月，获重庆师范大学数学学院概率论专业理学硕士学位；2004年9月至2005年1月到复旦大学统计系做访问学者；2011年6月获西南财经大学统计学院数量经济专业经济学博士学位；2011年9月至2012年8月，到Department of Statistics, University of Michigan (USA) 做访问学者。研究方向：实证金融、应用微观计量、金融时间序列分析、非参数计量、计量经济学、消费经济学等领域的研究工作。先后主持国家自然基金青年项目1项、教育部人文社科基金1项、国家统计局课题1项、国务院第三次全国经济普查课题1项、四川省社科课题1项、四川省统计局课题2项、校级课题6项，参与多项国家自然基金、国家社科基金、四川省社科基金课题；先后在《经济研究》《统计研究》《数理统计与管理》《经济学（季刊）》《消费经济》《经济评论》《财经科学》以及 Mathematical Problems in Engineering，Journal of Applied Mathematics，Abstract and Applied Analysis，Dynamics of Continuous，Discrete and Impulsive Systems（Series B），Applied Stochastic Models in Business and Industry，Journal of Inequalities and Applications 等国内权威核心期刊和SCI期刊上发表论文20余篇，其中2篇论文被人大复印报刊资料全文转载。其中《消费不平等的度量、出生组分解和形成机制——兼与收入不平等比较》获四川省第十六次社会科学优秀成果二等奖和西南财经大学2013年度优秀科研成果奖。

贾男（1980— ），经济学博士，历任西南财经大学经济学院、四川大学经济学院教授、博士生导师，中国家庭金融调查（China Household Finance Survey，CHFS）与研究中心副主任，美国 Texas A&M University 访问学者。主要研究方向为应用微观、劳动经济学、家庭金融、健康经济学。1998年入读四川大学经济学院，2007年获四川大学经济学院博士学位。2011—2012年到美国得克萨斯A&M大学做访问学者。主持国家自然科学基金青年项目，2013年"大宗消费对中国家庭储蓄率的影响——基于跨期动态优化模型的结构估计和政策模拟"（71303189）。主持教育部人文社会科学研究青年基金项目，2013，"中国家庭财富的代际转移与代间转移研究"（13YJC790056）。主持教育部人文社会科学研究青年基金项目，2009，"生产函数视角下地区差距扩大的动因及政策选择"（09XJC79001），已于2013年1月结项。主持四川省哲学社会科学"十二五"规划2013年度课题，2013年"四川省影子银行体系的风险与防范机制研究"（SC13JR10）。主持中国人民大学"中国教育追踪研究"子课题，2013年，"四川省初等教育追踪调查"。主持西南财经大学"211工程"三期青年教师成长项目"生产函数视角下地区差距扩大的动因及政策选择"。主要参加者，西南财经大学重大研究项目"中国家庭金融调查"。主要参加者，教育部人文社会科学研究青年基金项目，2008年，"货币政策动态优化与调整"（08JC790082），已结项。与甘犁、尹志超、贾男、徐舒、马双合作出版《中国家庭金融调查报告2012》，西南财大出版社2012年版；Li Gan, Zhichao Yin, Nan Jia, Shu Xu, Shuang Ma, Lu Zheng, "Data you need to know about China", Springer Press；《经济研究》《经济学季刊》等期刊匿名审稿人；获四川省经济学会"社会科学研究成果二等奖"；四川省第十二次哲学社会科学优秀成果三等奖。

丁亚（1977— ），电子科技大学管理与经济学院副教授。中国人民大学，学士，经济学，1999年7月；Kansas State University, Manhattan, Kansas, 博士，农业经济学，2005年5月。研究方向：农村社会经济发展，主观福利与公共政策研究，可持续农业技术。在 Journal of International Development, American Journal of Agricultural Economics, Journal of Agribusiness in Developing and Emerging Economies, Journal of Agricultural and Applied Economics, American Journal of Agricultural Economics 等外文期刊发表多篇论文。近期项目：2015—2017年"保护性耕作技术的采纳决策、影响因素和激励机制研究"（71403039），国家自然科学基金。2013—2015年"可持续农业技术的采用和激励机制研究"（2013018512000），教育部"高等学校博士学科点专项科研基金"新教师基金。2013—2015年"区域农产品供给的价格反应、影响因素、及相关政策分析"，教育部留学回国人员科研启动基金资助项目。学术服务：2013年至今"Water Resources Management"审稿人。

陈师（1981— ），男，籍贯湖北，经济学博士，现为西南财经大学经济学院教授。1999年考入西南财经大学经济学院经济学专业，2004年攻读政治经济学硕士，2006年提前攻读博士学位并于2009年获经济学博士学位。2009年9月留校任教于西南财经大学经济学院，2011年起任副教授，2016年起任教授。2014年春季学期赴淡江大学国际企业学系访问。主要研究方向为银行厂商理论、货币政策评价与设计、新开放经济宏观经济学及经济波动。近年来在国内外学术期刊发表论文多篇，主持主研国家及省部级等课题多项，包括国家自然科学基金青年项目"银行部门及银行信贷在宏观审慎政策中的作用研究"（71603217）、教育部人文社科基金青年项目"中国的最优财政与货币政策：基于新凯恩斯主义经济学框架的理论与实证研究"（11YJC790016）等。

吕朝凤（1981— ），云南大学经济学院经济学硕士、厦门大学经济学院国际经济与贸易系经济学博士。研究领域为国际经济增长与周期、中国经济转型。在《经济研究》《管理世界》《数量经济技术经济研究》《经济管理与经济研究》《经济科学》等期刊发表论文多篇，主要研究成果有《金融危机的外部冲击对东南亚国家产出的中期影响：基于日本、美国金融危机冲击的研究》《中国潜在产出的估计和自然率假说的检验》《东南亚国家产出波动的同周期性研究：基于 1980—2008 年数据的分析》《G20 产出波动的同周期性研究：G20 宏观经济政策协调的可行性及效果分析》《中国经济周期福利成本的边际分析》《中国居民消费的习惯形成：基于 1979—2008 年省域面板数据的实证研究》等。

刘璐（1981— ），男，四川成都人。1999 年 9 月至 2003 年 7 月，西南财经大学，国家经济学基础人才培养基地，学士；2003 年 9 月至 2006 年 7 月，西南财经大学，区域经济学，硕士；2006 年 8 月至 2010 年 7 月，犹他州立大学，经济学，博士；2010 年 9 月以来在西南财经大学经济学院西方经济研究所从事教学和研究工作。研究领域：宏观经济问题、房地产、城市和区域经济问题，以及环境和资源经济的各种应用经济问题。主要科研成果：以第一作者或独立作者在 North American Journal of Economics and Finance，Emerging Markets Finance and Trade，Canadian Journal of Agricultural Economics 以及《中国人口·资源与环境（英文版）》等刊物发表多篇论文；以独立作者出版包括《一本书看懂中国楼市》《中国楼市看点：典型事件解析（2017—2018）》《楼市与爱情》3 本著作；主持并参与多项课题。担任《管理科学学报》和 Urban studies 等国内外知名学术期刊的匿名审稿人。

邹红（1982— ），湖南人，女，西南财经大学经济学院教授、博士生导师。2006 年湖南师范大学本科、硕士学位；2009 年西南财经大学博士学位；2020 年 8 月至 2013 年 8 月 University of Michigan（Ann Arbor，USA）访问学者。四川省居民消费研究中心研究员，美国密歇根大学访问学者。主要研究方向为劳动与人口经济学、消费经济学、应用微观计量经济学、金融经济学。在《经济研究》《经济学》（季刊）以及 Abstract and Applied Analysis，Journal of Applied Mathematics 等国内外期刊上发表论文 40 余篇；主持国家社科基金重大项目 1 项、国家自然基金1项、国家社科基金青年项目1项、教育部人文社科基金2项、四川省社科基金2项、其他课题20多项，参与国家社科基金重大项目2项；出版专著2部。获四川省第十七次社会科学优秀成果二等奖、四川省第十六次社会科学优秀成果二等奖、首届"唐立新"优秀科研教师奖、刘诗白奖励基金2012—2013年度优秀科研成果二等奖，刘诗白奖励基金2014—2015年度优秀科研成果二等奖，获2010年、2011年、2013年度西南财经大学优秀科研成果奖。

徐雷（1982— ），男。西华大学经济学院副教授，硕士生导师，商务管理系主任。电子科技大学通信与信息工程学院工学学士、硕士，四川大学商学院管理学博士。国际管理科学与工程管理学会会员，中国系统工程学会会员，IEEE Member。科研方面现主要围绕应用经济、管理科学，以及复杂系统工程开展跨学科综合研究与实践工作。已主持国家自然科学基金、中国博士后科学基金、四川省哲社重点基地项目等多项纵向课题。曾主研国家社科基金重大招标项目、国家自然科学基金重点项目、国家科技部和教育部等多项重点科研课题，并多次参与各级地方政府规划及企业运营管理项目。已发表学术论文30余篇，其中SCI检索论文18篇，EI检索论文6篇，获四川省社会科学优秀成果一等奖1项。

谢洪燕（1983— ），女，贵州大方人。1999年9月至2003年7月西南财经大学经济学学士本科；2003年9月至2005年7月西南财经大学经济学院经济学硕士研究生；2005年9月至2008年7月西南财经大学经济学院经济学博士研究生；现为西南财经大学经济学院副教授，主要研究方向为世界经济、国际金融、微型金融。近年来在《世界经济研究》《宏观经济研究》《国际贸易问题》《农村经济》等刊物发表论文10余篇；主持校管课题1项；参与国家社会科学基金项目1项、教育部人文社会科学研究项目1项、四川省社会科学规划项目1项等；参编专著2部。其中，《经济全球化条件下的国际货币体系改革——基于区域国际货币合作视角的研究》（专著）获四川省第十五次社会科学优秀成果奖三等奖；《经济全球化条件下的中国国际收支失衡及其应对研究》（专著）获四川省第十六次社会科学优秀成果奖三等奖。

杨少垒（1983— ），四川营山人，经济学博士，副教授。研究方向为政治经济学、"三农"问题。近年来，在国内外学术期刊公开发表论文30余篇，其中CSSCI收录10余篇，英文文章4篇，《新华文摘》及人大复印报刊资料全文转载4篇；合作撰写著作及教参6部；主持国家社科基金项目1项、省部级项目2项、各种市级、校级和横向项目6项；主研国家社科基金项目、省部级项目以及其他市级和横向项目10余项；获四川省社会科学优秀成果一等奖1项、二等奖1项，获教育部第六届高等学校科学研究优秀成果（人文社会科学）三等奖1项。

韩文龙（1984— ），甘肃张掖人。2009—2014年西南财经大学经济学院硕博连读；2013—2014年University of Massachusetts Amherst联合培养博士生（国家公派）；2017年2月至今，中国人民大学经济学院理论经济学博士后流转站博士后（在读）。现任西南财经大学经济学院副教授，硕士生导师，研究方向为收入分配、农村土地问题和马克思主义经济学等。科研成果：近年来在《中国社会科学内部文稿》《经济学动态》《政治经济学评论》《财经科学》《经济评论》等杂志上发表论文40多篇，1篇论文被《新华文摘》全文转载，8篇论文被人大复印报刊资料复印转载，主持国家社科基金青年项目1项，主研国家社科基金重大和一般项目多项。参编著作多部，包括《资本积累、信用扩张与资本主义经济危机》《高级政治经济学》《中国大百科全书》等。社会兼职与匿名审稿工作有当代中国马克思主义政治经济学创新智库理事；全国马克思主义经济学青年论坛理事；从事《经济评论》等杂志的匿名审稿。

李标（1984— ），男，安徽濉溪人，经济学博士，现为西南财经大学经济学院讲师，硕士研究生导师。2003年考入湖北师范大学数学与统计学院应用数学专业，2008年于西南财经大学经济学院攻读西方经济学硕士，2011年于西南财经大学经济学院攻读区域经济学博士。2014—2016年于西南财经大学理论经济学博士后流动站政治经济学专业从事研究与教学工作，2016年9月任教于西南财经大学经济学院。近期主要从事马克思主义经济学理论及应用、区域经济理论及实践、城镇化与可持续发展研究。在《财经科学》《中国人口·资源与环境》《经济学动态》《当代经济研究》等期刊发表论文多篇；著有专著《中国集约型城镇化的理论与实证》1部；负责课题多项，包括中央高校基本科研业务费专著出版与后期资助项目"中国集约型城镇化的理论与实证"等；四川省统计局重点项目"新常态下四川科技创新动力实现研究"等；国家社科基金"新形势下我国劳动力供给和就业问题实证研究"等。

马文武（1984— ），四川营山人，经济学博士，副教授，四川大学理论经济学博士后流动站博士后。研究方向为主要从事马克思主义中国化、中国特色社会主义政治经济学、发展经济学方面的研究。科研成果：国家社科基金"西南民族地区贫困户'脱贫摘帽'后可持续生计实现机制创新研究"、中央高校基本科研业务费专项资金资助项目"我国城镇化与城市贫困关系的理论与实证研究"、中央高校基本科研业务费专项资金资助项目"中国农村人力资本投资扶贫效应研究"、国家自然科学基金项目"社会资本视角下政府反贫困政策绩效管理的理论与实证研究"；主研各类横向课题多项。目前已在《中国人口·资源与环境》《南方经济》《财经科学》《中国经济问题》《人口与发展》《经济问题与探索》《兰州学刊》《河北经贸大学学报》《中国社会科学报》《经济日报》《经济纵横》《毛泽东邓小平理论研究》《当代经济研究》等期刊发表近30篇论文，出版专著1部。

杨浩（1984— ），四川什邡人，四川农业大学副教授。2003年9月至2007年6月，四川农业大学经济学系专业学习，获学士学位；2008年9月至2011年6月，山西财经大学农业经济管理专业学习，获硕士学位；2011年9月至2014年6月，中国人民大学可持续发展管理专业学习，获博士学位。研究方向为农村扶贫。科研项目有我国特殊类型贫困地区扶贫开发战略研究第三子课题，国家社科基金重大项目，2015年7月结题，主持；同步全面小康进程中四川精准脱贫研究第四子课题，四川省哲社重大委托项目，2015年12月结题，主持；四川精准扶贫机制创新研究，四川省哲学社会科学重点项目，2015年4月至2017年3月，在研，主持；四川森林碳汇扶贫路径选择及政策研究，四川省软科学研究项目，2015年8月至2017年8月，在研，主持；四川特殊类型地区精准扶贫机制创新研究，四川省教育厅重点项目，2015年7月至2017年10月，在研，主持；等等。公开出版的著作《气象灾害与中国农村反贫困研究》《城乡一体化中反贫困问题研究》。

张安全（1985— ），四川苍溪人，经济学博士。2009 年 9 月至 2011 年 7 月，西南财经大学，西方经济学，硕士；2011 年 9 月至 2014 年 7 月，西南财经大学，西方经济学，博士；2014 年 7 月至 2016 年 7 月，西南财经大学，国民经济学，博士后。研究领域为消费经济、房地产经济、实验与行为经济学。在《经济研究》《经济学》（季刊）《当代经济科学》《统计研究》《世界经济》《管理世界》等期刊上发表论文十余篇，参编著作有 Anquan Zhang, Pengfei Ni, "Report on Global Urban Competitiveness and Income Levels", In: Pengfei Ni, Peter Karl Kresl, *The Global Urban Competitiveness Report – 2013*, Cheltenham: Edward Elgar Publishing Ltd, 2015；倪鹏飞、张安全：《中国区域房地产业发展现状、问题与战略措施》（史丹、夏杰长《中国服务业发展报告 2013》，社会科学文献出版社 2013 年版）；董杨、张安全：《中国（西南地区）城市竞争力报告》（倪鹏飞《中国城市竞争力报告》，No. 13，社会科学文献出版社 2013 年版）。课题项目：项目负责人，中央高校基本科研业务费专项资金资助项目，"中国居民预防性储蓄的重要性（2012—2013）"，项目编号 JBK1207096，已结题。

周葵，女，副教授，博士生导师。1999 年 5 月至 2006 年 9 月于日本国立德岛大学大学院工学研究科环境工学专攻进行了从研究生预科到硕士、博士课程的系统学习，获环境工学硕士及博士学位。从事环境影响评价、设施选址（facility location）、环境与资源价值评估、人口、资源、环境与可持续发展的科研与教学工作。在中文、日文和英文期刊上发表论文近 30 篇，主持国家自然科学基金面上项目、教育部留学回国人员科研启动基金项目、教育部人文社会科学研究一般项目（青年基金项目）、四川省社科基金项目等课题多项。

陈晓玲，女，西南财经大学经济学院副教授。1996 年 9 月至 2000 年 7 月，西安交通大学，国际经济与贸易，学士；2000 年 9 月至 2003 年 7 月，西安交通大学，区域经济学，硕士；2003 年 9 月至 2007 年 11 月，西安交通大学，区域经济学，博士。研究领域为资源环境经济学和可持续发展，区域经济增长。主持"教育部人文社会科学青年基金项目"等课题项目；在《经济学》（季刊）、《数量经济技术经济研究》等期刊发表多篇学术论文；并担任《数量经济技术经济研究》审稿人。

代表作有《石油冲击对我国宏观经济的影响和货币政策的动态调整》《要素替代弹性、有偏技术进步对我国工业能源强度的影响》《资本—劳动替代弹性和地区经济增长——德拉格兰德维尔假说的检验》《中国地区比较优势动态变化的实证研究》等。

邱雁，2008 年毕业于中国农业大学，获博士学位（农业经济管理）；2002 年毕业于四川大学，获硕士学位（工商管理）；1988 年毕业于电子科技大学，获学士学位（通信）。研究方向为农业经济理论与政策、农产品国际贸易、期货市场。在《中国农村经济》《国际贸易问题》《财经科学》《农业技术经济》等杂志发表论文十余篇。参与撰写著作《我国粮食安全保障体系研究》。主持 2015 年度国家社科基金项目"农产品目标价格改革问题研究"；入选 2013 年度学校决策咨询与应急需求项目研究报告"关于完善我国农业补贴价格支持政策的建议"；主持学校 2012 年交叉与新兴学科项目"国家粮食安全与农民收入增长之间和谐关系构建研究"；主持 2009 年校级课题"农产品市场价格对农业生产农民增收作用研究——以粮食市场为例"；作为主研人员参与多项国家和教育部哲学社科基金项目。多次论文入选全国中青年农业经济学者年会并收入论文集。

张志英，1992—1995 年在四川省社会科学院攻读政治学硕士学位；2002 年考取四川大学博士研究生；2007—2008 年，作为第四批"西部之光"访问学者派往中国社科院农发所做学术访问 1 年；2008 年获四川大学经济学院博士学位。发表（完成）各种文章近 50 篇；主持、设计或参与完成的各级课题研究 10 余项，其中主持和参与国家社科基金课题合计 5 项，包括《发展农村专业合作经济组织研究——以西部农村专业合作经济组织实证研究为基础》《四川劳务输出产业化对策研究》等；参加（主研或调研）各地省级院所级的课题 6 项，包括安徽省级规划课题 1 项、中国社科院农发所级课题 1 项（调研）、四川省院所级课题 4 项；其他资金来源课题 1 项。出版（完成）专著 4 部：独立完成 1 部（待出版）；合作完成 3 部。获四川社科院优秀成果奖、四川农经学会二等奖等。

李雪莲（1978— ），女，河北唐山人。1995 年 9 月至 1999 年 7 月吉林大学管理学院学士；2003 年 9 月至 2006 年 7 月。四川大学金融系硕士；2006年9月至2009年12月四川大学经济学院博士；2008年8月至2009年8月University of Georgia（美国）经济系联合培养博士。现为西南财经大学教授、博士生导师，金融安全协同创新中心研究员，兼任中国世界经济学会理事，中国美国经济学会理事。研究领域为国际金融、国际经济运行、银行厂商理论、家庭金融、消费经济学。先后主持国家自然科学基金项目、省部级及地方政府课题多项。在《经济研究》等国内外权威学术期刊发表论文20余篇，著作两部。是《经济研究》《经济学季刊》以及 Emerging Markets Finance and Trade，International Review of Economics and Finance 等期刊的匿名审稿人。先后获得四川省第十六次、第十七次社科优秀成果三等奖、四川省宏观经济学会第十七次优秀成果一等奖等，2018年入选"四川省学术和科技带头人后备人选"和"光华百人计划"。

马双（1984— ），经济学博士、教授。长期致力于中国劳动经济问题研究，取得了显著的学术成果。2010年以来累计发表 Journal of International Economics 1篇，Journal of Empirical Finance 1篇，China Economic Review 1篇，The Energy Journal 1篇，《经济研究》7篇，《经济学（季刊）》6篇，《管理世界》2篇，《金融研究》2篇，《世界经济》1篇，出版合著2部，其中英文著作1部。主持国家社科基金项目1项，教育部青年项目1项。作为子课题负责人参与国家社科重大项目1项。2012年以来，累计获得"四川省哲学社会科学优秀成果奖"4项，"刘诗白经济学奖"1项，"教育部高等学校科学研究优秀成果奖"1项。2009年至今，作为核心成员参与中国家庭金融调查项目，并兼任首席研究员。作为主要贡献者参与并发布《中国家庭收入差距报告》、《中国城镇地区住房空置率报告》。2014年入选第十一批四川省学术和技术带头人后备人选，2017年入选第十三批四川省有突出贡献的优秀专家名单。

谭远发（1981— ），湖北恩施人，经济学博士，西南财经大学教授、博士生导师，美国德州农工大学访问学者。2010年留校任教至今，主要研究方向为：人口与劳动经济、人口老龄化与农村经济社会发展。截至2016年，在《管理世界》《经济学家》《宏观经济研究》《人口学刊》《社会科学研究》《青年研究》等核心期刊公开发表学术论文40余篇；其中，3篇论文先后被人大复印报刊资料全文转载。主持国家社科基金1项，作为主研人员参与国家社科和自科基金各2项；主持参与省部级和校院级课题9项，独立出版学术专著1部。6年来，先后荣获第十一届四川省教育厅哲学社会科学科研成果一等奖、四川省第六届中青年专家学术大会优秀论文二等奖、第六届中国人口科学优秀成果奖论文类三等奖、西南财经大学2014年和2015年度优秀科研成果奖。

谢小蓉（1981— ），女，主要研究领域为农村金融、粮食安全与农业经济。2001—2005年，中南财经政法大学工商管理学院学习，获管理学学士学位；2005—2010年，华南农业大学经济管理学院学习，获得管理学博士学位。2010年至今，西南财经大学中国西部经济研究中心任职。主持国家自然科学基金、教育部哲学社会科学研究、四川省哲学社会科学项目等多项课题，在国内核心学术刊物和CSSCI期刊发表论文20余篇。西南财经大学第六届教职工代表大会代表、第十五届工会委员会委员。2012年度获得西南财经大学优秀共产党员荣誉称号；2012年获评中国西部经济研究中心年度先进工作者；2013年度获评西南财经大学暑期三下乡社会实践优秀指导教师；2015年获评中国西部经济研究中心年度先进工作者；2016年度获评中国西部经济研究中心优秀共产党员。

徐舒，副教授。2001年9月至2005年7月在西南财经大学统计学院统计学就读本科，2006年9月至2010年12月在西南财经大学经济与管理研究院数量经济学硕博连读，2008年11月至2010年7月在香港岭南大学经济学系担任项目研究员与兼职讲师。研究方向主要是应用微观计量，劳动经济学，公共政策评估。在《经济研究》《管理世界》《经济学（季刊）》以及 *Journal of Econometrics* 等国内外顶级期刊发表多篇论文；承担多项课题，包括自然科学基金青年项目"经济政策对居民消费、资产选择及财富分配的影响"（71103145）等。2010年，加入甘犁教授创立的中国家庭金融调查（CHFS）。CHFS致力于通过科学的抽样，采用现代调查技术和调查管理手段，在全国范围内收集有关中国家庭金融微观层次的相关信息，如住房资产和金融财富、负债和信贷约束、收入、支出、社会保障和保险、代际支付转移、人口特征和就业、支付习惯等，并基于调查数据针对当前中国经济发展中的诸多热点问题进行分析研究，撰写研究报告，希望为政策制定者提供有力参考。同时为《经济研究》《经济学（季刊）》以及 Journal of Economic Growth, China Economic Review 等多本刊物提供匿名审稿服务。曾获 2012 年度刘诗白优秀科研成果二等奖。

赵劲松（1982— ），女，2003 年西南财经大学经济学学士；2006 年西南财经大学经济学硕士；2008—2009 年加州大学洛杉矶分校（UCLA）经济系及中国研究中心联合培养博士；2010 年南开大学经济研究所经济学博士。现任西南财经大学经济学院副教授/博士/硕士研究生导师。研究领域：经济史，金融史。主要研究成果有《法律还是政治变迁？》《近代中国投资者保护机制研究》《全球史研究视角下的长期经济增长》等。参与课题有国家社会科学基金研究项目，近代投资者保护机制研究（11XJL012），主持人。西南财经大学"青年教师成长项目"："合伙还是公司？来自近代企业组织形式的证据"，主持人。参编教材有《中国经济史》。相关译著有《经济情操论》，艾玛·罗斯柴尔德著，赵劲松、别曼译，社会科学文献出版社 2013 年版；《中国、东亚、全球经济》，滨下武志著，王玉茹、赵劲松译，社会科学文献出版社 2009 年版。

骆桢（1983— ），男，2002—2006 年四川大学经济学院经济学学士；2006—2011 年中国人民大学经济学院经济学博士（硕博连读）；现为四川大学副教授，研究领域：马克思经济学、后凯恩斯宏观经济学、非线性动力系统、技术创新与制度演化。学术论文有《劳资关系对经济增长可持续性的影响分析》《论置盐定理与马克思利润率下降理论的区别与互补》《利润率下降规律的条件——基于中国数据的检验》《有机构成提高导致利润率下降的条件及其背后的矛盾关系》等。主持项目有主持"2012 年四川大学青年教师科研启动基金"《利润率变动模式及其对宏观经济管理的启发》（2012SCU11）；主持"2013 年成都市科技局软科学项目"《成都市轨道交通产业发展研究》（13RKYB145ZF – 041）；主持"2014 年四川省科技厅软科学项目"《技术进步对四川省经济增长的作用及其影响因素》（2014ZR0010）；主持"2014 年国家社科基金青年项目"《马克思宏观经济学模型研究》（14CJL038）。

贺立龙（1981— ），男，山东泰安人，副教授。研究领域为政治经济学、微观经济学、宏观经济学、新制度经济学。先后在四川大学经济学院获得经济学学士（2004）、硕士（2007）、博士（2011）学位。现为四川大学经济学院副教授、硕士生导师、党的十九大精神宣讲团成员，四川大学企业研究中心执行主任、经济学院学科发展办公室主任。从上市公司视角研究金融服务实体经济、农户视角研究脱贫攻坚与乡村振兴、居民行为视角研究生态补偿与社会成本问题。主持国家社科基金青年项目"精准扶贫的瞄准机制与施策效率研究"（15CJL057）。在《管理世界》《经济评论》等 CSSCI 期刊发表第一作者论文 30 篇，有《企业社会成本问题研究》等专著。相继获得第十六次、第十七次四川省哲学社科成果三等奖（分别排名第二、第一），四川大学"五粮春"社科之星奖。2013—2014 年度四川大学优秀教师。

何石军，湖南永州人，经济学博士，现为西南财经大学经济学院讲师。2002—2006 年湘潭大学商学院，经济学学士；2006—2009 年湘潭大学商学院，经济学硕士；2011—2012 年美国耶鲁大学金融系，联合培养博士；2009—2013 年北京大学经济学院，经济学博士；2013—2015 年清华大学社科学院经济所，理论经济学博士后。研究领域为经济史、金融社会学、公司治理与合约理论，在《金融研究》《经济科学》等期刊发表多篇论文；撰写专著 2 本，包括《人民币国际化道路研究》《产业组织理论》；主持中国博士后科学基金面上项目"金融发展、养老选择与社会变迁"（一等，2014 年，已结项）。其中，论文《习俗与契约治理：清代山西土地典契定价的量化分析》，获首届"南都量化历史最佳论文奖"二等奖，2015 年。《结构扭曲与中国货币之谜——基于转型经济金融抑制的视角》，获 2011 年度《金融研究》优秀论文二等奖。获 2013 年度第三届北京大学"陈岱孙学术创新奖"。

李怡乐（1986— ），副教授，经济学博士。2004—2008 年复旦大学经济学学士；2008—2010 年中国人民大学经济学硕士；2010—2013 年中国人民大学经济学博士。2013 年 9 月以来在西南财经大学经济学院从事政治经济学教学和研究，对马克思主义经济学基础理论的发展与应用研究保持长期兴趣。近期在《当代经济研究》《政治经济学评论》《经济学家》等期刊发表多篇学术论文；承担多项科研项目，包括国家社科青年项目"马克思经济学视角下振兴中国实体经济的资本积累结构研究"（17CJL002）；国家社科基金青年项目"马克思宏观经济学模型研究"（14CJL038）；中国特色社会主义经济建设协同创新中心课题"国外马克思主义经济学研究评析及借鉴"等。

杨帆，西南财经大学中国西部经济研究中心副教授。2006年获成都理工大学工学学士和电子科技大学管理学学士（辅修）学位，2009年和2013年分别获西南财经大学经济学硕士和经济学博士学位，美国纽约州立大学奥尔巴尼分校社会学系访问学者（2012年8月至2013年8月）。近年来主持国家社科基金青年项目1项，作为主要研究人员参与国家社科基金重大项目子课题、国家社科基金重点项目、国家自然科学基金项目各1项和省级哲学社会科学研究项目3项；出版学术专著1部，参编学术著作2部，公开发表论文数篇；主持或参研各类横向委托课题20余项。研究领域涉及家庭与社会变迁、西藏人口发展、城市化、人口、资源与环境问题。

左世翔（1983—   ），西华大学经济学院副教授。2013年毕业于西南财经大学国际商务专业，获管理学博士学位。研究方向为中小企业国际化。学术成果：《新经济社会学视角的中小企业国际化研究综述》，《国际商务》，《对外经济贸易大学学报》2013年第6期；《新经济社会学视角的中小企业国际化绩效研究》，《上海财经大学学报》2013年第6期；《社会网络、核心能力与中小企业国际竞争优势资源找寻》，《改革》2013年第2期。教学工作有承担国际贸易实务、国际商务、国际税收、国际商务谈判、旅游经济学、中国经济史、客户关系管理、信托投资学等课程的教学。

伍骏骞（1986—   ），2005年9月至2009年6月南京农业大学农林经济管理专业本科；2009年9月至2010年6月浙江大学农业经济管理专业硕博连读硕士阶段；2012年12月至2013年8月加州大学戴维斯分校访问学者；2010年9月至2014年6月浙江大学管理学院农业经济管理专业硕博连读博士阶段。研究方向为经济集聚、农民增收、农村反贫困。在《经济学季刊》《中国农村经济》《中国人口·资源·环境》《农业技术经济》《经济理论与经济管理》等期刊发表论文多篇；主持1项国家自然科学基金"空间计量经济学视角下产业集群对农村减贫作用的研究"、1项四川省教育厅科研项目"经济集聚、经济距离与农民增收"等。其中，《农村城镇化进程中经济较发达地区农民迁移意愿影响因素分析》获得2014年钱学森城市学金奖提名奖，《经济集聚、经济距离与农民增收》获得2017年西南财经大学优秀科研成果奖。

祝梓翔（1985—　），博士，2004年9月至2008年6月四川大学经济学院国际经济与贸易专业（本科）；2008年9月至2009年10月德国不来梅应用科技大学欧洲经济研究专业（硕士）；2010年9月至2014年6月四川大学经济学院宏观经济学专业（博士）。研究方向为经济周期波动/经济不确定性。主持或参与科研项目：四川省统计科学研究计划项目重点项目，项目名称：四川省宏观季度数据重构（2016sc18），主持。教育部人文社科青年项目，项目名称："大政府"能确保宏观经济平稳吗？——理论和实证分析（16YJC790158），主持。国家自然科学基金一般项目，项目名称：新兴市场经济周期与波动的特征及启示（71473169），主研，主持人：邓翔。国家自然科学基金一般项目，项目名称：中国的人口、人口转变和经济增长（71673194），主研，主持人：邓翔。国家自然科学基金一般项目，项目名称：结构宏观经济模型的估计与评价——基于新后验模拟方法（71473168），主研。

李梦凡（1987—　），西南财经大学经济学院讲师，经济学博士，硕士研究生导师。2005—2009年西南民族大学经济学本科生；2009—2012年西南财经大学经济学硕士生；2012—2015年西南财经大学经济学博士生；2014—2015年美国麻省大学（UMass）访问学者。研究领域为收入分配、世界体系。主要科研论文：王朝明、李梦凡：《极化效应下我国中等收入者群体的发展问题》，《数量经济技术经济研究》2013年第6期；韩文龙、李梦凡、谢璐：《"中等收入陷阱"：基于国际经验数据的描述与测度》，《中国人口·资源与环境》2015年第11期；李梦凡、谢璐、韩文龙：《弗里曼-克莱曼问题探索——基于里昂惕夫投入产出模型的分析》，《当代经济研究》2017年第2期；李梦凡、韩绿艺：《经济新常态下我国面临中等收入陷阱风险的再思考》，《改革与战略》2016年第10期。

李亚伟（1986—　），副教授，经济学博士，中国人民大学经济学院2011—2015年联合培养博士研究生，Pace University（USA）。研究领域为政治经济学、后凯恩斯主义经济学、演化经济学。学术论文有《利润率平均化：量度模型与经验考察》（《当代经济研究》2018 年第 8 期）、《利润率趋向下降规律新一轮争论的数理与经验考察》（《海派经济学》2018 年第 1 期，人大复印报刊资料《理论经济学》2018 年第 8 期全文转载）、《如何在经验研究中界定利润率》（《中国人民大学学报》2015 年第 6 期，人大复印报刊资料《理论经济学》2016 年第 2 期全文转载）等。科研项目：主持国家社科基金青年项目"马克思主义视域下中国实体经济与虚拟经济的利润率比较研究"（16CJL002）。

刘定，湖南衡阳人，经济学博士，西南财经大学经济学院副教授、博士生导师。2004—2008 年四川大学，理学学士；2008—2011 年重庆大学，经济与工商管理学院，硕博连读（金融风险管理，技术经济及管理）；2011—2015 年英国格拉斯哥大学，亚当·斯密商学院，经济学博士。2015 年 11 月入职西南财经大学经济学院。*Journal of Macroeconomics*, *Journal of Economic Dynamics and Control* 等期刊的匿名审稿人，香港研究资助局（RGC）外审。英国皇家经济学会、欧洲经济学会和世界计量经济学学会会员。研究领域为货币与宏观经济学，数量经济学，金融经济学，计算经济学。主要研究成果有 *The Inflation Bias under Calvo and Rotemberg Pricing*，*Optimal Time-Consistent Monetary*，*Fiscal and Debt Maturity Policy*，*Search Models of Money*：*Recent Advances* 以及《中国货币政策和财政政策相互作用的结构估计》等。荣誉和奖励有 Adam Smith Business School Prize for PhD excellence 2016（格拉斯哥大学亚当·斯密商学院 2016 年度最佳博士论文奖）；Joint PhD Scholarship from University of Glasgow and China Scholarship Council（CSC），2011 – 2015，Excellent Postgraduate，Chongqing University，China，2009.

余锦生，江西景德镇人，经济学博士，现为西南财经大学经济学院讲师。2005—2009 年中山大学工学院学士；2007—2010 年中山大学管理学院学士；2010—2015 年上海财经大学经济学院博士。研究领域为市场机制设计、微观经济理论。主要研究成果为 "A New Perspective on Kesten's School Choice with Consent Idea"，with Qianfeng Tang，2014，*Journal of Economic Theory*，154（2014），543 – 561。

马清（1986—　），西南财经大学管理学学士 2005 年 9 月至 2009 年 6 月；香港科技大学（The Hong Kong University of Science and Technology）经济学硕士 2009 年 9 月至 2010 年 6 月，经济学博士 2011 年 9 月至 2016 年 6 月；波士顿学院（Boston College）卡罗尔管理学院（Carroll School of Management）访问学者 2015 年 1 月至 2015 年 6 月。研究兴趣为公司金融（公司重组、公司治理、公司创新），组织理论，共享经济理论。代表作有《政府优化共享经济平台的福利经济分析——基于一般均衡理论的视角》以及 A Unified Theory of Forward-and Backward-Looking M & As and Divestitures，Divestment Options under Tacit and Incomplete Information 等。科研项目有成都市哲学社会科学规划项目"成都市共享单车投放总量的理论研究与测算分析"、西南财经大学"中央高校基本科研业务费专项资金"青年教师成长项目"共享单车城市投放总量的理论研究与测算分析"等。

古冰（1974— ），成都理工大学商学院副教授，经济学博士学位。毕业于四川大学经济学院，获经济学博士学位。研究方向为环境经济学、产业经济学、区域经济学等。研究项目包括主持及作为主研人员承担了四川省哲学社会科学重点研究基地文化产业研究中心项目、四川省哲学社会科学"十二五"规划项目、四川省科技厅软科学计划项目、四川省教育厅人文社会科学重点研究基地四川循环经济研究中心项目等多项课题的研究。主要发表的期刊论文：近年来出版专著 1 部，先后在 CSSCI 来源期刊、北大核心期刊等发表学术论文 10 余篇，3 篇被 CSSCI 收录。

何旭东，四川大学经济学院副教授。主要担任本科《政治经济学》《国际经济学》及硕士《资本论》《宏观经济理论及政策研究》教学。参与经济学国家特色专业项目、四川省社科基金《四川省国有大中型企业经营机制转换》、教育部专项项目"制度创新与高新技术产业发展研究"、四川省"政治经济学"精品课程等项目。在《当代经济研究》《经济问题探索》《经营与管理》《当代中国经济问题探索》《四川财政》等期刊论文上发表论文。

贾晋（1980— ），西南财经大学产业经济学博士，研究员，博士生导师。曾被省委组织部选派挂职崇州市发展和改革局党组成员、副局长，富浩粮油购销有限责任公司董事长、法人代表；四川省村社发展促进会监事长，粟者智库高级研究员。获 2014 年四川省哲学社会科学优秀成果奖二等奖，四川省科协 2012 年优秀中青年专家大会优秀奖；在《管理世界》《中国农村经济》《光明日报》《经济学动态》《中国软科学》等核心期刊发表论文 50 余篇，独立及联合出版《农业供给侧结构性改革》等专著 3 本，主持和主研国家社科基金项目、教育部重大科研项目等多项国家课题。先后为多个地市编制主体功能区发展规划、"十三五"发展规划，为多家农业企业提供发展战略及管理咨询服务。长期为地方政府和金融机构提供智力服务，担任多个县市和金融机构的经济发展顾问。

李中锋，经济学博士，教授，国家民委表彰的"民族问题研究优秀中青年专家"，省学术带头人后备人选。长期从事中国西部民族地区经济社会发展的研究，对西部地区人口、资源与环境问题及经济社会发展有着深刻的理解。主持或参与研究了国家社科基金、国家自然科学基金及教育部社科项目等多项课题。在 CSSCI 以上期刊发表学术论文多篇。撰写的调研报告曾得到国家领导同志批示，参与撰写的多篇调研报告受到有关部委的认可。主持或参与的省部级以上课题：国家社会科学基金项目"参与式援藏与西藏农牧民自我发展能力提升研究"；教育部人文社会科学项目"西藏共享型发展方式研究"；四川省软科学项目："四川民族地区农村牧区民生科技发展对策研究"；四川省哲学社会科学项目："四川牧民定居工程与彝区三房改造效益评估研究"；国家社科基金项目"农地流转风险中的农民权益保障研究"等。

刘磊，教授，管理学硕士。研究方向为宏观经济学。期刊论文代表作有《中国当代服务外包业的发展轨迹与经济学探讨》《用一种新模型对宏观经济的讨论》；出版书籍有《7556 下的管理沉思》（企业管理出版社）、《自由求索的足迹》（西南财经大学出版社）、《高校协同创新机制与人才培养模式研究》（清华大学出版社）。社会兼职及荣誉：电子科技大学经济与管理学院教授，核心通识课《经济学概论》首席教授，高层管理培训中心学术主任。独立经济管理顾问，兼任民进中央经济委员会委员、民进四川省委经济委员会主任、北京大学四川校友会监事长，民进电子科大总支副主委等社会职务。超过 20 年的管理顾问经历，曾任国内外多家知名企业、上市公司顾问、独立董事。

刘渝阳（1974—　），男，研究生学历，西南财经大学经济学博士，副研究员，任职于四川省社会科学院经济研究所"新型城镇化与城市经济"研究室主任，兼四川省社科院自由贸易区发展研究中心秘书长。近年来主要研究方向为开放型发展、区域战略和成渝经济区合作发展等内容。主持和主研完成国家社科基金项目、省社科规划项目以及政府委托项目等60余项。近年来，在《价格理论与实践》《农村经济》《西南交通大学学报》《经济体制改革》《中国经济导报》《西南金融》《四川日报》等各类期刊发表论文30余篇。获得省哲学社会科学优秀成果个人和集体三等奖4项，个人和集体二等奖3项，集体一等奖1项。

徐海鑫（1981— ），四川大学经济学博士，副教授。研究领域为宏观经济、产业经济、国别与区域经济，思政教育。主讲政治经济学、产业经济学、房地产经营管理等课程。发表多篇SCI、EI收录文章，在《经济学家》《经济导刊》《统计与决策》《青海社会科学》等核心期刊发表论文40余篇，多篇舆情决策咨询报告受到中央领导同志批示肯定、被中央有关部委采纳。撰写《发展模式与战略变化——当代美国问题研究》《大学生创业标准教程》等多部著作或教材。主持教育部人文社科项目、"一带一路"产业协同发展研究基金、四川省科技厅等多项研究课题。获四川省教学成果二等奖1项、四川大学教学成果一等奖2项、四川大学文化素质公选课最受欢迎教师、四川省青年专家优秀论文一等奖、中国"互联网+"大学生创新创业大赛金奖指导教师、"挑战杯"全国大学生课外学术科技作品竞赛优秀指导教师等荣誉。

余澳（1980— ），四川大学经济学院副教授，兼任四川大学企业研究中心研究员等。曾为美国加州大学伯克利分校法律经济学研究中心、亚利桑那州立大学访问学者，四川大学青年骨干教师。目前主要研究领域为：中国特色社会主义政治经济学、新制度经济学、法律经济学；主要研究方向为：企业制度、科技经济等。主持省部级课题多项，已在CSSCI期刊发表论文十余篇。已出版独著《民营上市公司股权结构与公司治理研究》、编著《经济法学》。在从事教学、科研的同时，也积极服务于社会，主持政府及企业委托课题多项并兼任相关顾问。

袁葵荪，四川大学副教授，研究领域为理论经济学。长期致力于构建一种可称为信息社会经济学的新经济学理论体系。该经济学以分析方法的创新为基础，将现代社会的经济运行过程，归结为以知识增长为本质内容的经济发展过程，使现代经济分析奠定在全新的基础上。目前已经出版《经济发展的基本模式：经济学的现代基础》（中国人民大学出版社 2009 年版）与《经济学理论的批判与重建》（经济科学出版社 2009 年版）两部体现该经济学理论体系与分析方法的著作，并在《世界经济》《经济学家》及《经济评论》等杂志发表十余篇属于该经济学系列研究的论文。

曾武佳，副教授，研究领域为政治经济学、哲学。四川省会展经济促进会秘书长、中国城市经济学会理事，九三学社四川省委参政议政特约研究员等。曾主持《四川会展资源可持续发展研究》等省市级课题研究五项，横向课题若干项，在 CSSCI 来源核心期刊上发表论文 9 篇，其中权威核心 3 篇。出版专著《现代会展与区域经济发展》一书（四川大学出版社 2008 年版），获四川省第十四次哲学社会科学优秀成果三等奖，并获"2008 年中国十大节庆产业理论人物"，"2008 年度中国十大会议旅游产业理论人物"，"2008 年度中国会展教育与理论研究奖"，"2009—2010 年度中国会议旅游产业金手指奖·十大理论人物"等奖项。

朱小燕，四川师范大学副教授，经济学博士。政治经济学、西方经济学、MBA 硕士研究生导师。主要研究方向为经济理论与实践。近年来，在《价格理论与实践》《国际经济与合作》《求索》等 CSSCI 及核心期刊发表《对中小企业国际竞争方式的分析——基于演化博弈的视角》《我国中小企业价格竞争探析》《基于演化博弈的中小企业集群之形成机理分析》以及 The Economic Analysis of Current Strikes in China 等文章十余篇。出版专著《不确定性条件下中小企业竞争行为研究》等两本。参与《贯彻科学发展观，构建社会主义和谐社会的微观基础研究》《西部大开发的经济绩效与战略转型研究》等国家课题 4 项、省级课题 2 项，主持校厅级课题 2 项。曾获 2011 年四川省第十四次哲学社会科学优秀成果三等奖、2012 年成都市第十次哲学社会科学优秀成果二等奖、2012 年四川师范大学校级教学成果二等奖等。

成欢，副教授，硕士生导师，经济学博士，"西华青年学者"人才支持计划入选者，金融投资系副系主任。长期从事社会保障改革的追踪研究，近期研究兴趣为：老龄金融，社会保障与劳动力市场变革。在《社会保障研究》《经济理论与经济管理》《经济体制改革》等学术期刊上公开发表学术论文十余篇；主持各类省厅级项目，主研国家社科基金重大项目、国家自然科学基金项目和国际合作项目等十余项。多次应邀参加各类专业性高水平学术会议并作发言。主研的多项研究成果获省部级奖项。研究方向：劳动与社会保障，老龄金融。荣誉奖励：获第五届中国社会保障论坛"优秀奖"、全国老龄办老龄政策理论研究课题2013年度成果评选"一等奖"。

陈晓兰，副教授，研究领域为环境经济学；资源经济学，协会任职：《环境经济研究》编委，Energy Research 编委。部分出版论文或著作：Political Environment and Chinese OFDI Under RMB Appreciation: A Panel Data Analysis，OFDI Agglomeration and Chinese Firm Location Decisions under the "Belt and Road" Initiative，Does central supervision enhance local environmental enforcement?，Resource allocation and productivity across provinces in China，Local Residents' Risk Perceptions in Response to Shale Gas Exploitation: Evidence from China 等。出版著作《中国页岩气产业发展研究》，四川大学出版社2017年版。获奖情况：2017年本科教学先进个人奖励，大学生创新创业教育优秀指导教师奖；2017年牛津大学OXCEP"世界经济与公共政策"课程优秀学员称号；2014年本科教学先进个人奖励，"探究式—小班化"教学质量优秀奖。

段龙龙（1988— ），男，四川大学经济学院理论经济学博士后流动站专职博士后，西南交通大学经济管理学院博士，主要研究领域为政治经济学与财政学。兴趣点集中在国有经济改革、农村土地产权改革和财政制度改革方面，对中国国有企业改革、农村地权变迁和第二代财政分权理论的中国应用层面有一定的见解。近5年来，以第一作者或通讯作者在 Applied Economics，Sociology Mind 以及《管理世界》《经济学家》《财政研究》《四川大学学报》《海派经济学》等 SSCI、CSSCI 期刊上发表论文20余篇、其中多篇被人大复印报刊资料全文转载，作为主要研究人员承担国家社科基金重点项目子项目一项，教育部人文社会科学基金项目3项，其他省部级项目9项，参与编写专著3部，其成果获得四川省第十七次哲学社会科学成果奖三等奖1次，四川省马克思主义中国化研究会社会科学优秀成果奖一等奖 2 次。

费俊俊（1986—　），男，安徽合肥人，安徽大学经济学院西方经济学专业毕业，硕士研究生学历。研究方向为宏观经济理论与政策，经济增长理论，货币经济学。现在就职于四川省社会科学院经济研究所，助理研究员。在《中国集体经济》《劳动保障世界》等期刊发表论文若干篇，参与编写了《南充市经济社会发展蓝皮书（2017）》，调研并参与编写了《居家养老服务的"资中探索"》的报告，并得到四川省领导的批示。

傅志明，特聘副研究员，笔者将摩擦性市场融入现代宏观经济模型。在此框架下，讨论宏观经济政策，消费，储蓄及收入分配等理论。工作论文有"Labor Supply Response to Tax Reform in a Search Model with Heterogeneous Households House Prices"，"Intermediate Inputs and Sectoral Co-movement in the Business Cycle Consumption"，"Savings and Income Distribution with Incomplete Market and Search Frictions in the Goods Market"。进行中的论文有"Optimal Groundwater Management and Institutional Constraints（with Sanval Nasim）"；"The Government Spending Multiplier of China during Business Cycles（with Ziguan Zhuang）"；"Efficient Unemployment Insurance and Human capital Accumulation（with Victor Ortego-Marti）"。

郭华（1984—　），男，四川农业大学经济学院副研究员。研究方向为农村金融、农村社会保障和反贫困入选四川农业大学"双支计划"第八层次。主要论著为《城乡居民基本医疗保险的公平性研究——以成都为例》。科研项目及获奖（近 5 年）：四川省哲学社会科学规划基地项目"四川贫困地区村级资金互助制度创新研究"。

何思妤（1982—　），女，四川南充人，副教授，博士。研究方向为农村区域经济，农村贫困问题。科研项目国家社会科学基金"多维贫困视角下的长江上游地区大型水库移民精准脱贫研究"、教育部基金"空间相关性、区域融合与我国区域福祉统筹增进研究"、教育部基金"经济转型背景下我国西部少数民族地区自我发展能力增强研究"等；公开出版的著作《库区移民经济权益问题研究》；公开发表论文《建立水库移民专项社会保障制度的思考》《建立四川省水利水电工程农村移民专项社会保障制度的探讨》《从分利到充权：水库移民安置模式的改革思路探索》《以改革保障库区移民生存和发展权益的思考》等。

贺泽凯（1978— ），博士毕业于 University of Cincinnati，主研国际贸易和金融、城市经济学、住房经济学、能源与环境经济学、应用微观计量经济学。主要科研成果：F. Xu, Z. He. 2017. Testing Slope Homogeneity in Panel Data Models with a Multifactor Error Structure. Statistical Papers, forthcoming, SSCI; Z. He, X. Shi, X. Wang, Y. Xu. 2016. Urbanisation and the Geographic Concentration of Industrial SO_2 Emissions in China. Urban Studies, 8, 1 – 18. SSCI, JCR Q1 No. 1; Z. He, M. Romanos. 2015. Spatial Agglomeration and Location Determinates —Evidence from the US Communication Equipment Manufacturing Industry. Urban Studies, 53, 2154 – 2174. SSCI, JCR Q1 No. 1; Z. He, S. Xu. Modeling Dynamic Conditional Correlations between Oil Spot, Oil Future, and Stock Market Returns in Industry Sectors. R&R and resubmitted。

李旸（1981— ），教授，新加坡国立大学经济系博士，澳大利亚昆士兰大学经济系博士后。中国世界经济学会理事。研究领域：经济增长、宏观金融。科研项目：国家社科基金重点项目"基于中国石油安全视角的海外油气资源接替战略研究"、四川省哲学社会科学"十二五"规划项目"统筹城乡背景下失业保险制度的叠代分析"、四川省经济和信息化委员会"四川省'十三五'产业结构调整与布局优化研究"等。获奖情况：教育部第七届高等学校科学研究优秀成果二等奖；四川省第十六次哲学社会科学优秀成果一等奖；四川省第十五次哲学社会科学优秀成果二等奖；2012 年四川大学课堂教学质量优秀奖；2013 年四川大学青年骨干教师奖；2015 年四川大学"探究式—小班化"教学质量优秀奖。

刘文文，女，经济学博士，管理科学与工程博士后，西华大学金融投资系副教授，硕士研究生导师。研究方向为市场微观结构，行为金融学。已在《中国经济问题》《宏观经济研究》《统计与决策》《系统工程》以及 *Discrete Mathematics*，*Discrete Applied Mathematics* 等国内外数学与统计学术期刊发表论文 15 篇。主要学术成果有 *On the Extendability of*

Certain Semi-Cayley Graphs of Finite Abelian Groups，*Kirchhoff Index in Line*，*Subdivision and Total Graphs of a Regular Graph*，*Resistance Distances and the Kirchhoff Index in Cayley Graphs* 以及《国债期货推出对股指期货市场波动性与流动性的影响》等。

王爱伦，男，江苏淮安人，西南财经大学经济学学士学位；厦门大学应用经济学（能源经济学）博士学位。研究方向为能源经济与政策，国际能源贸易。主要研究成果有"Dynamic Change in Energy and CO_2 Performance of China's Commercial Sector：A Regional Comparative Study"（*Energy Policy*，2018，119）；"Assessing CO_2 Emissions in China's Commercial Sector：Determinants and Reduction Strategies"（*Journal of Cleaner Production*，2017，164）；"Regional Energy Efficiency of China's Commercial Sector：An Emerging Energy Consumer"［*Emerging Markets Finance & Trade*，2016，52（12）］；"Estimating Energy Conservation Potential in China's Commercial Sector"（*Energy*，2015，82）。

吴垠，男，西南财经大学经济学院教授。经济学博士；2015—2016 年美国波士顿大学访问学者。研究领域：中国经济问题，政治经济学，城市经济学。主要研究成果：主持或参与国家社科基金项目、国家自科基金项目、四川省哲学社会科学项目多项。近年来在《经济学动态》《政治经济学评论》《中国人民大学学报》《复旦学报（社科版）》《中国工业经济》《统计研究》《经济科学》《当代经济研究》《中国软科学》等报纸杂志上发表了相关学术论文 60 余篇。多篇论文被人大复印报刊资料全文转载。曾获四川省哲学社会科学优秀科研成果一等奖、三等奖；西南财经大学刘诗白奖励基金年度优秀科研成果二等奖；以及西南财经大学校级优秀科研成果奖。

杨劼（1971— ），副教授，经济学博士。研究方向为资源与环境经济、环境金融、产业经济、资本市场等。研究项目为四川循环经济研究中心项目：四川省农业循环经济的金融支持政策研究；四川矿产资源研究中心项目"矿产资源开采价值与投资风险研究"；国家自然科学基金项目"芦山震区矿产资源灾后评价及应急响应机制研究"；教育部人文社会科学研究基金项目"美国金融危机对东亚新兴经济体传染性研究"；教育部人文社会科学研究基金项目"基于产业链一体化视角下的中国经济圈能源效率差异研究";横向课题中国石油化工股份有限公司西南油气分公司天然气经济研究所横向项目"天然气市场培育与发展研究"等5项。主要发表的期刊论文有《减排投入对我国经济增长路径的影响分析》《我国绿色信贷政策的节能减排机理分析》《我国技术创新能力提升的保障措施研究:基于制度保障的视角》等。

杨宇,副教授,农业经济管理学博士。研究方向为资源与环境经济(水资源和气候变化)、农村贫困及农村发展。近3年来主持项目:气候变化对农村贫困的影响及适应策略研究:基于西南地区的实地调研(17YJCZH223);教育部人文社科青年基金项目(正研);四川粮食主产区的农地适度规模经营:规模报酬、规模收益与生产成本(2017ZR0051);四川省软科学计划项目(已结题);科技扶贫模式的绩效评估及选择机制研究——基于四川贫困片区的实地调研(2019JDR0122);四川省软科学计划项目(正研)等。主要发表的期刊论文有 Information Provision, Policy Support, and Farmers' Adaptive Responses Against Drought: An Empirical Study in the North China Plain, Adaptive Irrigation Measures in Response to Extreme Weather Events: Empirical Evidence from the North China Plain, Regional environmental change 2019 以及《华北平原的极端干旱事件与农村贫困:不同收入群体在适应措施采用及成效方面的差异》等。

袁平,博士,副教授;四川省法学会环境资源法学研究会理事,《南京农业大学学报》(社会科学版)和北京理工大学《安全与环境学报》等学术期刊的匿名审稿人。研究领域:资源与环境经济、农村金融、粮食安全、乡村振兴等方面。主持的课题有国家社科基金项目、教育部人文社科项目、教育部社科重大项目子课题等各1项,"新型城镇化进程中西部县域金融风险与监管"等中央高校基本科研业务费专项课题多项,中央高校教育教学改革专项资金项目1项。作为主研人员参与的课题有:教育部人文社科项目等纵向课题,"西藏自治区系统性融资规划(西藏自治区政府与国开行)、金融支持城镇化研究(国家银监会与西财金融中心)""西藏自治区脱贫攻坚"等多项横向课题。

张志(1989—),男,河南省信阳市人。2018年7月至今在西南财经大学经济学院从事教学和科研工作。2012 年 9 月至 2015 年 6 月西南财经大学政治经济学经济学硕士；2015 年 9 月至 2018 年 6 月中国人民大学经济思想史经济学博士。研究领域为政治经济学、经济思想史、演化经济学。代表性学术论文有《为什么教科书中有关重商主义的流行看法是错误的》《重商与重农：孰是孰非——基于国家富强视角的比较》《重商主义经济学革命：意义、贡献与现实价值》。科研课题有国家社会科学基金重大项目"外国经济思想史学科建设的重大基础理论研究"、国家社会科学基金重点项目"第三次工业革命与我国经济发展战略调整研究"（14AJL009）等。

赵苏丹（1990—　），女，四川绵阳人，经济学博士，助理研究员。研究方向：政治经济学、"三农"问题。研究成果：近年来，在国内外学术期刊公开发表论文 10 余篇，其中 CSSCI 收录 3 余篇，英文文章 1 篇，人大复印报刊资料全文转载 1 篇；主研国家社科基金项目、省部级项目以及其他市级和横向项目 10 余项；获四川省社会科学优秀成果二等奖 1 项。

陈姝兴（1991—　），女，四川省成都市人。2018 年 7 月起在西南财经大学经济学院从事教学和科研工作。2008 年 9 月至 2012 年 7 月西南财经大学经济学基地班攻读学士学位；2012 年 9 月至 2014 年 7 月西南财经大学攻读政治经济学硕士学位；2014 年 9 月至 2018 年 7 月西南财经大学攻读区域经济学博士学位；2015 年 7 月至 2016 年 9 月罗格斯新泽西州立大学（Rutgers, The State University of New Jersey）攻读联合培养经济学博士。研究领域为城乡关系问题和中国经济改革理论与实践等。在《南京大学学报》《中国人口资源环境》《统计与决策》等发表多篇学术论文；科研课题：国家中央高校基金课题"区域经济政策的协调"等。

王军（1991—　），男，安徽省定远县人。2018 年 9 月起在西南财经大学经济学院从事教学和科研工作。2012 年 9 月至 2015 年 6 月西南科技大学经济学院攻读硕士学位；2015 年 9 月至 2018 年 6 月西南财经大学经济学院攻读博士学位。研究领域为马克思主义经济学、"三农问题"和中国经济改革理论与实践等。参与专著有《民生经济学》《中国特色社会主义收入分配制度研究》等。在《中国人口·资源与环境》

《社会科学研究》《经济与管理研究》《四川大学学报》（哲学社会科学版）《财经科学》《华东经济管理》《农村经济》等期刊发表多篇论文。科研课题有中央高校基本科研业务费专项资金资助项目"财政支农资金股权量化改革与农民财产性收入增长的理论与实证研究"（JBK1607005）；国家社科基金西部项目"基于农村集体资产股权量化改革的农民财产性收入增长机制研究"（2017XJY013）等。

五　历届学科带头人

政府特殊津贴	魏崇阳 叶谦吉 杨振锟 秦少伟 林凌 顾宗栎 章学源 王锡桐 方大浩 袁文平 鲁济典 何春德 曾康霖 郑景骥 杨选成 何泽荣 庞皓 夏子贵 李晓西 丁任重 郭晓鸣 郭正模 廖元和 刘世庆 孙成民 王钊 余凡 杨继瑞 盛毅 杨锦秀 庄天慧 王代敬
四川省学术和技术带头人	林凌 庞皓 丁任重 郭晓鸣 郭正模 胡小平 刘世庆 孙成民 涂文涛 杨继瑞 王学义 盛毅 杨锦秀 庄天慧 李涵 袁正
四川省有突出贡献的优秀专家	蓝定香 李萍 程民选 杨锦秀 庄天慧 马双
四川省学术和技术带头人后备人选	黄涛 黄善明 蒋华 李雪莲 李萍 马双
新中国成立60周年四川省杰出贡献经济学家	刘诗白 周春 林凌
长江学者讲座教授	甘犁 刘俊
长江学者特聘教授	刘锡良 王擎

第六章 "走出去"与"请进来"[*]

学术研究需要交流，尤其是国际交流。新中国成立前，一些经济学者有出国留学的背景，将西方经济学引入到了中国。新中国成立以来，由于国际环境的变化，无论是"走出去"，或者是"请进来"皆已停止。直到1978年改革开放以来，才再次打开国门，让四川经济学者能够"走得出去"，能够将境外专家学者"请得进来"。尤其是21世纪以来，随着大批中国留学生从海外学成归来，更是加大了四川经济学的国际交流力度，促进了四川经济学的大发展。

一 "走出去"

早期"走出去"，在海外学成归来的著名经济学家有留学日本的陈豹隐、彭迪先、留学法国的梅远谋、留学英国的程英琦、留学伦敦、巴黎的汤象龙、留学美国的吴世经等。1978年改革开放以后，打开了国门，四川省经济学学者"走出去"的步伐不断加快。下面是"走出去"的四川经济学学者和参加的重要学术交流活动。

---

[*] 《西南财经大学志1958—2003》《西南财经大学年鉴》（2012—2018分册）、《2000—2010年西南财经大学纪事》、《经济学院——科研成果汇总》、西南财经大学经济学院官方网站、西南财经大学经济管理研究院官方网站、《四川省志——哲学社会科学志：1986—2005》、《四川大学年鉴》（2001—2016分册）、《四川省志外事志》、四川大学经济学院官方网站、西南财经大学官方微信公众号等。

表 6-1　　1978 年以来"走出去"的四川经济学学者和重要学术交流活动

时间	姓名	活动	单位
1978—1992 年			
1980 年	刘洪康	刘洪康访问日本，考察日本教育制度	西南财经大学
1981 年 12 月	林凌	"中国宏观经济考察团访问日本"，考察团由中国社科院组建，四川省社科院副院长林凌任团长	四川省社科院
1982 年 11 月	林凌	四川著名经济学家林凌参加国家经委组织的经济代表团访问联邦德国	四川省社科院
1984 年 5 月	刘诗白	刘诗白首次访问美国并与 Texas Tech 大学、田纳西大学签订合作与交流的谅解备忘录	西南财经大学
1984 年 6 月	林凌	著名经济学家林凌参加国家经委组织的经济代表团访问联邦德国和奥地利	四川省社科院
1984 年 11 月	林凌	四川省社科院副院长林凌率中国城市经济考察团访问日本	四川省社科院
1985 年	—	学院派出高等经济、金融教育赴美、日两个考察团，分别与哈佛大学、哥伦比亚大学、布朗大学、坦普尔大学、罗德艾兰大学、沃尔顿学院、布莱恩学院等院校的教授和日本学术界进行广泛的接触，打开了引进人才的渠道。并与美国马瑞塔学院签订定期交换学术资料、专著、教材及互派讲学、留学人员以及与美国田纳西大学管理学院就建立校际关系达成初步协议，聘请外籍语言教师 4 名	西南财经大学
1985 年	王德中	工业经济系王德中赴美参加"美国中西部经济学研讨会"	西南财经大学
1985 年 10 月	刘茂才	以院长刘茂才为团长，副院长顾宗枞，顾问陈文为团员的四川省社科院代表团，应法国对外关系部人文社会科学处处长吉尔曼的邀请，赴法国访问考察 3 周	四川省社科院

续表

时间	姓名	活动	单位
1986年10月3日	顾宗帐	四川省农业考察团应联邦德国艾伯特基金会的邀请，由省科院副院长顾宗帐率团赴联邦德国访问	四川省社科院
1986年10月13日	谭洛非	应澳大利亚人文科学院和社会科学院的邀请，谭洛非副院长率四川省社科院代表团出访澳大利亚	四川省社科院
1987年5月12日至5月26日	冯举	四川省社科院经济学家代表团，应德意志研究联合会的邀请访问联邦德国。省社科院代理党组书记、高级学术顾问冯举任该团团长	四川省社科院
1987年11月19—23日	刘成根	四川省社科院社会学研究所所长刘成根参加四川省对外友协访问团，应日本国广岛县和山梨县政府的邀请，赴日本访问	四川省社科院
1993—2002年			
1995年	王永锡	以王永锡校长为团长的学校代表团出访德国，与德国政界、经济界进行广泛接触，达成多项联合办学实质性和意向性协议	西南财经大学
1998年冬	林凌	经济学家林凌研究员在美国做访问学者期间，访问印第安纳州沙利文县一农户家	四川省社科院
1998年2月26日到3月11日	—	四川省社科联组织的四川省社科界代表团一行7人赴美国考察交流	四川省社科联
1999年初	林凌	经济学家林凌研究员访问美国南加州大学	四川省社科院
2000年6月1—15日	王裕国	校长王裕国教授率团出访俄罗斯圣彼得堡财经大学，签署校际交流协议，并在该校作有关中国改革和中国经济建设的学术报告	西南财经大学
2002—2012年			
2002年9月19—29日	侯水平	应越南国家社会科学与人文中心邀请，侯水平院长率四川省社科院学术代表团，赴越南进行了为期10天的学术访问	四川省社科院

续表

时间	姓名	活动	单位
2002年11月1—15日	王裕国	王裕国校长一行3人赴欧洲考察，王校长一行在德国参加了"第二届中德货币政策研讨会"，在荷兰签署了关于两校MBA、教师及学生交换的合作协议；在法国商谈了有关教师讲学、学生交换事项；在英国商谈教师讲学、互访及科研、学术交流等事项	西南财经大学
2003—2012年			
2003年3月	林凌	经济学家林凌研究员在加拿大维多利亚大学（《中国西部大开发战略与全球影响国际研讨会》）作大会发言	四川省社科院
2003年3月6—8日	林凌、刘世庆、付实	加拿大维多利亚大学举行的"中国西部大开发战略及全球影响"国际研讨会上，四川省学者林凌、刘世庆、付实参加并提交了《从"五大工程"看中国西部大开发的政策目标及效果》《中国西部大开发面临的挑战》《中国西部地区新型工业化道路探讨》3篇论文	四川省
2004年3月27日	郭晓鸣	四川省社科院农经所所长郭晓鸣研究员应美国国务院国际学者访问计划办公室邀请赴美国进行为期28天的学术交流及考察访问	四川省社科院
2004年6月4—11日	刘诗白等	名誉校长刘诗白、校长王裕国、纪委书记欧兵访问俄罗斯圣彼得堡国立财经大学、圣彼得堡大学、俄罗斯联邦政府直属莫斯科金融学院、莫斯科大学	西南财经大学
2005年2月	涂文涛等	在校党委书记涂文涛的带领下，我校教育考察团赴澳大利亚、新加坡进行了为期一周的教育考察，先后参观访问了悉尼大学、莫纳西大学、澳大利亚与新西兰保险与金融学院以及新加坡国立大学和新加坡南洋理工大学	西南财经大学
2005年8月6—15日	侯水平	应英国学术院的邀请，四川省社科院院长侯水平到英国进行学术访问，并代表四川省社科院与英国学术院续签了合作协议	四川省社科院

续表

时间	姓名	活动	单位
2005年11月	林凌	经济学家林凌研究员出席在香港举办的"泛珠三角面向东盟的合作与发展"国际论坛	四川省社科院
2006年1月13日	卓志	由副校长卓志教授率领的我校"赴美参加美国经济协会年会暨招聘海外人才团"圆满完成了预定计划返回学校。代表团还通过参加"中国留美经济学家学会"年会与大量在美经济学家、经济学者见面,广泛宣传了学校,并开通了今后聘请长短期海外专家的渠道	西南财经大学
2006年4月	赵德武	副校长赵德武率团赴奥地利维也纳经济学院参加"欧亚链"(Asia-link)项目结项会议并签署"联合培养研究生项目"协议	西南财经大学
2006年8月21—28日	王裕国等	应俄罗斯3所大学邀请,校长王裕国、副校长刘灿教授及承担教育部重大课题成员郭徐咸教授、周文瑛教授、宋光辉副教授和赵吉林副教授一行,赴俄罗斯的国立(罗蒙索诺夫)莫斯科大学、人民友谊大学和新西伯利亚经济与管理大学进行了友好访问。王裕国校长分别在莫斯科大学和新西伯利亚经济与管理大学赛雪校长尤·瓦·古谢夫教授签署了两校教师、学生互换、互访及合作科研等方面的合作交流协议;并与莫斯科大学达成意向。至此,我校已与俄罗斯5所大学(包括20世纪90年代与国立彼得堡财经大学、2004年与国立俄罗斯金融学院分别签署合作交流协议)正式建立了友好合作关系	西南财经大学
2007年8月1—18日	刘灿等	刘灿副校长率领我校代表团一行6人赴美参加了美国管理学年会和美国会计学年会,招聘管理和会计领域人才并访问了纽约大学、宾夕法尼亚大学、莱斯大学等多所大学	西南财经大学

续表

时间	姓名	活动	单位
2007年10月29日到11月6日	王裕国	由校长王裕国教授率领的赴南美洲访问代表团一行4人分别对巴西、智利两国的合作大学 State University of Campinas 和 University Catolica De La Santisima Concepcion 进行了正式友好访问,受到了访问学校的热情欢迎和接待,双方加深了相互了解和友谊,签署了合作协议,商议了相关合作项目	西南财经大学
2008年3月	邓翔	英国华威大学,英国皇家经济学会年会	四川大学
2008年3月16日到4月2日	王裕国等	由校长王裕国、副校长卓志率领的我校代表团一行7人赴美高等院校和研究机构进行交流,王校长分别与圣路易斯玛丽维尔大学、德克萨斯理工大学的校长及卡托研究所总裁签署了正式合作协议	西南财经大学
2008年	赵淑芬	获得美国林肯土地政策研究院第四届论文奖学金,资助金额为3000美元。赵淑芬的研究题目是"城市基础设施的溢出效应分析:以城市轨道交通为例",指导教师为邓菊秋	四川大学
2008年8月	鲁万波	统计学院鲁万波教授获得国家自然科学基金委中德科学中心资助,以中国优秀博士生代表团成员的青年学者身份参加在德国林岛举行的第三届诺贝尔经济学奖得者大会	西南财经大学
2008年10月23日	刘方健	我校经济学院执行院长刘方健应邀参加了由香港中文大学与孙冶方经济科学基金会在香港联合举办的"中国改革开放三十年暨孙冶方诞辰百年纪念经济理论研讨会"。刘院长就学院与香港经济学界的学术交流活动初步达成了合作意向	西南财经大学
2008年12月30日	马骁	副校长马骁带队前往美国经济学年会招聘海外高层次人才	西南财经大学

续表

时间	姓名	活动	单位
2009 年 4 月	张英楠	在英国剑桥大学举行的第十一届英国建模会议上，学院 2006 级金融专业学生张英楠同学在金融工程系主任马德功教授指导下并合作撰写的论文《国家宏观调控经济风险预警指标和模型体系——一个基于历史经验和当前全球经济衰退的研究》受到关注，并在会议上宣读，该论文将被收入 EI 检索。这是张英楠同学第二篇论文受到国际会议关注	四川大学
2009 年 10 月 29 日到 11 月 3 日	赵德武	赵德武校长率团访问美国四校。经济学院执行院长刘方健、金融学院执行院长张桥云、会计学院执行院长彭韶兵、统计学院院长史代敏随团访问	西南财经大学
2009 年 11 月 24 日到 12 月 3 日	刘灿	刘灿副校长率团访问欧洲高校	西南财经大学
2009 年 12 月 8—10 日	—	我校教授应邀参加 OECD 学术会议	西南财经大学
2010 年 3 月 24—26 日	周柳岑	在英国剑桥大学举行的第十二届英国建模会议上，学院 2006 级金融学专业硕士研究生周柳岑同学在导师金融工程系系主任马德功教授指导下，合作撰写的论文《中美应对金融危机救市资金运用的有效性评估》受到关注	四川大学
2010 年 8 月 12 日	李天德	院长李天德教授应邀访问澳大利亚昆士兰大学，会见了昆士兰大学工商、经济与法学院执行院长 Tim Brailsford 教授	四川大学
2010 年 9 月 23 日到 10 月 2 日	刘灿	刘灿副校长率代表团出访美国、加拿大两国高校	西南财经大学
2010 年 10 月 27 日到 11 月 7 日	封希德	西南财经大学党委书记封希德率团对澳大利亚和新西兰的澳新银行、堪培拉大学、悉尼科技大学、新西兰维多利亚大学进行了访问交流，取得丰硕成果	西南财经大学
2011 年	四川大学经济学院	第一次组团参加美国经济学年会，完成了四川大学经济学院在国际经济学年会上的首次亮相	四川大学

续表

时间	姓名	活动	单位
2012年	四川大学经济学院	组团参加美国经济学年会	四川大学
2013—2019年			
2014年	邓翔、饶蕾	经济学院邓翔、饶蕾教授获欧盟"让·莫内讲席教授"称号	四川大学
2014年8月	赵艾凤	财税学院2011级博士研究生赵艾凤入选参加在德国林岛举行的第5届诺贝尔经济学奖获得者大会,与来自清华大学、北京大学、复旦大学等知名学府的另外14名经济学博士研究生一起参会。这是我校博士生首次获此殊荣,也是中西部高校唯一的博士生代表	西南财经大学
2015年4月17—18日	查涛	学院"长江讲座教授"查涛博士在美国国民经济研究局宏观年会做了主题演讲,题目是"中国宏观经济的趋势与周期"。评论者认为,查涛教授的论文对于中国宏观经济研究具有重大的标志性意义	四川大学
2019年3月24—29日	卓志	西南财经大学校长、党委副书记卓志应邀先后访问辅仁大学、淡江大学、逢甲大学、静宜大学、暨南国际大学、台湾师范大学等6所台湾高校,进一步延续、巩固、拓展与台湾一流高校的实质性双向交流合作	西南财经大学
2019年8月23—29日	蒋永穆、邓翔、龚勤林	四川大学经济学院蒋永穆院长、邓翔、龚勤林副院长与北京大学经济学院师生团于8月23—29日赴英国牛津大学奥利尔学院(Oriel College, University of Oxford)和剑桥大学麦格达伦学院(Magdalene College, University of Cambridge)访问,参加由北京大学经济学院举办的首届欧洲论坛活动	四川大学
2019年9月24—25日	王擎、汤继强、李雪莲	西南财经大学中国金融研究中心主任王擎教授、西财智库首席研究员汤继强教授,经济学院世界经济研究所李雪莲教授在德国柏林参加第二十届中德货币政策研讨会	西南财经大学

续表

时间	姓名	活动	单位
2019年11月28日	Financial Innovation《金融创新》	由西南财经大学主办的 Financial Innovation《金融创新》期刊经过选刊部门的审查和评估,已正式被 Social Sciences Citation Index(社会科学引文索引,SSCI)数据库收录,成为十年来国内第一本被 SSCI 收录的金融领域学术期刊,也是国内唯一一本被经济与商学、经济学、社会科学和经济金融学这4个ESI学科领域所同时收录的期刊	西南财经大学
2019年12月10日	卓志等	12月10日,西南财经大学德国校友会成立大会在德国柏林市举行。学校校长、党委副书记卓志出席大会并致辞	西南财经大学

刘诗白、林凌、邓翔教授为主要代表的经济学家具有一定的国际影响力,各种外文A级和B级论文的发表逐年增加,四川省经济学走出的步伐不断加快。

二 "请进来"

在"请进来"方面,自1978年以来,先后有许多海外经济学机构来川访问。专家教授诺贝尔经济学奖获得者来四川省高校作学术演讲。

表6-2 诺贝尔经济学奖获得者来四川省高校作学术演讲情况汇总

时间	活动	单位
1992年	1992年,西南财经大学刘诗白教授在光华校区会见了诺贝尔经济学奖得主米尔顿·弗里德曼教授(Milton Friedman)。这是弗里德曼第三次访华。他在自传中表示:"对中国的三次访问是我一生中最神奇的经历之一。"弗里德曼是1976诺贝尔经济学奖获得者。主要贡献集中在消费分析、货币供应理论及历史和稳定政策复杂性等范畴	西南财经大学

第六章 "走出去"与"请进来" | 595

续表

时间	活动	单位
1992 年		西南财经大学
1999 年 7 月 2 日	诺贝尔经济学奖获得者福格尔教授到校座谈美国社保与就业状况	西南财经大学
2010 年 7 月 2 日	校长赵德武在腾骧楼贵宾厅亲切会见了诺贝尔经济学奖获得者奥利弗·威廉姆森教授。威廉姆森此次到访我校是参加由我校主办的"第四届中国西部管理论坛"	西南财经大学

续表

时间	活动	单位
2001 年	诺贝尔经济学奖获得者、欧洲经济学会主席莱茵哈德·施尔顿（泽尔腾）教授来学校讲学	西南财经大学
2008 年 12 月 15 日	2008 年 12 月 15 日，第 5 届（2008）香港经济学双年会在西财举行，这是香港经济学双年会首次走进内地。詹姆斯·莫里斯在会上发表了演讲。谈到金融危机引发的就业问题，莫里斯教授鼓励即将毕业的大学生，如果没有好的工作，可以学习自己创业	西南财经大学
2009 年 4 月 14 日	赵德武校长在腾骧楼贵宾厅会见了国际著名计量经济学家、瑞典皇家科学院院士、诺贝尔经济学奖评审委员会委员 Timo Teräsvirta 教授一行，并向 Timo Teräsvirta 教授颁发了我校客座教授证书	西南财经大学
2011 年 9 月 24 日	2011 年 9 月 24 日，由我校工商管理学院承办的中国管理学年会在成都举行，大会主题为"管理学术创新的回顾与展望：全球视野、主流范式与中国实践"。会上，罗伯特·恩格尔（Robert F. Engle）教授以"The Global Volatility Outlook"为主题发表了精彩的主题演讲	西南财经大学
2013 年 6 月 8 日	诺贝尔经济学奖得主罗伯特·蒙代尔教授做客光华讲坛，题为"人民币在国际货币体系中的未来"	西南财经大学

第六章 "走出去"与"请进来" | 597

续表

时间	活动	单位
2013年6月8日	2013年6月8日、9日，我校承办的中国留美经济学会2013年国际学术研讨会召开。大会主题为"转型中的中国金融体系：改革、政策和实践"，克里斯托弗·皮萨里德斯教授（Christopher A. Pissarides）出席了研讨会。 在主题演讲阶段，克里斯托弗·皮萨里德斯教授围绕"世界经济合作与发展组织在经济衰退期间的失业情况"（OECD Unemployment in the Great Recession）发表演讲	西南财经大学
2013年6月8日	在2013年6月的中国留美经济学会2013年国际学术研讨会，詹姆斯·莫里斯教授参加会议并发表主题为"中国金融改革思路：2013—2020"的演讲	西南财经大学

续表

时间	活动	单位
2015年6月1日	2015年6月11日,詹姆斯·莫里斯教授(James Mirrlees)到访西财并做客"校庆系列学术报告会",做了题为《中国经济应该如何快速发展》的学术报告。报告中,他认为中国经济未来发展的一个可能性选择是通过鼓励资本投资向低收入即劳务资本较低的地区转移来获得持续发展	西南财经大学
2016年9月12日	2016年9月12日,著名经济学家、诺贝尔经济学奖获得者迈伦·斯科尔斯教授(Myron Scholes)给西财师生带来了主题为"Big Data, Transacting and the Evolution of Finance"的讲座。Scholes教授讲解了在大数据时代,信息技术与交易方式的快速变革与更新。Scholes教授表示看好大数据及金融改革	西南财经大学

第六章 "走出去"与"请进来" | 599

续表

时间	活动	单位
2018年11月3日	诺贝尔奖经济学奖得主罗伯特·默顿教授（Robert C. Merton）到访西南财经大学，做客光华讲坛，为全校师生做了主题为"SeLFIES——全球适用的债券创新：改善养老基金表现及降低政府融资成本"的专题演讲	西南财经大学
2019年12月8日	诺贝尔经济学奖得主Thomas Sargent教授到访西财光华讲坛，演讲题目是Stochastic Earnings Growth and Equilibrium Wealth Distribution（随机收入增长与均衡财富分布）	西南财经大学

三　中外学术交流

自 1978 年改革开放以来，四川经济学界，尤其是西南财经大学和四川大学与海外相关机构签订了一系列国际学术活动与交流的相关协议，承办了很多场国际学术会议，西南财经大学光华讲坛等更是为国际学术交流搭建了广阔的舞台。

（一）国际（含境外）学术交流协议

表 6-3　改革开放以来四川经济学界与海外相关机构签署的国际（含境外）学术交流协议汇总

协议名称	国别或地区	签署时间	学校签署机构	签署高校
四川省社会科学院与越南国家社会科学院签订学术交流协议	越南	2002 年	—	四川省社会科学院
四川省社科院与韩国牧园大学签订了有关双方互换学者和学术刊物交流等内容的协议	韩国	2004 年 4 月 21 日	—	四川省社科院
西密歇根大学一般学术合作协议	美国	2012 年 7 月 10 日	校级	西南财经大学
IUP 学术交流协议（2012 年秋—2018 年春）的学术合作协议	美国	2012 年 7 月 10 日	校级	西南财经大学
管理大学学术合作谅解备忘录的学术合作协议	新加坡	2012 年 7 月 30 日	校级	西南财经大学
东吴大学的学术交流协议	中国台湾	2012 年 8 月 28 日	—	西南财经大学
西南财经大学与台湾中兴大学学术合作交流协议书	中国台湾	2015 年	证券与期货学院	西南财经大学
西南财经大学金融中心与香港城市大学学术交流备忘录	中国香港	2015 年	中国金融研究中心	西南财经大学

同时，西南财经大学经济学院于 2012 年加入美国西部经济学国际学会（WEAI），目前是 WEAI 在中国大陆的唯一一个机构会员。美国西部经济学国际学会创办于 1922 年，是美国最有影响力的世界级经济学协会之一，旗下有 *Economic Inquiry* 和 *Contemporary Economic Policy* 这两本国际知名经济学期刊。很多国际著名的高校和研究机构都是 WEAI 的机构会员，如 Stanford University、Cornell University、RAND Corporation、Federal Reserve Bank of Dallas 等。

（二）国际（含境外）交流、学术讲座、学术报告

表 6-4　改革开放以来四川经济学界召开的国际（含境外）交流、学术讲座、学术报告情况汇总

时间	名称	单位
1978—1992 年		
1986 年 7 月 6—12 日	美国罗德岛大学社会工作系副教授陈月娥。应邀来四川省社科院访问。刘茂才副院长、林凌副院长、刘平斋秘书长会见了陈月娥女士，并就建立两院校间的友好合作关系问题进行座谈，并签署了会谈纪要	四川省社科院
1986 年 9 月 29 日至 10 月 14 日	以中国人口政策、人口预测、计划生育、劳动力安置与流动，以及少数民族的人口和劳动就业问题为中心，联邦德国东方与国际问题研究所经济研究室博士托马斯·夏乐平应四川省社科院邀请前来成都访问，与四川省学者进行了座谈	四川省社科院
1987 年 2 月 14 日	英国学术院副常务秘书威廉姆斯先生和负责与中国交流项目的官员库珀女士访问四川省社科院。宾主就双方建立学术交流关系的问题达成了初步协议	四川省社科院
1987 年 4 月 3 日	美国宾夕法尼亚大学科学史教授 Ne 席文先生和夫人应刘茂才院长邀请前来四川省社科院访问。宾主双方就学术交流等问题进行了座谈	四川省社科院
1987 年 6 月 13—17 日	联邦德国德意志研究联合会外事局长威尔齐默克博士和慕尼黑大学著名学家鲍尔教授到四川省社科院访问，并就建立学术交流关系举行了会谈	四川省社科院
1987 年 8 月 30 日	联邦德国汉堡亚洲研究所特约研究员沙默妮女士应四川省社科院邀请前来四川考察	四川省社科院

续表

时间	名称	单位
1987年9月16日	澳大利亚墨尔本拉特布大学亚洲研究部主任何家博到四川省社科院访问，就建立学术交流关系等问题举行了会谈	四川省社科院
1987年11月29日	澳大利亚新南威尔士大学经济与管理系高级讲师谭安杰博士及其夫人应四川省社科院邀请到四川考察访问。谭安杰博士在蓉期间对四川金融业的情况进行了考察并同四川省社科院有关人员就双方开展"四川金融改革与发展"合作研究进行了协商	四川省社科院
1989年10月12—14日	"社会主义经济体制改革问题国际学术研讨会"在成都举行。苏联列宁格勒财经学院经济学家代表团应邀参加了会议。会议由四川省社科院与宏光电子集团联合召开	四川省社科院
1993—2002年		
1993年5月	美国IBM公司高级管理专家朱达宇在蓉举办学术讲座，这是为深化四川股份制理论研究，由四川省社科联特邀举办的	四川省社科联
1998年8月	刘诗白教授出席海峡两岸第三届资深学者"面向21世纪国际经济发展和国际金融风险防范"学术研讨会	西南财经大学
2001年11月8日	美国驻成都总领事白瑞先生到校访问	西南财经大学
2001年12月3日	世界银行官员到校考察	西南财经大学
2002年4月2日	"海峡两岸同胞四川经济发展恳谈会"在成都举行。此次活动由四川省社科院、四川省台办和宝光塔陵集团共同主办	四川省社科院等
2002年5月22日	美国加州大学伯克莱分校教授钱颖一博士与学院教师、研究生、基地学生座谈	西南财经大学
2002年9月14—16日	"加入WTO与中国农村组织制度创新学术研讨会"由德国艾伯特基金会资助，四川省社科院、四川省中青年农村经济研究会、四川省崇州市人民政府联合组织召开	四川省社科院等
2003—2012年		
2003年3月20日	美国国务院中国处史蒂芬处长及美国驻成都总领事馆的官员到四川省社科院同杜受祜副院长等座谈	四川省社科院
2003年4月21日	法国国家高等保险学院院长Michael Lstrasse先生访问	西南财经大学
2003年9月4—7日	日本考察团应四川省社科院邀请到剑阁县考察	四川省社科院

续表

时间	名称	单位
2004年3月5日	英国国际发展部"城市贫困问题研究"调查组一行5人到四川省社科院社会学所访问	四川省社科院
2004年3月10日	西南财经大学将该校首个名誉博士学位授予波兰前副总理哥哲哥·科勒德克（Grzegorz W. Kolodko）。2003年9月，科勒德克教授在赴"中国金融论坛"时，曾经到访过成都。昨日，他正式接受西南财经大学校长授予的名誉博士学位证书。科勒德克教授还做了题为"转轨经济：激进与渐进"的学术演讲	西南财经大学
2004年3月30日	台湾东吴大学校长刘俊源教授、经济系教授余德培女士应四川省社科院邀请来川进行学术访问	四川省社科院
2004年6月4日	美国《家庭和经济问题杂志》总编、消费者利益学会会长、罗德岛大学消费经济学教授肖经建先生到校进行学术访问	西南财经大学
2004年9月20日	日本东京农工大学若林敬子教授访问四川省社科院	四川省社科院
2004年9月25—26日	由全国美国经济学会与我校经济学院、国际商学院联合主办的全国美国经济学会会长扩大会议暨"21世纪初世界经济格局与中美经贸关系高级论坛"在学校成功召开	西南财经大学
2004年10月13日	美国福特基金会白爱莲女士、马季芳女士应四川省社科院邀请来川就农村经济问题进行学术交流	四川省社科院
2004年11月25日	英国中央兰开夏大学校长马尔科姆·麦克维卡博士一行六人访问学校。校长王裕国、副校长卓志会见了客人，双方就短期互派教师讲学、MBA教育、本科生培养、教师短期进修、科研项目合作研究、联合举办国际学术会议、教学资源交流等事项进行了协商和探讨，并达成了合作办学的意向性协议	西南财经大学
2005年1月13—15日	"农民协会在四川、中国及世界：中国农民合作经济组织政策研讨会暨四川试点项目启动会"在成都举行。会议由国务院发展研究中心、世界银行、加拿大国际发展署、中共四川省委农办和四川省社科院共同主办	四川省社科院等
2005年10月19日	应四川省社科院邀请，德国外交部亚太司司长克里斯蒂安·豪斯威德博士到社科院访问并做报告	四川省社科院
2005年11月15日	四川省社科院研究生部与美国普林斯顿大学合作办学签字仪式在成都举行	—

续表

时间	名称	单位
2006 年 11 月 22 日	荷兰银行负责亚太和欧洲地区的执行董事彼得·欧维马斯先生等 9 人组成的高级代表团访问我校。王裕国校长向彼得·欧维马斯先生颁发我校客座教授聘书。彼得·欧维马斯先生为我校师生作了题为"持续经营之道——跨国公司的社会责任"的学术讲座	西南财经大学
2007 年	先后接待德国驻成都总领馆领事 Rainerstoy 先生；瑞典叶夫勒大学教授 John Lindgnen，Kaisu Sammalisto；美国佐治亚大学经济史讲座教授、福布赖特访问教授 Allan Kulikoff；澳大利亚昆士兰大学经济系教授张捷；法国蒙彼利埃高等商学院国际部主任 Yvon Desportes；美国康奈尔大学洪永淼教授；德国波恩大学经济学实验室主任 Heike-Hennig Schmidt 博士；英国爱丁堡奈皮尔大学商学院高善身教授。12 位教师出访国外，参加国际学术会议和出访交流	四川大学
2007 年 3 月 12 日	由世界银行、四川省政策研究学会、西南财经大学联合主办的"可持续发展制度建设报告会"在我校隆重召开	西南财经大学
2007 年 4 月 7 日	第二届加拿大皇家大学 MBA 班开班	四川大学
2007 年 7 月 13 日	美国著名金融学家 Philip H. Dybvig 客座教授聘书颁发仪式在光华楼 602 会议室隆重举行。党委书记封希德、校长王裕国、副校长赵德武，组织人事部和金融学院负责人出席了聘书颁发仪式	西南财经大学
2007 年 10 月 15 日	著名学者、加拿大西安大略大学徐滇庆教授做客"光华讲坛"，作了"中国银行业改革展望"的学术报告。副校长丁任重教授出席并向徐滇庆教授颁发了兼职教授聘书，中国金融研究中心主任刘锡良教授主持讲座	西南财经大学

续表

时间	名称	单位
2007年12月	应学校邀请，德国马克思－普朗克科学促进会外国语国际社会保障法研究所所长 Ulrich Becker 教授对我校进行了为期两天的学术访问	西南财经大学
2008年	先后接待德国不来梅应用科技大学、瑞典叶夫勒大学、加拿大阿尔伯塔大学、比利时安特卫普大学、爱尔兰国立考克大学、荷兰 Maastricht 大学、比利时比中经贸委员会、韩国又松大学、澳大利亚昆士兰大学、英国牛津大学	四川大学
2008年12月15—16日	第五届（2008）香港经济学双年会在我校隆重召开。本届双年会首次在内地举行，由香港经济学会和西南财经大学共同主办，西南财经大学经济学院承办，香港中文大学、香港城市大学、香港浸会大学、香港理工大学、香港科技大学、岭南大学、香港大学和中国东方电气集团公司等协办，大会的主题为：全球化与经济稳定	西南财经大学
2009年	先后接待德国不来梅应用科技大学、瑞典叶夫勒大学、加拿大阿尔伯塔大学、比利时安特卫普大学、爱尔兰国立考克大学、荷兰 Maastricht 大学、英国华威大学，新加坡国立大学、法国蒙彼利埃高等商学院等国家和地区的高校或学术团体的来访	四川大学
2009年2月9日	加拿大皇家科学院院士、著名经济学家 John Whalley 来访	四川大学
2009年5月27日	新加坡国立大学张捷教授来访	
2009年10月28日	美国著名经济学家、地缘政治学家、战略风险咨询家 F. W. 恩道尔教授一行访问我校	西南财经大学
2010年	先后接待纽约州立大学阿尔巴尼分校、日本神户大学经济学研究院、伦敦城市大学、瑞典叶夫勒大学、比利时安特卫普大学等国家和地区的高校或学术团体的来访	四川大学
2010年1月13日	瑞典叶夫勒大学外办主任 Eva Carling 教授和赵明博士访问	四川大学
2010年5月20—25日	德国柏林经济政法大学新任校长 Bernd Reissert、原校长 Rirger 一行对我校进行为期5天的访问	西南财经大学
2010年6月10日	美国班尼迪克大学校长威廉·卡罗尔（William J. Carroll）先生和亚洲学院院长袁媛（Elsie Yuan）女士到访我校，并与我校签署学术交流协议	西南财经大学
2010年11月9日	美国财政部助理部长 Charles Collyns 一行在美国驻成都总领事馆相关官员的陪同下访问我校	西南财经大学

续表

时间	名称	单位
2010 年 11 月 12 日	我校赵德武校长在腾骧楼贵宾厅会见了世界银行学院首席经济学家沙安文（Anwar Shah）博士	西南财经大学
2010 年 11 月 30 日	著名投资家和金融学教授吉姆·罗杰斯到访我校。校长赵德武，副校长马骁、边慧敏，校长助理刘锡良在腾骧楼贵宾厅会见了吉姆·罗杰斯（Jim. Rogers）。校办、科研处、金融学院、保险学院、证券与期货学院、工商管理学院、经济与管理研究院等相关负责人出席会议	西南财经大学
2011 年	接待了包括来自欧盟驻华代表团一等参赞梅兰德女士、缅因州立大学副校长、肯特州立大学副校长等来学院交流访问 30 余人次	四川大学
2011 年 11 月 14 日	巴基斯坦驻华大使马苏德·汉一行来访	四川大学
2012 年	接待了美国肯特州立大学国际教育办公室副主任、法国蒙彼利埃高等商学院外事处处长、荷兰奈耶诺德工商管理大学校长等	四川大学
2012 年 7 月 1 日	经济学院副院长邓翔教授与澳大利亚昆士兰大学经济学院院长 Flavio Menezes 教授签署了本科"2+2"和研究生互派的合作协议	四川大学
2013—2019 年		
2013 年	先后接待牛津大学、英国剑桥大学、美国布朗大学、英国华威大学、美国亚利桑那州立大学、英国西英格兰大学、英国 ASTON 大学商学院、韩国首尔大学、华盛顿大学、法国南锡高等商学院、肯特州立大学、德国不来梅应用科技大学及台湾辅仁大学等十多个国家和中国台湾地区的高校或学术团体的来访	四川大学

续表

时间	名称	单位
2014 年	美国芝加哥大学终身教授赵鼎新做客光华讲坛	西南财经大学
2014 年	加拿大亚太基金委员会主席 Stewart Beck 做客光华讲坛	西南财经大学
2014 年 4 月 4 日	四川大学副校长晏世经教授向美国联邦储备银行亚特兰大分行数量研究中心主任、埃默里大学经济学教授查涛博士颁发"长江讲座教授"的聘书	四川大学
2015 年	接待了来自美国、英国、德国、法国、荷兰、澳大利亚、比利时、韩国等国家的代表团和知名人士到学院交流访问 15 次	四川大学
2015 年 1 月 10 日	美国加州大学河滨分校（UCR）校长 Kim, A. Wilcox 教授率 10 人代表团访问经济学院	四川大学
2015 年	南非科学院院士 Mammo Muchie 教授做客光华讲坛	西南财经大学
2016 年	接待了来自美国、英国、德国、法国、荷兰、澳大利亚、比利时、韩国等国家的代表团和知名人士到学院交流访问 22 人次	四川大学
2016 年	美国芝加哥大学终身教授赵鼎新做客光华讲坛	西南财经大学
2016 年	加拿大亚太基金委员会主席 Stewart Beck 做客光华讲坛	西南财经大学
2016 年 12 月 13 日	波士顿大学经济系苗建军教授做客光华讲坛，向中国金融研究中心的师生们分享自己的学术经历及研究方向。中国金融研究中心副主任董青马主持了本次讲座	西南财经大学
2017 年	剑桥大学 Oliver 教授做客光华讲坛	西南财经大学
2017 年	世界银行研究部首席经济学家徐立新教授做客光华讲坛	西南财经大学
2018 年 5 月 23 日	康奈尔大学戴森学院应用经济与管理系 Calum Turvey 教授来经济学院做《Land Reforms and Inclusive Rural Transformation》学术交流	四川农业大学
2018 年 7 月 5 日	美国加州大学洛杉矶分校地理学系教授 David Rigby 教授莅临四川大学经济学院交流讲学，为师生带来了主题为"Knowledge Space and Smart Specialization"的讲座	四川大学
2018 年 10 月 16 日	供职于欧洲金融界具有影响力的 Scope Rating 国际信托投资公司的沈洋先生，为师生带来了一场题为"The Financialization Dilemma——Financial Hegemony and Implications on the Global Order"的主题报告，并与学院师生就国际经济形势、中美贸易摩擦、金融投资领域就业与发展等关心的问题进行了深入了交流与讨论	四川农业大学

续表

时间	名称	单位
2018年11月5—8日	2018年11月5—8日，美国内布拉斯加大学林肯分校（University of Nebraska-Lincoln）商学院 Chandra Schwab 女士到访我校，进行学术交流，洽谈两校合作事宜。Chandra Schwab 为经济学院师生做《International Business Communication》演讲报告	四川农业大学
2018年11月15日	11月13日，法国南锡高等商学院（ICN Business School Nancy-Metz, ICN）校长 Florence Legros 到校访问，就校际合作项目进行交流探讨	四川农业大学
2018年12月11日	德国柏林洪堡大学农业经济管理系 Martin Odening 教授访问经济学院。经济学院院长、德国研究中心常务副主任蒋远胜，副院长吴平等参与座谈	四川农业大学
2019年5月	美国路易斯安那州立大学（Louisiana State University）农业经济系 Krishna P. Paudel 教授按照协议来到我院担任讲席教授，为全院师生开设经济学系列课程，举办多场学术讲座	四川农业大学
2019年5月15日	美国普林斯顿大学荣休教授、计量经济学家、2017年中国经济学奖获得者邹至庄先生一行访问我校并开设讲座。校长、党委副书记卓志在腾骧楼贵宾厅会见了来宾	西南财经大学
2019年5月29日	英国阿伯丁大学刘宏教授到访经济学院并做"The beauty of Economics and Finance"演讲报告	四川农业大学
2019年6月21日	由四川农业大学经济学院、四川农业大学区域经济与金融研究所、西南财经大学行为经济与金融研究中心、四川农业大学德国研究中心共同发起并主办，以"基因经济学与行为经济学：整合与应用"为主体的基因经济学与实验经济学研讨会四川农业大学成都校区举行	四川农业大学
2019年6月27—28日	由西南财经大学相关部门和《经济研究》编辑联合主办的2019国际宏观金融会议在西南财经大学弘远楼召开。来自美国堪萨斯市联储、佐治亚州立大学、埃默里大学、罗切斯特大学、香港科技大学、澳大利亚迪肯大学和北京大学、清华大学等高校的50余名专家学者参加了会议	西南财经大学
2019年9月20日	四川农业大学经济学院邀请波兰华沙大学 Andrzej Cieslik 教授来校进行教学研讨。Cieslik 教授首先做了题为"Teaching skills in international trade programs"的报告。Cieslik 教授结合自身教学经验从国际学生的教育背景、教学评价差异、教师在国际学生教与学中担任的角色等方面同参会教师进行了分享	四川农业大学

续表

时间	名称	单位
2019年10月25日	日本著名马克思主义经济学者大西广（HIROSHI ONISHI）教授到访西南财经大学，做了题为"日本马克思主义经济学的发展及现状"的学术讲座	西南财经大学
2019年11月4日	由国际货币基金组织（IMF）驻华代表处和西南财经大学联合主办的2019年《世界经济展望报告》发布会在学校举行	西南财经大学
2019年11月1—3日	由西南财经大学、加州大学伯克利分校国际风险数据分析联盟（CDAR）与美国道富银行联合主办，成都市地方金融监督管理局等单位协办的第二届"国际金融科技论坛"——SWUFE & CDAR 2019在西南财经大学隆重举行	西南财经大学

续表

时间	名称	单位
2019年11月7日	11月4日下午，经济学院国际经济与贸易系主任沈倩岭教授、副主任宋涛及行政办公室负责人，带领22名法国南锡高等商学院交换项目学生前往成都市高新区的两家新型创新创业企业进行观摩与学习	四川农业大学
2019年11月29日	日本明治学院大学HARUTAKA TAKAHASHI教授为四川大学经济学院师生做了题为"费尔德斯坦-霍里奥卡难题与金融摩擦的动力学理论：储蓄保留系数之再估计"学术讲座	四川大学

（三）聘请外籍教授

表6-5　改革开放以来四川经济学界聘请外籍教授情况汇总

时间	姓名	单位
2012年	Philip H. Dybvig	西南财经大学
2011年	David Broadstock	西南财经大学
2013年	Ahn, Young Bin	西南财经大学
2013年	MaxwellPAK	西南财经大学
2016年	Alexander Wires	西南财经大学
2017年	Jose Carrillo	西南财经大学
2017年	Dogan Gursoy	西南财经大学
2017年	Gam Yong Kyu	西南财经大学
2017年	Lee Hanol	西南财经大学
2017年	Song Peter	西南财经大学
2006年	George Anthony Spiva	四川大学经济学院
2013年	Tor Eriksson	四川大学经济学院
2013年	Rami Zwick	四川大学经济学院
2013年	Zhang Lei	四川大学经济学院
2014年	William Alfred Platz	四川大学经济学院
2014年	Xiong Hui	四川大学经济学院
2015年	Lei Zhang	四川大学经济学院
2015年	Xiong Hui	四川大学经济学院

续表

时间	姓名	单位
2015 年	Muhammad KashifJaved	四川大学经济学院
2016 年	Lei Zhang	四川大学经济学院
2016 年	Xiong Hui	四川大学经济学院
2016 年	Muhammad KashifJaved	四川大学经济学院
2016 年	Antoine Michel Sylvain Le Riche	四川大学经济学院

四　国际交流出版物

随着对外开放中的"走出去"与"请进来",四川省理论经济学从翻译引进发展到在境外出版学术专著,在境外重要专业期刊发表自己的学术研究成果,不仅扩大了其学术影响力,也极大地促进了四川理论经济学的国际化水平。

(一) 在四川翻译出版的外文经济学图书

20 世纪 80 年代,由金观涛主编,1984—1988 年四川人民出版社出版印行"走向未来"系列丛书,涉及社会科学和自然科学的多个方面,包括了外文译作和原创著作。丛书出版时间始于 1984 年,终于 1988 年,时间跨度五年。计划出 100 种,到 1988 年共出书 74 种。《走向未来》丛书的作者集中了 80 年代中国最优秀的一批知识分子,代表了当时中国思想解放最前沿的思考。

表 6-6　《走向未来》丛书中与经济学相关的外文译著

出版年份	书名	作者	编译
1984 年	《增长的极限》	罗马俱乐部关于人类困境的研究报告	李宝恒 译
1985 年	《没有极限的增长》	朱利安·林肯·西蒙	黄江南 朱嘉明
1986 年	《系统思想》	[美] 小拉尔夫·弗·迈尔斯	杨志信 主编 葛明浩 译

续表

出版年份	书名	作者	编译
1986 年	《日本为什么"成功"》	[日] 森岛通夫	胡国成 译
1986 年	《十七世纪英国的科学、技术与社会》	[美] R. K. 默顿	范岱年 吴忠 蒋效东 译
1986 年	《新教伦理与资本主义精神》	[德] 马克斯·韦伯	黄晓京 彭强 译
1986 年	《增长、短缺与效率》	[匈] 亚诺什·科内尔	崔之元 钱铭今 译
1987 年	《计量历史学》	[苏] 科瓦尔琴科	闻一 主编 肖吟 译
1987 年	《社会研究方法》	[美] 艾尔·巴比	李银河 译
1987 年	《发展社会学》	胡格韦尔特	白桦 丁一凡 编译
1987 年	《社会选择与个人价值》	[美] K. J. 阿罗	陈志武 崔之元 译
1987 年	《马克斯·韦伯》	[英] 弗兰克·帕金	刘东 谢维和 译
1988 年	《现代化的动力》	[美] C. E. 布莱克	段小光 译
1988 年	《科学家在社会中的角色》	约瑟夫·本-戴维	赵佳苓 译
1988 年	《平等与效率》	[美] 阿瑟·奥肯	王忠民 黄清 译

（二）《财经译丛》

1961 年，学院成立由 8 名教师组成的编译室，编辑《社会主义经济学》和《资本主义经济学》两种资料性刊物，所编译文一般都是各学科领域内最新论述。翻译有《中国 50 年来的贸易》一书，并受成都军区委托，进行印度军事情报资料翻译工作。1979 年，学院正式创办《财经译丛》（季刊），作为翻译、介绍国际财经科学发展动向的窗口。主办单位为科研处，主持编务工作的先后有元毓盛、林展平、刘秋篁、罗根基、雷起荃等。1989 年，经学校校务会决定，《财经译丛》上报停刊。

（三）川籍学者在境外出版发表的理论经济学论著

1. 在境外出版的学术专著

梅远谋在法国自费留学期间研究货币学理论，获巴黎大学经济学硕士学位。继后，入法国南锡大学，1936 年底获经济学博士学位。他的学术研究领域是货币经济理论。其学术思想及其学术成就主要集中在 1936 年他在留学法国期间发表的博士学位论文《中国的货币危机——论 1935 年 11 月 4 日的货币政策》中。他在金融理论方面的创新，被他的学生曾康霖教授归纳为：提出了中国银本位货币体系的终止与特殊纸币体系的建立说、"信用独占"论、利率与物价非因果关系说。

1955 年彭迪先写出了 20 万字的《货币信用论大纲》由三联书店出版。日本立命馆大学教授、经济学博士武藤守一把此书译为日文，1956 年 11 月在日本三和书店出版。本书剖析资产阶级货币信用学说，掌握社会主义货币信用本质及其运转方法；同时它在对外宣传新中国货币信用制度与方针政策上，起过有益作用。它是一本在 20 世纪 50 年代还不多见的著作。日本经济学家把它译为日文出版，并非偶然。

刘诗白教授在国际上享有盛誉。目前，已被列入美国传记研究所编的《国际名人录》（1988 年第 2 版）、英国剑桥国际传记中心编的《国际领袖人物录》（1988 年版）、《澳洲、亚洲、远东名人录》（1988 年第 1 版）、《世界名人录》（Marquis who's who 1988 年版）中。纪尽善教授 2006—2012 年在境外香港天马图书有限公司出版他的系列丛书"纪尽善文集 1—10 卷"。

表 6-7　　　　2013—2019 年在境外出版的学术专著汇总

名称	作者	出版社	时间
International Trade and National Systems of Innovation in the Global Economic Development（国际贸易与全球经济发展中的国家创新体系）	Santos Lopez Leyva	University Press of the South	2016 年 1 月 1 日
Cities Network along the Silk Road（丝绸之路沿线的城市网络）	Pengfei Ni	中国社会科学出版社 & Springer Nature Singapore	2017 年 4 月 10 日

2. 在海外 A 级期刊发表的论文

表 6-8　　　　西南财经大学近年来发表的外 A 论文汇总

时间	论文题目	第一作者	所属单位	发表刊物
2013—2019 年					
2013 年	Stacking low carbon policies on the renewable fuels standard: economic and greenhouse gas implication	陈晓光	经济与管理研究院	ENERGY POLICY
2013 年	Theoretical and experimental analysis of auctions with negative externalities	胡又欣	经济与管理研究院	GAME ECON BEHAV
2013 年	Optimal delegation via a strategic intermediary	梁平汉	经济与管理研究院	GAME ECON BEHAV
2013 年	Road investments and inventory reduction: Firm level evidence from China	李涵	经济与管理研究院	J URBAN ECON
2013 年	Inference in asset pricing models with a low-variance factor	尚华	经济与管理研究院	J BANK FINANC
2013 年	Bounds of relative limit in p-robust supply chain network design	田俊峰	工商管理学院	PRODUCTION AND OPERATIONS MANAGEMENT
2013 年	Enhancing data consistency in decision matrix: adapting Hadamard model to mitigate judgement contradiction	寇纲	工商管理学院	EUR J OPER RES
2013 年	IT capability and organizational performance: The roles of business process agility and environment	陈扬	工商管理学院	EUR J INFORM SYST
2013 年	CEOs' transformational leadership and product innovation performance	陈扬	工商管理学院	J PROD INNOVAT MANAG

续表

时间	论文题目	第一作者	所属单位	发表刊物
2013 年	A cosine maximization method for the priority vector derivation in AHP	寇纲	工商管理学院	EUR J OPER RES
2013 年	Exact and approximation algorithms for the min-max k-traveling salesman problem on a tree	徐亮	工商管理学院	EUR J OPER RES
2013 年	Pollution and protest in China: Environmental mobilization in context	邓燕华	公共管理学院	CHINA QUART
2013 年	Relational repression in China: Using social ties to demobilize protests	邓燕华	公共管理学院	CHINA QUART
2014 年	International oil shocks and household consumption in China	张大永	经济与管理研究院	ENERGY POLICY
2014 年	Trends in mortality decrease and economic growth	牛耕	经济与管理研究院	DEMOGRAPHY
2014 年	Alternative transportation fuel standards: Welfare effects and climate benefits	陈晓光	经济与管理研究院	J ENVIRON ECON MANAG
2014 年	The pricing of mortgage insurance premiums under systematic and idiosyncratic shocks	蒲明	保险学院	J RISK INSUR
2014 年	Optimal responses to stockouts: Lateral transshipment versus emergency order policies	廖毅	工商管理学院	OMEGA INT J MANAGES
2014 年	Heuristics for solving an internet retailer's dynamic transshipment problem	杨石磊	工商管理学院	EXPERT SYST APPL
2014 年	Evaluation of clustering algorithms for financial risk analysis using MCDM methods	寇纲	工商管理学院	INFORM SCIENCES

续表

时间	论文题目	第一作者	所属单位	发表刊物
2014 年	Default prediction with dynamic sectoral and macroeconomic frailties	陈培敏	经济数学学院	J BANK FINANC
2014 年	On scanning linear barcodes from out-of-focus blurred images: a spatial domain dynamic	陈凌	经济信息工程学院	IEEE T IMAGE PROCESS
2014 年	The role of multidimensional social capital in crowdfunding: a comparative study in China and US	郑海超	经济信息工程学院	INFORM MANAGE AMSTER
2014 年	Vertical IS standards deployment and integration: a study of antecedents and benefits	徐赟	经济信息工程学院	INFORM MANAGE AMSTER
2014 年	The effect of news and public mood on stock investments	李庆	经济信息工程学院	INFORM SCIENCES
2014 年	Semiparametric transformation models for semicompeting survival data	林华珍	统计学院	BIOMETRICS
2014 年	Optimal credit period and lot size for deteriorating items with expiration dates under two-level tra	吴江	统计学院	EUR I OPER RES
2015 年	Subjective mortality risk and bequests	甘犁, Guan Gong, Michael Hurd, Daniel Mcfadden	经济与管理研究院	J ECONOMETRICS
2015 年	Momentum is really short-term momentum	龚强, Ming Liu, Qianqiu Liu	经济与管理研究院	J BANK FINANC
2015 年	The effect of Beijing's driving restrictions on pollution and economic activity	V. Brian Viard, 傅十和	经济与管理研究院	J PUBLIC ECON

续表

时间	论文题目	第一作者	所属单位	发表刊物
2015年	Explaining the reduction in Brazilian sugarcane ethanol production costs: Importance of technologic	陈晓光, H. M. Nunes, 许冰	经济与管理研究院	GCB BIOENERGY
2015年	Semiparametric single-index panel data models with cross-sectional dependence	董朝华, Jiti Gaoa（外）, Bin Pengb（外）	经济学院	J ECONOMETRICS
2016年	Estimation for single-index and partially linear single-index nonstationary time series models	董朝华	经济学院	ANN STAT
2016年	The higher costs of doing business in China: Minimum wages and firms' export behavior	—	经济学院	—
2016年	Efficiency snakes and energy ladders: A (meta-) frontier demand analysis of electricity consumption efficiency in Chinese households	Broadstock David	经济与管理研究院	ENERGY POLICY
2016年	Measuring the stringency of land-use regulation: The case of China's building-height limits	Jan K. Brueckner	经济与管理研究院	REV ECON STAT
2016年	Impacts of climate change on agriculture: Evidence from China	Shuai Chen	经济与管理研究院	J ENVIRON ECON MANAG
2016年	Supply of cellulosic biomass in Illinois and implications for the conservation reserve program	陈晓光	经济与管理研究院	GCB BIOENERGY
2016年	Economic potential of biomass supply from crop residues in China	陈晓光	经济与管理研究院	APPL ENERG

续表

时间	论文题目	第一作者	所属单位	发表刊物
2016 年	Renewable energy policies and competition for biomass: Implications	陈晓光	经济与管理研究院	ENERGY POLICY
2016 年	Impacts of weather variations on rice yields in China based on province level data	陈晓光	经济与管理研究院	REG ENVIRON CHANGE
2016 年	Highway toll and air pollution: Evidence from Chinese cities	傅十和	经济与管理研究院	J ENVIRON ECON MANAG
2016 年	The higher costs of doing business in China: Minimum wages and firms' export behavior	甘犁, Manuel A. Hernandez（外）, 马双	经济与管理研究院, 经济学院	J INT ECON
2016 年	Efficiency of thin and thick markets	甘犁	经济与管理研究院	J ECONOMETRICS
2016 年	Exuberance in China's renewable energy investment: Rationality, capital structure and implications with firm level evidence	张大永	经济与管理研究院	ENERGY POLICY
2016 年	Non-performing loans, moral hazard and regulation of the Chinese commercial banking system	张大永	经济与管理研究院	J BANK FINANC
2016 年	Identifying the determinants of energy intensity in China: a Bayesian averaging approach	张大永	经济与管理研究院	APPL ENERG
2016 年	Solving integrated process planning and scheduling problem with constructive meta-heuristics	张路平	经济与管理研究院	INFORM SCIENCES
2016 年	Antecedents of abusive supervision: A meta-analytic review	张昱城	经济与管理研究院	J BUS ETHICS
2016 年	Interregional differences of coal carbon dioxide emissions in China	陈建东	财税学院	ENERGY POLICY

续表

时间	论文题目	第一作者	所属单位	发表刊物
2016 年	A carbon emissions reduction index: integrating the volume and allocation of regional emissions	陈建东	财税学院	APP ENERG
2017 年	Carbon Footprint of China's Belt and Road Initiative	张宁（外），刘竹（外），郑雪梅，薛进军（外）	经济学院	SCIENCE
2017 年	Specification testing for nonlinear multivariate cointegrating regressions	董朝华，Jiti Gao（外），Dag Tjøstheim（外），Jiying Yin（外）	经济学院	J ECONOMETRICS
2017 年	The effect of institutional ownership on firm innovation: Evidence from Chinese listed frims	Xiaokai Wu（二作）	经济与管理研究院	RES POLICY
2017 年	Do foreign banks take more risk? Evidence from emerging economies	陈明花	经济与管理研究院	J BANK FINANC
2017 年	Backtesting expected shortfall: Accounting for tail risk	杜在超	经济与管理研究院	MANAGE SCI
2017 年	Identity judgements, work engagement and organizational citizenship behavior: the mediating effects based on group engagement model	张昱城	经济与管理研究院	TOURISM MANAGE
2017 年	Decomposing inequality in energy-related CO_2 emissions by source and source increment The roles of production and residential consumption	陈建东	财税学院	ENERGY POLICY
2017 年	Housing Wealth, property taxes, and labor supply among the elderly	赵岭晓	财税学院	JOURNAL OF LABOR ECONOMICS

续表

时间	论文题目	第一作者	所属单位	发表刊物
2017 年	Warranty pricing with consumer learning	雷涌	国际商学院	EUR J OPEN RES
2017 年	Monopolistic nonlinear pricing with consumer entry	Chenglin Zhang（二作）	金融学院	THEOR ECON
2017 年	An analysis of technological factors and energy intensity in China	Junbing Huang	金融学院	ENERGY POLICY
2017 年	Trading restrictions and firm dividends: the share lockup expiration experience in China	方红艳	金融学院	J BANK FINANC
2017 年	A new type of change-detection scheme based on the window-limited weighted likelihood ratios	贺方毅	金融学院	EXPERT SYST APPL
2017 年	On the changing structure among Chinese equity markets: Hong Kong, Shanghai, and Shenzhen	黄伟	金融学院	EUR I OPER RES
2017 年	Random authority	李四光	金融学院	INT ECON REV
2017 年	Dynamic predictions of financial distress using Malmquist DEA	李志勇	金融学院	EXPERT SYST APPL
2017 年	Reject inference in credit scoring using Semi-supervised support vector machines	李志勇	金融学院	EXPERT SYST APPL
2017 年	Capacity decisions with debt financing: the effects of agency problem	倪剑	金融学院	EUR I OPER RES
2017 年	An extended intuitionistic fuzzy TOPSIS method based on a new distance measure with an application to credit risk evaluation	申峰	金融学院	INFORM SCIENCES

续表

时间	论文题目	第一作者	所属单位	发表刊物
2017 年	Delay-induced discrete-time consensus	陈姚	经济信息工程学院	AUTOMATICA
2017 年	Personality traits and renewable energy technology adoption: a policy case study from China	贺盼	中国西部经济研究中心	ENERGY POLICY
2018 年	Social Norms and Household Saving Rates in China	陈劼（外），陈志武（外），何石军	经济学院	REV FINANC
2018 年	Dynamic change in energy and CO_2 performance of China's commercial sector: A regional comparative study	王爱伦，Boqiang Lin（外）	经济学院	ENERG POLICY
2018 年	Indigenous versus foreign innovation and energy intensity in China	黄俊兵，郝宇（外），雷虹艳（外）	经济学院	RENEW SUST ENERG REV
2018 年	Preferences for Green Electricity, Investment and Regulatory Incentives	Heiko Gerlach（外），郑雪梅	经济学院	ENERG ECON
2018 年	The effect of technological factors on China's carbon intensity: New evidence from a panel threshold model	黄俊兵，刘强（学），蔡晓陈，郝宇（外），雷虹艳（外）	经济学院	ENERG POLICY
2019 年	Entrusted loans: A close look at China's shadow banking system	涂国前	会计学院	JOURNAL OF FINANCIAL ECONOMICS
2019 年	Subjective Well-being in China's Changing Society	弋代春，合作者 William A. V. Clark, Youqin Huang	经济与管理研究院	《美国科学院院报》（PNAS）
2019 年	The effectiveness of regulations and technologies on sustainable use of crop residue in Northeast China	Lingling Hou, Xiaoguang Chen, Lena Kuhn, Jikun Huang	经济与管理研究院	ENERGY ECONOMICS

续表

时间	论文题目	第一作者	所属单位	发表刊物
2019年	Temperature and industrial output: Firm-level evidence from China	Xiaoguang Chen, Lu Yang	经济与管理研究院	JOURNAL OF ENVIRONMENTAL ECONOMICS AND MANAGEMENT
2019年	Just the Right Amount of Ethics Inspires Creativity: A Cross-Level Investigation of Ethical Leadership, Intrinsic Motivation, and Employee Creativity	Jie Feng, Yucheng Zhang, Xinmei Liu, Long Zhang, Xiao Han	经济与管理研究院	JOURNAL OF BUSINESS ETHICS
2019年	A Quantitative Analysis on Hukou Reform in Chinese Cities: 2000-2016	Jipeng Zhang, Ru Wang, and Chong Lu	经济与管理研究院	GROWTH AND CHANGE
2019年	A blockchain-based service composition architecture in cloud manufacturing	Chunxia Yu, Luping Zhang, Wenfan Zhao, Sicheng Zhang	经济与管理研究院	INTERNATIONAL JOURNAL OF COMPUTER INTEGRATED MANUFACTURING
2019年	A Group Decision Making Sustainable Supplier Selection Approach using Extended TOPSIS under Interval-Valued Pythagorean Fuzzy Environment	Chunxia Yu, Yifan Shao, Kai Wang, Luping Zhang	经济与管理研究院	EXPERT SYSTEMS WITH APPLICATIONS

参考文献

论文

程荣国：《商业企业的经济效果》，《财贸经济》1981年第6期。

傅泽平：《四川农村新型专业合作经济组织机制创新研究》，《经济体制改革》2005年第6期。

顾宗枨、孙广林：《试论我国工业企业的级差收益及其调节》，《社会科学研究》1981年第4期。

管文虎：《邓小平社会主义发展动力新学说探析》，《毛泽东思想研究》1999年第2期。

郭复初：《国家财务独立与财政理论更新》，《经济学家》1995年第4期。

洪银兴：《马克思主义经济学在社会主义初级阶段的时代化和中国化》，《经济学动态》2011年第10期。

胡家勇：《建构基于创新实践的政治经济学》，《人民日报》2015年4月13日第14版。

胡琼华：《十年来国家社会科学基金出版项目立项统计分析》，《中国出版》2016年第12期。

黄工乐：《"企业自负盈亏"的提法应改为"所有者负盈亏"》，《经济体制改革》1993年第5期。

吉铁肩、林集友：《社会主义所有制新探——释"在生产资料共同占有基础上重建个人所有制"》，《中国社会科学》1986年第3期。

蒋一苇：《企业本位论》，《中国社会科学》1980年第1期。

蒋瑛、谭新生：《利用外商直接投资与中国外贸竞争力》，《世界经济》2004年第7期。

康电：《市场经济与社会主义基本制度结合若干矛盾的探讨》，《理论与改革》1994 年第 7 期。

孔凡胜：《关于加速金融领域政企分离的若干思考》，《金融研究》1997 年第 11 期。

雷起荃：《关于指导性计划的几个问题》，《财经科学》1985 年第 4 期。

李德伟：《论社会主义公共财政》，《财政研究》1999 年第 6 期。

李善明：《"物化劳动"究竟怎样创造价值》，《财经科学》2002 年第 6 期。

李善明、杨致恒：《论〈剩余价值理论〉的研究起点》，《经济科学》1987 年第 3 期。

林成西：《成都社会科学发展概述》，《西南交通大学学报》（社会科学版）2006 年第 3 期。

林凌：《城市经济商品化与城市开放》，《财贸经济》1985 年第 9 期。

林凌：《关于中心城市改革的几个问题》，《财贸经济》1984 年第 1 期。

林凌：《我国战略布局中的东西部结合问题》，《天府新论》1985 年第 5 期。

刘灿：《中国经济学教育教学改革与拔尖创新人才培养》，《中国大学教学》2012 年第 1 期。

刘方健、徐志向：《新中国成立 70 年来四川理论经济学发展脉络》，《西华大学学报》（哲学社会科学版）2019 年第 5 期。

刘富善：《完善市场体系与发展生产资料市场》，《财贸经济》1987 年第 1 期。

刘家强、尹庆双：《中国就业战略的多重制约与阶段性特征》，《经济学动态》1999 年第 9 期。

卢笮岗：《论邓小平主政西南时期的经济思想》，《四川党史》1999 年第 6 期。

鲁济典：《论社会主义制度下劳动力的商品性》，《社会科学研究》1986 年第 6 期。

路小昆：《内陆中心城市对外开放的思考》，《实事求是》1995 年第 2 期。

吕安和、徐世文、王晋川、王启栋、麻立：《四川农产品价格水平研究》,《财经科学》1987年第2期。

毛志雄、苟正礼、何荣波:《农村新型生产经营模式的分析与思考——"郫县种子公司+农户"生产经营模式研究》,《中国农村经济》1996年第2期。

苗维亚:《略论市场流通网络建设》,《经济体制改革》1998年第6期。

逄锦聚:《论中国经济学的方向和方法》,《政治经济学评论》2012年第4期。

祁晓玲:《关于中国现阶段农村劳动力流动制度建设的思考》,《四川师范大学学报》(社会科学版)1998年第3期。

冉昌光:《科学发展观与共同富裕》,《毛泽东思想研究》2004年第5期。

《四川省第十次哲学社会科学优秀成果评奖一等奖成果简介》,《天府新论》2003年第5期。

四川省经济研究中心改革反思课题组:《经济体制改革的回顾和近期深化改革的思考》,《管理世界》1987年第4期。

孙中弼:《二滩水电项目利用世界银行贷款的分析与探讨》,《水力发电》1997年第8期。

王朝全、李仁方:《我国农村分配制度变迁的博弈论解释》,《经济学家》2004年第3期。

王堤生:《简论资金生产力》,《生产力研究》1991年第Z1期。

王洪章:《对中小企业金融支持问题的几点思考》,《中国金融》2001年第12期。

王萍:《论我国农村剩余劳动力的合理转移和有序流动》,《青年研究》1999年第9期。

王小刚、鲁荣东:《引导企业成为西部大开发的投资主体》,《社会科学研究》2001年第6期。

王勇:《我国高新技术产业发展的税收支持》,《经济理论与经济管理》2003年第7期。

王裕国:《消费需求制约经济增长的机理及影响》,《经济学家》1999年第5期。

魏羽弘:《保险市场体系建设的思考》,《保险研究》1996年第3期。

文大会、樊建川：《深化农村改革的突破点：承包制走向劳动农民个体共有制》，《社会科学战线》1994 年第 2 期。

文大会：《面向市场调整结构 持续增加农民收入》，《中共四川省委党校学报》2001 年第 3 期。

吴志文：《森林旅游业的发展与新经济增长点的培育》，《林业经济》1998 年第 6 期。

辛文：《对三线建设的一些认识》，《计划经济研究》1982 年第 8 期。

许敏、李庆华、窦薇：《科研论文基金项目标注问题研究——以〈云南农业大学学报（社会科学）〉为例》，《云南农业大学学报》（社会科学版）2019 年第 5 期。

许廷星：《国营企业财务体制改革的若干问题》，《财经科学》1981 年第 1 期。

杨丹、魏韬新、叶建明：《股权分置对中国资本市场实证研究的影响及模型修正》，《经济研究》2008 年第 3 期。

杨钢：《关于体制转变中若干根本性问题的思考》，《经济体制改革》1996 年第 1 期。

杨继瑞：《开发城市地产业的理论思考》，《中国社会科学》1990 年第 2 期。

杨万铭、李海明：《探析中国经济转型之谜》，《财经科学》2004 年第 4 期。

杨希闵：《对利改税的几点认识》，《财经科学》1983 年第 2 期。

姚莉、陈祖琴：《〈国家哲学社会科学成果文库〉影响力评价体系研究》，《西南民族大学学报》（人文社科版）2016 年第 6 期。

张宇：《关于构建中国经济学体系和学术话语体系的若干思考》，《学习与探索》2015 年第 4 期。

赵昌文：《回顾历史 开拓前进——四川大学世界经济学科的发展》，《南亚研究季刊》1997 年第 4 期。

周振华：《论中国式现代化道路的若干特点》，《经济研究》1980 年第 8 期。

朱芬吉、竺国平、顾培东：《论经营责任契约与"三层次两权分离"运行模式——深化企业改革的宏观思考》，《管理世界》1987 年第 5 期。

朱富强：《中国经济学范式思考：两个层次的契合》，《财经研究》2008年第5期。

朱锡祥：《加速发展四川对外劳务输出的对策研究》，《软科学》1997年第2期。

著作

陈伯君：《转型期中国改革与社会公正》，中央编译出版社2005年版。

陈永忠：《高新技术商品化产业化国际化研究》，人民出版社1996年版。

D. 韦德·汉兹：《开放的经济学方法论》，段文辉译，武汉大学出版社2009年版。

邓玲：《我国生态文明发展战略及其区域实现研究》，人民出版社2015年版。

电子科技大学党委宣传部：《成电50年》，电子科技大学出版社2006年版。

丁任重：《经济体制改革中的企业分析》，四川科学技术出版社1994年版。

杜受祜：《全球变暖时代中国城市的绿色变革与转型》，社会科学文献出版社2015年版。

盖凯程：《金融危机冲击下的西方主流经济学范式危机与马克思主义经济学范式认知研究》，西南财经大学出版社2014年版。

盖凯程等：《西南财经大学理论经济学学科建设与发展报告》，西南财经大学出版社2020年版。

郭复初等：《国有资本经营专论——国有资产管理、监督、营运体系研究》，立信会计出版社2002年版。

郭元桷：《社会主义个人消费品分配研究》，四川省社会科学院出版社1986年版。

国务院学位委员会办公室：《中国学位授予单位名册》，中国科学技术出版社2001年版。

过杰编：《城市经济学》，四川人民出版社1989年版。

韩世隆、王世浚主编：《跨世纪的世界经济》，四川大学出版社1997年版。

何高箸等：《马克思货币金融学说原论》，西南财经大学出版社 1989 年版。

胡代光等主编：《评当代西方学者对马克思〈资本论〉的研究》，中国经济出版社 1990 年版。

蒋一苇：《经济体制改革和企业管理若干问题的探讨》，上海人民出版社 1985 年版。

李天德：《世界经济波动理论》第 1 卷，科学出版社 2012 年版。

李学明：《邓小平非公有制经济理论研究》，四川人民出版社 2001 年版。

廖君沛等：《宏观与开放视角下的金融风险》，高等教育出版社 2009 年版。

林凌、刘世庆：《产权制度改革与资产评估》，人民出版社 1995 年版。

林凌主编：《四川经济体制改革》，四川省社会科学院出版社 1984 年版。

林凌主编：《中心城市综合改革论》，经济科学出版社 1992 年版。

林世铮：《农业科技工作的经济评价方法》，四川科学技术出版社 1985 年版。

林义编：《统筹城乡社会保障制度建设研究》，社会科学文献出版社 2013 年版。

刘灿：《完善社会主义市场经济体制与公民财产权利研究》，经济科学出版社 2014 年版。

刘灿、张树民、宋光辉：《我国自然垄断行业改革研究　管制与放松管制的理论与实践》，西南财经大学出版社 2005 年版。

刘朝明、张衔：《中国金融体制改革研究》，中国金融出版社 2003 年版。

刘崇仪等：《经济周期论》，人民出版社 2006 年版。

刘诗白：《产权新论》，西南财经大学出版社 1993 年版。

刘诗白：《构建面向 21 世纪的中国经济学》，西南财经大学出版社 2001 年版。

刘诗白：《现代财富论》，生活·读书·新知三联书店 2005 年版。

刘世庆：《企业产权交易》，中国社会科学出版社 1992 年版。

马俊峰：《马克思主义价值理论研究》，北京师范大学出版社 2012 年版。

邵星：《宏观人力资源开发与配置研究》，巴蜀书社2003年版。

盛毅、林彬：《地方国有资产管理体制改革与创新》，人民出版社2004年版。

史代敏等：《国家哲学社会科学成果文库 居民家庭金融资产选择的建模研究》，中国人民大学出版社2012年版。

斯蒂格利茨：《自由市场的坠落》，李俊青等译，机械工业出版社2011年版。

斯基德尔斯基：《重新发现凯恩斯》，秦一琼译，机械工业出版社2011年版。

四川大学校长办公室：《四川大学年鉴》（2001—2016分册），四川大学出版社2016年版。

四川大学校史办公室：《四川大学史稿》（第二卷），四川大学出版社2006年版。

四川省地方志编纂委员会编：《四川省志·哲学社会科学志（1986—2005）》第六十五卷（复审稿），方志出版社2013年版。

四川省地方志编纂委员会编：《四川省志·哲学社会科学志》，四川科学技术出版社1998年版。

四川省地方志编纂委员会：《四川省志·外事志》，四川人民出版社2001年版。

四川省统计局：《四川省统计年鉴》（1987—2018），四川省统计局2019年版。

汤象龙编：《中国近代海关税收和分配统计：1861—1910》，中华书局1992年版。

托马斯·库恩：《科学革命的结构》，金吾伦等译，北京大学出版社2012年版。

王朝明、申晓梅等：《中国21世纪城市反贫困战略研究》，中国经济出版社2005年版。

王成璋等：《中国宏观经济非均衡分析》，经济科学出版社2000年版。

西南财经大学编：《西财力量》，西南财经大学出版社2015年版。

西南财经大学志编写组：《西南财经大学志1952—2002》，西南财经大学出版社2002年版。

西南财经大学志编写组：《西南财经大学志 1958—2003》，西南财经大学出版社 2003 年版。

辛文等主编：《科学发展观与四川战略发展重点研究》，四川人民出版社 2005 年版。

辛文主编：《内陆地区改革开放研究》，四川大学出版社 1995 年版。

徐玖平等：《循环经济系统规划理论与方法及实践》，科学出版社 2008 年版。

徐玖平、蒋洪强：《制造型企业环境成本的核管与控制》，清华大学出版社 2006 年版。

徐玖平、赵勇、黄钢等：《循环经济系统论》，高等教育出版社 2011 年版。

杨超：《攀西地区经济开发模式与政策研究》，西南财经大学出版社 1999 年版。

杨超、周振华主编：《加快攀西地区经济开发研究》，西南财经大学出版社 1995 年版。

杨钢等：《邓小平"两个大局"理论与西部大开发》，四川人民出版社 2002 年版。

杨继瑞、杨明洪：《农业增长方式转型研究》，四川大学出版社 2001 年版。

杨继瑞：《中国城市用地制度创新》，四川大学出版社 1995 年版。

袁本朴主编、四川省民族理论学会编著：《四川高耗能工业发展研究》，四川人民出版社 1999 年版。

袁文平主编：《经济增长方式转变机制论》，西南财经大学出版社 2000 年版。

曾康霖：《金融理论问题探索》，中国金融出版社 1985 年版。

曾康霖、刘锡良、缪明杨主编：《百年中国金融思想学说史》，中国金融出版社 2011 年版。

曾康霖：《资产阶级古典学派 货币银行学说》，中国金融出版社 1986 年版。

赵昌文：《科技金融》，科学出版社 2009 年版。

赵曦：《中国西藏区域经济发展研究》，中国社会科学出版社 2005 年版。

赵一锦等：《国有资产流失研究》，西南财经大学出版社1999年版。

重庆市社会科学界联合会编：《重庆社会科学年鉴》（1999年），重庆出版社2000年版。

周春主编：《社会主义价格管理学》，中国物价出版社1990年版。

周春主编：《市场价格机制与生产要素价格研究》，四川大学出版社2006年版。

朱方明等：《私有经济在中国 私有经济嬗变的现实、困惑与趋势》，中国城市出版社1998年版。

其他

四川社科联、四川社科院、西南财经大学、四川大学、电子科技大学、西南交通大学、四川师范大学、成都理工大学、西华大学等四川高校、科研院所官方网站。

　　本书还参考：（1）图书类资料：《四川省统计年鉴》（1987—2018）、《四川大学史稿第二卷》、《成电50年》、《西南财经大学志1952—2002》、《四川省志·哲学社会科学志》、《西财力量》、《重庆社会科学年鉴》（1999年）、《西南财经大学志1958—2003》、《西南财经大学年鉴》（2012—2018分册）、《2000年—2010年西南财经大学纪事》、《经济学院—科研成果汇总》、《四川大学年鉴》（2001—2016分册）、《四川省志外事志》、《西南财经大学校志》、《西南财经大学年鉴》、《四川大学年鉴》、《天府新论》、《四川社科界》等。（2）网站资料类：四川省内各高校相关网站，如四川大学、西南财经大学、电子科技大学、西南交通大学、四川农业大学、成都理工大学、四川农业大学、西南民族大学、四川师范大学、西华大学等；全国哲学社会科学工作办公室、西华大学图书馆、四川省社会科学联合会、四川社会科学在线、孙冶方经济科学基金会、吴玉章基金等；中国高校人文社科网、中国知网、网站报道、四川省各大出版社的官方网站。

后　　记

　　本书是四川省社会科学研究"十三五"规划2019年度重大项目"四川省理论经济学学科70年发展研究"的最终成果。

　　新中国成立以后，四川理论经济学基于国家发展阶段和发展需求，依次进行了新中国成立初期指导思想的确立与学科布局的调整、在曲折中发展、四川经济学的复苏、国企改革研究对四川和全国产生重要影响、城市综合经济体制改革研究、区域经济研究、中国特色社会主义理论、建立社会主义市场经济体制、理论研究助推国企改革攻坚、以科学发展观引领学术、中国特色社会主义进入新时代等发展阶段和诸多方面的分析和研究。特别是新时代，四川经济学界紧密围绕时代使命，把加快马克思主义经济学理论创新、共享发展与中国特色社会主义收入分配、绿色发展与生态文明社会建设、精准扶贫问题、建立扩大消费需求长效机制、全面建成小康社会、新一轮西部大开发与大开放关系问题、加快四川新型城镇化进程，推进城乡统筹发展等问题的研究等作为了主攻方向，再一次取得了不菲的成就。

　　本书作为课题组成员及部分博士研究生共同参与的集体研究成果。盖凯程教授负责核心思想、研究主题、内容框架的设计，刘方健就研究思路、技术路线、章节体系给予了指导，徐志向担任课题组协调、组织和联系的工作，具体分工是，引言：盖凯程；第一章：刘方健、徐志向；第二章：盖凯程，刘方健，徐志向，朱杰；第三章：徐志向，刘璐；第四章：刘方健，徐志向，王河欢；第五章：韩文龙，陈航；第六章：刘方健，陈𪩘。全书由刘方健初次统稿，盖凯程二次统稿并定稿。

　　衷心感谢四川省社会科学规划办公室黄兵主任，以及西南财经大学尹庆双副校长和周铭山处长对本书写作和出版给予宝贵的、多方面的支持和帮助。感谢西南财经大学全国中国特色社会主义政治经济学研究中心的经费资助。

四川理论经济学学科历经70年发展，枝繁叶茂，体系庞大。受研究视野和水平，以及研究资料可获得性的局限，书稿虽几经修改，不足和纰漏之处仍在所难免，谨向学界同仁请教并敬请读者指正。

编者

庚子初夏于金沙园